启真·文学家

聂鲁达传

生命的热情

[英] 亚当·费恩斯坦 著

杨震 译

ZHEJIANG UNIVERSITY PRESS
浙江大学出版社

聂鲁达的父亲，何塞·德尔·卡门，在特木科

聂鲁达的母亲，罗莎·内夫塔利·巴索阿尔托·奥帕索，她在生下聂鲁达两个月后去世

聂鲁达两岁时在帕拉尔的福恩多·贝雷恩（此处是他的一个叔叔的财产），在他家搬到特木科之前

萨维德拉港海滩，聂鲁达儿时曾在那里嬉戏

聂鲁达（最右边），一次访问特木科期间，与（从左至右）：他父亲何塞·德尔·卡门；聂鲁达的同父异母妹妹劳丽塔；他哥哥鲁道夫，以及继母特莉妮达（妈妈娘）

21世纪的特木科

劳丽塔和聂鲁达在特木科

学生时代的聂
鲁达戴着黑礼
帽，圣地亚哥，
1920 年代

劳拉·阿鲁埃（米拉拉）的素描，
1925 年，她是聂鲁达圣地亚哥学生时
代的女友，出自无名艺术家之手，有
聂鲁达的题辞，夹在劳拉的纪念册中

学生时代的聂鲁达，圣地亚哥，1920 年代

阿尔韦托·罗哈斯·希门内斯，把聂鲁达引
进圣地亚哥的波希米亚式学生时代

阿尔瓦罗·伊诺霍萨和聂鲁达（右），1927
年离开智利长途航行去仰光前留影

聂鲁达（右）和他的朋友托马斯·拉格，聂鲁
达出发去远东之前在圣地亚哥，1927 年

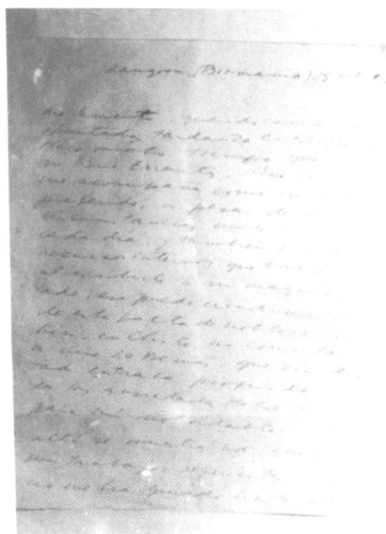

聂鲁达在锡兰，1929 年

聂鲁达 1927 年 10 月 25 日写给艾克多·伊
安迪的信，信中，他感谢伊安迪，因为这
个阿根廷人为《二十首情诗和一首绝望
的歌》写了一篇评论，它"轻松挖掘到我
（在写作）那本书中所体验到的焦虑的巨
大深度——某种我永远难忘的事情"

聂鲁达初恋之一，阿贝
提娜·罗萨·阿佐卡

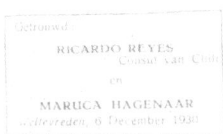

官方的婚礼声明

聂鲁达与他第一任妻子，玛利亚·安东尼
娅·哈赫纳尔（玛露卡），摄于他们在巴达
维亚的婚礼当天，1930 年

智利作家，玛利亚·路易莎·博
姆巴尔，1933 年与聂鲁达和玛
露卡一起住在布宜诺斯艾利斯

西班牙诗人，米盖尔·埃尔南德斯，聂鲁达在西班牙内战期间最亲密的朋友之一。他1942年死于狱中

聂鲁达和他的朋友，西班牙诗人费德里科·加西亚·洛尔迦（左），在马德里，1934年

在渔船"温尼伯"号上被聂鲁达挽救的大约两千名西班牙共和主义者难民登上船以后向智利总统佩德罗·阿吉雷·塞尔达致敬，1939年

聂鲁达与迪莉娅·德尔·卡丽尔，他的第二任妻子

Heden ontsliep geheel
onverwachts ons geliefd
dochtertje en kleindochter:
MALVA MARINA,
in den ouderdom van
8 jaar.
2 Maart 1943.
Mexico:
RICARDO REYES
den Haag
Groot Hertoginnelaan 209
M. REYES—
HAGENAAR
N.O.I:
A. H. HAGENAAR—
VOGELZANG.
De begrafenis zal plaats
hebben te Gouda Zater-
dag 6 Maart om 2 uur
's middags.
Vertrek van het sterf-
huis Noothoven van Goor-
straat 4 te Gouda.
Eenige en algemeene
kennisgeving.

Voor de vele hartelijke
bewijzen van deelneming
ontvangen bij het overlijden
van ons geliefd dochtertje en
kleindochtertje
MALVA MARINA
betuigen wij hiermede onzen
oprechten dank.
Mexico:
RICARDO REYES
den Haag.
Gr. Hertoginnelaan 209:
M. DE REYES—
HAGENAAR
N. O. I:
A. H. HAGENAAR—
VOGELZANG.
8 Maart 1943.

聂鲁达与玛露卡所生的女儿马尔瓦·玛丽娜·雷耶斯的讣告，1943 年，年仅八岁

聂鲁达在马丘比丘，1943 年

聂鲁达 1943 年访问哥伦比亚期间留影，单腿跳舞，与拉克儿·塔皮亚·卡巴勒罗——智利诗人胡安·古斯曼·克鲁夏加的妻子

聂鲁达自 1945 年起担任智利参议员的官方委任状

阿依达·费格罗阿和塞尔吉奥·因孙查，站在迪莉娅·德尔·卡丽尔画的一幅马前面，圣地亚哥，2000 年。这对夫妇 1948 年在圣地亚哥市中心的公寓中藏匿了聂鲁达和迪莉娅

维克多·佩，圣地亚哥，2000 年。聂鲁达曾在 1939 年挽救，并用"温尼伯"号送到智利的西班牙难民之一，佩反过来在 1948 年圣地亚哥的公寓里帮助藏匿聂鲁达和迪莉娅

《解放》的初稿，这是聂鲁达 1948 年藏匿期间在打字机上写的《大诗章》中的一部分。上面显示有迪莉娅的批注——包括她对重复使用词语"raices"（根）的批评——在右手边

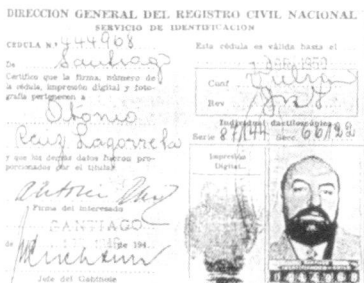

聂鲁达 1948—1949 年藏匿期间的
伪造证件，上面称他为安东尼奥·路
易斯·拉格勒塔

留着浓密胡须的聂鲁达在马背上冒险穿越
安第斯山逃亡，1949 年 3 月

维克多·毕安琪关于穿越安第斯山逃亡的日记精选，包括一幅素描，描绘他自己和
聂鲁达因为穿越计划耽搁而恼怒得来回踱步

聂鲁达与智利诗人尼卡诺尔·帕拉在智利的一次诗歌朗诵会上，1950 年代

聂鲁达受到他的土耳其朋友，诗人纳西姆·希克梅特（右）鼓掌，1950 年代

毕加索拥抱聂鲁达，华沙，1950 年代

聂鲁达（左二）与他的智利朋友（从左至右）鲁文·阿佐卡、奥梅罗·阿尔塞和奥尔兰多·奥雅尊，摄于"米却肯"，圣地亚哥，1950 年代

聂鲁达与智利诗人加芙列拉·米斯特拉尔——第一个获得诺贝尔文学奖的拉美人——摄于 1950 年代

聂鲁达许多次访问苏联中的
一次

聂鲁达和他的朋友，法国诗人保尔·艾
吕雅，在布达佩斯，1949 年

聂鲁达与俄国朋友兼
翻译者伊利亚·爱伦堡
（右）在 1951 年访问
中国期间

大卫·阿尔法
罗·西克洛斯、
迪耶戈·里维拉
和巴勃罗·聂鲁
达在墨西哥城签
署《大诗章》墨
西哥第一版的文
件，1950 年

聂鲁达与玛蒂尔德·乌鲁齐亚——后来成为他第三任妻子——及其狗尼翁，在卡普里岛

LOS VERSOS
DEL CAPITAN

NAPOLI·MCMLII

第一版，匿名版《船长之诗》的封面，1952 年印行于那不勒斯

塞瓦斯蒂安娜，聂鲁达在瓦尔帕莱索的房子

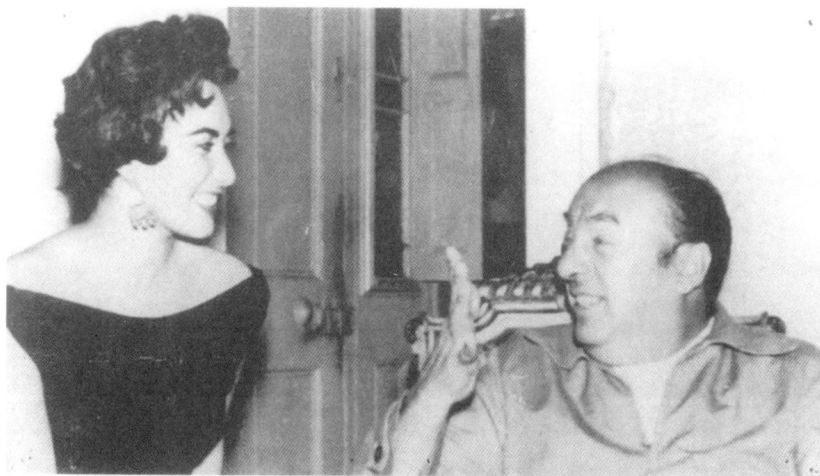

聂鲁达与智利诗人兼记者萨拉·维亚尔，在她位于瓦尔帕莱索的房子里，1958 年

聂鲁达首次访问委内瑞拉期间在签名，1959 年

聂鲁达接受牛津大学荣誉博士　聂鲁达与玛蒂尔德·乌鲁齐亚
学位，1965 年

聂鲁达与美国作家阿瑟·米勒，在参加国际笔会大会期间在纽约一家书店，1966 年

聂鲁达作为智利总统候选人，1970 年

聂鲁达在瓦尔帕莱索朗读他的诗歌，1971 年，他离开智利赴任驻巴黎大使前最后一次朗诵

聂鲁达在黑岛与萨尔瓦多·阿连德（左）以及博洛迪亚·泰特博姆一起因一个笑话而开心

聂鲁达在总统竞选队伍中，1970 年

圣地亚哥总统府莫内达在1973年9月11日军事政变之后被大火吞没

聂鲁达在斯德哥尔摩，从瑞典国王手里接过诺贝尔文学奖，1971年

黑岛海滩

译者序
自成面包的面包师

拉丁美洲——这个词展开在我们面前的是移民、毒品、海盗、贫民窟、左轮手枪、逃亡者……鳄鱼、仙人掌、原始丛林……玛雅金字塔、印加传说、屠杀、复仇、纵欲、酗酒……还有海啸和火山。整个拉美的历史与地理，就是一个错综复杂的神秘丛林，充满厮杀与争斗，却永远搏动着生机，从这里喷薄出诗歌的熔岩：达里奥、米斯特拉尔、博尔赫斯、帕斯、巴列霍，当然，还有最为炽热的——聂鲁达。

聂鲁达首先并不是什么"诗人"。他是野蛮疯长的原始大地喷发的岩浆，所到之处，女人、男人、树木、草原，都禁不住燃烧起来。即便这岩浆冷却了，也保持着火焰的形状，而它所点燃的火种，蔓延到天涯海角。

"文学"这个词从来无法帮助我们理解文学。天地之间原本只有落日、海浪、罂粟花、七星瓢虫、广阔星空……拥抱、分离、狂喜与阵痛。"诗"也从来不能帮助我们理解诗。农民会告诉我们：理解果子的味道需要理解土壤的成分，理解云彩的形状需要理解天气的变化。

于是我们需要传记。需要看到一首更为原本、广阔、朴素的诗，看到沙漠上带刺的石头状植物上开出的红花并不是什么"情调""风雅""艺术"，它就是沙漠本身的凝结，万千干枯中收集起来的一滴水。

聂鲁达远不止是什么"爱情诗人"，尽管几乎所有读者都熟悉他的《二十首情诗和一首绝望的歌》（1924）以及《一百首爱情十四行》（1959），尽管众所周知他拥有三任妻子和无数情人。任何弗洛伊德主义的解释在聂鲁达的丰富与蓬勃面前都是徒劳的炫技。如果纵欲可以创作出诗，那么，阿姆斯特丹或者东莞应当是诗歌的盛产地；如果禁欲可以创作出诗，那么，军营、寺庙、修道院应该是诗人的故乡。

然而，诗人的旺盛创造力与性欲、爱情之间，又似乎有着正比关系。我们一定还记得约翰·邓恩如何赋予情欲以思想的深度，惠特曼如何歌颂带电的肉体，雨果如何把欢爱之时的女人称作上帝本身，劳伦斯如何让原始的性爱来拯救文明社会的虚伪与疲软……

是的，通过聂鲁达的诗歌，我们看到了不仅爱而且性的纯洁、坦荡与美好。但我们更看到了一种更高的能量，生命本身蓬勃的热度，来自太阳蓄积在地球内部的岩浆，一切生命赖以永恒轮回的力量，正是这种力量，推动河水奔腾、花朵盛放，推动男人走向女人，也正是这种力量，推动诗人唱出他的歌。

如果一个人只在二十多岁写情诗，他可能只是个发春的动物；但如果他到六十多岁还写出遒劲的情诗，那么，他就是巴勃罗·聂鲁达。

聂鲁达在人们心目中从来不曾呈现一个老年人的形象。直到六十九岁，他依然是一座活火山，同时撰写着八本著作。

这是一本良好的传记所应该告诉我们的：聂鲁达是谁？一个不倦追求女人者，情欲旺盛的雄性，沉醉于原始森林的甲壳虫热爱者，披着黑色斗篷浪迹于圣地亚哥的穷酸享乐主义青年，辗转于南亚热带潮湿国度的落魄外交官，钥匙与海螺收藏家，热爱美洲历史与地理的旅行家，共产党员，代表智利最贫瘠省份的参议员，工人运动的热烈支持者，被通缉的逃犯，穿越安第斯山的冒险家，无数正义人士的终生好友，终生敞开家门的聚会热爱者，几千难民的拯救者，日常平凡事物的爱好者……然后才是，用精巧贴切的文字之容器收集上述这一切生命经历的创作者，这些容器分别是：《二十首情诗和一首绝望的歌》《一百首爱情十四行》《大地上的居所》《我心中的西班牙》《献给斯大林格勒的情歌》《伐木者醒来》《马丘比丘高地》，还有《元素颂》……

所以，聂鲁达说：我写诗很久以后，才知道自己在写诗。

我们之所以如此关心一个诗人的"底细"，远远不是好奇而已。我们有一种再正常不过的期待：期待他的诗所带给我们的，也曾带给他本人。否则，这其中一定有某种误会。虽然，一直有一种很强的论调，宣称人品与诗品的分离，强调艺术独立于人格。是的，艺术可以独立于道德教条，但它不可能独立于它自己所歌唱的事物。相比之下，我们更希望诗歌是生命的"成果"，而不只是"蓝图"。因此，一个叫拜伦的唐璜为解放希腊而拿起了枪，一朵叫做华兹华斯的水仙毅然返回山水之间的家乡，一艘叫兰波的醉舟随洋流漂泊到了原始部落……

因为我们不相信诗歌只是水晶花瓶、镶钻的戒指、裙子上的蕾丝花边……所以，聂鲁达不断地把诗歌比作面包。从生活的面粉中，我们烘焙出真正的粮食，可以减轻饥饿、忧虑与营养不良，让人恢复精力与信心。

固然，我们甚至更同情那些跟聂鲁达相龃龉的诗人：帕斯捷尔纳克、博尔赫斯、帕斯，当他们明确反对诗歌直接跟政治挂钩。我们也相信，诗歌的政治意义，并不需要像聂鲁达所认为的那样直接。诗歌很大程度上，正是以其独立性（独立于时政），而在作为文化动物的人类政治进化史中发挥着更为深远的影响。尽管如此，聂鲁达依然和他所不（被）理解的诗人同胞站在了一起，用自己的生命热忱去写诗。

我们发现，聂鲁达不仅歌颂女人的嘴唇、大腿、乳房、"腹部的阴影"……更多篇幅里，他胸怀中的爱人化作了蜜蜂、蝴蝶、浆果、落日、海浪、面包、风信子、紫罗兰、苹果、麦子、火山……毋宁说，他用全世界来爱他对面那个女人，他因为爱情而爱上了整个大地与天空。

很少看到谁有聂鲁达那么丰富的诗歌词汇。并不是说，他掌握或发明了比我们更多的词，而是说，他掘开了一扇扇敞亮的门窗，让万千世界都进入他写作的房间，聂鲁达很少说"我爱你"，在本该说"爱"的地方，聂鲁达说起了"采集""挖掘""耕种""撒网""航行""盛放"……毋宁说，聂鲁达用他超凡的想象力，为我们还原了爱情的真相，那源自鸟兽草木天空河流的力量本身。

好的诗歌，是输油管道、太阳能集热板、时空之门、森林地质公园的步道，领我们抵达热力、能量、风景与神奇的日常。

好的诗歌，不仅为我们展开视觉的图画，更激活我们全部的感官，让我们感受赤道之热、南极之冷、海浪之咸涩、松林之歌咏、礁石之硬、瀑布之软、甲壳虫的刺鼻臭味、原始丛林的高大与深邃……

诗人的点金之笔，把"文明社会"抽象空洞的概念之石都化作光辉灿烂的感性世界，那富有色泽、音响、形状、气味、冷热、酸咸的勃勃生机。

这，就是聂鲁达。跟他的先行者普鲁斯特一样，在我们的感官中建筑起生活的纪念碑。

值得我们注意的是，聂鲁达的诗歌中竟没有用典，一个都没有。他的诗是直接从大地上长出来的植物、动物、山脉与径流。这是文学中一道罕见的风景。所有大自然的孩子，都可以读懂聂鲁达的诗。他用他随手摸到的事物写诗，从而让我们每个人也能随手摸到他诗中的一切。

谨守着朴素、日常、真诚、自然，诗歌以其小而成就了大，以其私密而遍及天涯。

有井水处，皆能歌聂鲁达。

聂鲁达成功了。不是说，作为诗人的聂鲁达成功了。而是说，作为面包师的聂鲁达成功了。晚年在《日子之手》中羡慕手艺人的聂鲁达，其实也成了令人羡慕的手艺人。他的面包正被翻译成地球上最多的语言，喂养着一代又一代饥渴的心灵，把天空大地都装入他们的胸腔。

值得谈一谈聂鲁达的"政治诗"。一个在大家眼中的"艳情诗"作者，著作的几乎一半竟然是"政治诗"（尽管他本人反对这种判断）：第三《居所》——尤其是《我心中的西班牙》《献给斯大林格勒的情歌》；《大诗章》——尤其是《解放者》《征服者》《被背叛的沙子》《亚美利加，我不是徒劳呼唤你的名字》《智利大诗章》；赞扬古巴革命的《壮举之歌》；《打倒尼克松，赞扬智利革命》等。且不论这些"政治诗"在艺术上有什么得失，单就这些诗的出现，也值得我们沉思。在我们的"常识"中，爱情总是虚无缥缈之物，或者床笫之间的"苟且之事"，轮不到望革命斗争之项背，儿女私情与崇高宏大的人类解放无关。殊不知，恰恰相反，需要解放的，正是每个人天赋的欲望；需要大声疾呼的，正是每个人自然的满足；只有建基于个人的福祉，才可能真正走向类的共赢。

因此，在那个血雨腥风的 20 世纪初，歌颂爱情的诗人转而抗击专制、暴力与掠夺，并非什么稀罕的事情，不管具体政治见解何如，洛尔迦、阿拉贡、奥登、巴列霍……都投身于反法西斯斗争，有的还为此付出了生命。

爱正是突破自身之物，那深切体会到爱情之美的人，正体会到一个人走出自己身体与另一个身体结合，互相取悦的美妙，不仅肉体而且心灵都沉浸在完满之中，那片刻的沉醉与安宁，像极了时间停止后的天堂之永恒化境。抒情诗人让我们至今仍看到跳出一己之私对生命的益处，就像肉体走出房间去呼吸，去同化那些异己的蔬菜水果以获得健康，精神也要向其他精神走去。

爱，本质上就是"博爱"。身处爱情中的人，会感到与世界的和解，心中怀着祝福，周遭一切变得可爱，充满勃勃生机。因为，要相信，那点亮情人眼睛的，必然也点亮天地万物。一个看到且得到火的人，自然而然想要盗来此火，传递给世人。"如果你不曾为他人幸福奋斗过，你不可能幸福。"——他说。

这就是广义的"爱情诗人"——巴勃罗·普罗米修斯。没错，他写的所有诗，本质上都是"情诗"。世界对他，就是一个大写的女人，渴望着进入、拥抱、理解、赠与、孕育、诞生。

这个终生不渝的共产主义者，虽然在政治上难免有幼稚和盲目，但他从未走上宏大叙事的套路，生命的热情让他一再返回最为坚实的大地。在进入晚年的时候，带领他写出了三本《元素颂》，触手可及的"卑贱"之物：洋葱，西红柿、外套、手表、袜子……和洛尔迦、惠特曼、斯大林格勒、古巴一起并肩站在他的颂歌行列。这就是涌动的海浪聂鲁达，那高高扬起的宏大与崇高终究回落，在卑微琐碎的日常中发现按兵不动的同一股洪荒之力。

《元素颂》本身是值得歌颂的，它必须和《情歌》《大诗章》放在一起，构成一个智利诗人以其活火山的高大视野和广阔胸怀，所看到的众生平等，发掘出万化虽殊，道通为一的"强力哲学"，谱写出他西班牙语音韵铿锵的《齐物论》。于是，踏着聂鲁达层层叠叠的诗歌阶梯，我们来到了《马丘比丘高地》。这片聂鲁达诗歌的高地，神秘的堡垒，时空之门。"石头在石头中，人在哪里？／空气在空气中，人在哪里？／时间在时间中，人在哪里？"在马丘比丘高地，诗人看到了自己并不是一个人，而是一个复数的人，过去时与未来时叠加的人，他活生生感到自己就是那些死者，永恒轮回的生命之火正穿过他的蜡烛，向远方奔腾而去，"快来到我的血管我的口中。／用我的声音说话，用我的血液发声。"

聂鲁达的生命哲学在这首诗中展露无遗，聂鲁达置于爱情和政治两端之间复杂的诗歌光谱，在这里调制成最绚烂也最令人信服的渐饮渐醉的鸡尾酒。

谜底终于揭开，驱动这一切的、让看似无关的事物紧密嵌合的，无非是生命本身。聂鲁达继承了他的先驱诗人克维多对生命的痛感，但并未停留在悲伤与虚无中，他是积极的虚无主义者，是永恒轮回的信仰者；也因此，一个貌似与存在主义相仿佛的诗人，却与萨特格格不入，是自然而然的，因为，意识到存在之虚无后，聂鲁达所感到的不但不是恶心，反而是酒神般的沉醉，"既然人生如梦，就让我梦下去吧"——弗里德里希·聂鲁达如是说。

于是，一条写诗的大河毫不犹豫地奔腾而下，他掷地有声地说："如果有来生，我仍将这样度过。"

无疑，他是诚实的。他的来生，正是我们的此刻。我们也可以借着他的话说：他的声音，此刻正在我们的脉搏里律动；他的丰沛，此刻正在我们血液里奔腾。毋庸置疑，这就是尽管命运阴晴不定，生活充满苦痛，我们依然需要诗歌的原因。它不是消遣，不是文艺，本就是我们血中的血，肉中的肉，必需中的必需。

这就是眼前这本亚当·费恩斯坦的《聂鲁达传：生命的热情》所带给我的思绪。迄今为止，在中文世界，流传最广的当属聂鲁达的自传（另有一本所谓《聂鲁达传》其实完全改编自聂鲁达自传，加了一些小说性杜撰）。聂鲁达的自传与其说是传记，不如说更像是一本精彩的散文，他并非注重事实的还原，而是各种感受的收集，其中描写自然、史实与他人的部分，往往超过对诗人本身的交代。因此，他的自传被人戏称为"未必可信"的传记。

　　而费恩斯坦的这本聂鲁达传记，毫无疑问，是迄今为止资料最为翔实的一本。他吸收了我们几乎能想到的全部聂鲁达著作、书信、文章、遗稿，其妻子及亲朋好友的回忆（录），采访了幸存于世的聂鲁达朋友亲人，咨询了众多聂鲁达研究专家（典型的如牛津大学的罗伯特·普林－弥尔，军政府期间流亡莫斯科的最全面聂鲁达传记作者博洛迪亚·泰特博姆，另一个重要的聂鲁达传记作者玛加丽塔·阿吉雷，聂鲁达作品全集的整理与研究者埃尔南·洛伊拉等等），他直接或间接从各个国家（包括中国）相关的大学、档案馆、专家那里索取文献资料，也因此带来了此前任何一个传记作家所未能触及的一些新材料（比如聂鲁达前两任妻子离婚后的状况，最后一任妻子在聂鲁达死后的作为，很晚近才出版的个别遗作，聂鲁达死亡之谜的新近调查等等）。这是一种严谨的历史态度。一本好的传记，首先要提供给我们足够丰富且可信的历史资料、客观角度、事实基础。然后，读者才可以据此作出各自的判断与反思。

　　因其冷静、细心、翔实，我们得以进入诗歌背后，把握聂鲁达用六十九年时光写出的最为重要的一部鸿篇巨制。

　　这本传记的翻译以准确为最高标准，查对信息所花费的时间超过语言本身的转译，尽管如此，好几次校读，依然发现了错误和不一致之处，译者愿意为译文中任何纰漏承担责任，对批评建议充满期待。我也相信，作为一个忠诚的研究型译本，它带给其他读者的收获，一定不会比带给这篇序言作者的更少。

　　最后，感谢编辑赵波先生的信任与耐心。

杨震

2017 年 3 月 31 日于昌平

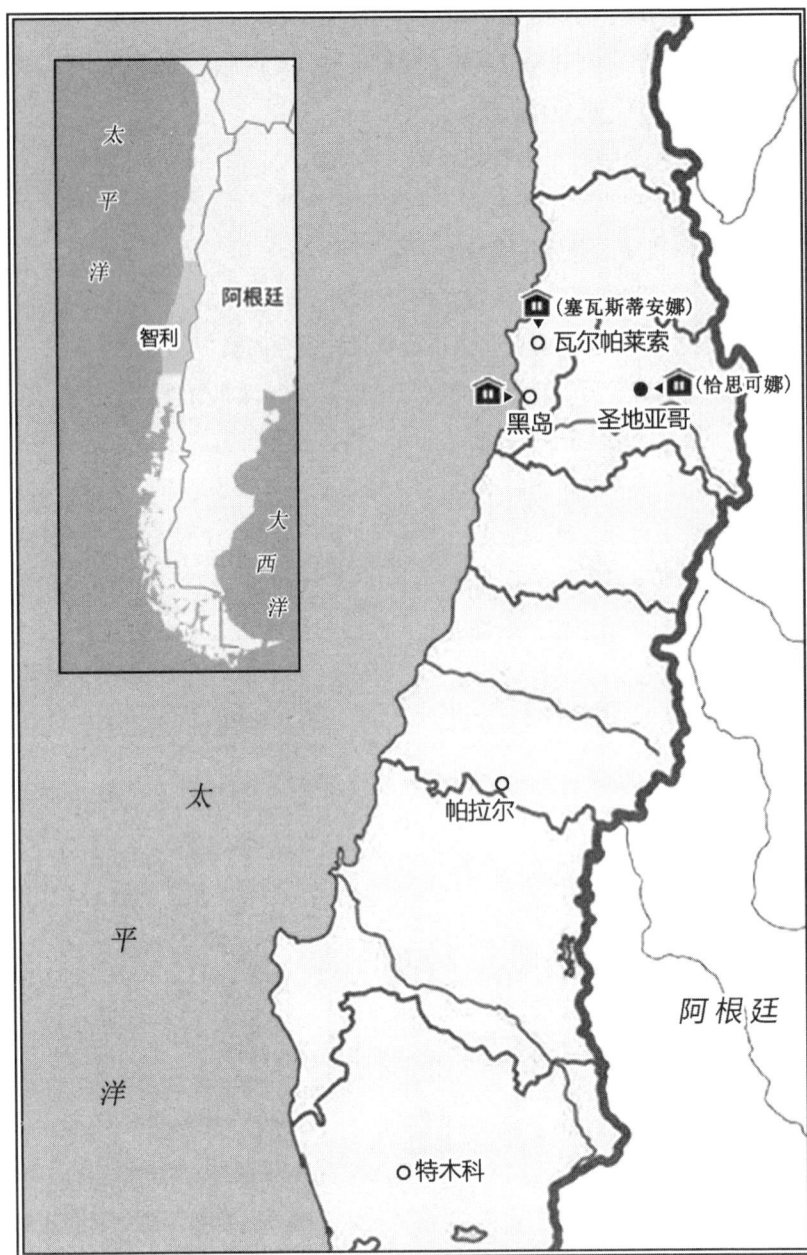

太平洋

阿根廷

智利

大西洋

(塞瓦斯蒂安娜)
瓦尔帕莱索

(怡思可娜)
黑岛　圣地亚哥

太平洋

帕拉尔

阿根廷

特木科

聂鲁达生命中的几个地方及三处房产

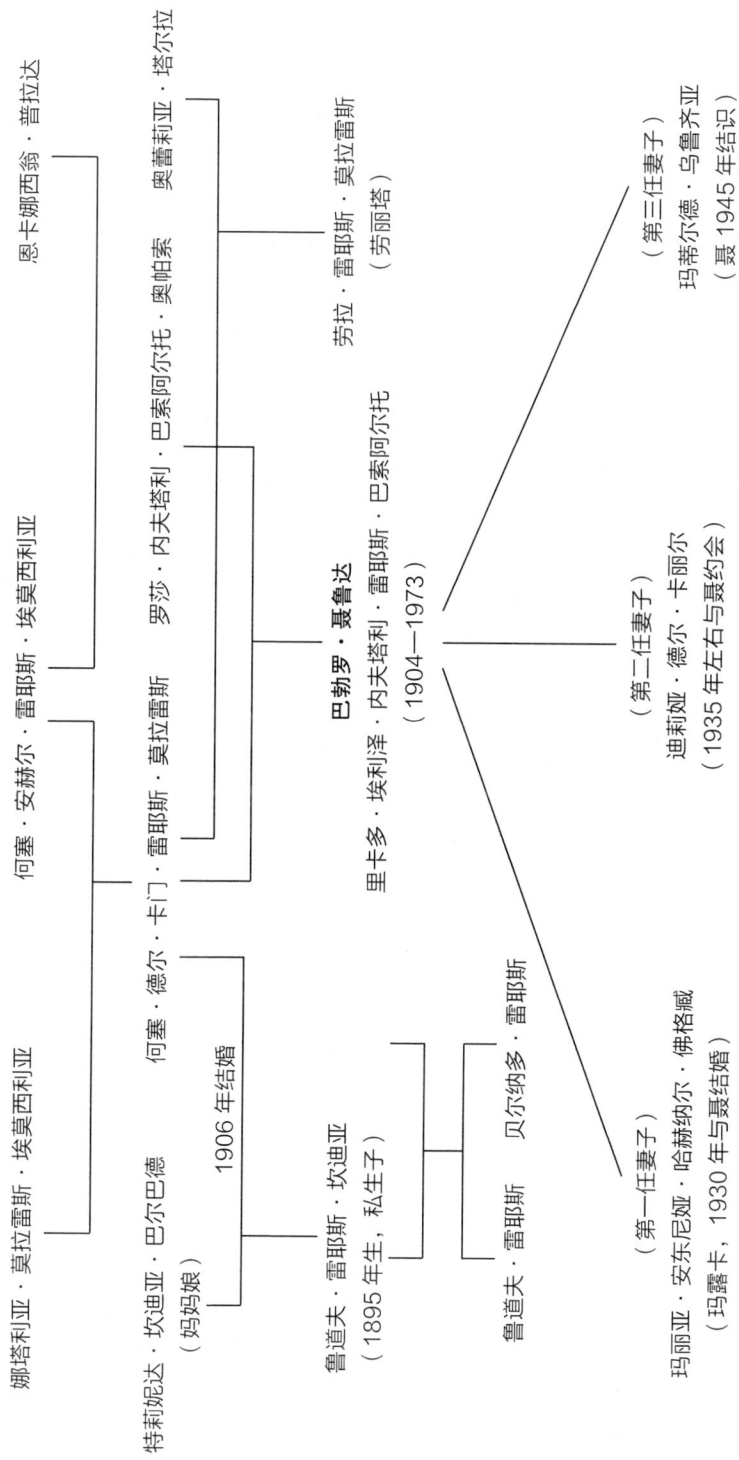

聂鲁达家谱

娜塔利亚·莫拉雷斯·埃莫西利亚

何塞·安赫尔·雷耶斯·埃莫西利亚

恩卡娜西翁·普拉达

特莉妮达·坎迪亚·巴尔巴斯（妈妈娘）

何塞·德尔·卡门·雷耶斯·莫拉雷斯

1906年结婚

罗莎·内夫塔利·巴索阿尔托·奥帕索

奥蕾利亚·塔尔拉

劳拉·雷耶斯·莫拉雷斯（劳丽塔）

鲁道夫·雷耶斯·坎迪亚（1895年生，私生子）

巴勃罗·聂鲁达

里卡多·埃利泽·内夫塔利·雷耶斯·巴索阿尔托（1904—1973）

鲁道夫·雷耶斯　贝尔纳多·雷耶斯

（第一任妻子）
玛丽亚·安东尼娅·哈赫纳尔·佛格藏
（玛露卡，1930年与聂鲁达结婚）

（第二任妻子）
迪利娅·德尔·卡丽尔
（1935年左右与聂鲁达约会）

（第三任妻子）
玛蒂尔德·乌鲁齐亚
（聂1945年结识）

献给我的家人

目　录

致　谢

　　毫不夸张地说，如果没有牛津大学圣凯瑟琳学院教授罗伯特·普林－弥尔的慷慨支持，我将不可能完成这本传记写作。我欠他的人情债是巨大的，感谢他的友谊与殷勤，他的善良带给我的无可估量的文件，他付出的时间，他的研究、建议，智利联系人的清单，源自他与巴勃罗·聂鲁达私人友谊的奇闻轶事。罗伯特也阅读了这本书的手稿，做出丰富的批注，纠正了我翻译中的不当之处。当然，仍然潜在的任何错误都由我自己负责。

　　我也对圣地亚哥的"巴勃罗·聂鲁达基金会"表示巨大的感谢，它让我与聂鲁达的其他朋友与亲人取得联系，他们在我造访智利期间给予我帮助。

　　温盖特基金会和伍豪信托的资助使我有机会前往智利、西班牙和俄罗斯研究档案资料。

　　我感谢何塞·米盖尔·巴拉斯，智利文化杂志《驽骍难得》的编辑，感谢他的洞见，为我提供更多有益的名单和电话号码。

　　我感激圣地亚哥国家图书馆的胡安·卡米罗·洛尔迦给予的帮助，引导我查阅图书馆许多关于聂鲁达的文件，感谢巴塞罗那市政图书馆的职员，以及伦敦国家档案馆的职员，他们耐心帮我检索许多重要文献。

　　我对海牙的卡特琳·博伊特－赫伯特欠有巨大人情，因为她对聂鲁达第一任妻子玛露卡的生平做出了重大研究，她发现了许多此前未发表的细节。我也非常感谢阿纳贝尔·托雷斯在这方面提供的支持。

我要把感谢给予智利的胡里奥·加尔维兹，他提供给我很多关于聂鲁达在西班牙的时光的信息，感谢弗朗西斯·斯托诺·桑德尔斯分享她阻止聂鲁达赢得 1964 年诺贝尔奖的成功运动的文件。

对于那些乐意分享他们在智利对聂鲁达的看法和记忆的人们，我必须感谢：博洛迪亚·泰特博姆，玛加丽塔·阿吉雷，阿依达·费格罗阿，塞尔吉奥·因孙查，伊内斯·瓦伦祖拉，伊内斯·费格罗阿；圣地亚哥的波利·德拉诺，弗朗西斯科·维拉斯科，玛丽·马尔特纳，萨拉·维亚尔，维克多·佩，罗萨·布鲁，何塞·巴尔梅斯，玛利亚·加尔维兹，维克多利亚·拉格，费德里科·朔普夫，鲁道夫·雷耶斯及伊尔玛·帕切科；瓦尔帕莱索的弗朗西斯科·维拉斯科及玛丽·马尔特纳；特木科的胡安·卡洛斯·雷耶斯，贝尔纳尔多·雷耶斯和莉迪亚·赫勒拉；还有拉丝克鲁斯的尼卡诺尔·帕拉。

我要特别向聂鲁达的朋友兼秘书和传记作家玛加丽塔·阿吉雷致敬，我在圣地亚哥的许多场合遇到过她，她在 2003 年 12 月不幸去世。

特别的感谢要献给智利诗人和记者萨拉·维亚尔，感谢她在比尼亚德马尔的好几个小时欢快而富有启发的谈话，感谢她帮我获得有价值的资料。

我非常感谢阿瑟·米勒分享他在纽约组织 1966 年笔会的经历，以及他个人对聂鲁达停留美国期间的印象。

莫斯科的维拉·库泰什科瓦也给我提供了对聂鲁达许多次访问前苏联的重要看法，这种帮助令人感激。我也感谢莫斯科国家档案中心职员提供的帮助。

我也怀着感激鸣谢刘红宾，他把许多关于聂鲁达的中文资料翻译成英文。

我想要感谢智利三处聂鲁达房子——恰思可娜，黑岛和塞瓦斯蒂安娜——的职员们，他们让我长时间参观那些建筑及其周边，并拍摄照片。

我也感激詹森·威尔森教授，伦敦大学研究拉美文学的教授，在写作本书时提供许多饶有启发的讨论，借给我大量有用资料。我也想要感谢牛津大学的多米尼克·莫兰博士，他为这个平装版提供了有益建议。

致 谢

艾默斯特学院的依兰·斯塔文斯博士也提供了重要的建议，一并感谢。

我必须向埃尔南·洛伊拉新版的《聂鲁达全集》致敬，它被证明是带来信息与快乐的无尽源泉。

我也要感谢利兹·卡尔德以及阿莱桑德拉·普林格对这个课题的毫不动摇的热情，我的代理人维多利亚·霍布斯，还有布鲁姆斯伯里出版社我的各位编辑们：比尔·斯文森以及维多利亚·米拉尔，他们的任务是打磨那些粗糙的毛边。

亚当·费恩斯坦

引　言

只有很少的诗人，人们可以说，他们丰富了全世界百万人的生活，并且，在其死去三十多年以后仍然如此。智利诗人巴勃罗·聂鲁达就是这样一个人。聂鲁达是 20 世纪最伟大的西班牙语诗人之一，他的作品之美，跟他对社会正义的热情以及他对生活的热爱一起，一如既往地充满活力。

在他 1971 年获得诺贝尔文学奖之前的近半个世纪内，世界各地的恋人们就已经从聂鲁达《二十首情诗和一首绝望的歌》（以下简称《二十首情诗》）中摘抄诗句来互相表白。更多的人深深着迷于《元素颂》的优雅与动人的简洁，《大地上的居所》的深奥之美，《大诗章》的史诗力量，《狂想集》中辉煌而机智的自嘲，以及后期爱情诗所向披靡的抒情性。

聂鲁达的政治信念——他很长时间内是个斯大林主义者，尽管不断受到 1956 年以后的各种政治事件困扰——也许不再有效。但他本质上的人道主义直到我们走向 2004 年 7 月他的百年诞辰之时，依然发挥着重要作用。

聂鲁达横跨整个世纪和全球，他与 20 世纪最迷人、最富有影响力的许多人物过从甚密，包括洛尔迦、毕加索、艾吕雅、阿拉贡以及爱伦堡。

他的人生经历卓尔不凡。聂鲁达不只是一个诗人、外交家和政治家。他也是醇酒（尤其是智利酒）、女人（他有过三任妻子与无数情人）

和歌曲的永不疲倦的热爱者。在西班牙内战期间，他放弃在马德里的外交职位，来勇敢地支持共和主义者，并且用一艘旧渔船"温尼伯"号，把两千名共和主义者运送到智利，挽救了他们的生命。他那些逃避本国独裁者的隐匿岁月，以及他在马背上翻越安第斯山脉逃到阿根廷的冒死经历，本身都足以写成一本书。毫无疑问，在那段逃亡岁月，以及以后的岁月，他诗歌的力量以及他死里逃生的纯粹欢欣使他不仅赢得了挚友同时也赢得了政敌的衷心支持。他在欧洲的三年逃亡中，包括一次乘坐威尼斯刚朵拉成功逃出意大利统治者的掌心。回到智利之后，他被提名为总统候选人，后来为了支持萨尔瓦多·阿连德而退出。

他给他所遇见的所有人都编织了一道魔咒。洛尔迦意味深长地称他"相比于墨，更近于血"。

聂鲁达也是一个极其复杂的男人。他承认自身内在的矛盾，称"巴勃罗·聂鲁达……我最忘恩负义的敌人"。本书是第一本资料完整的英语传记，试图解开这些矛盾。唯一的另一本完整传记，是聂鲁达的密友博洛迪亚·泰特博姆 1984 年在莫斯科撰写的，在那里，泰特博姆没有机会接触到核心档案，并且明显掩盖了聂鲁达人格以及政治关系上面不那么有魅力的方面。

巴勃罗·聂鲁达是让－保尔·萨特的对立面。当萨特对周遭世界感到恶心之时，聂鲁达即使在他高度痛苦与顽固的临终疾病之中，依然感到欢欣。当萨特教导我们通过接受生命核心的无意义性来找到个体自由，聂鲁达感到：人——首先是作者——有责任拥抱生命，并致力于寻求社会公正。在我们所生活的全球村时代，萨特的信息是疏离而空洞的、难以卒读，而聂鲁达对人类团结的呼吁却比以往更加具有潜力。

俄罗斯诗人叶甫盖尼·叶夫图申科——那个在赫鲁晓夫解冻时期转而反对斯大林主义但依然是聂鲁达密友的人——在这个智利人 1973 年离世几天后写出了他动人的《致聂鲁达的一封信》：

> ……今天我看见聂鲁达——
> 他始终站在正中央

引　言

绝不摇晃，
他把诗歌带给人民
如此简单，沉默
如一块面包。[1]

第一章

秘密、阴影、酒和雨

1904—1920

　　巴勃罗·聂鲁达，原名里卡多·埃利泽·内夫塔利·雷耶斯·巴索阿尔托，1904 年 7 月 12 号出生在智利中部的酒乡帕拉尔城，"那里，葡萄藤卷曲着它们绿色的发梢"[1]。他的母亲罗莎是一名教师，生他时已经三十八岁。1904 年 9 月 14 号，生产完两个月零两天后，她就死了，很可能是死于产褥热，但是能肯定的是：生孩子使她的身体累垮了。聂鲁达永远也无法认识这个把他带到人世间的女人了。

　　聂鲁达的父亲，何塞·德尔·卡门·雷耶斯·莫拉雷斯，也在出生时失去了自己的母亲，那是个文静端庄的女人，名叫娜塔莉亚·莫拉雷斯·埃莫西利亚。何塞·德尔·卡门的父亲后来又娶了一个性情气质和体格都非常不同于他母亲的女人。她叫恩卡娜西翁·普拉达，是个身强力壮又顽皮幽默的人，给何塞·德尔·卡门的父亲生了不少于十三个孩子，孩子名字全部取自圣经。

　　何塞·德尔·卡门一家人住在帕拉尔城一栋小小的叫作贝伦的房子里。二十岁时，体格健壮、留着胡子、相貌堂堂的何塞·德尔·卡门离开了这个同父异母兄弟姐妹构成的圣经家庭，前往离家 150 英里的塔尔卡瓦诺港找工作。在总统何塞·巴尔马塞达下令建造一座大坝后，塔尔卡瓦诺港变成了一个繁忙的工业中心。

　　聂鲁达的父亲不是一个"农民工"。不完全是。"农民工"不像南美洲的其他人：他们连接着智利乡下落后的农民和圣地亚哥郊区的技术工人，他们离开土地成了工匠、矿工或者甚至是电工。但是从传统上来讲，"农民工"在生意上也是很机智和精明的。可惜，聂鲁达的父亲在 4 智利全国奔波找工作时，这些称号都用不到他的身上。他甚至曾一度漫游穿过国境线到阿根廷去。

在塔尔卡瓦诺港的包餐旅馆，何塞·德尔·卡门和一个北美土著人交上了朋友。他叫卡洛斯·梅森·雷尼克，是个话唠，假想中的企业家。他很想参与到迅速发展的智利铁路线事业中。当时铁路网迅速把它的触角向南延伸。梅森成了何塞的知己，并且经常去帕拉尔城的家里拜访。特别是遇到当地人坎迪亚家的女儿米卡埃拉·坎迪亚后，就去得更勤了。后来他们结婚了。

婚后，梅森决定要扩展自己的生意。他在特木科城火车站附近买了许多房产，这是一个有着上万居民的快速繁荣的前沿城市。梅森带着天生的一股冲劲，在这里做起了许多买卖，包括一家小旅馆。

何塞·德尔·卡门在往返于塔尔卡瓦诺港的工作地和帕拉尔城的家中时，常常住在这个小旅馆。就在这个小旅馆中，他发现自己迷上了梅森的小姨子特莉妮达，米卡埃拉的妹妹。大概是在某次短暂的约会后，特莉妮达怀上了何塞的孩子。孩子出生于 1895 年的春天，起名鲁道夫·雷耶斯·坎迪亚，是聂鲁达的同父异母哥哥。

这是一桩不能张扬的丑闻，所以孩子出生在远离特木科城的托尔滕河岸边一个叫克依普的小城。鲁道夫被父母扔在了这里，接生婆艾斯特抚养他直到十一岁。似乎是命中注定的，鲁道夫的父母也是在这个地方分手的。这件事成了家里的秘密。直到不久前，鲁道夫还一直被大家误认为是聂鲁达的弟弟。[2]

四年后，二十九岁的何塞·德尔·卡门开始认真地追求另一个女人。罗莎·内夫塔利·巴索阿尔托·奥帕索是个年长他六岁的老师，在帕拉尔城的学校工作。马里亚诺·拉托雷·埃洛多伊——智利作家马里亚诺·拉托雷·库特的父亲——在帕拉尔第二学校上学时是聂鲁达母亲的学生。他的妻子费南蒂娜·库特也曾见过聂鲁达的母亲。在她的记忆中，罗莎"刻板，固执，有着钢铁般严格的纪律，然而对她的学生有深深的感情"。罗莎明显很喜欢鼓励学生去写诗和创作，当她修改这些习作时，

5　　她展示出"在寻找精确词语来描述感情或美方面拥有珍稀的天赋"。据费南蒂娜回忆，罗莎是一个有文化修养的女人，她甚至记得听过罗莎朗诵一个文学经典片段。她穿着黑色衣服，有着高高的声调和一双闪着质疑的绿眼睛，"她是个有格调的女人"，费南蒂娜说。[3]

　　何塞·德尔·卡门在聚会上可以时不时地遇见罗莎，当时他还未和特莉妮达分手，所以并没有进一步的行动。唯一幸存的罗莎照片显示她有一张并不漂亮但令人着迷的脸：深深的眸子，黑色卷曲的头发，有着柔和平静又矜持的表情。这些特征也许使何塞想起了自己的母亲。

　　他们在1903年秋天结婚了，把家安在了帕拉尔城的圣地亚哥街，一年后未来的诗人就出生在这里。马里亚诺·拉托雷·埃洛多伊是这样描述世纪之交的帕拉尔城的：

> 一个灰色的脏兮兮的破地方。它唯一的特点就是没有任何特点。它给人的印象就像刚刚建好的兵营。那些千篇一律的坚固的房子，墙壁像一张冬天的地图，上面画着暴风骤雨留下的层层叠叠的痕迹。夏天尘土飞扬，冬天泥泞难行……（但是）到了节日时，城里会有狂欢节的活动。赛马会吸引了智利全国各地的人来到这里，在社交俱乐部里，人们嬉闹着度过许多精彩的日日夜夜。这里的歌女和妓女都名声在外。[4]

他们手头拮据。尽管何塞是个卖力工作的男人，但一块小小的葡萄种植地实在难以维持生计，并且当老师也是个没油水的职业。但是小两口很幸福。罗莎喜欢为自己读诗，甚至曾尝试着自己创作诗歌，但一首也没留下来。[5]

　　聂鲁达出生时的智利，在几十年的经济繁荣和政治稳定后，正经历着一个又一个的经济困难，也被社会动乱不断地摧毁着，特别是北方地区。"智利的社会阶层比印度还多，并且每个人都被一个贬义词标签把他或她标在自己正确的位置上：农民工，纨绔子弟，暴发户，小资……与生俱来的身份地位是很容易从社会等级制度里继承的，但钱，名声或者天赋却不足以让一个人雄起，那需要持续的努力，或者几代人的积累。"[6]

然而对于生活在20世纪初的普通智利人，尽管这个国家的共产主义比任何拉丁美洲国家都要活跃，但这里根本就不是产生社会革命的温床。"每个人都会即刻明白自己的位置。在智利，上层社会总体上追随着欧洲，但沿着社会阶层和经济能力的阶梯向下移，本土特征会更突出。阶级意识如此之强以至于我从未见过任何人可以越过自己地位的界限。"[7] 6

那个未来的巴勃罗·聂鲁达，当时大家都叫他内夫塔利（他母亲的中间名），需要解决比转变社会阶层更紧迫的问题。他必须成功度过自己生命中最初的艰难的一年。后来他父亲回忆，"当内夫塔利还是孩子时，他特别害羞，而且病歪歪的。他在床上度过大部分时间。他身体太弱了，我们都担心他能不能活下来。"[8]

何塞·德尔·卡门因为没有能力自己照顾小婴儿，所以把孩子交给其祖父抚养。内夫塔利的祖父叫何塞·安赫尔·雷耶斯·埃莫西利亚，在经济上更富裕些，尽管还需要养育自己的十三个婚生子女。何塞的继母，恩卡娜西翁·普拉达，很快开始着手寻找奶娘。她找到了一个健康的年轻妇女玛利亚·路易莎·莱瓦。她自己有一个孩子但愿意并且能够给另外一个婴儿喂奶。在当时的智利，有经济能力的家庭雇佣奶娘是很寻常的。

在这座有许多孩子的房子里，小内夫塔利必须为赢得大人的关注而竞争。祖父是个感情丰富的人，他的道德说教中带点自大和严苛，但这些说教对内夫塔利来说都是对牛弹琴。

当许多移民搬到智利北部富含硝酸盐矿的地区找工作时，何塞再次决定向南走，继续去塔尔卡瓦诺大坝工作。他又住在许多年前遇到卡洛斯·梅森的那间包餐旅馆，这间旅馆是由一家叫塔尔拉的加泰罗尼亚人经营的。何塞为了逃避失去新婚妻子的悲痛，他长时间住在这个旅馆而不回帕拉尔城去。住在这间旅馆期间，他向塔尔拉家的一个女儿奥蕾莉亚打开了心扉，向她倾诉失去挚爱妻子的痛苦，还有他那自从出生后就十年都几乎没见过面的儿子鲁道夫。奥蕾莉亚抱着使情况"正常化"的出发点，鼓励他去和鲁道夫的妈妈特莉妮达沟通。当时鲁道夫生活在克依普城，特莉妮达在特木科市。

　　一贯逆来顺受的特莉妮达接受了一切提议。后来鲁道夫的儿媳妇莉迪亚·赫勒拉回忆道，"她总是很安静，总是在倾听别人。我觉得她太顺从了"[9]。

　　然而，何塞去看望他儿子鲁道夫时并不那么顺利，儿子不认父亲并且跑到托尔滕河边的灌木丛里躲起来。鲁道夫的儿子叫鲁道夫·雷耶斯，后来成为智利数一数二的铜矿公司的头儿，他回忆道：

> 我父亲告诉我，他在乡下认识很多动物。他说他曾盯着一只美洲狮的眼睛看。他懂生命的自然语言，但当家人要把他抓回去时，他又怕又舍不得回去。[10]

　　罗莎死了两年后的1906年，内夫塔利的父亲决定和特莉妮达·坎迪亚·马尔巴德结婚。新婚夫妇搬到了特木科市的卡洛斯·梅森的房子里去住了。鲁道夫随后也回归了这个家庭。当时他是个"小小的半野蛮的十二三岁"男孩。[11]

　　小聂鲁达和他的同父异母哥哥之间，鲁道夫和他父亲之间的关系都不太融洽。贝尔纳多·雷耶斯说，"我父亲（鲁道夫）曾告诉过我，我的祖父，何塞·德尔·卡门·雷耶斯实在是个苛刻的人"。

> 当他回到家，他使用火车哨子给别人下命令，每个都急匆匆的忙来忙去，以确保正确完成这些命令。他是个极权主义的人，特别是对我的父亲鲁道夫，因为他要他做大哥该做的事。我父亲说过，其中有一项任务是早晨送小巴勃罗去学校。在上学的路上，鲁道夫常常因为小巴勃罗"又磨蹭又傻"而被激怒，他经常是把小聂鲁达推进学校的。[12]

八十年以后，莉迪亚·赫勒拉回忆何塞，说他"很重感情，非常喜欢他的来自铁路线的朋友们，他们也都喜欢他。但他对孩子们特别严格。劳丽塔说他不允许任何一个儿女还没洗手或者没梳好头就上餐桌"[13]。

但是特莉妮达却是一个充满爱的继母。小内夫塔利常称她为"妈妈娘"。聂鲁达第一次在诗歌中表达感情，就是写的她。后来，他回忆她"就像暴风雪中害羞的冷太阳那样甜美，就像一盏闪亮的灯，在她吱吱作响的木底鞋里"[14]。她"勤劳又温柔，她有农民的幽默感，有活跃的不知疲倦的美德"[15]。

吉尔贝托·康夏·里佛是小内夫塔利的同学，后来也成了一个诗人，当时他叫胡文西奥·巴列，去过很多次雷耶斯家。他发现特莉妮达对巴勃罗：

> 和你想象中的继母完全不一样……巴勃罗的父亲，何塞·德尔·卡门·雷耶斯，是个优雅的男人，长着一头与众不同的头发。他留着带白尖的小胡子……他是个诚恳慷慨的人，但对聂鲁达特别严格。特莉妮达又矮又瘦，对她的继子充满了爱。她一辈子都担心巴勃罗的健康，因为他实在是羸弱。[16]

事实证明何塞选择和特莉妮达结婚是明智的，因为特莉妮达不仅深爱着他，还通过富裕的亲戚为何塞的事业带来希望。何塞一直都想成为大老板，但他从来就没成功过。聂鲁达记得他父亲曾在一个火车站试图与一个想要卖给他鸡的阿劳坎印第安人还价。

> 在一个不可理喻的阿劳坎女人面前，他抓起一只鸡，那个女人对她的货物连一分钱都不肯少，那个时候，值得一提的是他亚麻色的山羊胡子。[17]

通过他的朋友以及如今的亲戚卡洛斯·梅森，何塞·德尔·卡门得到了在特木科新铁路线上的一份工作。

特木科此时成了一座繁忙的现代商业城镇，各种销售服装和食品的商店与摊位密布在它的各个街区，不过，即使此时，倘若走出市中心几百米，你也将看到一个城区，那里马普切族印第安人坐在牛拉大车上，很拉风地与喷吐着浓浓黑烟的公共汽车并肩而行，在主干道上争夺路权。内夫塔利所成长的特木科是

> 一个前卫城镇，没有历史的城镇之一，但拥有五金商店。因为印第安人不识字，五金商店在街面上张挂着许多显眼的标志：一把巨大的锯子，巨型的锅，超级大挂锁……另一边，鞋匠铺的外面，则是一只巨型靴子。[18]

阿劳坎印第安人的后代，马普切人，生活在特木科郊外的原野上，在他们自己的定居点。他们会去特木科出售他们的货物（羊羔、鸡蛋、纺织品）然后在晚上回到他们的茅屋里，男人坐在马背上，女人则在旁边步行。

后来，无论聂鲁达何时回想起他在特木科度过的幼年时期，他都会说，"唯一难忘的特点"就是雨水。

> 一连好几个月下雨，一连好几年下雨。雨水下起来连成线，就像玻璃针洒落在屋顶上，透明的浪涛拍打着窗户，每座房子就是一条船，在冬天的大海上只有用尽全力才能靠岸。南美的寒雨并非像肆虐的热带风暴那样骤然而至、骤然而逝，留下一片蓝天。相反，南方的雨如此耐心而持久，从一片永恒的阴霾中不停落下。[19]

他的童年是"湿鞋子，藤蔓与甲虫吞没的森林中断裂的树干"以及他父亲"金色的山羊胡子"所构成的童年。

他父亲的新工作是担任繁荣中的铁路线上道碴列车的司机。这几乎是何塞·德尔·卡门命中注定的工作。"他是个糟糕的农民，塔尔卡瓦诺大坝的平庸工人，但却是一个优秀的铁路司机。我的父亲是个天生的铁

路司机。我妈妈在晚上可以分辨出，进出特木科站的哪趟列车是我父亲驾驶的。"聂鲁达后来回忆说[20]。当何塞清晨四点下夜班回家，"门都在颤抖，整个房子在颤抖，楼梯在呻吟，巨大的噪音发出敌意的指责。"[21]很多时候，他的父亲看起来如此独裁，以至于内夫塔利和他的同父异母妹妹劳拉，甚至讨论过如何想办法杀死他。

有时候，他父亲会把内夫塔利拽出学校，带他一起踏上那些长途火车之旅，穿过雨水和泥泞，进入丛林深处。那是一种神奇的经历。火车拉着石头和沙子，人们把它们铺在枕木之间防止强劲的降雨移动铁轨。因为工人们需要从采石场刨出这些固定铁轨的石材，火车有时候连续好几周都待在那里，内夫塔利就得和父亲一起待在"小房子里，挨着春天的森林，一片原始丛林，那里对我来说藏着大多数瑰丽的珍宝，巨大的蕨类植物丛，五光十色的甲壳虫，奇异的野鸟蛋"[22]。

这向他开启了一个奇妙的世界。

> 大自然让我感到沉醉。我那时估计只有十来岁，但我已经成为一个诗人。那时我还不曾写过诗句，但我被众多的飞鸟、甲虫、鹧鸪蛋所吸引。在幽深、滑溜、阴暗、闪烁的地带以及枪管般的颜色中发现它们（那些鸟蛋）是一种奇迹。我为昆虫们的完美而感到震惊。[23]

那些火车之旅不仅将内夫塔利与大自然连接起来，也将他与那些他可能永远只能猜想其凶险、暴力经历的古怪人群联系起来。那些人很可能通过他们通奸与暴力的传奇故事丰富了他早期创作的散文体小说，也就是1926年出版的中篇小说《定居者及其希望》。内夫塔利结识了一位铁路工人，蒙赫，他脸上有一道长长的刀疤。何塞曾警告过小内夫塔利，蒙赫是最危险的人类，但事实证明，他对这个小男孩有着一种温情，不断满足他的好奇心，带给他长毛蜘蛛、玩具木头鸽子以及——最令人难忘的——一只五彩甲壳虫，他把它放在小男孩胳膊上，直到它溜走了，留下红色、紫色、绿色和黄色的记忆。有一天，蒙赫也溜走了。

当内夫塔利问父亲蒙赫去哪儿了，他听到的是相当残忍的结局：蒙赫从火车上跌落，滚下悬崖丧了命。听到这个消息之后，内夫塔利哭了整整一个星期。

他们回到特木科的家，那所房子从未安宁过。首先，因为，就像当时其他诸多大型边区建筑中，各种家族分支扭结在一起。雷耶斯家族（何塞这边的）、坎迪亚家族（何塞妻子这边的）以及梅森家族（何塞妻子的亲戚）都共享着工具、雨伞、桌子和椅子。

11　　　值得回忆的时刻之一就是大家庭中的梅森家族部分所操办的宴席，有烤羊羔，芸豆沙拉，流淌的酒水和吉他音乐。羊羔在早晨被宰杀，但，令年幼的内夫塔利感到恐怖的是，他经常被要求喝接在一个盆子里的羔羊血。族长卡洛斯·梅森留着长长的白头发，相貌和诗人爱默生神似，他本人坐在长得望不到头的餐桌尽头，首席位置，旁边是他妻子卡米埃拉·坎迪亚。

造成房子里热火朝天氛围的第二个原因是何塞超常的社交性：即便他那些铁路上的酒鬼同事或其他朋友不来家里，他也会邀请大街上的人们来家里分享晚餐。这对不那么爱交际的特莉妮达来说可不是件容易的事情，在她丈夫面前，她安静、矜持、顺从但保持高度的尊严。

她需要一切她能收集的尊严：另一个秘密即将威胁她的婚姻。

何塞长期不在家，这期间，他经常去塔尔卡瓦诺港的包餐旅馆找奥蕾莉亚·塔尔拉。尽管早年奥蕾莉亚刚刚二十出头的时候，不过是他的一个密友，但此时她已经怒放成一个性感的年轻女人。四十岁年纪的何塞再次拜倒在她石榴裙下，带来了迅雷不及掩耳的后果。奥蕾莉亚怀孕了，生下了劳拉。

聂鲁达最喜爱的妹妹劳拉（他走遍全世界都会频繁给她写信的那个"劳丽塔"，给她取昵称叫"康妮吉塔"——也就是"小兔子"的那个妹妹）实际上只是他的同父异母妹妹，这事儿一直是对他保密的。"温柔沉静的特莉妮达并不知道，或者并不想知道这段绯闻。就像一个幽灵，她在房子里四处忙乎，在小内夫塔利和鲁道夫身上倾注爱心……"[24]

最初，劳丽塔被安置在一个叫作圣罗森多的小镇上，谨慎地保持在其他家庭成员的活动范围之外，在那里，她不停地问母亲奥蕾莉亚，她父亲在哪里。同时，奥蕾莉亚与何塞的关系似乎已经恶化，因为奥蕾莉亚日益决心要做点什么事业。她最终提议：特莉妮达也许可以把劳丽塔当作自己女儿在特木科抚养成人。

让何塞吃惊的是，当他回去找他妻子，并且坦白一切，她接受了现实，以及收养劳丽塔的提议，保持着全然的冷静。内夫塔利和劳丽塔很快变得亲密无间。每次他生病的时候，内夫塔利总是会请求她往窗外看，向他描述外面正在发生的每个小细节。但他意识到过劳丽塔的身世真相吗？他应该怀疑过。根据他的第三任妻子，玛蒂尔德·乌鲁齐亚的转述，他曾试图跟她聊起这个话题，但劳丽塔突然中断了谈话，泪流满面地跑回了自己房间。聂鲁达再没有提过这个话题，为曾经伤害过他心爱的劳丽塔而戒惧。[25]

冬天，这所房子冰冷冰冷。就像特木科其他的一样，这所木头房子是很仓促建起来的，雨水不停倾泻在铁皮屋顶上。不停地，内夫塔利醒过来，望出窗外，发现对面的房子被风掀走了屋顶。这种事情的发生是常态。

六岁的时候，1910 年，内夫塔利入了特木科的男孩学堂。他的同学范围展示了智利社会——哪怕在边远地区——的全球性特征，这要归功于欧洲移民的大量涌入。"我的同窗伙伴的名字五花八门，比如施纳克，舍勒，豪泽尔，史密斯，塔托，塞拉尼……还有色法尔迪，阿尔巴拉，弗朗索……我们在大屋顶仓库里用橡子打仗。你得挨一下橡子的击打才会明白它有多疼。"[26]

吉尔贝托·康夏·里佛——后来的诗人胡文西奥·巴列——回忆内夫塔利说，他是一个心不在焉，白日做梦，安静，非常瘦小（他的绰号叫"骨架"）并且忧郁的人，可是很显然，他的继母已经教会他阅读，他甚至从那时起就是大自然的敏锐观察者。

巴耶回忆说，内夫塔利经常被遗弃在学校孩子的追逐游戏之外，"因为他太小太瘦，当孩子们开始玩球类比赛的时候，没人愿意选他做队友。他是一个安静和平的孩子，他情愿坐在角落读小故事书……他对

·13·

小事物有永不满足的好奇心（奇怪的石头、木块、昆虫）。他从未丧失那种好奇心。"[27]

另一个同学，路易斯·翁贝托·塞尔达也有类似的印象。"内夫塔利足球踢得很烂。他根本连球都碰不到。我们去郊游，下河，挖草药，捉昆虫。他喜欢书本，尤其是儒勒·凡尔纳的书。他打架很差劲。"[28]

13　　他的数学相当差，但幸运的是，他的同窗好友，阿莱桑德罗（萨沙）·塞拉尼帮了他一把。

第四个同学，赫拉多·瑟库后来成为智利最早的共产主义知识分子之一。内夫塔利最初关注政治是在十岁的时候，那时第一次世界大战爆发，他看到他的同班同学分裂成支持盟军的一派，以及由德国移民后裔构成的反对一派。不过，政治在那时尚未怎么影响年幼的聂鲁达的生活——即便1917年俄国革命所掀起的波澜也没有，虽然它的涟漪的确越过了重洋。

正如另一个同窗好友，迪耶戈·穆诺兹在他的回忆录中追述这段时光时所说的：

> 我们并不清楚它（俄国革命）意味着什么，直到很多年后我们都不知道。但我们为它所造成的一个后果感到欢欣：最伟大的俄罗斯作家的作品以我们自己的语言出版发行，这些作品广泛传播当然是出于这样一个目的，即揭示出所有文化培育起来的人性都正在"丧失"。这种文学对我们产生了巨大影响。[29]

内夫塔利所关心的事情主要是保暖。

> 我们要走着上学，踩着小路上一块又一块石头，跟雨水和寒冷做斗争。风把我们的伞扯走。当时雨衣特别昂贵，我不喜欢戴手套，鞋子都湿透了。我永远都记得火炉边的湿袜子，所有鞋子都在冒热气，像小小火车头。随后，洪水来了，冲走了最穷苦的人们所居住的村庄，那里挨着河流。大地也在震动，颤抖。[30]

他喜欢戴一顶亮绿色帽子，那是他爸爸带过的，直到有一天它被风吹走，永远消失了。

但春天的时候，特木科是迷人的。迥异于努力逃避潮湿之时，这时候，他和他的同学们喜欢跑下坡岸，把脚趾头伸进考廷河中。

特木科的夏天是"黄色且闷热"的。[31]他父亲经常会带他们去更凉快的海岸，去萨维德拉港，从家里带去床垫子，以便到那边能有东西铺着睡觉。聂鲁达永远忘不了萨维德拉港。正是在那里，他第一次看到了他的企鹅、布迪湖的野天鹅并且吃到了无花果。

14

> 在湖岸上我们钓鱼或打猎，捉胭脂鱼，用鱼叉或者梭镖。观看那些一动不动的捕猎者令人心醉神迷，他们高举着梭镖，只见标枪一闪，然后一条捕获的鱼浮出水面。在那里，我也经常看到火烈鸟飞越处女地上空的红色飞翔。[32]

雷耶斯一家安顿在何塞的农民朋友奥拉西奥·帕切科在萨维德拉港的家中——多年以后，聂鲁达在 1964 年撰写的诗集《黑岛纪念碑》中还甜蜜地回忆起在帕切科家中居住的那些日子。[33]奥拉西奥·帕切科回忆他对聂鲁达父的印象时说到，他嘴上叼着一只口哨，指挥内夫塔利和劳拉踏步前进，神经质地举起手，踏入冰冷、狂野的大海。[34]

来自那个时代的、还活在当今的人之一，奥拉西奥·帕切科的女儿伊尔玛告诉我说她记得内夫塔利和她一起绕着萨维德拉港的那座房子追逐游戏：

> 他把我举起，我妈妈吓坏了，以为他会把我给摔着。她大喊："你会要了她的命。"他还真的摔过我一次，于是我们再没有玩过那些游戏了。但后来的日子里，聂鲁达，会叫我过来让我坐在他大腿上，因为那是他回到萨维德拉港的时候常做的事情。他非常柔情。[35]

伊尔玛·帕切科还回忆说：内夫塔利那时已经开始写诗了，他父亲对此

很反感。"他喜欢在沙滩上和小艇上写诗，他父亲在试图喊他回来吃饭的时候，经常说：'他是个狂徒'。" [36]

在萨维德拉港的另一件赏心乐事就是沿着沙滩骑马。在十几岁出头的时候，骑马给聂鲁达带来了感性愉悦："在我家乡，再没有什么事情比在马背上沿着海岸小跑更美妙的事情。" [37]

对内夫塔利来说，更诱人的是萨维德拉港的图书馆，那是一个诗人掌管的，他叫奥古斯都·温特，一个小个子男人，"脏兮兮的，黄色短胡须，胡须上方，是一双慈爱的眼睛" [38]。后来，1960 年的一场可怕的地震几乎摧毁了萨维德拉港，掀起了海啸，之后人们发现，那些藏书都四散在沙子里。

15　　　奥古斯都·温特对小内夫塔利的思想产生了至关重要的影响。他是一个非常随和、思想自由的人，迥异于那个严厉的、纪律性强的保守主义分子——何塞·德尔·卡门。在承担他的图书馆工作之前他是船舶工程师，负责照管帝国河上航行的小蒸汽船。温特当时也充当萨维德拉港当局的秘书和财务主管，他是一个文化水平很高的人，跟当时许多主要诗人都有定期的通信往来。

> 奥古斯都·温特先生钦佩我贪婪的文学胃口。"你已经读过这本书了？"他问道，递给我一本巴尔加斯·维拉的新书，一本易卜生，一本罗康博尔。我像鸵鸟一样毫无鉴别地吞下一切。奥古斯都·温特先生是我所知道的最好的图书馆的管理员。他在屋子中央放了一个锯木屑炉子，我待在那儿，就像命中注定一样，在整整三个月的夏季，阅读所有在世界的漫长冬天写出来的书本。 [39]

内夫塔利是个饥渴的读者，阅读他手边能抓到的任何书本——从雨果到高尔基，从塞万提斯到波德莱尔。他宣称曾一天读完三本书。他阅读水牛比尔酒店赌场表演的报道。他不喜欢西部牛仔，因为他们残杀印第安人，但他崇拜一位骑手的技术。

后来，萨维德拉港对多愁善感的年少内夫塔利产生的最大的魅力来自一个女孩，她跟他一样，和她的家庭一起在海边度夏，她叫特蕾莎·巴斯克斯——也即是激发他写《二十首情诗》中第八首的那个"特路莎"，在别处，聂鲁达回忆她说"特路莎，开放在罂粟丛中，黑色火花，最初的痛"[40]。

实际上，内夫塔利写的第一批情书，像个情圣一样，是为了帮一个同学，他正疯狂地爱上布兰卡·威尔森，一个当地铁匠的女儿。当她心生疑虑并问内夫塔利他是否是真正的作者时，他没能鼓起勇气否认这一点。作为对他爱的言辞的回报，她送给他一个榲桲作为礼物，他虽然没有吃但保存着。"于是替代了我朋友在女孩心中的地位，我继续为她撰写没完没了的情书，并且不断收到榲桲。"[41]

如果我们相信聂鲁达的回忆录——世人所写下的最精彩的回忆录之一，但尽管如此，有些地方未必尽可信——他最早领略到异性的魅力很可能是与两个女孩，"她们是早熟而顽皮的，而我却是羞涩而沉默的"[42]，她们住在特木科他家对面的房子里。有一次，尽管有些胆怯，他还是忍不住去观望她俩，因为他对她俩手里拿着的某个东西特别好奇。走近时，他发现那是一个野鸟窝，里面有几个绿松石般的鸟蛋。正当他伸手去抓鸟窝的时候，其中一个女孩告诉他，首先他必须让她摸摸他衣服里面。一阵恐惧袭来，内夫塔利逃跑了，沿着一条小巷一路被她们追着，最后跑进了一个面包坊。两个女孩找到了他，开始脱他的裤子，这时他们听到他父亲的脚步正在逼近。内夫塔利和他的两个攻击者一起在柜台后面蹲下来，屏住了呼吸。

离他十七岁生日还有两个星期，"被深沉的焦虑抓住，一种从未有过的感觉，某种痛苦与悲伤"[43]，他在第一首诗中如是写到。这首诗献给他的"天使般的"继母。虽然不确定他所写的东西好不好，他跑向他的父母，挥舞着那张纸片。

> 他们在餐厅，沉浸在窃窃私语中，那种悄悄话比世界上任何河流都
> 更能将孩子的世界与成人世界分割开来。我举着有我诗句的那张
> 纸片，依然颤动于缪斯的第一次光临。我父亲心不在焉地拿过纸

片，心不在焉地阅读它，又心不在焉地还给我，说"你从哪里抄来的？"然后他继续悄声跟我妈妈说话，谈论那些重大的遥远的八卦。我似乎记得，那就是我第一首诗的诞生，那也是我怎样第一次得到心不在焉的文学批评范例。[44]

第一首诗，日期是 1915 年 6 月 30 日，仍然在世。它写道：

> 从黄金地带的风景中
> 我选出来
> 赠给你，我亲爱的妈妈，
> 这张谦卑的明信片。内夫塔利

他的继母不像家庭中的男人，她是虔诚的信徒，但她不把自己的信仰强加给继子。有一次，在他十二岁的时候，她牵着内夫塔利的手，试着带他去教堂。他回忆起特木科的克拉佐教堂丁香花的气息。"因为我不虔信，所以我并不遵守那些仪式……我没有学会画十字，也没人注意……站在虔信者中间的不敬的小男孩。这也许恰好是为什么我经常满怀尊敬地走进教堂的原因。"[45]

他后来回忆说：正是在特木科那个教堂里他第一次体会到爱的感觉，那个女孩叫玛利亚。"那完整的、困惑的初恋，或者类似的情感，是脆弱的、痛苦的，充满骚动和苦恼，铭刻着修道院丁香锐利芬芳所构成的记忆。"[46]

不久后，内夫塔利有了第一次真正的性经历。根据他自己回忆，事情发生在一个打谷场的干草堆底下，周围都是工人。他正在睡觉，但他感到干草下一个身体正在接近他。

> 我很害怕。那个东西一点点接近我。我可以听到小束干草被正在向我接近的那个陌生形体所折断、挤压。我整个身体都僵硬了，等着。也许我应该站起来并且叫喊。我依然呆若木鸡。我听到一个人

的呼吸就在我耳畔。突然，一只手滑过我的身体，一只巨大、粗壮的手，但却是一个女人的手。它摸着我的眉毛，眼睛，我整个脸，温柔地。突然，一张饥渴的嘴贴紧我，我感觉到一个女人的身体紧压着我的身体，从头到脚。渐渐地，我的恐惧转变成巨大的喜悦。我的手抚摸着她的发辫，她光滑的眉毛，她闭着的眼帘，像罂粟般柔软，然后继续摸索。我感觉到两个硕大而结实的乳房，结实浑圆的臀部，一双大腿缠住我，我把手指埋入她苔藓般滑溜的阴毛中。那张陌生的嘴中没有说出一句话。在那里做爱是多么不容易，不能发出任何声音，在干草山丘底下，那里面还睡着七八个其他人，他们决不允许被世上任何东西吵醒！可是，一切皆有可能，只要你足够小心。不久后，陌生人在我身边突然睡着了，被这种局面弄得头脑发热，我开始有点害怕。很快就要天亮了，我想，第一批上工的人们将发现打谷场我身边躺着一个裸体女人。但我自己也睡着了。等我醒来，我惊慌地伸出手去，只触摸到一个温暖的凹陷，一个温暖的空缺。[47]

这次经历的震撼强度一定促成了他那些头脑发热的青春期艳情诗句，这诗直到最近才由埃尔南·洛伊拉编辑出版在最新版聂鲁达《著品全集》第四卷中[48]。他甚至明确说到穿越"麦地摸索你丝绸般光滑的手臂和你金色的马尾辫……"[49]

> 就像待播种的田地，我感到你的身体张开
> 迎接我能带给你的一切
> ……让我感受，让我颤抖，哦土地，让我沉落，沉落，沉落
> 就像太阳在黄昏。[50]

许多这样的早期诗反映出内夫塔利早期在特木科的露水姻缘所具有的折磨人的特点，因此这些诗中都含有强烈的渴望。

伊内斯·瓦伦祖拉是迪耶戈·穆诺兹的遗孀，她告诉我说她相信内

夫塔利当时也与另一个女孩在恋爱，她叫阿马利亚·阿尔维索，是特木科负责城市供电的一户人家的女儿。

伊内斯回忆起那个她后来结识并成为好朋友的阿马利亚，尽管二人有二十年的年龄差距，她说阿马利亚"非常好看，黑眼珠深深的。她非常动人并且富有活力。巴勃罗还是孩子时就和她恋爱了。后来在圣地亚哥住的时候还邀请过她去他位于阿维尼达·林奇的房子拜访，但那时他们之间只是朋友了"[51]。

小内夫塔利经常感到深沉的孤独，因为他成了一个"娃娃诗人，身穿一袭黑衣"，时常压倒性地感到：没人真正赏识他的早熟，他得逃避他的日常生活，"握一把盐，跳上一棵樱桃树，爽一把，一次吃上百颗樱桃。"[52]

最早对内夫塔利产生影响的是法国诗人：波德莱尔，兰波，马拉美，阿波利奈尔——他从别人借给他的诗集中摘抄他们的诗句。并且，正如迪耶戈·穆诺兹所指出的，

> 巴勃罗·聂鲁达出生的年代，正是一个新现象冲击着西班牙语诗歌的时候，那就是鲁文·达里奥。这个（现代主义的）尼加拉瓜诗人无处不在：他被讨论，被评论，被聆听，被表扬——也被攻击，激烈地攻击。正如三个世纪前发生在贡戈拉和克维多身上的那样。对于我们在那个时代的学校中研习文学的人们来说，鲁文·达里奥是时代伟人之一。[53]

内夫塔利第一篇作品的发表是在十三岁的时候，1917 年。那不是一首诗，而是一篇文章，标题为《热情与坚持》，署名是内夫塔利·雷耶斯，发表在特木科日报《早晨》，日期是 7 月 18 日。在这篇文章中，他呼吁人们用热情与坚持来跟随自己的愿望："诸如哥伦布、马可尼以及其他此类人士的榜样不可忘记，因为他们开启了一种更值得尊敬的人生，没有他们的榜样，生活是不可能的。"[54]

《早晨》的编辑是聂鲁达早年心目中的英雄人物之一，他叫奥兰

多·梅森，聂鲁达一直认为他是他叔叔。在偏远的特木科，"在安静村庄的上流人士中间，一个诗人简直被人像贼一样对待"[55]，梅森是小内夫塔利不可或缺的灵感来源。梅森会在特木科的公开朗诵会上大声朗读自己的诗歌，包括在内夫塔利自己家。[56]他后来也是社会正义的斗士，聂鲁达后来也成了那种斗士。

> 以消灭强盗为借口，殖民者剥夺了原住民的土地，印第安人像兔子一样被屠杀……独立之后，1810年以后，智利人民以西班牙入侵者一样的狂热投身于屠杀印第安人的活动中。特木科是阿劳坎印第安人最后的据点。奥兰多·梅森抗议着这一切。在野蛮暴力的人们中间看到他的报纸，维护正义，反对残暴，维护弱者，反对强者，是一件美妙的事情。[57]

梅森拒绝屈服。从报纸的页面上可以看出，他谴责滥杀无辜，而且点了名。这些人名中的一个很可能就是放火烧掉《早晨》办公室的罪魁祸首，这次纵火案让内夫塔利感到震惊和恐惧。尽管纵火犯最终没有找到，但报社的大火无疑像是一次报复性攻击，而非偶然事件，这在后来的日子里激起了聂鲁达跟随其叔叔步伐的愤慨热情。

在雷耶斯家族的往事中，还有一桩惊人的秘密。奥兰多·梅森并不是聂鲁达的叔叔。奥兰多是聂鲁达后来的继母，特莉妮达·坎迪亚·马尔巴德，与鲁德辛多·奥尔特加之间的一桩风流韵事所产生的后代，这个男人是卡洛斯·梅森在帕拉尔城贝伦的房产那里遇见的，赏识他的活力，鼓动他到特木科帮助参与他的各种商业计划。换句话说，聂鲁达经常敬称为"叔叔"的奥兰多·梅森实际上是他的大哥（非亲生），尽管奥兰多在梅森家被抚养成人，相信他父亲就是卡洛斯。

但是，就像跟劳丽塔的关系一样，这些明显的新发现并没有丝毫改变奥兰多在聂鲁达早年生活中所发挥的影响和重要性。它们可能改变的是我们对特莉妮达的看法，也就是那个"妈妈娘"：她原来也有一段需要掩藏的过去，这段过去解释了她为何安静、顺从地在房子上下活动，

20

也解释了她表面上为何逆来顺受地接受着她丈夫不时的背叛。

与此同时，鲁道夫，结束了在科瓦普名副其实的野地里的少年生活，在特木科一家五金店找到了工作。有一天，何塞·德尔·卡门被喊去参加特木科学校召开的一次紧急会议。在那里，令他目瞪口呆的是，音乐老师通知他说，鲁道夫被圣地亚哥音乐学院录取为歌唱选手，全额奖学金。鲁道夫的儿子贝尔纳多后来回忆道：

> 我父亲鲁道夫一辈子都喜欢唱歌。他是一个抒情歌手，但他并没有巴勃罗那么幸运，在很小的时候就送去学习。巴勃罗始终是享受特权的孩子。他去圣地亚哥，他的住宿和大学费用都有人支付。我父亲也想要同样的——他想要去圣地亚哥学院学习唱歌。但当何塞·德尔·卡门听到这些计划，他喊道"难道我有一个想要成为诗人的白痴还不够烦的吗？——现在你又想成为歌唱家！"他暴跳如雷。他用尖底靴打鲁道夫，我父亲告诉我，疼痛是如此剧烈，以致后来他很长时间都无法坐下。[58]

奥兰多·梅森之后，另一个在特木科对早期聂鲁达产生重要影响的人是加芙列拉·米斯特拉尔，当时名叫卢西拉·戈多伊，她 1919 年到特木科来主持女子学校。一个十五岁的孩子，与伟大的智利诗人会晤——米斯特拉尔后来在 1945 年成为第一个赢得诺贝尔文学奖的拉丁美洲作家——内夫塔利回忆说，她是一个高个子，衣装很糟糕，一张晒黑的脸，洁白的牙齿，笑起来饱满、大方，当时特木科的女人们都劝她戴一顶帽子，她回答说："为什么？那样太荒唐了，要给安第斯山戴一顶帽子吗？"他很羞怯，不敢给她看他早年的作品。相反，她给他带来了很多阅读材料，他如饥似渴地消化着：托尔斯泰，陀思妥耶夫斯基，契诃夫。

这个十几岁的年轻人已经开始迫不及待地写诗了，署名内夫塔利·雷耶斯。其中十六首发表在圣地亚哥大众杂志《奔跑－翱翔》上面，大约在 1918 年底和 1919 年初，其他发表在一些学生杂志上。许多诗很简单，有浓郁的自传色彩，标题大多是《我的这十五年》，还有《我的学生生涯》等等。内夫塔利发表在《奔跑－翱翔》上的第一首诗是在1918 年 10 月 10 日，那时他十四岁，那首诗叫《夜曲》：

> 夜晚，我孤独而忧伤，
> 在闪烁的烛光中沉思
> 欢乐与痛苦，
> 沉思疲倦的晚年
> 俊美、苦恼的青春……
>
> 当夜幕降临，当黑暗
> 如狼嘴，我迷失在
> 充满痛苦的沉思中……[59]

聂鲁达后来自己描述说，这些是"我那讨厌的早期诗"[60]。可是，尽管许多诗的确有些造作，有一些还是向我们揭示出很多迷人的面向，表露他作为一个青春期少年的心灵状态，揭示出后来主导他成熟期诗歌的许多主题：爱，孤独，雨，钟声。

他无疑意识到自己的风格。1919 年，他的题为 *Communión ideal*（《理想交流》）的诗获得了帕拉尔城附近的考克内斯举行的马乌莱地区花神大会三等奖，一年后，另一首早期作品赢得了特木科春季大会的一等奖。

在 1920 年 5 月写的一首诗中，他描述自己是"饮爱而醉"——但这并非与性无关的浪漫主义。它显然是生理的：

> 给我两个温暖的乳房，两个可爱的眼睛。
> 如果你不给我，我的爱将何处安置？[61]

在 1920 年 7 月写的另一首有趣的诗中，他承认说，他不可能只靠诗生活下去。似乎他也感到惭愧，无论多么偶然，因为无视他父亲想要 22

他这辈子做点"有用的"事情的愿望：

> ……明天或后天
>
> 我将成为精英，就像任何律师
>
> 就像任何小小医生，戴着眼镜
>
> 拥挤在通往新月的路上……
>
> 见鬼吧，在生活中，难道像在杂志中
>
> 诗人要像牙医一样，通过毕业！[62]

聂鲁达最迷人的诗歌之一——也许很少被人提起，《孤独的玫瑰丛》，也是 1920 年写的，提到了玫瑰的治愈力量。一些批评家研究了玫瑰贯穿聂鲁达整个一生在他诗歌中的重要意义，指出："罗莎"是他的生母的名字，并声称他每当回想起正是他的出生要了他母亲的命，就痛苦难耐。这些批评性阐释中，有一些可能是添油加醋，但有一些的确具有力量，在这首 1920 年的诗中，玫瑰丛可以用"甜蜜的谦逊枝丫"丰富一个人。根据他的朋友和传记作家博洛迪亚·泰特博姆记载，"聂鲁达经常感到自己像个孤儿。有人说他整个一生都在寻找母亲。这也许是一种心理分析式的解释，但我相信其中有可信之处。他一直是一个失去母亲的大孩子"[63]。

聂鲁达的父亲岂止是对内夫塔利早期诗作无动于衷；他无法想象他儿子牺牲学习时间去写诗，更不用说设想这样一种波希米亚式的行为会成为未来的事业。在一次绝望的暴怒发作中，何塞·德尔·卡门冲进内夫塔利的卧室，把他的笔记本扔出窗户，然后在下面的阳台上烧掉了它们。

与父亲之间的紧张在加剧，令人痛苦，内夫塔利意识到必须采取有效措施。1920 年 10 月，十六岁那年，他决定把名字改为巴勃罗·聂鲁达。这并非正式改名——直到 1946 年 12 月 28 日，他并未通过正式文契来改名——但从此以后，他的作品就署名为巴勃罗·聂鲁达，这是一劳永逸地摆脱他父亲的手掌心，获得独立的一次努力。

　　"巴勃罗"这个名字也许受到聂鲁达所喜爱的意大利诗歌中的意大利名字"帕奥罗"的启发。[64]他的新姓氏，大多人认为，取自伟大的捷克作家，扬·聂鲁达之名——内夫塔利在圣地亚哥一家杂志上读到过翻译过来的他的《布拉格小城故事》中的一篇，感到钦佩。可是，至少有一位评论家质疑过这一点，他推测这个名字可能来自钢琴家威廉敏娜·诺曼－聂鲁达，在现实中是一个小提琴家，在《福尔摩斯探案集》的一篇故事《血字的研究》中被提及。诗人当时是侦探小说——包括柯南·道尔的故事——的狂热读者，并且整个一生都保持着这种热情。《血字的研究》1908 年在圣地亚哥被翻译成西班牙文出版（名叫 Un crimen extraño），而扬·聂鲁达的作品直到 1923 年才翻译成西班牙文，远在内夫塔利取他的新名字之后。[65]但是，在最近一篇古怪但令人好奇的侦探成果中——夏洛克·福尔摩斯本人都要为此感到骄傲，一个特木科出生的医生，恩里克·罗伯森·阿尔瓦雷兹爆料说：他认为"证据确凿"，聂鲁达是采取了一个女提琴家的姓名做自己的姓名。罗伯森认为，内夫塔利肯定看到过那些海报，在特木科宣传她的音乐会——而且，小提琴的确出现在聂鲁达诗作中最出人意料的段落，包括《元素颂》和《不可见的人》中优美地描述过的一种"小提琴色泽的昆虫"[66]。

　　可是，根据聂鲁达的访谈，以及他在布拉格旅行期间访问同名作家出生地的强烈好奇心，都表明：捷克起源论是更可信的一种解释。在他的回忆录中，聂鲁达声称他从一张报纸中选了这个名字，因为喜欢这个词的发音，并不知道这是一个作家的名字。[67]

　　第一首以新名字署名的作品叫作《失恋》。就像他当时许多其他作品，这首诗也被飞逝的热情抢占先机。鲁德辛多·奥尔特加·梅森——与聂鲁达继母特莉妮达有过风流韵事的那个鲁德辛多的儿子——当时是圣地亚哥大学的学生，他灵机一动，把聂鲁达的一些诗作带回首都，努力说服学生联合会杂志《明晰》来出版它们。巴勃罗的努力得到了承认，但当时他是作为一个散文作家受到欢迎的。

　　1920 年对智利来说是流血的一年。尽管国家在一战中保持中立，而且智利出口贸易的繁荣刺激了总体经济活力的复苏以及工业扩

24 张，但繁荣是短命的。世界范围内的战后萧条在智利更为加剧了，因为智利主要收入来源之一的天然硝酸盐需求下跌了，原因是战争状态停止了，以及德国合成硝酸盐工业的发展。许多智利劳动力离开了矿区，到南方找工作。劳工的不满情绪在1918年到1919年期间明显激发，爆发了许多罢工和大规模游行示威，以及与警察之间的暴力冲突。1919年2月在纳塔莱斯港爆发的罢工运动被残忍镇压，代价是15条人命没了。尽管共产党在1922年才成立，FOC（智利工人联盟）已经非常活跃（它1919年在圣地亚哥召集了十万人的集会）。智利共产主义运动是整个拉丁美洲最活跃的，这要归功于铜矿和硝酸盐矿商业联盟所代表的悠久传统。

1920年，智利即将离任的总统胡安·路易斯·圣富恩特斯主导了对7月21日发生的学生运动的残酷镇压。首都的学生联盟总部被摧毁，一个年轻的学生诗人，何塞·多明戈·戈麦斯·罗哈斯被暴打并在监狱遭到残酷折磨，他疯了，并且那一年晚些时候死在精神病院。

在政治混乱之中，十七岁年纪的聂鲁达被任命为特木科文联主席以及考廷学生会主席。1920年10月，他也变成《明晰》在特木科的通讯员，当圣地亚哥学生叛乱遭到镇压的残酷消息传来，他感到深深的哀痛。真正政治使命的种子已经在他体内萌发。当一个学生领袖，何塞·桑托斯·冈萨雷斯－维拉在学生总部遭到袭击之后逃难到特木科，并且向聂鲁达求助的时候，聂鲁达第一次直接卷入了政治中。

他最初署名聂鲁达的文章不仅反映了他逃离边区生活的努力，而且表达了他对"剥削者，资本，滥杀无辜"的愤怒。

他的下一站是圣地亚哥的大学，他说，在那里，他感到对上流社会的厌恶，对不安、不满的老百姓，艺术家以及罪犯的认同感。

第二章

圣地亚哥的波希米亚人

1921—1927

1921 年 3 月，一辆夜间列车开进了圣地亚哥的温热中，十六岁大
的巴勃罗·聂鲁达从列车上走下来，穿着一件黑色正装，头戴宽边帽，
他父亲给他的一件拉风的黑斗篷，他发现这座城市"散发着瓦斯燃烧味
道和咖啡味道。成千上万的建筑住着陌生人和臭虫。公共交通是由狭小
的、快散架的有轨电车来维持的，一路上发出刺耳的金属碰撞声和铃铛
声，勉力前行。"[1]

这个智利首都，20 世纪初面积急剧扩张（自从 1865 年人口普查以
来，每二十年人口就要翻一番）[2]，1920 年被政治动荡和学生工人暴动
所摧残，它们的余波既令聂鲁达兴奋又让他恐惧。

那个学生诗人何塞·多明戈·戈麦斯·罗哈斯的命运刺激聂鲁达写
了一首诗，《节日之歌》，该诗在 1921 年学生联盟诗歌竞赛中胜出，给
他赢得了一定名声，但没有钱——这种情形日益成为他的命运，来日
方长。

当聂鲁达被要求公开朗读他的获奖诗歌时，一个诗人同行，罗贝
托·梅查·方特斯，担心巴勃罗可能会因为他的虚弱嗓音而遭到嘲笑，
同意代替聂鲁达朗读获奖诗歌。（聂鲁达自己宣称他太胆怯以至于无法
朗读诗句；可是，他的确也曾承认他的嗓音"单调，典型的南方男人嗓
音，就像长期听下雨的声音"。）[3]

聂鲁达没去参加他准备学成法语教师的教育学院课程，他刚开始在
圣地亚哥的那段日子把大量时间花在聆听受人欢迎的无政府主义者——

如胡安·甘道夫在学生联盟总部的演讲上。甘道夫是个小个子，秃顶，但完全无畏：有一次，一个因为残杀而臭名昭著的士兵挑战他，要和他决斗；他答应了，学了两周防卫术，最后轻松赢得了挑战。

在学生杂志《明晰》的办公室——他很快就为该杂志撰写每周政论专栏以及诗歌——聂鲁达结识了主编阿尔韦托·罗哈斯·希门内斯，他戴着一顶大圆边帽，醒目的领带，令人难忘的络腮胡，是一个努力打扮得像花花公子名下却没有半毛钱的人。他是个书本、美酒和女人的热爱者，用聂鲁达的话说，"一个乐此不疲的、根深蒂固的波希米亚人"。罗哈斯也写诗，甚至创办了自己的诗歌学校，名叫"agu"，他说，这源自人类最初的喊叫，新生婴儿的第一个音节。

罗哈斯教年轻的聂鲁达——他承认刚到圣地亚哥的时候还是一个"男孩"——如何穿得不那么死板，教他抽烟、折纸鸟。他点燃了聂鲁达的生活。尽管巴勃罗坚持认为：他避免了受到罗哈斯的玩世不恭和嗜酒如命的影响，聂鲁达的另一个朋友，奥尔兰多·奥雅尊认为巴勃罗与罗哈斯·希门内斯的友谊是至关重要的，这让他放弃了成为法语教师的打算，转而决定投身于文学。"巴勃罗房间刷白的泥墙覆盖上了（罗哈斯·希门内斯）的素描、诗歌与黑色幽默格言，这一切都旨在将巴勃罗拽出他多愁善感的乌龟壳。"[4]

聂鲁达的学生宿舍小书架上摆放着许多书籍，其中大多是俄罗斯诗人普希金的书，还有法国共产主义诗人保尔·艾吕雅的诗歌，列昂尼德·安德烈耶夫的一本小说，以及西班牙小说家皮奥·巴罗哈的作品。"我从未忘记"，聂鲁达当时的密友、后来成为批评家和散文家的诗人托马斯·拉格写道，聂鲁达墙上挂着的"查特顿遗体的摹绘，他是一个英国的青春期诗人，躺在阁楼的床铺上，自杀了"。拉格认为这体现了一个即将诞生的诗人的内心世界。[5]

与此同时，聂鲁达着手撰写秘密政治诗歌，比如《致智利诗人》，呼吁从监狱释放身体衰弱的学生乔昆·西富恩特斯·塞普尔维达。

聂鲁达刚到圣地亚哥的时候还是一个非常羞涩的青少年，但他在首都安顿下来不到四个月后，他写给《明晰》的一篇文章就显示了这个

27

十六岁少年对性所持有的无拘无束的态度。"年轻又强壮，他（男青年）是一头野兽，无非寻求自然力量的出口……街道上满是饥渴的、活力四射的女人，男人一再寻求满足……"[6]

他的其他朋友也都穷困潦倒，包括鲁文·阿佐卡，一个矮小机智的男人，他很快成为聂鲁达的密友；奥梅罗·阿尔塞，后来担任聂鲁达法律秘书多年；以及阿尔瓦罗·伊诺霍萨，他自从在纽约一所大学学习之后，英语超级棒，他抽哈瓦那雪茄。阿尔瓦罗满怀执拗而夸张的商业雄图，要让他们所有人都富裕起来，甚至想要买卖海狼皮。让聂鲁达欣喜若狂的是，他很快就跟特木科的中学同学重逢了：迪耶戈·穆诺兹，赫拉多·瑟库，胡文西奥·巴列。

那些夜晚都是在圣地亚哥的酒吧里度过的，与新朋友们一起谈论文学。"对于一个我这样的外省人，发现那些谈论波德莱尔、了解法国诗人的人们，是一个巨大的诱惑。我们整晚都交流着彼此的发现。"[7]

可是，他不再能仰仗他父亲每月提供的生活费了，何塞·德尔·卡门发现他儿子不断把时间浪费在写诗上而不好好学习，就切断了他的生活费。实在熬不过去，聂鲁达只好写信求助他的同父异母妹妹，劳丽塔："我还太年轻，一顿不吃饿得慌。"[8]聂鲁达在圣地亚哥时手头上有的一点点钱来自他继母，特莉妮达，她秘密地通过劳丽塔把钱转寄给他。

奥梅罗·阿尔塞回忆道，聂鲁达是圈子的核心成员之一：

> 高个子，瘦瘦的，一袭黑衣，天性友善；这个年轻诗人的出现为整个氛围奠定了基调。尽管他的诗歌恢宏，他的谈吐毫不造作。只有这些在场的、满心关怀的朋友们似乎才对他有一定意义。他的谈话中有着轻佻的幽默……他有一种迟钝的嗓音，许多人搞笑地模仿。[9]

托马斯·拉格从他的角度写道：

> 每天，年轻的雷耶斯……人们可以看到他在散步，有着瘦脸颊，不 28

苟言笑的眼睛，身边陪着一位女朋友。当时有很多肖像画，显示他当时长得什么样。一个神思恍惚的男孩，穿着一袭黑衣，沉湎于那些他不会说出的伟大思想，沉默，用功，沉醉在思考中。[10]

按照拉格的说法，聂鲁达那时只喝咖啡，把全部精力都投入读诗和写诗中去。

但拉格认为波希米亚式的聂鲁达是一个本质上很冷静、严肃的被造物，这一点跟迪耶戈·穆诺兹的叙述相抵牾，后者经常陪着聂鲁达去歌舞酒吧，不止一次带着一个歌女回家，而聂鲁达则带着另一个回家。"当时的作家们并不经常聚集在汽水饮吧或者咖啡馆，他们更喜欢去啤酒大厅或者酒吧。"他们不是全身心地朗读波德莱尔、兰波和魏尔伦的诗歌，就是"用法语、英语或德语歌唱酒徒之歌或者水手之歌"。

奥尔兰多·奥雅尊回忆起他和巴勃罗以及托马斯·拉格在一家中餐馆吃饭的情形，那家餐馆名字古怪，叫作"东京"。他们坐下来做的第一件事就是在面包上撒盐，浇上橄榄油，然后狼吞虎咽。有一次去那里，服务员拒绝他们用餐，他们抱怨说，"你们会把我们的油全都用光。"

有一段时间，圈子里闯进了一个傲慢无礼指手画脚的人：巴勃罗·德·罗卡，一个企图把自己推举为团体首领的年轻智利诗人——当然后来被打压下去了。德·罗卡进一步变成了聂鲁达终生的敌人，一个残暴的敌人。他写了一整本书来野蛮地攻击他的智利诗人同行，这本书叫《聂鲁达和我》。

可是，如果你尚且年轻，在圣地亚哥生活是一件赏心乐事。尽管有政治紧张，也挡不住那里新的繁华。探戈刚刚穿越边界，从阿根廷进入智利——尽管聂鲁达没有学过。迪耶戈·穆诺兹回忆道：

在我们那段波希米亚时期，我们跳探戈，狐步舞，查尔斯顿舞。罗哈斯·希门内斯，奥尔兰多·奥雅尊和我都是跳舞高手。但巴勃罗从不跳舞。他也喜欢歌曲，但他连平和的调子都唱不起来。他宁可一直坐着，一手捧着脸，神情忧郁。罗哈斯·希门内斯取笑他。告诉他，诗人应该心情开朗。[11]

当时，智利人正在重新发现诗歌，"他们熟悉很多诗人的诗句，默记在心，"聂鲁达后来说。"智利人向来在诗歌方面很薄弱。这也许归因于这个国家与世隔绝，它既是一个火山国家，又是一个海洋国家。"[12]

在一篇关于聂鲁达诗歌的有趣文章中，苏维埃作家伊利亚·爱伦堡——后来成为这个智利诗人的伟大朋友并且把他的作品翻译成俄文——描述了聂鲁达抵达圣地亚哥时拉美文学的状态：

> 拉美诗歌处于十字路口。1916年，鲁文·达里奥，所谓"现代主义"潮流的最后一个、技艺高超的代表，已经死去——这个诗人懂得怎样把魏尔伦的秋日提琴与尼加拉瓜的夏日鼓点结合起来。达里奥死后，许多学派和文学圈子都试图延长过去的诗歌……有的人急切模仿巴黎的最新时尚……巴勃罗·聂鲁达吸收了古代西班牙语诗歌的关注点，同时并未忽视法国 poètes maudits（受诅咒诗人）——主要是波德莱尔和兰波——所带给人的诗意盎然、灵感勃发的体验。聂鲁达也理解智利民间诗歌的活力。[13]

爱伦堡提醒我们说：聂鲁达承认他惊异于苏联诗人马雅可夫斯基诗歌的荡气回肠。爱伦堡写道：聂鲁达年轻时受到马雅可夫斯基"真诚，拒斥传统，雷鸣般语调"的影响。[14]

聂鲁达在圣地亚哥最初的住处是别人推荐给他的一个包餐旅馆，在马路里大街513号。这个地址他永不会忘记。不是因为它的豪华——恰恰相反：它位于圣地亚哥的脏乱地区，在马波乔河的北岸。但那里有壮丽的日落。遭遇到令人目眩的多彩黄昏是聂鲁达的日常，这给他的第一本书带来太多灵感，这本书叫作《霞光之书》，出版于1923年。

"那时候，住在学生公寓里意味着挨饿。那时候我写得比以往更多了，但吃得更少了。那时候我所认识的一些诗人被贫困造成的饥馑拖

垮了。" [15]

更糟糕的是：肺结核在首都蔓延，却无药可救。聂鲁达很快失去了好几个朋友，都是因为这种可怕的疾病，尽管他从不在他的诗歌或回忆录中特地提起这种疾病，不停盘旋在学生生活之上的黑色威胁还是可以在《霞光之书》的很多地方读出来。聂鲁达自己也努力避免感染肺结核，因为他生活在极端贫困中，并且他自幼就深受体质羸弱之苦，更加让这种绝症显得可怕。

迪耶戈·穆诺兹当时在大学学习法律，他回忆起聂鲁达住过的众多宿舍中的一处：

> 这是一间阴面的房间，没什么家具，只有一张带床垫的铁床，几块毛毯，一个箱子上面放着蜡烛，一个箱子上面放着花瓶和水壶。尽管还不算晚，蜡烛已经点亮，巴勃罗正在写作……我们互相打招呼，我开始和他寒暄。巴勃罗继续写作，偶尔和我说几句话。这没什么不敬之处：他这辈子都是这样为人处世的。看上去，旁边有个人不断打断他的工作并没有真正打扰他——他反而很喜欢这样。这非但没有妨碍他，似乎反而帮助了他。[16]

聂鲁达住过的第一个设施齐全的房间是在西班牙大道。他与特木科的同学阿莱桑德罗·塞拉尼一起住，他经常耐心地陪聂鲁达坐在考廷河旁边，还辅导他数学。但他们并没有在那里住多久。不光是住宿费用太高，更因为他们发现女房东简直是巴尔扎克小说里钻出来的一个角色，经常窥视她的房客和他们来访的女友。

因此，聂鲁达搬到了一个更便宜的出租屋，他与鲁文·阿佐卡以及作家兼批评家托马斯·拉格一起住。这个新家也十分短命。巴勃罗从劳丽塔那里听说他父亲就要到圣地亚哥来做手术了。因为害怕何塞·德尔·卡门会来找他并羞辱他，他搬回了西班牙大道，直到他确信父亲已经返回特木科。

一天晚上，聂鲁达和朋友们一起来到圣地亚哥马肯纳将军大道上一家餐馆为鲁文·阿佐卡饯行，因为他要去墨西哥了，后来他们发现，尽管这是一家很便宜的饭馆，他们依然没有足够的钱来付账，所以他们所有人不得不把外套留在餐馆。阿佐卡永远忘不了他所有朋友们只穿着长袖衬衣离开餐馆时的眼神。可是，鲁文很快就有其他麻烦事来操心了。在他出国期间，他在卡亚俄被秘鲁警察逮捕，因为怀疑他是左派分子，他被抓进利马的圆形监狱，关押了 21 天。

31

聂鲁达此时正在为《明晰》撰写书评。他被智利诗人同行米斯特拉尔的第一本诗集《绝望》所震撼——他曾在特木科见到过作为女校长的她。他也评论了鲁文·阿佐卡的诗集，以及乌拉圭诗人卡洛斯·萨瓦特·伊卡斯迪的诗集，后者对聂鲁达不久后的诗歌发展产生了影响。

此时，聂鲁达陷入恋爱了——至少同时和两个女人。在 1920 年春天，他曾在特木科遇到一个叫作特蕾莎·巴斯克斯的女孩；她正好在镇上的花神大会上被评为女王。她后来改名为特蕾莎·列昂·贝婷思，因为她妈妈改嫁了。在前往圣地亚哥前夕，聂鲁达在萨维德拉港的沙滩上约会了特蕾莎，他们穿着马普切族或安达卢西亚人的传统服装，分享了许多欢乐。

聂鲁达在圣地亚哥的时候明显思念着特蕾莎。从 1922 年到 1924 年，他不断给她写热情洋溢的信，当她回信时，他十分开心。"多么甜蜜，多么可爱，收到远方爱人的信，从你那里，再次爱上，再次感到幸福。"他把特蕾莎叫作"春天的王后，而我是秋天和冬天的国王"。

在 1921 年到 1923 年之间，聂鲁达写了大量献给特蕾莎的诗歌，诗中称"特路莎"。这些诗最近才结集出版，在埃尔南·洛伊拉编辑的最新版聂鲁达作品全集中，题目叫作"特路莎专辑"。[17]

洛伊拉相信：诗人在 1920 年春天初次遇到特蕾莎（他开始采用假名巴勃罗·聂鲁达的同一个春天）时，他就一直在用巴勃罗以及弗朗西斯卡的文学面具隐藏自己的青春期热情。半个世纪以后，他还在运用同样的伎俩，用罗多和罗西亚的名字来掩盖另一段不正当的爱情。巴勃罗·聂鲁达身上有一个部分始终没有长大。

从圣地亚哥，聂鲁达用一堆满含爱情、渴求与不自信的信件轰炸着特蕾莎。

32　　　你知道吗，我突然陷入深深的孤独、疲倦与悲伤中，它阻止我做任
　　　　何事情，让我的生命充满苦涩。我在那样的时刻为何还给你写信！
　　　　那是，在最绝望的时刻，若能从遥远的地方，从我所爱的女人那
　　　　里，从你那里，收到信件，是多么美妙的事情，我将重新热爱生
　　　　活，找到新的欢乐！……

　　假期，巴勃罗离开圣地亚哥去特木科和萨维德拉港会见特蕾莎，
但事情不再如旧。在首都的日子，他身上发生了太多变化，1924 年，
二十岁的他写道："我们分开太远了，不是吗？特路莎？我们日益分离，
不是吗？这难道只是我的印象？"[18]
　　他的印象是对的——但真正把他俩分开的，甚至大过遥远的地理距
离的，是特蕾莎父母的反对。根据她侄女，罗萨·列昂·穆勒回忆说，
列昂·贝婷思家族认为他们在特木科属于上流阶级，认为雷耶斯家族
是低等阶级，几乎整个被社会遗弃。"更有甚者，他们为他取了一个诨
名——'Buitre'（秃鹫），因为他穿的披肩和戴的宽边帽。"[19]
　　聂鲁达从未忘记特路莎。

　　　　我不再与她相爱，真的，但也许我还爱她。
　　　　爱情如此短暂，遗忘如此久长。

这是他对青春期苦闷的美丽描绘，出自著名的第二十首情诗，献给特路
莎的诗句。四十年后，他在《黑岛纪念碑》中还写了两首诗献给她。尽
管家庭激烈反对，她似乎也经过很长时间才从聂鲁达的阴影中走出。她
在和聂鲁达分手后嫁给了一个打字机修理员，比聂鲁达早一年去世，在
1972 年。
　　但就在聂鲁达正给特蕾莎写热情洋溢的情书和情诗的同时，他还与
另一个女人相爱:阿贝提娜·罗萨·阿佐卡，也就是他好朋友鲁文的妹妹。

他们结识在聂鲁达到达圣地亚哥后不久，在教育学院的走廊里。阿贝提娜在1978年的访谈中回忆了他们的第一次相遇："他当时只有十六岁，而我十八岁了。我们都在学法语并成为非常亲密的朋友。我们喜欢跟互为好友的诗人们聊天，比如罗密欧·穆尔加，我哥哥鲁文，托马斯·拉格……和罗密欧在一起玩的时候，我和聂鲁达走得更近了，这时事情就真正开始了……"[20]

阿贝提娜·阿佐卡跟巴勃罗一样是从智利南部来到首都的——只不过不是从考廷省，而是从阿劳科，位于洛塔欧托，靠近煤矿。她双亲都是教师。

33

> 他很安静，和我一样。我们喜欢一言不发地散步，只有交换思想才打破沉默。但我们喜欢陪着对方散步，沉浸在我俩的世界中。我们与其他人不同。我们会去美术官参加学生舞会，周六教育学院也会有朗诵会和音乐会……我的姐姐阿德里娜无法忍受他（巴勃罗），因为那时候，诗人的形象并不好——他们被看作古怪的、波希米亚式的人。[21]

早在1921年11月10日，那时候他对特蕾莎的热情尚在高峰期，他就已经在假期遇到了阿贝提娜，也写了一首情诗赠给她，称她为"蝴蝶……"

> 在玫瑰的时辰
> 在永无休止的时辰。
> 袭击，
> 亲吻，
> 捕获你的
> 那个强大头脑，
> 罩向你，
> 满世界亲吻你，

甜蜜的

阿贝提娜

罗萨。

这是聂鲁达整个一生反复上演的激情把戏。实际上，他写给阿贝提娜的 111 封信一直持续到 1932 年 7 月，那时他早已和他的第一任妻子结婚两年了。他在阿贝提娜离开圣地亚哥去康塞普西翁大学求学时还不断给她写信。在 1923 年 9 月 16 日的一封信中，他提到了发表在一张报纸上献给她的一首诗。他称其为"缺席者之诗"。这首诗后来成为《二十首情诗》中著名的第十五首。

34　　　　给阿贝提娜的信强化了人们把聂鲁达视为一个处于混乱、很不稳定的心灵状态的年轻人的感觉。他有着悠长的青春期。有时候，他会非常有爱，称呼阿贝提娜为"内托查"（她最喜欢的词），可有的时候他会使用暴力的、充满怨恨的名字，他相信她抛弃了他，因而变得愤怒。实际上，很多时候这只是他的一厢情愿而已。某种意义上，这是因为阿贝提娜的家庭——就像特蕾莎的家庭一样——很难把聂鲁达视为合格的未来女婿。

正如阿贝提娜多年后回忆的：

我实际上和聂鲁达在一起只有两年，也就是我在圣地亚哥教育学院度过的两年。假期之后，我不被允许回到那里，我父亲为我在康塞普西翁大学注册了学籍，我在那里学完了法语教学课程。我想我姐姐（阿德里娜）跟这件事有很大关系。他给我写了大量信件，尽其所能来看我……我强烈地爱着巴勃罗，但那时起，事情变得非常艰难……他比我写信更频繁，当超过十天没有收到我的消息时，他就变得暴怒。我非常爱他，但我不是一个善于言表的人。你想想：我得在不被父母发现的情况下取走他的信，同样也要在不被发现的情况下给他回信，因为他们控制着我的一举一动——我无法离开房子溜达到街角去。那情形简直糟透了。[22]

尽管如此，这一对人儿还是找到办法在大学假期一起坐火车旅行。他们在圣罗森多分手——那里正是聂鲁达的同父异母妹妹出生后被藏起来的地方——阿贝提娜继续坐车去康塞普西翁，巴勃罗则回到特木科的老家。

阿贝提娜和特蕾莎不是聂鲁达当时仅有的两个女朋友。在造访过聂鲁达在易克伦大街的住所的女孩当中，就有劳拉·阿鲁埃。尽管她只是其中之一，但有些证据表明，这种关系很可能至关重要。劳拉保存着一个重要的纪念册，里面有聂鲁达画的草图，还有为一个他称之为"拉拉"或"米拉拉"的女孩推荐的读书单。[23]

可是，胜过一切的是，聂鲁达坐在窗前，望着落日，写着诗歌，这些诗构成他的第一本书。他不得不付出许多个人牺牲来确保《霞光之书》最终见到天日。它在 1923 年由明晰编辑部（智利学生联盟出版社）出版并由学生领袖胡安·甘道夫绘制插图。 35

> 我每天都有挫折与成功，努力偿付第一次印刷的费用。我卖掉了我自己的一些家具。我父亲郑重送给我的手表，那上面还有他让人镶嵌的两面小旗帜，也很快落入当铺老板手中。我那件黑色的诗人服也跟随那块手表去了。印刷老板非常冷酷，最后，当整个出版流程已经完成，最后粘上封面，他用一种邪恶的表情对我说："不。除非你把整个费用付了，否则你一本书都不能拿走。"[24]

出版这本处女作的资金援助中有一笔来自一个最令人意想不到的地方：右翼批评家，埃尔南·迪亚兹·阿里耶塔——更为人所熟悉的是其笔名"阿龙"，因为他慧眼识珠看到了聂鲁达的才华。可是，聂鲁达却签字把版权转让给了出版商，得到了 500 比索——当时相当于不到 5 美元——然后请他那些就等在公证处门外的朋友们去圣地亚哥最好的餐馆"海湾"胡吃海喝了一通。

某种程度上，《霞光之书》是一本早熟的诗集。尽管它出版于 1923年，那时聂鲁达只有十九岁，它里面的很多诗是 1920 年写的，甚至早在他到达圣地亚哥之前。其中有些诗几乎是他在特木科笔记本中写的随性文字的直接衍生品。不过，其他有些也的确显示出一种新的成熟与自信。

这本书由 48 首诗构成，分成五个部分。它们的韵律是传统形式的，但人们可以察觉到各种影响。聂鲁达没有切断他在学生时代所喜爱的法国诗歌和他之间的情感纽带。魏尔伦的《沉郁之诗》在半个多世纪前的 1866 年就已经出版，但它里面的诗比如《神秘黄昏》以及《日落》在聂鲁达本人那里很快产生了回响，他在那间包餐旅馆的阳台上沉醉于暮色黄昏。就像魏尔伦，聂鲁达有时也呼唤一种神性。但在他自己的选集中，魏尔伦特地说到过他并不信仰上帝。就像魏尔伦，聂鲁达也有一首诗取了个英文标题（著名的 *Farewell**）——魏尔伦那首叫作 *Nevermore*。

在家乡周边，鲁文·达里奥的现代主义仍然在年轻诗人身上投下巨大的阴影。现代主义把诗人视为资本主义社会的被抛弃者的观点恰好吻合聂鲁达自己在圣地亚哥的波希米亚式生活经验。而且，尽管他是一个无神论者（实际上，后来他管自己叫不可知论者），聂鲁达——处于苦恼的精神状态——对毕达哥拉斯主义心有戚戚焉，相信人是一个伟大存在链条上的一环，从最卑微的岩石进化到神明。达里奥认为：诗人的任务就在于超越常人的自相矛盾，展示那个整体和谐。并且，就像鲁文·达里奥在《褒渎之文》中暗示了很多希腊神话形象，聂鲁达在《霞光之书》中也提到了特洛伊的海伦。

但《霞光之书》不是一本典型的现代主义作品：一方面，它的韵律非常传统，另一方面，主题非常分散。并且，正如拉美文学权威让·弗兰哥指出的，"无论（聂鲁达）读过多少别人的诗歌，他总是想要提出强烈的个人宣言，为此他采用并发展出新的形式和技巧……在他看来，诗歌就是直觉，"在身体上与世界融合"。[25]

可能《霞光之书》的主题是分散的，但整本处女作贯穿着统一的调

　＊　中译名为《告别》，下文第41页会再次出现。——书中脚注或为译注，或为编注，以下不再另行说明。

子，一种忧郁、悲伤甚至消沉的调子。正如智利批评家雨果·芒特所指出的，聂鲁达频繁使用动词 caer（坠落），频繁描述分离之情。[26] 的确，《屋顶上的黄昏》这一整首诗都建立在动词 caer 的基础上。但忧郁似乎是聂鲁达受用的某种东西，似乎对他来说，这是很适合诗歌的一种情绪。他用了很多年才摆脱这种信念：在 1928 年从远东给阿根廷批评家艾克多·伊安迪的一封信中，聂鲁达仍然写道："那忧郁的时刻对很多人来说是一种不幸，对我来说却是高贵的素材。"

爱和情欲也铸就了《霞光之书》中很多诗作，但在他早期写作中，爱情充满紧张、怀疑以及沮丧的呼号，渴望摆脱孤独，获得共鸣。许多女朋友到他的各种住处来和他上床，但她们只是短暂的风流，只不过是在性方面满足他，而不是情感上。

> 腹下那道弧线，隐藏
> 又张开，像一种水果
> 又像一道伤口。

> 甜美赤裸的双膝
> 紧挨我的双膝
> 甜美赤裸的双膝。

37

> 一捧凌乱头发
> 在你双乳
> 的圆形祭坛之间。

> 辗转在床上的那道痕迹
> 睡在灵魂里的那道痕迹
> 疯狂的话语。[27]

但聂鲁达当时寻找的是哪种爱？《霞光之书》充满空虚孤独的感情。

是这种空虚引起了如此多的滥交吗？还是他唐璜般的存在给他带来了这种内在空虚的感情？

> 我喜欢水手的爱情
> 他们亲吻完毕继续上路。
>
> 他们留下一个承诺。
> 一去不返。
>
> 在每个港口都有一个女人在等：
> 水手亲吻完毕继续上路。
>
> 有一天他们和死神上床
> 在大海的爱巢中。
>
> 我爱那爱情
> 遍布在亲吻，床榻，面包上。
>
> 爱到天荒地老
> 或者转瞬即逝。
>
> 爱一再逃离
> 去爱得更多。[28]

38　　　这种无止无休的水手生活似乎预示着聂鲁达自己急切想要离开圣地亚哥和智利的愿望，去探索其他国度。这也是对他青春之海的哀悼，他曾在群山环绕的小镇上写下它。他似乎只在给那本书带来标题的日落中得到过安宁。它所造成的极度欢愉甚至把他引向他所并不信仰的上帝：

上帝——你在哪里找到，这铜色的美妙日落

把天空点亮？

它教会我再次充满欢欣。[29]

令人惊奇的是，作为一个无神论者，他大量提到上帝，尽管他对上帝的态度很少是正面的。在 *El padre*（《父亲》）这首诗中，聂鲁达写道：

请问上帝，我为何被生

被赐予了什么，那么，为何

我开始领略人间天上如此的孤独。

在对神明的呼吁中，聂鲁达体现的很可能是对当时一种写作潮流的有意效仿，但即使他在任何意义上都不是一个宗教徒，雨果·芒特指出，在这本处女作的表述中还是有一种圣经式的简洁："我难过，但我一直难过……好比哭泣是种子，我只是犁开土地……如果你饿，以我的面包充饥……"[30]

令人惊奇的是——鉴于聂鲁达花费许多时间在学生联盟总部聆听激进派领导人讲话——在整个《霞光之书》中找不到任何政治诗歌，甚至政治隐射。看上去，至少目前，他有意识地决定保留政治观点，只写文章发表在诸如《明晰》和《之形》等杂志上。唯一表露他的信念的公开标志是在献词上：献给胡安·甘道夫，他在协助《霞光之书》出版的过程中发挥了主要作用，帮助完成木刻插图。

《霞光之书》在 1923 年出版之时，就受到智利读者的欢迎，他们许多人都用心品读那首著名的诗歌《告别》，它那脍炙人口的开头："Desde el fondo de tí, y arrodillado / un niño triste, como yo, nos mira"（"你跪着，从你深处 / 一个悲伤的男孩，如我，看着我俩"）被人在大街上诵读。

总体上来说，批评家们也深受震动。聂鲁达一定曾感到骄傲，因为在他的崇拜者中，有一个是属于前辈的智利诗人，佩德罗·普拉多，聂 39

鲁达在特木科读中学的时候崇拜过他。普拉多预言聂鲁达有一个伟大的前程，他把聂鲁达比作"一棵树，生长缓慢，坚定，高大……我敢向你保证：我在这个国家没看到任何人在他这个年龄曾达到和他一样的高度。"[31]《明晰》连篇累牍地为《霞光之书》和它的作者欢呼，称"通过这本书，聂鲁达置身于文学新一代的领袖位置，坚定地给保守单调的知识分子环境带来光辉前程。"

聂鲁达在圣地亚哥真的像他在这些诗中许多地方所表达的那样不开心吗？答案是"否"——如果他的波希米亚朋友们可信的话。他会很开心地加入他们整晚的讨论：几乎同样宽泛，他们会从法国诗人阿波利奈尔一直聊到智利海鲜。他们会背诵波德莱尔、魏尔伦和兰波的诗歌，为乔伊斯和普鲁斯特展开争论，"当时甚至还没有翻译成西班牙文，于是我们阅读法文版，法语当时成了文化界的通用语，"迪耶戈·穆诺兹回忆说，"巴勃罗以极大的热情阅读乔伊斯的作品。《尤利西斯》。巴勃罗借给我普鲁斯特的《追忆似水年华》，并推荐了其中的许多段落。"[32]

在所有社交性谈天活动中，聂鲁达都保持着羞涩："我因为强烈的胆怯，在诗歌中寻求庇护"，他后来在回忆录中写道[33]；并且，他终生都保持着羞涩。也许酒吧里的夜间会议暗藏着根本性的不安全，不满意，孤独。

奇怪的是，这并未妨碍他在女人方面取得巨大成功——尽管不是每个朋友都能弄清这里面的原因。"巴勃罗很有女人缘，但我认为那借助了他的诗歌和他作为优秀诗人的名望，而不是由于他的外表，因为他很瘦，面容憔悴，留着令人尴尬的长头发。"迪耶戈·穆诺兹说道。[34]

有一次返回特木科，那是在1923年1月的暑假，巴勃罗半夜正打算睡觉，突然决定最后看一眼窗外的夜色。外面，正和他对视的，是迷人的南智利夜空，空旷、清明、布满繁星。"我冲到桌前开始动笔，心跳激烈，就像神明附体，写下一本诗集的第一首诗，那本诗集有过很多标题，最后被命名为《热情的投石手》。"[35]

但那一刻的魔力并不持久。当他把诗歌读给他的朋友阿里罗·奥雅尊——奥尔兰多的兄弟听时，阿里罗马上问他是否直接受到过其他诗人的影响。聂鲁达感到震惊,问他指的是谁。"萨瓦特·伊卡斯迪",阿里罗说道,他所指的是那个著名的乌拉圭诗人。依然感到震惊,巴勃罗把诗歌寄给了萨瓦特·伊卡斯迪,他回信说:"我很少读到一首如此美妙成功的诗,但我不得不告诉您:在您的诗句中有萨瓦特·伊卡斯迪的回声。"[36]

这是聂鲁达成人之后第一次受到的重大文学打击,堪比他早年把草写在明信片上的处女作递给他父亲看时所得到的回应。他把《热情的投石手》弃置在抽屉里,十年内都没让这本书出版。不过,这本书开始有几行让人们看到他在 1920 年代早期内心的不确定状态——尤其是重复出现的:Grito,Lloro,Deseo(我喊,我哭,我渴望),还有那些形象的色情画面,既反映出他的生理贪欲,也反映出他超出单纯性欲寻求满足的呼吁:"用我充满你,渴望我,耗尽我……"

通宵达旦的饮酒与纵欲似乎丝毫没有减弱聂鲁达的文学冲动与野心,倒是有一阵伊卡斯迪的回信让他写出宏伟诗歌的野心告一段落。"寻求更不造作的品质,寻求我自身世界的和谐,我开始写另一本书。结果就是《二十首情诗》。"[37]

1924 年 6 月,《二十首情诗》面世了,这本书让聂鲁达出了名,至今仍是全世界的人们大量引用的一本诗集。其中有几首铭刻在了全智利读者的头脑里、嘴唇上,后来是全西班牙语世界,一直持续至今。第十五首诗的开头一行:"我喜欢你沉默,仿佛你已不在"以及第二十首的开头"今夜我可以写下最悲伤的诗句"。

可是,聂鲁达的出版人,卡洛斯·乔治·纳西门托一开始并不愿出版《二十首情诗》,许多《霞光之书》的崇拜者觉得被这本新书欺骗了。 41

聂鲁达从《热情的投石手》的晦涩中回到了他——以及大多数读者——至少当时认为尽力达到的:朴素,直接的情感吸引力。整个一生他都被人要求背诵这本书中的诗歌,解释它们的影响。谁是那些启发了他的女人们?他拒绝说出名字。他说她们是许多不同的爱情。他告诉朋友们说:她们好比是玛丽索尔和玛丽松布拉。玛丽索尔意味着边区、大自然、阳光,而玛丽松布拉代表着戴灰色贝雷帽的女人。我们知道玛丽索尔是特蕾莎·巴斯克斯而玛丽松布拉是阿贝提娜·阿佐卡。但第六首

（"你是灰色贝雷帽……"），正如聂鲁达自己宣称的，属于南方的大自然。在很多场合，聂鲁的达宣称:《二十首情诗》既属于智利南方氛围（被搁弃的码头，还有海鸥）也属于圣地亚哥混乱的交谈与交欢之夜。[38]

《二十首情诗》的力量之一在于，尽管这个集子主题是单一的，聂鲁达找到了不同方式来揭示男女之间的恋情。尽管聂鲁达自己混乱、绝望、不满的心态贯穿整个诗集，他所爱的女人们似乎也一样复杂，一样感染了自相矛盾的病毒。一个女人是多样混合体，时而是性快乐的对象，时而是避难所，时而是统治者与被统治者，时而是宇宙强力，是货真价实的物理存在，是诗人怀里的一个女人，转瞬间再度不可企及。在第十四首诗中，聂鲁达描述了他所爱的一个人——甚至早在她存在之前——也就是说，那时她还只是由他对她的渴望所维系的一系列形象。

广义上来讲，女人，所爱的女人，构成了一道桥梁，连通孤独隔绝的个人与宇宙神秘的温暖。

你就像夜晚，沉默，布满群星

42　　　　你的沉默像一颗星的沉默，如此遥远，如此简单（第五首诗）

《二十首情诗》最后那首《绝望的歌》是悲叹着承认:他永不能企及他的爱人。

像黎明中被抛弃的码头，
只有颤抖的阴影卷曲在我双手，
啊，在一切之外，在一切之外，
该走了。我被抛弃。

如今很难理解的，是《二十首情诗》当时如何遭到同时代读者的诋毁:聂鲁达是在交流一种色情经验，女人的形象，性关系，而这些在以前的智利诗歌中从未出现过。

另一种丑闻纠缠着书中另一首诗:第十六首，它的开头是:

在我黄昏的天空，你像一片云
你的色彩和形状正是我所爱
你是我的，你是我的，甜蜜双唇的女人，
你生命中生长着我的梦。

聂鲁达的文学敌人——包括巴勃罗·德·罗卡以及文森特·维多夫罗——很快就宣称：这抄袭了印度诗人罗宾德拉纳特·泰戈尔的诗。泰戈尔《园丁集》的第三十首诗有着非常相似的开头："你是我想象 / 天空的云霞。你的色彩和形状是 / 我爱情呼唤的色彩与形状。你是我的，你是我的，你住在 / 我无尽的梦中。"两首诗都提到"我歌的收获者"以及"孤独的梦"。智利诗人文森特·维多夫罗在整个后半生不断强调这种指控，有一次，聂鲁达反应过于激烈，以至于"捍卫文化国际作家联盟"在1937 年写信给双方，要求他们弥合分歧以应对反法西斯斗争。他们并未听从。

托马斯·拉格，迪耶戈·穆诺兹以及第三个忠诚好友安东尼奥·罗可·德尔·坎波奋起捍卫聂鲁达，但在1937 年的《二十首情诗》版本中，聂鲁达感到了压力，写了一篇解释性说明："最后说了一句：第十六首诗，总体上改写自泰戈尔的一首诗，出自《园丁集》。这已经为公众所熟知，而且事实也已经公之于众。那些以此为把柄抓住不放的人们，与我无关，他们发现自己注定被遗弃——在这本青春之书持久的活力面前。" 43

不管聂鲁达自己关于《二十首情诗》说过些什么，若把这本书仅仅看作对情感的直接呼唤，看作试图逃离他弃置在抽屉里的《热情的投石手》所流露的那种隔绝状态，那就大错特错了。《二十首情诗》中有一些诗解释起来绝不那么容易。在第十三首中，他写道：

在双唇和嗓音之间，某物正在死去
有着飞鸟翅膀的某物，折磨与遗忘的某物

埃尔南·洛伊拉写道：

就像卡夫卡、普鲁斯特和乔伊斯的小说，《二十首情诗》体现出 19 世纪的心理学模式，试图带来一种整体存在观的雏形。诗人的内心不再被置于世界的对立面，而是包含了后者，把它置于不连贯的意识（以及无意识）之流中。[39]

正如罗伯特·普林－弥尔指出过的，尽管这本书中的诗歌存在两种非常不同的形式——一方面是高度结构性的四行诗，另一方面是自由体诗——"仔细查看，即便第二种诗也显示出一种不明显的回旋模式，它们的诗歌力量很大程度上来源于此。"[40]

《霞光之书》以及《二十首情诗》很快为聂鲁达赢得了迪耶戈·穆诺兹所描述的，"智利所见证过的最伟大的名声，唯有鲁文·达里奥仍享受的那种名声可以将其超越。"[41]文学批评家们争先恐后地采访这个新出道的名人，他的诗歌当时已经被整个拉丁美洲的年轻人了熟于胸。每个人都在谈论《二十首情诗》。

44　　你经常在大街上或公路上看到年轻人拿着这本著名的诗卷——它的正方形开本远近闻名——低声地一读再读，显然努力想要把那些诗句背下来……因为他们认为没有一个正常的姑娘可以抵抗那些诗句的魔力，它们把她们转变为一个真正的女人。对于这些年轻人来说，这本书成了一本爱情圣经……[42]

聂鲁达并不把这种新获得的名声当回事。完全没有。

巴勃罗当时并不像后半生那样欣赏那两本书。当时，它们无非是他个人的、私密的情感的表达……我们中间不止一个人提到过：《霞光之书》和《二十首情诗》……会被翻译成每一种语言并且享受无法想象的一版再版。

名声的确带来了某些回报。在墨西哥城与聂鲁达合住在同一所房子里将近三年的路易斯·恩里克·德拉诺回忆到：1924 年 9 月的一个夜晚，聂鲁达邀请十四个朋友去爱斯梅拉达剧院电影院看赛西尔·德米尔导演的"用惊人的死板重构圣经情节"的电影。电影院老板看了这个庞大队伍一眼，然后再看了一眼，然后流露出崇拜的眼神，看着聂鲁达，拒绝接受他们任何人支付入场费。

尽管有这样的名气，聂鲁达依然感到挥之不去的不满之情。正当他和阿贝提娜之间的紧张在升级，他和父亲之间的紧张也在升级，于是他开始终日买醉。到二十二岁的时候，除两本诗集之外，他还在《明晰》上发表了 108 篇文章，并且持续为许多日报的文学栏目写稿，比如《信使报》和《国家》，以及诸如《之形》《雅典人》《青年》以及《阿里巴巴》这样的杂志。

1926 年——聂鲁达早期文学生涯的丰收年——三本书出版了。第一本是《无限之人的努力》，一月份在圣地亚哥由纳西门托出版，这本书惊人地与前两本诗集不同。它被人误解，很难说被人真正理解过，不太被人认可，但聂鲁达本人后半生一直为它感到骄傲。

"在它的小路上，在它极简的表达范围内，它比我其他作品更好地把我导向了我将要踏上的道路。我一直把《无限之人的努力》看作我诗歌的一个真正核心。"[43]

这本书无疑代表了聂鲁达的一个试验：没有标点符号，这让无意识的意象之流更加自由。一个批评家，阿尔韦托·库斯特，把这本书整个看成一首诗，一次开始并且结束在夜晚的旅行。在这次旅行中，聂鲁达"尝试技术性的踮起脚尖旋转，这在当时其他书本中并非无迹可寻（韵脚、空白与自由诗行的混合，热衷于随机组合，语音上的勾连）。"[44]

《努力》标志着一个新的自成体系的诗歌的开始。聂鲁达在萨瓦特·伊卡斯迪评论过《热情的投石手》之后所立下的写作更简朴诗歌的誓言消失了。对感官的直接、浪漫主义诉求消失了。不过，基调仍然是忧伤与孤独。一度，他重复着这样的话："Mi corazón está triste"（"我心忧伤"）并问道："我从谁那里买来我今夜的忧伤？"

也有欢乐的时刻，就像在下面这些有力的诗行中：

> 我感到心满意足的面包师的欢欣，于是
> 东方破晓，淡淡的，小提琴色泽
> 钟声响起，远方的气息传来。

再一次，对一个女人的爱似乎是唯一能够给他带来纯粹欢乐的事情。

用他的出版商为《努力》而支付的稿费，聂鲁达终于设法布置了一下他的房间，添了张书桌和几个垫子，甚至一个活乌龟。但他并不真正想在圣地亚哥扎根。他的成就越高，似乎变得越不安。他的朋友们十分清楚，他想要离开智利，去旅行——去巴黎，他们认为是这样，因为巴黎是大多数年轻诗人想要去的地方。

从 1925 年以后，聂鲁达开始写一些诗，它们最终成为《大地上的居所》中的一部分，这本诗集后来被认为是西班牙语写作的最伟大诗集之一。最早的一首，《冬天的情歌》很可能是在 1925 年暑假造访萨维德拉港期间写的。

他仍然在给阿贝提娜写信。在 1925 年 3 月，他发现他在萨维德拉港的图书馆员朋友奥古斯都·温特有一个打字机。"我发现你可以很轻松地依靠一个打字机"，聂鲁达那个月在一封自豪地打印出来的信中告诉阿贝提娜。"你碰到过企鹅没有？小心——他们咬人！"然后，他用一种幽默的方式落款，暗指阿贝提娜："tontatontatontatontatontatontaton ta"（笨蛋笨蛋笨蛋笨蛋笨蛋笨蛋）。

1925 年 7 月，阿贝提娜的哥哥鲁文——他两个月前结束国外的冒险回到智利——邀请聂鲁达去安库德，它位于美丽的南智利岛省奇洛埃。鲁文被任命为那里的西班牙语教师，因此聂鲁达很愉快地接受了邀请，渴望逃离圣地亚哥哪怕片刻，也希望经过特木科，修复与他父亲之间的紧张关系。

可是，回家探望并不令人愉快。它留给人的印象就是巴勃罗与何塞之间的争吵，父亲指责儿子浪费生命在无足轻重的事情上，奇蠢如猪地坚持着成为一个诗人的野心，与此同时，儿子则充满蔑视地大声反驳。聂鲁达一定感到十分恼怒，尽管他的朋友们都为他的诗歌成就感到骄傲，而今这个成就甚至早已蜚声海外，而他父亲对此却依然无感。

不过，远离圣地亚哥，享受鲁文聪明而风趣的陪伴，再次激活了聂鲁达的精神。他们促膝长谈，聂鲁达帮他朋友批改小学生的作业。随后有精美的海鲜。食物也渐渐成为聂鲁达终生的热情所在，并且，托福于最新的法律，马查法案，教师工资（包括鲁文的工资）大大提高了，因此聂鲁达在那里能够大快朵颐，这是他在圣地亚哥的整个居住期间所没能享受的。

古怪的是，尽管聂鲁达在这次旅行中提升了精神状态，在安库德他还是写出了他的黑暗小说，《定居者及其希望》，这第二本书出版于1926年，也是由纳西门托出版。在他初次进军散文小说创作的这个主要尝试中，他探索了最根本的人类本能：暴力和复仇。淹没在抒情性描述下的超现实迷梦。某种程度上，这本书可以被视为《无限之人的努力》的散文表兄弟。这本中篇小说讲述了一个被监禁的偷马贼与伊勒娜陷入爱情，后者是他的狱友弗洛伦齐奥·里瓦的妻子。一旦获得自由，偷马贼就去找伊勒娜，可是里瓦已经知道了他们的情事，杀死了 47 伊勒娜和逃亡者。这里的简述对于小说叙事的梦幻品质来说是不公平的。实际上，大多数行动都发生在剧中人物的头脑里。

这个故事彷徨不定的气氛隐约让人想起福尔摩斯探案集中《血字的研究》里著名的摩门教徒复仇情节，这个故事聂鲁达非常熟悉。

聂鲁达在他居住的安库德·尼尔森旅馆收到一份电报，叫他返回圣地亚哥，这时候，他所做的第一件事是在安库德找一个裁缝，叫他为他做"一条裤子，牛津款式"。当这个满脸疑惑的人只是莫名其妙地向他耸肩时，聂鲁达非常幽默地说："别害怕。这是我想要的，差不多就行了。"于是他在报纸上画出了一条裤子。他也许曾贫穷过，但他对衣服有着非常时髦的爱好——这让学生们追随他披着黑色披肩走在圣地亚哥的大街小巷，形成了所谓的"聂鲁达帮"——这个爱好伴随了他一生。智利批评家费德里科·朔普夫说聂鲁达遇到他的时候所做的第一件事就是极其热情地赞叹他的夹克，以至于他感到聂鲁达可能要把它买下来。[45]

　　就好像故意要强调他父亲对他所选择的事业的无情斥责与他所获得的广泛声誉之间的对比，一百五十位安库德最有名望的市民集聚在聂鲁达的旅馆，举行了盛大的欢送仪式，送别智利最优秀的诗人启程回到圣地亚哥。

　　名声却没能给他带来财富。在 1926 年的后半年，尽管他这一年有着惊人的产量，聂鲁达依然生活在贫穷中，这一次在加西亚雷耶斯大道 25 号与托马斯·拉格以及奥尔兰多·奥雅尊一起住一个住所。奥雅尊回忆说：

　　当巴勃罗从奇洛埃回来的时候，我们三个难兄难弟决定齐心合力一起合租一个房间。我们在多尼亚·爱多米拉的水果仓库二层找到了一个房间。白天你得与各种西瓜、南瓜以及莴苣打交道。但当夜幕降临，那个女人打开一扇通向楼梯间的门。她很难理解我们三个人的冒险，但慢慢地，她开始变成一个和善的阿姨。我们的家具再简单不过了：一张铁床，几块毯子，一个有烛台和蜡烛的夜间书桌，一个脸盆架和一个水壶。[46]

48　　聂鲁达和拉格开始着手把约瑟夫·康拉德的《水仙号上的黑水手》翻译成西班牙文——很不幸，该计划始终没能完成。聂鲁达给劳丽塔写信说："告诉他们用电报给我寄钱，因为我一天只吃一顿饭。"[47]

　　他继续贪婪地阅读，热情地写作，不顾饥饿的折磨。他把德国伟大诗人里尔克的《马尔特·劳里茨·布里格手记》中的一部分从自己所读到的法文译本转译成西班牙文，发表在学生杂志《明晰》的 10 月至 11 月号上。叔本华和普鲁斯特当时对他影响极大。他也欣赏皮埃尔·洛蒂的小说，《我的兄弟伊夫》。在给阿贝提娜的一封信中，他宣称他完全能够一晚上看完两本小说。

　　聂鲁达和托马斯·拉格重新合作起来，这一次更加有效率。他们写了一本抒情散文诗的小集子，《指环》，仍然由纳西门托出版。根据恩里克·安德森－依姆波特回忆，在 1926 年出版的三本著作中最后这本里聂鲁达：

> 从印象派跃进到表现主义；也就是说，这个诗人因同样的感官
> 刺激而兴奋，不曾停留在消极态度中，反而采取主动，强烈地表现
> 着自己；对象失去了它们的本性，现实扭曲成对想象、情感和欲望
> 的强烈暴露。[48]

在 1925 年到 1927 年期间，聂鲁达多次旅行到美丽的瓦尔帕莱索港
去看他朋友阿尔瓦罗·伊诺霍萨，那地方在圣地亚哥西北方，有广阔汹
涌的海湾。逃离圣地亚哥去往一个小城的这几次旅行恢复了聂鲁达的力
量和心态，这旅行显然让他日益陶醉，并最终在那里买了一所房子。

阿尔瓦罗·伊诺霍萨的妹妹，西尔维娅·泰耶尔回忆起聂鲁达 1920
年代后期的造访："他待几个星期，甚至几个月。他走出去看海，白天
在市场、码头和山丘上闲逛，晚上走路穿越港口的禁区。"[49]

尽管聂鲁达在给劳丽塔的信中向家里要钱的呼吁有一种可怜的腔
调，他并没有消极等待一笔横财的降临。清晰意识到诗歌——甚至如他
一样成功的诗歌——并不能让他成为拉丁美洲的富人，他开始思考发财
的宏图大略。和阿尔瓦罗一起，他制作了好多套明信片——自己设计印
制的漫画明信片，其中有一张展示了一个阿帕切人，他的脸可以被一个
小金属链子移动。带着这些明信片，他和阿尔瓦罗站在大街上，穿行于
街车、火车和餐馆里，徒劳地试图吸引买家。

这种屈辱的失败对怯懦的聂鲁达来说并非易事——但有一个信号说
明他也有某种雄辩的才能，那就是：他设法劝说圣地亚哥一家电影院的
老板购买两百张明信片，让他相信：这些明信片将给他当时正在放映的
电影带来不可估量的上座率：朗夏内主演的《千面人》。曾一度，聂鲁
达幻想让自己成为圣地亚哥的商人。可是，他的商人生涯梦很快便化为
泡影。在 1927 年 3 月 9 日给劳丽塔的一封信中，他承认"经商只造成
了不便，我没有钱，只够存活"。也许他担心他父亲终究是对的。

一个当时因为《二十首情诗》而享受着贯穿整个智利以及拉丁美洲

声名的人竟仍生活在如此窘迫的境地中，这似乎骇人听闻。但他的确如此。奥尔兰多写道：

> 我们的经济状况日益恶化。我记得有一次，大概是在 1927 年初，我们凌晨默默无语地走回住所。我们的贫穷让我们忧伤。突然，巴勃罗停下来，在夜晚的宁静和街道的孤寂中，以最尖利的嗓音放声大叫，发出对他坏运气的激昂谴责。托马斯（·拉格）加入了，用同样惊人的嗓音。轮到我来振作他们的精神了，"孩子们"我告诉他们，"这会改变的……这样的境况不会继续下去"。

奥雅尊是对的——但不是以他所以为的方式。聂鲁达非常不安，期待着逃往海外。

> 在 20 世纪，我们（拉丁美洲）国家的文化生活极度依赖欧洲……全球精英活跃在我们每个国家，属于统治阶级的那些作家们都住在巴黎……实际上，当我获得最初一点点年轻的声名时，大街上的人们开始问我："你在这干嘛？""你应该去巴黎"。

50　有一天，在一些朋友的鼓励下，聂鲁达怀着巨大的恐惧走进了外交部领事部门的总部，试探性地询问高个子官员是否有委派到海外的领事职位空缺。官员回答说，没有，但他表现出对聂鲁达诗歌的巨大崇拜，并告诉他一旦有空缺就会通知他。有一刻他什么都听不见，他的沮丧加深了。但幸运总会降临，他跑到一个外交部的朋友那里，他叫曼纽尔·比安基，是艺术家维克多的兄弟。他一听说聂鲁达出国的愿望，就安排了他和部长见面，部长给这位诗人一张海外职位空缺的单子。"随便选，"他告诉聂鲁达。缅甸首都仰光的名字对他来说毫无意义——也许正因为这个原因，他选择了它。

这个安排将带给他最孤寂的一段时光——以及成为毕生伤痕的一段恋情。

第三章
亚洲的孤寂
1927—1932

尽管他不顾一切要离开圣地亚哥，在他漫长的海外旅行之前，聂鲁达有一些重要绳结需要拽紧一下。一些资料[1]声称：他在动身去仰光之前曾向劳拉·阿鲁埃求婚。他无疑曾送给她素描、诗歌、信件以及《二十首情诗》的一个版本，告诉她她是那本诗集的头号缪斯以及影响者。

他也曾对阿贝提娜说过几乎同样的话，他不断尝试赢回她的感情。巴勃罗的确曾在同时爱上两个女人。不幸的是，他一个也得不到。

不过，驱使他 1927 年离开自己国家的，并不只是个人的不幸。卡洛斯·伊瓦涅斯·德尔·坎波，这位在当内政部长时已显露出独裁倾向的强硬人物于 1927 年 4 月 7 日从埃米利亚诺·费格罗阿·拉腊因那里接手当总统。两个月后，伊瓦涅斯下命令逮捕大量各界人士，宣称有必要清洗这个国家，除掉"无政府主义者和共产主义者"。一旦他变成国家领袖，伊瓦涅斯立即在 5 月 22 日召集了选举，不出所料——鉴于他是唯一候选人——他以百分之九十八的得票率当选。

与此同时，智利的经济持续恶化。北方的硝石工业持续衰退，工人们被解雇，导致巨大的不满。这个国家的四百万居民开始体会到依赖某种单一资源的出口所带来的全部后果。

聂鲁达在 1926 年底给劳丽塔写信，告诉她他将要在 1 月 3 日启程去欧洲。"我很烦与我父亲吵架。如果你能看到我的头脑怎样令我发疯。在过去的十五天内，我没有足够的钱负担旅行。我在格罗那吃什么？蒸汽？我想知道你能否帮我弄点什么？"[2]

　　那个去欧洲的旅行并未成行，尽管巴黎对这个年轻诗人来说也许是最理想的目的地。另一位智利诗人文森特·维多夫罗在那里享受着成功的流亡。但聂鲁达并不感兴趣。

　　"他说他并不想选择所有其他诗人和艺术家都选择的路线，也就是说，巴黎，文化首都。他不想那样做。另外，当时也没有人会给他在巴黎安排德高望重的领事职位，"他的传记作家，博洛迪亚·泰特博姆说[3]。

　　所以就去了仰光。尽管聂鲁达从未听说过这个地方，并且在智利外交部的地球仪上找到的只是一个小凹陷。他可以看到它位于亚洲。可是，毕竟连兰波都曾逃离欧洲生活去到离家几千里外的地方。

　　聂鲁达面临着至少两个月的海上航行。他安排了一系列跟朋友道别的晚会，他们都很羡慕他实现了如此伟大的逃亡。在一个这样的嘈杂聚会上，在瓦尔帕莱索港，他的老朋友阿尔瓦罗·伊诺霍萨提出一个令人惊讶的建议：巴勃罗可以把他的头等舱船票换成两张三等舱船票，以便让他，阿尔瓦罗，和他同行。毕竟，不久前，画家帕斯金·布斯塔曼特和阿尔韦托·罗哈斯·希门内斯在前往布宜诺斯艾利斯的旅程中做过几乎一模一样的事情。聂鲁达立即接受了这个计划。他非常喜欢阿尔瓦罗·伊诺霍萨，他的主意几乎每每成功——虽然不会完全成功。他会是一个足智多谋的同伴，那正好是聂鲁达觉得自己所需要的，毕竟他面临的是那么烦人的漫长旅行。阿尔瓦罗不像巴勃罗本人，他已经是一个在纽约度过许多时光的富有经验的旅行者。

　　迪耶戈·穆诺兹回忆说：伙伴们吃啊，喝啊，交流关于缅甸、仰光的信息，"它的气候，居民，缅甸女人的美貌，身着东方服饰。我们画出了一幅非常性感的图画，我们全都梦想着我们的朋友即将去生活的那片遥远国度。"[4]

　　尽管聂鲁达也许被人羡慕，他和阿尔瓦罗却都没有钱。救援以某种出人意料的方式出现了，它来自聂鲁达的出版商，纳西门托。聂鲁达要阿尔瓦罗去替他取钱，因为他得不停地为旅行做准备。在取了钱回来的路上，阿尔瓦罗产生了一个念头：用这笔钱去赌博。他征求聂

53

鲁达的同意，而这个诗人——不想让他朋友失望——声称非常赞同这个主意。阿尔瓦罗拿着聂鲁达辛苦获得的资金去了九月俱乐部，开始在轮盘赌上赢起钱来。就像古往今来的诸多赌徒一样，他无法像开始时那样离开。当他走进聂鲁达的卧室，诗人正埋头在一本书中，但他几乎都不用问发生了什么："你输钱了，对吧？""输个精光"，阿尔瓦罗悲伤地回答。"不仅你的 500 比索，还有我就要到手的两百万。"可是，当满脸羞愧的阿尔瓦罗鼓起勇气抬眼去看聂鲁达时，双目对视，两个好朋友迸发出笑声。[5]

拿着聂鲁达崭新的外交护照，但很少的钱，他们从瓦尔帕莱索港出发，乘坐跨安第斯山火车，穿过安第斯山脉去阿根廷的门多萨。从门多萨，6 月 15 日，聂鲁达给劳丽塔写信说："康妮吉塔，告诉爸爸妈妈我很抱歉没能给他们一个告别的拥抱，因为我已经订好了票，跨安第斯山火车就要发车了……我切实感到歉疚和痛苦，但我想这分离不会持续太久。"[6]

一场令人精疲力竭的火车之旅把聂鲁达和伊诺霍萨从门多萨带到布宜诺斯艾利斯。在那里他第一次也是最后一次会见了阿根廷作家豪尔赫·路易斯·博尔赫斯。聂鲁达在回忆录中并未谈到他们两小时的谈话内容，但博尔赫斯经常在访谈中提到那场奇怪相遇的诸多细节。"整整两个小时，我俩假装要让对方感到头晕目眩，"博尔赫斯对法国日报《世界》这样说道，"他对我说：'用西班牙语写作简直是不可能的。'我回答道，'你是对的。那就是为什么至今没人用这种语言写过任何东西。'然后他提议：'为什么不用英语或者法语写作呢？''不过，我们怎么能保证我们配得上用这些语言写作呢？'最后，我俩断定我们将不得不听任自己用西班牙语写作，别无他法。"[7]

聂鲁达和伊诺霍萨在 6 月 18 日登上了汽船"巴登"号，前往葡萄牙里斯本。这不是艘什么好船。"那是一艘德国小艇，自称是高等级客轮。如果是的话，那它就是五等舱。"[8]聂鲁达在他的回忆录中宣称，阿尔瓦罗在旅途中花费大量时间来不停地和女乘客搭讪，直到最后至少有几个半推半就地从了他。聂鲁达这个时候却远不是那么外向，尽管他在

54　圣地亚哥有很多成功的艳遇。实际上，他倾向于在异性面前保持羞涩，而她们反而经常会追求他。登上"巴登"号之后，他迷上了"一个巴西女人，地道的巴西人，在里约热内卢靠岸的时候和父母一起登上了这条船。"他在旅途中给圣地亚哥日报《国家》撰写的一篇文章中记载了这次相会。

> 那天，一个巴西家庭登上了客船：一个父亲，一个母亲和一个女孩。女孩非常漂亮。眼睛占据了大半张脸，深邃、黑亮，从容不迫的表情，丰沛的光芒……[9]

他俩是否有过身体上的关系，我们不得而知。"有可能，"这是博洛迪亚·泰特博姆的观点。"乘船旅行在当时是非常漫长的旅行——要花二十到二十五天才能从圣地亚哥抵达欧洲——在这期间很多事情都可能发生。"[10]那个女孩名叫玛丽内希，聂鲁达描述过，她是多么喜欢在甲板上坐在她的椅子上，跟他说话。"她是我的一个朋友。她说着音乐般的葡萄牙语，她很喜欢玩弄她的语言如同玩一个玩具。十五个追求者围绕着她。她很淘气，苍白，对任何人都不表示偏向。她的眼神，载满黑暗，从他们身上逃离。"[11]

就在船抵达葡萄牙海岸时，也就是1927年7月12日，聂鲁达迎来了他的二十三岁生日，但他心怀焦虑，因为他离开智利前还没有付清裁缝的钱，在给劳丽塔的一封信中他问她能否试试让他父亲替他还债。钱仍然是困扰他的一个问题：

> 我希望在六天内到达巴黎，然后离开那里，在月底前往东方。我有点害怕抵达，因为在这艘船上我听说那里的生活极端昂贵，最便宜的包餐旅馆也要600比索一个月，我是在最糟糕的（经济）状态下抵达那里。更有甚者，他们得了瘟疫，间日热，各种发热。但那里有什么可做呢？我们得屈从生命，与之周旋，相信没有其他人会照顾我们。拥抱我的父亲和我亲爱的母亲……[12]

他从里斯本到了马德里，只待了三天。在那里他设法找到吉列尔莫·德·托雷，一个有影响力的批评家以及半月刊《文学报》的秘书，55 并给他看了九首诗，它们后来构成了《大地上的居所》中的一部分。可惜，这位西班牙大批评家的反应消极，令聂鲁达失望。

> 他阅读了头几首，最后，他以朋友的坦率告诉我，他无法看出或者理解其中的任何东西，他甚至看不出我的意图是什么。我本计划待更久时间，但看到这个人的顽固不化，我把这看作一个坏信号，于是动身去法国，随后很快离开马赛去了印度。我最近刚刚二十三岁，很显然，西班牙不是我待的地方，那里是极端主义垂死的舞台……阿尔韦蒂和洛尔迦那一代仍然无名……从这种徒劳自大的氛围中冒出了奥尔特加 - 加塞特的书，《艺术的非人性化》……[13]

当 1950 年聂鲁达这些批判性评论出版之时，吉列尔莫以《致巴勃罗·聂鲁达的公开信》的形式向《美洲纪要》写了一封回信，其中，这位西班牙评论家提供了自己对 1927 年马德里短暂会晤的印象。

> 我们确实聊过一次，语速非常快，因为你正好第二天就要离开……你送给我几本你的书，其中有我已经了解的书。因为，抛开你责怪我"缺乏理解"和"顽固不化"不说，我的确已经亲自或通过身在智利的朋友得到过（这些书），这证明你说得不对。现如今，我想象不到《大地上的居所》也在这些书中间……我唯一可以确定的是：我没有说出你那时也许希望听到的那个词："genial"（天才作品）。[14]

在巴黎，聂鲁达并没有找到他梦想遇到的诗人，但他与最伟大的拉美诗人之一——秘鲁诗人塞萨尔·巴列霍有一场极其重要的邂逅。

巴列霍对待聂鲁达十分敬重，告诉他：在西班牙语诗歌方面除了鲁文·达里奥，没人能比得上他。这对聂鲁达的耳朵来说无疑是悦耳动听的，但他却开玩笑地指责巴列霍太尊敬他了，以至于都没给他一个兄弟般的拥抱。

和阿尔瓦罗·伊诺霍萨一起，聂鲁达尝尽了巴黎的半月停留所能带来的一切欢乐。在回忆录中，他回忆起一场奢华的香槟酒会，那是由他的智利同胞，阿尔弗雷多·康登张罗的，他也是一个作家，还是智利最大运输公司老板的儿子。在这个酒会中，聂鲁达惊愕地意识到，即便这样富有也无法在经济窘境中提供担保——当时康登倒在地上不省人事。俱乐部老板无情地坚持无论如何必须马上支付当晚欢庆会的费用，他还锁上大门阻止任何人离开。可是，客人中间没人可以帮得上忙，"只有当我把崭新的外交护照留下作担保，我们才从他的监禁中逃离。"[15]

在外面，他们发现夜间俱乐部的女招待之一在一辆出租车里等他们。她是唯一在艰难时刻没有抛弃他们的人。巴勃罗和阿尔瓦罗在清晨邀请她去阿勒市场喝洋葱汤，在市场上给她买了一束鲜花。

> 我们邀请她去我们破旧的旅馆，她丝毫不拒绝和我们同行。她和阿尔瓦罗去了他的房间。我筋疲力尽地摊在床上，但猛然间我感到有人在摇醒我，很粗暴。是阿尔瓦罗。他无害而又疯狂的面孔看上去有点古怪，"听着，"他说，"那个女人是个尤物，她妙不可言。我说不清楚。你必须马上试试她。"几分钟后，陌生人钻进了我的被子，慵懒却又亲切。通过和她做爱，我感受到她神秘天赋的证据。那是某种无法用语言刻画的东西，某种从她体内深处涌起的东西，那种东西，它返回欢乐的源头，返回海浪的诞生地，返回维纳斯的情欲之谜。[16]

从巴黎，巴勃罗和阿尔瓦罗乘火车南下马赛。1927 年 8 月 1 日，两个男人登上了客船，踏上他们前往东方的漫长旅行的最后一程。

同一天，在聂鲁达不知情的情况下，一篇文章出现在马德里的杂志《文学报》上，那是吉列尔莫·德·托雷所写，文中评价了当代智利诗歌。德·托雷承认聂鲁达是个好诗人，他的《二十首情诗》"体现出一个完

美与均衡的点"。可是，作家继续写到，"令人不满意的是，诗人试图更
进一步，超越维多夫罗诗歌的界限，他把自己抛入一种抽象的，赤裸的
抒情风格中。"[17]

57

　　关于聂鲁达对自己海路航行的最后一段的印象，我们从他定期写
给《国家》杂志的文章中可以了解到很多。我们读到了他对停留在埃及
塞得港的丰富多彩的描述，狭窄的街道布满各种酒吧，"甚至空气……
光线，喊价和揽客"，追踪兰波在吉布提的脚步，在正午太阳的炎热中，
"就连骆驼的驼峰也皱缩了，它们的小眼睛从沙漠转过去。"[18]博洛迪
亚·泰特博姆宣称，"在吉布提发生了很怪异的事情。聂鲁达在妓院和
妓女一起跳舞，但她们除了阿拉伯语不会说任何其他语言——于是，聂
鲁达注意到：他们通过其他方式'相互理解'。"[19]

　　他的文章也表达了对科伦坡的第一印象，它位于锡兰（如今的斯里
兰卡），以及对新加坡的印象，后两者后来都变成了他的外交驻地。

　　1927年10月在新加坡登陆时，他们以为最终抵达了目的地。但当
被告知不是的时候，这给他们带来了巨大的心理打击——尤其发现"在
我们面前还有好几天在船上的航行时间，更有甚者，唯一一艘例行客轮
已经在前一天出发去仰光了。我们没有钱支付旅馆以及开销。更多的经
费还在仰光等着我们。"[20]

　　在绝望中，巴勃罗和阿尔瓦罗求助新加坡的智利领事，一个叫曼西
拉的人，他拒绝借给这两个智利人他们所需要的钱。可是，当聂鲁达威
胁说要在新加坡开展一系列有关智利的谈话来增加收入时，曼西拉答应
了帮助他们。又在新加坡过了两三天，聂鲁达和伊诺霍萨起航去仰光，
和商人以及殖民地公务员一起分享这段旅行。他们最终在1927年10月
25日抵达了缅甸。

　　据我们所知，聂鲁达寄自仰光的第一封信，不是给特木科的家里，
也不是给阿贝提娜·阿佐卡，而是寄给阿根廷作家，艾克多·伊安迪。
伊安迪寄给聂鲁达一本自己的短篇小说集《漫游》以及一篇夸奖《二十
首情诗》的文章，之后，聂鲁达就和他建立了一种书信上的友谊。这一
系列信件对于理解该诗人在东方的心理状态以及对未来的计划是至关重

要的。

58　　在 1927 年 10 月 25 日的第一封信中，聂鲁达向这位阿根廷人表达了迟复的歉意，抱怨说这都是因为"每天的悲惨境遇"。他希望与伊安迪的通信能够继续。这种通信不仅继续了，而且为他在仰光度过的十五个孤独的月份提供了一道生命线。

三天后，他给劳丽塔寄出了一封信，信中告诉她："这里的女人都黑乎乎的。放心，我不会结婚的。"[21]

缅甸在 1927 年仍然是英属印度的一个管辖区域，但缅甸人——曾经温顺并且容易统治的一群人——开始对印度人和中国人，英国和其他欧洲商业利益造成的商业剥削感到愤怒。很多年后聂鲁达告诉托马斯·拉格，他不仅很快就对缅甸的文化感到困惑，而且也对英国殖民统治的气氛感到疏离。"我的主要生活与英国人无关。我很少参加他们的聚会，因为在殖民者中，很少有有趣的人。他们是单调乏味甚至是无知的。"[22]不过，他远没有乔治·奥威尔那样对政治敏感，后者在他到达后几个月也到达了缅甸。

聂鲁达很快发现他自己处于一种令人窒息的官僚主义工作程序中。

我必须认真承担的官方责任只有每三个月那一次，一艘船会从加尔各答开过来，满载着石蜡和大箱茶叶，开往智利。我得以极快的速度为那些文件签字盖戳。然后，接下来的三个月无所事事，孤独地在市场与庙宇中沉思。这对我的诗歌来说是最痛苦的时期。[23]

不像墨西哥诗人奥克塔维奥·帕斯，当他被派往远东的时候，他被自己所发现的神秘的东方宗教所吸引，聂鲁达感到那里的宗教元素残忍地反人性并且带来了异化。

在仰光我明白了，诸神
是和上帝一样的敌人
对于可怜的人类……

优雅的裸身菩萨

在空虚永恒的

鸡尾酒会上微笑……[24]

但至少街上的生活是充满活力的：　　　　　　　　　　　　　59

大街成了我的宗教。缅甸的大街，有露天戏院和纸糊龙和五光十色
彩灯的华人区。印度街区，街道中最卑微的，有被某个种姓当作生
意来经营的寺庙，穷人俯首在外面的泥中。市场里的槟榔叶堆成绿
色金字塔像是孔雀石的山峰。他们在畜栏和栅笼里出售野生动物与
鸟类。弯弯曲曲的大街上温顺的缅甸女人嘴衔着长长的雪茄烟走
来。这一切吸引着我，渐渐把我卷入真实生活的魔咒中。[25]

对刚到达这里的聂鲁达和他的朋友阿尔瓦罗·伊诺霍萨来说，真实
生活是令人困惑的。他们惊讶地发现，提前找住处竟然是外交领事自己
的事。因此，他们别无选择，除了住在基督教青年会的青年旅馆里（这
两个年轻人谁都不信仰基督教，毋宁说他们信仰的是一个便宜的过夜枕
头），妓院里甚至鸦片烟馆里。这是外交生涯的不寻常开端。

聂鲁达在仰光过着和在圣地亚哥一样坐立不安的生活，但却没有那
些朋友（除了伊诺霍萨）的刺激来让他保持振作。当时正住在厄瓜多尔
的迪耶戈·穆诺兹收到一封信，说"他感到非常孤独，他没有朋友；那
里没有一个人可以用西班牙语交谈。想象一下！他回想我们每日的聚
会，他请求我经常给他写信……我写了另外一些信，但只收到一封回
信，甚至更痛苦。"[26]

聂鲁达发现自己在一个贫民区，同时，因为当地人不被允许踏入英
国统治者控制的居住地——当他被人看到乘坐当地的交通工具，一种马
车的时候，他被英国人警告说：一个领事不应当被人看到在这种马车中，
因为它是用来和女人做见不得人的事情的。他还被警告说不要经常去波
斯餐馆，这个建议很难遵循——因为在这个地方，聂鲁达说他享受到了

世界上最好的茶，用一个小小的玻璃杯装着。"那是最后的警告。从那以后，他们再没有停下来跟我打过招呼。再没有比这种联合抵制更令我高兴的了……那些狭隘的欧洲人没什么意思，毕竟我来东方不是和那些萍水相逢的殖民者们共同度日，而是与那个世界的东方精神共处，与那个巨大的、不幸的人类家庭共处。"[27]

60　　在一封不为人知的信中——这封信 1927 年 12 月 7 日写给位于德国汉堡的尤兰达·皮诺·萨维德拉，他的一位智利朋友——聂鲁达声称他和阿尔瓦罗正严肃考虑离开仰光并把德国当作他们的下一站。"我俩开始对这种与世隔绝的生活感到厌倦，如此远离人群的巨大旋涡，远离发达的大城市。那里的女人们……皮肤黝黑，她们的头发因打了亮漆而僵硬，鼻子上带着鼻环，身上散发古怪味道。这一切在第一个星期是迷人的。可是，一个又一个星期过去了，时过境迁了！"

这封信也含有关于创作《大地上的居所》的富有启发的信息："我写得越来越少。好几年，我一直在考虑出一本书，在书中我会写十二种事物。因此，那是我唯一的作品。让我们拭目以待，看是否我能在缅甸的孤寂岁月中完成它。它将被称作《夜间集》，我真希望它为我的内在情感提供出路。"[28]

实际上，聂鲁达和阿尔瓦罗离开缅甸后并没有去德国，而是去了中国和日本。聂鲁达知道他离开仰光几个月也不会耽误那里的什么事情，而且一场旅行的花销也不比在内陆的生活更昂贵。在 1928 年初，他们出发去了中国的上海和日本的横滨。他们拜访的第一个港口是暹罗国（现在的泰国）。从那里，聂鲁达给劳丽塔寄了一张明信片，日期是 1928 年 1 月 20 日，告诉她他正在前往日本，计划离开缅甸两个月左右。从上海，他寄出了另一张明信片，是 2 月 7 日，抱怨那里折磨人的寒冷，"我从没有感到这么冷，又是风又是雨又是雪。"然后，事情出人意料："我计划三月份去欧洲，在法国和西班牙继续深造。对我来说，在东方生活太长时间是不可能的。"[29]

在上海，他和阿尔瓦罗努力寻访一家又一家夜总会，但很沮丧地发现，因为那时是星期三，夜总会不是关门了就是门可罗雀。他们坐上一辆快散架的黄包车返回客船，在路上，他们发现自己被车夫完全带离了正常路线。车夫突然停下来要钱。他们很快被七八个中国人包围，也找他们要同样的东西。当阿尔瓦罗装作裤兜里藏着武器的时候，他和聂鲁达被人击中了后脑勺。躺在地上的时候，聂鲁达感到他们在搜他的口袋，"以杂耍者的灵巧。他们不漏过搜查每一寸衣物，不放过我们每一分钱。但有一条：以上海小偷传统的职业操守，他们很小心地保留了我们的文件和护照。"[30] 几个好心的中国人把他们送回了船上。

在横滨，这两个人沮丧地意识到，所谓有一笔钱在那里等着他们是不存在的。在这个日本城市虚度了几个穷光蛋的日子之后，他们愤怒地发现，智利领事馆的确一路上都给他们安排了经费，但并未到手。[31]

兜里有钱之后，他们片刻不停地玩乐。从东京，聂鲁达给劳丽塔寄了一张印有一个日本女孩照片的明信片，他告诉她，日本女人"非常和善而且爱笑，我会永远记得她们。她们最有女人味，世上最漂亮。我学了几句日语。我在纯粹的日本餐馆吃过，跟一个这样的日本洋娃娃结婚花不了我太多钱。好好看看这张照片上的姑娘，因为她有可能就是你未来的嫂子。"[32]

在横滨，聂鲁达看了一场能剧表演。"我一点都看不懂。"但在他一生中写过的唯一一部戏剧《乔昆·穆列塔的光辉与死亡》中，聂鲁达声称他受到早年观看日本戏剧，尤其是有葬礼场景的戏剧的影响。

诗人显然害怕回到仰光的前景。在坐船返回的路上，他从上海寄给劳丽塔一封长信，告诉她：

> 我烦透了仰光，我想要赶紧离开。无法形容那里的热——就像日日夜夜待在炉子里。每个人不停地因疟疾而倒下，但很幸运我的发烧很快就好了……仰光的生活是可怕的流放，我不是注定要来这种地狱中活过的。可是，我到欧洲靠什么过活？在那我可以靠很少的钱吃和住，但我到哪里去弄那很少的钱？对我来说一切都很艰难，我感到疲惫，病病殃殃的。[33]

疲惫而病态，似乎是没有写诗的原因。据了解，在聂鲁达当时前往中国和日本途中，他没有写一首诗，尽管他在后来诗集中回顾过那段旅程。

62　　1928 年 3 月，回到仰光的火炉里，聂鲁达得知奥古斯都·温特去世了，就是那个借给小内夫塔利很多书籍，成全了他早年所受到的许多文学影响的萨维德拉港的图书管理员及诗人。从仰光，悲伤老练的聂鲁达寄给《国家》杂志一篇献给他这位老导师的感人颂词，后者的诗歌在其去世前不久终于出版。"我记得他的房子、他的烟草、他的见神论、他的天主教、他的无神论，我可以看到他躺下、睡着，焦虑和习惯陪伴着他。"[34] 这是聂鲁达为纪念死去的朋友写过的长系列文章中的第一篇。

在著名的 1961 年版《二十首情诗》中——标志着该书第一百万本售出——聂鲁达告诉读者：温特曾帮助他用打字机在特种棕色纸上打出整本书[35]。

在 1928 年 5 月 11 日，聂鲁达恢复了他与艾克多·伊安迪的通信往来。他对前景的展望十分黯然："我想逃离这实在是悲惨的心境……随着岁月流逝，我把我的文学生涯弄得越来越艰辛。"[36]

相比于聂鲁达从圣地亚哥以及远东写给阿贝提娜·阿佐卡的有一搭没一搭的信——那些信让读者感到一种稍微有点故作姿态的自觉修饰过的时髦痛苦，这些给伊安迪的信却是聂鲁达写过的最真诚的信。他把他的灵魂暴露给一个从未谋面的男人。

谈到这段时期，博洛迪亚·泰特博姆对我说：

> 聂鲁达找到了一种非常隐秘的文明，从不让他自己被周围的宗教虔诚所诱惑。他被生活的欢欣，对生命的投入所激动。冥想的生活对他来说显得有些悲惨。他在写作和女人之爱中找到最大的慰藉。他在每一处地方找寻这种爱——在妓院里，在大街上。[37]

聂鲁达也许有过孤独和空虚，但我们惊讶地发现，即便在他如此痛苦和绝望地写信寄回拉丁美洲的时候，他也被一桩极其热烈的恋情所捕获，这段恋情或许会永久改变他的人生。正是这段恋情让他更严重地从缅甸的上流社会隔离开来，那个社会把他当作里卡多·雷耶斯，而不是巴勃罗·聂鲁达，把他视为远方国度来的一位外交官，而不是著名诗人，它很快就无情地把他排斥在外，因为他竟敢公开和一个本地女人上床。 63

乔希·布利斯是她的名字。或者说，这是聂鲁达用来指代她的唯一名字。她是一个美丽的、黑皮肤的缅甸女人，她按照惯例，在与英国殖民者或其他经过这里的欧洲人打交道时，就采取假名。聂鲁达在回忆录中说，她与他在家中时使用真名——但他从未透露过那个名字是什么。

乔希在仰光的一个办公室工作，有一阵当过聂鲁达的助手[38]，变成了他"爱的恐怖分子"。在大街上，她穿着英式服装，但与聂鲁达在家的时候，她就换上民族服装。她是一个充满激情且学识丰富的爱人。在他们相处的七八个月（从1928年4月或5月到他同年11月初动身前往加尔各答）中，她引领他走向了性成熟。这两个人之间的亲密关系是新鲜而尴尬的。她是一个举止古怪的女人。聂鲁达的一个墨西哥朋友声称，诗人告诉他乔希在做爱之后拒绝睡在同一张床上，而是坚持睡在旁边的地板上。[39]

这头"缅甸黑豹"开始激烈地嫉妒任何试图亲近聂鲁达的女性——而实际上有很多这样的人。同时，当白人殖民者知道他与乔希的恋情，他们拒绝他加入他们的俱乐部。他似乎并不在意这个——对他来说，被迫不与这些人——聂鲁达很是瞧不上他们的势利和他们有意与所生活的社会划清界限的行为——打交道并不是什么损失。实际上，乔希从未学会西方礼仪，这一度曾是最吸引聂鲁达的地方，他还以很多其他方式在东方的平庸中找到激情。

谁是乔希？令人沮丧的是，聂鲁达从未在给伊安迪的信中提到她。他倒是在与朋友聊天时提供了只言片语。根据迪耶戈·穆诺兹的遗孀伊内斯·瓦伦祖拉转述，有关乔希的记忆伴随聂鲁达直到生命终了。[40]

与此同时，聂鲁达与阿尔瓦罗·伊诺霍萨之间的紧张也在升级。"他结束了对我生命的残害，"聂鲁达在回忆录中如是说。[41]可是伊诺霍萨在此前未出版的手稿中声称是聂鲁达的固执导致了紧张的升级。"对于

64 　影响我俩的共同事务，他自行其是，仿佛我并不存在，"阿尔瓦罗写道。

> 有一个晚上，我回到住所，情绪很好，有一种想要聊天的热情。巴勃罗拿起一本书，并且违心地回应着我，他在想办法结束我肤浅的、酒气熏天的闲聊。我想出很多方法来取悦他。没用。于是我告诉他，"明天我要去加尔各答。"我一点都没有真心想在哪天实行这个计划，只不过想迫使他开口。他只是回答："太疯狂了。"然后继续读书。[42]

　　聂鲁达继续为他在圣地亚哥时就已经动手的诗集而忙乎。1929 年 8 月 6 日，在一封写给朋友何塞·桑托斯·冈萨雷斯·维拉的信中，我们发现他第一次提到《大地上的居所》这个名字，"我的少量近作，写了超过一年时间，已经臻于完美（或不完美）……我的新书将被命名为《大地上的居所》，由四十首韵文诗构成，我想在西班牙出版发行。"[43]

　　在九月写给伊安迪的信中，处于更为积极心态中的聂鲁达把他的目标描述为"获益于一场斗争"，抵抗"生命中遇到的困难与不可能"的斗争。他在信后附了三首将收录在《居所》中的诗:《我们一起》《士兵之夜》以及《奏鸣曲与毁灭》。

　　接近 1928 年底，聂鲁达再次决定离开仰光——至少有一个批评家[44]认为此地是兰波《地狱一季》在我们这位诗人这里的对应物，因此也是聂鲁达当时在信中多次称为"地狱"的地方——目标是去加尔各答，在那里他享受了与阿尔瓦罗的友好重逢，并且参加了印度国大党的会议。

　　12 月 12 日从加尔各答寄回家的信中，聂鲁达告知了他们一些非常重要的消息:"我得告诉你们:（智利）政府已经把我改派到科伦坡，在锡兰岛上，位于印度南面。我将得到和在仰光一样的薪水，那里的气候和这里（仰光）一样糟糕，可能甚至更糟，但对我来说在同一个地方待这么久实在已经难以忍受，无比厌倦，因此我很高兴地接受了调动。"[45]

65 　当然，聂鲁达不愿告诉家庭的是:搬到科伦坡去也提供了一个途径，逃离日益变得极具占有欲的乔希·布利斯的掌心。

甜美的乔希日益变得纠缠不休、占有欲极强，以至于她的妒火变成了一种疾病。要不是这一点，我也许愿意永远和她在一起。我爱她赤裸的双脚，白色花朵点亮她黑色头发。但她的脾气驱使她像野兽一样发作。我从海外收到的那些信让她嫉妒并且暴怒。我的电报还没被打开就被她藏起；她点燃我所呼吸的空气。有时候，一盏灯把我惊醒，一个幽灵游荡在蚊帐的外面。是她，穿着白衣服，挥舞她长长的、尖锐的土著刀子。是她，绕着我的床走啊走啊，一次能走上好几个小时，没有完全下定决心杀死我。她经常对我说，只有你死了，我的恐惧才会终结。第二天，她会做一个神秘的宗教仪式来让我保持忠诚。她最后可能会杀了我。[46]

聂鲁达偷偷离开了他们的房子，搭乘一条船从仰光到了科伦坡。就在船进入孟加拉湾之际，他坐下来写了《大地上的居所》中最关键的一首诗，他所写过的最诚挚的诗歌之一：*Tango del viudo*（《寡妇的探戈》）。将近三十年，读者们不知道这首诗中作者所指的是谁——只有到 1962 年，聂鲁达在为巴西杂志《航海》写的自传式文章中披露乔希的存在，才揭晓。

在这首诗中，聂鲁达把乔希称作 La Maligna（恶魔），埃尔南·洛伊拉把这首诗看作一种驱魔行为。我不认为对于这个形容词的运用应该做出过度解释。毕竟，在 1929 年 4 月 24 日写给伊安迪的信中，他把在街上遇到的流浪狗也斥为"恶魔"。但这首诗的确让人感到另一种意义上的驱魔：不是从他生命中消除乔希的痕迹，而是消除自己离开她的罪恶感。这解释了为何他称这首诗为《寡妇的探戈》，就好像他是那个被抛弃的人。

> 哦，恶魔，此刻你应已看到那信，狂怒地哭泣，
> 侮辱我母亲留下的印象
> 称她为老婊子和狗娘，
> 你将独自喝茶，在孤独中，在薄暮中

66

看着我的旧鞋子，永久空洞，
你不再能记起我的缺陷，我夜晚的梦，我的一日三餐
不再大声诅咒我，就像我仍在那里……

在椰子树旁你就会发现埋藏的
刀子，我藏起来，因为怕你会杀了我
但此刻我突然想闻一闻它的厨房铁器味道
如此习惯你手的重量，你脚上的光……

我愿用大海上的风换你狂野的呼吸，
……听你撒尿，在黑暗中，在屋子背后……

　　抵达锡兰之后，聂鲁达在科伦坡寻找住处。他在面朝大海的维拉瓦特郊区找到了一个小平房。他没意识到他差点就要失去他在科伦坡的职位了；那是智利外交部正在考虑关闭以缩减支出的五十个领事馆之一。
　　1929 年的时候，锡兰和缅甸以及印度一样，有着同样的殖民结构。

　　英国人为他们自己建立了堡垒，隔离于他们的邻居及其各种聚落之间，周围环绕着大量音乐人、陶瓷工人、纺织工人、种植园奴隶、身着黄色衣裳的僧侣以及大量刻在石头山上的佛像。陷于每晚穿着宴会短上衣的英国人之间，以及我绝不指望企及他们的深邃广大的那些印度教徒之间，唯有孤独向我敞开怀抱，因此，那是我生命中最孤寂的时光。[47]

　　不管怎样，锡兰时光远比仰光要安详。聂鲁达显出从未有过的幸福。在一封抵达后不久写给继母的信中，他告诉他的“妈妈娘”，维拉瓦特让他想起挚爱的萨维德拉港。

　　我起得很早，穿着浴袍沿着海滩走上两个小时，享受一天中唯一凉

爽的时光。然后我在水中洗澡，那海水始终温暖，我尝试着游泳，那是我正在一点点长进的一种技能。然后我回家，在那里我的仆人已经为"主人"——他们是这样称呼我的——准备好了精彩（？）的午餐。然后我开始工作。很多时候，工作令人疲倦。其他时候，除了睡觉没事可做。[48]

67

他的住处很简陋。他睡在一个行军床上，"像一个士兵，一个探险者"。他唯一的伴侣是一条狗，一只温驯的名叫基里尔的獴，以及一个叫作布拉木皮的小男孩仆人。那个男孩不说话，只是"露出一口马牙齿笑着"。但就像在仰光一样，他惊骇于英国统治者与"亚洲人的广大世界"之间的"可怕鸿沟"，"……这确立了一种不人道的孤立，对亚洲人价值与生活的完全无知。"[49]

在这种安宁的孤独中爆发出一阵完全出人意料的风暴：乔希·布利斯。她从仰光来找他了，并且找到了他的小屋。她来了，扛着一块毯子，一袋米和几张保罗·罗伯逊的唱片，那是他们在仰光共同生活时爱听的唱片。"现在我可以看到她了，"聂鲁达在晚年写到，"被她疯狂的嫉妒所侵蚀，威胁要烧掉我的房子，攻击一个来拜访我的可爱的欧亚混血女孩。殖民当局警察……警告我如果我不把她领进门，她就要被扔出这个国家……我不敢让她进门一步。她是个爱情恐怖主义者，什么事都干得出来。"[50]

有几天，乔希被允许待在对面邻居家的房子里，那是一个锡兰贵族，名叫费尔南多先生，聂鲁达在信中不断提到过。令人惊讶的是，费尔南多先生成功说服了乔希相信留在锡兰之不可能，于是她向他提出了最后的要求：要他去和巴勃罗谈一谈，说服巴勃罗陪她一起到码头，向她告别。

聂鲁达同意了。当船正要起航的时候，乔希突然转过来，并且，

被一阵悲伤与爱的飓风席卷，她用亲吻覆盖了我的脸庞，用泪水把我浑身湿透。她亲吻我的手臂、我的服装，有一种宗教仪式感，突

然拜倒在我鞋子上，我都来不及阻止。当她再次站起来，我白鞋子上用来上光的白粉像面粉一样沾满她脸庞。我无法要求她放弃启程，让她离开那要永远把她带走的那条船，和我一起走。我更清醒的理智制止了我，但我的心产生了一道疤痕，它仍是我的一部分。那不可遏抑的悲伤，那些在她沾满白粉的脸上奔流的可怕泪水，在我记忆中历历在目。[51]

68

在锡兰有过一些不寻常的、更愉快的惊喜。不过，回忆录中有一次遭遇要么是聂鲁达想象的，要么是杜撰的。他声称遇到过伦纳德·伍尔夫，作家弗吉尼亚·伍尔夫的丈夫。但伦纳德 1911 年就离开了该岛，第二年就辞去了锡兰行政部门的职务。伍尔夫的确写过聂鲁达所称为"关于东方的最好著作之一"[52] 的书，《丛林里的村落》。我们知道，聂鲁达在锡兰的时候读了大量英语文学，尤其是戴·赫·劳伦斯的作品，这要归功于画家、摄影家、批评家兼电影导演莱昂内尔·温德所拥有的一座大型藏书室，不断收到来自英国的最新文学作品。

聂鲁达赞扬劳伦斯是"其中最伟大的"，这个事实似乎意味着他并没有兴趣对俄国革命采取支持的态度。相反，我感到聂鲁达也许对劳伦斯的政治诗歌做出过评论，尤其是他的《现在它发生了》——在这首诗中劳伦斯谴责了这场革命，不满于它对 19 世纪伟大俄国艺术家们的描述方式。

再没有任何其他时候，比在锡兰的孤寂中，更让政治远离聂鲁达的思绪。在落款为 1930 年 2 月 27 日的给伊安迪的一封信中，他宣称："性问题是（一件）悲惨的事情……也许它是我悲伤的最重要原因。"

实际上，正如他在回忆录中所写，正是这个问题导致了他与劳伦斯作品之间恋情的终结。聂鲁达在锡兰读到了《查特莱夫人的情人》的第一版。"很快，我就明白了，以其全部才华，它被试图指导读者的那种热情冲昏了头脑。就像其他许多伟大的英国作家一样，劳伦斯建立起一套性教育课程，与我们自发地从爱情与生活中所学到的东西无关。"[53]

看上去，聂鲁达自己在锡兰的性生活并不像他在通信中所描述的那样稀缺。即便在残忍结束了与乔希的恋情之后，聂鲁达也拥有许多女性拜访者，她们短暂地经过他的卧室，帮他减轻无聊和歉疚感。

据他自己叙述，他在锡兰的整段时期内遇到的最美丽的女人是一个泰米尔人，她的工作是每日打扫装有人的粪便的木桶。

> 她如此可爱，尽管她做着卑微的工作，我依然难以忘怀她。就像一只羞涩的丛林动物，她属于另一种存在，另一个世界。我召唤她过来，但无济于事。此后，我有时在她经过的路上放一件礼物，一条丝绸或者一个水果。她可以无动于衷地走过……一天早上，我下定决心，牢牢拉住她的手，使劲看着她的眼睛。我和她之间没有语言可以对话。没有笑容，她任由自己被我领走，很快赤裸着躺在我床上。她的腰部如此纤细，她的屁股圆滚，她乳房那满溢的杯子，让她看上去就像出自南印度的千年雕像。那是人与雕像的奇妙统一体。她使劲瞪大眼睛，整个过程，完全毫无反应。她鄙视我是对的。这种体验再没有发生过。[54]

69

他不断被人问到："你结婚了吗？雷耶斯先生？"渐渐地——在数以月计写给劳丽塔的书信中坚称婚姻是他最不关心的一个问题之后——聂鲁达开始渴望家庭幸福。在其书中很有趣的一章中，智利作家艾德蒙多·奥利瓦勒·布里翁内斯比较了兰波 1883 年从哈拉尔寄给家里的信与聂鲁达本人对稳定性的新寻求。兰波写道："天呢，这一切奔波往复是为了什么，在异族人群中间的这些疲惫与冒险……如果我在多年以后，不能成功地休憩在我爱的地方，建立一个家庭，至少有一个孩子可以在余生将其养育成人？"聂鲁达在 1929 年 10 月 5 日写信给伊安迪说："我，一个不断为我自己以及他人的生活创造出不负责任与变动不息这种宗旨的人，此刻感到渴求安定的苦恼，固定下我的处境，在和平中生活或者死去。我也渴望结婚，但要快，哪怕明天，然后生活在一个大城市里。这些是我持久的渴望，也许我永远也无法实现。"[55]

他对婚姻的渴求也源自一种沮丧，因为他寄回智利的很多信都没有回应。我们现在了解到：他不仅给阿贝提娜·阿佐卡写信，请她嫁给他，也给劳拉·阿鲁埃写信提出同样的请求。但二者都没有答复——原因却大相径庭。

1929 年，阿贝提娜不再待在智利：她获得了一项奖学金前往布鲁塞尔学习教孩子学法语的德克罗利视听系统。她最终恢复了与聂鲁达的联系，从布鲁塞尔给这位科伦坡智利领事写信。他回信，请求她放弃事业，放弃奖学金，放弃学习、放弃一切，来锡兰与他一起生活。

他们的关系自始至终主要是一种单相思。阿贝提娜写给聂鲁达的信不再存世，但我们确知它们唤回了聂鲁达所有的情感上的不安全感，复活了新的希望并且驱散了他在锡兰的维拉瓦特开始感觉到的平静感。

1928 年 12 月 10 日，他寄给她一张悲伤的明信片：

> 我活得很焦虑，在期待你的回复。你收到我所有卡片了吗？你完成什么事情没？你为何不写信？你在巴黎哪个地方？睿智一点，快一点，行动，来吧⋯⋯全心全意的，巴勃罗。[56]

阿贝提娜毫无音讯。

> 我的小内托查，我不打算继续给你写信了，除非你回复我此前的来信，但很晚了，很热，我睡不着⋯⋯我厌倦了孤独，如果你不来，我就试着和其他女人结婚。

这显然是他能够发出的最后通牒。

> 这看上去对你残忍么？不，如果你不来，那会多么残忍。你应该知道我有那么一点点社会地位，因为我是一个"高级领事"，我难免注意到这在一些妈妈们中间产生了特殊的期待（她们往往有魅力十足的女儿）。但听我说！我从未爱过任何其他人，除了你，阿贝提娜。在我眼中，任何其他女人都无法与你相提并论。你开心吗？[57]

紧接着第二天，聂鲁达草就了另一封信给身在布鲁塞尔的阿贝提娜。这一次，他准备支付昂贵的费用，寄一封航空信，这对他困窘的经济状况而言是一个不寻常的举动：

> 阿贝提娜，我亲爱的，两小时前我收到了你的信，知道了你在大学的一些麻烦……别想我来欧洲。我没有钱那样做，我也暂时无法离开我的工作岗位……我的想法是：你在任何人力可及的情况下来我这里……一旦我们结婚，我会写信给莫丽娜（康塞普西翁大学的校长，阿贝提娜仍属于那个大学）或任何人，我将掏出兜里所有钱来支付你的路费和开销……我厌倦了独居生活，如果此时你消失了，我将再不见你了。你可以确信这一点……你会很喜欢我的房子。它很小，它几乎在大海中，大海的清新味道充满了它。我希望，我的爱，你会跟随你内心的呼唤而行动。吻你一千遍一万遍。你的巴勃罗……你收到我的信了吗？你认为我的肖像看上去很丑很老吗？……你真的爱我吗？你能感受到你将受到的爱抚吗？你感受到赤身躺在我怀中了吗？我的爱！难道我们不曾相互爱恋、仰慕，无与伦比吗？巴（勃罗）[58]

聂鲁达似乎后悔他所写的前两封信太过暴力，尤其是它们都含有的最后通牒意味，他急切想要表明他并没有强迫阿贝提娜做出违背她自己意愿的决定，于是在 12 月 19 日寄出了另一封信：

> 我绝不想强迫你来和我一起生活。我无法设身处地体会你的状态，读了你唯一的来信上百次之后，我注意到，也许你想要返回智利……你随心所愿吧。你的，巴勃罗。[59]

但劳拉·阿鲁埃又如何呢？她的沉默是为何？聂鲁达一直也在给她写信央求她和他结婚。她却一封信都没收到。原因很简单：巴勃罗把他的信通过朋友奥梅罗·阿尔塞寄给"米拉拉"，以免它们落入劳拉家人

71

之手。可是，奥梅罗自己在巴勃罗不在期间爱上了劳拉，并决定藏起所有从远东寄给她的这些信，以防她看到。

1930 年是在他钟爱的两个女人的沉默中开始的，聂鲁达内心感到既悲伤又愤怒。他在 1 月 12 日写了另一封信给阿贝提娜：

72

> 我的阿贝提娜，我简直无法控制自己的愤怒，来平静地给你写信。昨天他们从你著名的地址茹尔丹路退回了我重要的挂号信，注明的是"无转寄地址而退回"。我必须说，我把这视为你极不负责任的表现。我不知该如何接受它⋯⋯我一直在焦急等待你的只言片语，当我以为它终于到来，却发现那是我自己的退信，因为你不认为值得留下（正面的）回应。昨天，我以为我会因愤怒、失望和悲伤而发疯⋯⋯因此，我应该往哪里寄这封信？我还能对你有任何确信吗？很自然，一个月前的一张明信片。在五年绝对沉默之后，你能对我说的就只够一张明信片！告诉我，阿贝提娜，我必须怀疑你吗？如果你收到我的任何信，你会知道我多么爱你。我很愤怒，烦躁不已，我不想说更多刺伤你的话。[60]

不满于这封信的调子，聂鲁达同一天寄给阿贝提娜第二封信，请求她原谅他的不恭："瞧，我在这里过着非常孤独的生活，一般情况下我一连几个星期不跟任何人说话，除了我的仆人⋯⋯你要知道我脾气不好。"[61]

阿贝提娜保持沉默。

很多年后，她给出了自己的说明：

> 我保留着巴勃罗的地址，当我到达比利时时，我寄给他一张放在信封中的照片，没有写任何话。很快，他开始给我写一封又一封信，给我发电报请求我过去并尽快嫁给他⋯⋯我从未激情澎湃，尽管我的感情静水流深。我对嫁给巴勃罗这件事深思熟虑，最后得出的结论是我不能这样做⋯⋯我仍然被我父母的态度所左右。因此我错误地

选择了不接受他的请求。我也感到我有责任回到原来的大学，以报答他们每月给我寄钱留学……之后，我在伦敦一个朋友家度过圣诞节。同时，聂鲁达的来信寄到了我一直在布鲁塞尔居住的地址，他们把信退回给他，并写着"无转寄地址而退回"。那个可怜人怒气冲天，写信给我说我对他表现出冷漠。但他依然坚持要我把回智利的船票换成去锡兰的船票。我当时认为那个提议很不合适，拒绝了。[62]

阿贝提娜说，最后，她甚至未曾完成她的大学学业，因为学校的校 73 长，一个玻利维亚人，向她展示了几封聂鲁达的信。"我感到受到了冒犯，放弃了课程……这对我来说非常痛苦……我出于对大学的忠诚放弃了对生活的爱，却一无所获。太可怕了。"[63]

可是，1930 年 2 月发生了聂鲁达一生中最重要的两个进展。第一个发生在远离锡兰的地方，马德里。《玻利瓦尔》杂志的第二期，拉美文化专辑，载出了一篇短文，署名是阿尔弗雷多·康登（在聂鲁达和阿尔瓦罗途径巴黎期间突然喝醉摔倒不省人事，把他们置于窘境中的那个东道主），宣布西班牙即将出版一本叫作《大地上的居所》的诗集。它被描述为"毫无疑问是当代诗歌书籍中最重要的一本"。当时已经是智利驻马德里大使馆秘书的康登无疑是超前的——这本书直到三年后才见天日。

同月，2 月 11 日，聂鲁达写信给伊安迪说：

看来他们要把我调到新加坡……总领馆提名我候补那个空缺，我准备接受。我厌倦了锡兰，那死一样的无聊。新加坡意味着魔幻般的马来群岛，美丽的女人，美丽的仪式。我已经去过新加坡和巴厘岛两次。我在那里吸过好几次鸦片，我不知道我是否喜欢，但毕竟不同，anyhow（"anyhow"这个词用的是英语）。我已经把书寄到了西班牙，仍不清楚它的命运。[64]

他对西班牙杂志上的文章尚且一无所知。

尽管他痛苦地写信给布鲁塞尔的阿贝提娜以及智利的劳拉，聂鲁达看上去在锡兰获得了很充分的性满足，就像在缅甸时那样。1930 年 2 月 27 日，他写信给伊安迪提到了这点，但也强调性满足与情感满足不是同一个东西。他坦言"我深爱着一个女人（我那《二十首情诗》几乎全都是写给她的）……我安排她到这里来，我们要结婚，有一阵我的生活充满了对她到来的期待，清理小屋子，琢磨打理厨房，差不多一切。她没能来，至少目前没有。"[65]

在同一封信中，聂鲁达表达了对调往新加坡和爪哇的前景的向往。他在给伊安迪的信中情绪波动很厉害，就像他写给阿贝提娜的很多信那样："我无疑很满足。傍晚坐着，旁边放着不多的几本书和我的威士忌苏打水，我感到幸福。可是，我亲爱的朋友，我并不缺少痛苦的忧虑。很幸运，在 4 月 1 日，我终于偿清了银行欠款（2000），我付出了巨大代价才支付了这笔钱，剩下的钱几乎不够买米。"[66] 在这封信后，他附上了一首动人的诗，《乔昆的缺席》，献给几个月前死去的另一个伟大的智利朋友，乔昆·西富恩特斯·塞普尔维达。

当他收拾停当准备离开锡兰去新加坡，一个两难横在他面前：怎么处理他钟爱的长尾巴宠物獴呢？他知道他很可能必须向他的狗——库萨卡——告别，它发挥了重大作用，保证这位 20 世纪最伟大的诗人之一存活足够长时间来完成巨著。一天晚上，在维拉瓦特的家附近，聂鲁达在例行的晚间散步时跌倒了，直接摔在铁路上，火车正在开来。是库萨卡的大声狂吠提醒了火车司机及时停车。（为了纪念他的救命狗，聂鲁达晚年时候给他在智利养的宠物狗取了同样的名字。）

最终，正如聂鲁达在回忆录中所追忆的，一封电报确认了他调任新加坡与爪哇，这意味着薪水的一点点提升：他不用再睡行军床了。毫无疑问，他离开锡兰的时候比离开仰光更难过一点。他告诉伊安迪，"我在这个岛上的最后时光几乎是幸福的。想想这一切就要结束了，我在这里享受着在马来西亚将无法享受的阳光与大海。新加坡太城市化了，充满噪音、尘土与中国餐馆。我对爪哇一无所知，但我迫不及待想要见到它"。[67]

最后，聂鲁达既无法割舍他的宠物獴又无法割舍他的仆人布拉木皮。二者都登上了去新加坡的船，时间是 1930 年 6 月——虽然他知道他们可能造成习俗上的麻烦。这展示了聂鲁达终生将要保持的一种忠诚感，对于那些亲近于他的人，对于在他生命中真正有分量的人们。

当聂鲁达 6 月 12 日抵达新加坡的时候，至少在著名的拉弗尔斯酒 75 店里，有一个房间是为他准备的。但智利领事馆何在？他对其所在毫无所知，而且当他查询酒店电话目录的时候，上面根本没有列出。问了一圈，他震惊地听说：在新加坡这个岛上，根本没有智利领事馆这回事。当他打听前任领事曼西拉的名字——那个在他们前次逗留新加坡时借钱给他和阿尔瓦罗的人——他被告知不存在这样一个人。

聂鲁达新使命的开始应当被卡夫卡写进著作中去。

> 我崩溃了。我几乎没有足够的钱来支付一天的住宿费和洗衣费。接下来，我震惊地得知，这个影子领事馆的总部必定在巴达维亚（印尼首都雅加达的旧称），于是我决定继续回到我来时搭乘的那条船上，因为它下一站开往巴达维亚并且仍然停在港口。我叫人把我的衣服从桶里拿出来，它们已经浸透了。布拉木皮把它们湿漉漉地扎成一捆，然后我们冲向了码头。他们已经开始收踏板了。我爬上船，使劲喘气。[68]

回到船上，气喘吁吁，其实也有补偿。他在船上遇到一个叫作柯璐奇的犹太女孩。聂鲁达说，在航程中的告别晚会上，"我们度过了最后的夜晚，在我的包厢里做爱，非常友好，因为知道那是这个短暂时刻带给我们的唯一相处机会。我告诉她我的悲惨之旅。她温柔地安慰我，她慈悲的柔情感动了我。柯璐奇，反过来，向我透露在巴达维亚等待她的工作的真相。那里有一个多少有点国际化的机构，负责把欧洲女孩送到德高望重的亚洲人床上。"[69]

在爪哇，他不仅发现了一个真正的、实体的智利领事馆，而且发现了一幢挂着他祖国国徽的建筑。但他同时也发现已经有一个领事在里面。这人恰好是一个易怒的荷兰人，他身上丝毫没有智利血统，拒绝让出地方："在爪哇没有地方给两个智利领事，我是唯一任命的领事，"这个官员说。聂鲁达最终发现了其中不寻常的事实：

76　　　曼西拉从未履行他在巴达维亚的领事职责。他在巴黎生活了一段时间，后来安排这个荷兰人帮他行使领事职责，每月把文件和费用寄给他。曼西拉承诺每月为荷兰人所做的工作支付一部分津贴，但他从未兑现。因此造成了这个天真的荷兰人的愤怒，此刻像垮了的屋顶一样降临到我头上。[70]

聂鲁达没办法，只好回到旅馆。那至少是一个不错的旅馆：国际上富有盛名的尼德兰人酒店。他筋疲力尽，依然因那个荷兰人倾泻在他身上的漫骂之流而感到不快，虽说他已经找到了解释。尽管因发烧而颤抖，无法开口讲荷兰语或者马来语，他也竭力弄到笔和墨水。最终，一封电报发往了智利，聂鲁达得以履行他在爪哇的领事职位——尽管他在居所被清理出来之前依然在尼德兰人酒店住了一段时间。

聂鲁达在爪哇没有在先前两个岗位上那样感到孤独——他可以买书籍，比如莎士比亚的十四行诗这类书，他说，这让他与西方文化保持联系。大多数情况下，人们会发现他坐在室外小酒馆，咂巴着一杯啤酒，望着运河，"我重新过上了绝望的平静生活。"[71]

然而却并非那么平静，他被卷入了与他的智利老对手，埃尔南·迪亚兹·阿里耶塔（笔名"阿龙"）的一场小论战中。聂鲁达收到了别人寄来的1930年5月号的《国家》杂志，杂志中，阿龙阴阳怪气地提到了乌拉圭诗人卡洛斯·萨瓦特·伊卡斯迪，称他"因为影响了聂鲁达而在我们中间众所周知，又通过聂鲁达，影响了许多年轻的智利作家"。聂鲁达已经在他尚未出版的早期著作《热情的投石手》中坦然承认了萨瓦特的影响。但阿龙的断言极大地激怒了他，以至于1930年7月15日，聂鲁达写了一篇愤怒的驳斥。

确确实实，在特定时期萨瓦特对我的创作产生过某种影响。但要说萨瓦特间接影响了新诗人们，那是令人愤怒的。除了我，智利没有诗人受到过这种影响……我没有看到有一个智利年轻诗人对伊卡斯迪的作品或者对他作品中的知识分子格调产生过共鸣……我近期的文学语言正开始散发外交部法令与报告的味道。我想要警告你注意这个危险的事实。[72]

77

尽管孤独，聂鲁达保持着战斗的力量。他一直如此。

与此同时，聂鲁达的苦难在继续。他钟爱的獴，基里尔，不知怎么溜走了，尽管心急如焚的诗人在当地报纸张贴了广告来打听它的下落，这个动物还是永久失踪了。聂鲁达的仆人，布拉木皮，感到对此负有责任，甚至都不敢看他主人的眼睛。有一天，他也走了，再也没有出现过。

失去仆人和宠物的聂鲁达搬进了布罗柏林格大街的住所。这所房子有个车库，尽管聂鲁达没有汽车（他没有学过驾驶）。他被安排了一个爪哇厨娘（"一个年老、有魅力的、主张平等的农妇"）以及一个男孩伺候他的饮食并且洗衣服。这个诗人在外交上仍然被人看作里卡多·雷耶斯，他如今不得不平生第一次添置一件晚餐短上衣。

在 1930 年 6 月到 10 月期间某个时间，聂鲁达遇到了将成为他第一任妻子的那个女人。玛利亚·安东尼娅·哈赫纳尔·佛格臧，三十岁年纪，1900 年 3 月 5 日出生在巴达维亚，父母是印尼人——理查德·皮特·费多尔·哈赫纳尔和安东尼娅·海伦娜·佛格臧[73]。当聂鲁达遇到她时，她是巴达维亚阿福德林银行的雇员。她的真名，荷兰名是玛利卡，但巴勃罗并不喜欢那个名字，把它西班牙语化成玛露卡，这个名字一直沿用。

在回忆录中，聂鲁达把她描述成"高个子，温柔的女人，完全对艺术与书信世界陌生"。当时没有多少关于她的客观描述，但后来，当她和聂鲁达一起返回智利，迪耶戈·穆诺兹写道："她是一个奇怪的，隐士般的造物，只能用英语说话。"[74]

1930 年 12 月 6 日他们在巴达维亚结婚，婚礼照片上写的是"玛露卡·德·雷耶斯"。

聂鲁达后来的秘书和传记作家玛加丽特·阿吉雷说：玛露卡对于成为领事夫人感到非常骄傲，对（拉丁）美洲有着奇妙的想象。她不会说西班牙语但一直在学习，但毫无疑问，她不理解的不仅仅是语言。抛开一切不提，她对聂鲁达情意绵绵的依附非常严重，人们经常看到他俩出双人对。[75]

聂鲁达自己在一首著名的诗中清晰表明：他娶玛露卡是出于孤独。[76]可是，这跟他寄回特木科的家书中所传达的信息相去甚远。在 12 月 15日寄给他父亲的一封信中他告诉他们：

> 我的妻子是荷兰国籍，属于一个定居爪哇多年的显赫家族。我的目的是想要告诉你们我结婚的决定并等待你们的同意，但因各种条件，我们确认婚姻的日期比我们设想的要早。不过我相信：即便如此，如果你们有幸当面见到已经是我妻子的这个女人，你们会和我一样为她感到骄傲的，你们将会和我一样爱她。一旦玛露卡——那是你们新女儿的名字——学会西班牙语，她会经常给你们写信……从现在起，你们不再需要担心你们的儿子孤独，远离你们，因为我已经有一个和我永远相随的人……她并没有个人财产：她父亲在一次失策的投机之后破产了。我们很穷，但幸福……[77]

这一时期的照片显示，聂鲁达身穿白色西服，手搂着玛露卡，一个高个子迷人的女人。他看上去真的已经对于生活中找到的某种新的稳定感到满意，但这种稳定意味着他很少有素材来满足他的创造性想象力，他的诗歌写作在这一时期枯竭了。这个时期他写过的为数不多的东西之一就是一篇题为《安赫尔·克鲁夏加诗歌介绍》的文章，这篇文章后来成了克鲁夏加 1933 年出版的书《心中热望》的序言。克鲁夏加在 1930 年 10 月加入了聂鲁达一边，反对阿龙，称聂鲁达为"在世的最伟大西班牙语诗人"。

可是，生活的风平浪静并不长久。三月，玛露卡严重地病倒了。正如聂鲁达 1931 年 3 月 23 日写信给劳丽塔所说：看医生的费用高达一百比索一次，当一个坏消息同时传来，这件事成了更为严峻的打击——他的薪水被削减到一半，这是 1929 年华尔街危机之后智利外交部全面缩减预算的一部分。

尽管有这些困难，聂鲁达新近结婚的状态魔幻般地开启了一扇朝向此前作为单身领事一直向他关闭的社交之门。在 9 月 5 日给伊安迪的一封信中，他为刚结婚的那段日子提供了很好的交代：

> 我的妻子是个荷兰人，我们在一起非常和谐，在一个比顶针还紧凑的房子里生活得无比幸福。我读书，她做针线活。领事的生活，外交协议，餐饮，晚宴夹克，长外套，制服，跳舞，鸡尾酒会，无止无休：一个地狱。这所房子像一个避难所，但海盗们包围了我们。我们突破重围逃走，带着一个热水瓶，还有白兰地和书本，到山上或者海边。我们躺在沙滩上，眺望黑色岛屿，苏门答腊岛，还有水下的火山，喀拉喀托火山。我们吃三明治。我们回家。我没有写作。我在第四遍读普鲁斯特的全部作品。我比以前更喜欢他了。我发现了一个超现实主义画家。我们和他一起出去，在中餐馆吃饭，喝啤酒……[78]

聂鲁达没有直接告诉伊安迪的是，他的婚姻可能已经出了问题。就在他写信告知生活如何如何幸福的同时，他也在写一首诗，《悠悠哀伤》，表达他丧失阿贝提娜的不幸（他并没有提到她的名字，暗示却是明显的）。

但麻烦也许尚未来得这样早。1931 年访问过爪哇的一位著名智利客人给我们提供了关于巴勃罗与玛露卡之间婚姻的一幅更为欢乐的图景。儿童文学作家爱尔维拉·圣克鲁斯·奥萨，更为人所知的是笔名"罗克珊"，为《信使报》杂志写道：

> 巴勃罗·聂鲁达……最近娶了一位有荷兰血统的迷人的爪哇女子……聂鲁达的房子在维尔特布雷登；只有两个小房间，即便如此，

墙壁上还有小洞让小鸟可以在里面筑巢。这个智利领事的小屋子是他的爱巢……玛露卡的交谈中点缀着结结巴巴的西班牙语，像一个孩子学说话，很可爱。这个美貌的爪哇女人有广阔的文化背景，充当这个诗人的秘书。[79]

即便玛露卡真的充当过聂鲁达的"秘书"，她也不太可能有多少工作要做：聂鲁达在领事馆没有多少商务往来需要处理。

80　　该阶段在 1932 年初遭到了突然中断，当时来了一封电报，宣布智利外交部废除了新加坡与爪哇的领事岗位。现在，除了回智利，无处可去了，带着一位他不确定是否还爱着的妻子走向不确定的未来。

聂鲁达自己后来常常痛苦地强调，他的诗歌并不像很多批评家喜欢指出的那样，极大地受到远东经历的塑造。豪尔赫·爱德华兹描述过聂鲁达在东方的这段自我"流放"的岁月：

> 标题《大地上的居所》是一个隐藏的暗示。大地上的居所实际上是语言中的居所……在寄自远东的书信中，他不断解释道：那些年他唯一的领地，唯一的确定性就是西班牙语。实际上，他的西班牙语变得非常古怪。它很大程度上受到孤独的影响。他听到的主要是英语，因为那是英国殖民地所用语言，他对动词的运用既不是智利的也不是西班牙的。那是某种新鲜事物，他把它塑造成西班牙语中非常有创造力的东西。他对这一时期——对他来说非常有创造性——的全部叙述，都显得痛苦和焦虑，孤寂并且处于非常极端的私人状态。[80]

实际上，聂鲁达在他寄自亚洲的书信中所运用的语言看上去并不古怪；它们非常直接，坦诚地说到了他的隔离感与孤独感。但他在远东的经验成全了他在那里写的许多隐居风格的诗，后来都整合在《大地上的居所》中，该诗集被罗伯特·普林－弥尔称作"西班牙语中超现实主义诗歌的最精美诗集"。[81]

第四章

回家、新的战斗——以及布宜诺斯艾利斯

1932—1934

当诗人结束在远东的五年外交流放回到家乡智利，聂鲁达和他的新
婚妻子玛露卡遭受了冷遇。两个月的航行使身体筋疲力尽。这对夫妻在
1932 年 2 月 15 日左右登上了荷兰船只"皮特号"，它把他们从巴达维
亚带到了科伦坡。从那里他们搭乘能够找到的最便宜的小艇，一艘挂着
英国旗帜的货船，"向着非洲"号，把他们渡到非洲海岸，穿过麦哲伦
海峡，在布宜诺斯艾利斯停留了一天。巴勃罗和玛露卡在南智利的滂沱
大雨中，在蒙特港登陆了，时间是 1932 年 4 月 18 日。从那里，他们搭
乘了去往特木科的火车。玛露卡不用会说西班牙语也能体会到聂鲁达家
庭的敌意，这种敌意既针对他对妻子的选择，又针对他回到家中时既无
工作、没有钱，也没有积蓄的事实。

关于那段长途航行，聂鲁达只在回忆录中写过两句，但在当年 9 月
26 日写给伊安迪的信中，聂鲁达说："我搭乘一条可怕的货船上路了，
它花了七十五天才把我送到家。我再次看到我的锡兰监狱，然后看到了
莫桑比克，然后是大海。"[1]

当然，间接地，这七十五天与他新婚妻子在海上，凝视印度洋与大
西洋，大大成全了他的写作。他不再爱着玛露卡，这很大程度上归因于
他的诗歌，尤其那些热情地把大海描述为一个盟友、一个老师的诗歌。
更有甚者，在那条货船上，聂鲁达写出了《大地上的居所》第一卷最后
几首诗之一：《货船魅影》。那是聂鲁达最萧瑟——也是最伟大——的关
于海洋的诗歌，他经常把大海视为提升生命的因素，但也视它为漫长回

家之旅中的一个陷阱。那个魅影——那个凝望海洋的空洞贝壳——很可能就是聂鲁达自己，充满了对自己生活之空虚的蚀骨之痛。

> 剩下的只有舱中时光：
> 餐厅中的可怜孤独……
> 以一张无眼之脸，魅影望着大海：
> 白昼的循环，船舶的咳嗽，一只鸟
> 在空间那球形的、孤独的等式中，
> 再次落到船上的生活中
> 跌落在死寂时光和丛林……

　　埃尔南·洛伊拉把这首诗看得非常重要，尤其是因为聂鲁达决定把它放在《居所》的第三部分，这个部分是关于性隔离与性冲突的。这首诗反映出他已经感到的，在与他新婚妻子关系中存在的性孤独。[2]

　　这对夫妻在特木科并没有待多久，而是很快去了圣地亚哥，这个智利首都此时已经落入一个新独裁者手中，总统卡洛斯·达维拉，他努力保持对那个右翼独裁前任总统卡洛斯·伊瓦涅斯·德尔·坎波所留下的混乱局面的控制。（伊瓦涅斯已经被 1931 年 7 月 25 日爆发的"知识分子大罢工"所推翻，逃亡到了阿根廷。）紧接着伊瓦涅斯的倒台，一个左翼团体掌握了政权，建立了智利社会主义共和国，领袖是臭名昭著的马默杜克·格罗夫。但他的统治只持续了仅仅十二天，随后，曾经受人尊敬的智利驻华盛顿大使达维拉就任临时总统，把格罗夫流放到了智利的太平洋前哨，复活节岛。

　　迎接聂鲁达回家的就是这样的政治动荡。但这也有补偿。巴勃罗很高兴能与故友重逢，表现的就好像自己从未离开，就像他从未结婚，热情满怀地一头跳回他旧日的波希米亚式生活。

83　　很悲伤的是，他的朋友们对玛露卡的态度并不比他家人好多少。此时已经获得法律博士学位的迪耶戈·穆诺兹写道：

我们一听到他回来了，就去拜访他位于卡特德拉大街胡因纳胡同的公寓。他和妻子玛利亚住在那里。我们几个朋友聚在一起讨论这个局面。当然，我们没人喜欢他妻子。她是个不友好的主儿，没有表现出一丁点儿会见巴勃罗老友的兴趣。更有甚者，她只说英语，一个西班牙单词都没学过。另一方面，我们都注意到巴勃罗变了很多。他不再是那个严峻的，忧伤的，心不在焉的年轻人。现在他很健谈，莫名其妙地笑……[3]

凌晨送巴勃罗回家，

那个"老外"在那里，在三楼窗户那里，斜靠在阳台。她每晚都那样等他。我马上感到巴勃罗在颤抖。即将发生某种冲突。一如既往。他很可能要做出解释，很可能要强装欢颜，求助于我，并且大笑。"老外"保持着与世隔绝，显然很厌倦。突然，她倾泻出一股英语就像一股寒流……她在殖民世界里长大，习惯了极端正式的接待活动，那里人们无疑抱怨着炎热，扇着扇子，喝着威士忌并且说着英语。那是文明人做的事情。和我们一起去某个酒吧？休想！说西班牙语，学西班牙语？休想！"老外"仍然活在巴达维亚，完全在我们国家缺席……那个女人尽其所能将巴勃罗隔离在朋友圈之外。[4]

另有一些人对聂鲁达的第一任妻子很友好。拉维尼亚（拉拉）·安德拉德——聂鲁达的朋友鲁文·阿佐卡的妻子——那时常常去拜访巴勃罗和玛露卡，在维也纳餐厅和他们一起喝西红柿牛肉汤。"她很高，比巴勃罗要高，她的口哨吹得很好。我感觉她内心很怪异。她会像小鸟一样吹口哨。但大多数时候她非常沉默。她就是那样，羞涩而沉默。也许很骄傲……也许有点冷漠。"[5]

聂鲁达的朋友奥梅罗·阿尔塞写道：

84　悠闲而强壮，他（巴勃罗）拜倒在玛露卡的石榴裙下……她很高，很迷人，有着自然美，她只和他说英语交流。他们到达后不久，就搬进了卡特德拉大街的住所，就在国会对面，离武器广场两个街区……从他羞涩的皮箱中，他给很多朋友都带来了礼物，一些小刀和亚洲面具。玛露卡，从她的箱子里，带来了好多双鞋子，她把它们在卧室地板上排成一溜。[6]

阿尔塞当然没有写过一个字谈巴勃罗尚在远东之时，他就娶了聂鲁达的爱人劳拉的事实。他也没提到聂鲁达仍然爱着劳拉，甚至可能重新追求她的事实，尽管他和她都已另有归宿。不清楚玛露卡是否意识到她丈夫对劳拉的感情。

尽管玛露卡在特木科和聂鲁达的父亲以及继母见面时遭受了冷遇，她在1932年5月到1933年[*]4月期间给聂鲁达的同父异母妹妹劳丽塔至少写了四封信，这些信实际上显示她对西班牙语的掌握超过了巴勃罗的朋友们所认为的，或者愿意认为的。

尽管有些人回忆玛露卡，说她很多时候都在抱怨没有钱，她给劳丽塔的信反映出一种更欢乐的心情。"我很喜欢圣地亚哥，多大一个城市！气候非常好，不像特木科那样冷，"她在1932年5月2日写信给劳丽塔说[7]。她告诉劳丽塔："多遗憾你不能和我们在一起。"

归功于一些朋友的努力，智利外交部同意为聂鲁达在部里的图书馆中安排一个新的、兼职岗位，但经济困难还在持续。"我的经济状况每况愈下，"他在9月26日给伊安迪的一封信中解释说。

唯有久别归来的喜悦阻止我弃之而走，寻找一个破产更少、悲剧更少的国家。我打算试着下一个秋天离开智利。我在领事军团服役的那些年以及啮咬我骨头的千万种不幸使我毫无进展。我身无分文地回到智利，没有工作，没有人给我安排。最近，他们让我担任一个

───────────

＊　原书为1932年，应为笔误。

并不存在的图书馆的管理员，不过凭那薪水也难以生存。[8]

他的婚姻实际上也没有带来安慰，聂鲁达追求着别的女人：不仅有 85 劳拉，还有另一个深爱之人，一个看似气数已尽但他仍想复活的一段关系，阿贝提娜。看上去，他似乎在渴望已经在婚姻中耗尽的热情。

在 1932 年 5 月 15 日，巴勃罗写信给阿贝提娜：

我想见你。你想给我写封长信吗？有很多要说的，有很多要回忆。我不想让你痛苦，但我相信你那时犯了一个大错误。我的那些电报，我的那些信，告诉你只要你到科伦坡我就会娶你。阿贝提娜，我当时已经申请了结婚证，我已经请求所需的资金。你知道这点，我在给你的每封信中都重复过这点，非常详细。现在我妹妹告诉我，我曾请求你来与我一起生活，却不结婚，这就是你所说的话。绝不是！你为什么撒谎？你对我的不理解把我置于可怕的痛苦巅峰，我的痛苦在于你诽谤我。我深情地爱过你，阿贝提娜，你知道的，但你表现得很糟糕。你在我最需要你的时候保持沉默，就像1926 年你不回复我从兰奇胡亚寄给你的任何一封信那样沉默。在你离开比利时，甚至在你知道你要回来的时候，你依然不写信给我解释，为什么不呢？只有你知道原因。我十个月后收到的你从康塞普西翁寄来的信给我很奇怪的解释，貌似你总能解释这样一种沉默。不过，不管怎样，让我们忘记曾对彼此造成的伤害吧，让我们做朋友。让我们拥有希望……你可以写信给我，寄到我所工作的外交事务部。你将知道我已经在 1930 年 12 月结婚了。你不想治疗的那种孤独对我来说变得越来越难以承受。你会理解的，如果你设想一下那么多年的流亡生活。我将如此爱你：轻吻你的额头，抚摸我曾经那样爱过的手臂，给你我心中仍存的一点点友谊与感情。不要把这封信给任何人看。没人需要知道你在写信给我。你能到圣地亚哥来一天吗？吻你，自你的老友，巴勃罗。[9]

将近两个月后，7月11日，没有收到阿贝提娜只言片语，聂鲁达再次给她写信，表达了新的责备：

86　　总是这样，我还能怎样相信你？鲁文告诉我你写信给他了，为什么偏偏没有一句话给我？一样的，就像从前一样就行！我知道你告诉他你会去奇廉。不要去，我求你了。来圣地亚哥吧。做出一个转向易如反掌。如果你要来，能在九月份来吗？我发现写信给你很困难，我有很多要说的，要和你讨论的，要责备你的，要告诉你的。我每天都惦记你，我以为你每天都会写一封信，但你像以往一样忘恩负义。我仍然不理解你在欧洲到底遭遇了什么。我依然不理解为什么你不来（我那里）。为什么你不给我写一封长信，在你生平第一次，告诉我一些什么？ [10]

阿贝提娜没有回复这封信，这是最后一次巴勃罗写信给她表达爱意。他要他的朋友，作家安赫尔·克鲁夏加，在后者所负责编辑的《之形》杂志上发布他和新近结婚的玛露卡的显眼照片，或许是为了刺伤阿贝提娜。她没有反应——但五年后，她嫁给了克鲁夏加。在后来的岁月中，当聂鲁达遇到阿贝提娜，他以一个朋友的情谊来对待她，但不再是密友。但就像和乔希·布利斯在一起时那样，跟他生命中其他重要爱人在一起，他也从未忘记从前对她的深厚感情，这一点我们可以从他1964年出版的集子《黑岛纪念碑》中两首题献给她的诗中见出。

他日益增长的诗人之盛名弥补了他个人的冲突。聂鲁达的名字在圣地亚哥吸引了大批人群。1932年5月11日他为"Amigos del Arte"（艺术之友）朗诵诗歌，"Posada del Corregidor"的大厅里挤满了人。观众们为他那首 *Arte poética*（《诗艺》）之美而感到眩晕：

> 在阴影与空间中，在守卫者与淑女们之间，
> 武装起一颗奇异的心，阴沉的梦
> 我猛然苍白，前额皱缩，

像每日哀悼的悲愤寡妇。

我昏昏啜饮的每滴无形之水

我与之震颤的每一个声音，

都让我感到同样茫然的饥渴，同样寒冷的高烧……

不过，更有趣的是智利诗人罗贝托·梅查·方特斯所提供的聂鲁达
朗诵会上朗读的诗歌篇目。它们包括选自即将面世的《大地上的居所》
中的著名诗篇，比如《悠悠哀伤》以及《联盟（奏鸣曲）》，也包括两个
神秘的题目：《祝婚词》以及《热情颂》。祝婚词这个词的选择显示出聂
鲁达对古英语诗歌是如何熟悉；爱德蒙·斯宾塞在三百年前的 1597 年
创造了这个词。不幸的是，没有聂鲁达这首诗的任何记录，也无法得知
为何《居所》中没有收录此诗。

《热情颂》是 1931 年于爪哇所写，并且，正如艾德蒙多·奥利瓦
勒·布里翁内斯所指出的[11]，它的沉重调子与 *El joven monarca*（《年轻
帝王》）这样的诗相似。这首诗中也有一种史诗气质，预示着聂鲁达最
伟大的作品，《马丘比丘高地》——也许正是这个原因让聂鲁达相信它
与《居所》中具有强烈个人色彩的诗歌不搭调。这首诗直到 1935 年才
第一次出版，在一个短命的智利出版物《太平洋杂志》上面。

聂鲁达圣地亚哥诗歌朗诵会之后，玛露卡写信给劳丽塔，谈到了朗
读的成功，也抱怨他们岌岌可危的经济状况：她说，巴勃罗"在外交部
工作，薪水是 400 比索，只够支付房租。这点薪水太少了，我们买不起
酒或者葡萄，但这是一份临时工作，他在找更好的机会。我们正在物
色一所便宜的小房子，或者有洗澡间的公寓。我们不再想住在包餐旅馆
了，那里的洗澡间太糟糕了，我们只好去公共浴室，每次必须支付 4.4
比索。"[12]

在同一个月，5 月 29 日，许多智利主要作家为他们的同胞组织了
一次接风，迎接他从东方归来。在圣地亚哥吉奥维那查餐馆的辉煌时刻
中露面的人，包括聂鲁达的宿敌，巴勃罗·德·罗卡，还有很多忠诚的
朋友，比如迪耶戈·穆诺兹，托马斯·拉格，鲁文·阿佐卡，安赫尔·克

鲁夏加以及阿尔韦托·罗哈斯·希门内斯。他感谢他们"石头般坚固的友谊"。[13]

可是，他的敌人之一已经磨利了他的文学刀刃。就在《二十首情诗》第二版出版后几个星期，埃尔南（阿龙）——那个曾经帮助聂鲁达出版了第一本书《霞光之书》的人——找到了机会：

88　　八年以后，聂鲁达的《二十首情诗》重现了，神奇地装饰成紫色，好像献祭一样……如果我们拿起这本书，在八年之后，比较它当年以及如今给我们的印象，我们几乎完全不需要改变我们的反应，唯有希望这个诗人很快可以在清晰性方面有所进展。是啊，他进展了，好了——可是他是变得更加模糊了。[14]

阿龙勉强承认聂鲁达的一些诗歌"具有某种优美、大胆和透明，因此它们滴着、闪耀着海水……你无法掩藏这种光。那些严肃的，那些悲剧性的，是他的诗歌整体，它的方向，它的路径并非脱离混乱而是朝向混乱……我们不知道《大地上的居所》所抵达的确切宗旨是什么，但我们可以从他在某个文学中心为些诗歌所做的朗读中猜测一二。它们看上去很可怕。"[15]

正如在阿龙最后的评论中可以看到，流言已经开始针对聂鲁达即将问世的下一本书，《大地上的居所》——尽管诗人自己还不确定它会在哪里以及怎样出版。没有被试图让此诗集在西班牙出版时所遭受的挫折吓倒，他变得更热切地想要在智利之外出版它，因为他的家乡正面临可怕的经济困境。在 1932 年给伊安迪的一封信中，他表达了希望阿根廷小说家爱尔维拉·德·阿尔韦亚尔能够在巴塞罗那出版《居所》。可是，爱尔维拉拿着手稿消失了。在这个节骨眼上，聂鲁达威胁要将修正过的诗集以及来自许多有影响力的盟友的信的复印本寄给布宜诺斯艾利斯的一家文学杂志，以此置爱尔维拉于最糟糕的处境下。似乎这是在极端沮丧的情况下做出的恐吓。最终，正如聂鲁达告诉伊安迪的："我甚至都再没鼓起力量写信给那个女孩爱尔维拉。让她见鬼去吧！"[16] 他转向了智利，并求助他的第一个出版者，纳西门托。

此时，巴勃罗与玛露卡已经搬出了在圣多明哥大街的有着可怕洗澡间的包餐旅馆，搬进了卡特德拉大街 1155 号的小小公寓。1932 年 10 月 8 日，玛露卡再次写信给劳丽塔说：她希望新地方更大一点，"这样，你就可以来和我们住在一起"。她尽其所能地适应她丈夫的生活方式，不管他的朋友们如何议论她。那封信，用磕磕绊绊但绝非不存在的西班牙语写成，为我们提供了了解其他人所没能看到的一种幽默感。

89

> 我们挺好的。我瘦了，掉了八公斤，对此我很开心。内夫塔利有点发胖了，他对此不怎么高兴。我们有很多很多朋友，我们和西班牙大使里卡多·巴伊扎以及他的妻子是好朋友，尤其是大使先生，他是一位作家。他对内夫塔利充满感情。他的妻子非常和善，我很喜欢她……另外：内夫塔利的一个朋友去特木科给你带了一本新版的《二十首情诗》。他是个非常好的诗人。[17]

这是唯一一次，玛露卡写信谈论她丈夫的诗歌。

11 月 10 日，聂鲁达做了第二次诗朗诵，这次是在圣地亚哥米拉弗洛尔剧院。在智利日报《国家》的每周四定期专栏中，乔昆·爱德华兹·贝罗写道："在智利这样的国家，宝石鉴定专家以及类似的专家并不存在，人造红宝石可能被当作真货。有幸的是，我们的确有一些文学专家，他们一些人一致宣布聂鲁达是美洲最伟大的年轻诗人。"[18]

朗诵会举办得非常成功。但紧接着第二天——令聂鲁达感到恶心的是——巴勃罗·德·罗卡在智利媒体上发动了一次极为恶劣的攻击。他说，除了《无限之人的努力》一诗，聂鲁达的作品无一配得上批评家给它们的各种表扬。他称《霞光之书》"极端笨拙，惊人地平庸"，《二十首情诗》"非常平凡"。在德·罗卡看来，它是"一辆老旧的，破烂的自行车，脚踏板以哀伤的韵律运行着，缺乏勇气，缺乏形状，缺乏大气，缺乏普遍的诉求……"[19]

两周后，甚至更恶毒的批评降临到聂鲁达头上——来自同一个人。

一个朋友告诉我"聂鲁达的手是一只冰冷的手，柔软而黏糊，像蜥蜴的腹部。"是的，的确。他的表现，他的灵魂，他的文学都是如此……事实上，聂鲁达属于两栖类或者软体类动物家族。他是温水动物。他是只有一个胃的动物，像蛇，没有嘴，没有生命，没有舌头，只有鳞片，半透明的肺，覆盖着葫芦一样的皮肤，滑溜，黏糊，多疑。他的诗歌是一条鱼的诗歌，悲哀的诗歌，是一条文学鳄鱼对诗歌的侮辱。[20]

90

聂鲁达从文学界不断获得嫉妒带来的偏见，虽然新版《二十首情诗》获得了广泛成功。当被《读物》杂志请求对智利文学批评的状态做出评论，他回击了阿龙，称之为"来自衰落文化的批评家，他经常和自己的时代发生冲突，这种冲突的产物始终是死气沉沉的作品"。[21]可是，他并没有完全捍卫自己，抵抗德·罗卡和阿龙，直到很多年后，他写出一首长诗，《我在这里》。

此时，聂鲁达的注意力还没有放在政治上——当然没有倾向于赞美俄国革命及其人民，尽管俄国革命已经十六岁了。智利的时尚与流行不足以撼动他。把他坚定地带到共产主义阵营的将会是西班牙内战的体验，而这是几年以后的事情。所有早年通信中最引人入胜的一封是聂鲁达1933年2月17日写给伊安迪的信，在信中他比以前更具体地谈到了他的政治观点。

看上去，马克思主义的浪潮已经席卷了全世界。我收到的（来自）智利朋友的信一直在将我推向那个立场。在现实中，从政治上讲，如今你别无他法，只能做一个共产主义者或者反共产主义者……几年前，我是无政府主义者，无政府主义者商业联盟杂志《明晰》的编辑，在那里我第一次发表了我的观点和作品。我仍然保持无政府主义者对国家形态、肮脏政治的不信任。但我相信我的浪漫主义知识分子观点并不重要。在任何时期，系统性的艺术只能诱惑拙劣的艺术家。这里涌入了大量给莫斯科的颂歌，给坦克等事物的颂歌。

我却继续围绕梦而写作。

同一封信也揭示出他被来自阿龙和德·罗卡的批评多么严重地伤害过。"我一直是惊人的侮辱（来自作家同行，当然）以及高度赞美的对象。我努力回到外交生涯，但我的国家太贫穷了，那是不可能的。"[22]

在聂鲁达 11 月 27 日给劳丽塔的一封信中充满了他的沮丧情绪："我无法送给你学校用的一本书，因为我得买它，但我一分钱都没有。圣地亚哥的生活变得越来越昂贵。"[23] 他也告知他的家人，给他的弟弟在圣地亚哥找一份工作会很困难，尽管他们曾这样要求。不过，至少聂鲁达很高兴听到继母正在做的一个腿部手术进展得非常顺利。很快，传来了一个很好的政治消息：阿尔图罗·阿莱桑德雷·帕尔马以绝对多数赢得了 10 月 30 日的智利总统选举。他的胜利——以及第二个总统任期——被欢呼为一个稳定宪政社会的回归。

1933 年是以聂鲁达的穷困潦倒开始的。他在 1 月 4 日写信给劳丽塔说他和玛露卡过了一个开心的新年夜，尽管他妻子糟糕的身体状况一再发作，不过，他也说到他无法在叔叔曼纽尔死后在经济上支持家里，"因为我自己非常穷。我的薪水不够基本生活，圣地亚哥的生活惊人地昂贵……玛露卡仍然很虚弱。"[24]

事实上，《大地上的居所》并非聂鲁达接下来出版的书。在 1933年，《热情的投石手》由勒特拉斯出版社出版。这是聂鲁达在乌拉圭诗人卡洛斯·萨瓦特·伊卡斯迪确认这部作品中有他的影响之后被弃置在特木科的一本诗集——因为聂鲁达认为这很"过分"。

大多数批评家对《投石手》很友善。智利日报《信使报》写道："这些诗保留了聂鲁达在《霞光之书》中所获得的手艺。长句子，激烈的、脱俗的句子，它们的调子因性爱而点亮……"[25]

可是，1933 年 2 月 16 日，聂鲁达终于可以写信告诉伊安迪："《大地上的居所》在这个非常时期就要由纳西门托出版社付梓了，版本很豪华，只印一百册。它将成为一个惊世骇俗的版本。你可以期待得到一本，我能够寄往阿根廷的唯一一本。这本书将卖 50 智利元，我不认为在布宜诺斯艾利斯将会有人销售此书。"[26]

他的想法是紧接着这个大开本版本迅速出版一个通俗、经济版本的《居所》，但第一版的出版对聂鲁达最为重要。它意味着的持续超过

92   五年穿越各个大陆的斗争的顶峰。"这些诗展示出我最终找到了自己的声音。非常平静地，我发现：我正在获得一个无可争议地属于我自己的领地。"[27]

《大地上的居所》的奢华版本遭遇了一个复杂的局面。对于很多人，它无疑太贵了，买不起。有些人感到生气，因为他们没有收到签名本。出版人纳西门托认为成本太高，无法发布大众版。不出所料，第一个对这本书做出评价的是德·罗卡。文章的标题《聂鲁达墓志铭》显示，德·罗卡仍然决心摧毁聂鲁达，不仅摧毁这个人，也摧毁这个诗人。在他发表于《观点》上的长文中，他指出聂鲁达是个骗子。他的主题是"面具"，利用了一个事实：《居所》的豪华版第四页上面有一张照片，是聂鲁达面部的石膏模型，由智利雕塑家托提拉·阿尔韦特几年前创作的——同时利用了聂鲁达在圣地亚哥"Posada del Corregidor"以及"Teatro Miraflores"两处地方朗诵诗歌时所用的面具。"巴勃罗·聂鲁达。对，正是那个面具。聂鲁达既是那个面具的主人也是它的牺牲品；正是出自那个'诗人面具'诞生并决定了《大地上的居所》……"德·罗卡称聂鲁达的"语言如破布飘零"。[28]

很幸运，智利作家诺韦尔托·皮尼拉在《国家》上写下了关于《居所》的远为积极的评价："聂鲁达的作品是对智利文学优美的、决定性的、独一无二的贡献……聂鲁达拥有非常独特的诗歌语言。这些话语顺服地听从诗人的灵感，被温柔地、忠诚地按照他的诗歌主题浇铸成型……聂鲁达实现了理智上的成熟，获得了对他创造性作品的掌控。"[29]

智利批评家们仍然在对诗人聂鲁达的态度上存在分歧。正如他的密友，路易斯·恩里克·德拉诺当时在一家智利报纸上发表的文章中说：

当然，很少有什么得到过聂鲁达诗歌所得到的如此多争论。有些人盲目地谴责他，另一些人把他当作新的信仰来赞颂，分享他的

文学历程，把他高高举起如一面旗帜。可是，没人可以否认聂鲁达的声音影响了智利整整一代人，甚至在远超出美洲范围的人群中造成反响。[30]

在某些方面，很讽刺的是，在付出巨大努力使得《居所》终于付梓之后，聂鲁达自己在后来的岁月中对其中许多诗的态度并不明确。1950年，他告诉墨西哥朋友、作家及批评家阿尔弗雷多·卡多纳·佩尼亚说，"如今回顾它们，我认为《大地上的居所》中的诗歌是有害的。这些诗歌不应被你们国家的年轻人读到。它们是一些沉浸在残忍的悲观和痛苦中的诗歌，它们不是帮你活下去，而是死掉。"[31]

这本书中一首著名的诗歌，标题是用英文写的，《漫步》被很多批评家视为西班牙语诗歌中最悲伤的之一，它的开头是这样的：

> 恰好，我厌倦了为人

为什么聂鲁达开始感到这本诗集中有些诗歌的力量可能是致命的，是因为一个具体的悲剧性的事件。1949年，他得知一个年轻学生在读《居所》的时候，在一棵树下开枪自杀了。人们发现这本翻开的书停留在《意味着阴影》，它是这样开头的：

> 什么样的希望可以存活，什么样的纯粹征兆，
> 什么不可改变的吻沉落在我们心中，
> 承认欲求之根——以及智慧
> 自信，平滑，在始终浑浊的水上

聂鲁达告诉玛加丽塔·阿吉雷说，这个学生自杀的消息是他此生受到的最大震惊。[32]

不过，当他的阿根廷出版商，罗萨达在1951年出版他的作品全集时，聂鲁达允许《居所》的全部三卷都包括进去。并且，当意大利批评

93

家朱塞佩·贝里尼1959年筹备出版他的一个诗歌选集的时候，聂鲁达亲自写信给贝里尼建议从《居所》中选"相当数量的诗歌"[33]。

贝里尼看出，在这本诗集中，有着黄金时代哲理讽刺诗人弗朗西斯科·德·克维多的影响，尤其在聂鲁达阴郁地沉迷于时间流逝以及人在宇宙间的渺小地位方面。聂鲁达后来写了一篇完整的文章来感谢他从这位西班牙人身上所获得的教益。他告诉西班牙批评家阿马多·阿隆索——这位批评家在1940年写出了第一本研究聂鲁达作品的专著——《联盟（奏鸣曲）》中的一行诗

94

　　前赴后继，日子及其黄金家族

直接受到克维多的十四行诗《指环上的丽丝肖像》中一句的影响。[34]

1933年，聂鲁达的继母因为手术后遗症再次病倒，他父亲身体也不太好。担心他们会不久于人世，聂鲁达两次前往特木科。他没有带玛露卡一起去。他和玛露卡所给出的解释是经济方面的问题以及玛露卡自己虚弱的健康状况。"我很抱歉不能去特木科看你，我希望我们能在下个夏天见到彼此，"玛露卡在1933年4月14日写信给劳丽塔说。"秋天的特木科对我来说太冷了，我们也没有足够的钱来支付旅费。"[35]似乎巴勃罗和玛露卡两人都意识到，除了劳丽塔，他的其他家人都不会让她感到多么受欢迎，对于双方来说，最好是她留在圣地亚哥。

当他1933年5月从特木科回来，聂鲁达了解到，他被安排了一个薪水更高的职位，在劳动部下面的文化拓展部门。缺点就是：这个职位很可能会被压缩——因此在经济上并没有保障。紧张仍在继续。前所未有地，从1932年4月到1933年8月是一个贫瘠的时期：聂鲁达仅仅写了四首诗，这些诗后来构成了《居所》第二卷的开头。它们分别是《不寻常的一日》《唯有死亡》《船歌》以及《海洋之南》。

《不寻常的一日》展示了聂鲁达痛感时光流逝的一幅悲伤图景：

　　环绕着我敲响着夜晚

白天，月份，时辰，

敲响着，如同沉闷潮湿的钟声

又如出自脆弱的盐块口中

在 1933 年年中，他很高兴得到消息：他被安排了一个新的、远为德高望重的外交职位——驻布宜诺斯艾利斯领事。他如释重负，因为想到终于可以离开智利，用当时的总统阿尔图罗·阿莱桑德雷·帕尔马的话说，它正经历一个"真正的国难时期"。阿尔图罗的第二个总统任期并没有满足人们对于政府换届所涌起的期待。他转向了右派，部分受到他那受人敬畏的财政部长古斯塔沃·罗斯的影响。他残忍地镇压罢工，不断攻击左派。

玛露卡是否乐意再次迁徙，很难讲。她似乎已经做出巨大努力来安顿下来，拔根而起的前景不可能产生太大的吸引力。正如聂鲁达 2 月 16 日回信给伊安迪所说："我妻子习惯了智利的生活，正在慢慢学习西班牙语。她经常提醒我写信给你（她知道我们是好朋友），但我下班回到家已经筋疲力尽，不想做任何事情。"[36]

1933 年 8 月 25 日，聂鲁达写信给他父亲说，他被告知必须马上出发去布宜诺斯艾利斯，"完全不给我足够时间来清理债务并准备行李。因为我们必须周日就出发，我都没有时间向你告别，玛露卡尤其感到抱歉，我也是，因为我漂泊的生活方式意味着我又要离开。"[37]

聂鲁达或许更希望被派到西班牙去。实际上，就在布宜诺斯艾利斯的任命到来之前，已经到处传言，智利政府正计划给他一个欧洲的职位，正如他告诉伊安迪的。

聂鲁达和玛露卡离开智利去了布宜诺斯艾利斯，时间是 1933 年 8 月 28 日。玛露卡病倒了，聂鲁达在给劳丽塔的一封信中说。但是，跟他在远东的孤绝外交工作形成强烈对比，聂鲁达在到达后不久就感到非常称心如意。他的新上司，苏格拉底·阿吉雷，智利驻布宜诺斯艾利斯总领事是一个受人尊敬的人：和善，有文化并且富有包容心。苏格拉底的小女儿，玛加丽塔，最终成了聂鲁达的秘书、朋友以及传记作家。

当聂鲁达在布宜诺斯艾利斯当领事的时候，她还只有八岁，但她后来仍能清晰回忆当时那些日子。她记得他在 1933 年新年夜来到他们位于卡巴里托（Caballito）的公寓中，穿着一件长袍，两颊粘着白棉花，打扮成圣诞老人。玛加丽塔和她哥哥一眼就认出他，喊道："你是聂鲁达！"他经常用英语跟苏格拉底的孩子们说话——玛加丽塔说，也许，是为了讨好他们的老爱尔兰家庭教师玛利亚小姐，这位教师觉得诗人"特别和善……"[38]

96　　小玛加丽塔也是这样看待他的。当她去他的领事办公室时，他对她非常慈爱。他会把她叫到身边，给她看彩色铅笔，或者一张照片，上面是他自己，穿得像一个水手。他会抚弄她的黑头发，她"在他身边感到受保护，那种感觉一直伴随我终身"[39]。

这一次聂鲁达很快发现自己置身于一个新朋友构成的广阔圈子中。其中最亲密的朋友有巴勃罗·罗哈斯·帕斯，奥利维里奥·希龙多和他的妻子诺拉·朗格。他也最终见到了伊安迪，他们尽管政见不同，始终都是好朋友。

1933 年 8 月，就在聂鲁达和玛露卡到达布宜诺斯艾利斯之后几天，一个智利女作家加入了他们之中，她叫玛利亚·路易莎·博姆巴尔，她因为和一个叫作欧洛希奥·桑切斯·埃拉苏利斯的已婚男人之间有一段没有结果的情事而产生强烈自杀倾向，那个男的是共和民兵组织——一个准军事组织，反共产人士组织，得到智利总统阿尔图罗·阿莱桑德雷的支持——的一个将领。聂鲁达对博姆巴尔有深厚的感情，为她的情感剧变深表同情，邀请她到布宜诺斯艾利斯和他们一起生活，住在他们舒适的公寓中，那是在一栋摩天大楼二十层高处的公寓。他给博姆巴尔取了个昵称叫"梅里美女士"，因为这个法国诗人曾是她在巴黎索邦大学的博士论文研究对象。另一个给她的充满深情的昵称是"mongoose"——是纪念聂鲁达在爪哇的那条钟爱的宠物獴——"火蜜蜂"或者"María Piojo"（"玛利亚小虱子"——piojo 是智利人称呼可爱的孩子的典型用法）。

尽管聂鲁达经常开玩笑捉弄博姆巴尔，但他很尊敬她的思想。当他把她介绍给他的老同学，胡文西奥·巴列，他提醒说：她是"一个优雅、机智的公主，唯一能够与之严肃讨论文学的女人"。[40] 站在她的角度，那些在聂鲁达的布宜诺斯艾利斯公寓度过的日子给了博姆巴尔一个机会观察这个诗人与他的妻子之间日益恶化的关系（尽管博姆巴尔与玛露卡相处得非常好，而且比巴勃罗任何朋友都要更喜欢她）。实际上，她所见证的关于巴勃罗与玛露卡"双料孤独"的种种事情成全了她那本伟大的小说《雾房子》，那是她在聂鲁达布宜诺斯艾利斯的厨房里写的。

当智利作家玛利亚·弗洛拉·雅内兹访问布宜诺斯艾利斯的时候，聂鲁达在 1933 年 10 月 3 日为她举办了一场鸡尾酒会，玛露卡和博姆巴尔联手担任女主人，这是两个女人之间"友谊的深度"。巴勃罗自己则领着雅内兹到阳台上，告诉她："你很可爱，玛利亚·弗洛，我真心这样认为。"雅内兹回忆说，晚餐之后，聂鲁达向客人们提议——客人也包括阿根廷作家阿尔芳西娜·斯托尔尼——到布宜诺斯艾利斯的作家中心"希诺"（Signo）去消磨剩下来的时光。

> 随后，玛露卡消失在卧室里，提示聂鲁达跟着她过去。很快，我们听到一阵尖锐的吵闹。"那是玛露卡在说她不想我们去希诺，"斯托尔尼说。"她憎恨深夜，但她错了，因为像聂鲁达这样一个非凡的诗人，需要整夜醒着。"这时候，聂鲁达和玛露卡从卧室走出来。他看上去前所未有地忧郁，玛露卡仍然因愤怒而颤抖。"好了，我们去希诺，"巴勃罗下令道。于是我们走了。[41]

聂鲁达和玛露卡尽力保持在公众面前露脸；苏格拉底认为，当聂鲁达和玛露卡投入布宜诺斯艾利斯的社交生活时，他们是非常优秀的一对夫妇。

聂鲁达与博姆巴尔之间的共同之处远多于他和玛露卡之间，尽管前两者存在政治分歧，并且实际上博姆巴尔有宗教信仰，而聂鲁达是个无神论者。在一次访谈中，当被问到她是否害怕死亡，博姆巴尔回答道："既然我是一个宗教徒，我不害怕，当然不。"她的访谈者接着提示道：

"多么神奇，当我们问聂鲁达同样的问题时，他做出了和你一样的回答。他说了四个字：'死不存在。'"

博姆巴尔说："没错"。

他也意识到了这一点。并且，这并不是一个马克思主义者的回答。这是我所知道的聂鲁达会做出的回答，这个聂鲁达我在阿根廷与之共处了好久，和他的妻子玛露卡一起。那时候，他是一个有着左派思想的人，但仅此而已。他没有党派政治观点……我们爱着彼此。年轻的我们就像兄妹……是的，巴勃罗是我生命中全然难忘的一部分记忆的保存者。他非常善良，对我非常慷慨。

对于博姆巴尔来说，这个时期的聂鲁达"是从诗歌的角度最有价值的《大地上的居所》的聂鲁达……"

98　　他教会我很多……他创造了一种来自心灵的语言。当他允许政治进入作品，这种语言开始遭到毁坏。他发明了一整套语言。我从《大地上的居所》学到很多……我从他的《居所》中获得了一种神秘力量，当然，尽管我表达自己的方式非常不同……巴勃罗有时在文学问题上与我针锋相对。他喜欢给我读他的作品。我告诉他："我喜欢那个"，或者"我不喜欢那个"，有时他生气了，说："你不懂现代诗歌，你的见识还停留在马拉美"……但他经常拿着他的稿子来找我，说："瞧，听我念这个"，然后他会大声对我朗读起来。

他朗读的诗歌包括《漫步》。"我真的很愤怒，"博姆巴尔回忆说。

他添加了一个可怕的句子："Matar a una monja con un irrigador"（用洒水壶杀死一个修女）……我跟他说：这句诗很丑陋。"这太古怪了。那不是你，那只存在于 'Épater les bourgeois'（挑衅中产阶级）的地方。我不明白为何你把它放进来。"几个小时后他走回来说：

"瞧，现在听听这个。我修改了句子。"他再次读起那首诗，接下来该他生气了。他说："真正让我生气的是：像你这样一个笨蛋怎么可能总是对的？"[42]

在最终版本中，聂鲁达把致命的洒水壶换成了超现实主义的"来自耳朵的一击"。

在布宜诺斯艾利斯，聂鲁达遇到了一个在其短暂生命中最终成为聂鲁达最亲密朋友的天才。西班牙诗人和剧作家费德里科·加西亚·洛尔迦在 1933 年 10 月 13 日抵达了布宜诺斯艾利斯，来参加他的戏剧《血婚》在阿根廷的首演。在那个特别的夜晚，在阿根廷作家巴勃罗·罗哈斯·帕斯的房子里，人们把洛尔迦介绍给了聂鲁达。

聂鲁达当时二十九岁，洛尔迦三十五岁。两个人最近都在远离家乡的地方消磨时光。对于二者，文化冲击都是剧烈的。洛尔迦的纽约之旅令他尤为痛苦。两个人都相当敏锐地感到局外人的孤独——不是诗人朋友们那种时髦的、波希米亚式的"局外人中的局外人"，而是货真价实的局外人。两人都有一个反对他们成为诗人的父亲，但其父亲也都不情愿地供他们在各自的首都学习。

两个人都有对生活的巨大胃口——以及对彼此诗歌的互相欣赏。洛尔迦在诗集《吉卜赛民谣》的一本上写下这些文字："献给我亲爱的巴勃罗，我有幸爱上并了解的最伟大诗人之一。"不过，实际上，当他听到聂鲁达开始背诵他的诗句，洛尔迦就会笑着举起双臂捂住耳朵，告诉那个智利人，"停止，停止，够了。不要再读了，你会影响我！"尽管聂鲁达仍然没有公开表达他的政治信念，待在这个地区的这两个男人之间也有着一种清晰的亲密性。当洛尔迦告诉《批评家》杂志记者"那些热爱和享有自由的人们都是左派"时，聂鲁达会全心全意表示赞同。

最能体现这两个著名人物之间亲密程度的，莫过于他们向伟大的尼加拉瓜诗人鲁文·达里奥所做的赞美，那是在 1933 年 10 月 28 日举行的笔会的仪式上。在布宜诺斯艾利斯的广场酒店，聂鲁达和洛尔迦震惊了他们的听众，因为他俩一起站起身，以"al alimón"——这是一个斗牛术语，适用于两个斗牛士共同拉着一张披肩一起挑衅公牛的时候——的方式轮流朗读。

1934 年 3 月，两位旅居阿根廷首都的诗人着手合作进行另一个令人难忘的项目。洛尔迦画了十幅钢笔画，为聂鲁达的一系列短诗（包括《居所》中的那首《唯有死亡》）以及一些句子做插图。他们做出了一个单本，手工制作的作品。在最后一幅线条勾勒的草图上，可以看到两个被砍下来的流血的人头——一个显然是洛尔迦的，另一个是聂鲁达的，放在一轮新月之下的桌子上。

聂鲁达在布宜诺斯艾利斯度过的八个月是他性活动最密集的日子之一——但不是和他妻子。早在 1933 年，还没离开智利之前，他就和洛蕾托·博姆巴尔，也就是玛利亚·路易莎的姐妹，陷入了恋爱。他这一时期最伟大的颂歌之一，《哀伤的颂歌》很可能就是写给她的，这首诗也包含着对往日爱情的浓浓追忆，很可能是追忆缅甸的乔希。

埃尔南·洛伊拉认为聂鲁达在阿根廷的逗留期间都被回忆的色情力量统治着。可是，我认为这首诗显示聂鲁达在努力用更新的、更积极的热情记忆"中和"甚至抹去旧的色情记忆。也就是说，这里有过一个从乔希向洛蕾托以及他整个一生中经历的其他女人的转移。过去的记忆是属于死亡的。在《哀伤的颂歌》中，他想象自己躺在海浪之上，亲吻洛蕾托。

> 游泳，逆着某种河流之上漂浮的墓地
> 长在悲伤的石灰坟墓之上的水草

就在乔希"不停用啜泣声呼唤我"的时候——这是一种对这对恋人在锡兰港口最后泣别时刻的清晰暗示——洛蕾托却默默流泪，不是以啜泣或悲伤，而是以"健康，洋葱，蜜蜂 / 燃烧的识字课本"。

虽然，在《二十首情诗》中，聂鲁达经常被他当下的爱情所折磨，现在，他当下的爱情把他从苦难中拯救出来。现在，痛苦并不来自他当下的性经历——它给他带来了欢乐——而是来自将他自己与过往的色情回忆一刀两断的努力。

在他游离于玛露卡之外，整夜整夜消磨于享受跟当年在圣地亚哥的单身岁月一样的波希米亚式生活时，当然不会缺少性方面的出轨。在回忆录中，聂鲁达回忆了一段风流韵事，那是他和洛尔迦在一个百万富翁纳塔里奥·博塔纳的布宜诺斯艾利斯家中所卷入的：

> 在饭桌上，费德里科和我分别坐在主人两侧，中间隔着一个高个子、空气一样的女诗人，就餐期间，她的眼睛更多地看着我而不是费德里科……吃完饭后我们站起来，我自己，女诗人和费德里科，费德里科对一切都感兴趣……我们爬到塔楼最高的瞭望点上……我把高个子、金发女孩揽入怀中，当我亲吻她的时候，我发现她很有肉感，丰满，很有女人味，一切都很完美。让费德里科感到震惊的是，我俩躺倒在瞭望台的地板上，我开始脱她的衣服，这时我能感觉到费德里科的大眼睛瞪着我俩，不敢相信发生了什么。"快出去！快去，别让人到楼上来"，我冲他大喊……费德里科像侍从与哨兵那样开心地跑去执行他的使命了——因为太匆忙，又比较倒霉，他跌倒了，摔进黑暗的楼梯间。那位女士和我不得不把他扶起来，很费劲。他跛脚走了两周。[43]

另一个对这段小插曲非常不同的叙述最近浮出了水面——尽管它的真实性并未得到证实。它据说出自插曲中充当那个神秘女诗人的女人（聂鲁达并未提到她的名字）。那是一个乌拉圭诗人，布兰卡·卢斯·布鲁姆，她一直活到老。她曾被一个秘鲁诗人从修道院拐走，那人叫胡安·帕拉·德尔·里格，她十七岁和胡安结婚，但他三年后就死于肺结核。她早年是一个革命性的马克思主义者，墨西哥壁画家大卫·阿尔法罗·西克洛斯的情人，在转换政治立场之前，她曾充当胡安·多明戈·庇隆——甚至奥古斯多·皮诺切特的宣传者！她在 1981 年成为了智利公民，四年后死去。在她死后，很多生前未公开的信件、文章以及访谈都被乌拉圭作家雨果·阿克加尔收集在一本书中；这些包括——至少阿克加尔认为——布兰卡对钟楼插曲的回忆版本，该版本与聂鲁达的叙述相去甚远：

> 当时，我不再对聂鲁达感兴趣，当他试图拥抱我的时候，并不是他叫洛尔迦来充当皮条客。是我叫洛尔迦来救我。所有回忆录都是伪记忆。聂鲁达的回忆录也如此……是洛尔迦向他喊："出去！快走，千万别再喝酒了"，与此同时他尽力拦在我俩中间。聂鲁达用力推开他。洛尔迦躲开他，努力把他从我身边赶走。我不确定是出于紧张还是仅仅不走运，那个可怜的诗人，比这个智利人个子小很多，就在努力与他对峙的时候，绊倒了，掉进了一直通向花园喷泉的楼梯间，把聂鲁达也拖下去了……可怜的迪莉娅·德尔·卡丽尔以及其他所有聂鲁达的女人们，竟然要受制于一个这样的男人。[44]

对于这种对聂鲁达很不友好的看法，记者莫拉·布雷西亚·德巴尔有着强烈的质疑，布雷西亚在布兰卡生命的晚年岁月认识了她，声称亲自取得了这个乌拉圭诗人真正的回忆记录。布雷西亚认为布兰卡从未在这些回忆录中提到过跟聂鲁达的任何事件。

就像聂鲁达回忆录中其他很多奇闻轶事一样，不可能确切知道他在几十年后通过文字来回忆那些事情的时候，多大程度上修饰了它们。他对早年曾与一个神秘的、无名的女人在一个仓库做爱的性经历的回忆很像普鲁斯特在《斯万家那边》中所描写的那种幻想。我们知道聂鲁达和他 1920 年代的圣地亚哥波希米亚式朋友们一样，都是普鲁斯特的热心读者，吞食着那个年代被翻译到智利的《追忆似水年华》中的精华。聂鲁达后期的很多诗歌明显体现出普鲁斯特的影响，尤其体现在它们的感官性，对细节的关注以及把玩回忆等方面。

聂鲁达在布宜诺斯艾利斯的最好时光很多都是在著名诗人奥利维里奥·希龙多及其妻子诺拉·朗格家中度过的。在庆祝诺拉的书《四十五天和三十个水手》发行的仪式上，几乎所有在场的人——包括聂鲁达——都装扮成海员。诺拉自己则穿成一个美人鱼的样子，拖着一条长鱼尾。

　　尽管有那些性经历和社交活动，聂鲁达仍坚持阅读与写作。他告诉阿根廷《诗歌》杂志的编辑佩德罗·胡安·维尼亚尔，他在"经营一首长诗，对于它的强度，他还只有一个大体概念"。那时聂鲁达已经开始构思他的鸿篇巨制《大诗章》了吗？回顾他们之间的谈话，佩德罗当然是这么认为的。意大利批评家达里奥·普契尼也持这种看法。但埃尔南·洛伊拉坚持认为聂鲁达当时实际上在构思一小圈诗歌，这些诗歌他1933 年在智利就已经开始创作，它们在主题上相互关联。它们可能成为《大地上的居所》的第二部分（洛伊拉相信，"可能"受到乔伊斯以及艾略特《荒原》的影响）。

　　埃尔南认为《漫步》是用文学方式向乔伊斯的《尤利西斯》眨眼，那是聂鲁达在锡兰时候读到的一本书。[45] 就在他写自己的诗歌的同时，他在 1933 年 10 月 /11 月刊出的《诗歌》杂志上发表了乔伊斯《室内乐》的译文。聂鲁达在 1933 年 10 月和 12 月期间在布宜诺斯艾利斯写出了《漫步》这首诗以及 *Desespediente*——他同时写的另一首诗——都在提醒：尽管聂鲁达有丰富的友谊与性经历，作为领事，仍然也有令人头昏脑涨的繁冗的官僚主义杂务需要完成。实际上，现在他有比在东方时更多的公文要处理，因为智利人几乎几个月都不涉足一次缅甸或爪哇或锡兰，但阿根廷与智利的外交关系却处于熙来攘往的状态。《漫步》是这样开头的：

　　　　事已至此，我厌倦了为人，
　　　　事已至此，我走进裁缝店或电影院
　　　　憔悴，不可穿透，如毛毡天鹅
　　　　挣扎在灰烬的原始海洋

103

　　在 1933 底或 1934 年初，尽管玛露卡与聂鲁达见面甚少，玛露卡还是怀上了巴勃罗的孩子。并且，一个新的任命来了——去西班牙。玛露卡对再次搬家的恐惧——正如她开始定居在布宜诺斯艾利斯时候那样——多少因为当妈妈的幸福感而缓解了。我们知道：聂鲁达自己想要个小孩，尽管在这样一种不确定的关系中，他害怕成为父亲。他也喜爱西班牙，并且很久以来就试图居住在那里。但他对他去了之后即将降临的命运有不祥的预感。

博姆巴尔回忆过在聂鲁达布宜诺斯艾利斯家中的惊慌时刻：

> 有一次，巴勃罗做了一个奇怪的、预言般的噩梦。我们都在一起待着，我开始吼他，不让他去西班牙。我吼得挺凶，他于是叫我安静一点，并且走开去睡觉。然后，他梦到被大量的水包围，四处都是水。然后他醒了，想象他的床被环绕他的高耸的烟云所笼罩。他起床，内心恐惧，相信房子正在着火，他走到厨房去查看发生了什么。厨房有着淡蓝色的玻璃窗。透过窗玻璃，他看到一个巨大的黑影，像个人形，有着黑色轮廓，一动不动。"我看到了死神"，他告诉我……"我做了一个噩梦。我必须出去，谈天。我会死于心脏病。"他面无血色，苍白，颤抖着……这时候，玛露卡醒了。"请跟他去吧"，她对我说。我们离开房间去了慕尼黑餐厅。我们一直聊到天明，那时他才安静下来，我们才回家。不久后，他们把他派到欧洲去了。他对战争、死亡、西班牙内战有一种直觉。[46]

第五章

西班牙的悲伤——转折点

1934—1937

聂鲁达和怀孕的玛露卡在 1934 年 5 月 5 日登上了一艘开往巴塞罗 104
那的船。三周的航海之旅平淡无奇——唯有聂鲁达从巴西带来的一只小
猴子死了，它"死了，玛露卡哭成了个泪人儿"。[1]

几乎就在他抵达巴塞罗那的时候，聂鲁达得知他在智利的旧日好友
以及酒友阿尔韦托·罗哈斯·希门内斯死了，这个人曾在他作为一个学
生抵达圣地亚哥不久时，就告诉他如何成为一个真正的波希米亚人。

他因为希门内斯的死而感到的悲痛促使他写出了在西班牙的第一首
诗，宏大而动人的《希门内斯飞起来》：

> 越过下沉屋顶的城市
> 那里高个子女人撩开发辫
> 以粗大手臂，解开内衣
> 你飞起来……

> 在苦涩五彩的酒瓶之间，在茴香与厄运的环中间
> 举起你的手，哭喊
> 你飞起来……

> 瓦尔帕莱索的黑风　　　　　　　　　　　　　　　105
> 张开煤炭与泡沫之翼

扫清你所经过的天空

你飞起来……[2]

聂鲁达很快发现他并不太喜欢巴塞罗那的生活，尽管它临海，而这是聂鲁达经常喜欢的。他想要搬到内陆，到马德里去——因为他知道只有在首都，西班牙文化的生命才是欣欣向荣的。

马德里的智利领事恰好就是诗人加芙列拉·米斯特拉尔——那个在特木科当首席女教师的时候，聂鲁达不敢给她看自己早年诗歌的女人。不管怎样，这两个领事之间的关系却完全不那么简单。如果西班牙作家及批评家路易斯·罗萨莱斯可以作为一个裁判员来信赖的话，当时聂鲁达对这个旧日同胞有着与以往类似的尊敬之情，

这两个领事都不曾拜访对方。当然，聂鲁达没有也不愿意拜访米斯特拉尔。米斯特拉尔是一个聪明正直，大方，苛刻的人……两个领事之间的关系是遥远的，电话性的，高度官方的关系。经常是米斯特拉尔来电话，聂鲁达接电话……我相信他们当然尊敬彼此。最后，我也相信他们俩嫉妒彼此，但是从远处嫉妒。

曾研究过聂鲁达诗歌的罗萨莱斯认为他俩之间也有复杂的诗歌分歧。"二者在他们的巅峰上代表的是两种截然不同的诗歌流派——米斯特拉尔是后现代主义；聂鲁达是超现实主义——甚至更重要的是，代表两个不同的时代。在分开二人的前后十五年中，诗歌的转变巨大，但社会生活的转变尤甚。"[3]

最终，聂鲁达决定到首都做一次长时间旅行，把玛露卡一个人留在巴塞罗那。就在他1934年6月1日走出抵达马德里的火车的时候，聂鲁达很高兴与洛尔迦重逢了。后者在马德里北方车站迎接了他，同行的还有洛尔迦的情人拉法埃尔·罗德里格斯·拉普恩——一个很帅气的年轻工程专业学生，坚定的社会主义者，玩弄女性的情场老手，却陷落在洛尔迦的魔力之下。

卡洛斯·莫尔拉·林奇是当时智利驻西班牙大使，他在阿尔卡拉大
街的巴乐拉酒吧接待了聂鲁达、洛尔迦和其他几个人，随后又带他们
回家吃饭。在日记里，他给我们提供了对聂鲁达身体上的生动描述，
就在后者三十岁生日后短短一个月。聂鲁达是"苍白的，一种灰烬般
的惨淡，有着大大的，狭长的眼睛，就像黑色、水晶般的杏仁，不停
地发笑……他的头发非常浓黑，不事修饰。他的双手也是灰色的。一
点也不高贵。口袋里装满文件和报纸。令我们着迷的是他的嗓音：它
缓慢、单调、怀旧，就好像疲倦了，但充满意味，魅力十足。"[4]

第二天变成了忙碌的一天。聂鲁达再次拜访了大使的住所。因为诗
人在前夜的欢会之后身体感觉不太舒服，林奇让聂鲁达留在家里过夜，
诗人愉快地接受了。就在他安顿好了之后，米斯特拉尔过来看望他。那
个晚上，似乎大多数马德里最重要的人物都到这个智利大使官邸来会见
这个著名诗人了。

这个聚会充满欢乐，令人难忘。林奇在他的日记中回忆到：洛尔迦
在一块小毯子上跳舞；贝贝·维库纳（林奇的妻子）弹着吉他，唱她丈
夫的歌（歌词基于洛尔迦、拉法埃尔·阿尔韦蒂、路易斯·塞努达、马
努埃尔·阿尔托拉圭诺以及胡安·拉蒙·希门内斯的诗作）。直到凌晨时
分聂鲁达才站起来朗读《大地上的居所》中的诗歌。聂鲁达的朗读让他
的听众惊呆了，因为它是"一种有着自然主义气质且染上现代色彩的复
杂真理之诗。一种独特的，不会混淆的个性天分"。

西班牙尤其是马德里对聂鲁达来说是一种释放。"在短短几天内，
我与诸多西班牙诗人站在一起。西班牙人和拉丁美洲人不同，当然——
这种不同一方面源自骄傲，另一方面源自恐惧。我这一代的西班牙人比
他们的拉丁美洲对应者而言，是更有兄弟情义的，紧密结合的以及更有
灵感的。"[5]

玛露卡很快和巴勃罗在马德里汇合。当有个人冲上西班牙共产主
义诗人拉法埃尔·阿尔韦蒂在马德里的住所的楼梯时，阿尔韦蒂感到又
惊又喜，那个人说："我是聂鲁达……我来向你问好。我妻子正在楼下，
但不要害怕，虽然她简直是一个巨人。"聂鲁达曾从远东寄给阿尔韦蒂

《大地上的居所》的一个早期版本，阿尔韦蒂曾尝试在西班牙找人出版该书，但徒劳无功。

107　　阿尔韦蒂给聂鲁达和玛露卡在西马德里找了一个安家之所。它位于"Rodríguez San Pedro"大街一栋房子的五层，能看到瓜达拉马山脉。那里，天竺葵长在窗台上，这个公寓很快被人们称作"Casa de las Flores"（花舍）。这对聂鲁达来说是个理想居所：附近就是阿尔奎耶斯市场，这个诗人，这个终生的市场热爱者很高兴拎着他的兜子捕获水果和蔬菜（尤其是他最爱的辣椒）。

　　花舍很快变得和聂鲁达任何一个家一样：对任何想要和他一天二十四小时一起喝酒，分享食物，参与文学（或其他）对话的朋友开放，提供杂乱的过夜形式（有时候客人们头顶着脚睡在地板上，以便能容下来）。洛尔迦几乎每天都来。他和聂鲁达几乎形影不离。他们要不是在一起喝酒谈话，聂鲁达就会坐在洛尔迦的戏剧排练场，他们经常一起在马德里搜索适合费德里科的戏剧演出的道具，或者为他公司"La Barraca"所支持的其他作家的戏剧找道具。

　　在1934年12月6日马德里举行的一场著名演讲中，洛尔迦提到了这位智利诗人，称他为所有拉美诗人中最伟大的一个，"相比于哲学，更接近死亡；相比于智慧，更近于痛苦；相比于墨，更近于血"。洛尔迦补充道：聂鲁达"缺乏两个无数拙劣诗人赖以生存的元素：憎恨与讽刺"[6]。

　　几个月后，在1935年春天，聂鲁达在一首伟大的诗中回报了这一赞美，《给洛尔迦的颂歌》。这首诗对洛尔迦不久后的死亡有一种古怪的预言（就像对西班牙人自身的预言），尽管埃尔南·洛伊拉令人吃惊地把诗中对死亡与鲜血的指涉解读为显示了聂鲁达对1934年10月北西班牙阿斯图里亚斯发生的矿工暴乱所遭遇的血腥镇压做出了反应：

　　　　当你飞翔，穿得像一棵桃树，
　　　　当你笑，笑声像大米在飓风中甩打，
　　　　当你歌唱，动脉和牙齿

喉咙和手指都在颤抖，

我愿为你的高贵而死去，

我愿为红湖而死去

那里，你生活在秋天深处

靠着一匹倒地的战马，一个鲜血四溅的神。[7]

尽管玛露卡在接近临产时变得非常虚弱，聂鲁达仍然和以往一样疯 　108
狂地参加欢会。每个下午，他和朋友们会在赛维赛利亚酒吧筹划当天晚
上的活动。聂鲁达很喜欢痛饮西班牙一种茴香饮料"chinchón"，他甚
至对之上瘾了。他们讨论西班牙日益恶化的政治局势。那个时候，站在
左派一边似乎是唯一值得尊敬的路线，因为希特勒前一年已经在德国掌
权，西班牙被不断出现的镇压浪潮（就像在阿斯图里亚斯发生的那样）
以及法西斯恶棍的暴行所打击。

阿尔韦蒂回忆说，聂鲁达在到达马德里不久后就告诉他："我对政
治一无所知。我有一点'无政府主义'……我想做我喜欢做的事情。"
但是，如果说聂鲁达仍然坚持他在圣地亚哥学生时代为《明晰》写作时
所显示的那种无政府主义、反资产阶级倾向，那么他的许多朋友已经
准备好更决然地投身其中。有些人，比如阿尔韦蒂以及米盖尔·埃尔南
德斯已经访问了苏联，来考察——尝一尝——那里第一手的共产主义试
验。聂鲁达并没有这样做。有趣的是，这些朋友中的一个，阿根廷共产
主义诗人劳尔·冈萨雷斯·图尼翁在阿斯图里亚斯暴动之后已经变得非
常激进，至少有一个批评家宣称，劳尔的诗集《带装甲的玫瑰》——表
达工人群众的希望与受难——对聂鲁达当时产生了相当的影响。[8]

米盖尔·埃尔南德斯，那个山羊农夫，很快成了聂鲁达的亲密
友人。

米盖尔是一个周身环绕着泥土灵光的农民。他的脸像一块泥土，或
者刚从地里连根拔起的土豆，仍然保留着泥地里的新鲜……他是那
种像一块没被切割的石头一样从大自然中冒出来的作家，有着森林

的新鲜和无法抵抗的活力。他会告诉我，当你把耳朵贴近一头睡着
的母山羊的肚子，是多么令人兴奋。你会听到羊奶流进它的乳房。
另一些时候，他会给我讲夜莺的歌。东西班牙，他来自那里，长满
了开花的橘子树，还有夜莺。因为那种鸟，那高贵的歌手，在我的
国家并不存在，疯狂的米盖尔喜欢给我提供对夜莺声音的最生动的
模仿。他会爬上街边的一棵树，从它最高的枝杈上，发出哨音或颤
音，就像他钟爱的那种本地鸟儿一样。[9]

对聂鲁达来说，埃尔南德斯是一个用双手劳作的人。（多年后，聂
鲁达哀叹他他自己不曾用双手做过任何有价值的事情。"为何我不去扫
地？/为何我被赋予双手？/它们有什么用/如果我所做的只是倾听庄
稼的声音/如果我所做的只是聆听风？）[10]

批评家玛利亚·德·格拉西亚提到过，对于米盖尔来说，"聂鲁达不
仅是一个用血与泥进行创作，可以触摸到世界的诗人，而且是一个仁
厚、善解人意的人，相比于智慧，他更近于人情。"[11]

米盖尔本人也写过给聂鲁达的赞美——一首长长的、很奇怪的诗，
叫作《血与酒之间的颂歌致聂鲁达》。在诗中，米盖尔捕捉到构成智利
人每日生活的社会风暴，"围绕着你，巴勃罗/一切都喋喋不休，封闭/
爆发出歌声与季节更替/直到出现耗竭之后的突然沉默/然后是纯洁之
吻，理解的臂弯/它们环形、括号形的命运：拥抱。"

1934年8月18日，玛露卡生下了一个女儿，夫妻俩给她起名为
Malva Marina Trinidad*，纪念巴勃罗亲爱的"妈妈娘"，聂鲁达所喜欢的
紫色花以及他永远难忘的童年海洋环境。聂鲁达定制了卡片寄给世界各
地的所有朋友，宣布这一幸福事件。

在马德里，洛尔迦为他的朋友感到狂喜，写了一首伟大的诗，《马
尔瓦·玛丽娜·聂鲁达诞生之诗》。不幸的是，不像聂鲁达1934年写给

---

* Malva，即锦葵，花紫色；Marina，词意为"与海有关的"；聂鲁达的继母名叫
Trinidad。

洛尔迦的诗，让对方有机会体会阅读的狂喜，聂鲁达并不知道洛尔迦写给他新生女儿的诗歌——那份手稿直到五十年后洛尔迦的家人整理他的文稿时才得见天日。它由西班牙日报《ABC》于1984年7月12日发表。

不幸的是，很快大家就发现马尔瓦·玛丽娜并没有正常成长。她的头太大，她身体的其他部分枯瘦如柴。因此，在1934年写给巴勃罗·罗哈斯·帕斯的妻子，聂鲁达的阿根廷朋友萨拉·托尔努的一封信中，聂鲁达令人难忘地把他女儿描述为"一个分号，一个三公斤重的吸血鬼"。就在她出生后不久，聂鲁达写了一首动人的绝望颂歌给这个病弱的女 110
孩，《我家的疾病》：

> 就像沉默中的一根麦穗，但
> 谁为一根麦穗乞求怜悯？
> 看，万物的境况如何：太多队列，
> 太多医院，有着破碎的膝盖，
> 太多商店，有着垂死的人们：
> 因此，谁？何时？
> 谁为眼睛乞求寒冷月份的色彩，
> 谁为心灵乞求脆弱麦穗的体积？
> ……我淹没在渗入阴影的露水的潮气中，
> 渴望一个并未长开的微笑，一张甜美的嘴……
> 我写这首诗，无异于一声哀叹，
> 无异于一声哀叹。[12]

在这首诗中，聂鲁达颠覆了他惯用的象征：比如说，树，通常是生命能量的源泉，如今具有了"吸血鬼般的品质"，吮吸他女儿的血并用根须诱捕她的小手。

并且，正如埃尔南所指出的，在这首诗中，聂鲁达也充分意识到自己"处于一种几乎非理性、神秘的感觉中"[13]，就像一个美洲人，从西班牙，发出他第一个直接的，而且是绝望的呼吁，呼唤特木科的"风水之神"的帮助：

> 救救我，南方的树叶和雨水

就在他女儿诞生一周后的 1934 年 8 月 25 日，聂鲁达写信给他父亲（深情地，反常地叫他"亲爱的爸爸"）说：

> 并非万事如意。看上去，孩子早产了，她几乎要死了。她必须有医生来全天候照看，他们用针头来强行为她进食，注射血清，喂大勺牛奶，因为她不接受母乳喂养。有许多非常危急的时刻，那时刻小孩都要死了，而我们都不知道该怎么办。她夜晚不能好好睡觉，甚至白天也不能，这样，每两个小时就能喂她一次，但医生刚刚告诉我们已经没有危险了，尽管这个小东西还需要大量照顾。我认为，因为我也已经给她很多照料，我们可以把她抚养大。二十天以后，我们会开始喂她鱼肝油，就像我小时候有过的那样。对于佝偻病的孩子，这是唯一的解决方案。孩子非常小，生下来只有两公斤零四百克，但她非常漂亮，像个小洋娃娃，有着蓝眼睛，像她祖父。她有着玛露卡的鼻子（很幸运）和我的嘴巴。每个人都认为她很漂亮，我会很快寄给你一张她的照片。当然，战斗并未完全结束，但我认为最糟糕的阶段已经过去了，现在她会长肉，很快就会胖嘟嘟起来。[14]

米盖尔·埃尔南德斯一开始就来照顾小马尔瓦·玛丽娜。他把她抱在怀里，以她的名义组织各种聚会。有一天，米盖尔带着他的小侄女艾尔维丽塔来和聂鲁达的女儿玩。当人们开始明白，马尔瓦·玛丽娜一出生就病得很严重，米盖尔尽力做了他能做的一切。他跑遍了马德里，找能够帮得上忙的医生，当结果徒劳无功的时候，他出主意带马尔瓦·玛丽娜和她父母一起到西班牙东部他家乡附近的海滩去。他 1934 年写信给两个朋友来安排此事，他们是安东尼奥·奥利弗和胡安·圭列罗。聂

鲁达的乐观主义看来基本上是对的，他在 1934 年 9 月 19 日写给萨拉·托尔努的信中说，

> 你想象不到我受了多少罪。医生告诉我这个女孩会死，小东西受了可怕的折磨，因为出生时脑部出血。但是，高兴起来吧，善良的萨拉，因为一切都在好转。女孩可以母乳喂养了，医生也来的少了。她爱笑，整天活蹦乱跳，每天都在长肉。[15]

他注定了要继续忙碌。他翻译了布莱克的《阿尔比翁众女儿的视角》以及《精神旅行者》，发表在杂志《十字与条纹》上面。通过出版一系列十五首弗朗西斯科·德·克维多的《死亡十四行》，聂鲁达表明了他受到这个伟大的西班牙黄金时代讽刺诗人的影响。正如罗伯特·普林－弥尔所指出的，克维多"也许是消除幻想时代最消除幻想的作家"[16]。我相信，聂鲁达在此时如此深入地沉浸在这位作家中（当然，他在晚年岁月也曾多次回到克维多）是一个信号，表明他对自身生活状态以及西班牙政治舞台的发展方向是多么不抱希望。

1935 年 9 月，聂鲁达想要在西班牙出版《居所》的长久梦想终于实现了。《十字与条纹》杂志社把该诗集印成两卷出版。聂鲁达的朋友们以各种幸福的表达方式庆祝这个"新里程"。米盖尔·埃尔南德斯表达了他对这本书的"疯狂崇拜"，宣布他自己准备好了跨入每扇门或者爬上最高、最诡谲的松树上来向愿意聆听的任何人大声宣扬该诗人的优点。

在 1934 年 9 月 19 日给萨拉·托尔努的信中，聂鲁达得以欢快地宣布：他永久迁往马德里的努力终于成功了：

> 我来来回回度过了好几周，不知道是否会被允许生活在巴塞罗那还是马德里。无论如何，我都已经待在了马德里，但完全迷失在不确定中……明天，（米斯特拉尔）要去巴塞罗那，她欢欣雀跃，而我则继续待下来，做马德里的领事，我像一只蜈蚣一样快乐地尖叫。

这些形象浮现在我脑海，因为昨晚，在 9 月 18 日的重大国家节日里，几个秘鲁人，几个古巴人，那个阿根廷人迪莉娅·德尔·卡丽尔，几个墨西哥人到我家来，他们喝得酩酊大醉。

出现在这个宾客列表中的，有着聂鲁达通常——但不是始终——体现出来的谨慎的，是他已经深陷恋爱的一个女人的名字。当玛露卡在荷兰花费大量时间疼爱地、充满责任感地对着她生病的宝贝女儿哼唱摇篮曲的时候，聂鲁达正秘密约会他的新爱，迪莉娅·德尔·卡丽尔，她当时五十岁，大聂鲁达二十岁。她后来成了聂鲁达的第二任妻子，陪伴了他二十多年。

与此同时，聂鲁达也在回忆他在锡兰与他亚洲情人，缅甸黑豹乔希的令人心碎的港口告别，在 1935 年初写的一首诗中，他第一次在标题中公布了她的名字：

113　　　消失的照片的蓝色
　　　　花瓣和海滩漫步的蓝色
　　　　坠落在几个星期中的铿锵名字
　　　　以金属的撞击消灭了它们……

　　　　它们在那里，它们在那里
　　　　那些亲吻被一艘悲伤的船载入尘埃。[17]

迪莉娅·德尔·卡丽尔差不多接近五十岁生日，但她依然是一个有魅力、有活力的女人。她也是一个好斗的共产主义者。她出生在家族的地产之上，那是在阿根廷萨拉蒂罗的帕尔瓦德拉斯，是十三个孩子中最小以及思想最独立的一个。她父亲维克多是一个政治家的儿子，她母亲茱莉娅十四岁就结婚了，是一个有教养的女人，把她的音乐与文学敏感天赋传给了迪莉娅。拉法埃尔·阿尔韦蒂的妻子玛利亚·特蕾莎·列昂本人也是一个激进的共产主义者，在回忆录《忧伤回忆录》中写道：

"如果你找寻美与机智的化身，不在别处，就在迪莉亚身上。"[18]

就在迪莉亚八岁的时候，大家族举家乘船一起迁往巴黎。刚开始，在巴黎，迪莉亚在修道院度过了一些日子，但她憎恨这种生活。很快，她父亲被任命为布宜诺斯艾利斯省的代理省长，但迪莉亚仍在巴黎待着。后来的岁月中，她父亲自杀了，她母亲往返于布宜诺斯艾利斯与巴黎之间，照顾在阿根廷的地产，一边抚养她的孩子们。

在巴黎，迪莉亚与阿根廷诗人奥利维里奥·希龙多和他的兄弟阿尔韦托结为好友。回到布宜诺斯艾利斯之后，她开始认识访问中的西班牙哲学家何塞·奥尔特加-加塞特，也与维多利亚·奥坎波相交甚好，后者是阿根廷杂志《南方》的重要创始人和领导者。

1916 年，三十二岁的迪莉亚嫁给了阿丹·迪尔，一个阿根廷作家兼旅馆老板。但这次婚姻是暴风雨式的。事实证明，迪尔在感情上一贯不忠诚，最后，迪莉亚离开了他。接下来连续经历了很多不幸的岁月：迪莉亚的一个兄弟突然在一次狩猎远行中出事被杀，她的姐妹茱莉亚也死了，另外还有三个亲戚死了。心神错乱的迪莉亚决定逃离阿根廷返回巴黎。在巴黎，生活开始抬头，她遇到了画家费尔南·莱热，他不仅教她画画，作为法国共产党的一员，他还促成了她政治上急剧地转向左翼。

通过费尔南，她认识了毕加索，勒·柯布西耶，诗人布莱兹·桑德拉尔，路易·阿拉贡和保尔·艾吕雅——他们都是坚定的左翼人士。出于对布宜诺斯艾利斯家庭灾难的恐惧，迪莉亚沉浸在马克思主义的思考中。她将自己的身份确立为一个画家，然后成了革命作家与艺术家协会的活跃一员。

当得知她的家人对她坚定的政治立场怀有敌意，使得返回阿根廷无望，她决定——在拉法埃尔·阿尔韦蒂及其妻子的敦促下——前往西班牙。迪莉亚在 1934 年冬天抵达马德里，在圣费尔南多学院进行艺术学习。

人们仍然不清楚迪莉亚在哪里遇到聂鲁达的。也许是在阿尔卡拉大街的 "Cervecería de Correos"，在拉法埃尔·阿尔韦蒂家中或者在卡洛

114

斯·莫尔拉·林奇家中。聂鲁达的朋友以及领事馆同事路易斯·恩里克·德拉诺的妻子罗拉·法尔孔回忆说：

> 在某个场合，迪莉娅问我："你认识那个聂鲁达吗？"事实上，那个时候我还没有太多关于聂鲁达的事情可以告诉她。我们只在领事馆交了朋友。巴勃罗似乎因在印度和印度尼西亚的孤独岁月而引人注目。他很少说话，他在履行日常职责的时候井井有条……我认为巴勃罗和迪莉娅最初在一个餐馆见到彼此，在他们用来庆祝某本书的面世，某个奖项或他们作家朋友们中的某人生日之类聚餐中的某一次……一开始，我们认为那只不过是一种文学友谊。[19]

跟迪莉娅的传记作家费尔南多·赛斯一样，罗拉也确信：迪莉娅的影响最终说服了聂鲁达成为一个共产主义者。"她是一个迷人的五十岁女人，有着清晰的头脑，非常清晰确定的左翼信念。我相信她对聂鲁达的政治立场转变是至关重要的，尽管有西班牙的恐怖体验、共和与民主的被消灭，这些对欧洲接踵而来的第二次世界大战中发生的一切的悲剧性预演——同时也是决定性的。"[20]

聂鲁达本人却对他成长为共产主义阵线中的一员这件事，并没有过多归功于迪莉娅。他告诉访谈者：

115

> 在西班牙内战期间，我开始成为一个共产主义者……那里是我政治生涯中最重要时期展开的地方——就像全世界许多作家的情况那样。人们对西班牙内战的法西斯主义广泛抵制，我们感到了巨大的吸引。但那场经历对我来说还意味着别的什么。在西班牙内战之前，我认识的作家几乎全都是共和主义者，除了一两个。对我来说，共和国意味着文化、文学、艺术在西班牙的复兴。洛尔迦是这代诗人的体现，在许多世纪的西班牙历史上最具开拓性的一代。因此这些人在肉体上被消灭，对于我是难以置信的。在马德里，我生活的一整个部分都终结了。[21]

拉法埃尔·阿尔韦蒂在巴黎就跟迪莉娅很熟了，他把她描述为"灵活如少年水手爬上桅杆。她立即对聂鲁达产生仰慕之情。她以其柔媚的女高音——她唱歌十分迷人——穿透这个诗人的夜间交际圈，混合着玩笑，故事以及戏剧场景。"[22]

迪莉娅当时的照片给我们展示了一个性感的女人，有着明亮、智慧的眼睛。聂鲁达马上被她的能量、心灵与相貌所捕获。从一开始起，迪莉娅似乎就很享受给予聂鲁达母爱般情感的前景。玛露卡自然是相当地忙于做一个真正的母亲，照料他们重病的女儿，没有太多精力照顾她丈夫。迪莉娅对于承担母亲角色的积极倾向，主要也因为她是一个温暖的、好心的人，并且在智力上与聂鲁达相当，这使得她马上显得非常有诱惑力。

迪莉娅自己后来说："巴勃罗是个孩子。因为我的照料，他的健康状况改善了很多。他出生后三天，他母亲就死于肺结核。因此，这个小东西在他妈妈的病体中待了九个月。"

迪莉娅获得了一个昵称"La Hormiga"或者"La Hormiguita"（"蚂蚁"或者"小蚂蚁"）——很可能因为她经常带着饱满的政治能量四处奔忙——这个昵称一直被使用。迪莉娅经常把巴勃罗称作"arrieré mental"（"精神迟钝"）——暗示他喜欢收集事物的幼稚毛病。

早在 1934 年，迪莉娅抵达马德里后不久，聂鲁达很可能已经下定决心：他和玛露卡的婚姻没有未来。自从新年夜之后，他做出了有意识的决定，对于他和迪莉娅的关系采取更为公开的态度。

我们并不清楚玛露卡在多大程度上了解她丈夫日益增长的与迪莉娅之间的热恋事态。她也许拒绝了解在她眼皮子底下发生的事情。但另一些人意识到了这一点。迪莉娅的朋友们从阿根廷来到这里——值得一提的是另一个坚定的共产主义者，诗人劳尔·冈萨雷斯·图尼翁和他的妻子安帕洛·摩姆，聂鲁达在布宜诺斯艾利斯居留期间已经跟他们很熟。

在给迪莉娅的姐妹阿德里娜——她嫁给了阿根廷 1926 年畅销小说《堂塞贡多·松勃拉》的作者里卡多·吉拉尔德斯——的一封信中，聂鲁达清晰说出了他的感受："我爱慕迪莉娅，没有她我无法生活。"他还指

116

出迪莉娅个性中的一个特点，这个特点在她朋友们看来是可爱的，而不是令人恼怒。尽管她是一个非常专注的共产主义者以及一个极端勤奋的政治活动家，她对家庭事务全然心不在焉："我经常不得不告诉她走开，"聂鲁达对她姐妹说。"几天前，当她在厨房里捣鼓了几分钟后，她给我们端上了火柴汤——在点着煤气之后，她心不在焉地把火柴丢进了汤锅。她经常把手套丢在街车上，她管所有长袜商贩叫作'mijito'（我的儿），试图用钥匙和扣子来支付公交车费。"[23]

当时才二十三岁，比聂鲁达还小的米盖尔·埃尔南德斯也和聂鲁达一样被迪莉娅的魅力所感染，尽管他实际上很努力劝说聂鲁达维持与玛露卡的婚姻。米盖尔写了一首优美的诗给迪莉娅，叫作《献给我朋友迪莉娅的童话》。在诗中，他称赞了这个"小蚂蚁"的热情，并称她"迪莉娅，有着无声双眼的她／有着山羊般姿态与优雅的她……你的温柔可以抱住一根刺蓟。"

就在聂鲁达追求迪莉娅的时候，玛露卡对于他们女儿健康状况表面上的改善非常欢喜。她写信给劳丽塔以及巴勃罗的父亲和继母，他们搬到马德里来了，她说，马德里让他们感到幸福（尽管巴勃罗仍然挣得很少），"因为马德里对他的书来说是最重要的地方"。

玛露卡写到，马尔瓦·玛丽娜，

> 已经五个半月大了，她很可爱。她长高了，也长了很多肉，她有71厘米高，可是出生那会只有47厘米，这把我吓坏了，因为我不希望看到她最后跟我一样高。她是一个经常很快乐的女孩，她从不哭闹，整天笑容满面。每个人都很喜爱她，觉得她很漂亮，很聪明……她接受了紫外照射治疗，来增强骨骼，这对她的整体健康也很有帮助。

可是，就在1935年1月或2月，当时玛露卡的母亲来花舍的五层来和她女儿一起住，第一次会见她的女婿并看望外孙，气氛——以及马尔瓦·玛丽娜的健康状况——恶化了。

117

1936 年初，小马尔瓦·玛丽娜的健康急剧恶化。同时，似乎她父母好几个月一直试图为他们自己也为他人掩盖最坏的情况。玛露卡在 5 月 2 日写信给聂鲁达的继母说："我们有关于马尔维塔的坏消息。当她只有几个月大小的时候，我们发现：作为难产的一个后果（尽管我并没有受罪），她的小脑袋开始迅速长大：这是种马德里与巴黎最好的医生也无能为力的病，这对我们来说是多么绝望。"[24] 正式诊断是脑积水。

就在这种个人不幸发生的时期，聂鲁达成功地维持了他的领事事务（仍然在官方通信上署名"里卡多·雷耶斯"）并且保持在文学舞台上的活跃。他沉湎于一个他非常热爱的活动：筹办杂志。当时一个朋友，马拉加出生的诗人马努埃尔·阿尔托拉圭尔来到"花舍"，提出让聂鲁达给一个优美出品的新文化杂志担任编辑，他欣然接受了。因此《诗歌绿马》就问世了，它发行了五期（第六期准备在 1936 年 7 月 19 日出版，但前一天就爆发了佛朗哥叛乱）。聂鲁达充分利用了马努埃尔优异的排版技术。（许多年后，聂鲁达回忆说：'马诺利托用他自己的诗句和手艺荣耀了诗歌，那双手是一个勤奋的天使。'）[25]

拉法埃尔·阿尔韦蒂不理解杂志的名头。"为什么是一匹绿马？为什么不是一匹红马呢？"他据说曾非常愤慨地问过聂鲁达。有些人回忆说阿尔韦蒂对新杂志的名称很恼怒，因此聂鲁达感到有必要抚慰一下他的朋友，送给阿尔韦蒂一条狗作为礼物。阿尔韦蒂个人的版本却大为不同。他回忆说，这个智利人在一个秋天打电话给他说："瞧，同志，前天晚上，我在浓雾中发现一条很棒的狗。他有一条腿跛了。他跟着我走回房子门口，一瘸一拐，央求我帮助他或者带他进去。因此，现在他就在我这里。他很大。我这里容不下他。我的房子太小了。你有一个大阳台。他在那里会更好，可以到处跑。我们会事先带他去兽医那里做检查。"阿尔韦蒂立马接受了这个提议，告诉聂鲁达马上把这条狗带到他这里来。"[26]

在聂鲁达的编辑下，《绿马》出版了超现实主义者的文本，洛尔迦、埃尔南德斯、路易斯·塞努达、文森特·阿莱克桑德雷和豪尔赫·纪廉，很快被卷入与西班牙诗人胡安·拉蒙·希门内斯的一场争执之中。希门

118

内斯拥护一种"纯"诗，称聂鲁达是一个"伟大的坏诗人"。作为回应，聂鲁达抓住机会在《绿马》1935年问世的最初版序言中陈述了他自己的诗歌主张。它的题目是《关于没有纯粹性的诗歌》，在文中，他写道：

> 这是我们应当追随的诗歌：就像被酸，被手工劳动用到破旧，灌注蜜糖和烟，散发百合与尿骚味道，溅满我们所作所为的多样性，无论合法还是不合法。一首诗就像旧衣服一样不纯粹，就像一个身体一样不纯粹，有着食物的污渍和羞耻，有着皱纹、观察、梦境、软弱、语言、爱与恨的宣言、愚蠢、震惊、田园生活、政治信念、否定、怀疑、肯定、税收……[27]

但请注意聂鲁达在《绿马》各期的各篇序言中都克制着不去强调诗歌应该卷入政治。

关于聂鲁达在运用诗歌语言时已经变得多么成熟和专注，另有一个非常富有启发的洞见，来自一个西班牙共产主义诗人加百列·塞拉亚，他在1935年遇到聂鲁达和洛尔迦时还是个学生。塞拉亚给二人都看了他的同一首诗，这首诗后来收集在他的书 La soledade cerrada 中。洛尔迦只对这首诗的核心目标，它的组成要素，它的结构做出了口头评论。

> 另一方面，聂鲁达却并不关心有关它的任何事情。我非常清楚，在他看来，因为我的诗仍然有很多他亲手做的标记。它们几乎是超级精细的标记，就像一个老教授的批注一样，但往往——而这也似乎是它们的典型特征——指向细节。他不喜欢最后一行的"nieve"（雪），因为这个词有两个"e"，他在下面划了线，注明"谐音！"他在"完美的多面体"那里停下，说"中性，无情感的形容词"。他认为"达到极致"这个词"糟糕！"，同时说"La luna delira"这个词"不错！""被寒冷抛光"这句"非常不错！""我感到心不在焉"是"基本糟糕"，他不喜欢"低眼皮"，诸如此类。总之，我想说，聂鲁达与洛尔迦形成鲜明对比，就像他自己的诗歌一样，他呈

119

现出来的是对诗歌细小元素的更多关注，正确的形容词，不浪费意
象，有用的音响，胜过对诗歌形式和整体结构的关注。正确词语或
可爱细节的积累对他来说是第一位的，超过了总体构思，就像一位
原始人。[28]

　　聂鲁达仍然没被正式任命为马德里领事。尽管他永久性地移居到了
首都，他被确定承担这一职位，只是因为一个不幸的事件。1935 年 10
月 2 日，一家智利杂志《家族》发表了来自马德里智利领事米斯特拉尔
的一封私人信件，是写给她朋友阿尔曼多·多诺索的，在信中她显然侮
辱了西班牙和西班牙人。感到震惊和冒犯的西班牙人在 1935 年促成了
一项命令，要米斯特拉尔马上搭乘前往里斯本的火车离开马德里，于
是聂鲁达被委任来接替她在马德里的领事职位，另有他的老朋友路易
斯·恩里克·德拉诺做他助手。

　　1936 年伊始，西班牙的政治紧张升级，但聂鲁达可以更多地见到
迪莉娅了，因为她搬到卡斯卡勒斯的一间小房子里了，那房子属于德拉
诺和他的妻子罗拉·法尔孔所有，他们正在葡萄牙旅行。聂鲁达也劝说
玛露卡：带马尔瓦·玛丽娜回到巴塞罗那会更好，那里他的领事上司图
里奥·马吉拉承诺他们会比在马德里日益增长的政治危险下处境更安全。
虽然聂鲁达是真心关心他家人的安危，但这一步和聂鲁达多年后走的一
步很相似，那时他劝说迪莉娅从欧洲回到拉美，来为他结束流亡回归做
铺垫——让他有更多时间与后来的第三任妻子，玛蒂尔德·乌鲁齐亚待
在一起。

　　马德里这边，聂鲁达，迪莉娅和他们的朋友们就他们对一件时事
的态度展开了辩论——左翼中尉何塞·卡斯蒂略在 1936 年 7 月 12 日被　　120
暗杀，紧接着第二天君主制主义领导人何塞·卡尔沃·索特罗失踪并被
谋杀。迪莉娅的斯大林主义更加坚决了——"小蚂蚁"迅速获得第二
个绰号："El ojo de Molotov"（"莫洛托夫之眼"——指涉斯大林的外交
部长）。可是，聂鲁达仍然在摇摆。因为智利总统阿尔图罗·阿莱桑德
雷·帕尔马支持佛朗哥，而聂鲁达作为西班牙领衔的外交使节有义务至

少保持中立——尽管不停地有来自朋友们的压力让他公开采取共和主义者的立场。

但事态发展非常迅速。在 7 月 11 日，就在佛朗哥暴乱一个星期前，一群长枪党员控制了巴伦西亚广播台并宣布了这场法西斯主义革命即将到来。同一天，洛尔迦在聂鲁达的公寓里吃饭，并宣布他想要返回格拉纳达的家中。一个持社会主义立场的议会成员也在聂鲁达家中，建议洛尔迦不要离开马德里，告诉他在首都会更安全。两天后，不顾所有朋友的忠告，费德里科动身前往家乡——前往他自己的死亡。

正是费德里科·加西亚·洛尔迦在 1936 年 8 月 17 日或者 18 日被谋杀这件事，胜过任何其他事件，将聂鲁达推向一个判定：支持共和主义者阵营值得他承受外交职务不可避免的丧失。聂鲁达本来期待在 7 月 19 日的摔跤比赛上遇到洛尔迦。他俩都热切盼望能看到那些名叫"蒙面穴居人"、"阿比西尼亚凶手"以及"邪恶大猩猩"的男人之间的较量。但费德里科再没有露面：一天前的佛朗哥叛乱改变了整个西班牙的面貌。

聂鲁达直到 9 月 9 日消息传到马德里之后才知道他失去了这位伟大的朋友。佛朗哥自己在布宜诺斯艾利斯杂志《新闻报》的访谈中确认，洛尔迦死了。"这些都是战争的自然事故，"佛朗哥说。但聂鲁达知道洛尔迦的死是一场血腥处决，而不是什么事故。

> 他是怎样一个诗人！我从未见过如他一样的人，在体内结合了机智与天才，一颗有着翅膀的心灵如水晶瀑布。洛尔迦有着夺目的机智，像一颗行星一样收集又甩出生命的欢欣，做着欢欣的离心运动。天真无邪却又是个演员，是宇宙的也是地方的，一个卓越的音乐家，一个辉煌的哑剧演员，恐惧而又迷信，发光而又温柔，他是西班牙这个时代的浓缩，是大众欣欣向荣的缩影，一个阿拉伯－安达卢西亚产物，像一棵茉莉树点亮并芬芳了整个时代的西班牙舞台——可是，天哪，他走了！[29]

121

聂鲁达开始写他对西班牙内战牺牲者的伟大赞美诗《我心中的西班

牙》。他在这个充满热情的诗集中写的第一首诗是《牺牲民兵之母的歌谣》。这是聂鲁达清晰表明他忠于社会和政治正义的第一首诗。

这首诗在 1936 年 9 月初成形，仅仅在洛尔迦死后几个星期，佛朗哥叛乱两个月之后。聂鲁达的朋友及领事助手路易斯·恩里克·德拉诺在他对这一时期的回忆录《马德里的一切》中回顾了这首诗的构思。

> 有一天，某人，我记不清是谁，问聂鲁达：你打算什么时候给《蓝猴》写点东西？巴勃罗只做了一个模糊的回答。但无疑他已经在脑海中经营着一个想法。但它如何能有所不同？战争的刺激对他这样一个诗人来说太强烈了。9 月的一天，当我到达办公室，巴勃罗递给我一张打印好的纸张，上面有墨水修改的痕迹，我开始阅读以下内容，满怀惊奇与兴奋：
>
> > 他们并没有死去！他们一直站立着，在火药中，
> > 像燃烧的灯芯。
> > 他们的阴影连成片
> > 在青铜色的草地
> > 就像一道帘幕，由披盔戴甲的风织成……
>
> "这是我的第一首无产阶级诗歌，"巴勃罗对我说。[30]

德拉诺把这首诗整齐打印出来并亲自带到《蓝猴》办公室，这个杂志由"知识分子联盟"主办并由拉法埃尔·阿尔韦蒂担任编辑。（这个超现实主义题*名发挥了"mono"一词的两个意思：一个是工人蓝色的"粗布衣裳"，一个是"猿猴"。）尽管聂鲁达的名字在德拉诺递交这首诗的时候出现在上面，但发表的时候却是匿名的。"我想是阿尔韦蒂后来做出了解释：他们认为智利反动政府会报复那个担任领事工作的公务员，

122

---

* "蓝猴"原文为 *El Mono Azul*。

因为他如此坚定地表达他对共和分子的支持。"[31]

同样，1936 年 9 月 24 日，《我心中的西班牙》的第一首炽热的诗歌发表了，没有署名，在《蓝猴》的第五期。不久后的 10 月 12 日，聂鲁达在"知识分子联盟"与"西班牙语美洲大学生联盟"于昆卡市组织的一次活动上朗读了这首诗来宣示拉美知识分子对西班牙共和国运动的支持。此时，再没有谁会混淆聂鲁达在西班牙内战一事上的立场了。

1936 年 11 月 7 日，当佛朗哥的军队逼近马德里的时候，聂鲁达和路易斯·恩里克·德拉诺认为离开首都的日子到了。迪莉娅旅行到了巴伦西亚，那里共和主义政府建立了总部，而聂鲁达、德拉诺及妻子罗拉则继续北行至巴塞罗那。

尽管这意味着巴勃罗与玛露卡和马尔瓦·玛丽娜重新团聚了，这次重逢却相当短暂。聂鲁达知道婚姻终结了。此时，他深陷与迪莉娅的爱情中，需要公开与她在一起。玛露卡似乎已经理解了这点，至少感到无力阻止这点。她和马尔瓦·玛丽娜搭乘了和巴勃罗、德拉诺及罗拉同一班从巴塞罗那开往巴黎的火车。聂鲁达首先送别了乘船从马赛前往智利的德拉诺和罗拉，然后继续和玛露卡以及他们的女儿前往蒙特卡罗。他们希望那里的一个诊所可以改善女儿的健康。聂鲁达将再也见不到他的第一任妻子和女儿了。

1936 年 12 月 10 日，他从马赛写信给迪莉娅告诉她：他应永久离开了玛露卡。他告诉她计划就是玛露卡和马尔瓦·玛丽娜一起待在蒙特卡罗的一间小公寓中，那间公寓的主人是一个荷兰家庭，冯·特里希特，租金是 25 法郎一天，超过了马尔瓦·玛丽娜的医药费。"很幸运，小女孩感觉好多了，我离开她，让她就像惯常那样又唱又笑。现在，情况可以确保玛露卡每月有足够的钱，因此她不会有任何担心了。"

聂鲁达责怪迪莉娅没和他会合，因为他已经与玛露卡分手了。

123　　亲爱的蚂蚁，我不知道为什么你要在巴塞罗那待上几个月。你有很多计划。我离开了玛露卡。随着她的离去，局面已经改观；我住在港口边很旧的一家旅馆。每天早上我都看到起航的船只。多好啊，我们将会在一起！我全心全意拥抱你，每天都爱你。我渴望见到你，这是我唯一渴望的事情。[32]

这种孩子般不懂事的腔调让人想起他写给阿贝提娜请求她到远东和他在一起的那些信。迪莉娅，跟阿贝提娜一样，是一个强大的女人，看上去决心贯彻自己的轨迹，不被一个男人所指挥。聂鲁达对这种女人身上的力量既着迷又感到沮丧。另一个关于这种孩子气的表现是他在同一封信中对迪莉娅发出的一个请求：要她给他买一个他在巴塞罗那某商店里看到的轮船模型。可是，不像阿贝提娜，迪莉娅乐意满足聂鲁达的异想天开。她果真给他买了那个小船，并且果真同意改变她的计划，告别了西班牙，来巴黎会见聂鲁达。

在迪莉娅到来之前，聂鲁达的能量找到了另外的出口。他与南希·冠达——冠达邮轮公司创始人的重孙女勾搭上了，契机是在她位于昂维尔的家中出版另一个新杂志的第一辑（它看上去更像一个宣传册页）。《全世界诗人保卫西班牙人民》的每一期都包含一些诗，有英语的、法语的也有西班牙语的，在伦敦和巴黎出售，来为运动筹钱。聂鲁达在回忆录中回顾了这个努力：

> 南希在她法兰西郊区的乡村别墅中办了个小型印刷社，我不记得那个地方的名字了，但它离巴黎很远……我平生第一次着手排字，我确信没有比我更差的排字工人了。我把"p"颠倒了，于是它们因为我在排字方面的笨拙全都变成了"d"。在"párpados"（眼睑）出现了两次的一行中，最后变成了两个"dárdapos"。很多年后，南希还用这个词来叫我，以示对我的惩罚。"我亲爱的Dárdapos，"她在从伦敦写来的信中这样开头。但事实证明这是一个很有吸引力的出版物，我们成功地印行了六期或者七期。[33]

杂志的供稿者包括拉法埃尔·阿尔韦蒂和劳尔·冈萨雷斯·图尼翁，也包括非裔美国诗人兰斯顿·休斯，以及英国诗人威·休·奥登和斯蒂

124

芬·斯彭德。"这些英国绅士们绝不会知道我慵懒的指头如何为排版他们的诗歌而受苦，"[34] 聂鲁达回忆说。

事实上，冠达系列小册子中最著名的诗歌是奥登的《西班牙》——关于西班牙内战的最有影响力的英语诗歌——它发表在第五期。冠达在巴黎和奥登有过短暂会面，对她视为一首"极端优美"的诗感到十分满意，那是奥登在 1937 年 1 月和一支医疗队一起造访西班牙后返回时所作的诗。

就在她为这些战斗性的文化小册子而操劳的同时，冠达冒出了另一个想法：询问她能想到的所有英语作家和诗人在西班牙问题上站在哪一边，然后公布结果。在列表上，有 126 个支持西班牙共和国的，5 个支持佛朗哥，6 个中立。中立的包括奥尔德斯·赫胥黎，托·斯·艾略特，埃兹拉·庞德，赫·乔·韦尔斯以及维塔·萨克维尔－韦斯特。佛朗哥的支持者包括埃德蒙·布伦登，亚瑟·玛臣，杰弗里·莫斯，艾莉诺·史密斯以及伊夫林·沃。最简短的回答来自塞缪尔·贝克特，"支持共和国！"

冠达收集了另外七个签名，除了她自己的，还包括聂鲁达、史蒂芬·斯彭德、特里斯坦·查拉、威·休·奥登和路易·阿拉贡。《左翼评论》在 1937 年以独立小册子发表了该问卷调查。

该年年初，迪莉娅和巴勃罗会合，他们在一家廉价的巴黎旅馆建立了"家"。重逢的最初日子被来自布宜诺斯艾利斯的一个悲伤消息蒙上了阴影：迪莉娅的妈妈茱莉娅在 1937 年去世了。

抛开她的悲伤不提，迪莉娅不像巴勃罗，她非常不喜欢在巴黎的所见所闻。跟她以前住在那里相比，每一样东西都变得更昂贵了，而且她认为许多事情都在倒退——落后于西班牙五十年！尽管事实上法兰西有一个新的、社会主义立场的总统，莱昂·布鲁姆，他决定不干预西班牙内战，这让左派人士感到深深失望。

与此同时，聂鲁达继续在他的新基地忙碌。1 月 21 日，他做出了一个非常重要且动人的演讲，以纪念尊敬的洛尔迦。在谈话中，他表达了对费德里科的爱与崇拜，以及充分鲜明地表达了他对正义及工人阶级的忠诚——虽然仍明确宣称保持与实际政治活动的距离。

125

一个人如何敢在我们死者的巨大森林中从所有其他名称中间选出一个名字！安达卢西亚谦卑的后代，被比记忆还古老的敌人谋杀，阿斯图里亚斯的死难矿工，木工，砖瓦匠，城市与乡村受雇的工人，以及成千上万被谋杀的妇女，被屠戮的儿童中的每一个——这些炽热燃烧的阴影中的每一个都有权利在你面前显现，作为一个伟大、不幸国度的见证者，我相信，每一个人在你们心中都有其地位，倘若你们摆脱了不义与邪恶……是的，我们如何敢选择一个名字，只有一个，在如此众多被埋没的名字中间？因为我将要说出的你们中间的这个名字以其黑暗的音节拥有必死者的丰富性，它因承载意义而沉重且忧虑，因此，说出它就是说出所有为了捍卫他诗歌中的本质而倒下的那些人的名字，因为他是西班牙良心的响亮捍卫者。费德里科·加西亚·洛尔迦！他就像吉他一样是他人民的一部分，快乐又忧郁，深邃且坦白，如儿童，如人民自身。

聂鲁达在巴黎的演讲厅一定曾震惊很多听众，因为他的演讲是这样总结的："我不是一个政治家，我也不曾参加政治竞争，但我的语言——许多人也许曾希望它是中立的——被染上了热情的色彩。你必须理解，理解我们西班牙语美洲诗人以及西班牙诗人不能忘记也不会原谅那个凶手，他杀害了我们中间最伟大的一员，我们语言中这一时刻最核心的精神。"[35]

迪莉娅把聂鲁达介绍给了巴黎许多重要知识分子，他们后来都成了他的好朋友，包括两个法国共产主义诗人，保尔·艾吕雅和路易·阿拉贡。阿拉贡领导了一个捍卫文化委员会，巴勃罗在其中非常活跃。

因为这一点，智利政府——终于对聂鲁达公然支持共和主义者的事情失去了耐心——决定通过关闭马德里领事馆来切断他的收入来源，以佛朗哥军队炮击西班牙首都作为官方借口。

从此以后，巴勃罗和迪莉娅怎样设法活下来的？在回忆录中，聂鲁达宣称：他是主要的经济支柱："她经常作为一个富有的农场主而被人称道，可实际上她比我更穷。"迪莉娅的传记作家，费尔南多·赛斯认为

126

这完全不正确。他认为这对夫妻的生活主要靠迪莉娅从布宜诺斯艾利斯的地产那里得到的收入——尽管它的抵达往往要经过漫长的延期。

任何一个途径都只能得到很少的钱。聂鲁达公开为阿拉贡的协会工作，进行文化保卫工作，得到的只有 400 旧法郎。"好几个月，我们吃得又少又差。"[36]聂鲁达的鞋子都有破洞。1937 年 1 月 31 日，他的有教养的领事馆上司，图里奥·马吉拉从法国南部的巴约讷写信敦促诗人要谨言慎行："再次，我必须谴责你巴黎演讲（献给洛尔迦的那个）不合时宜，我所能做的一切就是与（智利外交）部长斡旋，尽力说服他们不要认为这件事太糟糕。"[37]图里奥告诉聂鲁达，至于未来的前景，他唯一的希望就是被安排负责马赛的智利领事职务。

被聂鲁达遗弃的妻子玛露卡所遭受的灾难最严重：巴勃罗不能给她寄钱，而她又需要这笔钱来救治他们病弱的女儿。从蒙特卡罗，玛露卡写信给智利总统阿尔图罗·阿莱桑德雷·帕尔马——也许并未意识到帕尔马已经很深刻地明白巴勃罗站在西班牙共和主义者一边——请求他恢复聂鲁达在西班牙的智利领事职位，以便他至少可以有一份薪水。大概，她希望他可以寄给她如此迫切需要并且也配得上拥有的那份补贴。如果不行的话，玛露卡说，请求帕尔马总统是否可以安排把她和马尔瓦·玛丽娜遣送回智利。

帕尔马似乎并未回应玛露卡绝望的呼吁，于是她决心带着女儿回到荷兰的家中。

与此同时，法国以及知识分子左派被一个法国小说家写的一本书震惊了，那是安德烈·纪德的《从苏联归来》。纪德亲自前去目睹了苏维埃的实验——却并没有留下太深的印象。他写道：十月革命完全没有帮助改善贫苦的工人阶级——他们一如既往保持着贫苦，纪德认为，那是因为最基本的权利都被系统性地排除在外。

纪德的书是一颗炸弹。就在该书 1936 年底问世之后，纪德立即被当作叛徒而陷于激烈的攻击之下。它为一场知识分子反法西斯的大规模集会添了一把火，那是巴勃罗，迪莉娅，劳尔·冈萨雷斯·图尼翁以及安帕洛·摩姆在 1937 年组织的。开始计划在马德里举行，但随着首都

127

在佛朗哥军队日益逼近的打击之下明显处于风雨飘摇之中，该会议改在巴伦西亚举行，共和主义者的临时政府也搬到了那里。

突然，一笔相当可观的资金寄到了聂鲁达这里。在回忆录中，他写道：他收到一张来自西班牙政府的银行汇票，用于支付作家大会的费用。巴勃罗对于支配这样大笔经费感到困惑，但拉法埃尔·阿尔韦蒂——盯着这位智利人破烂的鞋子，提醒他：智利领事当局已经和他划清界限了——建议巴勃罗用这里面的一点钱来购置基本日用品。

在巴伦西亚大会之前，数千名著名诗人要么生活在，要么正流落到巴黎。聂鲁达再次与塞萨尔·巴列霍共事，他曾在前往远东的路上第一次与这位秘鲁诗人结识。和巴列霍一起，聂鲁达建立起了捍卫西班牙共和国的西班牙语美洲委员会。在他死前的这最后一年，巴列霍亲自写了一首所有哀悼西班牙内战死难者的诗歌中最悲痛的诗，即他死后发表的《西班牙，请撤走我这一杯》。当文森特·维多夫罗，那个他很少当面见到的智利诗人也抵达了法国首都时，聂鲁达并不开心。

但他很高兴见到墨西哥诗人奥克塔维奥·帕斯，亲自邀其到西班牙参加大会。帕斯后来回忆说：正当他首次抵达马德里，走下火车，"一个高个子男人走向我，大喊'奥克塔维奥·帕斯，奥克塔维奥·帕斯！'他是聂鲁达。当他看到我，他说：'原来你这么年轻啊！'我们马上成了朋友。"[38] 这是一种不久后就剧烈爆炸的友谊，但暂时他们是联盟。这两个人相遇在西班牙领事馆办签证事务。从领事馆出来，他们碰到了西班牙电影导演路易斯·布努埃尔，他也加入了他们前往巴伦西亚的火车。同行的乘客包括安德烈·马尔罗、斯蒂芬·斯彭德（他持着一张名叫拉莫斯·拉莫斯的假护照穿越西班牙边境）以及爱伦堡。当火车出发前往巴伦西亚和马德里的时候，聂鲁达骄傲地提到，"从未有一辆火车载着这么多作家离开巴黎。"[39]

巴伦西亚大会，在 1937 年 7 月 4 日开始，7 月 6 日和 7 日在马德里结束，它是历史上最重要的作家集会之一——至今仍是。事实上，有将近两百名作家，来自三十个国家——从阿尔及利亚到秘鲁，从冰岛到中国——参加了这场大会，这被视为共和政府在道德上的重大胜利，

128

因为看上去，它提供了无可辩驳的证据：世界上许多最有声望的知识分子都愿意站起来表达他们对一个西班牙共和国的支持——虽然这个共和国看上去濒临崩溃。事实上，一些法国和西班牙作家，如南希·冠达的问卷调查所显示的，采取了对立立场，支持法西斯。当西班牙人赫拉多·迪耶戈以及达玛索·阿隆索支持佛朗哥武装的时候，聂鲁达感到震惊，他在《大诗章》中的一些辱骂性的诗句中提到他们："那些达玛索们，格拉尔多们，婊子养的，刽子手的沉默帮凶！"

可是，尽管有一个富有希望的开始，以及无与伦比的参与度，在聂鲁达和许多其他人看来，大会变得残酷而令人失望。争吵和内讧给大会的初衷蒙上了阴影，初衷是联合起来反对佛朗哥。尽管讨论的范围——作家在社会中的角色；人道主义；国家地位与文化；支持西班牙共和主义作家——与 1935 年在巴黎举行的第一届知识分子大会的议程基本一致（讽刺的是，那次大会的主席是纪德），但这次，支持苏维埃的人员似乎从一开始就施加了影响，冲锋陷阵的是爱伦堡、阿列克谢·托尔斯泰和阿列克谢·法捷耶夫。

新任西班牙首相胡安·内格林在 1937 年 7 月 4 日发表就职演讲。他的言说力图说服那些对内战持不干预主义态度的人加入到共和国这一边。但在内格林演讲之后，尽管所有代表都表达了他们对共和主义运动的深切同情，宣布他们无条件支持西班牙人民的英雄主义，尽管在内战行动中被杀的很多作家，比如约翰·康福德以及拉尔夫·福克斯，都得到隆重纪念，公然支持苏维埃、支持斯大林的阵营还是占了上风。

在某些地区，已经开始出现对一个现象的严重关注，那就是斯大林看上去不断增加力量来操控西班牙的政治局面，因为他都已经开始派军队到共和主义者这一边来。

正如一位作家写下的：

129　　苏联想要把这场大会变成一个审判纪德的大会，首先因为他的《从苏联归来》对于他们如芒在背，也因为他们不惜代价要尽可能喧嚣地转移人们的注意力，让他们不再关注一个国际丑闻，那就是安德烈斯·宁被刺杀所引发的丑闻，他是 POUM（反法西斯斗士中的托洛茨基主义派别）的领袖，每个人都知道他是被 NKVD（苏联秘密机构）情报机构在西班牙绑架和杀害的。很少有人（在巴伦西亚大会上）谈到宁，更多地谈到纪德，另一个"希特勒式法西斯主义分子"。[40]

巴伦西亚所作出的一个主要决定就是创立一个国际作家组织网络来与西班牙法西斯暴动做斗争。聂鲁达本能地感到负责建立这个文学战争的智利"分支"是他的责任。

当火车停靠马德里的时候，聂鲁达决心返回那个紧张生活了好几个月的房子。他由米盖尔·埃尔南德斯陪同前往"花舍"，后者穿着他的共和主义军队制服。米盖尔想法弄到了一个货车来搬运所有书本和其他财物，那是一年前他和德拉诺仓促逃离马德里前往法国时被迫扔下的东西。

可是，当巴勃罗和米盖尔抵达五层楼的公寓时，他们惊恐地发现：整个四面墙壁都被炮火轰出大洞，地板上铺满了书籍和瓦砾。最令人难过的是，侵略者掠走了聂鲁达最珍爱的许多财物——他的波利尼西亚面具，从远东带回来的刀子，他担任领事职务时穿过的燕尾服。四处挖掘，更像是一种考古发掘，米盖尔找到了聂鲁达的一些手稿，但这个智利人摇头说："我不想带走任何东西。"米盖尔感到震惊，或许还有一点点难过，因为他费力找来了一辆特种车辆，因此他再次问道："连一本书都不带走吗？"这两个诗人坐在一辆空货车里面，最后一次告别了"花舍"。

1937 年 10 月，聂鲁达启航前往瓦尔帕莱索，迪莉娅就在他身边。这将是他五年来第一次重新踏上祖国的土地。更深的个人悲剧在那里等着他。

第六章

救命的职责

1937—1940

聂鲁达在 1937 年 10 月 12 日回到家乡智利。等待他的是圣地亚哥波希米亚时代的一些老朋友。虽然曾经的领袖阿尔韦托·罗哈斯·希门内斯已经死了，但是还有很多其他人，在巴勃罗和迪莉娅走出圣地亚哥马波乔车站的时候迎接了他们。

迪莉娅穿着一件优雅的蓝色两件套装，美丽的头发露在粉色帽子之外。毫无疑问，她带给人更好的第一印象，胜过玛露卡上次随聂鲁达返回时所带来的。迪耶戈·穆诺兹回忆说："他跟'老外'分手了。我们听到过关于'蚂蚁'的很多趣事。她是个迷人的、有修养的女人。我们马上成了朋友。"[1] 就在他们到达的当晚，一如既往，朋友们聚在圣地亚哥城市酒店，举行了一个通宵达旦、痛饮狂欢的重逢欢会——跟玛露卡不同，迪莉娅非常高兴参加这个庆祝会。

这对情侣最初的住处是在梅塞德街的一栋六层公寓中，靠近森林公园。他们和劳尔·冈萨雷斯·图尼翁及其妻子安帕洛·摩姆一起住。但这个公寓并不适宜。

正如穆诺兹所说："得找一个像马德里的'花舍'那样的地方……经过漫长的寻找，我们找到了巴勃罗所想要的，在衣拉拉扎巴尔大道，靠近巴尔迪维亚。"[2] 这是一所大房子，引人注目的是外面有一棵大无花果树，很快——就像马德里的旧居——它向正好就在周围居住的任何
朋友敞开大门。对于迪莉娅，尽管她作为一个女主人很可能是心不在焉的，但和巴勃罗一样对朋友来者不拒，绝不会赶走任何客人，无论受邀

与否。尽管她依然和以前一样是个拙劣的厨师，他们却从迪莉娅的好朋友里得到了一个乐意的帮手，拉维尼亚·安德拉德，她会非常愉快地一次为八十个客人准备晚餐。聂鲁达则喜欢起早床，去市场买他最喜欢的食料，包括海鲈鱼。

迪莉娅不是个弱女子。她对她的"儿子"可以说是严厉的。如果她对聂鲁达的所作所为不满，她就会表露出来，坚定但面带笑容，念出她的咒语"Esono, Pablo.Ustedesun retrasadomental"（"别介，巴勃罗。你是个弱智"）。来访者们发现这对情侣非常恩爱、亲密而且非常柔情。

找到住所之后，聂鲁达立即开始奔忙，帮助创立智利知识分子联盟，至少一个月后该组织才正式成立，时间是 1937 年 11 月 7 日。聂鲁达本人是该协会的第一任主席。11 月 3 日，智利出版商埃尔西利亚印行了他的《我心中的西班牙》一书的第一版。这一版在聂鲁达的文本中穿插了佩德罗·奥德罗·奥尔莫斯的 16 张照片集锦——让人想起何塞普·勒瑙著名的西班牙内战招贴画——来创造一种罗伯特·普林－弥尔所谓的"多艺术宣传武器。这一版的视觉方面对其整体感染力而言发挥着几乎与诗歌同等重要的作用。"[3]

在智利，这是一个成为诗人的好时代。据迪耶戈·穆诺兹记载，作家们的声望如日中天。"作家不再被视作流浪汉，疯子，懒骨头。现在，我们在四处受到关注与尊敬，因为人们发现我们是有用的，（甚至）不可或缺，在我们历史上那样一个时刻，那时候目标非常清晰，就是要提高人民群众的文化水平。"[4]

迪莉娅旅行到了阿根廷——处理她的财务事宜并且见她妹妹阿德里娜，后者正打算动身前往印度，在那里要待很长时间。但最重要的，是澄清她和阿丹·迪尔之间的婚姻状态。就在她发现阿丹破产了之后，迪莉娅就安排了一个律师起草离婚文件。同时，聂鲁达在智利到处奔走，做诗歌朗诵，第一次为普通工人而不是知识分子朗读诗歌，为西班牙共和主义运动筹资以及获取其他援助。

尽管他在海外做过演讲，当轮到他向自己的同胞演讲的时候似乎他还并不是一个自然而然的演讲家。在一次募集经费的活动中，按惯 132

例他应当向圣地亚哥中心市场上的搬运工联合会发表致辞，就在他望着那些工人的时候，他突然觉得紧张而呆滞，因为那些工人"面露难色，他们的大手搭在长椅靠背上。"因为完全忘光了那些富有政治意味的话语，他取出新诗集《我心中的西班牙》，几乎一首一首地朗读起里面的诗歌。

据他自己叙述，工人们以无情的、智利式的沉默反过来盯着他。"那些从未与我们的人民接触过的人永远不知道智利式的沉默是什么样子。那是彻底的沉默，你说不出它是出于尊敬还是出于绝对不满的一种沉默。没有一张脸有任何表情。如果你试图嗅出一丁点线索，你都会失败。那是世界上最沉重的沉默。"[5]

他怀着巨大的忧虑结束了那场圣地亚哥朗诵。他并不必感到忧虑。在他描述为"我文学生涯中最重要的事件"中，有些听众鼓掌叫好，另一些低下头，随后，他们都望向一个男人，那人可能是工会领导。

> 这个人，像其他人一样腰上系了一个包，他站起来，两只大手扶着椅子，看着我说：'巴勃罗同志，我们是完全被人遗忘的人。我可以告诉你我们从未如此被打动过。我们想要对你说……'随后他忍不住流泪了，他的身体因为哭泣而颤抖。他周围许多其他人也在哭。我感到嗓子里堵了一团什么……[6]

罗伯特·普林－弥尔正确地指出：圣地亚哥的那个晚上对搬运工人工会的讲话对聂鲁达而言是一种成长性的经历。从那时候起，工人们就将成为他的读者，而不是那些知识分子。任何对于含混与复杂的渴望都消失了；从现在起，他想要接触普通百姓，像他在圣地亚哥市场那样深刻地触动他们。在那以后，他所写的任何东西都是为他们而写。

政治上，对聂鲁达来说，生活在当前的智利比当初他离开智利的时候更为艰难了。阿尔图罗（那个"塔拉帕卡之狮"）的政府采取了令人沮丧的支持纳粹的立场，因此，当前，彻底支持共和主义者的聂鲁达在当局眼里受到严重怀疑。除了诗歌朗诵和政治联合，他还成了新杂志

133

《智利曙光》的编辑，这是知识分子联盟的喉舌，在 1938 年 8 月面世。
它的大量内容都用来对纳粹发起进攻。

正如聂鲁达后来在回忆录中所写：

> 在拉丁美洲，没有像塞利纳、德里厄·拉罗谢勒或埃兹拉·庞德这
> 样的著名作家叛变为纳粹主义效力，但这里的确有很强的法西斯主
> 义运动在形成，不论有没有希特勒主义的经济资助。到处都涌现出
> 一些团体，它们的成员穿得像暴风突击队，用法西斯敬礼的方式举
> 起手臂。而且，他们并不仅仅是小团体。大陆上古老的封建寡头国
> 家支持他们，甚至支持任何一种反共产主义的立场。更有甚者，让
> 我们回想一下，在智利、巴西和墨西哥许多地方有大量德国后裔构
> 成的人口群。这些地区很容易被希特勒的迅速崛起以及虚构中的德
> 意志伟大时代所蛊惑。不止一次，在希特勒获得令人瞩目的胜利的
> 那些日子里，在智利南部某些小村落或者小镇上，我真的需要在
> 印有万字形的旗帜的森林里走过大街小巷。有一次，在一个南部小
> 镇，我被迫不情愿地向"元首"像致敬，才能使用电话。有着镇上
> 唯一一台电话的地方的主人是一个德国人，他成功地设计了一种装
> 置，这样一来，你要从挂钩上取下话筒，首先不得不举起手向希特
> 勒的肖像致敬，画上的希特勒也举着手臂。[7]

聂鲁达收到了死亡威胁。一个受纳粹鼓舞的出版物宣称聂鲁达是犹
太人。纳粹色情宣传小册子《风暴》被寄到聂鲁达在《智利曙光》杂志
的办公室。

但是，一个双重打击重重地盖过了这些政治事件。1938 年 5 月 7 日，
聂鲁达的父亲死了。在前往特木科参加葬礼的火车之旅上，当聂鲁达身
穿庄严的黑色正装坐着的时候，他的思绪飞回了那些激动人心的旧日旅
程，那时候他还是个孩子，和他那担任火车司机的父亲一起穿越智利南
部的森林。

他在他父亲遗体旁坐了一会，但从那些时刻中涌现出一些动人的诗

句，那是他写给一个他从未理解且对方也从未理解他，但却成为他生命
134 中永恒存在的一个男人的诗句。何塞·德尔·卡门不知不觉地塑造了他
儿子的命运。那些火车之旅唤醒了聂鲁达对大自然的终生热爱，也唤醒
了驱动他写作诗歌的敏感性。这是聂鲁达应该承认的恩情——尽管他已
经更改了名字以便更自由地做这件事。

在他父亲葬礼之后的一天，他写了一首诗《阿尔玛格罗》，对于
这首诗，至少有一位批评家——乌拉圭人埃米尔·罗德里格斯·莫内
加尔——认为是收入在聂鲁达鸿篇巨制《大诗章》中的最早诗歌。[8]
《阿尔玛格罗》在《大诗章》中被称作《智利的发现者们》，它描述了一
个络腮胡子的男人，那可能就是诗人父亲的形象。（他父亲在某种程度
上是一个"发现者"，因为他的铺路火车朝着森林挺进，在这首诗中，
迪耶戈·德·阿尔玛格罗被描述为"一天，坐在一朵玫瑰旁边/油料旁边，
酒旁边。"是否聂鲁达一直在回想他的亲生母亲，罗莎，以及盛产葡萄
的出生地，帕拉尔？）另一些人认为：《大诗章》中最早的诗歌是《献
给马波乔河的冬日颂歌》，这首诗无疑是第一首发表在《智利曙光》中
的，时间是 1938 年 8 月 1 日。

二十年后，聂鲁达柔情地回忆起他父亲：

> 我如何能活到如此遥远
> 离开我曾爱，离开我所爱？
> 离开蒸汽包裹的车站，寒冷的烟？
> 虽然他死去已多年，
> 我父亲一定仍走在那里
> 披肩洒满雨滴，
> 胡须色若青铜。[9]

1938 年 8 月 18 日，仅仅在他父亲死后两个月零十一天，另一封电
报带来了一个更大的震惊。聂鲁达亲爱的继母，他的"妈妈娘"死了。
他再次怀着沉重的心情回到特木科。聂鲁达和他的兄弟鲁道夫以及他父

亲以前铁道上的老同事一起，把安放何塞棺材的封好的水泥圆顶再次砸开，以便"妈妈娘"可以肩并肩地安息在他旁边。让他们感到恐怖的是，他父亲的棺材已经覆盖着霉菌，渗漏着液体。巴勃罗认为是他父亲的尸水在流出棺材，但事实没那么恐怖：特木科持续不断的雨水渗进了 135 坟墓，浸泡了棺材。这一幕萦绕着聂鲁达许多年。

聂鲁达在余生中不停地写诗献给他的继母。

> 噢，可爱的妈妈娘
> —我绝不叫你
> 后妈—
> 此刻
> 我嘴唇颤抖，因为我想确定你，
> 因为自从我有能力理解，
> 我就看到身穿黑色破布的上帝，
> 我就看到水与面粉：
> 那最有用的神圣。
> 那就是你：
> 生命把你做成面包
> 我们在那里饱餐你
> 噢妈妈，我如何能继续生活
> 而不怀念你
> 每时每刻？[10]

就好像他父亲与"妈妈娘"的死还不够带来可怕的打击一样，就在1938 年 8 月 1 日聂鲁达正打算在圣地亚哥出版第一期《曙光》的时候，他得知塞萨尔·巴列霍在巴黎死去。聂鲁达在一年前的巴伦西亚大会上曾与之共事的这位伟大秘鲁诗人被长期的病患压垮了。聂鲁达在《曙光》的那一期中这样追忆他的朋友：

在欧洲，春天越过死者中另一个令人难忘的朋友继续繁荣：那是我们极度崇拜，极度热爱的巴列霍……西班牙的悲剧啮咬着你的灵魂……你是一个伟大的人，巴列霍。你是私人的，又是伟大的，就像地底石头构筑的辉煌宫殿，有着广大的、矿藏式的沉默，时间与物质丰富的精髓。深藏其中的，是你精神无法平息的火焰，煤炭与灰烬……[11]

136　　聂鲁达意识到，无论如何，生活都得继续。此刻，他不仅处于智利文化的中心，他也发现自己充当公共关系调停人在即将到来的总统选举中为"人民阵线"候选人佩德罗·阿吉雷·塞尔达而忙碌。

　　这都是智利的重大时刻。1938 年 9 月 5 日，由豪尔赫·冈萨雷斯·冯·马雷斯领导的所谓纳粹党试图发动一场政变。他的支持者们在"莫内达"（圣地亚哥的总统府）射杀了一名警察。阿莱桑德雷·帕尔马总统从办公室窗口目击了这一枪杀，跑到大街上，亲自把垂死的警察拖进了一个门厅。他随即下令调遣部队。纳粹党人藏在国家安全机构的总部里头，但阿莱桑德雷政府命令士兵猛攻这座建筑。里面的每个纳粹党人都被杀死了。冈萨雷斯·冯·马雷斯及其在智利的主要政治盟友卡洛斯·伊瓦涅斯·德尔·坎波——也就是那个在 1931 年被任命为总统的独裁者，他也计划竞选 1938 年的总统——被抓进了监狱。

　　在位的阿莱桑德雷的统治在 1932 年上台以来逐渐转向右翼。有些人谴责这是因为金融部长古斯塔沃·罗斯的影响。罢工遭到血腥镇压，左翼的许多活动被取缔。很自然，当"人民阵线"——一个社会主义者和共产主义者，包括强有力的激进党所形成的联盟——被创立来专门抵抗 1938 年 10 月 25 日大选中的右翼候选人（罗斯本人），聂鲁达被要求出手相助，而他会感到：这个要求无法拒绝。

　　很容易解释为什么与阿吉雷·塞尔达共事对聂鲁达会有个人方面的吸引力。这个总统候选人的父亲曾是一个卑微的农民。佩德罗自己，就像米盖尔·埃尔南德斯那样，感到对泥土以及穷人的亲切之情。在 1920年代，他也当过智利葡萄酒种植者联合会的主席——这个职位无疑曾让聂鲁达对他倍感亲切。阿吉雷·塞尔达和聂鲁达在更多问题上有共鸣：两人都有在很多时候比他们自身更坚定地倾向左翼的妻子（或者伴侣）。阿吉雷·塞尔达很容易相处：他易于接近，没有架子并且乐呵呵的。他喜欢作家。他告诉美国记者约翰·甘特他希望看到在世界上每一个国家都举行一种短文竞赛，最好地描述出他自己国家的学生就是优胜者。然后这些短文都应该得到交流，很便宜地印刷成小册子发行，面向各处的工人与学生。[12]

可是，阿吉雷·塞尔达有很多敌人：在极端左派那里，他被谴责是"资产阶级"，而右派则宣布他是布尔什维克。非常得体地，阿吉雷·塞尔达宣布：如果他当选总统，智利在二战中仍将保持中立，就像在一战中那样。

无人给予"人民阵线"一个机会。每个人都预测罗斯会获得压倒多数的选票。最后——聂鲁达加入了圣地亚哥主干道阿拉梅达的群众集会，来打听结果——选票非常接近，但阿吉雷·塞尔达以仅仅 4111 票获得了胜利。有人声称，胜利之所以可能是因为在监狱栅栏背后，纳粹党领导人冈萨雷斯·冯·马雷斯和卡洛斯·伊瓦涅斯·德尔·坎波兴许对"人民阵线"进行了支持。无论这是否真实，聂鲁达是激动万分的，他邀请他的朋友们从四处来到衣拉拉扎巴尔达的家中，在那里，他们通宵达旦地庆祝。

1938 年圣诞夜，佩德罗·阿吉雷·塞尔达正式执掌他的国家。他的最初行动之一就是召见聂鲁达并告诉他要把他派回到欧洲，巴黎，在那里担任特殊领事，处理西班牙移民问题。

在智利以及拉美其他地方，人们密切关注着一个时局：有超过五十万西班牙共和主义者正面临可怕的困境，他们几乎是徒步穿越比利牛斯山脉，从西班牙进入法国，以逃避佛朗哥的追杀，但法国政府因为急于解决突然涌入的难民潮问题，要求佛朗哥在西班牙领土上建立一个中立区域，在安道尔公国与波尔特沃之间，难民们可以待在那里直到其他准备给予他们避难权的国家接受他们。佛朗哥拒绝了法国的要求。1939 年 1 月 28 日，法国内政部长阿尔贝·赛罗下令妇女和儿童允许过境进入法国——男人们则要被遣返回西班牙。直到 2 月 5 日，法国总理爱德华·达拉第才网开一面，同意允许西班牙共和主义战士们进入该国，但前提是他们在边境上缴武器。这些战士们毫不知情，在法国等待他们的是肮脏的集中营，连最基本的卫生或医疗设施都没有。他们被当作战犯看待，被带棘刺的铁丝网包围，严密监视，住在帐篷里，头上并无屋顶来庇护他们免受冬日的严寒。他们的食物不过是面包和水。类似的集中营也在阿尔及利亚和摩洛哥启用。回到智利的聂鲁达满怀惊恐地读到对这些状况的报道。

这却是他文学生涯中令人心醉的日子。《我心中的西班牙》这本写给西班牙的颂歌在 1938 年 7 月出版了法文译本，他的共产主义朋友路易·阿拉贡为该书撰写了序言。随后，让聂鲁达狂喜的是，他得知该书也在西班牙本土以相当精美的装帧出版——就在狂暴的内战期间。

《我心中的西班牙》在西班牙的出版充满了传奇。就像所有传奇一样，至少某些事实被扭曲。我们所知的是，就在内战期间，"Generalitat"（加泰罗尼亚议会）将蒙特塞拉特修道院的管理权移交给一个共和主义代表，卡莱斯·格拉尔德。该修道院的一部分包括一个历史超过 450 年（成立于 1499 年）的印刷车间，当时仍然在运行。内战期间，它由聂鲁达《绿马》时代的朋友、诗人马努埃尔·阿尔托拉圭尔掌管，在他的领导下，印刷社在战争的火热中出版了三本诗集：聂鲁达的《我心中的西班牙》，巴列霍的《西班牙，请撤走我这一杯》以及西班牙诗人埃米利奥·普拉多斯的《写给战士的歌谣》。

《我心中的西班牙》第一个西班牙语版本在 1938 年 11 月 7 日问世。它的发行量很少，流传在共和当局，警察和战士手里。1939 年 1 月开始着手的第二版都没能进入装订阶段。佛朗哥军队在 2 月初进入修道院并且几乎毁坏了整个车间，带走了他们找到的全部其他共和主义书籍。

在一封信中，马努埃尔声称：第二版的纸张"是在磨坊工作的战士们亲手制作。他们不仅使用了军需部提供的初级材料（棉花和布片），而且，战士们在混合料中加入了衣物、绷带、战利品、一面敌人的旗帜以及一个摩尔人囚徒的衬衣。"如果按这样做，最后的纸张将具有惊人的品质。

聂鲁达在他的回忆录中重复了这个故事的非凡版本。可是，令人沮丧的是，根据在巴塞罗那自治大学图书馆工作的霍尔迪·托拉叙述——他有一本第二版的《我心中的西班牙》——"马努埃尔关于纸张制作过程的叙述是杜撰的，它的成分似乎是一个谜。我们搜寻了整个地区，没有任何有磨坊的村庄中有迹象表明它们可能制作了这种纸。"[13]

139

最终，一切都不重要，重要的是诗歌本身。在核心诗歌《让我解释一些事》中，聂鲁达透露出他已经抛弃了以前的、内省的自我，以及任何浪漫的、不谙世事的抒情风，如今他完全忠于他的新角色，充当真理的传达者以及世界不公的揭示者——这里，尤其指佛朗哥军队制造的各种恐怖。但无疑，他的新诗依然具有一种独特的引人注目的抒情性：

> 你会问我：紫丁香在哪里
> 盛开罂粟花瓣的形而上学在哪里
> 不停迸溅的雨在哪里
> 它的语言，充满空洞与飞鸟，在哪里？……
> 你会问我为何他的诗歌
> 不言说梦与树叶，
> 他出生地的伟大火山？
>
> 来吧，看看街上的血
> 来吧，看看
> 街上的血
> 来吧，看看血
> 在大街小巷！

许多批评家把这本书看作一种标志，标志着聂鲁达急剧地从痛苦的个人苦闷转向社会使命。西班牙学者阿马多·阿隆索是最早在1940年做出这个判断的人之一。[14]乌拉圭批评家埃米尔·罗德里格斯·莫内加尔写道:《我心中的西班牙》代表着从《大地上的居所》那狂热的个人主义中转向,因为有着在战争创伤的西班牙生活的恐怖经验,得以把这些经验视为更广泛的团结的一部分。对于莫内加尔,所有聂鲁达的早期诗歌相对而言都是晦涩而不成形的。[15]

智利专家海梅·康夏看待问题完全不同。他认为《我心中的西班牙》并不是那么绝对地告别了晦涩诗歌,而不过是情绪上的一种转变。自相矛盾的是,康夏写道:《大地上的居所》包含了 20 世纪西班牙语诗歌中最悲观的诗句,聂鲁达的内战写作实际上却充满了置身绝望之中的希望(对比同时代的,比如说:巴列霍的令人痛苦的《西班牙,请撤走我这一杯》)。正如康夏正确指出的,聂鲁达经常表达希望——对尊严与人道的希望与尊重。[16]

实际上,更早的时候就已经有了这种转变的迹象,在《大地上的居所》中的一些诗歌里,那些在法西斯暴乱之前很久的西班牙最初岁月中所写的诗歌中可以看出。同样,正如埃尔南·洛伊拉提出的:阿隆索的理论并未解释为何实际上聂鲁达当时也写作一些没有直接政治意味的诗歌。同时,许多技巧也保持着一致。就像在《居所》中,在《我心中的西班牙》中,聂鲁达也重复一些句子来强调它们,这很像古希腊合唱("来吧,看看这大街上的血")。

不过,他看待这个世界以及他作为诗人在其中扮演的角色已经有所不同。新出现的是他对背叛的强烈敏感——不是在爱情事件上苦涩的、个人的幻灭,而是感受到残暴、愚钝、不人道的力量(佛朗哥及其法西斯部队)对更广阔的人类、体面社会的背叛(他如今感到是这个社会的一分子,而不是远离它)。聂鲁达无情地斥责那些背叛者,那些"匪徒",他们"从天而降杀戮儿童 / 遍及大街小巷,都是孩子们的血 / 无声流淌,像孩子们的血那样。"

《我心中的西班牙》明显充满了对某事而不是对他自己的激情。正如墨西哥诗人帕斯当时心怀崇敬所写的:它"超出了奇闻轶事,刺伤了我们,刺伤了它自身,在那个地方,声音可怕地响彻了世世代代:在心中"。[17]

早在离开智利动身前往欧洲之前，聂鲁达就开始在圣地亚哥寻找一个他和迪莉娅可以在结束欧洲使命返回家乡之后平静生活的住处。他碰到了一个小小的旧房子，覆盖着藤蔓，在林奇大道，他把它买下来了，这要托福于"公务员与记者补助基金"。迪莉娅忙于为他们所希望救助的西班牙共和主义难民筹集设备和衣物。就在他们准备动身前往巴黎的时候，聂鲁达在一次事故中大腿严重受伤，不得不接受手术。他在瓦尔帕莱索港登上了"大钟"号船，腿上还打着石膏，但智利新总统的话依然萦绕在他耳中："给我带回来几千个西班牙人。我们可以为他们全部安排工作。给我带回来渔民，带回来巴斯克人，卡斯提尔人，伊克斯特里马杜拉人。"

1939 年 4 月底抵达巴黎的时候，聂鲁达和迪莉娅很高兴与他们的老朋友拉法埃尔·阿尔韦蒂及其妻子玛利亚·特蕾莎·列昂重逢。这两对夫妇在塞纳河边合住一套公寓，就在钟表堤岸。

随着 1939 年 5 月 19 日佛朗哥在西班牙的胜利，聂鲁达知道现在必须争分夺秒。他得到了很多法国朋友以及胡安·内格林领导的西班牙流亡政府的支持。正是内格林找来了船，运送 2000 名西班牙难民渡海前往智利。

尽管他那么忙，聂鲁达仍然需要乐趣——正如他当时最亲密的伙伴阿尔韦蒂所回忆的，他当时找到了很多乐子。

> 聂鲁达依然是那个旧日的聂鲁达：一个可怕的孩子，阴晴不定，危险……他压榨你。他一时兴起就让你喝酒。一个人不可能一次喝完一瓶酒，因此你必须分享他喝的每一瓶酒。更不用提数不清的威士忌。[18]

聂鲁达也一点都没有丧失他对古怪事物的幼稚热情。有一天，他和阿尔韦蒂走在巴黎猫钓鱼街，聂鲁达注意到一个鞋匠铺门口钉着一把巨大的铁钥匙。阿尔韦蒂回忆道："巴勃罗立马陷入狂热状态。'哦，同志哥，你看到那把神奇的钥匙没？我想要把它拿回智利去，放到我的收藏里头。'"

141

阿尔韦蒂绝望地劝阻巴勃罗不要做这种徒劳的尝试。但聂鲁达并不灰心。当店主拒绝考虑拆下那把钥匙，聂鲁达就带了一个砖瓦匠回来，那人是法国共产党的成员，他把钥匙从墙上砸了出来。巴勃罗带着胜利的微笑拿到了那把钥匙，并且付给店老板 500 法郎作为报酬——那个家伙很高兴地接受了这桩买卖。

伟大智利诗人返回欧洲来执行营救计划的消息很快在法国传播开来。阿尔韦蒂回忆道：成千上万的信从法国集中营居住者那里寄到了聂鲁达手中。有些信非常直接地奉承他，请求在诗人的船上保留一席之地。一封来自某个战士的信写道："伟大的诗人聂鲁达。我知道你夫人像一只小鸟，一只每天早上唱歌的夜莺。"聂鲁达被信中混杂的真诚与狡诈所迷惑，他果真设法保证写信人成为被营救者之一。

聂鲁达得到了马赛智利领事馆的一间小办公室，开始狂热地工作。可是，他的工作并非没有阻力。

> 我国政府和政治气候并非一如既往，但巴黎大使馆一如既往。运送西班牙人前往智利的想法激怒了我们穿着整洁的外交官们。他们让我在厨房旁边的一间办公室里工作，他们用尽办法攻击我，甚至下作到否认我起草文件的权利。不受欢迎的人潮已经开始涌向大使馆门口：受伤的老兵、律师与作家、失去工作机会的各种行家，各种技术工人。他们必须跋山涉水来到我的办公室，因为它位于四楼，而我们大使馆的人们想出了一个邪恶的招数：他们切断了电梯运行。许多西班牙人带着战争伤残，许多是非洲集中营的幸存者。看到他们如此痛苦地努力爬上四楼来，我感到十分痛心，而那些残忍的官员们却冷眼旁观着我的困境。[19]

智利外交部回信给聂鲁达，答应给他安排一个秘书，派给他一个事务助理阿勒拉诺·马林，他是个聪明人，兴许还非常有魅力，但他令聂鲁达感到非常不安，因为他喜欢豪华轿车，租赁昂贵住宅，搂着一个惊艳的金发碧眼女郎。在去布鲁塞尔的一次短暂旅行中，聂鲁达试图警告马林：他奢华的行径是不合适的。这个建议似乎只是对牛弹琴。聂鲁达很多年后在墨西哥听说，在布鲁塞尔期间，马林曾告诉两个西班牙人，聂鲁达打算把他们作为共产主义分子移交给盖世太保。更有甚者，马林成功劝说两个人把他们的手提箱留给他保管。那些箱子里有 90000 美金，而这两个不幸的西班牙人再也没见到过它们了。（再后来，聂鲁达发现马林身边那个迷人的金发女郎其实是索邦来的一个金发男学生。）

正当聂鲁达的营救计划的最后准备即将完毕的时候，从智利传来了令人震惊的消息。总统佩德罗·阿吉雷·塞尔达改变了主意：他根本不希望那艘船离开法国驶向智利。聂鲁达被惊呆了。有些资料表明：他当时甚至威胁说，如果这艘船不许载着西班牙难民驶往智利，他就自杀。可是，阿吉雷·塞尔达似乎更多被他的外交部长亚伯拉罕·奥尔特加的辞职威胁所说服。

维克多·佩是一个西班牙市政工程师，他是曾经登上"温尼伯"号得到拯救的人之一。他告诉我，

> 我是奥尔特加非常好的朋友。他是个激进分子。就在二战爆发的时候，阿吉雷·塞尔达的确曾下令让奥尔特加推迟"温尼伯"号的抵达。关于聂鲁达对此的反应，有很多版本。可以确定的是，奥尔特加威胁要辞职，正是这个威胁让阿吉雷·塞尔达撤回了延迟行动的决定。聂鲁达一定也施加了很多压力。但奥尔特加的激进党是"人民阵线"政府的核心组成部分，他对总统有很大的影响。[20]

于是，行动得到挽救，难民们开始动身前往波尔多。

聂鲁达很轻松地说服了胡安·内格林——西班牙共和国流亡政府的首相——来成立"西班牙难民撤退办事处"（SERE）。在后来的写作中，聂鲁达提到：支持还来自另一个令人惊讶的源头：

> SERE 是作为一个团结组织成立的。一方面，援助来自共和国政府所能支配的最后资助，另一方面，来自一个对我依然保持神秘的

宗教：贵格会。我承认只要涉及宗教我总是令人发指地无知。这些宗教所从事的反对罪恶的斗争总让我从年少时就对一切教义感到陌生，而且这种肤浅的态度———一种漠不关心———持续了一辈子。但事实上，在港口，那些高贵的教徒们出现了，支付给每个西班牙人一半的自由（船）票价，毫不区分他们是无神论还是信徒，是"pecadores"还是"pescadores"（罪人还是渔人）。从那时候起，无论我在哪里听到"贵格"这个词，我都会在精神上心怀崇敬地鞠躬。[21]

144

托福于内格林与SERE，那艘叫作"温尼伯"的船被雇下来运送2000名难民前往智利。它并不是一艘理想的轮船：它是一艘旧船，过去曾往返于马赛和非洲海岸之间，只有17名船员，并且散发着鱼臭味。可是，它曾见证了活跃的军事事务：它曾在一战期间运送军队。工人们开始迅速改装"温尼伯"的内部陈设，把六层储藏室改造成了三个等级的木板卧铺。

不幸的是，在智利仍然有许多阻碍救援的障碍。反对媒体——尤其是《每日画报》——宣称智利无法承受如此多难民入境。作为回应，政府日报《人们阵线》大声疾呼："西班牙难民无疑已经在集中营和世界其他地方忍受过一种非人的压迫生活。现在，智利的机会来了——美洲民主的希望——那就是帮助他们，与此同时，这个国家会从它所能同意接收的最好的难民那里获益。"争论也爆发在智利议会中，参议院中支持"温尼伯"计划带回"受人尊敬、勤奋工作的人们"的人与宣称该行动将"让这个国家充满流浪者"的反对者展开了热烈讨论。

尽管远在千里之外的巴黎，聂鲁达也对老家的这些争议了如指掌。但他更关心的是用于该行动的资金就要告罄了。"温尼伯"号即将启程的那些最后日子是非同寻常的日子，那时集中营居住者们已经到达波尔多，坐着三等火车车厢来，旅途劳顿，又饥又渴。他们被从波尔多转移到波亚克，来准备最后的各项文件检查，以便随后在唐佩鲁佩码头登船。

被聂鲁达选中和她母亲一起登上"温尼伯"号的乘客之一是罗萨·布鲁，如今已是智利最重要的画家之一。

> 我对他们的第一印象是对迪莉娅，也就是'小蚂蚁'的印象，她后来成了我最好的朋友。她穿着白色衣裳。我当时非常小，才十六岁，他们看上去非常老！他们在一个小餐馆，小酒馆。我父亲动身去巴黎了。聂鲁达不想要那些"知识分子"人士。他想要农民，那些用双手劳动的人们。[22]

145

聂鲁达坐在一张长桌子上，遴选一份乘客名单。根据维克多·佩记载，为了个人安全起见，聂鲁达并没有对全部 2000 名乘客做出选择。大部分都是由 SERE 来选择，聂鲁达个人只选择了少数几百人。[23] 一方面，巴勃罗忙于各种公文和面试，另一方面，迪莉娅则负责分配服装，鞋子和衬衣——尽管有些男人很礼貌地拒绝了她给他们的花里胡哨的装束。

后来的智利作家兼艺术家，莱奥波尔多·卡斯特多在回忆录中声称：当他被发现不是任何政治党派的活跃分子时，他与聂鲁达的交往陷入了困境，但是佩踊跃地驳回了这个意见。他指出，绝大多数被允许登上"温尼伯"号的人并不是共产主义人士。佩的说法也被后来的加利西亚画家欧亨尼奥·格拉内尔描述为"完全错误"甚至是相当卑鄙，因为他被拒绝登上该船就是因为他是一个托洛茨基主义者；格拉内尔对支持斯大林的西班牙作家和画家，比如阿尔韦蒂和毕加索都相当有敌意。

有一次，一个年长的西班牙人向聂鲁达毛遂自荐，聂鲁达问他："你的特长是什么？""哦，我是做软木塞的，从把它从软木树上砍下来的时候开始，直到它被投入使用，可以用来装瓶为止。我可以在智利发挥作用，因为……"聂鲁达打断这个老人并且说："很遗憾！智利并不生产软木。那里没有软木树。""聂鲁达同志，你说什么？智利没有软木树？哦，你就把它交给我办吧，我保证那里有。"相信这个人是智利所需要的人，聂鲁达把它添加到乘客名单中了。

"温尼伯"号在 1939 年 8 月 4 日离开了波尔多港口波亚克。聂鲁达和迪莉娅并肩站在码头上，戴着他的白色圆边帽，向船挥手告别。在一个月的航行中，一切都组织得很好。妇女儿童被安排在甲板下的船舱里，男人们被安排在甲板之上。船上有早餐、午餐、茶以及晚餐的轮值表，也有清洁的轮值表。甚至还有组织起来的谈话、下棋以及巴斯克人组成的合唱团。在旅行途中，一个男孩和一个女孩出生了。

146

　　船上十分闷热，尤其在底舱中，布鲁告诉我："想象一下：整整一个月，把我们很多人塞进椅子里。非常热。甲板上的空气很可怕。我们每个人都抢占一个位置，尽力不丢失它。我妈妈告诉我们不要睡在底舱，因为那里令人窒息。"[24]

　　另一位乘客，何塞·巴尔梅斯，跟布鲁一样，是智利最好的当代画家之一，告诉我说，他对这段旅程挥之不去的记忆是船上"腐烂的鱼和呕吐物"散发的恶臭。

　　那里有足够多的食物吗？"听着，"佩回忆道，"实际上，我们刚刚从集中营逃出来，那里我们没有食物，没有盥洗设施，什么都没有，因此，'温尼伯'看上去就像很奢华一样！我们一日三餐都有良好、健康的饭菜。并且我们有着某种无价之物：我们的自由。"[25]

　　他们有自由，但也有了无聊。船上根本没有书籍，但乘客们迅速组织了一个黑板报。

> 我们会在墙上写下关于西班牙内战的笔记。每天都展开许多讨论。但即便争论最热烈的时候，我们也从不攻击，不管有时候报道的是什么内容。从不。我们讨论法国社会主义政府拒绝派遣部队帮助西班牙共和主义者，尽管它从前曾签署协议要这样做。我们讨论西班牙共和主义首相内格林的态度，他是一个欧洲主义者，一个医生，即便在内战当中，也依然参加了在瑞士举行的一次科学大会。[26]

　　其他人的回忆有所不同。船上曾经发生过肢体冲突，尤其在一个消息传来之后，那就是 1939 年 8 月 23 日苏联与纳粹签订协议，这对船上的人是个毁灭性的打击。尚在法国的迪莉娅心中作何感想？因为那个她以其名字为昵称的男人——苏联外交部长，维亚切斯拉夫·莫洛托夫——与对应的德国代表约阿希姆·冯·里宾特洛甫签订了互不侵犯条约。尤其是，莫洛托夫发表了一些令人震惊的言论，陡然痛斥所有反法西斯以及反纳粹的口号，称之为"不恰当也不合时宜"，更有甚者，他竟然说："以摧毁希特勒主义为目标，以保卫民主为借口来进行这场反法西斯战争不仅是无知的，而且是犯罪。"

船上有谣言说船长接到命令要求掉头返回法国。这条船也在巴拿马耽搁了一些时日，因为通过该运河的一笔费用尚未支付。

"温尼伯"最终在 1939 年 9 月 3 日抵达瓦尔帕莱索港。这是任何人也不会忘记的一个日子——第二次世界大战就是那天爆发的。那些望着这艘船靠港的智利人欢庆这些难民的到来，挥舞着白色手帕，唱着欢迎的歌曲。据某些记载，那些在码头上等候的人们中就有智利卫生部长和未来的总统，萨尔瓦多·阿连德。

难民们根据他们所来自的西班牙地区分成几组，有些人仍留在瓦尔帕莱索港，而另一些人则坐火车前往圣地亚哥。抵达智利首都之后，他们再次受到隆重欢迎。何塞·巴尔梅斯写道："我只有十二岁大小，我仍能清楚记得当我穿越比利牛斯山从西班牙前往法国时陷在齐膝深的雪中的感受。在这里（智利），人们立即爱上了我们。"[27]

正如聂鲁达在回忆录中骄傲地写到："就让批评家们抹去我所有诗歌吧。没人会抹去'温尼伯'号这首诗。"他说，那是"我生命中最重要的使命"。[28]

使命完成了，他和迪莉娅继续在巴黎待了两个月。世界陷入战争中，他们等着看是否巴黎也会沦入纳粹之手，就像马德里沦入法西斯分子之手那样。"从巴黎我的窗户望出去，我看着荣军院，看到最初的小分队出发，年轻人还没学会怎么穿战士制服，却开始向着死神的血盆大口挺进。"[29]

智利在二战中就像在一战中那样，官方依然保持着中立。聂鲁达的朋友，共产主义诗人路易·阿拉贡就在巴黎的智利大使馆寻求庇护，逃离支持纳粹的武装追杀。在那里，根据聂鲁达交代，阿拉贡完成了

147

他的小说《命运的过客》。五年后，阿拉贡离开大使馆加入反对德国人的战斗。

智利驻马德里大使馆变成了难民们寻求安全的避难所。尽管智利大使卡洛斯·莫尔拉·林奇的角色仍然并不清楚，说他拒绝米盖尔·埃尔南德斯在智利使馆寻求庇护的传闻并不切实；埃尔南德斯自己显然拒绝了避难的主意，把那看作逃避责任的行为。孤立地待在法国首都，聂鲁达努力确保他的朋友获得离开西班牙的安全通道。但佛朗哥政权不为所动。埃尔南德斯被捕了，被关在托里霍斯监狱。聂鲁达成功地通过智利驻马德里大使馆的专员日耳曼·贝尔加拉寄给米盖尔及其妻子一笔每月津贴，但他朋友的处境依然危险。聂鲁达和一些西班牙以及法国同事一起，吁请佛朗哥的一个朋友博德里亚红衣主教为释放米盖尔求情。那个红衣主教几乎完全失明，他崇敬地听他们给他念埃尔南德斯的一些诗歌——然后计划奏效了。佛朗哥政府在 1939 年年中赦免并释放了埃尔南德斯。

看上去好像聂鲁达从巴黎发出的干预起到了一定的作用。米盖尔获得了离开西班牙的自由。可是不明智的是，他选择了不离开，因为他的第二个孩子随时会出生。当局抓住这个机会把他送回了监狱。这次，他不再会活着出来了。如果说聂鲁达把"温尼伯"号看作他最大的胜利之一，那么，他始终把无力挽救米盖尔的生命看作他最大的失败。

聂鲁达自从回到欧洲以后，几乎没有写一行诗句。他的手被"温尼伯"计划的各种琐事以及填写公文所占据。现在，他感到需要恢复文学创作了。

他和迪莉娅在 1940 年回到智利。聂鲁达需要一个安静的可以写作的地方。他为数众多的著作所带来的版税现在开始带来大量资金收入，足够促使聂鲁达在太平洋海岸买一座简朴的石头房子，就在智利不发达地区瓦尔帕莱索省的边界上。这所房子的主人是西班牙人埃拉迪奥·索布力诺——根据迪莉娅回忆，他是一个失去了他的船只的会弹吉他的航海船长——他反过来赞赏聂鲁达在西班牙内战期间的行动。[30] 这所房子后来变成了拉美位置最优美的家园之一，被称作"黑岛"——不是因为它是一座岛屿，而是因为它面朝大海中一座巨大的黑色岩石。

这所房子有很多问题：它的照明只有晃晃悠悠的煤油灯，房子里的水顶多是微温的。但这对夫妇喜爱那里的安宁，以及从卧室窗户看到的太平洋风景。他们经常在沙滩上散步。就像聂鲁达所有住过的房子一样，这里也变成了各种活动的巢穴，朋友们不招自来。迪莉娅也培养着许多朋友关系。他们包括聂鲁达的同父异母妹妹劳丽塔以及巴勃罗以前的恋人阿贝提娜·阿佐卡，现在她嫁给了安赫尔·克鲁夏加。

正当聂鲁达和迪莉娅安顿在他们靠海的新生活中，巴勃罗也开始撰写他不均衡但无疑是杰作的《大诗章》中最初一些诗歌的时候，智利外交部——此时对他的安排更为温和——再次召唤聂鲁达。这一次，他被派往墨西哥城。

149

第七章

墨西哥魔法、婚姻、一封悲剧性的电报、一只尖刻的獾

1940—1943

聂鲁达和迪莉娅搭乘一艘日本船"乐游丸"（该船几个月后就在二战中被鱼雷击沉）从瓦尔帕莱索港出发。

在船上，1940 年 7 月 29 日，迪莉娅给古巴作家胡安·马里内罗写了一封信，信中她解释说：巴勃罗很想要首次访问古巴。[1]她告诉马里内罗：聂鲁达"在《大诗章》上取得了可喜的进展"，又说：他没能亲自写信，因为他一直忙于那些"烦人的，不愉快的"任务，写一大堆信寄回智利。可是，聂鲁达也亲自写了几句附在信后，说："我想去古巴想得要死"并且请马里内罗给哈瓦那的那些朋友们捎去最亲切的祝福——"除了那个老混蛋，胡安·拉蒙·希门内斯。"（正是 1936 至 1939 年生活在哈瓦那期间，希门内斯写下了他著名的对聂鲁达的攻击，称他为"伟大的拙劣诗人"。）他俩直到 1942 年才达成和解，当时，希门内斯写了一封"给聂鲁达的公开信"表扬他"热情洋溢……真正的拉美诗歌"。[2]

巴勃罗和迪莉娅在 1940 年 8 月 16 日和路易斯·恩里克·德拉诺及其妻子罗拉·法尔孔还有他们六岁的儿子波利一起抵达了墨西哥的曼萨尼约港。

当战争在欧洲肆虐的时候，墨西哥是在开明总统拉沙罗·卡德纳斯领导下的政治经济稳定的港湾。聂鲁达主要倾向于在墨西哥城保持低调的公众形象。他和迪莉娅在改革大道的蒙特霍旅馆住了一段时间。但抵达八天后，巴勃罗就忍不住给墨西哥日报《国民报》提供了一个恶作剧

式的模棱两可的访谈，在访谈中他夸奖了墨西哥诗人们："我希望智利也有这里这样的诗人，他们的特色就在于形式……我不能谈形式，因为我一直在努力去掉形式……"[3] 实际上，这对他的旅居国的诗人们是一种绵里藏针的恭维。幸运的是，这一点并没有被墨西哥文学当局挑出来，否则聂鲁达抵达后不久就要惹上麻烦。

不过很显然，尽管聂鲁达也许对墨西哥知识阶层的某些部分态度不明确，但他喜爱墨西哥给他带来的大多数东西。他也代表佛朗哥镇压下的西班牙共和主义牺牲者，极大地感激墨西哥政府的努力。墨西哥不像其他拉美国家，对逃离法西斯的难民敞开大门。同样，不仅仅是西班牙的难民。聂鲁达的"温尼伯"有一艘"姐妹船"，叫"瑟尔帕品托"，是一艘葡萄牙船只，最后一艘满载德国纳粹统治的反对者离开欧洲前往墨西哥的船只。

从西班牙来的还有列昂·菲利普，何塞·贝佳敏以及文塞斯劳·罗塞斯，他们当时因为把马克思著作翻译成西班牙文而著名。墨西哥来访者中有奥克塔维奥·帕斯和卡洛斯·佩利赛尔。还有德国小说家安娜·赛格斯，伟大的捷克记者艾贡·埃尔文·基施（被乔治·斯坦纳描述为"曾为马克思主义运动服务的最有天赋的记者"[4]），他不停地试图捉弄巴勃罗，要他解释怎么选择自己这个笔名的。

这一次，迪莉娅把置办餐饮的大多数任务委托给了罗拉·法尔孔。并且，一如既往，有大量的餐饮工作要做。为了庆祝他们的朋友，墨西哥小说家安德烈·埃内斯特罗萨的女儿吉贝尔斯的洗礼仪式，他们邀请了 400 个客人，花了两天时间跳舞、唱歌以及爬树。庆祝会太吵了，以至于这个建筑的主人要巴勃罗和迪莉娅搬走。

虽然迪莉娅不再怎么帮着在厨房干活，她却在聂鲁达诗歌创作上发挥着重大作用。他给她看每一张绿色墨水写作的手稿，非常尊重她的意见，如果她不满意或者认为有一行需要重写，他就会做出修改。

迪莉娅也没有忽略她自己的创造力。罗拉回忆道："当我们焦急地追踪着斯大林格勒的抵抗斗争，'马基'地下组织在巴黎反对德国占领的秘密斗争，'第三帝国'在摧毁欧洲过程中的进展，正是在那里（墨

152

西哥）我看到迪莉娅在画画。她说她只是业余的，但我们认为她的作品有巨大的力量，优美的色彩感。"[5]

墨西哥作家温贝托·坎通回忆聂鲁达 1940 年代早期在墨西哥的生活时说，"……主持一个临时凑成的宴会，那里没有谈情说爱，只谈文学。我记得他有着宽广的笑容，在遍布公寓的各色贝壳之间。"[6]

聂鲁达已经开始形成一个终生习惯，那就是收集贝壳和其他任何能让他想起海洋的物件。另一位作家马努埃尔·乐林回忆说，巴勃罗"在房子的起居室里面，堆满了海洋物件和图案，就好像他思念家乡的海岸一样"。

巴勃罗钟爱各种市场。

> 墨西哥躲藏在它的各种市场中。墨西哥并不在电影中嘶哑的歌曲中，也不在戴着宽边帽、大胡子和手枪的墨西哥人的错误形象中。墨西哥是一个深红色和磷光绿披肩的国度。墨西哥是一个陶瓷碗和碎片的国度，果实自然裂开，蓄养一窝昆虫。墨西哥是一个无尽的乡村，有着钢铁色泽的百年老树，上面长着黄刺。世界上最美丽的市场上应有尽有。水果与羊毛，黏土与织布机，都是墨西哥人富饶而永恒的手指上令人惊异的技艺的证据……墨西哥，最后的魔法王国，因为它的年代，它的历史，它的音乐和它的地理……[7]

153　　聂鲁达经常沉溺的另一个习惯就是伪装自己——并且鼓励他的客人也这样做。有时候，他会装扮成一个消防员、一个军官或者检票员来跟客人们打招呼。安德烈颇有些不客气地暗示说：这种伪装的爱好也许反映了聂鲁达对自己外貌丑陋的自我意识。

某种程度上，这些游戏也是试图逃离他的领事职责带来的官僚主义重负。智利外交部交给他很多任务，有些如果不是令人不快的可耻的工作的话，至少也是荒诞的。比如有一次，他被要求检查申请签证去智利的人的种族背景。

讽刺的是，他单方面决定——没有通知外交部——给一个伟大的墨西哥画家，也是最有争议的人物批准签证，这导致聂鲁达被暂停了两个月的外交工作。一般认为这是一个惩罚，但实际上这正是他所需要的休假。

1937 年，当时的墨西哥总统拉沙罗·卡德纳斯——他受到美国和许多欧洲国家攻击，因为他将石油工业国有化，并且因为他的国家主义政策被指控是俄国的傀儡——给托洛茨基提供政治避难，来证明他独立于斯大林统治。

第一个刺杀托洛茨基的行动是由墨西哥壁画家大卫·阿尔法罗·西克洛斯策划的。他带领一群人，身穿警察制服，在 1940 年 5 月 24 日晚上袭击了托洛茨基在科约阿肯的住所。西克洛斯本人身穿墨西哥军队陆军少校的军服参加了这次行动。他们闯入了托洛茨基的别墅，向他卧室发射了 300 枚子弹。托洛茨基和他妻子娜塔莎奇迹般地幸免于难，因为藏在床底下。他们的小孙子——他父亲此前不久在巴黎被 NKVD（苏联秘密警察，后来叫克格勃）杀害——在此次袭击中受伤。

西克洛斯和其他八名武装分子在刺杀行动失败后被捕。由于苏联以及墨西哥 NKVD 机构的压力，他们被轻判。没有征得智利外交部同意，聂鲁达就在监狱中探访了西克洛斯，并安排给他发放前往智利的签证。作为感激的一个标志，西克洛斯将会在南智利的奇廉画一幅巨大的壁画。[8]

在 1940 年 8 月 20 日傍晚，聂鲁达抵达墨西哥后四天，托洛茨基在科约阿肯家中被一把登山斧砍死。刺杀者拉蒙·梅卡德尔当时使用化名雅克·莫纳尔德·万德尔德拉施德，他是 NKVD 的特工。

很多年以后，聂鲁达的政敌与私敌还在指控他是西克洛斯刺杀托洛茨基行动的帮凶，甚至以某种形式参与了实际刺杀。众所周知，聂鲁达直到 8 月 16 日才抵达墨西哥城接手领事职务，那仅仅在最后暗杀行动的四天前，西克洛斯刺杀行动的三个月后。对他的指控激怒了聂鲁达，但他拒绝做出任何解释或者自我辩护——直到 1971 年在与一个乌拉圭杂志《前进》的访谈中。

在欧洲，出于政治以及文学原因，他们试图把我和托洛茨基的死关联起来。但我从未见到过那个人，无论近距离还是从远处，无论活的还是死的。但让我告诉你一件更古怪的事情。我刚抵达墨西哥，接手总领事的职务，我就接到智利驻墨西哥大使的来访，他叫奥克塔维奥·雷耶斯·爱斯宾多拉……他告诉我马努埃尔·阿维拉·卡马乔将军，也就是（新任）墨西哥共和国总统授予我一个秘密使命。一句话，他以个人地位要求我尽快给画家西克洛斯签署进入智利的签证。我必须承认，他的要求令我吃惊，因为我认为西克洛斯正在监狱里。实际上，他就是在监狱里：他被指控用机枪扫射托洛茨基的别墅。因此我对爱斯宾多拉大使说："如果他在监狱里，我如何可能给他签署签证？"大使回答说："不用担心这个，我们会让他得到释放的。"我提议我们去见见他（西克洛斯），第二天我们就去了。我们去了监狱长佩雷斯·鲁道夫上尉办公室，他热情接待了我们。他叫来了西克洛斯，我从没见过这个人，剩下我们三个在市里的小餐馆喝东西。尽管我无权要求任何事情，因为这是墨西哥总统的要求，我还是认为，作为发放给他一个签证的交换，西克洛斯应该以墨西哥政府的名义捐献一件作品给智利。这就是为什么西克洛斯花费了将近一年在奇廉绘制了他最大的壁画（至今为止）。这是这个恶毒传闻的真相，今天以前我从未透露过。[9]

不幸的是，聂鲁达的叙述并未阻止指控——指控甚至来自看上去最有声望的媒体。1988 年 1 月 24 日，《纽约时报书评》发表了一篇专题名为《知识分子与刺客——斯大林刺杀事件编年》的文章，该文附有聂鲁达与西克洛斯的照片，并引用美国国防情报局调查来暗示二者与一个 NKVD 死亡小分队的亲密联系。当一个美国批评家约翰·巴特·格拉德写信给编辑，试图挑战《纽约时报书评》的这篇文章，声明"把我们带入越战的军事媒体现如今又在为了宣传利益而摧毁一个诗人"，他的信并未得到发表，"而且我知道，没有任何美国作家的挑战被允许印行"。[10]

没有证据表明聂鲁达跟托洛茨基被谋杀有关。不过，很清楚的是，俄国人对聂鲁达很感兴趣。NKVD 在聂鲁达墨西哥领事任期中很热切地想要招募他进入他们的序列。我在 NKVD 的文件中见到过对这一影响的备注，日期是 1944 年 5 月（聂鲁达离开墨西哥以后）[11]。至于聂鲁达是如何回复的——如果回复过的话——我们无从得知。NKVD 自从 1943 年起在墨西哥有了立足点，那一年苏联在该国首都建立了大使馆。

不管怎样，聂鲁达充分利用这被动获得的两个月，逃离官僚主义，在墨西哥和危地马拉四处旅行。在穿越墨西哥边境进入危地马拉的时候，聂鲁达震惊于那些藤蔓植物以及巨大树叶，随后是危地马拉那些"平静的湖泊……像奢侈的上帝遗忘的眼睛。"[12]危地马拉之旅最大的欢乐之一就是遇见小说家米盖尔·安赫尔·阿斯图里亚斯（他后来赢得了诺贝尔文学奖，但当时是一个地地道道的无名作家）。这两个人一拍即合。他们在长相上非常相似（这一点也许后来救了聂鲁达一命），共有对生活的热爱，尤其是食物，这一点让他们处于良好的合作中，他俩在1967 年合著了一本关于匈牙利烹调术的书。

危地马拉由残暴的独裁者豪尔赫·乌维科·卡斯塔涅达统治，他用铁腕控制着他的国家，把任何胆敢反对他的人统统处死。"危地马拉人没有言论自由，"聂鲁达后来回忆道，"没有人可以在任何其他人面前谈论政治。隔墙有耳。有时候，为了能够聊天，我们驱车停在山坡顶上，在那里，确定没有人躲藏在树后面，我们才如饥似渴地讨论起局势。"[13]即便如此，当政府发现聂鲁达成功地与乌维科的秘书搭上了几句话，这个可怜人很快就被清除了。

乌维科却允许聂鲁达开朗诵会，朗读他的诗歌"带着愉悦，因为他们似乎要给那个巨大的监狱打开窗户"。聂鲁达不由地注意到，坐在拥挤的观众席第一排的人中间就有警察头头。

> 后来，我发现四挺机关枪瞄准了我以及观众，并且发现，如果在朗诵途中警察头子碰巧离席，那么机关枪就会开始扫射。但什么事也

没发生，因为他在那里一直坐到最后，聆听着我的诗句。然后他们想要把我介绍给独裁者，那个像拿破仑一样疯狂的人。他在前额留着一缕长头发，不停地让人把他的肖像画成波拿巴的姿势。我被警告：拒绝接受会见他的提议是危险的，但我情愿不与他握手，并且尽快返回了墨西哥。[14]

聂鲁达也旅行到了巴拿马、哥伦比亚、秘鲁和美国。看上去，《智利大诗章》——他当时给该诗集所用的名字——在地理上和精神上都在随着他对拉丁美洲体验的加深而扩展。它变成了对整个大陆而不是只有他祖国的一首颂歌。

他开始写作后来成为《大诗章》一部分的诗歌：《亚美利加，我不是徒劳呼唤你的名字》，在这首诗中，他第一次试图捕获拉丁美洲的丰富本质。聂鲁达勾勒出他对该大陆风景、动植物、城市、独裁性人格的印象。

> 我被，我被包围
> 在金银花和荒原，豺狼和闪电，
> 在紫丁香芬芳的魔法中：
> 我被，我被包围
> 在唯我独知的每日，每月，每一滴水中，
> 在我独自建立的指甲，鱼，月份中，
> 我被，我被包围
> 在细长激荡的泡沫中
> 在那钟声轰鸣的海滨。
> 印第安人猩红色的上衣，还有火山……
> 秋天似的黑血
> 倾泻在地上……[15]

当聂鲁达回到墨西哥，他的朋友圈扩大了，因为他结识了另外两个

墨西哥壁画家，迪耶戈·里维拉和何塞·克莱门特·奥罗斯科。

里维拉迷住了聂鲁达，尽管他俩的关系不那么容易——部分因为里维拉曾是一个托洛茨基主义者。这个墨西哥人是一个天才的故事家，他喜欢杜撰奇妙的谎言；他这个角色构成了爱伦堡杰出小说《胡里奥·胡列尼托历险记》的基本素材。聂鲁达很容易被这类男人吸引。里维拉甚至告诉聂鲁达他是纳粹"沙漠之狐"隆美尔元帅的父亲。

至于那个只有一只手臂的奥罗斯科，聂鲁达深深地崇拜他，称他为"墨西哥的戈雅"。不过，不像西班牙原型，奥罗斯科从没通过他的画作挣钱，始终如一地拒绝承接委托。

就在聂鲁达结交新朋友的同时，他也失去了其他朋友。他和帕斯之间的分歧自从 1937 年巴伦西亚大会之后就开始浮出水面，尽管帕斯和聂鲁达一样是一个热情的反法西斯主义者。后来，帕斯对 1939 年纳粹与苏联之间的协议感到深深幻灭。"聂鲁达变得越来越斯大林主义，而我变得越来越不被斯大林蛊惑，"帕斯曾经这样回忆。"最后我们冲突起来——几乎是肢体上的——并且不再交谈。他写了一些关于我的不太好的东西，包括一首下流诗。我写了一些关于他的可怕的东西。"[16]

帕斯和聂鲁达之间的政治分歧并不是这两个人激烈决裂的唯一原因。帕斯研究者恩里克·马里奥·桑迪认为：直接的原因是《月桂》杂志的一期，那一期是帕斯和何塞·贝佳敏、哈维尔·维奥鲁提雅以及埃米利奥·普拉多斯在 1941 年一起筹办的，全部用于刊载现代西班牙语诗歌。桑迪声称：聂鲁达被邀请参加但他拒绝了。"他与贝佳敏决裂了，原因两个人都没有说，"桑迪在他介绍帕斯的一本书中写道。"这件事唯一的线索出现在《大诗章》中……暗示是因为作品名录中没有埃尔南德斯的诗歌。"这里指的是《致埃尔南德斯，西班牙监狱中被谋杀的人》那首诗，诗中聂鲁达写道："以及那些在他们腐朽的《月桂》中拒绝给你位置的人……"[17]

据桑迪介绍，帕斯对聂鲁达拒绝参与《月桂》的特刊感到非常愤怒——包括列昂·菲利普的拒绝。帕斯一直认为这一期特刊是他个人的孩子。很快，墨西哥城的文学界激烈地分裂成两派：顶聂鲁达派和倒聂鲁达派（或帕斯支持者派）。

可是，帕斯本人对于他和聂鲁达的决裂有完全不同的说明。他说，聂鲁达在 1939 年 11 月曾经一度非常愉快地跟他在他的杂志《工作室》上合作，提交了他的诗歌 *Discurso de las Liras*，作为对 17 世纪诗人作品精选集的某种介绍。1940 年，聂鲁达提供给帕斯另一个文本：对诗人萨拉·伊瓦涅斯的简短介绍，对这个不认识的人，聂鲁达倾注了热情的赞美。与此同时，聂鲁达忍不住重燃与西班牙作家胡安·拉蒙·希门内斯的斗争。这让帕斯处于两难，因为希门内斯是《工作室》的另一个供稿者。杂志编辑部告诉他不能发表聂鲁达的文章，但帕斯继续坚持无论如何把它发表出来。不幸的是，聂鲁达的名字并未出现在封面（帕斯后来承认，"出于一个不可饶恕的错误"）。

"巴勃罗非常不开心，只是部分接受我的解释。他是对的，但也只是部分正确。不幸的是，这个小小事件与他跟贝佳敏的争吵巧合在一起，这事我发现自己陷入困境，虽然与我无关。"

帕斯解释说：他和巴勃罗有一段时间停止了见面。"我不喜欢聂鲁达身上很多东西：他狂热的嫉妒心，他的谴责……那些美学讨论其实都是政治性的，根深蒂固。巴勃罗受害于斯大林主义的弊病。任何不跟他一条心的都是反动派。这一切引爆了我们之间的关系。"[18]

可是，有那么一段时间，这两个人恢复了友谊。最终，两年后他们之间爆发了激烈争吵，就在聂鲁达准备离开墨西哥前不久。

正如在西班牙——在那里他不满于西班牙杂志产业的现状——在墨西哥也一样，聂鲁达很快开始给这一领域添砖加瓦。很明显，他与《工作室》以及《月桂》的交往体验败坏了他对已有的当地杂志的观感。他的新事业"砰"地一声开始了。

"我管它叫《阿劳坎尼亚》，在封面上印上了一个美丽的阿劳坎女人露出全部牙齿微笑的肖像，"他在回忆录中回忆道。[19]

聂鲁达也许对此很高兴，但智利当局并不如此，外交部告诉他：他们认为该封面公开损害了智利人的尊严，因为它如此显眼地描绘了一个马普切土著女人的形象——虽然，正如聂鲁达指出的，当前智利总统佩

德罗·阿吉雷·塞尔达的脸是一张

> 愉快的，高贵的脸，显示出我们混合种族的所有元素……这是一个
> 共识：阿劳坎人被粉碎了，并且最终被遗忘或征服了。更有甚者，
> 历史是被征服者或者攫取了战利品的人所书写的。很少有种族比阿
> 劳坎人更有价值。有一天，我们会看到阿劳坎人的大学，阿劳坎语
> 印刷的书籍，我们会意识到我们在多大程度上已经失去了他们的那
> 种清晰，淳朴和火山般的能量……[20]

1941 年春天，在墨西哥城的玻利瓦尔剧院，聂鲁达背诵了他的诗歌《致玻利瓦尔的长诗》，得到了热情的掌声。可是观众席上有一帮法西斯主义者，他们发起了一场粗暴的反对示威，为佛朗哥欢呼，高喊"西班牙共和国去死"。这件事很可能让聂鲁达感到了害怕和退缩。墨西哥作家温贝托·坎通目击了这一幕："正当校长、大使以及其他权威人士紧急撤退的时候，剩下的观众向暴徒发起了反击，很快，就爆发了一场混战。"[21] 作为一种道歉的表示，墨西哥城国立大学出版了由胡里奥·普列托绘制插图的豪华精装版《致玻利瓦尔的长诗》。

聂鲁达的反法西斯观点和活动在墨西哥众所周知。1941 年，正当纳粹攻打列宁格勒并且在苏联领土上推进的时候，聂鲁达公开变成了"战时援助俄国委员会"的一员，并且写下了《致斯大林格勒的情歌》，一首鼓励苏维埃军队反击西方来的敌人的歌谣。他于 1941 年 9 月 30 日举行的一次活动中在"墨西哥电工联盟剧院"朗诵了该诗。随后，该诗被印行，并贴满了墨西哥城的大街小巷。

正如预料之中的，该诗人如此热切的支持苏维埃的立场，如此广泛地张贴在这个城市里，既激起了巨大的支持热情，也激起了巨大的反对热情。很多报纸开始恶毒地攻击。聂鲁达毫不苦恼，在 1941 年 11 月回击以《一首献给斯大林格勒的新情歌》。他的俄语翻译者爱伦堡 11 月 29 日从莫斯科写信给他感谢他的支持。但在墨西哥，聂鲁达的政敌们正在聚集力量和暴力企图。

160

　　1941 年 9 月 29 日，一个星期天，聂鲁达和迪莉娅去库埃纳瓦卡的艾米特兰公园和路易斯·恩里克·德拉诺、罗拉·法尔孔以及波利一起吃午饭。波利·德拉诺现在已经是智利著名的散文作家了，虽然他当时只不过是一个小男孩，他生动地回忆起库埃纳瓦卡的那场突然事件。

　　我们在一个有遮盖的露台上吃饭，墙壁之间架着拱顶，太阳炽热地照耀着，"永恒春天之城"（库埃纳瓦卡）苗壮的植物叶子在闪耀。突然，混乱局面发生了。尖叫——和打斗。我从未见过那种场面……我父亲把我推到桌子下面，在那里，我脑海里印上了一些特殊场景：我妈妈罗拉和"小蚂蚁"并肩战斗，和他们的男人们一起，反击另一些人，如今回想起来，那些人更是有备而来。我看到我妈妈抓起一个装火柴的大箱子打在一个男人的头上。我看到我父亲在保护他自己，我看到聂鲁达的头被割破，鲜血直流。我永远忘不了那个场面。我不知道那一小片地狱持续了多久，但突然恢复了平静，攻击者像烟一样消失了。我们和聂鲁达一起坐在他的车里，驶向一个医务室，后来给他买了一件新衬衣，因为他当时穿的那件沾满了鲜血。[22]

　　我们并不清楚聂鲁达的头是怎么被割破的。有人把它归于一颗子弹的袭击，有人把它归于一把左轮手枪的枪托所致，但我们确切知道的是：袭击者是一帮德国纳粹分子，他们在吃午饭的时候被聂鲁达他们那桌爆发的支持盟军的欢呼声所激怒。

　　从其他，非纳粹——实际上是非人类——的地方也产生了暴力事件。圣诞前夜，波利·德拉诺去拜访巴勃罗和迪莉娅的住所，给他们送去圣诞礼物：一个心形的烟灰缸。当波利进入迪莉娅的房间（她仍然躺在床上）的时候，他受到了凶狠的攻击。这次，攻击者是聂鲁达的宠物獾，被巴勃罗称作"尼诺"。这个动物从迪莉娅床底下窜出来，在不幸的波利左脚上狠狠地咬了一口。他不得不打着绷带在诊所度过了圣诞节——他的腿从那以后就留着疤痕。聂鲁达和迪莉娅很不情愿地意识到：不可能继续保留这只獾了，因为它也咬了女仆弗吉尼亚的脖子，他们把"尼诺"送给了查普尔特贝克的动物园。

有一天，七个日本人出现在聂鲁达的领事办公室。他们刚刚从美国来到这里，面色非常焦急地要求聂鲁达给他们签发前往智利的紧急签证。聂鲁达问他们为什么如此热切地要第一时间离开墨西哥。他们告诉他，他们想要赶上智利北部托科皮亚港前往日本的船只。聂鲁达回忆道：

> 我反驳说：没必要跑到大陆另一头的智利去，因为同一日本航线也在曼查尼约停靠，他们甚至可以步行到港口，节省下许多时间。他们交换了一下尴尬的目光，笑了笑，然后用他们自己的语言交谈了一会。他们询问和他们一起来的日本大使馆秘书。他决定对我开诚布公，他说"听着，同行朋友，这艘船恰好改变了航线，不会再停靠曼查尼约了。因此这些化装好的专家们必须在智利港口赶上这艘船。"我头脑里闪过一个混乱的画面：这是某种非同寻常的事情。我要他们出示了护照，照片，他们在美国工作的细节，等等，告诉他们第二天再来。他们表示反对。他们必须马上得到签证，并且愿意为此支付任何价钱。[23]

最终，来访者们同意第二天再来。与此同时，聂鲁达很好奇：为什么那艘船会三十年来第一次改变既定航线。

> 随后，我明白了事态。当然，这是一群重要的，消息灵通的人士，日本间谍正从美国紧急撤退，因为某些重大事件即将发生。这件事除了是日本参战外不可能是别的。我故事中的日本人秘密地置身其中。[24]

聂鲁达又拖延了两天，拒绝给这帮日本人发放签证，但他们找办法弄到了外交护照。一周后，日本袭击了珍珠港。

聂鲁达在墨西哥任职期间，最悲伤的任务之一就是不得不向两个死在首都的亲密朋友告别。第一个是西尔维斯特·勒韦尔塔斯，聂鲁达视为兄弟的神奇的墨西哥作曲家。他的主要作品是墨西哥主题的交响诗。尽管聂鲁达对音乐毫无欣赏能力，但他热爱并崇拜音乐家。有一天勒韦尔塔斯住在了聂鲁达家里。第二天，也就是1940年秋天，他就死了。

聂鲁达的另一个重大丧失是意大利摄影师及共产主义活动家蒂娜·莫多提，20世纪最杰出的妇女之一。她是传奇的意大利游击队司令维托里奥·维达莱的妻子，她曾和丈夫一起在西班牙内战中并肩战斗。莫多提在1942年1月5日死于墨西哥城的一辆出租车中，情况很神秘。有可能，她是因为消化不良犯了冠状动脉疾病，还没来得及用药就已经死了；有可能，她是被毒死的。

聂鲁达为她写了一首动人的献诗。

163　　蒂娜·莫多提，姐妹，你并没睡着，没有，
　　　你没睡着。
　　　也许，你的心听到了昨日的
　　　玫瑰
　　　在生长，昨日最后的玫瑰，
　　　新的玫瑰。
　　　轻轻地歇息，我的姐妹。

1942年，聂鲁达第一次拜访了古巴。他去那里是受到天主教作家何塞·玛利亚·夏康－卡尔沃的邀请，她当时是古巴教育部的文化主管。这一时期是该岛在政治上的有趣时期。1940年宪法保护了个人与社会权利，支持全职工作以及最低工资标准。富尔亨西奥·巴蒂斯塔将军当选为古巴第14届总统，很快就将共产党合法化了。聂鲁达和迪莉娅很长时间都在古巴海岸散步，聂鲁达爱上了五颜六色的古巴彩色蜗牛壳。就像他几年前在巴黎商店为了那把巨大钥匙不惜代价一样，他坚持要带走古巴彩色蜗牛壳作为他的收藏品。他倒空了迪莉娅的两个手提箱中的

所有东西，然后装满了蜗牛壳。他们抵达墨西哥城飞机场的时候是用两个塑料袋装着随身衣物。

正是在那里，聂鲁达得到消息，米盖尔·埃尔南德斯在 1942 年 3 月 28 日死在监狱中，年仅三十二岁，被肺结核，严重出血以及可怕的咳嗽所压垮。在监狱床头的墙上，他潦草地写下这样的诗句："别了，兄弟们，同志们，朋友们 / 让我告别太阳和原野。"

尽管有这个痛苦的打击，聂鲁达仍让自己保持着忙碌，不停地操劳于那些后来构成《大诗章》的诗歌。并且，尽管他对迪莉娅仍然一如既往地柔情和热爱，他依然保持着对其他女人的热切兴趣——这种兴趣是否始终是一种肉体兴趣，完全弄不清楚。美丽的墨西哥诗人及性猎手皮塔·阿莫告诉《时尚》杂志说"我想要说的全部，就是：他天赋异禀，并非只在诗歌"。

那一年——1942 年——也见证了聂鲁达与帕斯的最后决裂。聂鲁达在任何地方都没有提到具体的事件，但帕斯很清晰地记得那场事因：

我们在（墨西哥城的）西班牙共和主义者中心，何塞·路易斯·马丁内斯、恩里克·冈萨雷斯·马丁内斯、何塞·克莱门特·奥罗斯科还有我。聂鲁达也在那里。那是 1942 年。我与马克思主义决裂。那个决裂以及我的批评深深地刺伤了聂鲁达和拉法埃尔·阿尔韦蒂。他们曾经对我倾注了信赖。聂鲁达更是如此。那个晚上，巴勃罗站起来，以一种醉醺醺的腔调对我说话，看着我的白色衬衣领："奥克塔维奥，它让我看到你的良心是怎样地清白。它曾经、一度是清白的。如今，你无异于一个'臭婊子养的'"。他说了很多脏话。他侮辱我的母亲。我威胁要打他。他醉得很厉害。他指着我咆哮道："看看那个白色的衣领……等等等等，"他猛拽我的衣领，竟至于撕下来一块。那时，聂鲁达已经烂醉如泥，他继续侮辱我。我也以牙还牙。可是我仍然亲切地爱他。但我受不了他的侮辱……我们几乎要打起来了，辛亏何塞·路易斯·马丁内斯和恩里克·冈萨雷斯·马丁内斯把我俩拽开。我们离开了西班牙共和主义者中心。共和主义

164

者们——确切无疑地——站在聂鲁达一边。何塞·路易斯·马丁内斯把我们拽到一个时髦的夜总会，点了几瓶香槟酒。那酒超级贵！我们因这个插曲而痛饮。[25]

帕斯和聂鲁达二十五年内再未对彼此说过一句话。

1943年初，《大诗章》最初的片段在墨西哥出版，是私人出版，而非商业版本，名字叫《智利大诗章》。在拉美其他地方，出版了秘鲁选集《聂鲁达的诗章》，哥伦比亚版本的聂鲁达《最佳诗选》也问世了。

二月，聂鲁达短暂地飞往纽约，参加"美洲之声"组织的文化会议。返回墨西哥以后，他决定加快推进他与玛露卡离婚的法律程序，以便可以与迪莉亚结婚。他在墨西哥莫雷洛斯州的特特卡拉地方法院递交了申请，宣称他"不公正地抛弃了婚姻家庭，（忽视了）婚姻固有的责任，并且性格不合"。几天后，也就是1943年2月8日，离婚生效，因为玛露卡并没有出庭对离婚申请提出抗议。可是，该离婚在智利并不被承认，因为当时离婚在该国是非法的。

165　就在1943年3月的第一个星期（而不是很多其他文献所说的1942年），聂鲁达收到了一个悲伤的消息：他的女儿马尔瓦·玛丽娜死了，就在3月2日，在纳粹占领的荷兰，当时她才八岁。葬礼于3月8日周六下午两点在豪达举行。一个黑边框的告示出现在荷兰报纸上——显然是玛露卡及其父母所写——上面写着：

我们衷心地向所有在我们女儿（孙女）马尔瓦·玛丽娜死后发来真诚悼唁的朋友们表示深深感谢。

落款是"墨西哥：里卡多·雷耶斯；海牙：玛露卡·雷耶斯·哈赫纳尔；海牙，荷兰海外殖民地：安·海·哈赫纳尔－佛格臧（仍然生活在爪哇的玛露卡双亲）。[26]

看来，玛露卡要么不愿意，要么无力亲自照顾她女儿。1939年10月6日，她把马尔瓦·玛丽娜送进了荷兰小镇豪达的一户人家寄养，那是位于努多文·凡·古尔街*的一所房子。那座小建筑当时一定很拥挤：那里住着电工亨德里克·拉伯茨·尤尔辛；他妻子赫汀娜·希尔克斯；他们的三个孩子；两个仆人；然后，1939年起，马尔瓦·玛丽娜。与此同时，玛露卡继续在海牙生活，住在格鲁特赫托金尼大道209号。这所房子大为不同，是一座宽敞、迷人，带阳台的四层楼房子，周边环境也很好。不过，似乎那里也曾是一所包餐公寓，因此那里曾经也一定很拥挤。

无法衡量女儿的死亡对聂鲁达心态的具体影响。他没有——像维克多·雨果在女儿死于海边之后那样——整年中断写作。但他也没为马尔瓦·玛丽娜写任何诗。

尽管度过了可怕的几个月，期间见证了他好几个朋友的死亡。在埃尔南德斯死后，安帕洛·摩姆——劳尔·冈萨雷斯·图尼翁的离异妻子也死于癌症，随后失去了一个女儿，但聂鲁达尽其所能恢复弹性，继续充分生活。

他再次感到一种冲动，要办一本新杂志。再一次，这个事业好景不长。这本新的出版物将被称作《血液与文字》，聂鲁达将会是编辑、出版人以及赞助人。他成功地为第一期筹集到了一千比索。他声称这笔钱 166 来自许多匿名赞助者，但他的合作者怀疑他自己是唯一的出资人。聂鲁达宣称那笔钱存放在书架上一本精美装帧的惠特曼《草叶集》的书页里。但当他打开这本书想向他的团队展示这笔资金的时候，他惊恐地发现钞票不见了。取而代之的，是某人写在页边空白的一行字，就像是学术注脚："参见贝尔纳尔·迪亚兹·德尔·卡斯蒂略"。于是聂鲁达和他的编辑团队转而去找该作家的书籍，然后在那里找到了另一条注脚提示他们参见米沃什，然后是巴列霍、但丁、里尔克、柏拉图、泰戈尔、歌德、陀思妥耶夫斯基……

温贝托·坎通据说当时担任该杂志的秘书，据他回忆："这是一场贯穿世界文学的旅程。这场旅行结束在安徒生《童话故事集》的第213

---

* 原文为"Noothoven van Goorstraat"，下文的"格鲁特赫托金尼大道"原文为"Groothertoginnelaan"。

页。在那里我们找到了我们的宝贝。我们并未找出那个恶作剧的人是谁……无论如何，该杂志并未问世，不久后，聂鲁达就在文学地震中离开了该国。"[27]

1943 年中期，虽然聂鲁达很喜欢墨西哥，他却对外交工作越来越厌倦。他感到这种有板有眼的氛围特别僵化和粘滞。（在他几年后出版的诗集《狂想集》中有一首很精彩的诗，诗中，他怀着恐惧展望了下一个大使任期并自问："我将用我的双手做什么？"）因此，当他在 1943 年 6 月卷入一场新的纠纷，明显影响他在墨西哥的领事职位，他也似乎并不太在意。争吵发生的契机是被监禁在里约热内卢的巴西革命领袖路易斯·卡洛斯·普雷斯特斯的母亲的葬礼。聂鲁达竭尽全力劝说巴西独裁者热图里奥·巴尔加斯允许普雷斯特斯离开监狱参加葬礼。在瓦加斯拒绝之后，聂鲁达写了一首讽刺诗："小僭主想要藏住火，在他小小的蝠翼下，把他自己包裹在老鼠那不安的寂静中 / 这火他在夜晚窃自宫廷走廊……"

巴西驻墨西哥大使暴跳如雷。他坚持说，普雷斯特斯所犯的是普通罪行，而不是政治罪。巴西政府吁请剥夺聂鲁达的领事职权。聂鲁达亲自回应道：

167　　作为智利总领事（而不是作为外交代表），我的职责是为了加强墨西哥与我国之间的经贸往来而工作。但作为一个作家，我的职责是捍卫作为公民绝对原则和人类前提的自由。不管哪种抱怨和事变都不会改变我的行动和我的诗歌……我不是一个习惯撤回自己行动的人，尤其当涉及履行我作为一个自由人的责任的时候，更是如此……[28]

正当智利政府感到两难，不愿意从外交团队中开除聂鲁达这样一个德高望重的形象的时候，该诗人本人将事情简化处理了，他请求六个月的告假，此间他为回到智利做准备。

就在 1943 年 7 月 2 日下午 1 点，三十九岁的聂鲁达在特特卡拉和大他二十岁但却看上去远为年轻的迪莉娅结婚了。那是一个非常炎热的日子，除了主婚人——智利驻墨西哥大使奥斯卡·施纳克·贝尔加拉，以及聂鲁达的证婚人路易斯·恩里克·德拉诺以及迪莉娅的证婚人文塞斯劳·罗塞斯及恩里克·德洛斯·里奥斯——还有一些烦人的来客：大量飞虫困扰着在场的每个人。但室外午餐是一个充满欢乐的时刻，有着欢乐的对话、唱歌和诗朗诵。巴勃罗给"小蚂蚁"的结婚礼物是瓦哈卡产的一条优雅的银项链。

聂鲁达在墨西哥度过的三年——以及他穿越该地区的各种旅行——对他作为诗人以及作为男人的成熟非常重要。聂鲁达学着拓展自己的视野，无论在地理上还是历史上。

政治上，他更进一步走向左派。他跟西班牙以及墨西哥共产主义者的交往势不可挡地把他推向入党——尽管正式加入依然要到几年后。

正如智利艺术家胡里奥·伊斯卡梅所说：

> 那是丰富他作品与思想的岁月。在那里（墨西哥）他写了《大诗章》中的许多诗歌，度过了二战最糟糕的年月。除开那些他必须完成的外交流程，他把自己投身于世界运动，来开辟第二战线，帮助苏联打败希特勒。他给斯大林格勒写了难忘的情歌……我相信那些年帮助他发现了美洲精神根基的深度，这体现在他全部晚期诗歌中。尤其是《大诗章》中缤纷的墨西哥民间文化，那里活泼而重要的本土生活、自然和文化殖民的巨大挑战，把他转变成了一个史诗性以及宇宙性的诗人……如果不考虑他在墨西哥所经历的与学习的，几乎不可能谈论《我心中的西班牙》之后的聂鲁达。[29]

168

聂鲁达决心不带任何牢骚离开墨西哥。在 1943 年 8 月，他给墨西哥杂志《今日》做了一期访谈，在访谈中，他向西班牙记者阿拉尔多·普拉特斯做出了必定深思熟虑过的挑衅性评论。

"在我看来，"他说，"墨西哥最好的事情是农学家与画家……我认为在（墨西哥）诗歌方面，存在着令人印象深刻的欠缺，缺乏方向或者说公民道德……墨西哥小说是它最伟大的代表——胡安·德·拉·卡巴达、埃米利奥·阿布罗伊·戈麦斯、何塞·勒韦尔塔斯以及安德烈·埃内斯特罗萨都成功地表现了一种新的古典风格……（墨西哥的）散文被颓废的一代败坏了……"[30]

帕斯不久后就对这种令人难堪的攻击做出了反应。仅在几天后的 8 月 15 日，这个二十九岁的墨西哥人就在杂志《墨西哥文学》上对大他十岁的聂鲁达做出了"告别"：

> 让我们与他个人分裂的，不是政治信念，而只不过是虚荣……以及薪水。虚荣迫使他每六个月就接受他指责为缺乏公民道德的人们所提供的宴会和尊敬，薪水则允许他为奉承他的尖刻的走狗们提供食宿。[31]

正如贾森·威尔森所指出的：帕斯坚信政治诗歌是拙劣的。他认为，诗歌不能带来政治变革：列宁的一则短文远甚于马雅可夫斯基或聂鲁达的一首烂诗。[32] 很多年后，帕斯仍然相信政治"让诗歌更贫乏，而不是更丰富"[33]。

互泼脏水必定对双方都构成了伤害。1967 年在伦敦达成某种程度
169 的和解之后，帕斯回顾这些不爽的日子，回忆道：

> 在我们的争吵之前——这场争吵始于阿斯特里亚诺中心为他举办的令人沮丧的晚餐——聂鲁达和我享受着一种虽然我可能不宜称之为亲密但的确非常亲近的友谊。我们经常拜访彼此的家。我记得在米却肯的大房子里举行的那些周日午餐会，我不知道为什么，聂鲁达一度坚称该房子属于洛佩兹·贝拉尔兹。他喜欢被人群簇拥，他组织的那些聚会非常逗乐并且狂放。那里经常有四分之三的"parasites"（寄生虫）——按照罗马语词源的本义，是那些以娱乐有钱人并分享他们的餐桌为工作的人们。他的"寄生虫"们是专业聪明人，他们帮助迪莉娅（"小蚂蚁"）照顾大量客人。那里还有一

个更活跃且可怕的客人——一只獾，它到处跑，喝红酒，毁坏女人的紧身衣。巴勃罗很慷慨，但与此同时，也很刻薄。他对朋友们非常忠诚，但当他们过于独立的时候，他就不那么高兴。[34]

聂鲁达对墨西哥的持久热爱——虽然不是对所有墨西哥人——尤其他对墨西哥的米却肯州的热情（他后来将自己在圣地亚哥的家命名为米却肯）明显闪耀在他为莫雷利亚的米却肯州立大学所做的精彩演讲中，在那里，他还于 1943 年 8 月 17 日被授予了荣誉博士学位。

也许这个国度的优美，它四处流溢的林荫，在我心灵深处唤起了一种似曾相识的风景，智利南部的领土，那里的湖泊与天空，火山和寂静：我童年与青少年时期的风景。也许我游荡的心再次发现了瞬逝又持久的光与影之轮廓，潮湿树叶的语言，纯洁乡村的崇高榜样。[35]

但聂鲁达这个诗人，这个大自然的热爱者以及生命的痴狂热爱者也正在急剧变成一个政治狂热分子。他在库埃纳瓦卡与死亡擦肩而过的经历更增强了他对纳粹的厌恶。实际上，在他的莫雷利亚演讲中，他把拉丁美洲视为希特勒潜在的下一个牺牲品：

纳粹法西斯征服者的可怕威胁（奇妙地是，聂鲁达这里故意用了conquistadores 这个词，它一般用来指西班牙基督教征服者，表达他们对前哥伦布时期拉丁美洲地区文明的征服与改宗）对我们美洲人比对任何其他人更严重。如果其他国家只是会失去权力与辉煌，我们却会失去一切：我们注定会成为新的伟大德意志的最新的奴隶、半人。在种族上遭到蔑视……（我们将会）成为纳粹正在着手准备的新鲜巨大奴隶市场上被人渴望的劳动者以及廉价肉类，我们是当代恐怖主义者所梦想的最佳牺牲品。[36]

170

聂鲁达是一个多么令人尊敬的人物，这可以从他离开墨西哥的时候人们为他举办的欢送会上看出来。有约三千人参加的招待会于 1943 年 8 月 27 日在 "Frontón de Mexico" 举行。可是聂鲁达对墨西哥的矛盾情绪徘徊到最后：

> 墨西哥是美洲的试金石，古代美洲的太阳历，辐照、智慧与神秘的焦点都在这里形成，这并非偶然。一切都可能在那里发生，一切的确曾在那里发生。唯一的反动报纸由政府资助。它是任何人可以想象的最独裁的民主……墨西哥戏剧装扮得如此风景如画，以至于人们留下的印象就是震惊，震惊于它所有的寓言每天都离核心的生命心跳、鲜血淋漓的尸骨更加遥远。[37]

第八章

从马丘比丘最丰富的高度下降到地球上 最干燥地区的贫瘠中

1943—1948

聂鲁达已经变成一个根深蒂固以及永远怀有好奇心的旅行家了。因
此，1943 年 9 月 3 日在巴拿马受到宴请之后——在那里他作了两场演
讲强调作家在社会中扮演关键角色的责任——这对夫妻在 9 月 9 日首次
飞抵哥伦比亚，接受了自由派总统阿方索·洛佩兹·普马雷霍的邀请。
洛佩兹是一个和聂鲁达有相近政治观点的人。在他的第一个总统任期，
他敦促通过了一些法律，引入劳动者津贴，为学校孩子提供免费热餐。
他也修改了宪法，为教育所做的贡献超过了至少那一代的任何哥伦比亚
人。可是，那里也有相当严重的政治紧张，起因是美国在该国的贸易介
入，尤其是因为联合水果公司的介入。就在聂鲁达到达前不久，巴兰基
亚自治当局通过了一项决议，剥夺该美国公司操纵其公共设施的权力。
首都波哥大当局也威胁要做同样的事情。很可能正是在居留哥伦比亚期
间，聂鲁达尖锐反对美国在拉丁美洲的经济存在的种子就种下了——它
体现在《大诗章》里。

就在波哥大机场受到迎接的时候，聂鲁达被告知："我们安排了
四百个诗人等着欢迎您。"聂鲁达感到惊恐，他回答说："我到底要在这
么多诗人中间干什么呢？"可是，在哥伦比亚土地上等待聂鲁达的不只
有朋友。哥伦比亚极右派别的领导人，劳里亚诺·戈麦斯博士是最坚定
反对聂鲁达的诗人之一。戈麦斯是宗教极端主义的，狂热的教权主义
者，以及狂热的德国支持者。他是一个头脑发热的国家主义分子，坚信
美国已经"欺骗"了哥伦比亚以使其放弃巴拿马运河。

1936 年，戈麦斯创立了一份报纸，叫作《世纪报》（不要与同名的智利共产党机关报混淆），他把这份报纸当作表达其狂热的喉舌。在聂鲁达访问期间，戈麦斯的《世纪报》对诗人发动了一系列恶毒的攻击，不仅有散文也有诗歌。一首非常让人生气的诗歌，名叫《抒情的甲壳虫》，是这样开头的：

> 行乞的、流浪的跛脚诗人
> 你，响应着你的吉卜赛鼓点
> 四处游荡，寄生在美洲世界
> 发出你愤怒讽刺作家的嚎叫

另一首诗如暴风骤雨，更令人不快：

> 不要继续，不，不要继续相信你是一个诗人
> 你的风格是番茄酱
> 在恶劣的贫民窟中造就
>
> 在你身上，无物留下，即便作为一场交易
> 不要再在这里四处丢人现眼，肮脏的骗子，
> 因为你是污秽的，无以复加地忘恩负义 [1]

作为回应，聂鲁达发表了一首诗，在诗中，他称这个哥伦比亚政治家为"一个小小的反基督教的反基督分子"：

> 就像你，他们手握鞭子
> 刺客佛朗哥在西班牙颤抖
> 在德国，你血腥的兄弟
> 在雪中读出他的命运。[2]

对哥伦比亚的访问不是完全欢乐的旅程，但在那里就像在其他地 173
方，他的名声吸引了许多衷心的崇拜者来阅读他的诗歌。他利用这些机
会哀悼沦为欧洲征服者的牺牲品的那些作家的命运。

他们何在？罗曼·罗兰、阿拉贡、马尔罗何在？安东尼奥·马查多
何在？费德里科·加西亚·洛尔迦和米盖尔·埃尔南德斯何在？他
们何在？最后三个已经长眠在地底有日子了。他们以其诗歌照亮了
人类生活，为了那束光他们付出了生命。其他人，法国人，德国
人，意大利人，挪威人，捷克斯洛伐克的诗人们，布拉格与罗马尼
亚的诗人们，为开口说话，为指认并挑战僭主，付出了血腥牢狱或
长久流放的代价……[3]

可是，他对为开口说话而付出代价的苏维埃作家却保持沉默。聂鲁
达和迪莉娅在 10 月 22 日从哥伦比亚飞到秘鲁。他曾在 1941 年担任墨
西哥领事职位的时候利用两个月休假访问过这个国家，但这一次他计划
去参观高居安第斯山之上的著名的印加帝国堡垒城市马丘比丘。

许多人写到：1943 年 10 月这次与古代文明的接触永久性改变了聂
鲁达的视野。这一点是可以商榷的，因为他先前的旅行，尤其是在危地
马拉的旅行已经启动了这一变化过程。但马丘比丘的参观达到了顶峰。
正如罗伯特·普林-弥尔所指出的："当聂鲁达真真切切到达了马丘比丘，
它的高度表明了它是一个使得一切其他事物变得富有意义的地方，包括
他自己的大陆。"[4]

下面是聂鲁达如何回忆他向着安第斯堡垒攀援的漫长旅程，当时有
迪莉娅以及秘鲁作家何塞·乌利尔·加西亚的陪同。他们得到了总统马
努埃尔·普拉多的秘鲁政府为该旅行所配备的骡子与补给。

那里当时没有公路，我们骑着骡子。在顶上，我看到古代石头结构
被苍翠的安第斯群山的高峰所环绕。激流从堡垒倾泻直下，这座堡
垒被世纪风雨所侵蚀和摧残。大团大团白雾飘移在维尔卡马玉河

上。我感到无限渺小，在那些石头的中央，在一个荒芜世界的中央，这个世界骄傲、高耸，在某种程度上我属于它。我感到我的双手在某个遥远的时间点上曾在这里劳动，挖掘壕沟，抛光石头。我感到智利人，秘鲁人，美洲人。我感到那些艰难的高度，在那些辉煌的、散落的废墟之上，我找到了我赖以继续创作诗歌的虔诚信念。[5]

有些资料宣称聂鲁达曾这样评价它："这是个多么适合烧烤的地方啊。"[6]如果他果真做出过这样轻佻的评论，似乎也只是用来掩藏他感触之深度的策略：聂鲁达花费了近两年的沉思来创作他最著名的一首诗《马丘比丘高地》。他在这个名字的第一个单词中多加了一个"c"，也许是要给这个神奇的地方铭刻自己的印记，在前哥伦布时期的文明与他自己的存在之间铸造他所认为的长长关联。

几年后，聂鲁达写道：

看了马丘比丘的废墟之后，古代的传奇文化似乎是由纸板做成。与那些被遗弃的印加高塔的高傲庄严相比，印度帝国自身似乎是渺小的、随意的、陈腐的，一个民间的神祇节日。我不再能将自己与那些建筑相分离。我理解，如果我们踩在同一片承前启后的土地上，我们与那些美洲社会的崇高努力有着某种关联，我们就不能忽略它们，我们的无知或者沉默就不仅仅是一种犯罪，而且是一种失败的延续。我们贵族式的世界大同思想不断把我们引向最遥远的人们的过去，却让我们对自己的珍宝视而不见……我回想着古代的美洲人。我看到他的古代斗争与当今的斗争交织在一起。正是在那里，我要创作一个美洲《大诗章》的想法的种子开始萌芽，某种编年史……如今我从马丘比丘的高峰上看到了整个美洲。那就是我新构思的第一首诗的题目。[7]

在他 1945 年 9 月开始在黑岛写作的这首诗中，聂鲁达感到了一种使命，要揭示他的先驱们的伟大，正如他在《我心中的西班牙》中所感到的要揭露佛朗哥对世界犯下的暴行的使命。但《马丘比丘高地》意味着个人奋斗与公共编年史之间的一种综合。他通过努力拥抱一个辽阔的宇宙而真正抵达了自身之外。

在更晚的时候创作的一首非常优美的诗歌《第一次旅行》——收入《黑岛纪念碑》（1964）——中，聂鲁达写道：他早年青春期的状态是一个沉迷于自我、几乎盲目的状态："我不知道如何阅读，只不过在阅读自己"。在《马丘比丘高地》中，聂鲁达抛弃了《大地上的居所》那种内向的痛苦感。那本书中凝聚了强烈的孤绝，而这本书中有一种极端的乐观主义热望，渴望革新，渴望秩序，普林－弥尔正确地把这称作聂鲁达的"个人宇宙学"。[8]

不过，还是有很多让人回想起《无限之人的努力》那种青春忧郁的地方。埃尔南·洛伊拉把诗行"有人在小提琴之间等我"描述为聂鲁达整个作品中最令人费解的诗句。聂鲁达明确告诉洛伊拉，这行诗是指"一种爱情体验"。在诗人著作全集的新版注释中，洛伊拉说得更具体了，他说："这种爱情体验……只可能是与玛蒂尔德·乌鲁齐亚关系的开始。"[9]只有当我们承认洛伊拉的推测，亦即：聂鲁达在1945年底在圣地亚哥的"Parque Forestal"一场露天音乐会上认识了玛蒂尔德——当时他正在写《马丘比丘高地》——而不是一般人所认为的，以及玛蒂尔德本人在1983年5月23日的西班牙日报《国家报》上所宣称的是1946年。[10]

《马丘比丘高地》也恢复了聂鲁达与克维多之间的情感纽带，尤其联系到该诗人对人类在广阔时间面前所显示出的短暂性的困惑。

在利马，聂鲁达和迪莉娅惊讶地遇到阿根廷杂志《南方》的创始人维多利亚·奥坎波。巴勃罗曾经批评过《南方》的许多供稿者——尤其是法国作家德里厄·拉罗谢勒——因为他们同情法西斯分子。但对于聂鲁达，友谊通常比政治分歧更强大。他一听说奥坎波也在他们利马的酒店中住着，他和迪莉娅不仅抽时间去看望她，而且给她带去一件礼物。

关于聂鲁达对秘鲁的访问，除了情理之中的对他参观马丘比丘一事的关注，在其他文献中没有提到的是，这次访问如何增强了他业已在哥伦比亚唤醒的对美国在拉美地区的商业投资的敏感。美国通过国际石油组织控制了秘鲁百分之八十的石油产量，将近百分之百的矿产。

176　　　但给他留下最难以磨灭印象的还是在秘鲁安第斯山上的前哥伦布时期的堡垒。在 1943 年仍在秘鲁期间所写的一篇文章中，聂鲁达写道："印加人留下的远不止是一个火与殉道的小皇冠以及历史的奇妙之手；他们留下了一个巨大的、广阔的布景，开凿自最精巧的手指，出自那些手，它们可以从声音中获取敬畏，劝慰忧伤，举起巨大的石头，在无限中持存。"[11]

"忧伤"这个词在这种语境中是多么有趣。它看上去就好像，即便穿越时间的无尽并且再发现他的前哥伦布根基，他也依然在追忆他自己的记忆：那种孤独中的忧伤，远东的外交生涯。他也许指的是《马丘比丘高地》那些诗行中的孤绝：

> 多少次在寒冷的城市街道，或者在
> 暮色中一辆公交车，一条船，或者在节日夜晚
> 密集的孤独中，浸透在钟声与阴影中
> 在人类欢乐的巢穴中，
> 我曾想要暂停，寻找那永恒，不可解的
> 真理的蛛丝，我曾在石头间触碰到，在闪电中，释放过
> 一个吻[12]

他也有可能一步步承认那些酗酒聊天通宵达旦的波希米亚欢会，圣地亚哥的学生生活本质上是空洞的。就像在许多诗作中——这也是给那些诗歌带来非凡深度和丰富性的契机——聂鲁达一方面围绕直接感官经验而写作，另一方面围绕对从前感性经验的回忆而写作。我相信这反映出普鲁斯特的影响，他是聂鲁达年轻时代最钟爱的作家，他的作品富有同样对细节的偏爱以及对记忆的感性运用。

离开秘鲁以后，巴勃罗和迪莉娅在乌拉圭和阿根廷逗留了片时，在

1943 年 11 月 3 日回到圣地亚哥。聂鲁达将近四十岁年纪了，比三年前离开智利去墨西哥的时候要更加睿智。林奇大道 164 号的房子，施工还在进行——为了纪念墨西哥的岁月，他把该房子昵称为"米却肯"——因此最初的几天，这对夫妇住在首都的卡勒拉酒店，然后他们搬到了位于维库纳·马克那大道 40 号的西尔维娅·泰耶尔的公寓。西尔维娅是阿尔瓦罗·伊诺霍诺的妹妹，正是 1927 年和巴勃罗一起漂洋过海去往远东的那个阿尔瓦罗。

177

智利大学的一个年轻阿根廷学生安东尼娅·拉莫斯为我们了解当时的巴勃罗和迪莉娅提供了一个有价值的视角：

> 巴勃罗已经发胖，几乎秃顶了。她（迪莉娅）却是苗条的，非常精致，有着优雅的举止。她以一种曼妙的姿势举起她的双手，移动她的脖子，她的嗓音……她对自己的相貌非常着迷，但她想要别人来参与其中。一个发型师来精心为她的头发染色，因为它已经开始发白。我自己很多次帮助她给头发做波浪，梳理它……他们会在凌晨两点回到家，叫醒每个人，然后他们会继续聊天到凌晨四五点钟。这所房子被改造成一座蚁穴，充满西班牙难民，来自墨西哥的人……她是一个清醒的人，她以巨大的耐心和优雅处理他们共享生活中的粗俗。她很优雅，他却是"熊孩子"。[13]

迪莉娅保持着对聂鲁达的关键影响与核心支持。在充当文学批评家的角色时，她继续审读他写的大部分作品，提出有价值的批评，他会留意并做出调整。迪耶戈·穆诺兹的遗孀伊内斯·瓦伦祖拉回忆道："我记得有一次，我们在车里，正在前往圣地亚哥捷克大使馆赴午餐的路上。巴勃罗给迪莉娅读《大诗章》中的一部分，迪莉娅告诉他：'不不，巴勃罗，这段糟透了，你不能那么说，'巴勃罗立即用心采纳了她的建议。"[14]

尽管迪莉娅对巴勃罗的感情依然溢于言表，但人们搞不清他们是否依然有性关系。他们的朋友阿依达·费格罗阿告诉我她在大约这一时期有一次问迪莉娅她是否认为巴勃罗仍然保持着强劲的生理冲动，她说她认为他没有。"蚂蚁"是多么的大错特错。聂鲁达的眼睛始终在游离。

可是他们之间的感情比以往更强烈了。迪莉娅的关心从不动摇。她担心巴勃罗身体超重。因为担心，所以她果真买回来一套小的称重砝码，努力控制聂鲁达的进食量——对于这样一个坚定的美食爱好者，这不是件容易的事情。在吃饭期间，迪莉娅——已经把自己变成了蛋白质、维他命、脂肪专家——会建议他咀嚼他的肉食六十次以上，吃得很慢，避免摄入超过一小勺"糖浆"。聂鲁达会稍微有点赌气，他会回应说："小蚂蚁，我要吃掉所有甜瓜，直到我变成一个甜瓜！"

公道地讲，迪莉娅对她自己的健康也是这样关心。她都快六十了。她在圣地亚哥圣玛利亚诊所注册，以便尽力戒烟——香烟让她的嗓子变得嘶哑。

更重要的是，迪莉娅支持聂鲁达做出了重大决定: 加入智利共产党。他说，西班牙教他懂得: 共产主义是反抗法西斯的唯一有效道路。当然，迪莉娅在推动他走向这个方向上起到了关键作用——是她真心支持他最终获得信念，帮助他准备演讲。

但首先，这对夫妻将不得不重新了解智利的最新政治局面，在他们离开的三年中，它已经大大改变了。智利稳定的、多党政治系统更像西欧的政治体制，而不像拉美模式。智利人对其代议制民主非常自豪。保守党和自由党作为右翼联合力量变得更为亲密，如今对社会主义比对反教权阵营中的传统敌人更恐惧。激进党取代自由党成为中间摇摆的政党，因为他们被成长中的共产党和社会党从左翼包围了。

智利共产党放弃了他们 1928 年到 1934 年鼓吹的无产阶级革命。这与 1935 年通过的第三国际新政策一致。如今，在 1940 年代早期，他们以反法西斯主义的名义主张广大的改革主义选举联盟。

由中立的激进党主导，佩德罗·阿吉雷·塞尔达总统的"人民阵线"当局吸收了社会主义分子与共产主义分子进入现有体制，把潜在的革命力量转化为相对温和的对合法机构的参与。就像在拉美其他地方，大萧条以及随后的第二次世界大战的爆发加速了国内消费品制造业的生产，

扩大了国家的角色，增强了智利对美国的经济依赖。可是，社会主义者
与共产主义者开始不断争吵，尤其是关于共产党对 1939 年纳粹－苏维
埃互不侵犯条约的支持。

1941 年初，社会党决定不再与共产党人共事，退出了"人民阵线"
联盟。为了安抚右派，总统佩德罗·阿吉雷·塞尔达强制推行了农村的
工会化。

但是在 1941 年 11 月，总统突然在办公室死亡。他受到很多人的哀
悼，尤其是该国在其统治下一度兴旺的知识分子。随即，两名激进党人
被提名为接替佩德罗·阿吉雷·塞尔达的候选人，他们是加布列尔·冈
萨雷斯·维德拉和胡安·安东尼奥·里奥斯·莫拉雷斯。里奥斯更受欢迎。
社会主义者们提名了奥斯卡·施纳克。右翼政党的代表是卡洛斯·伊瓦
涅斯·德尔·坎波。面对伊瓦涅斯有可能的胜利，社会主义者们撤出了
他们的候选人史奈克，转而尽力支持里奥斯。由前总统阿尔图罗·阿莱
桑德雷·帕尔马领导的一个自由派也采取了同样的做法。这帮助了里奥
斯在 1942 年 4 月 2 日以 56% 的选票胜出。

因为在帮助他当选总统的过程中得到了广泛支持，因此，毫不奇
怪，里奥斯的政府也具有广泛的构成，从社会主义者到自由主义者。
1943 年，在美国的压力下，并且也因为需要美国给智利脆弱的太平洋
海岸线提供保护，里奥斯的政府切断了与轴心国——德国、意大利以及
日本——的外交关系。与此同时，它与苏联建交——这是受到右派严厉
批评的行动。1943 年 4 月 13 日，智利对日本宣战，抛弃了它在一战中
遵循的中立政策。[15]

甚至早在他正式加入共产党之前，聂鲁达在 1944 年就作为参议院
的代表出现了，代表地球上最干旱地区阿塔卡玛沙漠中的塔拉帕卡和安
托法加斯塔两个北方省份，那里有时好几年都不下一滴雨。聂鲁达对于
要求他参与竞选的提议第一反应是一种警觉：他意识到自己作为政治演
说家具有劣势。但当党告诉他，朗读诗歌对于大众来说是他最有效的政
治信号时，他被说服了。

聂鲁达在北方与伊莱亚斯·拉斐特一起竞争，他是当时的共产党主

180　席，曾经是硝酸盐工人，担任过演员，是一个非常有天赋的演说家。在这个地方，聂鲁达第一次接触到智利最贫穷、最绝望的人民。

> 那里有着举世罕见的地方，那里生活如此艰辛，赖以维生的物产如此稀少。要付出难言的牺牲才能运来水，浇灌开出最微弱花朵的植物，养一条狗，一只兔子，一头猪。我来自共和国的另一端。我出生在绿色的国度，有着树荫浓密的森林。我有一个充满雨和雪的童年。仅仅面对那片苍白的不毛之地这个行为本身，就已经成为我人生的转折点。[16]

乔治·奥威尔记录矿工生存所具有的那种冷冰冰的、盎格鲁撒克逊式的超然态度在聂鲁达这里并不适用。奥威尔把煤矿工人及其日常艰辛看作"不同的宇宙"[17]，聂鲁达却把他们的生活看作自己的一部分。罢工在亨伯斯通以及马波乔的硝石矿区爆发。聂鲁达见证了矿工的生活条件：

> 我的心依然为那些营地的贫穷所带给我的记忆而颤抖……就在庞德阿苏卡尔这里，营地建在垃圾堆上。当我走进其中一所房子，一个南美大草原的妇女告诉我，如何突然地，从她房间的地板下，死老鼠和旧鞋底冒出来。那是垃圾堆（从地板底下）冒出到地面上来了。我走进她的房子，她指给我看快散架的那些床，其中一张直接铺在地板上，其他家具，一张架子拼成的桌子，整个屋子只有一把椅子。那里没有厨房。在底层，一个皱巴巴的铁炉和一些金属环充当一个烤箱。"食物做出来都是黑的，"她告诉我说。[18]

　　回到圣地亚哥之后，聂鲁达奋力控制在他自己两处住房中发生的另一种混乱，尤其是在黑岛的太平洋沿岸的新房子。

　　黑岛存在着几个主要问题，这导致了巴勃罗和迪莉娅之间的摩擦。当客人们造访黑岛的时候，他们会遇到房子外面耸立的巨石，他们经常不得不忍受一个事实：建设在他们四周持续进行。巴勃罗委派了一个西班牙建筑家日耳曼·罗德里格斯·阿里亚斯来建筑正房和一个石头瞭望塔。很多时候，巴勃罗会起身离开他的朋友们，巡视工程进度，当"蚂蚁"并未显示出对房子进展的同等兴趣，他就会变得恼怒。

就在 1944 年 2 月 21 日，聂鲁达的朋友托马斯·拉格访问这对夫妇的时候，他发现他俩显然有争吵：

> 他们不交谈，只有迪莉娅回答我的问题。然后，从一些支支吾吾的话语中，我可以看出，迪莉娅很痛苦地指责他（巴勃罗）不该因屋子周围那些建设而责怪她。巴勃罗则从他的角度说："你怎么会想到等到最后关头才派女仆去取牛奶呢？"厨房没有打扫，有时很多天都关着一堆腐烂食物在里头。厕所没有自来水，很脏（就跟黑岛所有的水一样），诸如此类。[19]

当另一个朋友安妮塔·拉加里格试图向迪莉娅开玩笑来活跃气氛："那么，你没给巴勃罗做早餐，对吧？"迪莉娅厉声反驳道："为什么他不给'我'做早餐？"[20]

在从黑岛返回圣地亚哥的路上，聂鲁达对他的易怒感到歉疚，说他在前天晚上没睡好，乞求宽恕。"实际上，巴勃罗是个好心人，"拉格说。"他会生气，但只是偶尔地，而且时间很短，之后他会深深感到歉疚。"[21]

1945 年 3 月 4 日，聂鲁达当选为安托法加斯塔和塔拉帕卡的共产党参议员——尽管他当时还不是党员。在回忆录中他说，

> 我会永远怀着骄傲珍惜智利最不适宜人类居住地区、铜矿与硝石矿的广大矿区的千万人民把他们的选票投给了我。走在南美大草原上是劳累和痛苦的。那里半个世纪没有下雨了，沙漠在矿工们脸上刻画下痕迹。他们是有着烤焦的面容的男人；他们被弃置在 孤独与

默默无闻之中，这孤独与无闻编织进他们双眼的黑色凝重中……但我的诗歌打开了交流之路，让我有可能和他们并肩行走，被我那过着如此艰辛生活的同胞们作为终生兄弟而接受。[22]

182　　那个沙漠中仍能看到刻在石头上的拼写错误的聂鲁达参议员竞选提示："Vote por Lafferte y Neftalis Reyes（Pablo Neruda）……"（"为聂鲁达投票"）

与此同时，世界政治改变了面貌。二战结束了。纳粹被打败，对于左派现在是一个好时机，红军骄傲地进入了柏林。

1945 年 5 月对于聂鲁达也是一个好月份。他赢得了智利国家文学奖——这对他来说是一个巨大的骄傲来源，因为这是对他迄今为止所有作品的一个奖励（而且他是第一个获此奖项的诗人）。更有甚者，因为他现在已经公开作为一个共产党人出现——虽然没有正式入党——他也把该奖视为对他政治立场提供的某种承认，因为评审团既包括政府代表也包括知识分子。

他感到：作为一个著名的作家以及国会议员，他有双重使命要履行。在他 1945 年 5 月 30 日作为参议员的首次演讲中，他宣称"我们所有人或者几乎所有人感到的思想上的、道德上的以及法律上的责任在我看来都远为重要。"

尽管他担心不能够发表一篇热情洋溢的政治演讲，聂鲁达还是欢呼希特勒之死，盟军对纳粹的胜利，以及左派的胜利——尤其是，共产主义的胜利：

直到几天前，一个疯子还活在这世上，他在反共的旗帜下，屠杀、摧毁、侮辱、谩骂、侵略和谋杀人类、城市、田野与存在、人民与文化。这个人还聚集了可怕的军队，在他的领导下，变成人类历史上曾见证过的最巨大的仇恨与暴力的洪流。今天，紧挨着他的国家的废墟，在被他拖进坟墓的千百万死者之间，他无名地躺倒，扭曲得像一片烧焦的、枯竭的肉，在他个人堡垒的碎片底下，在那之上，如今飘扬着辉煌的红色旗帜，上面印着五星、锤子和镰刀。这面旗帜，和其他象征胜利的事物一起，意味着和平以及重建我们被侮辱的人类尊严。

他赞扬了苏联，不仅赞扬它抵抗了纳粹的军事威胁，也赞扬它让文化繁荣起来："我从官方统计中读到一个事实，"他告诉参议院，"令我作家的心充满澎湃的欢乐之流。这个事实就是：'在战争期间，一千种书以一百种不同的语言在苏联出版了十亿册。'"[23]

聂鲁达尽其所能履行参议员的职责。他喜欢在大街上遇到普通人，但一些文件工作让他想起领事职位上那些官僚主义折磨。

然而，他的敌人们全副武装地保持着攻击。1945 年 6 月 24 日在圣地亚哥的智利作家协会总部举行的一场演讲中——笔会正在庆祝聂鲁达获得国家文学奖——他不断被各种声音打断。一个声音宣称：

你背叛了诗歌、诗人、整个人道主义与非功利诗歌的系统。你抛弃了秘密发现，你不对我们讲述魔力或者安德烈·布勒东。你是一个……宣传分子。你太理智了，太清楚了。神秘在哪里，魔力在哪里？我读到过卡夫卡，阿波利奈尔，萨德侯爵，毕加索和艾吕雅，他们是崇高的。

聂鲁达无畏地接受了挑战，回应这个不速之客：

我视所有对人类文化的深刻贡献为崇高。我尊敬图腾部落的神秘的音乐秘密，它们来自和乔叟、维庸、贝尔塞奥、阿利吉耶里一同辉煌诞生的伟大诗歌警句，来自龙沙的辉煌钢琴，莎士比亚的盛怒与珍珠，巴赫或托尔斯泰的栋梁之力，直到斯特拉文斯基和肖斯塔科维奇，也包括毕加索和艾吕雅。魔力和技艺是艺术的两个永恒翅膀，但我相信是那些远离正在焚毁文化的火焰的人们，而非那些救火的人们（尽管这意味着灼烧他们的双手）是诗歌的叛徒。

另一个声音从大厅发出，这次是指责聂鲁达写得太晦涩。

184　你是一个扇动家。不仅如此，你还是一个没人能懂的晦涩诗人。我在我最喜爱的报纸上读到了那些诗。你简直是用象形文字写作……你给我们带来了西班牙的赤色思想。你反对你的祖国、家庭和家园。你服从莫斯科的指令。你是秩序的敌人，你有两所房子，它们一定是你偷来的，因为这是一个充满小偷的国家。你谈论纳粹干什么？他们展示集中营的那些电影都是纯粹的宣传。德国是一个伟大的国家。它必须得到尊敬。它是贝多芬的国家……

对此，聂鲁达平静地回答道：该演讲者所谈论的就像很多其他

爱国者们，他们每天啃噬并摧毁着祖国，头脑狭隘，怀着僵化的自我中心主义……我有两所房子，一所是通过我的诗歌来支付的，直接从出版商那里支付给房主，另一所是由我们的公务员基金支付。他们是两所美妙的房子，给我带来骄傲，提醒我每天必须履行的职责。[24]

1945 年 7 月 8 日，在圣地亚哥考波利坎竞技场所举行的仪式上，聂鲁达正式加入了智利共产党。没有什么比他的《大诗章》中《致我党》那首诗更能表达出这一时刻对他意味着什么。

你让我与不认识的男人结为兄弟。
你让我从所有生者那里汲取力量。
你让我重获祖国，尽管它正在新生。
你给我孤独者所缺乏的自由。
你教会我点燃善意，就像火。
你给我一棵树所需要的刚直。
你告诉我一个人的痛苦如何在所有人的胜利中消失。

你教会我睡在同胞们的硬床上。

你让我在现实之上筑巢，就像在石头上。

你把我变成作恶者的敌人，抵御暴怒者的一堵墙。

你让我看到世界的清晰与欢乐的可能。

你把我变得不可摧毁，因为我不再终止于自身。[25]

加入智利共产党帮助聂鲁达与他陈旧的、长期的青春期身份做出痛苦而决绝的分离。从现在起，无论聂鲁达还是他的诗歌都不会"终止于自身"。

三星期后，他飞到里约热内卢进行他对巴西的第一次访问。这是一个欢乐的事件：路易斯·卡洛斯·普雷斯特斯已经从监狱里释放出来十年多了。在 7 月 31 日，聂鲁达在人头攒动的里约体育场朗读了他的诗歌。他发现巴西是个奇妙地令人生机勃发的地方。那里有绘画与雕刻方面的文化能量，使得阿根廷相比之下看起来——正如他后来对朋友说的——"老旧而狭隘"。[26]

1945 年 9 月，聂鲁达开始撰写《马丘比丘高地》，此时，他从一个新的视野来写这首诗：他如今是共产党员，这变成了一种温暖、归属性的子宫。更重要的是，正如贾森·威尔森所指出的，聂鲁达此刻感到与被剥削的工人有着更亲密地联系，那些在高高的安第斯山上建造印加堡垒的前哥伦布先驱们。正如威尔森所指出的，这首诗融进了"斯大林主义的钢铁"。聂鲁达的"情感上的共产党新生处于该诗的核心"，诗的标题"让这首诗看上去比它实际的样子更具有拉美风情"。[27]

《马丘比丘高地》可以用不同方式读上一千遍。每一遍，都可以从中发现新的意义。某种程度上，聂鲁达充当了他古代先驱者们的代言人。他替他们说话，就像他在《我心中的西班牙》中替佛朗哥镇压的牺牲者们说话。但《马丘比丘高地》也渗透着一种向死而生的困惑。克维多的影响再次成全了他。也许，看上去很奇怪，一个西班牙黄金时代的深刻悲观的宗教诗人会给一个 20 世纪欢愉的共产主义诗人施加如此深刻的影响。可是，聂鲁达在 1939 年的演讲《航向克维多的心中》中清楚解释了这一点：

> 如果当我们出生我们就开始走向死亡，那么，每一天都把我们更
> 为接近地带向一个确定的终点，如果生命自身是朝向死亡的可悲
> 阶段……我们不是把死亡整合进我们每日的生活吗，我们不是死
> 亡的永恒部分吗？那就是为什么，在许多不确定的区域，克维多
> 给了我一个清晰的、生物学的教训……如果我们已经死了，如果
> 我们来自一场深刻的危机，我们就失去了对死亡的恐惧。如果从
> 死亡迈出的最伟大一步是出生，那么从生命迈出的最小一步就是
> 死去。这就是为什么按照克维多的教条生命正如我所体会的那样
> 生长着，因为克维多对我来说不是一种读物，而是一场生活过的
> 经验。[28]

因此在《马丘比丘高地》，我们发现聂鲁达写道：

> 不可抵抗的死亡曾邀请我多次：
> 它就像海浪中的盐，不可见。[29]

很显然，在这里他将死亡与他惯常在积极意义上运用的主题结合起来：
盐，大海。当他抵达马丘比丘，聂鲁达感到了重生，就好像汲取了他古
代祖先的能量。这些祖先首先是劳动祖先，手艺人，用双手在土壤里劳
作的人，就像他伟大的西班牙农民朋友，米盖尔·埃尔南德斯。

再一次，他感到一种切身的、直接的、感性的潮涌，当前的感动强
烈混合着过去的感动。只不过这一次，它不再是个人的乡愁或者回忆，
而是一种新的，更实质性的关联：

> 于是，空气进来了，带着柠檬花手指
> 触摸那些熟睡的脸：
> 一千年的空气，数月，数星期的空气

　　　　蓝色的风，铁的山脉……

短暂的感动遭遇到恒久的安慰，对一种新的血缘关联的意识，与他大陆遥远历史的关联，与那些真正人类的关联，他们像奴隶一样劳作，创造这座山巅上的奇迹，一个需要如此多能量与生命的任务，以至于他仍能感到那能量从石头上涌出：

　　　　可是，石头与语言的永恒
　　　　支撑着这座城，它耸立如一盏圣杯
　　　　在所有那些手臂中：活着的，死去的，静息的，
　　　　被如此多死亡高高叠起，因如此多生命而成为一堵墙，
　　　　充满火石花瓣，不朽的玫瑰，我们的家园
　　　　这安第斯的矿脉，它冰冷的疆土。

　　对玫瑰的这种指涉是聂鲁达诗歌中一个常见主题。智利心理学家路易斯·卢维拉尔·索利斯提示说：这里也许指的是聂鲁达对某人的向往，那人对于他就像他的那些古代先辈那样无从认识——当他谈到通过死亡而重生的时候，他有可能想到的是他出生后不久就死去的母亲罗莎·巴索阿尔托吗？在他多年后的《玫瑰颂》中，他会写道："这并不是真的，玫瑰。我爱你。你属于我。玫瑰。"

　　《马丘比丘高地》是一首伟大的爱情诗，字字句句都和《二十首情诗》中的任何字句一样热情。他陶醉于那个念头："死去的王国仍然活着"，也许是找寻某种赖以活命之物，因为他患病的女儿没能存活。如果他没有回顾他的母亲，他有可能是在想象某种通过爱而得到的拯救，几乎是后裔恳求他不知名的祖先继续生活在他身上，超越他而生存。

　　不过，《高地》中最明显的关系是兄弟之情。"来和我一起吧，美洲的朋友"。在他参观马丘比丘两年后写这首诗时，诗人已经有了政治使命。他是一个共产党议员。他代表智利干旱北部地区弱势的、饥饿的、贫穷的人们。这种对他目前迫在眉睫的责任的意识扩展到那些艰苦工作

187

建造马丘比丘的远古兄弟们身上。

聂鲁达对他同胞所遭受的苦难有着真正的同情，这一点毋庸置疑：

> 石头在石头中，可是人，他在哪里？
> 空气在空气中，可是人，他在哪里？
> 时间在时间中，可是人，他在哪里？……
> 让我找回你埋在此地的奴隶！
> 从这些土地中拧走穷人的
> 陈年面包……

因为在这印加城纪念碑式的规模中感到自身的渺小，聂鲁达想要知道这些古代生命的每一个细节，就像他如今担当议员的角色时，倾听智利北部受到干旱折磨的农民的哀叹，就好像亲自活在那些细节中。"告诉我他活着的时候如何睡觉 / 他是否打鼾，/ 他的嘴巴张开如黑色伤疤。"最后，他想要这些奴隶们复活："起来，和我一起出生吧，我的兄弟"。而他，反过来，将会因为他们的帮助，受到他们友谊的洗礼而得到新生：

> 给我沉默，给我水、希望。
> 给我奋斗、铁、火山。
> 让那些身躯像磁铁扣紧我的身躯。
> 快来到我的血管我的口中。
> 用我的声音说话，用我的血液发声。

以这首诗，聂鲁达一劳永逸地割断了与他那漫长青春期所沉浸的遗世独立之半忧郁半欢喜状态的联系。如今，他感到与过去以及现在的文明相交流的巨大欢乐。

写完《马丘比丘高地》后的 1945 年 11 月，聂鲁达很高兴地了解到加芙列拉·米斯特拉尔成为第一个被授予诺贝尔文学奖的拉丁美洲人。

聂鲁达对他同胞的成功所感到的自豪渗透在他对参议院的演讲中，其中他称赞米斯特拉尔的诗歌"浸透了一种本质性的同情，它并不至于导向反叛或者教条，但的确超越了仁慈怜悯的范围"。就像伟大的俄国作家马克西姆·高尔基建立了一种"基于柔情的人类秩序和正义系统"，米斯特拉尔也是，"一个我们地理以及我们集体生活的伟大热爱者"，就像是所有智利人的母亲——尽管她自己从未有过任何真正的孩子。[30]

在那以后，一切照常。生活在圣地亚哥的"米却肯"跟生活在黑岛仍然一样混乱。当托马斯·拉格11月7日出现在"米却肯"的午餐上，他发现巴勃罗与拉法埃尔·阿尔韦蒂以及玛利亚·特蕾莎·列昂在享用一瓶开胃酒。聂鲁达的同父异母妹妹劳丽塔也在那里。但看不到迪莉娅：她在她建立起来的小工作室里画画。"那里桌子旁边没有椅子，没有盘子或餐具。巴勃罗不知道该怎么办。"[31]不过，客人们习惯了这种事态，镇定自若，他们陪着劳丽塔一起去取他们自己的椅子。当迪莉娅最终出现的时候，巴勃罗谴责她忽视了客人们。

> （迪莉娅）并没准备充当家庭主妇的角色。我相信她看不到任何原因，为何应该是女人来处理家庭中的事物，而男人其实完全可以亲自胜任那些事情（这涉及男女平等），但巴勃罗往往坚持认为：他的理念不同，要与我们智利中产阶级的教养保持一致。这是他们二人之间不可解决的问题。[32]

在1946年早期，聂鲁达很高兴被墨西哥政府授予"阿兹特克雄鹰"勋章。聂鲁达仍然感激墨西哥政府，因为它慷慨地接纳了如此众多难民逃离欧洲法西斯，而其他拉丁美洲国家却大门紧闭。

他在墨西哥给予的奖励所带来的欢乐中并没有享受多久。1946年1月28日，示威者们聚集在圣地亚哥莫内达总统府前广场表达他们与亨伯斯通及马波乔硝石矿区那些工资微薄、食物微薄的工人们之间的团结。这完全是一场和平示威，但在没有任何警示的情况下，当局丧失了他们的耐心，用机关枪向人群开火。至少五名示威者被杀害。聂鲁达倍

感愤怒，他写下一首诗，《广场上的死者》，在诗中谴责的不仅有谋杀者本人，还有当局试图掩盖事件真相的做法，

> 就像无人死亡，无事
> 就像他们是石头倒下
> 在地上，或水在水上

并且要求那些责任人在同一个广场接受审判。

1946 年，总统里奥斯跟他的前任一样死在了办公室。突然，聂鲁达收到一张令人惊讶的召唤。激进党总统候选人加布列尔·冈萨雷斯·维德拉要求聂鲁达充当他的情报长官——本质上，就是在即将到来的选举运动中充当他的宣传首领。

有时候，维德拉在很多左翼人士看来是智利最好的希望。他被一个左翼联盟支持，该联盟主要由激进党和共产党构成。根据博洛迪亚·泰特博姆所说，"他是我们所有的最左翼的政治家。我们知道他很粗俗，没受过教育，但我们能怎么办？他是如此重要——我们认为。但他欺骗了我们所有人。"[33]

190　　聂鲁达在智利纵横奔走，不倦地为赞美维德拉而工作。他找到他的特木科朋友，女高音布兰卡·豪泽尔（她的丈夫阿曼多·卡尔瓦加尔是智利交响乐团的指挥，和巴勃罗同一天加入共产党），请求她帮助谱写一首赞歌来描述总统候选人最棒的那一方面。就在聂鲁达溜达到布兰卡在圣地亚哥的公寓去讨论该项目的时候，他遇到了一个爱笑的迷人年轻歌手。聂鲁达沉浸在与她的短暂艳情中，随后她离开智利去了墨西哥。三年后巴勃罗会再次遇到她，他们那次重逢将会更加重要。

1946 年 9 月 4 日，维德拉在新一届总统选举中与一个外科教授爱德华多·科鲁兹-科克竞争；维德拉赢得了 192000 票，而对手赢得了142000 票。因为这个状况不能构成绝对多数，自由党和维德拉之间展开了谈判，借此，维德拉要求自由党人支持他的候选人资格。议会于10 月 4 日召开，支持维德拉，以 138 票对 46 票打败爱德华。

获胜的总统维德拉的第一任内阁是由自由党人、共产主义者和激进党人组成的不稳定的混合体——在世界进入冷战阶段的此时显得尤为特别。但没多久，这个古怪的联盟就显示出分裂的迹象。右派指责共产党人同情莫斯科，作为回应，共产党控制下的部门——农业部，公共建设部，土地开发部——号召进行抗议罢工。这转而导致智利反共行动的诞生（ACHA）[34]，这是一个由智利所有政党——包括社会党——组成的令人厌恶的准军事团体。维德拉已经显示出转而反共的倾向，虽然后者曾经帮助他赢得政权。但目前，他还没有对该党采取直接行动。

因为感到失望，聂鲁达再次想要逃离智利。尽管家乡有着日益增长的政治紧张，他的文学名声一直在扩张。《大地上的居所》已经被翻译成了丹麦文，在美国，被翻译成英语。葡萄牙语版本的《二十首情诗》在巴西见证了和在智利所保持的一样的成功。在东欧，那个在接下来的岁月中见过诗人许多次的地方，捷克的读者们如今已经可以读到《我心中的西班牙》了。所有这些版本带来了版税，大量版税变成了奢华的聚会，聂鲁达的书本以及贝壳收藏。

191

1946 年 12 月 28 日，聂鲁达终于正式向他出生时被赋予的名字告别了。他再也不在任何地方被称作卡多·雷耶斯了。他在官方意义上成为了巴勃罗·聂鲁达，对他的读者们和朋友们都如此。在他死后出版的充满欢乐的《疑问之书》中，他顽皮地写道："生活中有任何东西比叫作聂鲁达更可笑的事情吗？"但就跟他轻薄地说要在马丘比丘烧烤这句话掩饰了深刻的情感震动一样，他与他早期的、充满恐惧的、内向的、害怕父亲的自我彻底决裂对他来说是和加入智利共产党一样重要的。

"米却肯"持续成为世界上最伟大作家们的一块磁铁：米盖尔·安赫尔·阿斯图里亚斯、拉法埃尔·阿尔韦蒂、法国诗人保尔·瓦雷里以及古巴诗人尼古拉斯·纪廉。很快，巴勃罗的老校友迪耶戈·穆诺兹也来和他们生活在一起，伴随他的还有他新女友伊尼斯·瓦伦祖拉，因为他已经和第一任妻子分手了。伊尼斯告诉我他们当时的生活：

巴勃罗爱迪莉娅，尽管有年龄差距。他没有她简直没法生活。在林奇大道，巴勃罗会很早起床，去附近市场买水果和蔬菜。迪莉娅会起得晚一点。当我们回到房子里，他第一件事就是问："有蚂蚁吗？还是没有蚂蚁？"于是她就出现了。巴勃罗对迪莉娅非常深情——而不是相反。我不是说她不深情，而是说主动性总是来自巴勃罗。[35]

在诸多来访者中，有古怪的智利作曲家阿卡里奥·科塔波斯，他曾在巴勃罗在西班牙内战期间的马德里四面交困的生存处境中活跃过气氛。"阿卡里奥告诉过我，饿死的最好办法就是把自己交给迪莉娅的厨艺。千真万确，迪莉娅对于如何做饭一点主意都没有，也不知道要来客人的时候应该烹调点什么，"迪莉娅的一个亲密朋友拉维尼亚·安德拉德如是回忆道。"但她有天赋保持最洋溢的热情。她看上去从不会厌烦，反而看起来很高兴认识她所遇见的每一个人。她也给人带来一种印象：尽管他俩在一起已经有很久了，每一天依然是她和巴勃罗一起度过的第一天。他们去参加所有公共聚会和朋友聚会。她总能吸引人。她似乎拥有奇怪的魔力。"[36]

罗拉·法尔孔说聂鲁达"可以依靠迪莉娅，她不介意做出任何牺牲，只要可以帮到巴勃罗……"

迪莉娅对客人们来说是具有魅力的，但我不认为她在操持家务方面有多在行。有一天，在花园里，我发现了一把（厨房用的）叉子。她告诉我："哦，原来叉子们都去那儿了。"她甚至毫不奇怪地弯腰把它捡起来！这些都是那种她并不挂心的细节。但朋友们负责照管家里的事情，在"米却肯"，没人甚至有可能抱怨他们的服务或者热情……让迪莉娅充满魅力的是她慷慨的心肠，对友谊的感觉，兄弟情义，对他人的爱。她对聂鲁达诗歌的崇拜不是排他的。她也喜爱洛尔迦，巴列霍，阿尔韦蒂，马查多。在这一切之上，她热爱着幸福、正义与人类自由。[37]

192

1946 年，迪莉娅收到了一些好消息，缓解了这对夫妇的经济压力：她最终成功卖掉了阿根廷的地产，有望得到一笔可观的月收入。迪莉娅能够彻底拥有"米却肯"的所有权了——她将要在那里住到生命尽头——代价是二百五十万比索，还清聂鲁达为了支付房子的首付款所欠"公务员与记者补助基金"的债务。迪莉娅从阿根廷地产中所获得的钱的另一半消失在一个神秘的黑洞中，因为他们托付给了巴勃罗的一个朋友打理，这个人许诺要对这笔钱做明智的投资，但他破产了，随后死于一场车祸。但根据迪莉娅的传记作家费尔南多·赛斯记载，聂鲁达很反感别人提到他依靠迪莉娅的钱而生活。[38] 也许正是意识到他依然依靠迪莉娅的钱——尽管他有文学声望——使得聂鲁达偶尔会非常公开而且无情地嘲笑她在家务方面的无能。有一次，当托马斯·拉格 1947 年 5 月 10 日来访的时候，聂鲁达开始谈论他是如何羡慕一个他所遇到的单身汉一丝不苟地打理着房子。

他说他只去过他的房子一次，出于这样那样的契机，他发现家具有着完美的秩序，每个抽屉安排放置不同的东西，这里是衬衣，这里是袜子，那里是毛巾。那个人打开了一个隔间，令人惊奇不已的是，一整套领带秩序井然地陈列在那里，按照羊毛、丝绸、红色、蓝色等等排列……在谈话中间我们都看着迪莉娅，因为她是靶子。一旦他们结婚，男人们就失去了他们的自然秩序（聂鲁达是这样暗示的）。巴勃罗随即回忆起他在印度（远东）的生活，那时候他也是一个单身汉。他当时有一个二十二岁的老"男孩"给他安排一切，他名叫布拉木皮。当他每天早晨走出浴室的时候，他都看到一件干净的衬衣在等着他，上面有袖扣，折好的长裤放在那里，因此他只需要把腿伸进去，袜子跟新的一样干净，领带也是，床上放着的内裤非常整洁。[39]

但是，对聂鲁达来说，在前方有更多混乱，远比家庭混乱所带来的偶然痛苦大得多。在 1946 年 10 月 21 日，总统安排了与当时的智利共

193

产党特使博洛迪亚·泰特博姆的一场会谈，后者当时是领导共产党代表团的行政长官办公室的特使，总统下令共产党的政府部长们下台。当博洛迪亚告诉总统他们拒绝接受这项命令的时候，冈萨雷斯·维德拉暴怒地说道："无论如何我会弄掉他们的。"他果真这样做了，这让聂鲁达极度愤怒。[40]

有一次，在政府外面，共产党人加强了抗议。共产党人在1947年市政府选举中的成功促使冈萨雷斯·维德拉总统下定决心，要将自己一劳永逸地与他们划清界限。在10月，矿工们开始在洛塔启动另一个罢工。维德拉宣布，该运动是一个有预谋地要搞垮智利经济的革命行动，是朝向推翻民主政府、建立独裁的第一步。

洛塔罢工是完全合法的，指责智利共产党人受命于莫斯科是毫无道理的。实际上，自从1935年第七次共产国际大会，智利共产党——不像社会党人——已经启动一种联盟策略，与进步的政治经济方面的参议员结成联盟，努力推进资产阶级民主革命。

一个共产党矿工达米安·乌里韦·卡德纳斯直到1941年一直是强大的洛塔矿工工会秘书，随后他被选入国会。此后，他很高兴把肮脏的矿工制服换成领带，与保守党和自由党政客们展开政治战斗。与此同时，很显然，这种社会活动家与政治活动家之间的联盟，农村与城市力量之间的联盟，正是被维德拉视为对他统治的最大威胁。这就是为什么他对聂鲁达的参议院声望持如此模糊的态度的原因。与此同时，正当维德拉看到他个人霸权受到挑战的时候，冷战给他带来恰逢其时的国际借口，来为反对左派采取严厉行动。他一定已经很高兴地留意到，巴西共产党已经被宣布为非法。

共产主义者和其他维德拉的批评者们宣称他在美国压力下行事，有意要缔造与那个统治性的超级大国缔造更为紧密的经济与军事联系。美国当然鼓励镇压智利共产主义者，这两个国家在维德拉担任总统期间达成了一项军事援助协议。可是，没有关键证据证明美国直接推动他的行动。维德拉也希望：通过转而反对共产党人，他可以从批评他政府的右翼分子那里得到支持——尤其是那些地主们，他向他们承诺不断推迟农民联合会的成立。

在他此前与共产党人以及工人阶级达成的竞选联盟的高峰期，维德拉多次访问洛塔来确保那里的人们给予他支持与同情。这解释了为什么当他转而暴力反对他们的时候，他们感到深深的痛苦。

通过运用智利国会授予他的新的"特别权力"，总统把他的军队派到洛塔及其周边地区。人们遭到逮捕，被送上海军战舰，运到圣玛丽和丘里丘纳等岛屿上的军事监狱。在负责驱赶囚犯的人中间有一个独特的人物奥古斯多·皮诺切特·乌加特。大多数人后来被运送到皮萨瓜镇港口建立的一个集中营，在沙漠北部，在那里，煤炭矿工们很快迎来了全国上下遭到逮捕的几百名囚犯。（在 1948 年 1 月，皮诺切特被提名为皮萨瓜集中营首脑，2 月末，他被送往位于洛塔的煤矿地区，在那里他担任了一年的紧急地带首席军事代表。）

有些资料认为：维德拉本人也在场指挥对罢工的最后镇压。其他 195 消息认为皮诺切特在负责行动。据信，当最后据守的矿工们抵抗五十多个派往洛塔的施瓦格矿井来驱赶他们的士兵时，催泪瓦斯被泵进了通风系统。当矿工们头晕目眩、咳嗽不止地冒出地面时，有大约两百人被捕。

令人惊讶的是，社会主义者们坚定地支持维德拉残暴地镇压矿工罢工行动。他们支持 977 和 978 法案，这两条法案合法地强制矿工们回到工作岗位，但的确为那些井下工作的工人们提供了 40% 的基本工资提升，并且为那些地面工作的工人提供了 30% 的工资提升。社会主义者们认为这两条法案足够满足工人们的要求，远超过任何罢工所能做到的。他们把持续的罢工视为一场（共产党领导的）政治运动，就像维德拉本人宣称的，将智利的宝贵"民主"置于危难中。

如今，人们几乎可能相信，社会主义者们会支持一个独裁政权，它把矿工们拒绝工作视为带上军事法庭的证据，取消工人家庭的食品供应，并且，当它得知工人们在大海捕鱼维生，甚至禁止捕鱼。

在这混乱一年的八月，聂鲁达的诗卷《第三卷居所》在布宜诺斯艾利斯由罗萨达出版社出版。这首诗的语气变化多样。长长的第二部分，比该书其他部分撰写得更早并且最初独立成册问世的《愤怒与折磨》，让人回想起《大地上的居所》的第二卷——因为它含着对性的苦涩态度：

> 我是一个男人，被偶然带到此地
> 出于某种隐晦的安排，遇到一个女人
> 我们脱光衣服
> 就像去死，去游泳，或者去变老，
> 我们将自己推向彼此，
> 她环绕我，像一口矿井，
> 我撞向她，像一个男人
> 敲打一口钟……

196　但其他诗也收集在《第三卷居所》中——尤其是写于西班牙内战时期的诗作，《我心中的西班牙》，聂鲁达最早的"忠诚诗句"的合集——反映他对一项"群众"事业的认同。

聂鲁达对智利政治方向的失望在 1947 年促使他再次渴望异国他乡所带给人的新鲜感。他请求被任命为罗马大使。最初，维德拉把这个主意视为一个好办法，摆脱一个最负盛名的极左人物。但维德拉从个人经验中也知道，大使的生活会是多么惬意（他曾在 1939 年 11 月抵达巴黎担任智利大使职务），也许，他脑子里并不情愿给聂鲁达带来那种惬意。到那个时候，维德拉正在考虑彻底将智利共产党宣布为非法。为了达到这一效果，他秘密与美国总统杜鲁门的密使海军上将威廉·莱西达成一项交易。

因此，事情就成了那个样子。聂鲁达被迫留在智利，虽然政治局势变得越来越令人绝望。托马斯·拉格回忆说：聂鲁达不断消瘦并且睡眠很差。如果失去他的参议员身份，"聂鲁达知道他任何时候都有可能遭到逮捕、放逐或监禁。但他直截了当地拒绝躲藏。他说他必须与任何其他人一起受苦。"[41]

拉格写道：迪莉娅用一整个下午在理发店做准备，坚持认为，如果她要被流放到皮萨瓜集中营，她想要打扮得漂亮得体。

1947 年 11 月 27 日，聂鲁达再也抑制不住了。因为智利的出版审查如此全面而复杂，他转向海外，在委内瑞拉日报《国民报》上面发表了一篇爆炸性文章，题为《智利民主的危机是对我们大陆的强烈警示》。

在文章中，他发起了对维德拉的猛烈攻击，针对他把智利拱手交给北美控制。聂鲁达指出：维德拉曾经在 1947 年 6 月 18 日告诉伦敦报纸《新闻编年》的通讯员，他相信美国与俄罗斯之间的战争一触即发——也即是几个月的事情——这个信念表达了他对智利共产党人的态度，"他个人并没有对他们的任何反感"。维德拉告诉英国报纸："智利必须与她强大的领邦美国合作，如果战争爆发，智利将支持美国反对俄国。" 197

聂鲁达指责那个他曾经作为宣传总管忠诚地为之服务的人：

> 维德拉先生的终生理想可以被概括为一句话："我想当总统。"在我们美洲其他地方，这类肤浅、多变的政客寻求通过阴谋与政变来夺取权力。这在智利是不可能的。我们国家的民主根基迫使维德拉先生在实现他的目标时，披上煽动家的外衣……现任总统利用他与共产主义者的友谊作为他总统任期的基石……（但）随着共产党人担任的部长们被解职，这是出于政府以及北美霸主的旨意，维德拉先生亲自保证的公共平台的规定已经根本性地被抛弃了……

聂鲁达随即提到了洛塔的煤矿工人罢工。维德拉"在这次罢工中发现了走向彻底背叛的借口，一个激起大规模国际反响的借口，在工人身上大肆进行迫害，这种事情在我国闻所未闻。"

诗人强调了煤矿工人工作的可怕环境，他们经常蹲着，不断地

> 受到沼气（甲烷）的威胁，它可以周期性地杀死他们——甚至比他们的工作还要迅速。工人们要花四个小时到达工作场所，这段时间是没有报酬的。成千上万工人工作十二个小时挣到的不到五十分

钱，每天能挣到两美元的人非常少。然后，当他们从他们的洞穴中爬出来，他们面对的是新的悲剧，住所与食物。官方统计显示出每六个工人睡一张床的可怕数据。在一个叫作普丘克·罗哈斯的矿区，他们运用一种"温床"系统。这种系统——它揭示了智利人民的可怕悲剧——是由有规律地轮流使用一张床来形成的，结果，一年到头，一张床从不会冷却。靠着这样微薄的工资，食品完全低于平均水平。根据北美专家布鲁姆菲尔德先生所述，每个人每天摄入的热量比维持基本生存所需的要少两千卡路里。'Anyclomiasis'，一种可怕的疾病，造成很大部分的死亡，此外还有地方性肺结核造成的死亡以及意外事故造成的死亡。

这样可怕的条件造就了工人抵抗的英雄运动，这是再自然不过的事情，它在对这些极度糟糕的处境做出几乎难以察觉的改善。可是，如今，破天荒地，被同样这批工人选举出来的一个总统——他们希望至少曾经有某人听到过从他们地狱里升起的呼声——公开宣布这个罢工不是出于矿区可怕的处境，而是出于一种国际阴谋，基于这种错误，他用残酷与奴役来对待这些罢工者们，只有纳粹系统才会有这样的奴役与镇压……

他们把手枪对准儿童的胸脯，让他们说出他们父亲的藏身之所。他们在火车里——就像备受谴责的纳粹的火车——塞满在那个地区生活了四十年之久的家庭与工人们。很多时候，这些火车很多天都扮演着监狱的角色，没有人准许支援受害者们，他们被隔离起来，没有食物。孩子们和大人们在这种折磨下死去。矿工们的尸体出现在山丘上，调查是不可能进行的，因为无人允许进入该区域。正当联合国在辩论种族屠杀的罪恶之时——并且，智利代表团一定会围绕该题目发表大量热情洋溢的讲话——维德拉先生应该为那场真正的罪恶负责，对他自己的同胞犯下罪行。

聂鲁达向该大陆的全体人民发出了一个警告：

这些罪行的发动者不仅威胁着智利的自由，而且威胁着我们孤立的拉丁美洲的秩序与团结。其他政府会重复这种虚弱的背叛。一些兄弟国家的残忍而血腥的独裁者们如今将感到更为毅然决然，把绞索套在他们人民的脖子上……

聂鲁达在《国民报》的这篇文章结尾处感谢共产党的宽宏大度，给他时间离开自己的政治任务，投身于写作。他说他曾经一度几乎准备好了要"再次编织我诗歌的韵律与声音。我正准备再次歌唱，将自己沉迷在国家的深处，在它最神秘的根部。"这时，总统维德拉的背叛像晴天霹雳震惊了我，迫使我再次投身于政治斗争中。他说他"在这场为尊严、文化以及自由而进行的战斗中所遭受的任何个人风险都让人感到骄傲"。[42]的确，个人风险是巨大的。聂鲁达意识到，如果不是他的参议员豁免权，他很可能已经被捕并且被投入监狱，甚至可能关押在皮萨瓜。

就在聂鲁达在《国民报》上发表文章的第二天，暴跳如雷的维德拉就来到法庭，要求对该诗人进行 desafuero——亦即剥夺他的参议员身份。法庭接受了该总统的吁请，但聂鲁达马上呼吁抵制这个决定。

就在新年伊始之时，没有任何迹象表明这场残酷的镇压有所收敛。正当法律判决悬而未决之时，聂鲁达毫不放松对这个暴君的打击。1948年1月6日，聂鲁达站在参议院，做了智利政治史上一场最勇敢的、最令人震惊的演讲。该演讲后来以《我控告》的标题而闻名，模仿左拉五十年前控告法国政府迫害犹太士兵阿尔弗雷德·德雷福斯。"共和国的总统在放纵的政治迫害中已经迈出了更深的一步，这将使他在这些时日所构成的悲伤历史中臭名昭著，因为在最高法院要求我辞职之前就记录下了一个行动……"

可是，就当聂鲁达大声念出那628个人的名字，有男人也有女人，他们被关押在皮萨瓜集中营，没有就他们所受到的指控得到任何审问或告知，聂鲁达似乎并不知道，俄国采用和维德拉同样的手段来审查出版界并且让政治对手噤声。人们并不知道聂鲁达在情感上能不能承受得住

199

这样一种比较，要是他知道在苏联发生的一切。

以其绝妙的机智，结合他恶作剧的独特敏锐——尽管他所冒的风险是沉重的——聂鲁达把这个总统从前做过的支持共产主义者的行动都掷回他的面前。

200

我被指责揭露了智利在尊贵的维德拉先生领导下正在发生的事情，他通过各种特别权利与对出版的审查来进行统治。他们指控我发表反对国家的言论，因为我不同意这同一个尊贵领导人的许多决定。这个论据是可鄙的。如果不同意尊贵的维德拉先生就是背叛国家，那么，我们该怎么回忆起维德拉先生，曾经作为支援西班牙人民委员会的主席，支持并且捍卫西班牙侨民的权利，在流亡中攻击他现在称兄道弟的佛朗哥政府？他难道不曾授予那些西班牙人民以自由？那种自由，他现在想要通过一项弹劾法令来从我身上剥夺，而我曾是他总统竞选运动的领袖，共和国的参议员……

我很骄傲，他的迫害如今降临到我肩膀上。我很骄傲，因为遭遇且忍受如此多苦难的人民将因此有机会看清我俩谁保持着对公共责任的忠诚，谁背叛了他们。

聂鲁达接下来特别指控总统命令智利驻联合国代表团投票反对切断与佛朗哥的联系；指控他命令同一个联合国代表团弃权，由此"在建立一个犹太国的问题上不发表智利的看法"；指控他派遣武装部队反对智利工人，试图压制言论自由。[43]

一周后的 1948 年 1 月 13 日，聂鲁达在参议院做出最后的演讲：

我是一个受迫害的人，并且正该受到迫害。一个刚刚开始的暴政必须迫害那些捍卫自由的人们……但迫害不会四处开花，因为共产党在这个非常时期正在创造历史。很显然，我们将会被鼓励，但从四面八方，就像看不见的线索，走来人民以及自由人们的兄弟关系与团结。他们不会被禁声……[44]

　　从那天起，聂鲁达就是一个被通缉的人。他知道他最好尽快从智利逃离，如果他想要避免牢狱之灾——甚至更坏的结果的话。《帝国报》201报纸公布了一个悬赏，如果安排来追踪诗人的 300 个特务实际上成功抓到了他，就能得到奖赏。他是如何准备逃跑的呢？谁会冒着如此巨大的风险支持他？

第九章

"盲鼠的一年"——潜藏中的聂鲁达

1948—1949

1948 年 1 月 27 日，在不知名的攻击者试图向聂鲁达所住的位于圣地亚哥林奇大道的房子开火几天之后，聂鲁达在墨西哥大使馆寻求避难。

大使佩德罗·德·阿尔巴是新上任的外交官。他是聂鲁达的热情崇拜者，担心该诗人的安危，并且知道每天都有智利共产党领导人被捕并且监禁。他把自己的轿车借给巴勃罗和迪莉娅，由墨西哥使馆的军事随员达维拉上校陪伴，他们驱车前往东方边境，试图从那里越境前往阿根廷。可是，位于"救主基督"镇的边境警察将他遣返了，因为在他的文件中有不一致的地方：一方面，他的护照上印的是他的新名字"巴勃罗·聂鲁达"，其他身份文件上却仍写着"内夫塔利·雷耶斯"。这对夫妇小心翼翼地回到圣地亚哥——重新在墨西哥使馆找到外交庇护。

就在智利外交部知道聂鲁达的藏身之所后，他们向佩德罗·德·阿尔巴发出抗议。大使最初立场坚定，坚持说他给予该诗人的是他个人的协助。被突然的外交骚动所提醒，聂鲁达决定在大使馆申请正式的政治避难。但墨西哥外交部长海梅·托雷斯·博德特打电话给阿尔巴，警告 他不要因为批准聂鲁达的请求而造成一起外交事件，诗人想要避免阿尔巴承受更多压力，他撤回了避难请求并且离开了大使馆。

有些人指责阿尔巴不该这么迅速答应墨西哥政府的要求。聂鲁达本人则向他的朋友以及后来的秘书玛加丽塔坚称：这种批评是不公平的："佩德罗先生向我显示了巨大的慷慨。"[1] 玛加丽塔相信：也许是因为阿尔巴在外交游戏规则方面是个新手，导致他如此迅速地遵从了来自本国墨西哥城的指令。

聂鲁达一直称赞墨西哥，因为它在二战期间温暖慷慨地欢迎千千万万逃离纳粹与法西斯统治的难民。但他永远忘不了墨西哥当局的行为，通过外交部长海梅·托雷斯·博德特之手，在他最需要帮助的时候转过身去。

他在《大诗章》的一个段落里生动描绘了该时期，这些诗句写于藏匿期间，对于他所遭受的双重背叛感到苦涩。

> 后来他们指责我
> 犯了罪，那帮
> 奴才，被雇佣的凶手；
> "政府的秘书们"，
> 警察，用沥青写下他们
> 对我的肮脏攻击……
> 他们关闭了智利的山脉
> 因此我无法离开
> 告诉世人这里发生的一切，
> 当墨西哥敞开大门
> 欢迎我，保护我
> 托雷斯·博德特，可鄙的诗人，
> 下令把我带给
> 凶残的狱卒。
>
> 但我的语言仍然活着，
> 我自由的心发出指控。[2]

就在他勇敢且愤怒地谴责智利与墨西哥政府的时候，聂鲁达却也深知他所处的危险。他知道，在这个"盲鼠的残酷年代"，任何时候他都

204　有可能被捕，变成另一个关押在皮萨瓜集中营的共产主义者——而他为正义所发出的声音将永远沉默。

聂鲁达到底该去哪里呢？如果任何警察看见他，他就会就地被捕。聂鲁达搭乘了一辆出租车，交给司机——他对著名的受指控者乘客看都不看——一个朋友的地址：著名的民歌专家卡门·库埃巴斯。当他试图付给司机钱，那个男人仍然不看他，只是说："你不欠我任何东西，巴勃罗先生。祝你好运。"

一旦进入库埃巴斯家，聂鲁达就要了一副墨镜，逃进了圣地亚哥的黑夜。有一个星期时间，他成功逃过了当局的耳目。在 1948 年 2 月 5 日下午，聂鲁达的三个朋友——安德烈·罗德里格斯、奥梅罗·阿尔塞和奥古斯多·卡尔莫纳——造访了他在黑岛的家，带来了一个惊人的消息：他必须马上藏匿起来。两天前，法庭已经确认聂鲁达不再是参议员，并且签署了命令，马上逮捕他。

于是，惊人的冒险开始了，聂鲁达和迪莉娅从一个秘密藏身所转移到另一个，经常是在午夜，突然的消息来临的时候，就在消息表明警察正获得他们的蛛丝马迹之后。

与常见的记载相反，智利共产党并不是这场行动的主要组织者，尽管它的确提供了汽车和其他服务。主要操纵者实际上是一个年轻人阿尔瓦罗·哈拉·汉德克，二十四岁的历史系学生，他的化名是"伊格纳修"。他当时并不是共产党成员——尽管他已经加入共青团。他在成功设法将泰特博姆藏匿于当局视线之外后，被党要求采取行动隐藏聂鲁达和迪莉娅。哈拉多年后告诉普林－弥尔：就在维德拉四处寻找聂鲁达的时候，共产党当时处于相当无组织的状态，"像兔子一样四处奔走"。[3]

哈拉用几乎军事般的精确性处理各项安排——太军事化，太精确，令聂鲁达感到不快。诗人不喜欢被一个比自己小二十岁的年轻人各种指挥。而哈拉似乎对聂鲁达也没有更好的印象："众所周知，巴勃罗是个大孩子，非常任性，习惯人们响应他的命令，不加反对。更有甚者，藏匿生涯猛然切断了他和曾经每天环绕着他的广阔社会的联系。"相比

205　较而言，哈拉对"蚂蚁"却只有正面的回忆："迪莉娅是如此迷人，勇

敢而精致的女人，她整个时间都会陪伴着（聂鲁达），一次也不抱怨他们吉普赛人一样的冒险性的，偶尔满不舒服——并且经常有潜在的危险——的生活。"[4]

哈拉正确地指出，这种被迫的地下生活提高了聂鲁达的诗歌创造力，因为它允许他拥有更多时间来思考和写作，摆脱社会干扰。

> 我想说，1948 年是《大诗章》的年份……我是一个见证人，在许多场合，当我们聊天，我自己，迪莉娅和（聂鲁达），突然，诗人会站起来并慌忙地溜走，不做任何解释，就好像诗句正在逃跑或者从他身上掉下来，他待在隔壁房间。很快我们听到他那台便携式打字机键盘的敲击声，那是他在急速且无情地击键。有时候，这种敲击声会持续很长时间；另一些时候，它转瞬即逝。"小蚂蚁"会沉默片刻，然后微笑着解释说"巴勃罗在写作"。[5]

就在大约这一时期，聂鲁达制作了一种秘密小册子，他将其称作《抵抗民众诗选》。实际上，这根本不是诗选——绝大多数，如果不是全部的话——诗歌都是聂鲁达自己写的，只不过用了各种化名。有一些含有对总统维德拉背叛行动的俏皮攻击，哈拉说：聂鲁达在这个作品中严重受到 1948 年仍然很时髦的法国抵抗运动出版物的影响。[6] 普林－弥尔正确地指出：这个小册子的精神反映出聂鲁达的愿望，想要在他的诗歌与智利"大众诗歌"之间铸造联系。[7]

普林－弥尔研究过这本秘密"诗选"，相信其中有两首诗——《他将得到他的灯》据说是由古巴诗人尼古拉斯·纪廉所写，《美洲时光》据说是胡里奥·蒙卡达所写——可能真的是这些作者所写。（蒙卡达是当时的大众诗人以及智利共产党成员。）[8]

根据维克多·佩所述——聂鲁达曾在"温尼伯"号计划中救过他的命，他又转而通过藏匿巴勃罗和迪莉娅来报答他们——没人意识到藏匿诗人会有多难。206

当追捕聂鲁达的行动开始的时候，他们都没准备好。他们不知道把聂鲁达带到哪里。还没有人公布过这个情况。聂鲁达本人后来告诉我他提议过一些名字。其中一个是市政工程师，我的一个挚友，何塞·塞图亚·佩德蒙泰，他在学生时代曾是一个好斗的共产主义者，但他并不出名。当他们问聂鲁达为什么会想到塞图亚的名字，他回答说，塞图亚娶了一个西班牙共和国难民葛洛丽亚·尼斯塔。9

因此，塞图亚和尼斯塔靠近圣地亚哥雷昂内斯广场的公寓成了聂鲁达和迪莉娅最初的安全港。他们在2月6日早晨3点到达那里，当时是维德拉总统下令逮捕巴勃罗的三天后。塞图亚和尼斯塔"是一对有着三个小孩和一个女仆的夫妇。作为优秀的共产党员，塞图亚做了党交给他做的事情，让聂鲁达和迪莉娅住进他家。但警察在追踪聂鲁达，塞图亚不能告诉他的孩子们这对陌生夫妇是谁。很快，大家就明白，他俩待在那里太危险了。"10

接下来，巴勃罗和迪莉娅转移到维克多·佩位于维库纳·马肯纳大道的小公寓里。佩是独自居住的，已经和他妻子玛尔塔·哈拉分开。

在一百个可能的藏身之所名单上，聂鲁达选择了我。我住在一个小小的厨房里。我告诉党内人士：确保无人给我打电话……他们完美地照办了。那是一个很小的住所。我只有一个卧室。聂鲁达和迪莉娅和我不可能都挤在里面。因此我离开了公寓。在这个时期我安排了一切……我保持着一个日常生活状态的所有面貌。守门人没有注意到任何事情有异常。在他居留期间，聂鲁达著述颇丰，攻击当局。他要求我购买特定报纸。我把他所写的东西做了二十到三十个备份，送给各个记者。它们都是精彩的诗句，反对维德拉，也有一些非常下流的句子。11

207　　把侦探小说和威士忌带给聂鲁达的佩回忆道：巴勃罗有一台打字机"但他情愿亲手写作。我也有一台小的便携式打字机，他会口授这些诗让我来打。那就是他所做的一切，整天：写诗。"

佩说：因为聂鲁达和迪莉娅之间的年纪差异，

> 很难想象他们在一起有适宜的、兼容的生理生活。她会往脸上涂满油膏。她在早上看起来像一场灾难。当我从附近的"东方"餐馆把她的食品带到公寓，她不会做任何洗涤工作。我得亲自做——她说那会伤手。她让我给她买塑料手套。在那方面，她非常没劲。整个时间，聂鲁达都在经营他的《大诗章》。在《大诗章》中的一部分《逃亡者》中，聂鲁达提到一个工程师（因此不用提到我的名字）并且说他和玛尔塔·哈拉在等他（聂鲁达）。根本没有这种事。我当时独自生活。但就在他待在我的公寓的时候，我曾带来玛尔塔介绍给他认识。那就是他们认识的方式。[12]

有那么一个可怕的时刻，看起来似乎巴勃罗的掩蔽所已经暴露了。在佩的小公寓里禁闭了两周之后，聂鲁达开始感到极端的幽闭恐惧症。

> 有一天，我问聂鲁达是否想要到露台上去走走。没人上到那里去。因此我们两个人就上去了（留下迪莉娅在楼下），当时是晚上十点左右，但正是在那个时候，领班在那里修东西。聂鲁达顿时石化了。毕竟，他的轮廓是特别好认的。幸运的是，那个领班六七十岁了，搞不清楚他是谁。但聂鲁达被吓坏了。他是个容易害怕的人，非常胆小。[13]

佩发明出一个古怪的招数来向这个领班显示他的公寓里没住着别人。他告诉这个人浴室的锁有点坏了，当他下来修理的时候，聂鲁达和迪莉娅在公寓唯一的挂衣柜里藏了半个小时，藏在佩的衣服中间。实际上这是多么滑稽！

最后，事实证明在一个地方停留超过几个星期的确太危险了。因此，就在1948年4月底或者5月初，阿尔瓦罗·哈拉接管了这一行动。

208 巴勃罗和迪莉娅离开了佩的公寓,乘车前往胡里奥·维嘉的小农场。他被选中是因为他完全未曾卷入共产党的活动,因此不容易引起怀疑:维嘉在一件小生意中担任会计。在《大诗章》中,聂鲁达亲切地回忆起他,视他为一个分享自然之爱的人。

驱车从佩的公寓前往小农场的路程令人心惊肉跳。"突然,在位于色力罗的老机场附近,从阴影中钻出一个警察打扮的人,向我打手势要我停车,"哈拉回忆说。聂鲁达和迪莉娅就坐在车后座上,斜躺着好像睡着了一样。"我警告他们不要动,我把车停下来。幸运的是,这个警察下班了,问我是否去瓦尔帕莱索,能不能捎他去。我长吁一口气,说很抱歉我们不去那么远的地方。很幸运,这只是一个错误的警报,但它告诫我要把要把沿途经过的街道和马路控制在最少的限度。"[14]

他们到达小农场后,胡里奥·维嘉以巨大的热情与尊敬迎接了巴勃罗。诗人为这个地方取名为"切纳的戈东玛"*,是用一种开玩笑的手法指代"切纳的圣安娜",位于简朴的迈普城的一个地方。但这次改名也是保护维嘉免受政府控制的一种方法——尽管"戈东玛"是维嘉姓氏的一部分。

在这里,聂鲁达被称作"唐佩德罗",迪莉娅叫"萨拉"——这是哈拉妻子的名字。作为聂鲁达的照看者,哈拉自己"告假"两周,因为他与萨拉去度蜜月了,但根据普林－弥尔叙记,他很快就返回来工作,因为巴勃罗对于他的替代者大惊小怪。令人惊异的是,哈拉的妻子对他作为"伊格纳修"的地下生活一无所知,直到他带她去维嘉的小农场拜访巴勃罗和迪莉娅。萨拉目瞪口呆,因为遇到了智利最伟大的诗人,最著名的逃亡者——并且发现[15]她新婚的丈夫所卷入的事业。

在1948年6月初,巴勃罗和"蚂蚁"搬到了伊斯迈尔胡同内的塞尔吉奥·因孙查及其妻子阿依达·费格罗阿所住的三层公寓中。这对夫妻是律师,两个人都是共产党员,这并不足以让他们做出这个特别谨慎的决定。但他们过去经常出于正义收留难民,尤其是逃离洛塔迫害的矿

---

* 原文为"Godomar de Chena",后文"切纳的圣安娜"原文为"Santa Ana de Chena"。

工领导人。因此当哈拉闯进一个他们与之共进午餐的姨妈家中请求他们
照顾两个闻所未闻的人物的时候，他们并不感到惊奇。惊奇来自：当他
们第二天早上十点打开门，发现巴勃罗和迪莉娅站在门口。因孙查已经
对巴勃罗有所了解，因为，尽管他非常年轻，他已经在法律斗争中协助
代表该诗人，反对撤销他的参议员身份。

巴勃罗和迪莉娅第一眼就爱上了这个地方：它有着一个动人的视野，
可以俯瞰森林公园——在那个冬天尤为风景如画，因为，很多年来第一
一次，圣地亚哥下起了雪。客厅里有一架巨大的豪华钢琴，就在迪莉娅
和巴勃罗第一次走进客厅的时候，迪莉娅因为会弹一点钢琴，大声说：
"我们在这里会非常快乐。我们多么幸运！"他们拒绝了费格罗阿把大
卧室腾出来给他们，自己搬进一岁小女儿的卧室的提议："我们绝不会
让你那样做的。我们就睡在这窄床上，像两把勺子一样。"[16]

正当迪莉娅继续染发并且涂抹脸颊的时候，巴勃罗坐在他的便携打
字机前创作《地上之灯》，它将成为《大诗章》的第一部分。正当他隐
匿在圣地亚哥的公寓内坐着，充当他自己首都的一个逃亡者，他感到自
己有了一个新的使命：破译美洲的神秘，古代的以及现代的；破译人的
神秘，古代的以及现代的。他每日的斗争既给他带来力量又驱使他承担
社会责任——他曾在1940年抵达墨西哥城之后不久接受报纸采访，批
评墨西哥诗人们缺乏这种 civismo（社会责任）。

> 我在这里讲故事，
> 从水牛的和平
> 到大地尽头
> 击碎的沙子，在累积的
> 南极之光的泡沫中，
> 穿过委内瑞拉可疑的和平
> 那陡峭的隧道，
> 我搜寻你，我的父亲，
> 年轻的武士，源自黑暗与青铜，

或者你，婚礼的植物，不屈的头发，

母亲鳄鱼，金属鸽子。

我，沃土的印加人，

触摸石头并且说：

谁

在等我？我握紧手

握紧一把空洞的火石。

但我走在萨瓦特特克人的鲜花丛中

光线柔如一只小鹿，

阴影是一张绿色的眼睑。

我的国度没有名字……

聂鲁达有着规律的生活日程。他每天早上 6:30 起床，在浴缸里泡澡。早饭时，他读报纸，听广播，了解新消息，那里面经常提到他的名字。然后他写诗到下午 1:00，一如既往地把它们拿给迪莉娅看。她为他指出具体的语法错误或者对资料的不精确的历史性援引，同时也建议他删掉重复使用的词比如 "raices"（根）。

在长长午休后的下午，巴勃罗恢复精力起来。在夜晚，他会诵读白天写的诗歌或者回忆在西班牙和智利的经历，即使已经很晚了。"我们很难掩饰我们的困倦，因为半夜了，我们被它征服，"费格罗阿回忆说。"有时候，就在巴勃罗朗诵他《地上之灯》中的诗歌的时候，我们垂头睡着了。因此。我们这些睡神成了听到《大诗章》的第一批人。"[17]

1948 年的一天，打开收音机，巴勃罗很高兴听到播音员宣布：警察失去了所有关于他的线索，他被认为要么在智利南方，要么已经完全逃出了该国。这是令人惊奇的——因为因孙查和费格罗阿的公寓正好位于圣地亚哥的市中心。巴勃罗甚至即便在藏匿期间，也忍不住和他最亲密的朋友们进行热闹的聚会。这些聚会有时候太吵闹，以至于他们传达给聂鲁达一个来自共产党的警告，以后要声音小一点，否则他的下落就会暴露。但这似乎并没有减弱诗人高涨的热情。

众所周知，巴勃罗已经从地球上消失了。可是这让他保持议员地位的斗争变得复杂。如果有确切证据表明他自己在未经允许的情况下逃离了智利，他将永远失去参议院的席位。因此哈拉安排了另一场非同寻常的会晤——聂鲁达与参议院主席阿尔图罗·阿莱桑德雷·帕尔马的会晤，以便后者可以确认聂鲁达还在智利的土地上。

在约定的时间，哈拉开车带着聂鲁达——他藏在浓密的胡须下几乎难以辨认——到圣地亚哥一处热闹的区域，靠近老的中央车站。

211

> 阿尔图罗先生坐着一辆大黑轿车准时到达，带着他的司机。正如所料，车门马上打开了，他进入房子里。随后，巴勃罗也这样做了，而我则在车尾等着……这个地区非常热闹，我们完全为人们可见，我们不能冒险四处游荡。我们必须避免引起别人的注意。几分钟后，阿尔图罗先生出来了，一分钟后，巴勃罗也出来了。诗人兴高采烈……[18]

跟哈拉一样，费格罗阿也相信藏匿期间的禁闭状态实际上促进了聂鲁达最开阔诗歌《大诗章》的写作：

> 我相信：没有巴勃罗藏匿的这个阶段，就很可能不会有《大诗章》。在那本书中，他刷新了审视美洲历史的方式。他从地理上、人类学上、历史学上重新开发了美洲。但他是在最严厉的处境下实现这个巨大的进步的……他甚至不能到大街上去散步……但在藏匿中，他唯一能做的事情就是写诗。正是他反抗这些局限的冲动缔造了《大诗章》。[19]

让聂鲁达勇往直前的动因，首先是因为感到背叛而给他带来的能量。

> 在这些灾难的顶端
> 一个微笑的暴君

唾弃着被出卖的

矿工的希望。

每个国家都有其悲伤，

每个奋斗都有其苦难，

可是，到这里来，告诉我

如果在所有嗜血的人中间

在所有飞扬跋扈的人中间

那以仇恨为皇冠

以绿色皮鞭为权杖的暴君中间，

还有谁超过智利的这一位？[20]

正如聂鲁达后来在回忆录中所写，"唯一剩下的路径就是等待时机，转入地下，为重获民主而斗争……智利经历着在惊人的眩晕与痛苦之间摇摆的心神不定。在美国的保护下，我们用选票选举出来的这个总统变成了一个卑鄙的、嗜血的吸血鬼。"[21]

费格罗阿声称聂鲁达和迪莉娅跟他们在一起待了几个月。可是，很明显，他们每次在那里停留不超过几个星期。他们来来去去。普林－弥尔说阿贝提娜·阿佐卡告诉他巴勃罗和迪莉娅曾经与她和安赫尔·克鲁夏加一起待过一个星期，时间是 1948 年 3 月到 6 月之间，在此期间他给《伐木者醒来》画下点睛之笔，这是他《大诗章》中最著名的部分之一，他在 5 月完成了该书。这部分是献给北美人民的情诗，是对北美政治的愤怒攻击，也是对苏联勇气的一首颂歌。

你美丽而辽阔，北美。

你出身寒门像一个洗衣妇，

在你的河流边，白色的。

建筑在无人知晓中，你蜂巢的和平是你的甜蜜。

我们爱你的人们，用俄勒冈黏土

造就的红色双手，你黑色的孩子

带给你象牙王国出生的
音乐：我们爱
你的城市，你的物质
你的光，你的商业，西部的
能量，和平的
蜂蜜，产自蜂巢和小村落，
拖拉机上魁梧的小伙……

一位客人
不期而至
就像破旧的老章鱼
巨大，吞没一切
霸占了你的家，可怜的战士们：
浓缩蒸馏的古代毒汁，在柏林
培育。
那些期刊（《时代》《新闻周刊》等等）已经被变成
腐败的黄叶：赫斯特   213
给纳粹唱情歌的人，露齿而笑
打磨着他的指甲，因此，你会再次出发
到矿脉上，到大草原
向这占据你们家园的不速之客而斗争……
惠特曼，扬起你草叶的胡须，
和我一起从森林望去，
从这些芬芳的分量望去，
你在那里看见了什么，惠特曼？
我看见，我深处的兄弟告诉我，
我看见工厂怎样运行，
在死者记得的城市里，
在纯洁的首都，

在辉煌的斯大林格勒……[22]

这部分诗歌也包括一首聂鲁达写给斯大林的颂歌，这后来为他赢得了斯大林和平奖章，但也落下了把柄，不仅给他的政敌，也给他的朋友们，他们相信：当他的诗流于戏剧性的宣传时，对诗歌而言是可悲的。

在古老克里姆林宫的三个房间里
住着一个叫做斯大林的人。
他卧室的灯很晚才熄灭。
这个世界和他的国家不让他安睡。
其他英雄们缔造了一个国家，
他也帮助缔造他的国家
建造它，
保卫它……[23]

与此同时，费格罗阿与因孙查（不像某些聂鲁达的其他地下"接待者"）从不感到这个被通缉的诗人在他们中间存在是一个负担。因孙查说他回忆起聂鲁达与他们待在一起就像

一个持久的聚会，并且我们学会了像巴勃罗一样生活。我们感激他，比如说，他教会我们发现最微小事物的价值：公园里的树木，海里的石头，旧书本，纺织品，各种气息，各种味道……他是一个绝对单纯的男人。任何一种卖弄学问都让他厌烦：试图在学术意义上和他讨论任何问题都是没用的。他更愿意谈论菜谱或者老电影。他有一种永不枯竭的幽默感和温柔生动的讽刺性。他不理解那些文学专业学生针对他的诗歌所写的那些论文……他对一切都保持时新，甚至小报头条上的犯罪案件。[24]

让因孙查感到有趣的是，聂鲁达背不出他自己的任何一首诗——即

便最有名的诗歌，比如《霞光之书》中的《告别》，或《二十首情诗》中的第二十首——可是他用法语背诵兰波的大段诗歌却毫无障碍。

在 1948 年 6 月或者 7 月，聂鲁达和迪莉娅转移出了圣地亚哥，向西北方向旅行到了瓦尔帕莱索，在那里他们藏在塞万提斯街道 81 号的一个两居室中，准备渡海逃跑。在那里，聂鲁达的化名是安东尼奥·鲁伊斯·拉波特卡，迪莉娅化名为玛利亚。

> 我不得不一直待在一个房间的一端，朝着窗户的一个小区域，因为从那里我可以观察到港口的生活。从那个简陋的瞭望塔，我的眼睛只能摄入街道的一段。在晚上，我可以看到人们熙熙攘攘地经过。这是一个贫穷的区域，街道狭窄，我窗前一百米的区域是周围唯一热闹的区域。低矮的小商店和旧货店排列在这里。虽然我被困在自己的角落，但我的好奇心却没有边界……比如说，为什么过路人，无论漠然还是匆忙，都会停在一个商店面前？那个窗户中陈列了什么商品那样吸引人？整个家庭会在那里停留很多分钟，手臂上抱着孩子。我无法看到他们凝视那个神奇窗户的时候脸上的沉醉，但我可以想象。六个月后，我才知道那只是一家鞋店。因此我得出结论：鞋子是人类最大的兴奋点。[25]

哈拉和共产党计划用船把聂鲁达运出智利，藏在一个船员的船舱里——那些船员也住在他所藏身的瓦尔帕莱索的房子里——然后当船只抵达厄瓜多尔的瓜亚基尔的时候，把诗人和香蕉一起送上岸。在回忆录中，聂鲁达回忆起这场航行的筹备工作：

> 海员向我解释：当船只（在瓜亚基尔）抛锚的时候，我要突然出现在甲板上，像一个穿戴得体的乘客，抽着雪茄烟，尽管我从不会抽雪茄。因为我马上就要出发了，那个人家认定是时候了，我要做一件合适的正装——优雅并且符合热带风格——我穿了大小正好。这套正装及时做好了。当我收到它的时候，我从未感到如此

215

多的欢乐。这家的那个女人是从当时一部著名的电影《飘》中获得的款式概念。另一方面，那个男孩认为优雅的重点就在于某种纽约黑人住宅区舞蹈以及加勒比海世界的酒吧和廉价舞厅中看到的东西。双排扣夹克匹配着一条腰带一直能罩住我的膝盖。裤子则箍紧我的脚踝。[26]

可是，聂鲁达已经精心打扮停当的出海逃亡并未真正实施。在勾勒港口布局的时候，哈拉得出结论：除非"有奇迹，才可能走得和小艇一样快"。如果巴勃罗在智利水域被捕，他马上就会被交给当局。在和聂鲁达达成一致意见认为风险太大之后，哈拉带着他的"精致的爆炸性的并且珍贵的货物"回到圣地亚哥。[27]

1948 年 7 月 12 日，为了纪念聂鲁达四十四岁生日，哈拉冒险在瓦尔帕莱索聂鲁达的藏身之所安排了一个聚会——他把这个庆祝会称作"Fiesta de San Antonio"，是以巴勃罗的假名来命名的。

在瓦尔帕莱索逗留的四十天中，聂鲁达写出了《大诗章》中《逃亡者》以及《伟大的海洋》的大多数内容——如果不是全部的话：

> 穿过我毕生中夜晚的死者
> 从眼泪到纸张，从衣服到衣服，
> 我步量着那些艰难的时日。
> 我是逃犯：
> 在水晶的时辰中，在孤独星辰的
> 堡垒中，
> 我穿过城市，森林，
> 小农场，海港，
> 从一个人的门到另一个
> 从一个人的手到另一个，再一个……[28]

216　并且他优美地描绘了他的瓦尔帕莱索的藏匿时光：

> 我走向窗户：瓦尔帕莱索打开了一千张
>
> 颤抖的眼睑，夜晚的
>
> 海风进入我口中，
>
> 来自山丘的光，水中潜泳的月亮
>
> 的颤动，
>
> 黑暗像一个君王
>
> 装饰着绿钻石，
>
> 生命赐予我的所有休息。[29]

在他受到限制的藏身之所，聂鲁达爱上了这个港口。

> 我爱，瓦尔帕莱索，你折叠的一切。
>
> 你照亮的一切，海的新娘。
>
> 甚至超越你沉默的云彩。
>
> 我爱那强悍的光，你把它们朝向
>
> 夜晚大海上的水手，
>
> 还有，橙色盛开的玫瑰，
>
> 你明亮而赤裸，你是火也是雾……
>
> 全世界海岸的女王。
>
> ……
>
> 我向你表白我的爱，瓦尔帕莱索，
>
> 当你我再次自由，
>
> 我会生活在这里，在你海与风的王座
>
> 交织的十字路口
>
> 在我潮湿的哲学家土壤上。我们将让自由
>
> 在大海与白雪之间喷涌……[30]

后来聂鲁达兑现了他的承诺，在瓦尔帕莱索山上买了一所房子，命名为"塞瓦斯蒂安娜"，有着绝佳视野，可以俯瞰海湾。

1948 年 7 月的第三个星期，巴勃罗和"蚂蚁"藏身在圣地亚哥西蒙·佩里尔曼的公寓里，位于安东尼奥·巴拉斯大道。在这里，聂鲁达坐在一棵老树下，完成了《征服者》，开始写《解放者》，这都是《大诗章》中的篇目。一如既往，迪莉娅作为诗歌的批评家和校对者发挥了关键作用。

这对夫妇也进行了另一种变形。对于佩里尔曼及其妻子艾丽莎的孩子们，聂鲁达是"佩德罗叔叔"，而迪莉娅是"萨利塔阿姨"。可是，孩子们意识到某些秘密事件正在进行中，他们对此很谨慎。有一天，艾丽莎的姐妹来访，想要到楼下的房间去，而巴勃罗和迪莉娅正躲藏在那里。其中一个孩子，四岁的胡安·卡洛斯，坚称他母亲在楼上，坚定地拒绝允许他姨妈下楼去。这让卡洛斯赢得了"小小同犯"的昵称。[31]

另一次，哈拉把另一个令人惊异的访客带到了佩里尔曼的房子里，那是聂鲁达在布宜诺斯艾利斯的出版商，贡萨罗·罗萨达。巴勃罗让房间里的大人们坐下来，他给他们念整个《大诗章》，因为那时它已经完成了。因为它已经包含至少六个部分——包括《马丘比丘高地》——这场朗诵至少持续了四个小时。佩里尔曼告诉普林－弥尔：罗萨达随身带着几瓶威士忌，因为知道聂鲁达好这一口，这几瓶酒随着朗读的进行慢慢也喝光了，因此佩里尔曼和罗萨达挣扎着保持清醒。

正在他写作《解放者》——在 1948 年 7 月 27 日到 8 月 17 日之间——的时候，聂鲁达做了一个著名的访谈，是在他的藏身之所书面回答一个记者的提问。引人注目的是，这篇访谈中没有任何自怜的迹象，甚至没有《大诗章》中熔合的那种苦涩。实际上，聂鲁达只愿简短地谈论他个人的窘境。他的大多数回答都是关于智利政府在政治与经济方面的失策，他写道："知道下一个一月（1949 年）之前我将不接受任何其他采访，因为出于许多重大原因我想要对我在流亡中的下落保密——更有甚者，因为美国联邦调查局的触角遍及全美洲。同时，我想要完成一部宏大的文学作品，我必须在今年十二月把它交给我的出版商。"这里所指的明显是《大诗章》，尽管实际上，他并没有跟任何出版社签订这样一种合同。[32]

他告诉记者:"每天我都深刻意识到我在履行一项使命。我是个夜间作家,在空虚夜晚紧贴墙壁度过他生存的一部分时间。现在我很高兴。我们必须走在街道正中央,迎面遇见生活。"这里指的是那些与朋友们喝酒的空虚夜晚强化了他的悔恨,不该把宝贵的时光浪费在空虚的波希米亚式生活中,他间接地在《马丘比丘高地》中暗示过这一点。

在他的藏身之所,聂鲁达补充道:"不关心政治的作家是一种当代资本主义创造和鼓励的一种神话。这种物种完全不存在于(但丁·)阿利吉耶里的时代。"

218

1948年9月3日,冈萨雷斯·维德拉总统推行了名称荒唐可笑的一项法案《永久捍卫民主法》。它很快就被它的敌人们称作"恶法"。按照新法律的规定,不仅智利共产党被视为非法,更有千万人民被剥夺了智利选举权,因此剥夺了最基本的公民权。在全国范围内,有16650人丧失了选举权,任何参与政治的权利或者加入行会的权利。

在回忆录中,标题为《我的历史性澄清》的章节中,维德拉写道:"在命运带给我的最大满足中……包括通过我作为领导人的视野保证——在我的国家叫停了共产主义……没有我在1947年不屈的个人干预,智利也许已经遭遇了其带来的血流成河,因为它以其疯狂的自大试图以其准军事部队来对抗武装军队。"[33]

维德拉也在回忆录中宣称他当时一直知道巴勃罗藏在哪里,任何一刻都可以逮捕他,"但我不想带给他成为英雄的快乐。"[34]但我在智利交谈的每个人都觉得这个说法是荒唐可笑的。他们都认为,如果当局已经知道聂鲁达的下落,他们会毫不犹豫地逮捕他。

聂鲁达自己在回忆录中说,唯一那个"一直知道我在哪里吃饭或每晚在哪里睡觉的人是年轻而光彩照人的领导者",智利共产党的总书记,里卡多·丰塞卡。

正当聂鲁达隐匿期间,维德拉至少正确地说出了一件真相:智利正迅速卷入冷战中,因为苏联和美国都试图干预它的内政。智利社会主义者转而与美国劳工联合会 – 产业工会联合会(AFL-CIO)结为联盟。有些社会主义者甚至赞成"恶法",尽管它剥夺了千万矿工的选举权。

聂鲁达在胡里奥·维嘉的小农场里度过了 1948 年 9 月的大部分时光。在月中,巴勃罗找到他的朋友马努埃尔·索里马诺,问他和迪莉娅是否可以在 9 月 18 日待在他家。索里马诺的家已经被警察突袭,来寻找聂鲁达,并且处于监视中。索里马诺告诉他:"巴勃罗,我将张开双手欢迎,对我来说,这将成为我可能希望的最好的 9 月 18 日,但我警告你,我的房子正被监视,并且已经被搜查。"聂鲁达回答说:"你可以说你根本不了解智利,即便你在这里居住了多年。18 日的智利不会有任何人来找任何人。"索里马诺是一个意大利人,他忘了 9 月 18 日是智利国庆节:它标志着该国 1810 年脱离西班牙独立。索里马诺回忆说:"我叫来了全部可以找到的巴勃罗的朋友们。他让我花了一堆钱来买面条。"[35]

在 9 月底或者 10 月初,巴勃罗和迪莉娅回到了维嘉的小农场,在那里聂鲁达完成了《大诗章》中的《行刑者》。这所房子里有一部巨大的、多卷本的百科全书,聂鲁达经常翻阅它,一边核对《大诗章》中涉及的地理与植物信息。他也充分利用巴罗斯·阿拉纳的标准两卷本智利史。

巴勃罗和迪莉娅也可能返回过费格罗阿和因孙查的公寓——他们在两个月内的确曾数次往返于这座公寓——但普林-弥尔相信:他们可能在托马斯·拉格的房子里得到过庇护——那是巴勃罗在圣地亚哥的波希米亚式学生时代的朋友——因为他把当时所写的《被背叛的沙子》题献给了"托马斯"。[36]

从 1948 年 10 月到 11 月期间,聂鲁达和迪莉娅至少有一个月时间待在弗朗西斯科·库埃巴斯·马肯纳的度假别墅中,他是国家矿业协会的前主席,这栋别墅位于洛斯比洛斯,比黑岛稍微远一点的一个村庄。在这个地方,聂鲁达尤其感到焦躁不安。有一天,哈拉收到来自巴勃罗的一个电话,包含了一个密码信号,这个信号只在最严重的紧急时刻使用。因为担心出事,哈拉劝说一个朋友开车尽快赶到洛斯比洛斯。他们到达那里的时候,发现房子一片漆黑。当哈拉小心地敲窗户时,露出了迪莉娅睡眼蒙眬的脸。情况很快弄清楚了，这让哈拉非常生气，原来巴勃罗只是感到烦躁，需要找一个同伴解闷。"[37]

还有一次，哈拉准备带一个共产党员朋友去看望位于洛斯比洛斯的聂鲁达，但突然惊讶地发现，那个朋友躲过了他的看守径直到那座房子那里去了。不仅如此——他还鼓励巴勃罗和迪莉娅动身去圣地亚哥度过一个欢乐的夜晚。暴跳如雷的哈拉在首都找到了他们，给他们"严格的十分钟时间"来准备转移到一所新房子里去。就是这样的时刻促使聂鲁达后来——只是半开玩笑地——把他自己描述成哈拉的"前囚犯"。

他们短暂待过的下一处，是胡丽塔·马肯纳（弗朗西斯科·马肯纳的姐妹）在圣胡安·德·皮尔克的房子，在那里他们可能度过了 1948 年的 11 月和 12 月。可是，有资料宣称：巴勃罗和迪莉娅径直去了罗拉·法尔孔位于圣地亚哥阿娜·鲁伊萨·普拉特斯大街的小住所里。罗拉最近和她儿子波利一起从纽约回到智利，她丈夫路易斯·恩里克·德拉诺在纽约当智利领事。

在厨房里，一样东西迷住了聂鲁达：一个巨大的美国造的"费尔科"牌冰箱。他停在它面前，惊奇地盯着看。然后，他仔细审视它的各个侧面，甚至想要到背后去看看机械构造，但它放得太靠近墙壁了。最后，他向这台冰箱鞠躬，并称它为"白象"。从那时起，每次他经过这台冰箱，都要发出一连串赞叹。

收音机里，新闻报道重复着关于大批警察如何搜寻智利最伟大诗人的最新细节。这对罗拉来说是个艰难时刻，仍在等待她丈夫从美国返回，还要亲自照顾这个逃亡者。每天，都会有人来到公寓：共产党领导人或者巴勃罗的朋友。有时候，她不得不临时为好几个来访者做出饭菜。

巴勃罗——尽管他随时可能被捕——丝毫不努力控制他在烹饪方面的嗜好：他坚持想用他最喜欢的一些菜："巴伦西亚风格米饭"，"蒜味鳗鱼"，"海鳌虾"或者蛋黄酱调制的牛肉。据智利作家及记者何塞·米盖尔·巴拉斯记载，聂鲁达甚至建议罗拉做一道印度咖喱饭。[38]

可是，和罗拉在一起的圣诞节本身却并不奢侈。巴勃罗并没有要求特殊的应季食物，不过他的确说服了他的主人给他做一道樱桃酒泡桃子的美味甜点。但聂鲁达对圣诞节当天提出了一个特殊要求。他想要见到他的朋友们。所有朋友。于是，必须要有一个食物与饮料充足的晚会。很不情愿地，阿尔瓦罗·哈拉同意了。他选择了塞尔吉奥·因孙查和阿依达·费格罗阿在圣地亚哥的公寓。事实证明这是最精心的安排，正如

221　　哈拉后来回忆的：

> 我和巴勃罗以及迪莉娅一起抵达，当时天已经黑了。为了掩护他自己，就像躲在战壕后面，他拼凑了一个巨大的花束，把他的脸和肥胖都掩盖起来。在巨大花束的保护下，我们走进了这栋建筑，径直上了电梯。聂鲁达很高兴并且颤抖着嘲笑自己的伎俩。一旦我们安全进了屋，我要求（阿依达）锁上门，而我在那里护卫。我不允许任何人在我们离开晚会前离开。我非常坚定地坚持这一点，尽管有几个抗议者——尽管客人们已经被警告过：这是他们接受邀请的前提。[39]

　　费格罗阿仍对巴勃罗在她公寓里举行的圣诞晚会保有甜美的记忆，参加晚会的人有胡文西奥·巴列，鲁文·阿佐卡，博洛迪亚·泰特博姆，迪耶戈·穆诺兹，路易斯·恩里克·德拉诺，卡洛斯·瓦萨洛以及马努埃尔·索里马诺，还有很多其他人，他们都秘密来到这里。在圣诞日晚会后，聂鲁达和"蚂蚁"回到了罗拉·法尔孔的家。

　　1949年1月非常闷热。大约就在这一时期，聂鲁达告诉罗拉有一个女人（他没有提到她的名字）要来这个房子里看他，就在迪莉娅去看牙医的时候，他请求罗拉给她带信。罗拉直接拒绝了，那个女性访问者，不管她是谁，都再也没被提起过。

　　波利·德拉诺回忆说，聂鲁达这一时期的心态非常放松。"他在我看来完全平静。他穿着短裤和衬衣四处走动，他唯一的化装是大胡子，"波利告诉我。他妈妈罗拉在聂鲁达逗留期间不愿听他任何废话。"她完全不会对巴勃罗俯首听命。巴勃罗需要他的弄臣，他的追随者。我记得

他有一次想要吃鳗鱼，我妈妈告诉他：'我们可惜没钱买。'" [40]

　　住在罗拉家几天后，巴勃罗的朋友拉格惊恐万分地通知他们：警察们正在附近搜查诗人。在凌晨两点钟，哈拉和他妻子来了，叫醒聂鲁达，强行让他匆忙地（并且气呼呼地）穿上衣服，然后把所有随身物品一股脑塞进手提箱以及一个由迪莉娅的一张床单做成的临时袋子里头。迪莉娅回到维克多·佩的公寓里住了一段时间。巴勃罗则住到他朋友格拉谢拉·马特的女儿娜娜·贝尔的公寓里。娜娜接收着聂鲁达《大诗章》的打印稿——是由哈拉通过至少一个中间人（某种程度上，这个"接头人"很可能是拉格）传递过来的——并且把它整洁地重新打印了一遍；哈拉会把娜娜的版本给聂鲁达看，而诗人也会做出新的校正。校正来来回回传给娜娜，直到诗人完全满意。

222

　　那些当时勇敢地帮助聂鲁达的人们自己也遭遇过噩梦。有一次，正当罗拉·法尔孔从娜娜的公寓返回她的公寓时，她惊恐地发现自己被一个戴眼镜的瘦子跟踪。是她不经意间泄露了巴勃罗的下落吗？这个诗人的运气最终用尽了吗？但她的跟踪者很快足够明显地显示出他的色情企图。她加快步伐跑向两个警察，他们成功地将她从袭击者那里分离开。

　　从 1949 年 1 月到 2 月，巴勃罗和"蚂蚁"回到维嘉的小农场，那是第三次，也是最后一次。就是在那里，哈拉最终失去了对巴勃罗的耐心，撤销了作为巴勃罗保护人的工作。聂鲁达给哈拉提供了一个购物清单，要他去圣地亚哥买十八样东西——其中包括迪莉娅的化妆品。可是，哈拉的汽车在半路上漏气了，耽误了时间，因此他最终只买到了单子上的十五样东西。当他回到小农场，告诉聂鲁达有三样东西没买到，诗人生气地教训了他，就像教训一个无能的办公室助手。哈拉反过来也忍不住发了脾气，说他不再负责隐藏聂鲁达逃脱警察的行动。直到即将上任的共产党总书记伽罗·冈萨雷斯亲自来拜访，劝说巴勃罗停止生气，与哈拉握手并且重修旧好。 [41]

　　从这则轶事中，我们得到藏匿中的聂鲁达的一幅完全不同的图画，大大区别于因孙查和费格罗阿所描述的那个提振生活的逃亡者。当然，他当时已经在地下状态生活了将近一年，但很难让人不感到：这个诗人的行为举止开始变得像个自我放纵的小孩。

可是，就是在这里，在胡里奥·维嘉的小农场，巴勃罗写下了《大诗章》最精彩的最后部分，《我是》。在这首诗中，就在智利安全部门日益狂暴地搜刮整个国家来试图逮捕他的时候，聂鲁达第一次在诗中回顾他44年的生活，回忆那些气味和色彩，那些感动，以及他失去的朋友们。

> 我的童年是打湿的鞋子，破孔的裤子
> 委弃在森林里，被藤蔓和甲虫
> 吞噬，燕麦养育的甜美日子，
> 我父亲的金色胡须，他离去
> 献身于铁路的辉煌……
> 随着大地黑色的破晓，
> 我父亲在他咆哮的火车中
> 悄悄离去，到了哪些失踪的群岛？
> 后来，我爱上了橡木的味道
> 在烟，油，严格精确的车轴之间，
> 庄严的火车穿越
> 大地上展开的冬天，像一条骄傲的毛毛虫。
> 突然，门都在颤动。
> 是我父亲……
> 后来我抵达了首都，模糊地充满了
> 雾和雨水。那些是什么街道？
> 1921年的服装充满了瓦斯、咖啡和窑砖的气息。
> 我在迷茫的学生们中间逡巡，
> 紧缩我内心的四壁，每个黄昏
> 在我贫瘠的诗歌中寻找树枝，
> 雨滴和已经开始失去的月亮……

爱情和友谊驱动着发育期最初的躁动：

> 噢你，可人儿，比甜蜜
> 更无止尽，亲爱的肉欲
> 在阴影之间……
> 从激烈的
> 夜晚，夜晚像疾驰的
> 葡萄酒，紫色的夜晚
> 我倒向你，如一座受伤的塔，
> 在破旧的床单间，你的星星
> 冲我闪烁，燃烧了天空……
> 我咬着女人，陷入昏迷
> 失去力量，我珍爱那一串串果实，
> 出发，从吻走向吻，
> 被爱抚牵绊，捆绑进
> 冰冷头发的这个洞穴，
> 嘴唇所排列的这些大腿：
> 在大地的嘴唇间饥渴着，
> 用被吞噬的嘴唇吞噬着……

224

这里有他在远东度过的孤独岁月以及他对超长青春期的逃离——因为经历过在西班牙的悲欢离合以及当时迪莉娅带来的真心陪伴。他与往昔岁月保持联系的愿望并未阻止他消除某些其他人。尽管他满怀爱意地描绘迪莉娅，他却甚至都没提起过他的第一任妻子玛露卡。

> 你给了我坚定的爱，西班牙，用你的各种礼物。
> 我曾期待的温柔融入了我
> 那个把最深的吻带到我嘴唇的人
> 陪伴着我……

> 我甜蜜的爱，
>
> 在我身边斗争，就像一个
>
> 幻景，携带星辰的
>
> 所有迹象……
>
> 你精美的身影
>
> 投射在我的书页，我的新娘……
>
> 我不再回忆，因为你正开始：
>
> 你存在于爱之前……

他在墨西哥的三年时光让他更亲近美洲大陆祖先的根，以及他同时代的兄弟们——以及令人讨厌的文学斗争。他回忆他返回智利的过程，作为参议员到干燥的北方去：

> 我回来了……智利用沙漠的黄脸
>
> 迎接我。
>
> 我游荡着，受苦于
>
> 沙子火山口一轮荒凉的月亮
>
> 遭遇到这个星球的不毛之地，
>
> 毫不修饰的光刚直不阿，空虚的正直。
>
> 空虚？但没有植物，没有鸟爪，没有
>
> 肥料，地球向我展示赤裸之维。[42]

225 　　他用对死亡的思考来总结成为《大诗章》最后的这一部分。就当他在胡里奥·维嘉的小农场藏匿着写作的时候，他在恐惧马上被当局逮捕并谋杀吗？还是他在向前看，展望一个更为自然的结局？他勇敢地把一个小部分称作《我会活下去（1949）》，并宣称："我不会死去。我现在出发／在充满火山的这一天／为了大多数，为了生活。"他写这些诗行是在知道了把他带出智利到安全地带的逃亡计划之后吗？还是这是一个总体的挑战声明？

在标题为《遗嘱》的部分，聂鲁达说他将要遗赠黑岛，他太平洋岸边的家，

> 留给铜矿，煤矿和硝石矿的
> 工会。
> 让他们在那里休息，我国那些
> 受虐待的孩子们

他想被埋葬在那里。无论他是否准备好了他可能的被捕和死亡，或在他试图逃亡期间可能会遭遇的死亡，他想要表明：

> 我为人民而写作，尽管他们不能
> 用他们粗犷的眼睛阅读我的诗歌。
> 那个时刻将会来临，那时，一行诗
> 曾搅动我生命的空气将会抵达他们的耳朵，
> 那时，农民将会睁开眼，
> 矿工将会微笑着劈开石头，
> 火车司闸将会擦拭他的眉毛，
> 渔人将清晰看到颤抖的鱼
> 发出微光，会灼伤他的双手，
> 机修工，刚刚洗过澡，干净的，
> 散发肥皂味道，将看到我的诗歌
> 也许他们会说："他是一个朋友。"[43]

1949年2月，巴勃罗和迪莉娅最后一次转移，住到普罗维登西亚地区格拉谢拉·马特的公寓里。到那时为止，一场不寻常的、极度冒险的偷渡聂鲁达穿越安第斯山从智利进入阿根廷的计划已经基本最后部署完毕。主要的角色是维克多·佩与豪尔赫·贝勒特，后者被聂鲁达在回忆录中称作一个"前航空飞行员，实践家和探险者的混合物"。当 226

时，贝勒特在智利南部的胡因纳赫经营着一家木材加工厂，靠近阿根廷边境。

佩意识到聂鲁达不能继续无止尽地藏匿下去了。

> 对聂鲁达来说太危险了。我是豪尔赫的至交。我问豪尔赫南方的情况如何，穿越点是什么状况。他并不对我的问题感到惊奇。我打电话给共产党总书记里卡多·丰塞卡，然后告诉豪尔赫："我有两个共产党的同志，你必须把他们弄出国境。"我们讨论了解决方案，当方案准备停当，我致电丰塞卡，告诉他我们准备好了。
>
> 在他的书中，博洛迪亚（·泰特博姆）对故事做出了调整。他说，整个过程都是由共产党指挥的。他们"被"卷入一种感觉：是他们提供了汽车和联络。但是我安排了这个事情，贝勒特执行了而已——当然，我们都知道是共产党安排的。我说这个并不是出于虚荣。我在轿车中与丰塞卡和贝勒特有过一次夜间会面来定夺这场计划。贝勒特是个忠诚、超常勇敢的人。他回到了他的锯木厂。[44]

从这里起，豪尔赫接着讲述这个故事。他所工作的锯木厂的主人不在当地，他是一个商人，叫何塞·罗德里格斯·古提雷斯。贝勒特把这个地方看作聂鲁达穿越安第斯山之前最好的最后藏身之地——罗德里格斯是维德拉总统政府的密友，因此不会受到任何怀疑。

星期二，贝勒特接到电话，被告知他得在当晚十一点开车到圣地亚哥森林公园东北角去。他那样做了，并且发现了另外一辆轿车，里面坐着两个共产党领导人，里卡多·丰塞卡和伽罗·冈萨雷斯。

> 他们告诉我他们的计划是带巴勃罗去瓦尔迪维亚。简而言之，一辆巴士将会载着十五到二十个人，全副武装，准备应对任何问题，他们会在（安第斯山脚下）叫作富特罗诺的小村庄的兰科湖畔把巴勃罗交给我。我告诉他们我不认为这是一个好计划，调动这么多人是错误的。我说不如安排一辆机械状况非常过硬的轿车，仔细检查每

227

一个细小零件部位，以防抛锚，带一个懂机械的司机，除非到最后不得已的时刻，不要告诉他他的使命。我也询问了我们可能不得不经过的那些小镇上常驻、稳定的（共产党）武装人员的地址，以便，如果我们一路上遇到机械故障或者其他阻碍，我可以有地方安置巴勃罗，直到我能再次载走他。[45]

"党随后给了我另一个联系人：马努埃尔·索里马诺，"佩告诉我说。"他是一个汽车经销商，在圣地亚哥阿拉梅达区域有一个办公室。"

索里马诺自己回忆说：聂鲁达的一个朋友，费尔南多·席尔瓦到他家来，告诉他聂鲁达有一个机会离开智利，需要一辆好轿车。"我买了一辆 1948 年产的雪佛兰轿车，把它交给了他。他走了，这辆车在两个半月后再次出现在我面前。"[46]

索里马诺绝对想象不到那两个半月内发生了生么异乎寻常的事件。"有一个延误，因为贝勒特在我们安排的日子无法处理一些事情；当时在南方有可怕的风暴。"佩告诉我说。

几个星期过去了，什么也没发生，我们从贝勒特那里什么消息也没得到，我开车去找他。我不知道当时聂鲁达藏在哪里。我朝着南方出发。我在瓦尔迪维亚的舒斯特酒店遇到了贝勒特。他告诉我道路不可通行，因为天气太恶劣。我陪着他一路开车到南方去亲自视察情况。我和贝勒特一起回到圣地亚哥，告诉丰塞卡，没人辜负他，但雨下得太厉害了，我们必须重新安排日子。因此，索里马诺弄来了另一辆轿车。党给我们提供了一个司机，他也是一个优秀的汽车机械师。[47]

在这个节骨眼上，几乎发生一场灾难。"司机到达了，带着我去一个商店买一些汽车零配件，以防路上遇到故障，"佩回忆说。"人们走进商店，认出了那个司机。那个司机突然脱口而出：'我需要给我的车买一些零配件，因为我要进行一个非常重要的旅行，一场非常危险的旅

228 　行！"我以为我们两人马上就要在那里被捕。但什么也没有发生。我们非常幸运。"[48]

　　与此同时，贝勒特把他最好的牛仔们聚到一起讨论穿越安第斯山脉到达阿根廷的安第斯山圣马丁的可能性，不过没有提到聂鲁达。贝勒特声称：目的是探索在那里采伐树木的可能性。牛仔们反对这个想法：他们说那样做太昂贵了，安第斯山圣马丁不是一个采伐树木的好地方。"我坚持，并且我建议去探索一下那个地区。他们告诉我路线很艰苦但可行。我们可能必须走偷牛贼走的路，从拉卡尔湖西岸的利尔培拉通道穿过山脉……"他们直到三月初才最终将计划付诸实施。"没有太多时间。我们必须把一个诗人打扮成骑手，一个可以沿着走私者经常使用的路线穿过安第斯山脉的骑手。"[49]

　　在二月初，聂鲁达在圣地亚哥吻别了迪莉娅，装着厚厚的假胡须，戴着墨镜，钻进一个朋友劳尔·布尔内斯医生所开的汽车中。聂鲁达不再叫聂鲁达：他从阿根廷领事那里得到的文件把他称作安东尼奥·鲁伊斯·拉格勒塔，年龄四十五，出生在圣地亚哥，未婚，职业是鸟类学家。聂鲁达非常喜欢这一点：他的确对鸟类了解很多（他在1966年会写一本叫作《鸟的艺术》的书）。

　　在圣地亚哥郊区，聂鲁达／鲁伊斯换了轿车，贝勒特担任司机。他们驱车穿过黑夜向南：包括该诗人，该司机，以及一个把轿车开回圣地亚哥的同志。贝勒特回忆说：他之所以可以避免睡着，是因为聂鲁达对自然的热爱在轮番轰炸，不放过最小的细节："他知道刚刚死在挡风玻璃上的昆虫的名字；沿路的漂亮树木是如何以及何时引进智利的……这个可敬的安东尼奥先生知道一切，他用无限的温和解释这一切。"[50]

　　贝勒特还记得：聂鲁达一路上给他解释他怎样在藏匿期间失去了一些他通常的"joie de vivre"（生活乐趣）。但在这场汽车旅行中，他似乎再次复活了。第二天中午，轿车穿过特木科，穿过他度过童年的那条街道。聂鲁达很想停下来，但那样实在太危险了。警察已经搜查了他许多亲戚的房子，来搜捕该诗人。

229 　　胡安·卡洛斯·雷耶斯，聂鲁达的侄孙子——他父亲是巴勃罗的兄弟鲁道夫的儿子——回忆过一次这样的搜查：

> 当战士们来搜查我们位于街角的房子时，他们使劲检查我父亲的面
> 包店。他们想要检查烤炉的顶部。对，在那里，砌了一层厚厚的沙
> 子，用来阻隔那些旧砖烤炉的热度——就是在那里我们第一次抽香
> 烟。烤炉还在烧火——因为它们几乎整年都在工作——但战士们，
> 一如既往，并不那么认为。他们问道："这些烤炉很大吗？"我父
> 亲使劲忍住不发出笑声。"对，"他们说，"我们要看一看里面。"因
> 此我父亲很温和地带他们下去，打开了炉子，迸发出一阵热浪，我
> 相信这打消了他们无知的搜查。他们后来的确检查了我们的房子，
> 但在一无所获之后，他们就走了。[51]

聂鲁达自己回忆过，甩下特木科在身后，让它在汽车后面被一块毛
毯遮住是一种什么感觉：

> 我们停在离城市很远的地方，坐在一块石头上吃点东西。那里有一
> 条小溪流下斜坡，流水声传到我耳朵里来。那是我的童年在说再
> 见。我在这座镇上长大。我的诗歌在山丘和河流之间出生，它从雨
> 水中获得它的声音，就像河流，它沉浸在森林中。如今，在通往自
> 由的道路上，我在靠近特木科的地方暂停片刻，可以听到那教会我
> 歌唱的河流的声音。[52]

几英里后，这次南下之旅唯一的紧张时刻到来了。一个警官扬手示
意他们停车，询问司机是否可以搭他沿路走几百里。很幸运，这个警察
坐在前排座位上，丝毫没有注意后排座位上的那捆毯子。

在那之后，就没有遇到任何麻烦，轿车抵达了它的目的地：一个溪
水环绕的木材基地簇拥在树林中，靠近米亚乌衣湖。聂鲁达被介绍成一
个鸟类学家，安东尼奥·鲁伊斯，加入贝勒特的管理团队，担任顾问，
指导在智利采伐木材的先遣队，实际上，聂鲁达必须准备好——迅速

230 地——做一场马背上的危险旅行,他自从儿时在萨维德拉港沿沙滩骑马漫游之后再没有骑过马。

聂鲁达的心情超级好。但在几天后的星期六,贝勒特发现在瓦尔迪维亚有一封电报等着他,看上去遇到了麻烦。电报来自这处不动产的主人何塞(佩佩)·罗德里格斯·古提雷斯,声称他将和他父亲以及三个朋友一起来视察生意。虽然这处地产的拥有者是维德拉的支持者这一点是有好处的——因为这就不会引起警察的注意。但当这个人实际在场,那前提就是要让聂鲁达消失。可是,聂鲁达能去哪儿呢?

聂鲁达和贝勒特对此事进行了漫长而艰辛的讨论,虽然聂鲁达一开始抗议,因为他们的主意会破坏党关于绝对保密的命令,他们最后还是做出了令人惊讶的决定:"在分析了(罗德里格斯的)文化背景和人格特征之后,我们认为最好的办法就是告诉他聂鲁达就藏在他的地产上。即使出现最坏的情况,在罗德里格斯再次离开的时候,即便他被马上告发,在警察赶到之前(聂鲁达)还有至少四天时间(那是如此偏僻的地点)。"[53]

这是一场赌博。聂鲁达等待着——有点焦急——向主人揭示自己身份的那一刻,并且尽量让自己在临时房间里感到舒服。在主人抵达这处地产之后,贝勒特坐下来和他一起吃午饭,然后请他去视察锯木厂。现在再不说就晚了。"聂鲁达藏在这处地产上,"他告诉罗德里格斯,然后屏住了呼吸。罗德里格斯被这个消息惊呆了:"真的吗?他在哪里?让我们马上去看他。"贝勒特担心到了极点。

> 我们出发了,不到两分钟,我们就到了聂鲁达的住处。我停车,听到引擎的声音,聂鲁达——现在重新叫作聂鲁达——从小屋的门廊走出来。佩佩·罗德里格斯张开怀抱走向他,对他说:"你是聂鲁达,一个我一直想要认识的人,一个我如此强烈崇拜的诗人,我读过你很多书。"我们跨过了第一道坎。在那以后,一切就轻松了。他们不停地聊天。罗德里格斯背诵了默记在心的聂鲁达诗歌,巴勃罗拿出他最近所写的一些草稿并朗读了最近所写的几首诗。不知不

觉，夜幕降临了。我们在凌晨两点才分手。[54]

在返回那处不动产的途中，罗德里格斯对我说："这是我生命中最   231
美好的夜晚之一。我刚刚见到了这个世纪最伟大的诗人。我才不在乎他
是一个共产主义者！你把他藏起来，这做得很对，我并不反感你在带他
来这里之前没有征求我的意见。多可惜我不能告诉我父亲这件事。你要
确保他能得到他所需要的一切。"

第二天，主人和逃亡者再次见面了，他们很快成为最好的朋友。罗
德里格斯决定返回圣地亚哥的前一天，他忠诚地向聂鲁达保证：当局不
会知道这个消息："我心怀敬意地向你保证，巴勃罗，不管我多么想要
骄傲地告诉人们，我在我的地产上和你曾待在一起，你依然可以信赖
我：我是一个资本家，有着一个资本家的所有缺点，但我知道如何对我
的朋友们做一个朋友——我感到骄傲能有你这样一个朋友。"

实际上，在回忆录中，聂鲁达宣称：罗德里格斯把他的随从叫到
一起，当着诗人的面命令他们："如果在下一个星期有任何困难出现，
阻碍拉格勒塔先生通过走私者通道穿越到阿根廷，你们就打通他可以
穿越边境的另一条路。放下所有的木材工作，打通那条路。这是我的
命令。"[55]

何塞·罗德里格斯两年后死去了，因为破产了，并被指控主导一桩
重大走私案。

在穿越安第斯山的尝试开始之前，发生了一件严重的阻碍性事
件——一个马普切印第安人在锯木工厂工作的时候被意外射杀。瓦尔迪
维亚的印第安法庭索取赔偿，贝勒特作为被告被指控。一封电报通知
他，他可能必须在第二天会见印第安法庭的代表。贝勒特沮丧地返回位
于胡因纳赫的地产，径直找到聂鲁达，不敢宣布：逃亡计划可能有进一
步的延期，甚至取消。

很明显，巴勃罗可以从贝勒特脸上看出麻烦。"你带给我另一个罗
德里格斯了吗？"聂鲁达问道。"是的，"贝勒特回答道，并问聂鲁达是
否认识印第安法庭的代表，一个叫作维克多·比安基·贡迪安的人。巴

勃罗眼睛一亮："我当然认识。我不仅认识他，而且他还是我最亲密的朋友。维克多是一个了不起的家伙，很逗乐，热忱，开放——一个很棒的朋友。"[56]

第二天，1949 年 3 月 1 日，贝勒特和聂鲁达划船从兰科湖到丽芬湖区会见比安基。令人惊讶的是，维克多一眼就认出了胡须浓密的聂鲁达，但，因为他不确定贝勒特是否知道他的身份，他不敢跟巴勃罗打招呼。这却造成了一种法国式的滑稽剧。可怜的比安基脸色苍白而沉默。但聂鲁达热情地拥抱了他，把他从迷糊中摇醒。贝勒特也做了同样的举动。

232

不仅马普切印第安人的案子妥善得到解决，维克多·比安基还加入了指挥穿越安第斯山逃亡行动的团队。他是一个非常有利的补充力量，因为他是一个非常有经验的探险者，习惯于危险的客观环境：聂鲁达在回忆录中回忆，他曾是智利最高峰阿空加瓜峰的一次成功登顶行动的少数幸存者之一。

在他自己富有启发性的日记中，比安基写道：他当时给聂鲁达做了一次质问：

> 他能够骑几个小时的马？他最后一次骑马是什么时候？谁开发出的那条通道？谁担任我们的向导？他的回答令人神伤。没有人知道任何情况，对于骑马，这个鸟类学家（聂鲁达）只有最模糊的概念，那就是他们需要马匹。3 月 2 日，我和我的可怜虫一起出门，我强迫他骑了三个小时的马。[57]

事情进展得并不顺利。3 月 5 日，一场风暴把他们计划使用的船破坏了。两天后，整个码头被冲毁了。贝勒特还没有如约从瓦尔迪维亚返回。比安基写到，聂鲁达"放弃了骑马，更喜欢威士忌"。

最终，一切就绪，1949 年 3 月 7 日，在他安排好穿越的前一天，巴勃罗在月光中张罗了一个晚会。第二天，他们坐船从湖泊的最西边下水，那里连接着库林格。在那里，他们找到了三个忠诚的牛仔，聂鲁达经常称他们为"三个胡安"（他隐藏了他们的真名），骑着三匹马。（其中两个牛仔还活着。在一场1999年于富特罗诺举行的庆祝逃亡行动十五周年的纪念会上，一个八十八岁的老人胡维纳尔·弗洛雷斯——他尽管如此年迈却依然做着牛仔的工作——表明：他当时并不知道他协助穿越山脉的那个人是谁；贝勒特告诉他，他们的客人是一个重要的木材买家，他们必须不顾一切照顾好他。）

在日记里，比安基写道："我们的诗人-鸟类学家看上去更像是装满土豆的有胡须的麻袋，放在马鞍上，我估计那匹马看法也和我一样。"[58]

233

他们的第一个主要任务就是穿越库林格河。聂鲁达的马把这件珍贵的货物扛在背上，那是拉丁美洲最著名的诗人，一瓶威士忌以及《大诗章》的打印稿。和它的作者一样严格伪装起来。它有一个假封面，印着一个同样假的标题：《微笑和眼泪》，作者是贝尼尼奥·埃斯皮诺萨。巴勃罗也坚持把他的打字机带在身边。

在危险旅程的第一段，聂鲁达差点死了。他在1971年获得诺贝尔奖的时候描述了这个经历：

> 我们必须穿越一条河。那些小溪流发源于安第斯山的高峰，一路向下，释放它们令人眩晕的不可遏抑的力量，形成许多瀑布，以它们从那些著名高峰所带来的力量与速度搅起泥土和石块。但在这时候，我们看到了一个池塘，波平如镜，可以蹚水过去。马跃进水中，失去了立足点，开始向着对岸游泳过去。很快，我的马几乎完全淹没在水中，我开始上下浮沉，没有任何依托，就在那匹马挣扎着将头露出水面的时候，我的腿徒劳地挣扎着。后来我们渡过去了。我们刚刚抵达对岸，那些陪着我的农民们就微笑着问我："你害怕吗？""非常害怕。我以为我的最后时刻来临了，"我说。"我们都跟在你后头，手上准备好了套索，"他们回答说。[59]

另一回，聂鲁达的马再次失蹄绊倒，严重受伤。正如比安基在日记里提到的，"这个伤激发了诗人的热情，片刻之后，这片森林见证了我们逃亡之旅中最出人意料的温柔一幕。巴勃罗轻抚着那匹马，用安慰的言辞对他轻声说话，答应他在接下来的旅程中将不再骑它了。"[60]

聂鲁达最终被说服，继续赶路，但他们很快被大风吹倒的巨大树木挡住了前路。在大刀一阵砍伐之后，他们最终找到了出路，突然看到一道燃烧的火光，一个确定的人类生活迹象。那是齐乌伊奥温泉——一些砖瓦碎片，有着稻草和泥巴做成的屋顶，树干做成的门。他们到达的时候还没完全天黑，因此，"在这温泉中我们欢快地四处玩水，洗澡，清洗我们漫长旅途的劳顿"。"我们感到焕然一新，重生，受到洗礼。"[61]

聂鲁达/鲁伊斯，维克多·比安基和三个胡安当时围坐在一个火堆前，饮酒，吃肉和奶酪。当聂鲁达开始讲述童年时代的回忆时，一群陌生人围坐在旁边，充满好奇地听着，不知道他们面前这个著名讲述者的身份。

第二天，正如聂鲁达所预料的，是穿越途中最艰难的部分：被称作走私者路线的穿越群山的路线。当他们站在安第斯山脚下，巴勃罗对着贝勒特微笑，问他："你说过这个地方叫什么来着？"贝勒特回答说，"利尔培拉通道"。聂鲁达要贝勒特用刀子在他们旁边的一棵树干上刻了一首诗。聂鲁达的诗句——用流行的 cuarteta（四行诗）形式，是当时的空气与幽默感促成的——这样写道：

> 空气多么芬芳
> 在利尔培拉通道
> 因为来自叛徒维德拉屁眼的
> 屎尚未到达 [62]

正当马匹战战兢兢地在安第斯山脉行走之时，聂鲁达遭遇第二次死亡威胁。

我们继续前进，最终进入了一条天然鸿沟，裂开在令人惊讶的巨石间，也许是已经消失的某条强劲河流造成，或许是形成这条山脉的地壳运动所造成，在地底掘出了这个沟壑，从我们现在正在进入的石头、花岗岩中发掘出来。前进了一点点，我们的马匹就开始趔趄，虽然他们尽力在岩石沟壑间站住脚，他们的腿直打跪，马蹄铁击打出火花。我被从马背上颠下来，四脚朝天躺在石头间不止一次。我的马鼻子和腿都在流血，但我们跌跌撞撞地在我们巨大、宏伟、激烈的道路上继续进行。[63]

突然，在一个空地上，他们遇到了一个野牛头骨。牛仔们下马，在牛头骨的眼眶里留下几个硬币。然后，以一种令人难忘的仪式，他们开始围绕头骨跳一种奇怪的舞蹈。

不久后他们抵达了阿根廷国境一侧。[64] 他们成功了。但困难还在继续。索里马诺后来被告知，在穿越边境进入阿根廷之后，当巴勃罗和他的探险团队装扮成木材商，试图入住位于露露的一家旅馆，旅馆主人看了他们一眼，说他们不能住。在马背上跋涉了四天之后，他们很脏，不修边幅，皮肤黝黑。很幸运，当地警察头子是智利人的朋友，劝说酒店主人改变了主意。这个警察后来叹息当时没有认出来聂鲁达："我是他的热情崇拜者，我本可以让他给我的几本书签名。"[65]

可是，组织方面的问题仍在继续。正如维克多·佩回忆的，"阿根廷共产党在另一边安排了人来接应聂鲁达，并开车送他去布宜诺斯艾利斯。贝勒特预备会见被安排来负责接管工作的阿根廷代表。但尽管贝勒特在旅馆出现了，那个阿根廷人却没有。"[66] 最后，阿根廷联络人贝尼托·玛利亚内蒂，来自门多萨的共产党代表找到了贝勒特。他一直在另一家旅馆等他们。

为了庆祝这场极度冒险的逃亡成功结束，聂鲁达和他的团队在安第斯山圣马丁的小旅馆里举行了一场宴会。那是一个欢乐的时刻，充满了流溢的酒，食物和交谈——尽管他不能凭记忆背诵自己的诗歌，聂鲁达写出了另一首即兴诗歌，这次是一首民谣——在每一行的结尾处随心所欲地、恶作剧式地切换重点来满足节奏与旋律的需要——这让他的同伴

235

们十分高兴。

聂鲁达逃出了智利警察的魔爪。下一步，全世界得到他的消息是在他几个星期后露面的时刻，一年中第一次出现在公共场合，在巴黎的世界和平大会上，由巴勃罗·毕加索介绍。

第十章

迪莉娅与玛蒂尔德——东欧的一场戏法

1949—1952

　　如果聂鲁达曾认为在穿越安第斯山逃亡之后，布宜诺斯艾利斯会
是安全的，那么他就错了。智利当局——他们仍然不知道该诗人在哪
里——早已经警告阿根廷警察逮捕该诗人，万一他成功越过了边境。因
此，巴勃罗仍然需要隐藏。

　　随后，巨大的幸运降临到他头上。他的老朋友，危地马拉小说家
米盖尔·安赫尔·阿斯图里亚斯正巧当时也在布宜诺斯艾利斯。他在
1947 年被指派担任那里的危地马拉大使馆文化参赞，并在随后被赋予
公使职位。这两个男人在外貌上长得几乎一模一样。正如聂鲁达在回
忆录中回忆的："不约而同地，我俩把我们自己归类为 chompipe——一
个印第安词语，在危地马拉以及墨西哥部分地区被用来形容'火鸡'。
因为有着长鼻子，脸上和身上有很多赘肉，我们共同分享了那种肥胖
鸟类的某种相似之处。"[1]

　　阿斯图里亚斯到聂鲁达在布宜诺斯艾利斯的藏身之所来看望聂鲁
达，巴勃罗找他这位朋友借他的护照："允许我享受作为阿斯图里亚斯
抵达欧洲的乐趣吧。"阿斯图里亚斯毫不犹豫，几天后，聂鲁达作为
"米盖尔·安赫尔·阿斯图里亚斯"穿过普拉特河进入乌拉圭。当局什
么都没有怀疑。

　　聂鲁达意识到，他不能对法国当局做同样的事情。他必须重新做
回聂鲁达，但这会造成很多困难，因为，作为一个国际知名的共产主
义者，在冷战巅峰时期，他在很多国家是 persona non grata（不受欢迎

的人）。

随后，一个出人意料的救世主出场了：画家巴勃罗·毕加索。就在几个月前，毕加索做出一个大胆决定：他选择在 1948 年 7 月在波兰弗罗茨瓦夫举行的第一届世界知识分子和平大会上，把他的第一次也是唯一一次演讲用来致力于一场热情的呼吁，呼吁人们保护逃亡诗人聂鲁达。"我有一个朋友，他应该在这里和我们在一起，这个朋友是我曾遇到过的最好的人之一，"毕加索说。"他不仅是他自己国家智利的最伟大诗人，而且是西班牙语的最伟大诗人，也是世界的最伟大诗人。巴勃罗·聂鲁达。"毕加索也许是在 1937 年 1 月 21 日，在巴黎第一次遇到聂鲁达的，当时后者发表了他著名的致洛尔迦的颂诗。

聂鲁达刚入住巴黎乔治四世酒店，毕加索就亲自处理了巴黎的所有文件手续上的麻烦事。"他找当局谈话，他调动了许多人手。我不知道他因为我而耽误了多少杰作的绘制。我很难过地感到他在浪费他如此宝贵的时间。"[2]

一个类似的会议，第一届世界和平力量大会在聂鲁达到达之后于巴黎召开，许多科学家和艺术家以和平的名义聚集在一起：有弗雷德里克·约里奥-居里，现代核科学奠基人之一，混合着毕加索、保尔·艾吕雅以及路易·阿拉贡等人。美国黑人共产主义者，保罗·罗伯逊——聂鲁达在仰光的时候和他的爱人乔希一起听过他的唱片——发表了一个演讲，并在 1949 年 4 月 20 日的代表团全体大会上唱了歌。但直到会议的最后环节，4 月 25 日，聂鲁达才在普莱耶尔音乐厅向一群目瞪口呆的观众露面。大多数人认为他已经死了。他发表了一个简短的演讲，表示歉意，因为"我到达会场稍稍晚了一点"，他说，因为"我不得不克服很多困难"。聂鲁达对一种新的战争威胁发出了警告，并保证用他的诗歌来服务于和平。然后，他朗读了他的诗歌《致玻利瓦尔的长诗》，获得了与会代表们雷鸣般的掌声以及拥抱。

第二天，当法国新闻机构"法新社"的访谈者问聂鲁达他该如何写文章回应智利政府暴怒地否认聂鲁达已经逃脱了他们的魔咒安抵巴黎的时候，该诗人回答道——化用马克·吐温对莎士比亚的著名评论："就说

238

我不是巴勃罗·聂鲁达，而是另一个写诗的智利人，为自由而斗争，恰好也叫作巴勃罗·聂鲁达。"[3]

尽管有毕加索和聂鲁达两位伟大的法国共产主义诗人朋友：保尔·艾吕雅和路易·阿拉贡的努力，巴勃罗依然不得不在巴黎保持藏匿状态。他不确定自己的安全是否有保障。实际上，他后来宣称在"奥赛码头"*发现一份关于他的文件，上面有荒唐的陈词。

就像在智利那样，在巴黎，聂鲁达发现自己也在秘密地从一个房子转移到另一处房子。其中之一挨着法国作家科勒特的一个公寓。那里面有一幅巨大的毕加索画作，创作于前立体派时期，描绘了一大长条面包放在一个桌子上。有一天，毕加索本人来拜访，聂鲁达把他领到这幅画面前：

> 他完全忘记了这幅画。他开始非常认真地检查它，沉入一种在他身上极少看到的一种非同寻常，甚至有点忧伤的专注状态。他有将近十分钟保持着沉默，一步步走近这幅忘却的作品又后退。"我从一开始就特别喜欢这幅作品，"在他结束沉思状态之后，我这样跟他说。"我要建议我们的国家博物馆把它买下来。"……毕加索再次把他的脑袋转向这幅画，他的目光犀利……"这画毕竟不差"。[4]

伊利亚·爱伦堡当时住在巴黎，聂鲁达最终决定去见他。这很容易，有人告诉他：这个俄国作家每天都在著名的餐馆以及文学集会点"圆顶餐厅"吃一顿推迟的午饭。

"我是巴勃罗·聂鲁达，诗人，来自智利，"聂鲁达在爱伦堡的桌子跟前坐下说。"按照警察的说法，我们是亲密朋友。他们宣称我和你在同一栋建筑中生活。既然他们因为你而想把我扔出法兰西，我就想着见见你，至少，握个手。"爱伦堡从他浓密、杂乱的头发之间望着他，回答道："我也想会见你，聂鲁达。我喜欢你的诗。但作为开胃菜，先尝

---

* 外交部所在地。

尝这个香肠酸菜吧。"[5]

聂鲁达后来说，他认为爱伦堡就在当时同一天，着手把他写给西班牙的颂诗《我心中的西班牙》翻译成俄文。"我必须承认，法国警察无意间给我带来了一份我所有过的最令人愉快的友谊，也把我的众多俄文译者中最优秀的一位送到我面前。"[6]

239　　爱伦堡准备当面批评聂鲁达的诗歌。"你的诗里面有太多根了。太多的根！"这个俄国人经常这样抗议，面带微笑。聂鲁达承认这一点："这是真的。边缘地区把它们的根系植入了我的诗歌，这些根系从未能拽出来。我的生命是漫长的朝圣之旅，它经常打开自己，经常朝向南方的丛林，迷失在我体内的那座森林。"[7]

在第一次会晤爱伦堡后不久，聂鲁达被召唤会见警察总长，那个人给他带来一个坏消息："我收到来自智利大使馆的要求，没收你的护照。大使声称你使用的是一个外交护照，而且这个护照可能是非法的。这个信息属实吗？"聂鲁达回答说：他并没有外交护照。他有的是公务护照，作为智利参议员，但既然这是一个私人所有物，没人有权利从他这里拿走。警察总长也是聂鲁达诗歌的崇拜者，他检查了这个护照，拿起电话并告诉智利大使，他拒绝没收该诗人的文件。挂掉电话之后，他转向巴勃罗，告诉他："你想在法国待多久就可以待多久。"再次，聂鲁达收获了一个意料之外的朋友。他的诗歌似乎解除了那些一般被认为是他的政治或私人敌人的人的武装。

从这一刻起，聂鲁达能够在法国公开露面了。毕加索邀请他访问瓦洛里，位于法国海岸线的小村庄，毕加索在那里度过了许多时光。那里，两个巴勃罗成了坚定的好朋友。他们分享着同样的政治观点，同样的爱搞笑的孩子气。在瓦洛里的一次晚餐上，他们不断地被上前索取签名的人们打扰，而变得越来越恼火。因此聂鲁达建议毕加索：他俩轮流给人签名。他们的确这样做了——而且没人注意。另一次，这两个人单独坐在一个餐馆。正当服务员端上来一盘鸡肉的时候，一个摄影师不知从哪里冒出来，拍了一张照片，又如来时一样迅速消失了。毕加索站在那里，感到受了冒犯，但聂鲁达安慰他说："坐下来，他只是想要拍那盘鸡肉！"[8]

1949 年 6 月，聂鲁达接受邀请，第一次前往苏联进行访问。这是在他大多数其他共产主义朋友们已经前往见证布尔什维克革命成果很久以后才进行的一次旅行。那个月，苏联开始了纪念活动，纪念他们最伟大的文学人物，诗人普希金，也是聂鲁达极度崇拜的诗人诞辰 150 周年。聂鲁达在 6 月 8 日抵达列宁格勒，在那里他访问了冬宫和国立普希金博物馆里面的七个展览室。[9]

240

据一些资料声称，在莫斯科期间，聂鲁达亲自会见了斯大林。根据这些记叙，斯大林送给他一件华贵的俄国羔皮外套，上面缝着红丝线，要他转赠给夫人迪莉娅，而聂鲁达则把自己的一本书送给了斯大林。很奇怪，他在他的回忆录（以及对他的朋友们）并未谈到这次会面——也许因为它并未发生。聂鲁达所宣称的他所经历的最相关的事情，就是在他真正赢得斯大林和平奖的前一年，通过电话听到一个消息说：斯大林看到那年的候选人名单，并且说："为什么聂鲁达没在里面？"当然，聂鲁达一个最亲密的俄国朋友，他的翻译者维拉·库泰什科娃——一个批评家，他一个月前写出一本名叫《聂鲁达的命运》的最早关于聂鲁达的研究著作——在我于莫斯科向她提及此事时，强烈否认该诗人曾会见斯大林。[10]

当他终于能够站在普希金写作《鲍里斯·戈都诺夫》的地方——开依洛夫斯科伊庄园的白房子里面，看到普希金也许看到过的同样的景象，聂鲁达浑身激动："绿色的山谷，与安静的河流十字交叉。"他很高兴看到许多普希金最喜欢的书本也是他自己喜欢的。他访问了"列宁格勒这座美丽的城市，有着彼得大帝辉煌的记忆，静静飘荡在涅夫斯基大道旁流淌的河流之上，有着古老梦境的街道，一个适合哀伤与梦游的地方，直接从俄国小说的书页中走出。"[11]

维拉·库泰什科娃回忆当时莫斯科的期待氛围。

实际上，当时我们对于聂鲁达生活中的非凡境遇比对他的杰出诗歌更了解得及时，他的诗歌在我们国家鲜为人知……我不会忘记那一天，等候在机场的时候。在那些走下舷梯的人们中间就有巴勃罗，一个四十岁左右的胖男人……与此同时，庄严的仪式已经在（莫斯科）大剧院开始了，我们仍然在机场，执行严格的手续。更有甚者，我们甚至要去一趟酒店。你可以想象，我们迟到得很厉害，他们领着我们走上侧翼之间的台阶。我们看到保罗·罗伯逊坐在指挥台上。在活动的中场期间，巴勃罗和保罗有了他俩的第一次拥抱——谢天谢地！[12]

聂鲁达的另一个俄国好朋友是列夫·奥斯博瓦特，他第一次见聂鲁达是在 1949 年 6 月 27 日为这位智利人而举行的盛大活动上，当时是在莫斯科音乐学院的大厅里。

> 莫斯科的所有媒体代表都在那里，还有文化名流和普通读者……他看上去是什么样子呢？在那个最初的场合，我看到了一个高个子，体格壮实的男人，他看上去不可动摇——我记得爱伦堡把他比作一尊佛——他坐在那里，半闭着眼睛，给人的印象是他正在打瞌睡。我记得是法捷耶夫启动了仪式，然后爱伦堡宣布："世上有太多诗句，太少的诗人——如果你们原谅我提到这句老生常谈的话。"实际上，后来我经常看到爱伦堡和聂鲁达在一起。我非常了解，爱伦堡完全不是一个多愁善感的人，而是一个善于讽刺的人，舌头上有箭镞。但巴勃罗是少有的能够真正打动他的人，并且让他真心感到崇拜的人。[13]

关于俄罗斯诗人在那个年代受到斯大林迫害的情况，聂鲁达完全保持沉默。在这次访问后一年，1950 年，在危地马拉城的一次演讲中，聂鲁达隐晦地提到他称作"谣言"的事情："在苏联，作家和音乐家以及科学家必须按照一些领导人的指令来进行创作。这是国际反动势力的一种诽谤。"[14]

无疑聂鲁达希望那是真的。更令人惊奇的是，甚至二十五年以后，在他死后出版的回忆录中，他也没有提到这一点。他是这样说的：

> 在莫斯科，作家们生活在不断的发酵状态中，一种持续的思想交流。那里，远在兜售流言的西方发现它之前，我了解到：帕斯捷尔纳克和马雅可夫斯基是最好的俄罗斯诗人，马雅可夫斯基是人民诗人，有着雷鸣般的音色，青铜般的镇定……帕斯捷尔纳克是暮色笼罩的伟大诗人，形而上的内向诗人，在政治上是一个诚实的反动分子，他在国家转型的过程中，目光所及之处不及一个开明的助祭。可是，批评他顽固政治观点的最严厉的批评家们也能对我背诵帕斯捷尔纳克的诗歌。[15]

242

可是，维拉告诉我，在 1949 年初次访问俄国期间，"聂鲁达被很多人告知（帕斯捷尔纳克）是一个反动派，并且，因为聂鲁达仍然是一个知之甚少的人，而帕斯捷尔纳克当时对他来说无非只是一个名字而已，于是他就相信了他们。"[16]

在艺术上，聂鲁达保持着他的独立性，不受安德烈·日丹诺夫在 1934 年第一次苏维埃作家大会上所鼓吹的那种社会主义现实主义影响，后者号召作家要"反对资产阶级在无产阶级身上留下的影响痕迹"。聂鲁达对文学流派或教条感到不爽。可是，跟安德烈·纪德形成鲜明对比，纪德早在 13 年前就已经在他访问期间发觉出苏联系统的严重缺陷，他的批评对 1937 年的巴伦西亚作家大会投下如此沉重的阴影，而聂鲁达时至今日依然只看到积极的方面。实际上，正如维拉所指出的，自从他最初的访问开始，"聂鲁达一直体现出一种强烈的愿望，要从俄国找寻他自己智利经历的回声。我们在开依洛夫斯科伊庄园访问期间的雨水让他回想起了智利的雨。风景，也一样。"[17]

与此同时，远在智利，迪莉娅——她在维克多·佩的妈妈的圣地亚哥公寓里一直藏着——终于准备离开，到欧洲去加入她丈夫的行列。她和聂鲁达分开了六个沉默、焦灼的月份，这让她付出了巨大代价。

正如托马斯·拉格后来回忆的："自从巴勃罗离开，她的状况就是地狱，藏在她几乎不认识的各种人的家里，不时伴着一种忧惧感，害怕在那里造成骚动……对一个她这样一个如此依赖她的伴侣的人，在她察觉自己所处的尴尬年纪，这样一种日子根本不是生活。"[18]

她在 1949 年 7 月在波兰与巴勃罗会合。聂鲁达自从那个月的月初就在那里了。在他 7 月 12 日的四十五岁生日之际，他访问了卡托维兹的煤矿，亲自到底下去查看 350000 名矿工工作的条件。他也访问了另一些波兰城市，赞叹华沙从纳粹轰炸的废墟中重建起来。一个不屈不挠的充满活力的波兰出版商，耶尔齐·波勒什佳带聂鲁达去波罗的海旁边的湖区。

团聚之后，巴勃罗和迪莉娅从波兰旅行到了匈牙利，时间是 1949 年 7 月 23 日。恰好正是在这个时候，匈牙利的翻译者们正在做一个聂鲁达作品选集，当他们问他想要收入哪些诗作，他决心抛弃《居所》中的那种忧郁。他已经变成一个外向型的生活欢乐的使者，向普通群众发声。他这种感觉如此强烈，以至于他在之后的很长时间内不让任何人出版《居所》。正如他在多年后出版的一次访谈中所说，"那本书的调子非常阴暗，尽管它出自非常真实的绝望……但欢乐是不会杀死任何人的……"[19]

在所谓自由世界的掌中遭受了如此多迫害的聂鲁达自然想要相信：苏俄是一种人类胜利。他也分有关于诗人责任的官方苏维埃观点。在布达佩斯的一次诗人集会中，帕斯捷尔纳克的问题被人们提起。有些在场者谴责他没有发挥更为积极的政治作用。其中一个诗人抗议说："不要攻击帕斯捷尔纳克；他是个好诗人。"聂鲁达的立场是清晰的。对一个诗人来说，创作优美诗句不再足够：他或她必须持有具体的政治立场。

我们的殉道者名单有多长：坡，魏尔伦，达里奥，更不用说更近死去的洛尔迦和埃尔南德斯？今天，一个新世界正建立起来，在这个人类新世界，诗人位于他家乡的中央，在旗帜脚下，在丰收的瞭望与合唱，奋斗与守卫的中央，在历史上第一次赢得诗歌的真正地位。[20]

就在他们前往罗马尼亚的时候，当时已经六十五岁的迪莉娅更加意识到她和巴勃罗之间相差二十岁的事实，她一头扎进了安娜·阿斯兰医生提供的泥浴与维他命疗法之中，后者是布加勒斯特国立老年医学研究与医药中心的创建者与科学主任。把毕生献给衰老细胞研究的阿斯兰医生宣称她发现了一种延缓衰老进程的方法，她称之为阿斯兰原创疗法。她声称受益者中间就有查理·卓别林，萨尔瓦多·达利，马勒内·迪特里希，巴勃罗·毕加索和约翰·肯尼迪。

244

1949 年 8 月 16 日，巴勃罗和迪莉娅从布达佩斯旅行到了布拉格，此后又返回巴黎待了几天。从智利传来了令人悲伤的消息：在圣地亚哥，警察开枪射杀了七名学生示威者。维德拉总统继续指控共产党人试图推翻他的统治，尽管该党已经被取缔，许多领导人被监禁在皮萨瓜集中营。

八月，聂鲁达和迪莉娅离开欧洲回到拉美，直接穿过大洋抵达墨西哥，在那里，聂鲁达受邀代表最近成立的世界和平委员会出席九月举行的美洲和平大会。与他和迪莉娅在同一条船上结伴而行的还有刚刚丧妻的保尔·艾吕雅以及他的新伴侣多米尼克，还有法国作家及哲学家罗杰·加罗迪。

他们在 8 月 28 日抵达墨西哥城。聂鲁达很高兴回到这个他作为智利领事服务过三年的国家，尽管墨西哥当局在他藏匿期间令他感到失望。一周后，1949 年大会由墨西哥诗人和物理学家恩里克·冈萨雷斯·马丁内斯揭幕。这是一个令人瞩目的聚会。卓别林发出公开声明支持巴黎的世界和平力量大会以及墨西哥大会的会议。聂鲁达在墨西哥城受到广泛的宴请，结交了新朋友，包括委内瑞拉记者米盖尔·奥特罗·席尔瓦以及古巴作家胡安·马里内罗。

在他的闭幕式致辞中——这被那些出席会议的人视为墨西哥城大会的压轴戏，那是他作为诗人和法西斯迫害的受难者所获得的荣誉——聂鲁达强调：作家在战争面前无法继续保持消极状态。他谴责了"奴仆般的"智利独裁者维德拉，称他为了北美矿业大亨的利益俯首帖耳。

如果我能回到我的国家，我将会带去新的故事，新的经历，不同的真理。我会随身携带普希金的真理：普希金的歌，他的旗帜，一种古老诗人的旗帜，他的人民的首要诗人，其他国家也许已经忘记的诗人，但在苏联，岂止是没有忘记，还在它广阔的国土上高高飘扬……

245　　他继续提供自己关于诗歌作用的观点，他说这种作用随他一起"成长"：

不久前，在苏联和波兰旅行了一圈之后，我在布达佩斯签署了一个合同，授权用匈牙利语出版我所有的诗歌。在我签署合同之后，在翻译者和出版商组成的一次会议中，我被请求一页一页地指出我想要收录在那书中的诗歌……在许多年没有读到我的旧作之后，我的眼睛在那些页面上扫过，为它们我付出了如此多的努力与细心，在那些等待指令开始工作的翻译者们面前，我突然看到：它们是无用的，它们过时了，它们铭刻着一个死去的时代留下的苦难皱纹。我抛弃了它们。我不想要古老的痛苦挫伤新的生命……因此我不允许那些诗中任何一首在人民民主的国家出版。即便今日，当我回到美洲，我承认我也不想要那些陈旧的诗歌在这里重印……为什么我们要在这个地球上留下那样的痕迹，就像被吊死的人的绝望在潮湿黏土上留下的痕迹？

他说很容易陷入一种陷阱，痛饮"痛苦的陈酿"，一种所有毒药的混合物。他如今抛弃的不只是他早期的诗歌：

当法捷耶夫在弗罗茨瓦夫发表的一篇演讲中宣称：如果土狼用一支笔或者一台打字机，他们会写出像托·斯·艾略特或小说家萨特那样的作品，我认为那是对动物世界的一种侮辱。我不相信动物被赋予智慧以及表达能力之后会创造出那两个所谓西方文化"大师"所创造出的那样一种出自虚无与恶心嗓音的下流宗教。[21]

在墨西哥城的演讲中，聂鲁达也发动了与一个墨西哥作家何塞·勒韦尔塔斯（西尔维斯特的兄弟）的一场论战，后者最近出版了一部小说《尘世的日子》。聂鲁达说勒韦尔塔斯令他极度失望，一部分因为这部小说明显的反共产主义立场，但主要因为勒韦尔塔斯在十三年后放弃了他的墨西哥共产党党员身份，因为他不同意他视为该党教条的那些东西。根据勒韦尔塔斯的女儿安德里亚回忆，他因聂鲁达向他发动的这种公开攻击而陷入情感上的瘫痪状态，因为他一直把聂鲁达视为"大哥"，无论何时他听到人们提起这个智利诗人的名字，"他能做的一切就是发出一声痛苦的呻吟"。这两个人再没有见过面，尽管他们在相隔遥远的情况下和解了，当时是 1968 年，在特拉特洛克广场墨西哥学生遭到屠杀之后，勒韦尔塔斯被捕，聂鲁达给当时的墨西哥总统古斯塔夫·迪亚兹·奥尔达斯写了一封非常感人的信，向他保证勒韦尔塔斯是无辜的，并呼吁释放他"因为他有着勒韦尔塔斯家族的天赋，因为我们非常热爱他"。因为深受感动，勒韦尔塔斯把他的书 Al apando 题献给了聂鲁达，在聂鲁达死后他告诉听众："我们为你哭泣，巴勃罗·聂鲁达，我们祈求你——不要安息！"[22]

聂鲁达在 1949 年向他的墨西哥听众指出：有一个非常重要的人物缺席：壁画家何塞·克莱门特·奥罗斯科，他在三天前死去了，聂鲁达刚参加他的葬礼。巴勃罗自己当时也因为静脉炎而患病，几天后，被迫躺在床上，腿上打着石膏，无法活动。他尚且不知道他卧床不起的状态很快将把一个新欢带入他的生活中来。

任何事情都无法阻挡他工作。当他被邀请为一本墨西哥书籍《冈萨雷斯·维德拉，拉丁美洲的熔岩》撰写序言，他立即抓住这个机会，重新发起对"这个荒唐的 pelele（傀儡），这个渺小血腥的 cacique（暴君）……"的攻击。

在 1949 年 10 月 13 日从墨西哥城写给劳丽塔的信中，迪莉娅写道：

我们的生活一直持续不断地忙碌，即便发烧被迫躺在床上也不能阻止你哥哥工作，并且以巨大的成功阻止一些事务。他在和平大会上的表现是一种轰动，考虑到全世界人民对他的热爱和尊敬，这是多么动人的事情。在这里，他们非常精心地照顾他，房子成了一个巨大的聚会，一天二十四小时的聚会。他们甚至从总统官殿派出密使来关问他的健康状况。今天我认为他最终获得了确切的康复。一个半月来第一次，昨晚，我们可以正常睡觉，只有每四个小时必须有的打断，来让他服用磺胺……似乎巴勃罗的所有问题都出在扁桃体上。我们慢慢观察。[23]

正如迪莉娅在信中所说，聂鲁达在墨西哥城改革大道的公寓实际上成了朋友们的一块磁石。在 9 月 18 日（智利国庆节），300 位客人来到了该公寓，尽管它如此之小，尽管巴勃罗本人仍然卧病在床。

聂鲁达和迪莉娅很快迎来了另外的同胞：智利画家和雕塑家尼梅西奥·安图内斯，他跟妻子伊内斯·费格罗阿以及一岁大的儿子巴勃罗一起从纽约来到这里。安图内斯却在墨西哥遇到了麻烦：他无法更新他的签证。"来，和我们待在一起，"巴勃罗说。对此，迪莉娅指出："可是，巴勃罗，他睡在哪里？这个公寓太小了。""睡在衣柜中，"聂鲁达回答说。也许他回忆起了他和迪莉娅在圣地亚哥的维克多·佩的小公寓中藏在挂衣柜里的经历。他们把衣柜中的衣服和手提箱都清理出来，在那里放了一条褥子给尼梅西奥。与此同时，伊内斯和他们的婴儿一起返回纽约。

"第一眼看上去，那很像是爱情。他们深深地爱着彼此，因为生命，"伊内斯说。"当尼梅西奥每天早上在小小的挂衣柜中醒来，他在床垫上（尽可能地）伸展起来，并向外面喊道：'衣柜中的画家可以进入诗人的屋子了吗：'对此，聂鲁达从他与迪莉娅共同躺着的床上回答道：'出来吧！诗人给画家亮绿灯。'"[24]

大约就在这个时期，一个护士来了，帮助巴勃罗照顾他的静脉炎。并且，这个护士看上去有点说不出来的面熟。他以前在哪里见过这个美丽的女人，这个有着浓密黑发的女人，一张令人眩晕的笑脸，有着与魏尔伦的妻子一样的名字？

玛蒂尔德·乌鲁齐亚当然记得聂鲁达。她曾是智利歌手，1946 年在布兰卡·豪泽尔的圣地亚哥公寓中与巴勃罗偶遇之后跟他有过一段短暂的风流。这对玛蒂尔德来说显然比对聂鲁达更重要。"我在旁边看着巴勃罗，我想我从未看到他那样的眼睛。我问布兰卡她身边的这个人是谁，她回答说：'无知的东西！这是巴勃罗·聂鲁达。'我更仔细地看着他。多么奇怪的眼睛，它们看似在向内望着！我想要它们望着我。在那时，他转过脸来望着我，我也望着他。一小会之后，他对布兰卡说了些什么，她低声告诉我：'巴勃罗问我你是谁。'我很高兴。他在打听我。我记得他的诗歌。当公园里的音乐会结束后，布兰卡邀请我们两个去她的屋子里喝茶。"[25]

在墨西哥城，就在迪莉娅的眼皮子底下，他俩恢复了彼此之间的风流——正如在马德里，聂鲁达在玛露卡以及他们的新生女儿面前和迪莉娅开始了他俩的艳情。迪莉娅是如此马虎，因此她显然没有注意到正在发生什么。但无论如何，她显然非常错误地相信：聂鲁达不再需要肉体关系。至少，那是她在智利对阿依达·费格罗阿所说的。[26] 其他朋友也相信：一段时间以前，这对夫妻之间的性关系就已经冷却下来，尽管伟大的友谊还保持着。

在墨西哥城永久进入聂鲁达生活的玛蒂尔德·乌鲁齐亚当时三十七岁，她 1912 年出生在奇廉，位于智利南部，一个饱受地震摧残的小镇，离聂鲁达自己在帕拉尔的出生地不远。她父母都很穷，而玛蒂尔德，本性上每一点都和迪莉娅一样独立，也受到她母亲的鼓励，努力通过走上歌手的职业生涯来逃离这种贫困。她离开偏远省份到圣地亚哥学习唱歌。她的老师就是布兰卡·豪泽尔，正是在后者的家中她 1946 年与聂鲁达开始了风流韵事。但她也经常在拉丁美洲旅行。正是在那一年，1946 年 7 月 5 日，在秘鲁拍摄的一部电影《斑点》得以首映，根据秘鲁影评家里卡多·贝多亚叙述，在这部电影中，玛蒂尔德唱了（女低音）一首名叫《相思病》的歌。巴勃罗的校友迪耶戈·穆诺兹的遗孀伊内

248

斯·瓦伦祖拉告诉我，玛蒂尔德还是一个年轻的出道女明星时，曾有一段时间当过奥逊·威尔斯的情妇。

不像迪莉娅是一个热切的马克思主义者，玛蒂尔德完全不涉足政治。她来自一个卑微但保守的家庭，这个家庭——根据豪尔赫·爱德华兹所说——却符合"智利存在的共产主义传统，按照这个传统，基督教名字被认为和'真理报'，'世纪报'，'列宁'或'斯大林'一样夸张。"[27]

但玛蒂尔德有着非常强大的理由对智利共产党感到反感——如果不是憎恨的话。她告诉爱德华兹：她的一个兄弟终生都是该党的战士，因为某种内部斗争被除名，被指控放荡以及酗酒。万念俱灰之下，他自杀了。玛蒂尔德永远无法原谅她兄弟的指控者，每时每刻，她都在痛苦地谴责其领导人造成了他的死亡。[28]

玛蒂尔德不是一个有教养的女人，但与"蚂蚁"对比鲜明的是，她是一个出色的管家：一个好厨师，细心照料衣物，是经济与其他事物的良好管理者。巴勃罗有一段时间对迪莉娅完全缺乏家务能力感到越来越不耐烦，而玛蒂尔德在这方面的能力是一个强大的吸引，完全与他从她身上感到的强大性吸引力无关。

1950 年 1 月 28 日，聂鲁达所享有的由宪法赋予的允许停留在智利国外的权利——这是在圣地亚哥举行的那个异常秘密的会议之后，由参议院主席阿尔图罗·阿莱桑德雷·帕尔马授予的——失效了。这固化了巴勃罗的流放；他此时明白：如果他回到智利，他可能马上被捕，因为他不再享有参议员的身份及其带来的免于被捕和起诉的豁免权。这个新闻就像重重的一击，虽然在意料之中。他会永远也不能返回自己心爱的祖国吗？幸运的是，他对玛蒂尔德的新鲜爱情维持了他流放中的生活，此外还有他作为诗人在全世界日益增长的名声与成就。到当时为止，他的诗歌译本已经可在各种语言中找到：韩语，越南语，日语，阿拉伯语，土耳其语，乌克兰语，乌兹别克语，葡萄牙语，斯洛伐克语，希伯来语，意第绪语，格鲁吉亚语以及亚美尼亚语。

在他的墨西哥病床上，聂鲁达着手从事一项重大工程：秘密出版他的伟大史诗《大诗章》。这调动了一大群人来从他 1949 年 3 月在马背上穿越安第斯山偷偷带出来的打印稿中整理出一本书稿。迪耶戈·里维拉和大卫·阿尔法罗·西克洛斯为这本只发行了 341 册的限量豪华版绘制了插图，它出版于 1950 年 3 月，通过订阅提供给读者。这个版本"委员会"的成员包括文塞斯劳·罗塞斯（翻译《资本论》的西班牙人）；米盖尔·普列托，精美的印刷应该归功于他，还有一个智利共产党员教师，名叫凯撒·戈多依·乌鲁齐亚。可疑的是，如果聂鲁达知道玛蒂尔德的表兄戈多依在玛蒂尔德转而投入巴勃罗的怀抱之前曾和她有过一场风流韵事，这个姓氏是否还能包含在名单中。

伊内斯·费格罗阿极大地卷入了这场出版运作中。

我在 1949 年帮忙给未来的征订者提供该书的进展情况。我们定价 15 美元。我们在朋友们中间做广告，在墨西哥。事实证明它很受欢迎，我甚至收到一封来自美国作曲家亚伦·柯普兰的一封信索取该书！这是一本大书。印刷这本书有相当多的困难，因为它有共产主义渊源。但整个过程是神奇的。人们迫不及待要看到它——它终于在 1950 年问世了，尽管巴勃罗总是想要加进去一些东西，尤其是挑衅地发起对维德拉或联合水果公司的攻击。[29]

250

与此同时，该书的一个真正的地下版本正在智利筹备着，上面有何塞·文图勒里的版画。但墨西哥是《大诗章》第一版的诞生地，因为它由该国两个最伟大的在世壁画家绘制插图，所以许多墨西哥批评家宣称它是墨西哥自己的书并且坚持认为壁画家的影响是首要的，这自然就不足为奇了。

这些批评家中之一，雨果·门德斯－拉米勒斯做得更绝，他在一本虽然不完全可信但非常神奇的书中提到：《大诗章》必须按照壁画的方式来阅读，和壁画一起阅读，甚至自身作为一种壁画来阅读。[30] 他正确地指出：聂鲁达的社会活动在担任智利领事的三年期间得到决定性扩展，当时，该诗人的确沉浸在墨西哥革命的哲学、目标和后果中，非常熟悉

"壁画主义运动"及其组成部分。《大诗章》的早期部分包括里维拉式的关于古代阿兹特克宗教仪式和神话的图景，并且提到阿兹特克社会系统中内在的奴隶制度。就像里维拉一样，聂鲁达的书中许多地方颂扬了"解放者"——那些把南美从过去以及现在的帝国主义压迫者之下解放出来的人们。正如罗贝托·冈萨雷斯·伊切瓦利亚所指出的，就像墨西哥的壁画家们，聂鲁达的诗歌也是"纪念碑式的，因为它涵盖了广阔的历史幅员，聚焦于超越性的人物与事件，并且聚焦于卑微的大众。观看里维拉伟大壁画的任何一幅，人们都会感到置身于人群中。在历史人物形象的体积与超凡面前，自我显得就像侏儒：个体被恰当地还原为观察者或牺牲者大众中的一员（有时他们是一体）。在聂鲁达的诗歌中的确也存在同样的情况。"[31]

可是，门德斯－拉米勒斯以及其他人严重低估了聂鲁达个人经历的重要性，他作为逃亡者和流放者的处境，《大诗章》实际写作时那些物质状况——在窘迫的小房间里，在时时担心被发现的恐惧中。

251　　就在墨西哥版《大诗章》问世之前几天，聂鲁达向他的朋友墨西哥批评家阿尔弗雷多·卡多纳·佩尼亚提供了他自己的看法。

> 我想要通过一种革命浪漫主义来为我们大陆的抗争提供一种感知，这种革命浪漫主义并不和我在这本书中所追求的现实主义冲突。读到那些没有历史重要性的名字会带来一种惊奇……我故意这样做，以便带给它们一种象征性的烙印。我知道，这对一些读者来说是刺耳的，惊人的，甚至令人不安。但我想要他们记住：对我来说将这个时代的现实具体化是多么痛苦。从一开始，我就相信我的书是一本欢乐的，清醒的，乐观的作品，尽管局部有悲伤萦绕。在一整年的工作中，我感到醉人的欢欣，因为就在人们认为我被压在石头底下的时候，生命给我机会来克服人民的所有敌人。[32]

秘密出版的智利版《大诗章》在 1950 年 4 月 3 日紧接着墨西哥版本问世，它的经历和书中的诗歌创作经历一样惊心动魄，这个团队却没有作者在旁边提供指导。它和墨西哥版的文本并不一样。在墨西哥版本中，聂鲁达不仅添加了一些新诗（这些不可能加入智利版本的同样位置，因为当时该书已经装订），并且，他对自己在智利"地下"写作的打字机版本作品做出了许多修改。

智利版出自聂鲁达在穿越安第斯山脉逃亡之前留在智利打字机之上的文本。文图勒里从路易斯·科尔瓦兰那里收到了书稿，后者当时是智利共产党的宣传负责人。文图勒里策划了排版和插图，令人惊奇的是，他公开采取一种商业方式来制版印刷。聂鲁达本人完全没有任何机会来看到它们，当时他离智利非常遥远。印刷由马努埃尔·勒卡巴伦通过手工制版来实行。装订（通过机械装订噪音太大会暴露）是在文图勒里家的地窖中手工完成的。

该团队的另一个人，曾任共产党日报《世纪报》经理的亚美利科·左立拉回忆道：该党召集他参加一个会议，在那里他被告知参加这个行动。"乍看上去，在必须成为秘密印刷品与那本书之间存在明显的矛盾，那本书很大，页数很多，封面上有许多巨大字母。当你做一种秘密印刷，你经常试图把尺寸减到最小。在这种情况下，出于许多政治的以及实践的原因，这种大胆的形式最终表明是一种成功……"[33]

左立拉说：就像对待墨西哥版本时一样，智利团队面临巨大的阻碍，许多阻碍是因为共产党被取缔了。尽管该党在进行地下宣传方面非常有经验，这次的事情也完全不同："我们必须将一本 467 页，尺寸巨大（27×19 厘米）的书出版 5000 册。我们用掉了四吨纸……不能让独裁者的警察知道这本书在哪里制作的，这不可避免地限制了我们选择用那种纸张。"最后，他们用了一种发黄的、粗糙的纸来印刷 3000 册"普通"版本，和另外 2000 册用高级"羽毛"纸制作的造价更高的版本。[34]

《大诗章》是聂鲁达对拉丁美洲的过去、现在以及未来的最大的情感反应以及赞颂。古巴批评家恩里克·马里奥·桑迪把这本书看作先知书，有大量圣经暗示来提供证据——正如他所认为的——表明该诗人的政治观点是通过基督教的历史观来调和的。[35]

我更认同另一个语境中海梅·阿拉兹拉齐的观点，聂鲁达世俗化了

252

传统宗教语言，"赋予陈词滥调以新的、表现性的回音"。[36] 如果聂鲁达是一位先知，他是一位世俗的先知，正是在这个语境中，他有时把自己称作一个"sacerdote"（牧师）。正如朱迪·麦克金尼斯所说：聂鲁达开玩笑式地甚至讽刺性地选取了基督教的术语来做他回忆录的标题，《我忏悔我曾活过》，但她也和桑迪一样过度解释了，她提到：聂鲁达"采用了基督的角色"并且"想要在此岸通过马克思主义的乌托邦来实现基督的承诺"。[37]

聂鲁达相信这本书有一种和谐，成全它合成一个完整的作品。这一点很难赞同，因为史诗与个人元素并非经常自然而然地彼此兼容。在它们自身中，它们都包含令人震惊的美的诗歌。背叛的主题贯穿这部作品——既包括拉丁美洲的背叛者，也包括聂鲁达自己的背叛者。但是，正如阿根廷批评家索尔·乌尔基维奇所指出的，在《大诗章》中用到了两种语言：一种是从《大地上的居所》中继承的非理性与神秘的语言；另一种是理性的语言，植根于具体的政治历史，目标指向未来。乌尔基维奇认为在《大诗章》中这两种语言——以及它们所讲述的故事——本质上是互相冲突的。[38]

但这有什么关系？这种冲突也赋予作品一种创造性的张力——如果聂鲁达实现了一种全面的统一，这种张力就会失去。

1950 年 3 月，在检视完墨西哥版本的《大诗章》之后，聂鲁达和迪莉娅离开墨西哥城去危地马拉做一次短暂访问。让聂鲁达高兴的是，玛蒂尔德这次作为护士同行。在这个阶段，迪莉娅仍然没有意识到她丈夫和玛蒂尔德之间有任何不正常。

实际上，迪莉娅本人似乎非常乐意有人在旁边照顾她丈夫。她依然深情地关心着他的健康。根据"蚂蚁"记叙，聂鲁达当时拔掉了一颗自从童年就困扰他的牙齿，并且正在节食。（"他看上去非常棒！"她在 1950 年 6 月 4 日给劳丽塔回信时兴奋地写道。[39]）

欧洲再次向他招手。聂鲁达仍然是一个在逃犯，但那里的共产党和作家联盟给他提供了一个安全的港湾。聂鲁达不愿意抛弃玛蒂尔德，他承诺一旦可能安排下来就与她重逢，之后，他在 1950 年 7 月和迪莉娅启航前往里斯本。在 7 月 8 日从船上写给劳丽塔的一封有趣的信中，聂鲁达想了解他在特木科的家族如何在维德拉的独裁统治下应付生活。"我想要你告诉我关于家人的事情：有我叔叔、婶婶、侄儿、侄女们的最新消息没？雷耶斯家族在叛徒维德拉的整个勾当中是如何行事的？"

在巴黎，这对夫妻住在塞纳河边的一所公寓里，能望到圣母院。"慢得像淡水鲸鱼一样的驳船、拖船和载重货船从我窗前经过。大教堂甚至是一艘更大的船，举起它石头雕刻的剑像一根桅杆。每天早上我都向外望，看它是否仍在河边，那艘大教堂船，或者，是否，当阴影笼罩这个世界，刻在古代花岗岩上的那些水手们是否已经下令抛锚，还是启航横渡重洋。我想跟随她。"[40]

他俩在 1950 年 6 月访问了布拉格，在那里，捷克作家联盟给他在多布里城堡安排了一个房间，他可以在任何他愿意的时间使用。"在布拉格附近有捷克斯洛伐克最漂亮的城堡。一座小凡尔赛宫，在美妙的小树林里。多布里城堡被政府安排成作家的住所与避难所。我和他们一起度过了一周。"[41]

很奇怪的是，当迪莉娅在 1951 年 6 月 28 日写信给圣地亚哥的劳丽塔，信笺纸抬头是"艾斯普兰德酒店，布拉格"。他们两人当时就已经分居了吗？根据"蚂蚁"信中所写，聂鲁达的脚一直在给他带来麻烦。"你哥哥的健康状况良好，但他的腿有点肿，血液循环不完全规律。他现在心满意足，因为根本无法用言语来表达他在这个世界上最高贵和宏大的地方所得到的热爱。但他想要见到自己祖国的愿望是如此强烈。"[42]

聂鲁达很享受他在捷克首都的居住生活，欣然请求人们安排他访问同名作家扬·聂鲁达居住过的地方。

1950 年 8 月，巴勃罗和迪莉娅回到巴黎，但该诗人很快又再次踏上旅程。法国核物理学家约里奥 – 居里，他当时是"和平游击队"组织的全世界主席，授权聂鲁达一项重要使命：巴勃罗要动身前往印度，努力加强当地的和平运动。约里奥 – 居里交给他两封信，一封给孟买的一位科学家，一封亲自提交给印度总理，贾瓦哈拉尔·尼赫鲁。

事实证明这是一段并不愉快的旅程。没有迪莉娅做伴，他首先飞往

254

罗马，在那里等了几天然后登上了飞往印度的飞机。当他抵达孟买机场，官员们仔仔细细搜查了他的行李：

> 在罗马，我用在我旅馆房间找到的皱巴巴的报纸包裹了我的鞋子，怕它们弄脏了我的衣服。我觉得那份报纸是《罗马观察报》（梵蒂冈的报纸）。他们把那张纸展开在一张桌子上，把它举起在灯下，仔细把它叠起来，就好像它是一个秘密文件，最后把它和我的一些文件放在一起。我的鞋子也被从里到外仔仔细细地检查，就像一件独一无二的奇妙化石样本。[43]

255　　　他后来发现：警察质询过所有名字出现在他联系本上的人——包括他的小姨子，迪莉娅的妹妹，她正住在孟买。

聂鲁达因这两个小时搜查带来的恼怒由于同一天和尼赫鲁的妹妹吃饭而减轻了少许。"她是一个有着惊人之美的女人，穿着打扮像一个异域的演员。她的纱丽五光十色，黄金和珍珠增强了她的富贵气象。我马上喜欢上了她。看到这样一个精美的女人用手吃饭是一件极富戏剧性的事情，看着她把珠光宝气的手指伸进米饭和咖喱酱中间。"[44]

可是，就在聂鲁达抵达新德里会见尼赫鲁本人之后不久，智利大使胡安·马林博士打电话给他，告诉他警察当局很急切地想确保他尽快离开印度。印度政府很担心他的活动。巴勃罗回答说：他也同样急切想要离开一个这样的国家，"毫不考虑我实际上对它的各种运动的同情，如此无礼地对待我，没有任何理由"。[45]

聂鲁达曾见到过尼赫鲁的父亲，祭司莫蒂拉尔，是二十年前上一次访问印度时在一次独立运动集会上。但当他告诉尼赫鲁这个事情的时候，"他的表情并未发生变化。他用单音节回答我说的一切，用他淡定、冷漠的眼睛审视着我。他身上有某种高大而强势的东西，某种冷峻的东西，就好像他习惯了发号施令而缺乏一个领导人的力量。"

聂鲁达把和平信件递给他，但尼赫鲁还是什么都没说。聂鲁达感到有必要跟他讨论来印度的使命。他表达出他对冷战随时可能转为"红火"的担忧。尼赫鲁唯一的回答是:"实际上,双方都以和平为借口攻击对方。"[46]

聂鲁达在他的回忆录中声称,他在离开前做出的最后一个请求就是参观泰姬陵。但当批准他参观的文件抵达他的时候,聂鲁达已经完全受够了印度,搭乘头一个航班回到了巴黎。

可是,五年后,当他作为委员会的一员在莫斯科评定列宁和平奖的时候,当印度代表团提名尼赫鲁,一抹微笑出现在聂鲁达脸上。聂鲁达丝毫不计较他曾遭受的冷遇,投票支持尼赫鲁,他当然赢得了该奖。

在巴黎,巴勃罗和迪莉娅——在当地被称作"卡丽尔夫人"——搬到了第 15 区位于皮埃尔－米勒大街的一座迷人的三层小楼的一层。这里是工人集中的区域,正是聂鲁达喜欢的,到处都是他所喜爱的市场,露天游乐场有表演吞火的杂耍者,有很多小酒馆,在那里他可以悠闲地喝一杯。在他们楼上,令人高兴地住进来了智利画家尼梅西奥·安图内斯,伊内斯·费格罗阿和他们的小儿子,巴勃罗。迪莉娅把三层也租下来了,防止任何不速之客、陌生人或者甚至警察情报人员搬进来。

256

聂鲁达被迫经常出国旅行来刷新他的证件。因为冷战气候,法国政府仍然只允许他持有短期旅行签证。

一如既往,房子里有许多欢乐的社交时刻,通宵达旦。保尔·艾吕雅的伴侣以及未来妻子多米尼克帮着做饭。路易·阿拉贡是另一个常来的访客,他经常取笑巴勃罗执着于智利红酒。阿拉贡的伴侣是他俄国出生的妻子,艾尔莎·特里奥勒,是马雅可夫斯基的至爱丽丽·布里克的姐妹。

1950 年 11 月,聂鲁达和迪莉娅再次来到波兰,在那里,聂鲁达参加在华沙举行的第二届世界和平大会。这个会议原本应该在伦敦举行,后来被转至英格兰北部的谢菲尔德。可是,克莱门特·阿德里的英国政府把该次大会视同为共产主义阵线,在冷战初期的氛围中,拒绝给许多"可疑的"外国代表发放签证,或者入境许可,因此会议被削减得很混乱,并且被组织者——世界和平委员会仓促转移到华沙举行。聂鲁达是英国内政当局黑名单上的一员。

在三年后写作的一首诗《伦敦》中，他以其所见谴责英国当局把该国转变成了一个警察国家：

他们想要埋葬

"和平"这个词……

他们掩藏它于暗中，

在警察的雾中，

他们逮捕它，锁住它，

它们把它锤击成浆，

他们用殉道者的血泼溅它，

他们审问它，

把它扔进深海，

用石头系在每个音节上

将它沉底……[47]

257

在华沙，聂鲁达朗读了他的诗《伐木者醒来》，取自《大诗章》。诗中包含了当时被误解的一行，正如智利记者以及批评家何塞·米盖尔·巴拉斯指出的：[48]

我右手的和平，它只愿写下罗萨里奥*

这句诗并不如大多数人推测的那样，指涉的是一种玫瑰经，他们被一个共产主义诗人所采用的这种宗教形象迷惑住了。实际上，罗萨里奥是聂鲁达对他的新欢玛蒂尔德的秘密昵称，他在墨西哥跟她有了情事之后一直焦灼地渴望与她重逢。在他亲密朋友圈之外，很少有人意识到这种关系，更不用说这个昵称。

———————

* "罗萨里奥"原文为"Rosario"和西语词"玫瑰"（rosa）有同源关系，紧接的下文中"玫瑰经"（rosary）也是。

在这次华沙大会上，保罗·罗伯逊唱了歌，聂鲁达称赞他是"伟大的艺术家和伟大的良知……北美合众国最杰出的人物。那就是为什么他们阻止他离开那个国家，同时却阻止肖斯塔科维奇进入。"[49] 巴勃罗·毕加索呈上了他著名的和平鸽，在 1950 年 11 月 22 日的闭幕式上，两个巴勃罗一起被授予世界和平奖，与此同时还有（缺席获奖的）伟大土耳其共产主义诗人，纳西姆·希克梅特，当时他被关在一座土耳其监狱中。

1949 年巴黎和平大会期间就已经成立了一个包括毕加索、罗伯逊和萨特在内的国际委员会，来为释放希克梅特而行动。土耳其共产党被宣布为非法，希克梅特被大量莫须有的罪名投入监狱度过了 1920 年代以及 1940 年代的大部分时光。但他仍然设法在 1929 年到 1936 年期间出版了九本书，并且——在出狱期间——作为书本装订工，校对者，记者，翻译家和编剧而工作，来养活一个扩大了的家庭，包括他的第二任妻子，两个孩子，他寡居的母亲。但在 1938 年 1 月，希克梅特再次被捕，因为挑唆土耳其军事武装来叛变，并且被判处二十八年监禁，原因是军事学员都在读他的诗歌，尤其是《莎伊克·贝德雷廷史诗》。1950 年，希克梅特进行了一场长达 18 天的绝食，尽管他新近犯了心脏病。[50]

258

在华沙演讲中，聂鲁达谴责北美作家们没能抨击他视作政治暴行的事件，包括刚刚开始的朝鲜战争。

> 海明威，你以你独一无二的风格描绘过许多恶棍的形象。现在，你能否从一帮强盗在我们亲爱的朝鲜共和国制造的灾难中获取足够灵感？麦克阿瑟难道不像你书中所描绘的、用凿子雕刻出来的匪徒形象？为什么你不谈论和平？你想要战争吗？斯坦贝克，伟大的斯坦贝克，伟大书籍的作者，你可以告诉我们关于霍华德·法斯特的什么事情？你同意说：一个出自杰斐逊的国度的伟大作家应该从囚室中写作他的小说吗？斯坦贝克，你为你的兄弟做出了什么？[51]

然而人们也完全可以问，聂鲁达为他受难的苏联"兄弟"们做出了什么？他似乎变得盲目，以至于不承认甚至不觉得他自己存在双重标准。

在华沙大会的最后，不耐烦的毕加索向聂鲁达耳语道："钱呢，钱在哪里？"聂鲁达因为忍着笑而浑身乱颤。实际上，他们当年并没直接拿到奖金，五百万旧法郎的巨款。支付是在第二年的巴黎完成的。当聂鲁达听说毕加索损失了一大笔奖金用来向法国政府缴税，他坚持他那份奖金务必用现金支付——用大量的，旧钞票。这带来了聂鲁达未曾料及的麻烦。他没有一个手提箱或者其他任何东西来装钱。因为不愿意自己亲自去领钱，他派迪莉娅和尼梅西奥·安图内斯去，根据一个记载——其他人向我否认了这个故事——他们在一个暴热天气穿着大外套回来了，外套口袋里塞满了钞票。与此同时，巴勃罗的大多数经济事务——包括聂鲁达应该从遍及全欧洲以及欧洲之外的许多诗歌出版物中获取的著作权收入——都由伊内斯·费格罗阿来处理。当奖金最初抵达皮埃尔－米勒大街这座小屋的时候，她惊恐万状，但随后认为，巴勃罗必须开设一个保险箱来存放这笔奖金。后来，当他在俄国获奖的时候，他不再能把钱带出那个国家，于是要求用鱼子酱来支付，这样他就可以在回到家后很慷慨地向朋友们分发奖品了。

与此同时，聂鲁达的文学声名持续在全世界传播。1951 年 1 月 14 日，在他缺席的情况下，由智利作家协会和作家联盟组织的一场献给诗人的致敬仪式在圣地亚哥举行，与此同时，他的诗集在美国、中国、捷克斯洛伐克、波兰、苏联、瑞典、罗马尼亚、意大利甚至在中东的以色列和叙利亚出版发行。

就在圣地亚哥为聂鲁达举行致敬仪式的同一天，他本人在意大利，在都灵的"文联"*朗诵诗歌，获得了同样热烈的掌声。当他在那里的时候，他造访了共产党日报《团结报》。两天后，在 1 月 16 日，他离开都灵去了威尼斯，在那里，他在总督府接受款待。就是在那里，他被告知他的处境依然是多么微妙：警察禁止他讨论政治话题。他听从了，知道

---

　　*　原文为"Unione Culturale"。

他面临被驱逐的风险。因为只从事诗歌活动，他在他所钟爱的威尼斯待了超过一个月。在 2 月 20 日，他去了热那亚，在那里，他在图尔索宫*受到市长杰拉西奥·阿达莫里教授的款待。他很高兴在热那亚再次与加芙列拉·米斯特拉尔重逢。可是，回到威尼斯之后，坏消息——从未远离——很快来临。意大利政府——卷入冷战气候中——不高兴巴勃罗出现在意大利的土地上，警察——日夜在他旅馆门口放哨——此时告知他：他必须马上离开该国。他无惧地在威尼斯多逗留了两天，在 2 月 23 日再次在总督府朗读了他的诗歌。后来，聂鲁达描述了他被意大利警察追捕的情形——包括在威尼斯运河中的一次刚朵拉追逐——就像一场"滑稽剧"。[52]

尽管他本能地喜爱意大利的食物、美景和人物，聂鲁达还是跟离开印度一样，口中含着酸涩离开了意大利。没有什么比他的新欢玛蒂尔德更令他向往了。他计划再次见到她。

在八月上旬，巴勃罗收到一个警告：他可能会被从法国驱逐。在 1951 年 8 月 5 日，他从巴黎飞往布拉格，参加在卡罗利瓦利举行的第六届电影节。在那里，聂鲁达收到了他生命中最受他欢迎的一件礼物：何塞·文图勒里，也就是《大诗章》秘密智利版本的插图画家，亲自把该书送给了他。[53]

260

在一个电影节上看到巴勃罗·聂鲁达是一件古怪的事情。他顶多跟电影有着模棱两可的关系，不像他的许多朋友——其中就有拉法埃尔·阿尔韦蒂和马努埃尔·阿尔托拉圭尔——合作过电影剧本。实际上，他经常蔑视电影在资本主义世界中已经变成的事物：一种比文学低得多的艺术，设计出来给它的创作者带来尽可能多的金钱。

不过，与此同时，年轻时候，他喜欢光顾圣地亚哥的电影院。这种热情正是他热切地想要在卡罗利瓦利电影节上传递给观众的。他的演讲开头这样说道："我是一个进入黑暗电影放映厅寻找魅力的人，在任何地方，任何时候……电影要求一种完全的、瘫痪性的关注，这是其他艺

---

* 原文为 "Palazzo Turso"。

术不能比拟的。我们可以关掉音乐，合上书本，我们可以对收藏伟大艺术的博物馆感到厌倦，但我们很少有人在一场电影结束前离开我们的座位，即便它让我们沮丧或恼怒。"[54]

第二天，1951 年 8 月 6 日，聂鲁达搭乘火车和迪莉娅一起从布拉格到东柏林，在一个重大的青年节上发表讲话。正是在这里，他终于和玛蒂尔德重逢了。（就在她抵达欧洲的时候，她曾试着给他在巴黎的公寓打电话，但接电话的是何塞·文图勒里——当时是他待在那儿。他俩的声音在电话里听起来很像，玛蒂尔德刚开始以为她是在和她恋人打电话。）[55]

巴勃罗私下里劝说东德当局给玛蒂尔德颁发签证，允许她在青年节上作为歌手参与。

"我在青年节已经召开的时候才抵达，"玛蒂尔德在她自己的回忆录中这样回忆道。

> 巴勃罗给我发了很多电报，归功于其中一封，我得到了曾经被拒绝授予的签证。我不是一个政治女性，我不了解所有这一切。我来自另一个世界。我从未关心过那场争斗的一点点消息……我抵达了柏林，朋友们等着我，告诉我，巴勃罗肯定在一个剧院，要我马上去那里。我感到容光焕发。我到了剧场，他就在那儿。当他看见我，他的脸亮起来。我们拥抱在一起，他说："这就对了——我不愿再和你分开。"我一直无法忘记那句话……[56]

也是在柏林，巴勃罗的难兄难弟，沦为逃亡者的共产主义分子，土耳其诗人纳西姆·希克梅特被从监狱释放出来，但被迫在夜晚穿越博斯普鲁斯海峡逃离土耳其。这两个男人是初次见面，但他们两人都在对方身上辨认出一种共同精神，热情拥抱了彼此，很快成了亲密朋友。

玛蒂尔德回忆说，希克梅特是"一个迷人的男人，高个子，白皙，非常英俊，眼睛放光，嘴唇善于微笑。他很长时间望着我，说：'我对你很满意，我对你很满意。你是一个阿劳坎智利女人，我非常喜欢你。"

用他巨大的双手，他把我举起在他面前，给了我一个亲吻。"[57]

同一个晚上，聂鲁达告诉玛蒂尔德，在她的旅馆房间将会有一件礼物等着她。当她打开她房间的门，她发现希克梅特和聂鲁达在里面，笑得像两个淘气的学生。"女士，你的礼物，"纳西姆说，把巴勃罗交给了玛蒂尔德，然后离开房间，留这对情侣单独在一起。

在回忆录中，玛蒂尔德写道："巴勃罗向我解释说，他已经去了他的旅馆，让人告诉迪莉娅：有一个（共产）党的紧急会议要持续到黎明。所以整个晚上都会是我们的……当我把我的头依靠在他胸口，闭上我的眼睛休息，我记得我告诉他：'你闻上去很柔情。'他回答说：'小心。那是一首诗。你不会在我身上做文章吧，会吗？'"[58]

于是开始了一种不寻常的双重生活，一幕由聂鲁达导演的在两个女人中间周旋的欺骗游戏，一路贯穿欧洲。

聂鲁达如何可能做到呢，不断地玩弄一种地地道道的马基雅维利式的阴谋诡计，而不让"蚂蚁"哪怕开始怀疑他的不忠？很显然，他从他东欧亲密的共产党官员网络中以及他遍布全世界的愿意充当同谋的忠诚朋友中获益良多。（直到他回到智利才发现，让他感到非常伤心的是，他的朋友们是多么强烈地不满于他对待迪莉娅的方式。）

第二天，玛蒂尔德如期在活动中唱歌，由一群智利舞蹈者伴舞，并且得到节日代表们的良好款待。她和巴勃罗抓住每一刻待在一起。但就他们亲密圈子以外的人们所知：巴勃罗仍然非常乐意充当迪莉娅的配偶。

262

在巴黎青年节结束后，巴勃罗非常迫切想要单独跟玛蒂尔德在一起，但迪莉娅的在场让这变得不可能。因此，他建议他和迪莉娅去罗马尼亚度假，和古巴诗人尼古拉斯·纪廉一起，同行的还有玛蒂尔德，构成一个四人组。根据何塞·文图勒里记载，在 1951 年底去往布加勒斯特的火车旅行中，纪廉试图和玛蒂尔德有一腿，这激发了这个古巴人和聂鲁达之间终生的嫌隙。[59]

他们在 1951 年 8 月 28 日抵达，四个人入住罗马尼亚首都的一所大房子。同一天，聂鲁达开始写他那本神秘诗集中的第一首诗，那本诗集由写给玛蒂尔德的极富深情、极度色情的诗歌构成——《船长之诗》——

这诗集第二年在那不勒斯匿名出版。现在所谈到的这首诗，痛苦的《回头浪子》是这两个恋人生命中非常重大的一首诗。玛蒂尔德认为它指的是她的初次流产，她声称这事发生在此前 1949 年的墨西哥。

> 我从所有女人中选择了你
> 以便你能在大地上
> 发出回声
> 响应我的心灵，它在谷物中跳舞
> 以其使命而斗争到底。
>
> 我问你：我的儿子在哪里？
>
> 他在你体内等我吗，认出我，
> 告诉我："召唤我出来吧，穿越国土
> 继续你的斗争和你的歌。"
>
> 把我的儿子还给我！ [60]

聂鲁达显得充满憎恨与苦涩，在玛蒂尔德自己的回忆录中，她暗示说：他因她的流产而谴责她没有足够照顾好自己。但他也对自己生气，因为没有在那里照顾那个胎儿直到最后。尽管巴勃罗向玛蒂尔德承诺他们绝不会再分开，他们不能公开相见。就在他穿越整个欧洲旅行的时候，他不断写作这些显然充满色情意味的诗歌给他的新情妇，即便他的妻子就坐在旁边。有一些"情诗"写于 1951 年 9 月 10 号和 11 号穿越西伯利亚的快车上，当时他正和迪莉娅一起穿过乌拉尔山脉前往蒙古。

在火车旅行途中，巴勃罗和迪莉娅还有一个伴侣，他的俄国朋友兼译者爱伦堡，他不断用他在红军中时所遇到的奇闻轶事来款待他们，以度过一星期长的旅行。

"他有着骄傲不逊的头发，深深的皱纹，尼古丁熏黄的牙齿，冷峻的灰眼睛和伤感的微笑，爱伦堡是一个古老的怀疑主义者，伟大的抛弃幻想的人，"聂鲁达在他生命的最后日子里，在他的回忆录中这样写道。聂鲁达随即意味深长地写道："我当时向伟大的革命睁开了眼睛，却对凶险的细节视而不见。我对时代普遍贫乏的趣味或那些金银铸造的（他们停驻的每一个车站都立着的斯大林）雕像并没有感到有什么需要争论。时间会证明我不对，但我认为即使是爱伦堡都没能足够意识到悲剧的广泛性。它的重大性直到第二十届大会才被我们意识到。"[61]

聂鲁达对爱伦堡的判断是错误的：后者充分意识到苏联所发生的事情，但他不会冒险去谈论这些事情，即便对他最亲密的朋友。

在那次漫长的火车旅行中，爱伦堡不说话的时候，写完了他的小说《第九浪潮》。虽然迪莉娅就在旁边，聂鲁达也写了一些最富激情的情诗给玛蒂尔德，它们都收在《船长之诗》中。很显然，到当时为止，巴勃罗终止了他有规律的习惯：把他所写的任何东西都拿给"蚂蚁"看，并征求她的意见，就像他此前一直做的那样。

他们在伊尔库茨克下火车，从那里飞往蒙古。贫瘠的风景让聂鲁达想起了他在智利北部当参议员的情形。他品尝到盛在豪华银杯中的蒙古米酒。那是由发酵的骆驼奶制成。"当我回忆它的味道，银子的感觉仍然在我脊背上上下奔流。"[62]从蒙古，他继续前往中国。在北京，聂鲁达受邀把1951年的列宁和平奖递交给宋庆龄女士，孙中山的遗孀。

在北京机场等候会见聂鲁达、迪莉娅和爱伦堡的人群中有中国诗人艾青。对中国的访问非常顺利，除了聂鲁达想要买一双袜子的时候遇到了一些困难。"当我们抵达商店，我们的中国朋友们跳出来，迅速把所有顾客都赶出了商店，停止了交通，用他们的身体构成一道栅栏，构成了一道人体通道，我和爱伦堡低着头经过这个通道，十五分钟后从商店出来，我们再次低下头，每个人手里拿着一个小包裹，坚定地发誓：绝不在中国买第二双袜子了。"[63]

还有另一个尴尬时刻。当他们被告知："几乎不可能"给他们提供中国饭菜的时候，聂鲁达转向爱伦堡大声说："同志，请准备好我返回

264

巴黎的文件。如果我不能在中国吃到中国食物，我将到拉丁区去吃，在那里不会有困难。"聂鲁达的愤怒很快发挥了作用。他们被护送到一家著名的餐馆，它正好就位于他们酒店的旁边，在那里他们被款待以一只"精致、难忘的"烤得光亮的鸭子。

1951年，聂鲁达和迪莉娅回到欧洲，住在布拉格。捷克作家联盟再次给他在多布里城堡准备了一间屋子。作为1949年在巴黎当选的世界和平委员会的一员，聂鲁达和尼古拉斯·纪廉、伊利亚·爱伦堡以及巴西小说家若热·亚马多一起筹备来年在维也纳举行的世界和平大会。

1951年短暂访问了维也纳之后，巴勃罗和迪莉娅在瑞士逗留了片刻，在日内瓦郊区的大萨公内村。当他在那里的时候，他成功地在1951年11月底溜出去，跟玛蒂尔德在风景如画的瑞士村庄尼翁单独度过了一个星期。

他们如何在迪莉娅仍在欧洲的时候成功做到这一点的呢？伊尼斯·费格罗阿告诉我说：这有可能是在迪莉娅经常独自返回巴黎的旅行中的某一次发生的。（聂鲁达的有限旅行签证仍然意味着他必须不断离开法国来获得延长期限。）可是，尼翁的那次逗留也许是在"蚂蚁"返回拉美之后发生的。[64]

在聂鲁达的自传中丝毫未提到这次格外幸福的瑞士小插曲。但玛蒂尔德深情地叙述了它：

265　　我们去了尼翁。这是我们第一次共同生活。尼翁是一个小镇，敞开怀抱对着莱曼湖的蓝天……巴勃罗仍然是一个政治逃犯，尼翁是完美的避难所。我似乎进入了一个安全地带，在那里，我们呼吸着自由，生活如此轻松。瑞士给我们带来一种全面的洁净感和安全感。旅馆的人不会要求看我们的证件。没有人会怀疑我们是不是夫妻。没有人认识我们，我们对任何人都不意味着什么……如果让我重返生命中的某个时刻，我会毫不犹豫地选择这一时刻。[65]

在那个特别的第一晚，他们出去找饭店，却发现：瑞士人用餐比拉美人早得多，早已没有饭馆营业了。他们欢乐地回到"湖畔旅馆"，他们发现那里的餐馆也关门了。最后，经理可怜他们，给他们一盘冷餐和一壶酒。

"在尼翁，我们不仅袒露了我们的身体，还有我们的灵魂，"玛蒂尔德写道。巴勃罗详细讲述了他的童年。他告诉玛蒂尔德他如何成为他父亲不理想的儿子，在身体上孱弱，内向，沉默。但他亲切地回忆起和他父亲在森林里的火车旅行。他惋惜地说，作为一个孩子，当他读书读到流泪的时候，并没有人分享他的眼泪，即便作为一个成年人，他诗人的多愁善感依然遭到误解。他回忆说：他第一次看到大海是他年轻时最难忘的时刻。玛蒂尔德告诉巴勃罗她在奇廉度过的贫穷的童年时光的一切。她就像聂鲁达一样，穿鞋子直到它们穿出破洞来。

他继续在"湖畔酒店"的房间写作《船长之诗》，幸福地爱着他的罗萨里奥。在一份手稿上，他写道："尼翁，12月2日，面朝莱曼湖，罗萨里奥就在我对面，还有两瓶坎佩利开胃酒，在凌晨12点04分。"他所写的诗是那首值得一提的、充满嫉妒的《如果你忘记我》。无论何时巴勃罗离开她，或者如玛蒂尔德在她的回忆录中声称的，他都感到强烈的嫉妒心。她说他需要始终和她在一起，确保他是她唯一的爱人。玛蒂尔德本人也承认，巴勃罗有理由感到担心："我有一个他不知道的过去，他善于产生不可遏抑的嫉妒与愤怒。它们就像风暴席卷他的灵魂和我的——但它们从未有过力量摧毁那把我们链接在一起的纽带。"

玛蒂尔德相信是巴勃罗对她的不安全感让他产生动力写作《船长之诗》。"驱动他写作这本书的是他永远不能完全信赖我的念头。我的独立让他感到很沮丧。这隐藏在我们的每一次可怕的争吵背后……当他和我在一起，他从未使用暴力。只有当我不在他身边，他会想象可怕的事情……因为我喜欢唱歌，欢笑和外出，他从未完全信赖我。"[66]

玛蒂尔德坚持认为：那种嫉妒隐藏在《船长之诗》中那首《错误的一步》那几句残暴的诗行背后：

266

如果你的脚步再次迷失

它将被砍断。

如果你的手带你

走向另一条路

它将腐烂，凋落……

如果你把我逐出你的生命

你将会死亡，

即使你还活着。

没有我，你将会保持死亡

或者像一个阴影游荡在大地上。[67]

从她的角度，玛蒂尔德声明：她从未嫉妒过巴勃罗的妻子迪莉娅。"巴勃罗从未想过离开她。我们完全是幸福的一对。对我们来说，婚姻并不重要……我知道巴勃罗即便在她身边，也更多地属于我。我不认为那是因为他们年龄的差异。只不过因为一开始我就正确地感到的安全性。我们是无人可以摧毁的一对。我不想要结婚。我很高兴做巴勃罗的恋人。"[68]

可是，这对恋人的激情四射的瑞士田园生活很快就结束了。他们不能在一起单独待太久，毕竟迪莉娅仍在欧洲。但当玛蒂尔德准备返回巴黎，聂鲁达继续前往罗马的时候，他们当时才意识到他们不再能忍受分离。玛蒂尔德决定在罗马与他会合。她在那里有墨西哥朋友，唱歌的学生，她可以跟他们一起在包餐旅馆中居住。

267　　他们在尼翁的最后一晚，聂鲁达连忙坐在他的写字台前，写下了《路上的信》，这诗将构成《船长之诗》的最后部分，他把它放在一个信封里交给玛蒂尔德，前提是她不能打开信封阅读它，直到第二天她已经在前往巴黎的路上。

再会，但你将

和我在一起，你将在

我血管中流淌的一滴血中

或血管外，一个吻点燃了我的脸

一条火的腰带围绕着我的腰……

我在风暴后

发现了你，

雨水洗涤空气

在水中

你甜蜜的双腿像鱼儿闪烁。

亲爱的人儿，我将要离开，奔赴更多战斗

我将掘开大地为你安排一个洞穴

在那里，你的"船长"

将等着你，在床上，拿着鲜花……

言而有信，即便在分离之后，聂鲁达继续写他的情诗，这些都构成《船长之诗》的一部分。他在任何地方都写。一首诗的各种手稿显示他在从巴塞尔到布拉格的飞机上，从利沃夫到布拉格的飞机上，或者在瑞士到意大利的火车上，都在写作。

罗伯特·普林－弥尔为《船长之诗》的写作做过精细的编年，他指出，聂鲁达经常在标记于一首诗页边的写作日期与地点上犯错。有些标记——一反常态，用紫色墨水而不是绿色墨水潦草书写的——无疑是舞蹈（比如混淆布加勒斯特与布达佩斯）。[69]

聂鲁达于 1950 年 12 月 12 日到了罗马。在新年夜，他不得不离开罗马去那不勒斯。他两天后回到罗马，然后于 1951 年 1 月 9 日去了佛罗伦萨，在那里的旧宫接受了市长的款待。1 月 11 日，他在羊毛行会宫*朗读了他的诗歌，第二天在圭尔甫派宫进行了朗诵。

在这些劳神费力的朗读旅行中，巴勃罗也腾出了时间来继续写其他

---

* 原文为 "Palazzo dell'Arte della Lana"，下文的圭尔甫派宫原文为 "Palazzo di Parte Guelfa"。

268　诗集，《葡萄与风》，这是他在 1950 年开始写作的。这本书跟《船长之诗》大不相同。聂鲁达本人把它算作他最钟爱的作品之一，但它实际上是一本最不协调的作品，尽管是一个伟大诗人所写，依然包括了一些极端差劲的诗歌。《葡萄与风》所呈现的是对一个共产主义诗人在冷战高峰期旅行于整个东欧的个人记叙。它融合了他对社会主义的爱——他在新兴"人民民主"国家看到它运转（并且在他眼中，运转良好），以及他对朋友们的爱，包括活着的和死去的。

当他在 1964 年回顾这本书的时候，聂鲁达说：他写这本书主要是充当一种 cronista（编年史）。他有意让它成为"一种地理与政治内容的诗歌。这是一种徒劳的努力，在某种程度上，尽管它有时候的确实现了我在我歌中所寻求的那种强烈和广阔的音调。"70

《葡萄与风》的确是聂鲁达当时双重热情的一种编年史：苏维埃阵营国家从战后废墟中重建，以及他对玛蒂尔德的爱。在第六部分，《美人鱼的回归》中，诗人清晰而生动地融合了这两种热情。他告诉玛蒂尔德：

> 我挖掘
> 又挖掘
> 日日夜夜
> 在你坟墓上
> 我重建你。
> 我从尘埃中捧起你的乳房，
> 从灰烬中捧起我钟爱的嘴唇，
> 重建
> 你的胳膊，你的腿，你的眼睛，
> 你的卷曲的金属的头发
> 我给你生命……
> 我的爱，那就是他们重建华沙
> 的方法……

如今你可以理解

爱是如何建造那些大道，

让月亮在花园唱歌。[71]

罗伯特·普林－弥尔注释说：该书第七部分——《花簇的祖国》——
中包含了"够得上《船长之诗》水准"的作品，并且的确大部分是该诗
集的延续。并且，其他许多部分显示了对"颂诗"阶段四本诗集中贯穿
的明显过于单纯的技术的一种初步发展：《葡萄》的这些部分在我看来
代表了"社会主义现实主义"的结果，我认为，聂鲁达在苏维埃阵营中
一直在实验这种效果。"[72]

可是，事实上，《葡萄与风》中许多诗歌都过于拼命地表达聂鲁达
与欧洲同志们之间的政治团结，这导致了异乎寻常的表达笨拙。

举一首诗，《西班牙归来》，这首诗中，他试图描述他在西班牙的经
历仍然如何深刻地影响着他。

没有你钉在十字架上的灯塔我是什么？没有你岩石上流下的水
我在哪里？

若你不曾给我血液，你会是谁？

宗教象征的使用在这里听上去并不可信，并不比该诗集另一首诗《独
人》更可信，在这首诗中，他谈论自己用一把斧子砍倒一棵树。

更糟糕的是他对社会主义欧洲的现代机器的颂扬。里面并没有左拉
式的对技术与进步的浪漫主义热情。试举例聂鲁达描述他访问从纳粹摧
毁中辉煌重建的波兰的诗歌《建筑和平》中的这种动机：

在格但斯克我看到生命重新入住自身。

引擎亲吻了我

以其钢铁的嘴唇。

偶尔地，真正美的诗行闪耀而出，正如在他《纳西姆·希克梅特来到这里》这首诗中所写：

> 当纳西姆发笑，
> 纳西姆·希克梅特，不像你发笑时的样子；
> 他的笑声是白色的。
> 在他体内，月亮在发笑，
> 一颗星辰，葡萄酒，不死的地球……

270

当聂鲁达离开东欧，渴望回到他的故乡，诗中出现一种潜在的酸楚。在《智利何时》中，他写道：

> 哦智利，大海，葡萄酒与雪
> 的长条花瓣，
> 何时，
> 何时，
> 何时
> 我才能再见到你。

但这种诗句在《葡萄与风》中太罕见了。这本书直到 1954 年才真正问世——在《船长之诗》出版后两年。

到 1951 年底，迪莉娅和聂鲁达之间的关系变得紧张。但 11 月 25 日迪莉娅在写给劳丽塔的一封信中——当时可能聂鲁达正和玛蒂尔德一起在尼翁——表明："蚂蚁"并未丧失其心灵的宽宏大量。她关心劳丽塔本人的心态（她仍然为她年轻丈夫拉蒙的死而悲伤）：

> 哦劳丽塔，不要灰心，不要太担忧。我们发现我们自己处于极度犹豫不决的时刻，因为我们不得不清算我们在这里的事务。但你的哥哥说过：无论我们在哪里结束，你都将在场。我们仍然不知道那里

会是哪里。但它不会是巴黎。会在意大利吗？或者厄瓜多尔或附近？静静等待吧。[73]

但迪莉娅仍然有另一场更为异乎寻常的冒险，因为跟聂鲁达一起生活在欧洲。1952 年 1 月 11 日，那不勒斯警察来到他们的酒店，平静地通知他，必须在当天离开意大利。共产党日报《团结报》愤怒地报道了这个消息："该作家的全部证件，以及他妻子的全部证件，随身携带，都完全符合要求。警察在凌晨 5 点 30 分突然闯入聂鲁达入住的酒店，几乎是在半夜。特务人员命令诗人和他的妻子跟随他们去局子里。在这里，聂鲁达也遭到了冗长的质询。"

当这则关于聂鲁达即将面临从意大利被驱逐的消息传播开来的时候，该国许多知识分子表达了他们的恐惧与愤怒。在那不勒斯，他们签署了一则声明，宣称："我们，那不勒斯的知识分子和艺术家们，听到反对伟大诗人和爱国者聂鲁达的重大命令，他是意大利的伟大朋友，却被命令马上离开我们的国家，尽管他持有三个月的有效居留许可，严重抗议……" 271

下午五点，朋友们和支持者们聚集在那不勒斯火车站送别聂鲁达和迪莉娅。这对夫妻被警察卫队包围着一路前往罗马，在那里他们换乘火车前往边境。但当火车驶进罗马火车站，他们看到了惊人的一幕。站台上挤满了人，高喊"巴勃罗，巴勃罗"，向着火车投掷鲜花。当他走下火车的阶梯，数千名无名的手臂把他从警察卫队的控制中拽走，后者面对如此数量的人群显得非常无助。突然，聂鲁达在人群中认出几张面孔:意大利小说家阿尔贝托·莫拉维亚，还有他的妻子，艾丽莎·莫兰特；画家雷纳托·古图索。《基督停在艾博里》的作者卡尔罗·勒维手上举着一捧玫瑰花。在某处，谨慎地藏在那群人中间的，是玛蒂尔德，她无论怎样一直都生活在罗马，第一时间冲向了火车站。

随后爆发了骚乱场面，人们挥拳砸向警察，有一次，艾丽莎·莫兰特用她的雨伞击打一个警察。自始至终，人群高喊口号："聂鲁达留在罗马！""让这个诗人留下！"直到警察长官到来，保证聂鲁达会被允许留在意大利待满旅游签证所提供的三个月，聂鲁达的几百名罗马支持者才最终平息下来。

玛蒂尔德不能公开接近巴勃罗。聂鲁达首先被送往罗马的英格拉酒店。认识玛蒂尔德的古图索联系上她，告诉她巴勃罗的所在。聂鲁达本人随后从旅馆打电话给她，人们认为他待在那儿太危险（他的朋友告诉他："如果他们在晚上抓住你把你带到边境，我们什么办法也没有"）于是他被转移到意大利社会主义参议员的屋子里。聂鲁达要玛蒂尔德第二天到那里来看他。

第二天，官方正式宣布巴勃罗可以待在意大利。这两个恋人再次躲开迪莉娅，逃到罗马的街道上庆祝这一消息。他俩停在一个宠物店门口，因为看到橱窗里有一只小狗，它睡眼蒙眬地望着他俩。他们走进商店带走了这只狗，他们给它取名叫"尼翁"，以纪念他们度过田园生活的那个瑞士村庄。

几天后，聂鲁达收到来自意大利在世的最伟大历史学家埃德温·西利奥的电报，表达他对意大利当局所作所为的厌恶，并提出让聂鲁达和他妻子使用他在卡普里岛的别墅。事实上，西利奥正在给意大利共产主义参议员马里奥·阿里卡塔回信，时间是 1952 年 1 月 8 日，要他帮助聂鲁达，说聂鲁达正在寻求"在卡普里岛度过三个月来完成他关于意大利的书"。[74]1 月 11 日阿里卡塔写给西利奥的第二封信所提到的意大利的"高贵的好客与慷慨的传统"似乎只是玩了一个花招。

尽管聂鲁达愿意马上欢乐地接受西利奥提供的卡普里别墅，他仍然有未完成的事务需要操心。他知道他不能生活在没有玛蒂尔德的地方，但他也不喜欢必须带给迪莉娅的欺骗——可是，他仍然发现如果告诉她事情的全部真相将不可能不给她带来伤害。因此他努力、温柔地说服她：他需要她回到拉丁美洲去准备他结束流亡胜利回到智利。当时，左派已经开始在智利重新抬头。1951 年 11 月 25 日，萨尔瓦多·阿连德的宣言公开谴责了维德拉的帝国主义并且号召智利基础资源的国有化。迪莉娅一开始抵触聂鲁达的要求。她仍然深爱着巴勃罗，不理解他为何迫切希望他们分开。"蚂蚁"仍然没有丝毫觉察：她丈夫竟然看上了她三年前在墨西哥城亲自雇佣来照顾他的静脉炎的那个女人。

可是，在 1952 年 1 月底，她最终同意了聂鲁达的请求。她在 1952 年 1 月 30 日在瑞典哥德堡港口启航去阿根廷。巴勃罗从瑞士苏黎世的圣哥塔尔酒店给圣地亚哥的劳丽塔写了一封更加冰冷的信，告诉她：她需要再等一段时间才能再见到他：

> 亲爱的妹妹，我很抱歉不得不打掉你的希望，但事实上，你的嫂子（迪莉娅）因为很复杂的原因正在 1 月 15 日搭乘一艘丹麦汽船'比奥－比奥'号返回她的国家……受情势所迫，你必须取消来欧洲的行程，让我们期待下次机会……[75]

273

就在迪莉娅离开意大利去瑞典的时候，聂鲁达就和玛蒂尔德一起搬到了卡普里岛西利奥的别墅，阿尔图罗小屋。后来他写道：

> 我们在一个冬天的夜晚来到这座神奇的小岛。海岸线在阴影中时隐时现，发白，高耸，陌生而沉默……这是第一次我俩生活在同一个屋檐下。在那个极度美丽的地方，我们的爱持续增长，我们不能再离开彼此而生活了。在那里我完成了《船长之诗》，一本爱之书，充满激情但也充满悲伤，它后来匿名在那不勒斯发表。[76]

几乎马上就发生了一场危机：西利奥给聂鲁达的唯一条件就是他不能在岛上从事任何政治活动。可是在 1 月 28 日，西利奥用法语写信给巴勃罗抗议该诗人违反了这一条件。西利奥尖锐地提道："我有一个缺点（我相信你会觉得不可饶恕）就是憎恨所有政治，但这是我爱人类的一种自我方式。"[77] 似乎存在误解：西利奥接到来自那不勒斯的一个智利人的电话，要求和聂鲁达通话，他立马警觉，认为巴勃罗实际上在从事政治活动。第二天，1 月 29 日，巴勃罗立即回信给西利奥，向他保证：那个通报者只不过想要告诉他，他亲爱的智利朋友何塞·文图勒里就在意大利的国土上。于是事情结束了。

埃德温·西利奥的妻子克拉勒塔为当时的聂鲁达和玛蒂尔德描绘出了迷人的肖像：

> 我看到一个肥胖的男人，高个子，橄榄色，有着仔细观察一切事物的黑眼睛，他的头几乎秃顶……他看上去比四十八岁更老，或许不是更老，而是年龄不一定对，就像我们对前哥伦布时代雕像所留下的印象……

玛蒂尔德则是：

274

> 一个温存、柔情的女人，非常体贴，但很谨慎，经常准备给别人让路。言语很少，行为谨慎，她几乎从未体现出她的演员职业所特有的那种捉摸不定的性情……[78]

《船长之诗》在 1952 年 7 月 8 日以仅仅 44 册的限量版在那不勒斯的出版社出版，归功于意大利画家帕奥罗·李奇的支持。它由"L'Arte Tipografica"在手工制作的象牙白纸上印刷，有李奇绘制的插图。在封面上是美杜莎的头像，显然让人想起玛蒂尔德的头像。出版费用由意大利共产党提供，作为对"流亡的同志及诗人"的一种致敬。每个杰出的合作者都在该书的最后一页提到：路奇诺·威斯康迪，圭里奥·安诺迪，卡尔罗·勒维，雷纳托·古图索，诗人萨尔瓦多·夸西莫多，艾丽莎·莫兰特以及若热·亚马多以及其他一些人。

这本书有一个落款为 1951 年 10 月 3 日的书信体序言，写给古巴哈瓦那的一个不知名的个人，署名是罗萨里奥·德·拉·塞尔达。（德·拉·塞尔达是玛蒂尔德的第二个姓。）"我有这些诗歌的所有原本，"这封假信这样写道。

> 它们在最丰富多样的地方写成，比如火车上，飞机上，小饭馆，在各种奇怪的小纸片上，然而却几乎没有任何修改。在这些最后的来

信中有一封是《路上的信》。这些纸片中许多几乎难以辨认，因为它们如此皱缩，或者撕裂，但我认为我成功辨认出了它们。我的身份并不重要，因为我是这本书的主角，这让我对我的生活感到自豪和满足。[79]

"罗萨里奥/玛蒂尔德"继续创造着一个故事：如何、何时以及何地她的爱情故事开始，明显有意让这个事更难辨认出作者。玛蒂尔德很多年后告诉罗伯特·普林-弥尔："罗萨里奥·德·拉·塞尔达的信真的是她而不是聂鲁达所写：这对恋人共同捏造了基本的故事来掩护，但巴勃罗要她亲自写这封信'因为你可以找到正确的口吻'——他们对结果偷偷笑了一回。"[80]

聂鲁达写道："它很长时间内都作为一个秘密保持着，很长时间内，它的封面上并没有我的名字，就好像我否认了和它的关系，或者，好像这本书本身不知道谁是它父亲。"[81]

275

一些多疑的批评家认为我这本书封面上没有任何署名是出于政治动机。"党反对它，党不同意，"他们说。但这不对。幸运的是，我的党并不反对表达美。真相是我不想这些诗伤害到迪莉娅，我正在离开她。迪莉娅·德尔·卡丽尔，最甜蜜的伴侣，钢铁的线条和蜂蜜系住我，在我诗歌创作最丰富的那些年，是我十八年完美的伴侣。这本书，充满突然而灼热的爱会击倒她，就像一块石头砸进她的温柔。这一点，唯有这一点是我匿名的深刻的、个人的、正当的原因。[82]

巴勃罗和玛蒂尔德用一个晚会来庆祝这本神秘之书的出版，在一张桌子上摆满鲜花、海鲜和卡普里酒。玛蒂尔德本人最喜欢的书中献给她的诗是《王后》：

我称你为王后

　　有比你更高的女人，更高。

　　有比你更纯洁的女人，更纯洁。

　　有比你更漂亮的女人，是的，有。

　　但你是王后。

　　卡普里的伊甸园生活在继续，尽管聂鲁达开始想念他的家乡，他已经三年没有见到它了。玛蒂尔德回忆说，"当我们到达小玛丽娜海滩，巴勃罗对我说，也许在渴望黑岛，'要是这里的大海可以咆哮该多好。它虚弱的海水到达岸边的时候几乎是沉默的。而且，它闻上去也不像我们的海。'"[83]

　　但当他们打开他们白色小屋的窗户，他们发现一个小阳台和一片森林。对聂鲁达来说，走出到日光中是怎样的一种重生，在智利度过一年地下生活之后，在迪莉娅面前掩藏他对玛蒂尔德的爱情之后，他终于成了一个自由人。卡普里，以其自然之美，是这次重生的完美栖息地。正如他多年后告诉采访者的："那里大海、鱼类和鸟儿对我来说有一种实质性的存在。我依赖它们就像我依赖日光。"[84]

276　　与此同时，迪莉娅已经从阿根廷回到圣地亚哥，在那里，等待她的是巴勃罗从卡普里岛写给她的一堆信件，表达他的爱情："我的蚂蚁，我在这里，独自一人，你的野蝉，在卡普里岛冰冷的阳光中"，"一千个吻，自你的巴勃罗"。但他绝非独自一人。

　　实际上，似乎很快，在这个岛上不只是有这两个恋人，而且有第三个新来者：玛蒂尔德确信她第二次怀上了巴勃罗的孩子，而且这一次她决定照顾好她自己。她把怀孕测试寄到那不勒斯，然后焦急地坐在一个小餐馆里，巴勃罗则走到邮局去取确认结果的信件。"我看到他走回来，红光满面。我起身问他，但我没有机会说一句话。一个长长、长长的吻封住了我的嘴唇。我们笑啊，我们唱歌。在广场上，人们看着我俩，我们对我俩的秘密感到如此幸福。"[85]

　　回到别墅的时候，他俩谁都没找到钥匙。他们可以听到他们的狗尼翁在门口咆哮。这是一个寒冷的夜晚，别无选择，只有找旅馆。他们最终找到一个冰冷的房间，但即便沮丧地意识到他们在他们自己锁着的别墅里正烧着一堆火，也没有什么妨碍：他们因为即将到来的父母角色而如此幸福。玛蒂尔德回忆道：

> 一天，巴勃罗对我说："几天后，在满月的时候，我想要和你结婚，因为我们就要有一个孩子了。我们将举行一个晚会，月亮将为我们主婚。今天，我将要去定制一枚戒指，你将终生佩戴它。"在卡普里岛，有一个老的首饰匠给我们做了戒指，上面写着："卡普里，1952 年 5 月 3 日，你的船长。"[86]

庆祝的那天到来之时，他们邀请了他们的朋友萨拉·阿里卡塔从那不勒斯赶来，让他们的女仆阿梅利亚放了一天假。玛蒂尔德做了一只"橙香"鸭，以及用各种酱做了不同的鱼。墙上布满鲜花，聂鲁达在彩色纸上面写着："玛蒂尔德，我爱你。"在阳台上，聂鲁达请求月亮为他们主婚。他解释说，他俩不能在地球上结婚，但如果月亮为他们主婚，他们会把这视为同样庄严神圣的一个仪式。当巴勃罗把戒指戴在玛蒂尔德的手指上时，他向她发誓说：他看见月亮的嘴唇在动，给他们祝福。

> 还有谁可以如此相爱？多么欢乐的一次盛宴！自始至终，他告诉我："你是厨房的王后。我多么幸福地结婚了"。[87]   277

但戒指上那个日期意味着什么？满月发生在 1952 年 5 月 9 日，而不是 5 月 3 日——因此也许巴勃罗刻下以前的日期来标记玛蒂尔德怀孕得到确认的日期？

意大利人称玛蒂尔德为"美杜莎"，因为她有着浓密的卷发，巴勃罗则称她为他的"帕托娅"*。这是一个奇怪的昵称。正如何塞·米盖

---

　　* "帕托娅"，原文为"Patoja"，本段末的"鸭子"原文为西语"pato"，与"帕托娅"有词语衍生关系。下一段里的"帕托亚"原文为"patojo"。

尔·巴拉斯提到的：这在智利并不是一个常见的词，尤其把它当作对一个钟爱的人表达热情的词语来使用。"在我们那里，这个词有一种不敬的意味。它似乎是指一个有着短腿的矮人。在西班牙它的意思甚至更糟糕，根据西班牙皇家学院的定义：'有着扭曲的或者比例失调的腿脚的人，当他们走路的时候，身体左右摇摆，像一只鸭子。'"[88]

正如巴拉斯指出的，玛蒂尔德"并没有这些缺陷，她走路并不摇摆。但玛蒂尔德却并不在意巴勃罗用那个名字称呼她。很有可能，在他们在墨西哥的那些岁月中，他们两个人，或者至少其中一个无意中发现了（那个词的阳性写法）：帕托亚在领邦危地马拉有类似'男孩，小伙子'的意思，当男孩提到他的女朋友的时候，他用某种柔情与保护意味说起'我的帕托亚'"。[89]

随后，悲伤笼罩了他们的幸福：聂鲁达已经命名为"聂鲁达·乌鲁齐娅"的孩子流产了。"一个阴影降临在我们周遭，威胁着要把我们卷入悲伤与忧虑。"[90]

巴勃罗告诉她："我将要给你一个小孩。它已经诞生了，它的名字叫《葡萄与风》。"[91]

但这本书，虽然聂鲁达自1950年就开始写作，直到1954年才真正出版。

玛蒂尔德说，从那一刻开始，她开始感到一种对巴勃罗的"甜蜜依赖"，以一种她从未有过的依赖某个人的方式。"每一天，巴勃罗都是我的光，我的欢欣。"[92]

6月5日，这对恋人旅行到了威尼斯，这个城市聂鲁达当时已经很熟悉，但对目眩神迷的玛蒂尔德却完全是新的。当他们回到位于卡普里岛特拉加拉路的西利奥别墅，他们发现尼翁向他们飞奔过来。但他们也发现旅游者开始打扰他们休闲的散步，即便在他们搬到卡普里岛一所更小的房子——在格里·坎皮路7号之后。

278　　在这所新房子里，聂鲁达坐在桌前开始工作，很惊恐地发现，他找不到《葡萄与风》的任何最新手稿了。关于中国的整个部分都丢失了。他的悲伤不可遏抑：这部分是如此长，他知道不可能凭记忆复原它。"没

事，"玛蒂尔德说。"我可以记起一些诗和结构。我会告诉你这首诗如何
进行的，你可以写下来。"于是，整个部分被重写——尽管聂鲁达绝不
相信它和原来一样好。

最终，游客们的入侵开始让这对恋人的生活相当不舒服。是抛弃卡
普里岛的时候了。这对人儿在圣安杰罗的小渔村找到了避难所，村子在
伊斯基亚岛，那里完全没有被损害。他们待在一个临海的旅馆里，从那
里可以看到渔夫和他们的孩子们在干活，他们的妻子们挎着篮子。

就是在这里，1952 年 6 月，聂鲁达收到了欢乐的消息。在维德拉
独裁统治最后岁月，四年前由智利当局签发的对聂鲁达的逮捕证失效
了。（不过，聂鲁达在智利仍然有许多敌人。7 月 10 日，一个保守党议
员塞尔吉奥·费尔南德斯在 7 月 10 日作了一则演讲反对特赦诗人，尖
刻地补充说：聂鲁达的呼吸应当精确地与他从莫斯科得到的命令保持步
调一致。）

聂鲁达被邀请参加 7 月在柏林举行的作家大会。他当然想要带玛蒂
尔德同行，但他听说警察就在他俩在海滩散步的时候光顾了他们的圣安
杰罗旅馆。玛蒂尔德很高兴能够教巴勃罗某些东西，当时正在教他游
泳。警察扑了个空，离开了。

很不情愿地，聂鲁达把玛蒂尔德留在意大利整理文件，安排在日内
瓦碰面。很幸运，玛蒂尔德可以投靠巴勃罗的朋友和诗人同行米斯特拉
尔。她当时是罗马的智利领事，她成功地帮玛蒂尔德更新了签证。她也
签署了第二份文件——给"尼翁"颁发了一个签证，允许它的主人带着
这条狗离开意大利去智利。

在柏林大会发生的一个插曲显示出聂鲁达的新的、自信的态度，
这种态度将疏远那些将其视为傲慢的人。巴勃罗遇到了东德作家斯特
凡·海姆，他一直生活在美国，刚刚带着一个令人难忘的瑞士产"赫尔
墨斯"牌打字机抵达柏林。聂鲁达被这台机器吸引了，想要用他自己的
打字机交换海姆的那台。当海姆拒绝的时候，他很愤怒，问这个德国人
是否知道他是谁。"我当然知道，"海姆回答道，随后表示了歉意，带着
他的宝贝打字机回到房间，留下巴勃罗一个人孤立无援。[93]

279

与此同时，在智利那边，流言蜚语正在散播聂鲁达准备回家的消息。但不断打到欧洲的电话丝毫不能确认该诗人的行踪。实际上，一个西班牙作家朋友何塞·艾勒拉·皮特乐秘密地邀请巴勃罗待在他位于日内瓦郊外一个叫作维斯纳的漂亮小村庄的房子里。玛蒂尔德将在那里与他重逢。

迪莉娅最终成功联系上了艾勒拉·皮特乐，但他向她撒谎了，说巴勃罗"坐着一辆轿车"离开了，没有说更多。

维德拉的独裁统治正在经历死亡的阵痛，在腐败指控的重压下崩溃。智利社会主义者正致力于推举萨尔瓦多·阿连德为他们的候选人，参加1952年9月的总统大选。他们迫切想要让他们最著名的左翼文学人物——一个世界范围内的传奇——返回智利来支持阿连德的选举。

聂鲁达按计划在维斯纳等待玛蒂尔德，似乎忘记了在智利家乡正在发生的事情。他两在一起的十四个夜晚是另一个小型的田园生活。当听到米斯特拉尔的帮助时，巴勃罗止不住微笑。"给一条狗签证！为什么不是一个护照？"

巴勃罗的确在准备回家——但他没有通知智利的任何人他如何以及何时回家。实际上，他不是如圣地亚哥的所有人猜测的那样坐飞机，而是坐船。在这个"尤利奥·凯撒"确定从戛纳启航前往蒙得维的亚之前，他有两个星期空闲。

在戛纳，聂鲁达向玛蒂尔德提议，他两去毕加索的村子瓦洛里吃饭。第二天，他们返回戛纳，到船运公司办公室取票。让他们惊讶的是，他们看到保尔·艾吕雅走向他两，带着与毕加索共进午餐的邀约。很讽刺的是，一向非常喜欢交际的聂鲁达此刻情愿单独和玛蒂尔德一起享受在法国土地上的最后时刻。他们的计划是让她留在乌拉圭，而他则继续前往圣地亚哥。

280　玛蒂尔德不能在午餐上出现，尽管毕加索和艾吕雅都知道她和聂鲁达的关系。更有甚者，玛蒂尔德仍然没有前往乌拉圭的签证。乌拉圭驻戛纳领事原来是一个年轻小伙子，穿着T恤，身材短小，他看了玛蒂尔德的护照一眼，看到"职业：歌手"就回应道："我也是一个歌手。在歌剧院。几天后，我会在《蝴蝶夫人》里唱平克尔顿的角色。"他随即劝说玛蒂尔德和他一起待在法国。最后，玛蒂尔德不得不支付他 200 美元来说服他签发给她签证。

这顿午餐是个悲喜交集的混合体。在座的有毕加索和他的情人，弗郎索瓦·吉洛；艾吕雅，艾吕雅的妻子多米尼克，尼梅西奥·安图内斯，伊内斯·费格罗阿，伊内斯的妹妹，卡门，她的科学家丈夫，菲利普·迈耶尔。这是一个位于海滨的位置优美的餐馆，在沙滩上，毕加索的两个孩子帕罗马和克劳德正在游戏。伊内斯·费格罗阿回忆说，聂鲁达当时"非常紧张"。[94]

午餐期间有一刻，毕加索站起来，脱下他的衬衣，然后弯腰取下一个米诺陶像的花饰，友爱地把它戴在聂鲁达的脖子上，作为告别礼物。巴勃罗感谢了他，但却不能透露焦虑不安的原因：他担心玛蒂尔德可能得不到签证。

午餐伙伴们想要一起去码头送别他，但最后他们都分道扬镳了。这将是巴勃罗最后一次见艾吕雅。这个法国人在当年 11 月 18 日死了。

这对恋人仍然并不安全。当他们准备登上把乘客带到大船上去的摆渡艇时，一个大喇叭喊道："巴勃罗·聂鲁达先生被勒令去见国际警察。"这时候，人们可以听到一个女乘客的嗓音喊道："那个人是个共产主义者，一个煽动家。我知道，因为我是一个智利人。"另一个女人的声音喊得更响亮："我会好好教训你的，就因为你是智利人，攻击最伟大的西班牙语作家。我是一个乌拉圭人，我们会很庆幸拥有你称之为煽动家的那个人。"

玛蒂尔德担心他们的旅行在最后一刻可能会泡汤。最后，一个男孩走向她说：聂鲁达叫她登上那条船，他很快会和她会合。心存疑虑的玛蒂尔德拒绝移动半步，直到她可以和巴勃罗说话为止。突然，另一艘摆渡船出现在海上，她看到那里面有一个男人挥舞着手绢。那是聂鲁达；警察用自己的船带他到大船上去了。

重逢之后，这对恋人如释重负地拥抱在一起，但巴勃罗的脸上露出一种新的悲伤。"今天发生了某种非常痛苦的事情，"他告诉她。"他们

281

将我驱逐出了法国。那就是为什么他们召唤我的原因。"随后，官员们索要了他的签字。

这是一种深刻的情感打击。"那个国家有我最爱的一切，"他告诉玛蒂尔德，当时船正从法国海湾缓缓驶离。"它的自然科学宝库中有许多贝壳，以至于他们看上去就像一个巨大的海洋。那里的旧书摊是世界上最棒的……它是文明国家的典范——他们把我当作敌人一样驱逐。驱逐我，这样一个像小孩一样通过阅读它的名著而学习法语的人。"[95]

他们在船上有各自的客舱，但聂鲁达点了一瓶香槟酒，他们和淫荡的乌拉圭领事以及不情愿地将巴勃罗驱逐出法国的那个热爱诗歌的官员一起饮酒。

当巴勃罗陪着玛蒂尔德去她狭小的二等舱时，她发现她的同屋是一个叫作安东尼娅的漂亮女人。她一看见这个诗人，就喊道："什么！聂鲁达在这里！"给了他一个热情的亲吻。后来才知道：她曾是 1939 年在"温尼伯"号上得到聂鲁达拯救的西班牙难民之一。"进来，"她说。"我们怎么也安排得下。"尽管这个客舱很快就像马克斯兄弟主演的电影《歌剧院之夜》中的特等舱那种情形，巴勃罗和玛蒂尔德还是在一个角落住下来，并且为他腾出来空间安放一张临时凑成的书桌。

在 1952 年 7 月 26 日，星期天，智利共产党日报《民主》在头版用大幅红字写道："Hoy llega Neruda"（聂鲁达今日抵达）。几小时后，一大群人出发前往圣地亚哥的罗斯·谢里奥斯机场，在那里，泰特博姆组织了一场欢迎集会。飞机着陆了，但巴勃罗却不在走下舷梯的乘客中间。丝毫没有英雄回归的踪迹。

一群律师，包括豪尔赫·希勒斯以及亚历杭德罗·佩雷斯登上飞机，但几分钟后钻出来沮丧地摇着头。泰特博姆对记者说："这不是他第一次对我这样做，但这是最后一次我来等他。"[96]

282　　疯狂的流言在四处传播。在机场等待的时候，迪莉娅在她朋友玛利亚·玛伦达身边紧张地哭泣。"蚂蚁"为了等待重见她丈夫，已经几乎好几天没合眼了。但他在哪里？

第十一章

英雄凯旋

1952—1959

如今我们知道，1952 年 7 月 26 日，当半个圣地亚哥城的人聚集在机场欢迎他们的英雄回家的时候，聂鲁达在哪里——尽管这在很多年以后依然作为一个秘密保守着。

乌拉圭建筑师和电影制作人阿尔韦托·曼塔拉斯·罗杰和他的妻子奥尔加和巴勃罗以及玛蒂尔德一起从加纳乘汽船"尤利奥·凯撒"号返回，他俩邀请诗人跟他们在乌拉圭暂居几日，待在他们位于亚特兰蒂达的海边小屋。这两对伴侣在从欧洲返回的漫长航海旅行中深深爱上了对方，聂鲁达觉得这个邀请无法拒绝——尽管他知道玛蒂尔德必须继续赶往布宜诺斯艾利斯。

巴勃罗·聂鲁达在超过两周后的 1952 年 8 月 12 日下午 1 点 22 分回到智利。这是他三年半之后首次踏上智利的土地。在机场等待他的有他妻子迪莉娅，许多亲密朋友和其他崇拜者。当最后聂鲁达出现的时候，在跟他朋友、记者莲卡·弗拉努里克的一个简短广播采访之后，他走过机场的沥青路面，兴高采烈地拥抱了迪莉娅和他的朋友们，接受人群中发出的"聂鲁达，聂鲁达！"的欢呼。托马斯·拉格写道："他发胖了，超乎我的想象，也许是因为乘船旅行，但他看上去气色挺好。他穿着运动套装，一顶绿帽子，上面有窄窄的缎带。他看上去像一个阿根廷侦探。"[1]

巴勃罗和他的朋友们启程前往"米却肯"，他在圣地亚哥洛斯金多斯的房子。聂鲁达自己关在内屋梳洗整理，其他人则忙着准备午餐。问

284　题是，房子里太拥挤了。奥尔兰多·奥雅尊（他曾经在圣地亚哥和聂鲁
达以及托马斯·拉格一起同住小小的学生宿舍）走向托马斯说：不可能
让所有人都留下来吃午饭。但困难在于：塞满屋子的人大多数是聂鲁
达最亲密的朋友——几乎不可能叫他们离开。拉格得出一个不寻常的解
决办法：巴勃罗最要好的朋友必须离开！

　　同一天，一群大约5000人聚集在圣地亚哥布尔内斯广场来看诗人
自从1948年因藏匿而消失以来的第一眼。托马斯·拉格回忆起这个场
景。在舞蹈之后，当巴勃罗终于出现，人群中爆发巨大的骚动，随即
是一场持续的、电击似的呼喊："人们不停喊着'聂鲁达，聂鲁达，聂
鲁达！'手帕，手臂，帽子在空中高高举起，他们不停地喊：'聂鲁达，
聂鲁达！'这时……他的脸有一点点紧张，凝固在一种激动的似笑非笑
状态，我看到眼泪在他双颊奔流……"2

　　拉格向人群致辞，紧接着是克洛塔里奥·布莱斯特，伊内斯·莫莱
诺，奥尔加·波布莱特以及何塞·米盖尔·巴拉斯。然后，聂鲁达站上去，
告诉他亲爱的听众们：

> 我受惠于圣地亚哥几滴疯狂与智慧。我也受惠于它最重要的事
> 情：发现了我的党，智利共产党。作为共产党人我感到骄傲。那
> 是我回到了智利，来偿还我欠整个智利以及所有人民的债的原
> 因。我来向你们表达感激，因为我知道你们为了我的回归多么辛
> 苦地工作……在过去这些年，许多普通群众遭受了比我更多的苦
> 难……（智利是）世界上最富有的国家之一；我们的人民是世界
> 上最贫穷的人们。我们有着比这个星球上任何地方都要多的铜矿。
> 但我们的孩子却没有鞋穿……相反，五十层的建筑却在纽约城竖
> 立起来。

　　他直截了当地谴责了美国的经济帝国主义，它对许多外国工业的控
制。"如果我们的电话不再受控于外国人之手，我们将不再因电话而中
断彼此的交流。如果电力不再由外国人控制，我们将不再继续生活在黑

暗中，对于我们所有人，一切都将足够。"[3]

冈萨雷斯·维德拉的政府摇摇欲坠，但智利共产党仍然在取缔状态，聂鲁达的话不是右翼当局想要在首都中心广场上用喇叭播放的那种消息。可是，人群数量如此巨大，他们无力干预。

聂鲁达在"米却肯"与迪莉娅重逢。巴勃罗很高兴生活在那里，享受着回归"这座布局凌乱的房子。它有一些角落，在如此漫长的缺席之后，我想沉溺其中……"图书馆的味道是聂鲁达最深怀念的事物，"书的香味，最活跃的味道，径直扑向我的鼻孔"。他带回了大量贝壳收藏，"它们是我屋子里最沉默的居民……"[4]

突然，一个完全出人意料的，非常令人不快的事态出现了：维德拉总统方面采取了进一步的背叛与政治抹黑行动。总统联系了住在荷兰的聂鲁达第一任妻子玛露卡，以个人名义支付她费用把她带到这里，启动一项针对聂鲁达的法律程序，宣称他跟迪莉娅的第二次婚姻犯了重婚罪，因为她（玛露卡）没被允许在跟巴勃罗离婚的案件中提出抗辩，因此仍然是他合法的婚姻对象。聂鲁达和迪莉娅1943年在墨西哥结婚，但这场婚姻在智利不被承认，因为离婚在智利不被承认。

"维德拉想要将巴勃罗关进监狱，"聂鲁达的朋友和律师塞尔吉奥·因孙查在智利告诉我说。"两个涉案律师分别是卡洛斯·维库纳·富恩特斯和卡洛斯·瓦萨洛。但这个案件处理得很糟糕。玛露卡到我的办公室来了几次。她的表现很龌龊。她用西班牙语和我说话，恶毒地谴责巴勃罗的行为。她抱怨说，她被扔下，身无分文。她是个非常粗暴的女人。"[5]

我们从托马斯·拉格那里得到了关于这场讨厌的法律争斗的粗略印象。迪莉娅打电话给他[6]说：巴勃罗的律师需要他当面为聂鲁达的行为作证。当拉格抵达该律师的办公室，他发现玛露卡正在填表。

> 她穿得……像一个不幸的女人，就好像某个孬种男人的牺牲品，穿着一件破旧的外套，看上去好像它属于其他人，还有一件灰不溜秋的掉色的裙子……（该律师）的问题涉及巴勃罗财产的范围，我被

286　召来证明他没有固定收入，也不富裕，从而他不用支付给那个女人更多钱。他们问我是否知道他海边的房子，他什么时候购买的，它是属于他还是'蚂蚁'，他收集的贝壳是否非常值钱，它值多少钱，他有没有汽车，是他自己支付他在国外的旅行费用，还是他受到了款待，他从著作权中获益多少，他家中所有的艺术品……7

　　最终，这个案子并未落到上法庭那一步。玛露卡被偿付了三十万比索——她索取的曾是一百万——条件是她再不会试图做任何法律投诉了。

　　在那以后玛露卡命运如何，依然是一个谜。聂鲁达后来的秘书兼传记作家玛加丽塔·阿吉雷回忆说：一件小事似乎体现了她仍然感到对聂鲁达的某种忠诚，尽管她因自己所认为的聂鲁达对她做出的恶劣行径感到痛苦。"她是个非常好的人，"阿吉雷在智利告诉我。"我要告诉你我认为别人所不知道的事情。当冈萨雷斯·维德拉总统在1952年把她带到智利来为重婚案而斗争，事情并未见效。她的确得到了钱，但她也遭到了剥夺。"

　　随后，她在智利生活了几个月。我母亲在她的房子里款待了玛露卡一些时日……有一次，我和玛露卡搭乘圣地亚哥的有轨电车，她看到某人在墙上用大字写着："聂鲁达叛徒"。玛露卡感情有点失控。她告诉我："玛加丽塔，当我看到这样的事情，我总是想要下车去擦掉它。"玛露卡正确地说着西班牙语——但带着荷兰口音，当然。有趣的是：尽管聂鲁达对她表示怨恨，玛露卡仍保持着对他的感情。别忘了，当马尔瓦·玛丽娜——他们的女儿在1943年死于荷兰的时候，她给聂鲁达发了一封电报，但他并未回信——这件事足以让你停止爱任何人。8

　　有些资料声称：玛露卡在智利逗留了一段时间，做了私人讲学。托马斯·拉格提供了另外的，古怪的版本。他声称玛露卡直到1954年底

仍在智利，并且说:《最新时刻报》报道说，她被智利警方扣留并质询。　287
警察拒绝确认这一报道，在聂鲁达打了一个很长的电话来确定真相之
后，转向拉格，神秘地说:"毒品……难以置信，我们对于与我们共处
的人们了解得如此少。我经常思忖:她以什么为生。"[9]

最终，玛露卡的确回到了荷兰。她在 1958 年 1 月确切地生活在海
牙，并且在 1965 年 3 月 27 日去世。[10]

对于不知情的旁人，巴勃罗和迪莉娅现在再次成了恩爱的一对，并
肩作战，支持阿连德的总统候选人资格。聂鲁达敦促遭到取缔的智利
共产党向苏维埃阵营的态度学习。他在 1952 年 9 月智利共产党中央委
员会的一次会议中说:"在斯大林格勒，我去过一家商店。窗帘半掩着。
我敲门。他们开门了，我看到所有商店服务员都在参加一个马克思主义
学习班……一天，我看一场芭蕾。苏联最著名的芭蕾演员在跳舞。我的
一个伙伴邀请我第二天会见她。我们等她一起喝茶。那同一个芭蕾舞演
员，前一天晚上我们看见她穿成蝴蝶或鲜花模样，此刻直接从一个马克
思主义学习班走向我们，她的书本仍然在胳膊下夹着。我相信，如果他
们在苏联都如此勤奋地学习，我们在这里有更多理由这样做。"

在这个演讲的另一处，聂鲁达补充说，"我改变了我的风格。我写
得更朴素。渐渐地，我抛弃了复杂的形式，以便每个人都理解我的诗。
随着我的书在苏联以及中国，在几乎所有国家以所有语言出版，我明
白，我们必须写得让所有人都理解我们。"[11]

在回忆录中，聂鲁达写道:"在 1952 年 8 月到 1957 年 4 月之间的那
些年，(在此)将不赘述，因为我几乎花了全部这段时间在智利，没有
什么日常之外的事情在我身上发生，没有可以愉悦我的读者的历险。"[12]

我们如今知道:再没有什么比这更不靠谱的了。聂鲁达的回忆录是
世上所有回忆录中最诱惑人的，但你在其字里行间找不到稳定的真实
性——或任何诸如完整故事这样的东西。(在聂鲁达死后，玛蒂尔德和
米盖尔·奥特罗·席尔瓦一起编辑了副本并整理了结构，但——正如玛
蒂尔德在 1970 年代在巴黎遇到罗伯特·普林－弥尔的时候坚定地认为　288

的：她并没有在聂鲁达所写的内容上添加任何东西。她指出：因为聂鲁达留给他们的回忆录中没有包括任何关于迪莉娅的内容，人们也许认为她——玛蒂尔德——删除了任何对"蚂蚁"的正面描述，因此她和奥特罗·席尔瓦将他题献给迪莉娅的《黑岛纪念碑》中的一首诗的提要平庸化了。）[13]

聂鲁达在名义上仍然是迪莉娅的婚姻伴侣，并且生活在一起。他也仍然爱着她，但他们的关系几乎确定不再有性的因素了，他爱的是玛蒂尔德。他对两个女人的热情给他带来相当大的痛苦。

此时，玛蒂尔德回到了智利，生活在圣地亚哥军事医院对面的小公寓里。聂鲁达继续玩弄 1949 年到 1952 年在墨西哥以及东欧所导演的在两个女人之间的情感诡计。一边，迪莉娅在"米却肯"度过她的大部分时光——在她不独自出国旅行的时候——另一边，聂鲁达在海边的黑岛与玛蒂尔德约会。看上去，聂鲁达相信黑岛的工作人员是守口如瓶的（这种相信，事实证明，是一种误解）。聂鲁达也给玛蒂尔德安排了一个独立的爱巢：在圣地亚哥普罗维登西亚大道 2457 号的一座公寓里。

正在为玛蒂尔德安排一座新房子：恰思可娜，坐落在圣地亚哥拉普拉塔河畔费尔南多·马尔克斯胡同里头，首都的贝拉维斯塔区（今天是聂鲁达基金会的总部）。1952 年 11 月 5 日，玛蒂尔德签署了土地买卖契约，尽管建筑工作直到第二年才开始。

1953 年 11 月 18 日，玛加丽塔·阿吉雷带给巴勃罗一封电报，上面宣告保尔·艾吕雅的死亡："我看到他突然面色苍白，拳头击打着桌子，愤怒地喃喃自语：'该死的，该死的'*。"[14]

如果说迪莉娅仍然沉浸在幸福中，丝毫没有意识到玛蒂尔德在她丈夫生活中的存在，那么，一些人在《船长之诗》1952 年年初于意大利匿名出版之后就开始猜测聂鲁达在与另一个女人相爱。当然，另一些人已经知道真实故事，但不太多。

阿依达·费格罗阿是当时的一个好朋友，她与她丈夫塞尔吉奥·因

---

* 原书为西班牙语"Merde, merde"。

孙查一起曾在 1948 年将聂鲁达和"蚂蚁"藏在他们圣地亚哥市中心的公寓中，躲避智利当局。巴勃罗和迪莉娅都不会开车，因此，巴勃罗经常要阿依达开着因孙查的车带他去开会或者做诗歌朗诵，或者在市场和古董商店溜达。阿依达会在早晨送完她丈夫去律师实习之后抵达"米却肯"。 289

"好几次，诗人要我带他到遥远的（圣地亚哥）贝拉维斯塔区，他告诉我，在那里，党中央委员会——他是成员之一——在开会。直到后来我才知道那不是真的。他实际上是去恰思可娜——他们当时所建造的住所——会见玛蒂尔德……我意识到了诗人的婚外情，但我装作视而不见……我把这个风流韵事视为自然的逃逸口，毕竟（巴勃罗和迪莉娅）之间存在年龄差异。迪莉娅并不嫉妒。她接受了大量女人盘桓在她丈夫周围的事实。'蚂蚁'全都接纳了：漂亮的，穿着时髦的，有天赋的女人们。她并不多想她们是否有任何超出友谊或文学之外的意图。"[15]

其他朋友们则没有这么宽容。1953 年 7 月 27 日，托马斯·拉格写道："在女人中流传着一些流言，（巴勃罗）每天傍晚都出去，以各种借口，留下迪莉娅一人在家。这是真的。他去见谁？"[16]

有大量的人想要在聂鲁达的家事中插一杠子。其中之一就有玛利亚，玛蒂尔德表兄兼前任恋人凯撒·戈多依·乌鲁齐亚的妻子，一个参议员，也是曾经的朋友。玛利亚开始在任何愿意聆听的人面前散布关于聂鲁达对玛蒂尔德的爱情的闲话。巴勃罗把这些谣言当作无聊的闲言碎语一笑了之。但他知道他最终将不得不做出痛苦的选择。

这个两难处境本可以如此简单地得到突然、悲剧性的解决，因为在 1952 年 10 月 27 日，巴勃罗和迪莉娅几乎被一场车祸夺去性命。当时，他们在一个炎热的天气，在"法兰西房子"参加完一场纪念吉列尔莫·佩德雷加尔的午餐返回，后者刚刚当选为智利为支持西班牙共和主义者而工作的团结组织的主席。巴勃罗平日很小心的司机豪尔赫·帕拉乔正在驾车，在正午之后，在苏尔奇亚大街和西蒙·玻利瓦尔大街交叉口，他们的汽车被一辆载重货车撞上了。聂鲁达右臂骨折，迪莉娅多处

受伤，脚踝骨折，临时失忆。聂鲁达被送到努诺阿急救中心医院，在那

里待了七个小时，然后被允许返回"米却肯"的家中。迪莉娅则严重受伤，被迫在医院多待了两天。

许多人来到家中拜访，过问聂鲁达的身体。其中一个就是玛蒂尔德·乌鲁齐亚，她——正如在墨西哥城聂鲁达患了长期发作的静脉炎时所做的那样——待在那里照顾聂鲁达，直到"蚂蚁"出院回来。

两人从车祸中完全康复之后，巴勃罗和迪莉娅马上在智利进行更广泛的旅行来为阿连德的竞选奔走。可是，总统竞选的结果是一个打击：胜利者是老独裁者卡洛斯·伊瓦涅斯·德尔·坎波将军，他从 1927 年到 1931 年用铁腕统治过智利。讽刺的是，伊瓦涅斯重新当选的一个基础就是他承诺解除对智利共产党的禁令，后者自从 1948 年就被法律取缔。似乎选举者们忘记了伊瓦涅斯在第一次总统任期的独裁者本性，实际上只是怀念他曾带来的繁荣。而且，表面上，似乎有金钱从阿根廷流入，来自其总统胡安·庇隆本人，来劝说人们给伊瓦涅斯投票。无论事情是怎样发生的，这个胜利让聂鲁达大失所望——但至少该党再次拥有公开集会的自由了。

1952 年 12 月，聂鲁达和迪莉娅再次访问了莫斯科，参加第二届作家大会。他们住在大都会酒店的豪华房间，在那里他们接待了俄罗斯的首要作家和知识分子。可是，就在那里，聂鲁达因为发烧而倒下了。令迪莉娅惊讶的是，他表达出想要马上返回智利的愿望。"蚂蚁"建议他鉴于健康状况不要去任何地方，但巴勃罗坚持己见。当然，他如此急切的真正动机是他迫不及待要跟玛蒂尔德在一起。她是他的护士和爱人。根据迪莉娅的传记作家费尔南多·赛斯的记载：玛蒂尔德给聂鲁达发出了最后通牒："如果你在没有我的情况下再次在欧洲长期旅行，至少保证你年底回来。如果不能，我将离开智利去墨西哥。"[17]

实际上，聂鲁达并未马上跟迪莉娅一起返回智利。当迪莉娅独自去往圣地亚哥的时候，聂鲁达从苏黎世坐飞机去乌拉圭阿尔韦托和奥尔加·曼塔拉斯的房子里约会玛蒂尔德。玛蒂尔德在 12 月 29 日从智利去了那边——和巴勃罗同一天——这对欢乐的情侣由阿尔韦托开车送往他

的小屋，位于蒙得维的亚东边二十英里处。

"他俩单独而幸福地度过了 1953 年 1 月的全部时光，"曼塔拉斯多 291
年后告诉何塞·米盖尔·巴拉斯。[18] 正是在这个"达蒂特兰"*（巴勃罗
基本反写"亚特兰蒂达"所造的词），一篇聂鲁达的民间故事诞生了：
《尼克拉斯卡》——这是诗人的俄国朋友兼译者西米翁·基尔萨诺夫发
明的强有力的鸡尾酒，包括高品质的法国白兰地，柠檬片和白糖。聂
鲁达把它改造成 Coquetelón：用了法国白兰地，橘味白酒，干香槟以
及橙汁。

在这次居住期间，这对恋人谱写了一本非凡的书《达蒂特兰鲜花
颂》，这本书有一段非同寻常的出版历史，它直到将近半个世纪后的
2002 年 11 月才出版。这个豪华版本，限量 1500 册，由圣地亚哥致力
于推动拉丁美洲艺术与科学发展的 Corporación Sintesys 集团出版，同时
在圣地亚哥、哈瓦那、巴黎和布宜诺斯艾利斯发行。

这本书有着聂鲁达诗歌的特征，有聂鲁达和玛蒂尔德充满爱意地从
曼塔拉斯的小房子花园采摘的鲜花与植物的草图。书中还有聂鲁达与曼
塔拉斯往来信件的照片与副本。根据聂鲁达的教子拉米罗·因孙查回忆，
这本书是送给曼塔拉斯夫妇的礼物，感谢他们的慷慨。

聂鲁达在这本书写完后马上就想出版，但时间选择太难办了：他仍
然是迪莉娅的配偶。曼塔拉斯在抽屉里把手稿保存到 1992 年，当年他
访问了智利并把它交给了拉米罗。"用它做点什么，即便直到二十一世
纪你才把它做成，"曼塔拉斯告诉因孙查。不幸的是，曼塔拉斯 1994 年
死去了。[19]

原件可以在亚特兰蒂达的"聂鲁达散步道"博物馆看到。这本书的
副标题是："Versos de Pablo Neruda; herbario de Matilde"（"聂鲁达写的
诗；玛蒂尔德收集的鲜花"）。

聂鲁达直到 1953 年 1 月 22 日才回到智利。他迅速开展了三个以上

---

* 原文为"Datitla"，由阿尔韦托·曼塔拉斯·罗杰房子所在地 Atlántida（亚特兰蒂达）
逐音节反写得到的词，是聂鲁达做的文字游戏，也是隐藏行踪的手法。

的计划：大陆文化大会，5 月在圣地亚哥举行；为玛蒂尔德建造房子恰思可娜；一本非常不同的诗集——充满欢乐的《元素颂》的完成，他已经断断续续地写了几个月了。

聂鲁达工作也十分努力，致力于大会的召开，尽管智利政府给他横加了很多阻碍（包括试图阻止苏联代表参会）。来自全世界的作家们和艺术家们——他们许多都是聂鲁达的私人朋友——得到邀请，包括迪耶戈·里维拉，尼古拉斯·纪廉和若热·亚马多。

但 1953 年 3 月 5 日，斯大林死了。聂鲁达听到这个消息时，他正在黑岛，这个消息，正如聂鲁达在他唯一一首完全献给斯大林的诗歌中所写的那样，"像来自海洋的飓风"。五天后，聂鲁达写了一篇文章，同时在智利共产党日报《世纪报》和莫斯科报纸《公报》上发表，宣称："普通人中的最伟大者，我们的大师，死了。随着他的离去，一股打击落在我们知识与智力之上，落在我们辉煌的、受尽磨难的时代的文化之上。"[20]

一位重要的苏联诗人，叶甫盖尼·叶夫图申科回忆苏联对他们领导人死亡的反应时说："一种普遍的瘫痪笼罩着这个国家。因为被训练得相信斯大林在照顾着每个人，没有他人们感到盲目与迷惑。整个俄罗斯在哭泣。我也是。"[21]

斯大林死的时候，聂鲁达是否感到他像一个失去了父亲的人呢？似乎是。在他关于斯大林死去的那首诗中，聂鲁达把他比作"船长"。多么古怪。当他与玛蒂尔德生活在卡普里岛的时候，他把自己视为船长。他自己接受领导者的角色。聂鲁达不会同意鲍里斯·帕斯捷尔纳克的观点，后者有一次向叶夫图申科说："我不想要在任何地方领导任何人。我认为一个诗人就是一棵树——它静静站着，摩挲着它的叶子。"[22]聂鲁达从未静静地站过。

5 月 26 日，聂鲁达步行去科波利坎剧院向大陆文化大会致辞，引用沃尔特·惠特曼的一段话来开始一篇激动人心的演讲。他回顾了他写作《大诗章》所遇到的困难："我相信，我们在为一个一切都在完成中的大陆而写作，在这里我们想要做一切事情……我们的城市必须诞生。

我们需要房子和学校,医院和火车……我们为穷人们写作,他们非常非常普遍地,不能识字。可是,在这个地球上,诗歌存在于书写与印刷之前。这是为什么我们知道诗歌就像面包,必须被每个人——文学家与农民,我们所有广大、惊人的、非凡的人民大家庭——所分享。"[23] 引人注目的是,在那个冷战时代,聂鲁达回顾了惠特曼 1881 年的呼吁,呼吁人们承认,尽管不同于俄国人和美国人,但他们拥有一种格外独特的广阔性令他们与彼此相似。

尽管斯大林最近死去了,但聂鲁达的演讲中每句话都透露着乐观主义气息。虽然没有最初的船长掌舵,这艘船将依然继续行驶,因为前面的路线已经如此坚定地规划好了。"我相信辉煌就要到来。我相信人和人类……我知道我们亲爱的朋友,这个地球上曾有过的最伟大的艺术家之一,保罗·罗伯逊被强行阻止参加我们的大会……我知道在西班牙,在土耳其,在希腊,很多年来,作家,艺术家和教师们很多都生活在监狱里。我知道,在马可罗尼索斯岛,很多年来,伟大的希腊诗人雅尼斯·里索斯一直在铁蒺藜后面写作。我相信所有这一切都将终结……"[24]

1953 年 11 月 27 日,工作终于认真地围绕玛蒂尔德的房子恰思可娜展开。规划是基于加泰罗尼亚建筑师日耳曼·罗德里格斯·阿里亚斯的构想做出的,尽管不知疲倦的聂鲁达显然以几乎每周一次的频率对草图做出了修改。"我不想要遇到(巴勃罗的)朋友。我告诉他不要把他们介绍给我,"玛蒂尔德后来写道。"但这个朋友是要给我建房子的,所以我别无选择。"[25]

罗德里格斯·阿里亚斯"看到这块土地的时候爆发出笑声。'你们将要花全部时间来上下楼梯,'他预言道。这是真的,因为这个地方不是水平的,而是垂直的。这让我们感到奇妙。我们的爱重塑了我们;我们行事像两个青少年……几天后,这个建筑师带给我们一张草图。就像任何好建筑师,他考虑了太阳和朝向圣地亚哥的景观。巴勃罗看了一眼草稿说:'别犯傻! 我不想要望着圣地亚哥。我想要朝向安第斯山脉的视野。'……这个建筑师告诉他,那将不会有足够阳光,而且,因为那意味着要建得更高，他们将要在房子里安更多梯子。'太棒了！'聂鲁达回答道。'在里面安许许多多楼梯吧。'"[26]

建筑用的很多钱都来自斯大林和平奖，这是聂鲁达在 1953 年 12 月 20 日获得的。但聂鲁达在施工过程中不停对该建筑做出的修改意味着出现资金短缺，导致了某些困难的抉择。

"我的钱急剧收缩，"玛蒂尔德回忆说。"因此我们开始变卖我的财产。关于如何支付给工人工资的每周一次的苦恼从周一就开始，但我们的意志力和运气促使我们坚持下去……我们是幸福的一对。我们一天中的任何时候都可能碰面。巴勃罗像一个房屋精灵：他经常笑着出现，讲一个笑话。有时候他匆忙赶来，给我一个吻，然后再次离开。"[27]

与此同时，流言蜚语正在加剧，说：智利最著名的诗人与另一个女人在进行一段风流韵事——并且说，他就是匿名的《船长之诗》的实际作者，诗集是纪念他们在卡普里岛的共同生活。玛利亚·德·戈多依·乌鲁齐亚继续她反对玛蒂尔德的抹黑行动。即便迪莉娅知道这些流言，她装作不知道，或者不在意。聂鲁达的主要关切的是，他的风流消息不要传到智利共产党的耳朵里，后者对婚外情有着非常资产阶级以及清教徒式的观点。

不顾一切地渴望和玛蒂尔德单独相处更多时间，巴勃罗劝说迪莉娅以他的名义去一趟欧洲——正如他一年前曾劝说她回到智利，因为他与他的新欢需要更多的呼吸空间。这一次，聂鲁达坚持说，因为迪莉娅曾经与伟大的法国画家费尔南·莱热合作过，如果她现在可以劝说他为一个新的、豪华版的《大诗章》做插图，那将非常理想。

迪莉娅果然忠诚地动身前往巴黎。她享受巴勃罗给予她的信赖，很激动能与莱热重逢。但此时，她被不断传来的关于她丈夫对其他女人产生热情的流言所触动。万一这果然是真的呢？他有可能一直都在撒谎吗？

正当新年伊始，巴勃罗临近他的五十岁生日，他发现自己能随意享受他所渴望的与玛蒂尔德的性爱，以及继续发表赞扬斯大林的演讲。1954 年 1 月 17 日在圣地亚哥科波利坎剧院举行的纪念他被授予斯大林和平奖的招待会上，他说道："收到这个伟大的荣誉，许多国家的人民授予我的这个荣誉，我想起它所得以命名的那个名字，斯大林的名字。在苏联，我经常在工程师和音乐家，学者和诗人胸前看到小小的、金色的、国家斯大林奖章。但没有什么比看到它们在工人英雄，矿工，火车工人，农妇胸前更令人感动。"[28]

同一月，1954 年 1 月，聂鲁达幸免于原本可能遭遇的另一场严重的车祸。这一次，司机是阿尔韦托·曼塔拉斯，他驾驶一辆聂鲁达从马努埃尔·索里马诺（那个在 1949 年安排巴勃罗穿越安第斯山脉逃亡的行动中扮演如此关键角色的人）租来的二手轿车。从圣地亚哥驶抵瓦尔帕莱索港之际，汽车的刹车失灵了。很幸运的是，曼塔拉斯成功地把它转向马路以外，驶向一片开阔地。聂鲁达从这次毛骨悚然的经历中并没有汲取教训。仅仅一个星期以后，他和玛蒂尔德再次要求阿尔韦托开车带他们出去，坐着另一辆破车。这次，引擎彻底熄火了，他们不得不坐火车回到圣地亚哥。

巴勃罗跟玛蒂尔德单独相处的日子走到了尽头。1954 年 3 月迪莉娅在瑟堡搭乘"安第斯"号汽船前往布宜诺斯艾利斯。貌似她在前往圣地亚哥之前，在阿根廷首都向她姐妹阿德里娜表达过她对她婚姻的焦虑。她明显陷入了困扰——就在黑岛举行的一次朗读会上，《葡萄与风》中的一首正在向朋友们朗读，有些听众恰好望向了迪莉娅，看到眼泪在她脸上流淌下来。

从欧洲返回后，迪莉娅反常地立马安排人给位于黑岛的房子做了一次大扫除。当工作人员清理书架的时候，他们发现了大量藏起来的威士忌瓶子。这让"蚂蚁"很伤心——不是因为这表明巴勃罗在她离开此地去法兰西的三个月内举行了许多晚会，而是因为他处心积虑地把这些物证藏起来。

就是大约在这个时候，巴勃罗正式把玛蒂尔德介绍给他的一些朋友们，尽管他继续称她为"罗萨里奥"并且显然希望他们向迪莉娅隐瞒她的存在。托马斯·拉格发现，"在吃饭的时候，他不断走到她（玛蒂尔德）身边，抱着她，触摸她的膝盖，带着实实在在的欢愉把她抱在怀里。他一次又一次叫她'我的爱'。"[29]

　　1954 年 6 月，聂鲁达做出了一个重大决定：他要把他全部、最有价值的藏书和贝壳都捐献给智利大学。这是一个极端慷慨的举动。聂鲁达爱他的书籍。他曾告诉他的朋友豪尔赫·爱德华兹：他对关于书的书没有兴趣：他热爱那些看上去像厚实的、多汁的牛排一样的书籍。6 月 20 日在智利大学举行的仪式上，聂鲁达说："我不是一个思想家，这些藏书更值得尊敬而不是研究。这里有的是曾经令我眩晕的美的收藏……"[30] 这次捐献包括一件晚期保尔·艾吕雅送给他的礼物：兰波的姐妹伊莎贝拉所写的两封信，是从马赛一所医院写给他们的母亲，详述他的死亡之痛。

　　但一个更重大的里程碑出现在地平线上：巴勃罗在 1954 年 7 月 12 日的五十岁生日。迪莉娅不屈地操劳起来，列出一张很长的宾客名单：来自全世界的朋友和作家们。其中一个朋友，中国诗人艾青，留下了他对这次到黑岛赴生日宴会的描述：

我们走进了

航海者之家

地上铺满了海螺

也许昨晚有海潮……

巴勃罗·聂鲁达

面对着万顷波涛

用矿山里带来的语言……

围着烧旺了的壁炉

从地球的各个角落来的

十几个航行的伙伴……

我们来自许多国家……

但我们是最好的兄弟……[31]

在智利大学举行的另一个纪念他生日的仪式上，聂鲁达描述道："诗歌如何诞生：它来自不可见的高度。它原初是秘密与朦胧，孤独与芬芳，就像一条河，它将溶解所有掉进它路径中的事物……它将灌溉田野，为饥饿者提供面包……"

1954 年 8 月 11 日，伊利亚·爱伦堡旅行到圣地亚哥授予聂鲁达斯大林和平奖。聂鲁达告诉爱伦堡，智利始终敞开双臂欢迎俄罗斯人。爱伦堡抵达圣地亚哥机场时可没有受到过这样的欢迎。大为相反。根据聂鲁达记载，智利当局，受美国指使，在机场检查了爱伦堡的所有行李物品。在这个俄国人的文件中，他们找到了聂鲁达《大诗章》第一次俄语译本的校样。"有学问的官员们胜利地向记者们出示了（这些校样）。'它们是来自莫斯科的指示。我们会让人把它翻译出来的。'因此，《大诗章》将被再次翻译回西班牙文……！"[32]

爱伦堡的行李中还有什么其他归罪的证据呢？一张智利植物的列表，写着它们的拉丁名字，一个斯堪的纳维亚航空公司的简介。"北美工作人员们不认识任何拉丁文，他们认为他们所对付的是一种秘密语言……用西班牙语授予我斯大林奖的证书也在警察圈中造成了一种垂涎欲滴的期待心情。他们把它作为一种秘密文件拍照——更像是给埃菲尔铁塔拍照。"[33]

最终，智利总统直接干预，下令当局把文件归还爱伦堡，但右翼媒体继续在这个俄国人依然待在智利土地上的时候发动抹黑他的运动。

那一年，1954 年，也就是把聂鲁达带入年过半百的那年，两本书出版了：令人不满意的《葡萄与风》以及精彩的《元素颂》。聂鲁达一直很喜爱《葡萄与风》，同时融合了他全部政治信仰以及他对玛蒂尔德的爱。令人奇怪的是，他从不承认它严重的文学缺陷。他认为，他已经履行了诗人的原始职责，正如他在 1953 年选集《政治诗》的序言《太阳底下一切都是新的》中所表达的：

> 没有无人类联系的诗歌……诗歌的道路向外延伸，穿越街道和工厂；它聆听着所有被剥削者的门，奔走，警告，吹哨并且聚集，用

未来的沉重嗓音发出威胁，它存在于人类奋斗的一切场合，在所有战争中，在所有宣告一个世界诞生的钟声中，因为以力量，希望，温柔与坚韧，我们将确保它的诞生。[34]

批评家海梅·康夏认为《葡萄与风》代表着聂鲁达诗歌观点的一次转型，与他 1926 年诗集《无限之人的奋斗》所代表的转型一样剧烈。"在这本书（《葡萄与风》中），有教育意味的、神圣的庆典与废墟与瓦砾的壮观景象并存……"[35]

康夏特别关注聂鲁达多次提到斯大林格勒保卫战："斯大林格勒，在聂鲁达诗歌的这一时刻甚至更甚于十月革命，代表着一种当代史的基本转折点，朝向不可逆转的新社会秩序的建设。这是保障和平的一种胜利。"[36]

《元素颂》是一本非常独特的书，这标志着聂鲁达寻求变化和试验的意愿，以便丰富他的诗歌。有些观察家——如最畅销的智利小说家，路易斯·塞普尔维达——把他作品中统一调性与态度的缺失视为一种整体的弱点。塞普尔维达用西班牙语告诉我："我和博尔赫斯对聂鲁达的观点一样：他是不均衡的。当然，所有诗人都是不均衡的，但聂鲁达的诗歌经历了某种特殊的跳跃。同一个人如何可能既写出《热情的投石手》又写出《元素颂》呢？"[37]

但聂鲁达经常急切想要通过每本书来刷新他自己。《元素颂》发表于《葡萄与风》之后五个月，也就是 1954 年 7 月，颂扬了洋葱与土豆这类日常事物。这些诗句通常很短——《美洲颂》这首诗甚至包含了一行由一个字母构成的一句诗，"y"（和）——就好像它试图提炼出围绕着他的世界的精华。

聂鲁达可能没意识到他的俄罗斯英雄——普希金——曾在 1824 年的一则笔记中曾对颂歌发表过这样的看法：也就是说，颂歌是最低形式的诗歌，因为它们缺乏一种"计划"，因为纯粹的"激情"排除了"作为最高之美不可或缺条件"的"安宁"。[38] 不过，聂鲁达在这些诗中很多地方实现了这种激情与安宁感的结合。

事实证明，这本书对它的读者来说是一个巨大的成功，甚至赢得了文学与政治对手的肯定，比如阿龙，他写道："有人说这种表达的清晰性是苏联人施加的，因此，聂鲁达有能力触及大众。如果那是真的，我们就得在很大程度上原谅苏联人了……痛苦消失了，复杂的模糊性被取缔，人们只是担心这种诗歌走得太远……沦为散文。可是，聂鲁达的诗歌从未看起来有这样地道。我们想要对这种赞扬加上一种限定。他们说一个好的判断必须有所保留。但我们找不到这种限定。我们甚至原谅了诗人的共产主义身份。"[39]

受到来自批评家和公众的称赞所带来的鼓励，聂鲁达给同一个出版商罗萨达带来了另外两本颂歌构成的书：1956 年的《新元素颂》以及 1957 年的《第三本颂歌》。他后来写道：他认为这三本书，加上 1959 年的《远航与回乡》诗集，是一本更大的书的组成部分——的确，在书名页的背面，最后一本书被描述成"元素颂的第四卷"。

这 150 首颂歌中的一些最初发表在委内瑞拉日报《国民报》上，这个报纸是聂鲁达的朋友米盖尔·奥特罗·席尔瓦。奥特罗·席尔瓦曾邀请巴勃罗每周投稿一首诗，聂鲁达提出了一个古怪的条件，它必须出现在新闻页面，而非艺术版面。"以这种方式，我成功地发表了一种时代历史，不同事物、商业、人物、水果和鲜花的历史，生命与我的观点的历史，奋斗的历史，这样我才能接受这种长期周期性出现的创作要求……"[40]

勒内·德·科斯塔写到，在《元素颂》中，"诗歌被设计成一种巧妙的说教把戏，帮助我们看到，见证，并观察我们所有人生活在其中的世界的奇妙意义。"[41] 我不同意科斯塔把《元素颂》看作说教或者把戏：许多诗看起来实实在在地充满了聂鲁达对围绕着他的美的崇敬之情。但始终当然没有痛苦的内省，科斯塔正确地指出了聂鲁达想要分享他对围绕他的自然世界的统一性的宏大感受的慷慨热情。他的热情的确是无法遏抑的。我们通过他的眼睛重新享受这个世界：是的，一棵普通的洋蓟可以被看作一个士兵，包裹在盔甲里，准备战斗；一个洋葱"比一只鸟儿更美丽 / 有着令人炫目的羽毛"。

聂鲁达《颂歌》的目标是用大街上的语言向大街上的普通人讲述普通事物。他的《颂歌》有一种令人耳目一新的自发性，让这个世界活跃起来。如今，他明显抛弃了沉浸在自我陶醉的悲伤中的那些诗人（包括他自己）。在他实际上早在 1952 年写于欧洲的《看不见的人》这本书中，他说：

> 我嘲笑，
> 我微笑，
> 面对那些古老的诗人们……
> 他们总是说"我"
> ……没有人受难，
> 没有人怀着爱，
> 除了我可怜的兄弟
> 那个诗人……[42]

在《欢乐颂》中他说，

> 只不过恰好
> 我很快乐

300　这几乎是有意识挑衅聂鲁达著名的悲观主义诗集《大地上的居所》中《漫步》中的第一行：

> 恰好，我厌倦了为人

在《孤独颂》中，他再次背弃了那个曾经在孤独中寻求创造力的离群索居者：

> 这不是真的：他们说什么

> 创造性的孤绝……
> 沙漠是孤绝的
> 在地球上，它如此贫瘠
> 正如一个人的孤寂。

在晚年岁月，他会再次像一个朋友一样拥抱孤独。但目前还没有。

《普通人颂》中对他的人类同胞的兄弟之谊的渴望包含了对他在《马丘比丘高地》中的愿望的回应，也就是想了解哥伦布之前建造安第斯山脉上堡垒的那些奴隶劳工的日常生活的愿望：

> 我想要知道你是谁，
> 你挣多少，
> 你在哪里工作，
> 哪个矿山，
> 哪个药店。
> 我有巨大的义务
> 想知道一切，
> 想知道一切，
> 日日夜夜，想知道
> 你的名字。
> 那是我的工作……

在聂鲁达对特木科童年强烈的感性回忆中可见普鲁斯特的影响。《过去颂》有一个普鲁斯特式的惊人的开头：

> 今天，我正走着，
> 突然，像一个母亲
> 过去出现了，
> 我的过去……

301

但这三本书中另一些颂歌有着不同的功能。有一些明显具有政治性。随着朝鲜战争爆发，聂鲁达写下了他的《原子颂》，谴责北美的军事侵略。《铜颂》抨击美国控制了大量的智利铜工业。("我的人民／智利掌握着原料／从石头中／分离出矿物／而它们流向了芝加哥。")《危地马拉颂》写得更早，是抨击 1954 年在美国帮助下推翻该国民选的哈科沃·阿文斯政府的行动。

但随着聂鲁达文学上的成功声名鹊起，生活在双重生活中的紧张程度与日俱增，以至于难以为继。"迪莉娅有一次给我拿出一本《船长之诗》并且说 'Eso tiene bastante de Pablo, pero no es Pablo'（这完全就像巴勃罗，但这不是巴勃罗）"，阿依达·费格罗阿告诉我。"巴勃罗仍然不停地突然离开，说，'我走了，我有事情要做。'迪莉娅开始想他在做什么。但她不知道那是什么。这对她来说是一个可怕的时期。她以为那是某种放纵。"[43]

有一天，一个被聂鲁达指责偷了几瓶酒而遭到开除的园丁找到迪莉娅并且说："我是一个共产主义者，我们无法接受这些事情。"迪莉娅 1952 年车祸后在医院康复时，他曾在"米却肯"，那时候玛蒂尔德到那里照顾巴勃罗。迪莉娅告诉这个园丁闭嘴，但她已经听到了足够多。[44]

聂鲁达的朋友弗朗西斯科·维拉斯科和玛丽·马尔特纳告诉我说：巴勃罗也常把玛蒂尔德带到瓦尔帕莱索去，在那里他很轻率地把她当作他的侄女"罗萨里奥"介绍给人们。罗萨里奥是他在匿名发表的《船长之诗》中给玛蒂尔德取的名字。"巴勃罗喜欢在下午午休。我给他安排我儿子的卧室，里面有一张小床。他径直和玛蒂尔德，他的'侄女'一起睡觉。他对此若无其事，我也是！"马尔特纳回忆道。[45]

与此同时，"蚂蚁"的朋友们回忆说，她变得非常神经质。她甚至比以前更容易走神。她的衣着风格变得更为极度不得体，她的帽子奇大无比，她的脂粉厚厚堆积着。

302　　此时大多数朋友们已经意识到正在发展的事态。因为知道"蚂蚁"最终发现真相只不过是时间问题，她的两个最亲密的朋友——迪耶戈·穆诺兹，即聂鲁达特木科的中学同学，以及他的妻子伊内斯·瓦伦祖拉——决定尽可能微妙地解释真相。迪莉娅立即盘问巴勃罗，他否认了一切："那么，到底这个玛蒂尔德·乌鲁齐亚是谁？"她问他。"可是，你认识她的，'蚂蚁'——她是在墨西哥为你熨过衬衣的那个女人。"[46]

迪莉娅变得比以前更多疑。她开始搜查他的各种衣物来寻找任何蛛丝马迹以证明流言的真实性，有一天，她真的找到了。那是一封来自玛蒂尔德的信，巴勃罗不小心把它留在了夹克里面，信中告诉他，她第三次怀孕了。

接下来出现了令人恐怖的场景：聂鲁达和迪莉娅与伽罗·冈萨雷斯，智利共产党的总书记举行了一次会议，努力避免出现公开丑闻。流着泪，巴勃罗请求迪莉娅留在他身边，但她的态度很坚决："这不是一种资产阶级婚姻，巴勃罗。如果没有了爱，就没有婚姻。"[47]

聂鲁达很绝望，他继续试图赢回"蚂蚁"——通过中间人。他的理由是这样的："玛蒂尔德并不比迪莉娅在我作为玛露卡配偶的时候在马德里的所作所为更恶劣：她把我领上了床。为什么她不能理解呢？但她受到了恶劣的挑唆，那是问题所在。"

聂鲁达和迪莉娅最后一次见对方是在1955年智利夏天结束的时候，在"米却肯"。就像在几乎其他的每个早晨一样，迪耶戈·穆诺兹和伊内斯在那里，伽罗·冈萨雷斯也在。迪莉娅把伊内斯拉到一边，告诉她，她决定离开："我无法接受巴勃罗的提议。你能接受这种事情吗？"

伊内斯想不出任何可以作为回答的话来。[48]

迪莉娅离开了，首先待在她朋友，格拉谢拉·马特的房子里。然后，在1955年3月底，因为无法忍受和她爱过并信任过如此长时间的男人生活在同一个国家里，她离开智利去了布宜诺斯艾利斯。玛加丽塔·阿吉雷和她当时的丈夫鲁道夫·阿劳斯·阿尔法罗陪着她去了圣地亚哥机场，发现她很平静，决定继续生活下去。

迪莉娅在布宜诺斯艾利斯待了仅仅两天，就乘船去了欧洲。在阿根廷的两天里，她写了一封信给玛加丽塔和鲁道夫，谴责他们——以及其他人——向她掩盖了巴勃罗与玛蒂尔德的恋情。这是一封充满痛苦的骄傲的信。

303

"实际上，巴勃罗深爱着玛蒂尔德，但他也感到与迪莉娅分离的巨大痛苦，"伊内斯·费格罗阿告诉我。"巴勃罗不是一个老于世故的人，他不是一个玩世不恭的'sinverguenza'（恶棍）。他在面临这样一种困难处境的时候几乎是一个孩子。巴勃罗最初对玛蒂尔德并没有那么认真，但它发展为一种巨大的热情。她有着很强的个性，她对聂鲁达来说变得不可或缺，事实上，'蚂蚁'非常可爱。当巴勃罗失去迪莉娅的时候，他失去了一部分的自己。"[49]

有些人反对玛蒂尔德是因为她不是一个很有文化的女人，不像迪莉娅那样"有教养"，并且对于外人看来有点冷。她努力保护聂鲁达免受不必要的打扰，这意味着把他与来访者隔离。可是，另有一些人赞成玛蒂尔德努力强加给她爱人生活的那种秩序，而且，实际上，在她的新家里——就在恰思可娜建筑施工的期间——她是一个好厨师和好管家。

一个令人痛苦的事实是：巴勃罗和迪莉娅最终的分离导致了聂鲁达最亲密朋友圈的急剧分裂。有些人，比如托马斯·拉格宣布：他们余生永远不想再跟聂鲁达见面或者交谈。

托马斯·拉格的女儿，维多利亚·拉格在智利告诉我："他们之间的事情发展得非常糟糕，当其中之一发现另一个去了某个地方，他就会避免去那里。他们在这个意义上，都是苛刻的人。但后来，当我父亲病得很厉害，巴勃罗让别人打电话关问他的健康状况。同样的事情反过来发生在巴勃罗身上，当他生病的时候。"[50]

可是，尽管巴勃罗有着这一切痛苦的事情，他依然明白：玛蒂尔德可以给他他渴望的事情，而年已七十的迪莉娅却不再能给他，那就是令人满意的性生活，和一个让他可以集中精力写作的有秩序的生存处境。这不是一个容易的过渡。

阿依达·费格罗阿告诉我：

真正伤害迪莉娅的是她发现巴勃罗带玛蒂尔德去过黑岛并且两人一起睡在迪莉娅的床上。我相信，不像巴勃罗，玛蒂尔德一直计划着永远和他待在一起。而不是巴勃罗。他想要迪莉娅始终保持为一个精神伴侣，而玛蒂尔德则是性伴侣。在我最初遇到玛蒂尔德的时候，她很粗俗，原始。尽管她已经过着完整的生活，巴勃罗费了九牛二虎之力来教育玛蒂尔德，让她阅读，甚至记住一些东西。他鼓励她在公共场合唱歌——尽管她唱得很糟糕！最终，他意识到这不是好主意，于是他停止要求她那样做。因此她当时成了他的大主管——管理他的身体状况，他的健康，他的家务。她改变了他的整个生活方式。巴勃罗得到了很多——但他也失去了很多。他失去了活力四射的友谊。玛蒂尔德邀请一些人到家里来，从名单上去除另一些人。当他和迪莉娅在一起的时候，我们可以轻松走进屋子里，跟巴勃罗聊天。这是一种非常即兴、无序的生活。但玛蒂尔德改变了那一切。[51]

维多利亚·拉格的看法更为尖锐：

玛蒂尔德·乌鲁齐亚的马蹄踏过"蚂蚁"，进入聂鲁达的生活。她把自己安顿在（迪莉娅的）墨西哥和意大利的家中，和她交朋友，迪莉娅人太好了，从没有发现有什么不对。我父亲知道一切，他不同意这件事。玛蒂尔德尽其所能将他们分开，把老朋友们，如迪耶戈·穆诺兹和阿卡里奥·科塔波斯排除在外。她想要进入前台。她不能接受演奏第二小提琴。[52]

在跟迪莉娅分离之后，聂鲁达搬进了恰思可娜，这一次是彻底和玛蒂尔德一起，但他明显因婚姻破裂而深受震动。他在1955年后期再没写几首诗。

可是，他保持着活跃：他发起了《智利报》，一年印三次。当年一本聂鲁达的诗选用阿拉伯语出版，另一本用波斯语出版。纳西门托在圣地亚哥出版了他的讲演集《旅程》。他旅行很广泛——此时公开把玛蒂尔德带在身边。他再次访问了苏联，中国和其他东方阵营国家。回到拉美以后，他在巴西和乌拉圭朗读诗歌，然后待在玛加丽塔·阿吉雷的丈夫鲁道夫·阿劳斯·阿尔法罗家中，在阿根廷的托托拉尔。在那里，1955 年 12 月，他写了两首颂歌，构成《第三本颂歌》的一部分：《蝴蝶颂》和《黑豹颂》。

305　　1956 年 1 月，第二本颂歌《新元素颂》在布宜诺斯艾利斯由罗萨达出版，第二个月，聂鲁达与玛蒂尔德回到了智利。

　　1956 年 2 月撼动了每个共产主义者的世界——尼基塔·赫鲁晓夫站在苏共第二十届大会上，谴责斯大林。聂鲁达当时没有发表公开评论。当年 11 月 4 日，苏联坦克开进了布达佩斯。聂鲁达依然没有说一句话来谴责。有些朋友认为聂鲁达内心因这些事件感到深受伤害，但另一些人严厉批评他不发表任何公开的谴责。

　　他只在后来——非常非常晚的后来——在他的回忆录中写道：

　　许多人相信我是一个斯大林主义的死党。法西斯分子和反动分子把我描述为一个斯大林的诗歌阐释者。我并没有特别受到这一点的打击。在一个残忍而混乱的年代，任何判断都有可能。对我们共产主义者来说，个人的悲剧是要面对那个事实，在斯大林问题的许多方面，敌人是对的。这种令人震惊的暴露，把我们抛入一种痛苦的心情中。有些人感到他们受到了欺骗。很绝望的是，他们接受了敌人的逻辑，倒向了他们那边。另一些人相信，那些在二十大上难以宽恕地曝光的残酷事实证明了仍然存续的共产党的真诚，让全世界看到历史真相，接受它自己的责任。这一直是我的立足之地：斯大林时代我所不知的黑暗。斯大林在我眼前站起，一个和善的、有原则的人，像隐士一样清醒，一个俄国革命的泰坦式保卫者。更有甚者，这个留着大把胡须的矮个子变成了战争时代的巨人。嘴中默念着他的名字，红军攻打并摧毁了希特勒的邪恶力量。[53]

　　聂鲁达在他自己国家的共产党中寻求安慰，对此，他说，“我发现一大群朴素的人们，把个人的虚荣、专制与物质利益置于脑后。我感到幸福，认识那些诚实的人们，他们为共同的尊严和正义而斗争。"[54]

随后的那些年，许多人努力想解释为什么共产主义对知识分子带来了如此持久的魅力。葡萄牙作家若泽·萨拉马戈，诺贝尔奖获得者及共产主义者，把它描述为一种荷尔蒙，一旦它控制了身体，就很难去除。[55] 路易·阿拉贡宣称"一堵墙只有两个面"——影射聂鲁达的信念：如果你收回对一方面的忠诚，你就陷入了另一个阵营。这个党，用英国共产主义者埃里克·霍布斯鲍姆的话说，"是我们生命的意义所在。我们为它献出了我们的一切。作为回报，我们从中获得了我们必胜的信心以及对兄弟之情的体验。"[56]

这种忠诚受到了剧烈考验。正如叶夫图申科所写："在党代会上，当文本向人们朗读完的时候，他们怀着悲伤离开，眼睛望着地面。也许老一辈中许多人用下面的问题拷问着他们自己：他们曾白活一场吗？有才华的作家法捷耶夫用他在内战中作为游击队员时携带的枪自杀了。"[57]

豪尔赫·爱德华兹提到：诗人的作品显示了 1956 年灾难性消息带来的触动，尽管他在公共场合依然对此事保持沉默：

> 出版于 1957 年年底的第三本颂诗的作者，相比之下，是完全不同的一个诗人，一个亲密，肉感，乡愁的沉思者……针对的是自然，生物，和那些用处遭到贬低但却同时被人性化的事物……一只飞翔的信天翁，一辆自行车，一个乡村电影院，一个老火车站……如果你把这些诗歌与《葡萄与风》相比，你立即有一种感觉：这个曾经把眼睛盯着未来的诗人再次凝视围绕着他的事物，或大或小，凝视目前的风景，凝视无处不在的自然（没有轮廓鲜明的消息），正如那随着太平洋的海浪传递过来的使斯大林的死亡神圣化的消息，或者曾是革命之风的来自亚洲的风携带的消息。[58]

在某种程度上，聂鲁达间接重申了他对萨特的"恶心"的反对，这个法国哲学家对围绕着他的世界感到恶心。聂鲁达在公开演讲中挑出萨特作为蔑视对象并不是没有考虑的。对于萨特来说，事物与自然没有意义。对于聂鲁达，它们充满了提升生命的意义。

307　　那年出版的《新元素颂》包含了精彩的《袜子颂》，在这首诗中，聂鲁达把他的双脚视为"两只羊毛鱼儿，两条长长的鲨鱼……两个巨型黑鸟，两个大炮：我的双脚被这双神圣的袜子以这种方式赋予了荣光。"在这场风流韵事中，他拒绝把这双袜子放在一个"镀金的笼子里／喂它们……粉色甜瓜的瓜瓢"的诱惑。[59] 幽默，淘气——同样的淘气精神让他在满六十岁的晚会中乔装打扮成怪样子。

《保罗·罗伯逊颂》向伟大的美国共产主义歌手致敬，强调聂鲁达对他的同志的爱。

　　……
　　强大的
　　水的
　　声音
　　在火上，
　　庄严，深思，粗糙，纯洁的
　　地球之音
　　提醒我们
　　我们仍然是
　　人，
　　我们共有
　　痛苦与希望……

他把广岛之后的沉默与再次出现的罗伯逊的声音相对比，

　　充满
　　天空，用你神圣的嗓音，
　　不只是

为了黑人

为了穷苦黑人，

而且为了穷苦

白人，

为了，

穷苦印第安人，

为了所有

人民。

《惠特曼颂》转向另一个伟大的诗歌影响：　　　　　　　　　　　　308

我想不起

什么年纪

什么地方，

是在伟大潮湿的南方

还是在

恐惧的海岸，在海鸥的尖叫

之下，我触摸到一只手，那是

惠特曼的手……

　　罗伯特·普林-弥尔在他卓越的《颂歌》研究中拒绝尝试把聂鲁达
的作品分裂成相互排斥的阶段，并指出：《颂诗》和《大诗章》一样是
有着政治信仰的，抒情的，宏大的。[60] 普林-弥尔指出：聂鲁达用诗歌
解释他对共产主义运动的忠诚的那些诗句，《大诗章》中那首诗歌《致
我党》中的诗句，为《元素颂》提供了关键理念，尤其是：

你让我建起了现实，就像在岩石上

以及

你让我看到了世界的清晰性和欢乐的可能性……

聂鲁达总结说，对诗人来说，问题是"写作艰涩的诗歌比写作简明的诗歌更容易"。[61]

1957 年 1 月 10 日，加芙列拉·米斯特拉尔死了。第二天，智利共产党日报《世纪报》发表了一篇悼词，是一个在男孩时期怯懦地走进她在特木科女子学校的办公室的那个男人所写。如今，承受着她的离去，聂鲁达写到，"智利的心脏在哀悼"。[62]

那年春天，巴勃罗开始写作《一百首爱的十四行》，一百首献给玛蒂尔德的爱情十四行诗，但他中断了这个工作，首先踏上了一段去往阿根廷的灾难性旅程，然后带着玛蒂尔德踏上了一场重要的远东回归之旅，在那里他曾度过青年时代那些孤独岁月。这对爱人 1957 年大多数时间都在智利以外。

1957 年 4 月 1 日，他旅行到布宜诺斯艾利斯，希望在那里做一系列演讲。可是，在 4 月 11 日，他被捕了，花了一天半时间待在国家监狱。

遇到秘密警察也许并不危险，但如果是阿根廷的秘密警察，那就是另一回事了——很滑稽，但有着不可预料的后果。这个不寻常的夜晚，刚刚从智利来到这里，旅行到遥远的国度，我筋疲力尽地倒在床上。他们洗劫了这个地方：他们抓起了书本和杂志，他们搜查了橱柜，检查了内衣。他们已经带走了我曾在他家寄居的阿根廷朋友，因为他们在屋子后面的屋子里发现了我。

玛蒂尔德告诉警察特工，那个人是聂鲁达，他病了，旅途劳累。一个小时后，他们带着一辆救护车回来了。

玛蒂尔德提出抗议，但对他们无效。他们在执行命令。他们打算把我带上车，无论疲劳还是精神，健康还是犯病，是死是活。那天晚上下着雨，从布宜诺斯艾利斯沉重天空掉下巨大的雨点。我无法理解这个事情。庇隆已经被驱逐。以民主的名义，（佩德罗·欧基尼奥·）阿拉姆布鲁将军已经推翻了暴君。可是，不知道如何以及何时……我在前往监狱的路上。当我们下楼梯，进入电梯，穿过走廊的时候，四个警察抬着我的那个担架成了一个棘手的问题。那四个搬运者表情痛苦，气喘吁吁。让他们更感到绝望的是，玛蒂尔德用一种甜蜜的嗓音告诉他们：我重达 110 公斤……

最后，他们把我存放在楼上，在最里面的一个囚室，有着小小的，非常高的窗户。我想要休息，得到一点睡眠，睡眠，睡眠。我不能……几小时后，作家团体和朋友们在阿根廷、智利和许多其他国家采取了行动。他们把我带出了囚室，把我带到医务室，归还了我的随身物品，释放了我，就在我准备离开监狱的时候，一个穿着制服的卫兵走向我，把一片纸交到我手里。那是他献给我的一首诗。用粗糙的韵文写的，充满粗心的错误，幼稚得像所有流行艺术，我能想象，极少有诗人曾从派来看守他们的人那里得到一首致敬的诗歌。[63]

310

智利领事把聂鲁达救了出来，但诗人没有完成他的朗读计划，就离开了阿根廷。

他和玛蒂尔德继续前往东方。聂鲁达被邀请前往锡兰的科伦坡参加一个和平大会。他们发现，一个会议厅坐满了几百个佛教僧侣。然后他们离开那里，去看巴勃罗曾经在维拉瓦特郊区居住过的那所房子。

我花了很长时间才找到它。那些树木都长高了，街道的面目改变了。我曾写过许多痛苦诗歌的老地方很快就要被毁掉。它的门都被虫蛀了，热带的潮湿损坏了它的墙壁，但它站在那里等待着这次最后的告别时刻。[64]

在锡兰的时候，聂鲁达在当地报纸上登了一则广告，寻找他旧日的仆役男孩布拉木皮的下落。他什么也没打听到。从锡兰，巴勃罗和玛蒂尔德跟若热·亚马多及其妻子则利亚一起坐飞机，穿过雷电交加的暴风雨，雨水渗进了机舱，最后抵达了仰光。这是聂鲁达作为一个不幸福的领事住在那里时算起的第三十个年头，当时住在一个小镇"充满绚烂的色彩，一个热情的、迷人的地方，（它的）语言无法理喻"。回顾 1927年，"这个殖民地被它的英国统治者们开发和掠夺，但这个城市是干净而闪亮的，它的街道闪耀着生命力，商店橱窗展示着他们殖民主义的诱惑品"。[65]

1927 年，聂鲁达臣服于乔希·布利斯的诱惑。如今，三十年之后，就在他的新欢玛蒂尔德陪在身边之际，他开始试图打探他那个缅甸恋人的下落。"没人可以给我提供她的生死下落。我们曾一起生活的地方的邻居竟然全部都不存在了。"[66]

聂鲁达的朋友伊内斯·费格罗阿回忆说："他告诉我乔希让他心碎。他非常难过，因为她曾是一个伟大的尘世女子，非常原始，她结束了那令他窒息的极端的感情。"[67]

311　　离开仰光，聂鲁达和玛蒂尔德跟豪尔赫以及则利亚一起飞到中国去了。在那里，他们受到了聂鲁达的朋友，中国诗人艾青的接待。聂鲁达把他描述为一个"声音自然而且抒情的诗人之一……诗歌中表现得非常温柔，但政治上表现得很铁腕，他们按时回家，去履行他们的使命。"[68]但艾青的命运却不由自己掌握。

在中国，巴勃罗和玛蒂尔德访问了一个石头构成的古怪森林，每个石头的形状要么像一根针，要么像"宁静大海的波涛"。聂鲁达说他在革命后的中国感到自在，但也提到：有些东西跟他五年前和爱伦堡一起造访的时候相比已经改变："我怀念那种蓝颜色。"他提到他上一次访问，"那时候，每个人穿着无产阶级的蓝，某种斜纹或者轻工工人的花呢服装。男人，女人和孩子穿着它。我喜欢这种有着各种层次蓝色的简朴服装。看到大街小巷穿行着无数蓝色斑点，是一件美妙的事情。"[69]蓝色消失的原因并不是什么坏事，聂鲁达发现：只是因为，中国纺织工业的发展足以让中国人民穿上任何颜色。

在玛蒂尔德和若热·亚马多的陪同下，他沿着扬子江顺流而下，但，尽管聂鲁达热爱中国风景诗，这次旅行并不是一次完全快乐的旅行。聂鲁达后来回忆道：在他和这位伟大巴西作家的友谊中，某些东西已经改变：

> 实际上，斯大林时代各种事情的披露在若热·亚马多的心中造成了极大的波动。我们是老朋友，我们都流亡过多年，我们一直被共同的信念与希望联合在一起。但我相信我比他有着更少的宗派意识；我的天性和我的智利脾气让我倾向于理解他人。与此不同，豪尔赫却一直很固执……二十大的报告是一股潮水，驱使所有革命者采取新的立场，得出新的结论。我们很多人都感到，在那些令人痛苦的披露造成的煎熬之后，我们再次获得新生……可是，不同的是，豪尔赫似乎已经在登上那条船的时候，在扬子江美妙的悬崖峭壁之间，开始了他生命的不同阶段。我不相信他丧失了对革命的忠诚，但他求助于它的作品，脱去了他作品中迄今为止标志性的直接的政治特征。[70]

如果我们把这种看法当成可信的，那么，赫鲁晓夫的解密似乎反而加强了聂鲁达的共产主义信念，而不是让他陷入内心斗争，而且他似乎在这段话里面谴责亚马多的动摇。

312

聂鲁达在中国的时候满五十三岁。则利亚和玛蒂尔德请求艾青努力劝说中国政府允许他们在船上举行特殊的庆祝宴会。但他们很失望：这个国家也许能够提供五彩缤纷的服装，但它正处在厉行节约的节骨眼上。

可是，在某种程度上，艾青成功了。"在那个 7 月 12 日，我的生日那天，我们在桌上摆了烤鸡，这场争辩的金灿灿战利品。几个西红柿和几片洋葱闪耀在一个小盘子里。巨大的桌子在它之外延伸，就像每天那样光亮，桌子上摆着许多盘子，盘子里是闪闪发光的美味的中国菜肴。"[71]

悲剧发生了，旅行快结束的时候，艾青没有出现在北京的一次会议上。所谓的"反右"斗争刚刚开始，遭到驱逐的艾青是它最初的牺牲者之一。聂鲁达忧心如焚。正如另一个中国诗人徐迟回忆的：

> 我在北京主持一个诗歌讨论会，巴勃罗·聂鲁达在那里。突然，他离席，开始在大厅的走廊里独自游走。我走向他，问道："你找什么？"他机智地回答："我在找……你。"但我知道他真正找的人是谁。我们回到诗歌讨论会，但在那以后他再没有回到过中国。[72]

在聂鲁达的回忆录中，有一些文字攻击了个人崇拜——这种态度让他不久后与菲德尔·卡斯特罗发生了矛盾。聂鲁达的俄国朋友，维拉·库泰什科娃在莫斯科告诉我，巴勃罗对个人崇拜的清醒标志着他个人对斯大林主义态度改变的真正的第一步。

聂鲁达和玛蒂尔德从中国旅行到了莫斯科，从那里，他们花了几个月在阿伯卡兹亚苏维埃共和国以及亚美尼亚旅行。在阿伯卡兹亚，令他震惊的是，不像他之前见过的俄罗斯，"这个阳光、麦田和巨大葡萄园构成的国度有着另一种调性，一种地中海口音。这些男人走路与众不同，这些女人有着意大利或者希腊妇女的眼睛与手臂。"[74]

这对人儿随后飞到了亚美尼亚首都埃里温，聂鲁达把它描述成"我所见过最美丽的城市之一。由火山岩建造而成，它有着粉色玫瑰的和谐。"[75]他对比纳坎天文台有过一次难忘的参观——在那里他写道："每颗星星都有其独特的书写方式，颤抖着，非常迷人，但对一个固定在地球上的诗人来说无法理喻"[76]——接下来是在动物园与一只潜水貘欢乐相见。

从埃里温，巴勃罗和玛蒂尔德飞回莫斯科，在那里他们会见了爱伦堡，享受了他热情的款待（"我无法确定他是更了解司汤达还是更了解鹅肝酱"[77]）然后短暂访问了巴黎。但他们在 1957 年再次回到莫斯科的时候，他发现该首都有一种节日气氛：那是俄国革命四十周年。当他们坐火车离开莫斯科去芬兰的时候，他们凝望天空，那里被焰火点亮，

"就像欢乐的子弹齐发，像相互理解与友谊的信号弹"。[78]

在芬兰，聂鲁达重续了他和鲸鱼的爱情故事，买了一个独角鲸的牙齿，然后和玛蒂尔德继续前往瑞典港口哥德堡，在那里他们赶上"玻利瓦尔号"前往瓦尔帕莱索，时间是 12 月初。当船停靠委内瑞拉的时候，巴勃罗想短暂访问那里，但被委内瑞拉独裁者马科斯·佩雷斯·希门内斯阻止了，他派出了"足以展开一场战争的士兵"。[79]当聂鲁达抵达智利的时候，这个独裁者已经被废黜了。

314

1957 年 12 月 18 日，罗萨达出版了《第三本颂歌》——提醒人们，聂鲁达保持着令人惊讶的充沛产能。当年 1 月，罗萨达已出版了聂鲁达的第一个全集。一些批评家批评了这种高产。一个智利诗人同胞，贡萨罗·罗哈斯在 2003 年马德里的一次集会上致辞，纪念聂鲁达逝世 30 周年，把他称作一个伟大的诗人，但也是"一棵大树，一棵需要大量修剪的树"。[80]

巴勃罗和玛蒂尔德在黑岛度过了那个新年。1958 年 3 月带来了悲伤的消息：智利共产党领导人，伽罗·冈萨雷斯死了。聂鲁达参加了随后的第二次智利总统竞选运动，再次在这个国家纵横驰骋，在拥挤的政治集会上发表演讲。但他的所有努力最终证明都是徒劳，因为萨尔瓦多·阿连德再次落选，这次是豪尔赫·阿莱桑德雷·罗德里格斯，也就是前任阿尔图罗·阿莱桑德雷·帕尔马的儿子当选。因为号召进行严厉的国家干预来重建智利经济，阿连德这次走到了胜利边缘。

同一年，聂鲁达再次变轨，因为另一本不同寻常的书《狂想集》出版了。就像他的第一本书《霞光之书》这个标题*也是一个新造的词；但这个最新作品——基本上是一个扩充版的自传式草图——机智的自我质疑以及自黑的讽刺性。

"我只要五件事，"聂鲁达在《狂想集》中的诗歌《我呼喊沉默》中写道：

---

* 《狂想集》原标题"Estravagario"，《霞光之书》原标题为"Crepusculario"。

第一件是无尽的爱。

第二件是看到秋天。

没有叶子飘零，飞回大地

我不得安宁。

第三件是冬日的庄严，

我所热爱的雨，狂野寒冷中

火光的爱抚。

第四件，是夏天

跟西瓜一样圆滚滚。

第五件是你的眼睛，

我亲爱的玛蒂尔德。

315

没有你的眼睛我无法入睡，

没有你看着我，我无法生活。

我愿意放弃春天

确保你望着我。

朋友，那是我所想要的一切。

这实际上什么都不是，实际上，这又是一切……[81]

这本书中的自我怀疑是开玩笑式的，没有痛苦，就好像在承认他自己的复杂性与矛盾性：

如今我明白，我

不是一个人，而是许多个[82]

还有许多幽默的闪光。在《我的糟糕成长》中，他取笑自己的社交笨拙，嫉妒鱼类、来自海洋的客人们的自然悠闲，穿着始终完美无瑕，没有一个鳞片不得体。相比之下，正式的晚宴聚会让他害怕，聂鲁达承认他在公共聚会中的羞涩和身体表现的尴尬：

我不知道手如何安放

我考虑不带它们出门，但我把戒指戴在哪？

……并且我并不认识任何人。

我不记得他们的名字。

其他诗歌将幽默与黑暗掺在一起。《害怕》是一首伟大的诗，表达了独自生活的困难，带着施加到他身上的命令：

每个人都要我跳起来，

提高音调，踢足球，

跑步，游泳或飞翔。

是啊，非常好。

每个人建议我休息，

每个人派医生来看我，

奇怪地看着我

怎么回事？……

每个人用结实的叉子

挑我的诗歌，

无疑，想找出一只苍蝇。

我害怕。

316

我害怕所有人，

冷水的人，死亡的人……

那就是为什么，在这些短暂岁月，

我不准备聆听，

我准备动笔写我自己

把我自己写下来
和我最不忠的敌人，
　聂鲁达一起。

就好像，他的一部分充满了欢乐，而另一部分则开始思考死亡和对他来说行将结束的世界的美。

在玛蒂尔德的回忆录中——它比聂鲁达的回忆录更为可信——她声称就在巴勃罗写作《狂想集》的时候，她第三次怀上了聂鲁达的孩子。这吻合了那个故事，即：迪莉娅在巴勃罗的外套里发现了一封信，宣称玛蒂尔德怀孕了。但朋友们表示怀疑，在玛蒂尔德的年纪（四十六岁），她是否可能再次怀孕。玛蒂尔德写道：他们一想到终于将为人父母了，而陷入狂喜，但再次，他们的希望被再一次的流产所破灭。那以后，巴勃罗说，他们应该停止试图要小孩。

真相到底是什么？看看《狂想集》中的《全部剧目》这首诗。难道这首诗不能被读成给他将出生的孩子（儿子？）的一首诗吗？

我将找到你能爱的人
在你尚未成为一个孩子之前
……

我想要他们爱你
让你永不知道死亡。

317　　　同一本书中的另一首诗《致孩子的脚》可以被看作第三次流产所写。在《狂想集》中的其他地方，还有其他提到出生与成长的地方。

另一方面，巴勃罗的朋友伊内斯·费格罗阿不相信有过第三次怀孕："我不认为玛蒂尔德有过她所宣称的那么多次流产。她太老了。这只是她留住巴勃罗的方法。就我确切知道的，她的确有过一次流产"，伊内斯在智利告诉我说。"这对她俩都造成了触动。在大约那时候，

1955 年，我生出了一个女儿，那极大地触动了巴勃罗。"[83]

如果《狂想集》经常纠缠于出生，那么这个诗集也纠缠于死。聂鲁达在写这本书的时候不时会罹患咽喉炎，这导致有一次连续几个星期完全失声。在《喉咙》这首诗中他问死神：

> 你想要我的尸骨何用？
> 你为何不带走悲伤者，
> 全身僵硬的人，狡猾的人，
> 苦涩的人，不忠的人，冷漠的人，
> 刺客，通奸者，
> 支吾搪塞的法官，
> 撒谎的记者，
>
> 群岛上的僭主，
> 点燃群山的人，
> 警察头子，
> 以及狱卒和盗贼？
> 为何你带我跟你走？
> 我要去天国做什么？
> 我也不设想地狱。
> 我在地球上感到满意。

实际上，该诗集中最后的，冗长的诗歌叫做《秋的遗嘱》，在诗中，他把尘世的财产留给了共产党和人们；他有太多欢乐留下，但他把悲伤遗赠给那些让他受苦的人（"但我忘了他们是谁"）并且，他留给了玛蒂尔德"我拥有和没有的一切"。

另一首诗，《行程》属于为数不多的（最后一次）提到他第一任妻子玛露卡的诗： 318

为何我在巴达维亚结婚？

我是一个没有城堡的骑士，

不可接纳的过客，

一个没有衣服的人或者……一个纯粹游荡的白痴

这本书很多地方充满着一种心神不定。当他在他心爱的巴黎（正如在《再会巴黎》中）时，他奇怪他自己为何没有回到需要他的智利家乡。他不停地来来回回，也许反映出普鲁斯特带给他的持续影响力。在《吉列米娜能在哪？》中，聂鲁达回忆起在特木科的十四岁，"与被森林弄湿的 / 蜘蛛 / 认识我的甲虫和三色蜜蜂……"一起；《送木头的信》是写给他父亲的一首动人的诗。

尽管他有疑惑，聂鲁达总体上对他的拥有还是满意的。在《懒骨头》中，他写道：

我的房子有大海和陆地

我的妻子有大眼睛

野生榛果的色彩。

当夜幕降临，大海

身着白色与绿色

月亮在泡沫中

做梦，像海里的新娘。

我不想改造行星。

这种对生理上在场的事物、全部五官可感的事物的优先性的信仰，我认为，与聂鲁达的马克思主义密切相关。也就是说，他的政治信念极大地影响了他的情诗。聂鲁达不再会写他曾写给他的女友阿贝提娜·阿佐卡的那种诗句：（"我喜欢你沉默不语，就好像你已不在"）。马克思主义曾教给他：唯有你生理上能够感受到的事物才是真实的。他不再能感受到里尔克"渴慕"[*]的一点点吸引力——渴望爱人的感受超过了拥有她的感受。

《狂想集》是一本成熟的书，由一个人悖论式地确定了他的疑惑而造就。他最终长大了，尽管他的朋友们经常告诉我他们认为他是"un gran niño"（一个大孩子），意味着他从未丧失他对生活的有感染力的爱。

319

聂鲁达很高兴鲍里斯·帕斯捷尔纳克被授予 1958 年的诺贝尔文学奖。根据豪尔赫·爱德华兹的说法，聂鲁达把这个决定视为结束对苏联文学的孤立的标志，而表示欢迎。可是，几天后，他听说，克里姆林宫禁止出版帕斯捷尔纳克的小说《日瓦戈医生》，阻止他前往斯德哥尔摩领奖。爱德华写道：聂鲁达"本可以提出抗议，毫无疑问，但那种抗议会激起相当大的政治丑闻，正如他们当时提出的，那可能会有利于'给敌人的主张提供弹药'。因此，他选择压制最初的热情，保持一种严格的、不安的沉默。"[84]

很难让人欣赏这种沉默。聂鲁达精明地意识到冷战游戏中不给他的右翼对手提供弹药的重要性。可是，他沉默地接受苏联当局对帕斯捷尔纳克的不公待遇带来了一种酸涩的记忆。聂鲁达对苏联的依附性一直未曾消除。在 1958 年 12 月，巴勃罗和玛蒂尔德动身去莫斯科，在那里，聂鲁达是列宁和平奖评选委员会的成员。接下来的那个月，他们回到拉丁美洲，着手进行对委内瑞拉的漫长访问。实际上，这对夫妇直到 1959 年 4 月仍然在那里，聂鲁达变成了第一个获得加拉加斯荣誉市民头衔的智利人。在这次逗留期间，聂鲁达在委内瑞拉首都的古巴大使馆会见了菲德尔·卡斯特罗，开始了与这个古巴领导人之间动荡的关系，后者在这年的年初掌权，总览这个岛屿上的一场革命，一场不仅受到拉美政治家与知识分子的密切关注，而且激起华盛顿的巨大警惕的新动态。当时，一个摄影师在加拉加斯酒店中突袭了聂鲁达和菲德尔，想要拍他们俩在一起的照片，卡斯特罗显然极力想要避免

---

* 原文为德语词汇"Sehnsucht"。

留下这场会晤的任何证据，因此爆发出一阵暴怒，把这个倒霉的摄影师推出了房间。

聂鲁达——冷战中最伟大的文学斗士——绝没有想到他自己变成了一场秘密国际斗争的焦点，要把他的名声搞臭。

第十二章

新的政体

1959—1966

1949 年到 1952 年之间的被迫流亡并不完全是快乐的时光——但它 320 们是丰富的，给聂鲁达后来很多年写作的书籍带来了色彩。

批评家詹姆斯·诺兰相信：聂鲁达诗歌的每一卷都呈现一个新的人物角色。用诺兰的话来说，"聂鲁达的主要角色包括：迷失的孩子 (1923，《霞光之书》)，痛苦的梦游者 (1933，《大地上的居所 1925—1931》) 战争见证者 (1947，《第三卷居所》)，政治化的美洲歌手 (1950，《大诗章》)，普通事物的诗人 (1954，《元素颂》)，异想天开的私密的人 (1958《狂想集》)，自传式的年长诗人 (1964，《黑岛纪念》)，以及他后期作品中的自然主义者和形而上学家。"[1]

但《狂想集》也是——正如聂鲁达在与一个古巴报纸所做的有趣的、鲜为人知的访谈中所说的——"对教条主义的新攻击。"[2] 这种反对狭隘、僵化的教条主义的斗争，他说，是"所有诗人的内在本性……它解释了我几乎所有书本的不同风格、手法以及最深的基础"。[3]

罗伯特·普林-弥尔认为，在聂鲁达《狂想集》之后的诗歌中有着一种稳定的发展。那本书，普林-弥尔写到，标志该诗人作品的秋天。一个基本模式也开始出现在他生命中，伴随着他与玛蒂尔德关系的固 321 定，公共责任的承担和专注性的加深。

在布宜诺斯艾利斯，在罗萨达 1959 年 11 月出版了聂鲁达的第四本颂诗集，名叫《远航与回乡》，之后，该诗人 1959 年 12 月 5 日在智利出版了一本私人印制的、订阅版的，献给玛蒂尔德的新书：《一百首爱的十四行》。《一百首十四行》是一个被忽略的作品。它是一个更小的集子，但它再次展现了马克思主义的唯物主义思想是如何给聂鲁达的诗打上烙印的，即使是其情诗。在第八首十四行中，聂鲁达写给他亲爱的"帕托娅"：

在你的怀抱中，我拥抱存在的事物，
沙子，时间，雨水的树，
等我去爱的所有生灵：
我不必走远就看到这一切，
我在你生命中看到一切生灵。

《一百首十四行》中的许多都是身体性的：

我渴望你的嘴，你的嗓音，你的头发……
我渴望你光滑的笑……
我想吃你的皮肤，像整颗杏仁 4

　　有意思的是，在第二十九首十四行中，他的确承认，虽然他自己不信仰宗教，其他好心人加入了上帝的联盟中——这里指的是玛蒂尔德的妈妈和他自己的"妈妈娘"——按照他的说法，她们一起"在他们的天堂"洗衣服。
　　玛蒂尔德对聂鲁达的情感以及职业稳定性和健康的重要性怎么说都不过分。在诗人一生最后十五年的最亲密朋友中，就有萨拉·维亚尔，一个年轻漂亮的诗人和记者。聂鲁达告诉萨拉：玛蒂尔德"对我的异想天开充满耐心，并且很合作，因此我可以随心所欲地生活，惬意地写作……我并不总是一个容易打交道的人……我不给自己任何安宁。她（玛蒂尔德）解决了我的问题。任何实际事务都使我的生活变得复杂：她把我从任何不愉快且令人疲倦的事务中解放出来，比如签支票（我完全不懂）。她安排我的旅行。她处理所有账务，那对一个诗人再好不过了，不是吗？对一个丈夫来说很好，对一个诗人甚至更好。那是她如何在我的文学工作中协助我的。真相是，我有太多需要感谢她的。"5

322

巴勃罗习惯有规律地在上午从八点写作到十一点。当他不工作的时候，玛蒂尔德，不像迪莉娅，密切关注他的活动，尤其是涉及其他女人的地方。因为仍然有许多女人排着队向诗人投怀送抱。

聂鲁达的一个持久的崇拜者，很少回答"不"的一个人，名叫斯黛拉·迪亚兹·瓦林的诗人，像玛蒂尔德一样有着红头发。斯黛拉抓住机会，在智利作家协会总部的一个繁忙会议上——聂鲁达在1958年被任命为该协会主席——宣示了她对聂鲁达的爱："下次我见你的时候，事情将会有很大进展，"她在几十个旁观者面前这样告诉聂鲁达。6

许多人觉得这个新的、不知疲倦的、玛蒂尔德领导的政体很沉闷。鲁道夫·雷耶斯，聂鲁达的哥哥鲁道夫的儿子，如今是圣地亚哥一个成功的商人，告诉我：孩子时候，他和他的兄弟们

> 会拜访聂鲁达，玩巴勃罗的玩具火车。他对我们来说不是一个著名诗人——他是给我们玩具玩的男人。但当他遇到玛蒂尔德之后，开始和她一起生活在恰思可娜，情况就完全改变了……当我和我父亲一起出现来问候他的时候，她会对我们说："巴勃罗在睡觉"。于是我们只好等着。我清楚记得有一次，当巴勃罗从他的房间走出来，我的父亲在楼下。巴勃罗说："鲁道夫，你为什么不上来啊？玛蒂尔德，你怎么可以让他等着？"她的回答是："可是巴勃罗，当时你在睡觉。"7

正如阿依达·费格罗阿的丈夫塞尔吉奥·因孙查告诉我的："玛蒂尔德从外部进入他的世界。她不是一个作家，一个诗人。因此她必须经历一个把她介绍到这个世界来的程序。很多时候，玛蒂尔德感到非常谨慎，保守，细心，就像走在鸡蛋上！"8

伊内斯·瓦伦祖拉的观察如下：

玛蒂尔德在遇到巴勃罗之前在智利之外有过相当长一段经历。当他们相遇的时候，巴勃罗接近五十岁——一个男人开始质疑自身的年纪，想知道他们是否仍和以前一样！这时候，迪莉娅非常老了，玛蒂尔德令他兴奋……他是一个胆怯的男人。女人们从林奇大道走到这所房子，把她们自己投入他的怀抱。他本应该拒绝她们——但没有一个西班牙男人会那样做。这本该是非常糟糕的方式！但玛蒂尔德以其相貌，以其生活经验吸引了巴勃罗。巴勃罗在很多方面实际上非常幼稚。玛蒂尔德是一种揭示——她打开了一个他不了解的世界。[9]

323

如果说，聂鲁达的家庭生活是平静和惬意的——至少对他而言是这样——那么，他的国家却进入了一个日益动荡的紧张时期。1958 年执政的豪尔赫·阿莱桑德雷·罗德里格斯的智利政府很快陷入困境。试图降低工薪的尝试造成了工会的抗议，恶化成 1960 年的一系列罢工。在那年 11 月，发生了一次全国范围的罢工，以及一系列遍及全国的示威抗议，其中有两个工人被杀。在美国的压力下——急于避免在拉美形成另一个古巴——豪尔赫·阿莱桑德雷·罗德里格斯宣布朝土地改革迈出第一步。

1960 年 4 月 12 日，聂鲁达和玛蒂尔德离开他们问题重重的祖国，搭乘"路易·卢米埃尔"号汽船前往欧洲。在船上，聂鲁达完成了他为古巴革命所写的赞美诗《壮举之歌》。他绝对想不到，这本书会在短短几个月内激起多么大的混乱。

聂鲁达和玛蒂尔德旅行到了苏联。这实际上被人看作聂鲁达一年一度的任务，因为他是列宁和平奖评奖委员会的终身成员（以前是斯大林和平奖），但按照玛蒂尔德在她回忆录里的说法，他们只是每两年去一次。该奖一般在 5 月 1 日颁发。

1960 年 5 月 3 日——玛蒂尔德的生日——早晨，他们入住的莫斯科国宾馆房间内电话铃声响起（他们几乎总是待在这里，因为这里的房间都很大，而且眺望红场）。打电话的是土耳其诗人纳西姆·希克梅特，他当时住在莫斯科。他建议：他和玛蒂尔德一起出去给她买一个礼物。当聂鲁达听到这个消息，他赶紧穿衣，喊道："你单独和一个土耳其人出去——我绝不允许！"

事实证明，玛蒂尔德的生日礼物是画家伊利亚·格拉祖诺夫。或者说，格拉祖诺夫来为玛蒂尔德绘制肖像。这花费了二十分钟，欢快的聂鲁达——经常认为玛蒂尔德看上去很年轻——说："那是你十年后看上去的样子。"[10]（此外，只有唯一另外一幅为人所知的玛蒂尔德画像：迪耶戈·里维拉所做的著名肖像。它显示玛蒂尔德有两张脸。红色头发的瀑布披到双肩，但如果你更仔细地看，你会看到显而易见的聂鲁达侧面像——他的鼻子，脑袋和双下巴——在玛蒂尔德头发的纠缠中。）

聂鲁达和玛蒂尔德离开莫斯科继续旅行，她俩访问了雅尔塔、波兰、保加利亚、罗马尼亚和捷克斯洛伐克。在布拉格，巴勃罗、玛蒂尔德和一个智利朋友，何塞·米盖尔·巴拉斯，停下来瞻仰他的同名人扬·聂鲁达住过的房子："双日居"和"三鹰居"。当他们走到另一所建筑，"三把小提琴"的时候，聂鲁达被迷住了。多么奇怪，这个乐器是这次访问中最令聂鲁达着迷的东西。

离开布拉格，聂鲁达和玛蒂尔德安顿在巴黎，度过了1960年剩下的大部分时光，尽管他们仍然不得不出入于法国，以便获得法国的旅行签证。他的法国朋友让·马歇涅克翻译了他的诗歌《公牛》，附有毕加索做的十六幅蚀刻版画。

在聂鲁达1960年居留巴黎期间的记录中，我们找到了下面这个，它是马努埃尔·迪亚兹·马丁内斯所写，他是一个如今生活在加那利群岛的流亡的古巴作家：

> 我们被邀请在同一个早晨在古巴文化参赞的住所会见聂鲁达……我不记得为什么了，但他想要这个住在巴黎的古巴人第一个知道（他的书，《壮举之歌》）。我们与诗人的约定……发生在古巴大使馆文化参赞，罗贝托·费尔南德斯·勒塔玛尔和他家人居住的位于帕西的公寓紧闭着的大门背后。聂鲁达看上去像一个和蔼的、心不在

324

焉的乳齿象，我觉得他很温柔，易于相处。（玛蒂尔德）与此不同，给我带来的印象是对一切过于挑剔，保持着与每个人之间的距离。聂鲁达步履缓慢，就好像每一步都耗费他巨大的精力……聂鲁达给我们朗读他整个的《壮举之歌》。没有人比他读诗读得更差了。鼻音，单调，他的音调碾碎了诗歌……我们借口找不到椅子，小心翼翼地溜出了朗读活动。[11]

在巴黎，巴勃罗得到一个可怕的消息：一次巨大的地震摧毁了智利南部许多地方——包括他心爱的童年海滨避难所，萨维德拉港，它被一场海震或海啸吞没。海岸线长长的一截——从至少康塞普西翁到蒙特港——直接就沉没了，就好像门上的活页那样翻过去了，最初的作用发生在：大海开始是撤退，然后卷土重来，带来灾难性后果。在康塞普西翁，它消灭了所有试图穿越干涸的河床去往大陆逃亡的人们。[12]塞瓦斯蒂安娜，聂鲁达在前往欧洲前选择做他们在瓦尔帕莱索新居的那个建筑，遭到严重损坏。

他想平静地返回拉美。在1960年11月12日，他和玛蒂尔德在马赛搭乘一条船，开始前往古巴。正如埃尔南·洛伊拉所写，他"绝没有想到，就在他踏足这个岛屿的时候，会引起一系列的误解和反感……它们会持续到他死去。"[13]

聂鲁达对古巴的第二次访问与他的第一次相当不同，1942年的那一次是迷人的，没有烦恼的旅行，他和迪莉娅探索了古巴的森林和海滩，在行李箱中装满贝壳。如今，在1960年底，卡斯特罗革命后一年，气氛不可逆转地改变了。

豪尔赫·爱德华兹指出：在聂鲁达的前一次访问期间，诗人承认其贫穷但也享受得起夜生活。爱德华兹写道：在古巴，聂鲁达"经常认为革命有必要确保夜生活的欢乐。当然，革命并未完全压抑那些演出，但清教主义，意识形态的苛刻，尤其来自新信徒的清教主义和意识形态从第一天起就在这个岛屿上令人印象深刻。"[14]

爱德华兹说，聂鲁达告诉他：当看到切·格瓦拉穿着长筒靴坐在"古巴国家银行"的桌子上接待他的时候，他是多么沮丧。聂鲁达震惊于切的恶劣举止。（讽刺的是，聂鲁达是切最喜欢的诗人——他随身携带着《大诗章》这本书，在 1965 年，在将一本西班牙语诗歌还给古巴作家罗贝托·费尔南德斯·勒塔玛尔之前，切不辞劳苦地抄写了他最喜爱的聂鲁达诗歌，《霞光之书》中的《告别》。但当聂鲁达后来听到切在 1967 年被暗杀，非但没有表示同情，还令人震惊地告诉给他带来消息的人，塞尔吉奥·因孙查："我们应该崇敬的人是勒卡巴伦这样的人（路易斯·勒卡巴伦是智利共产党的创始人）而不是这些四处犯下疯狂行径的年轻梦想家。"）[15] 可是，公开的情况有所不同：聂鲁达写了一系列文章悼念一位"英雄"的丧失。

爱德华兹被当时古巴报纸《革命报星期一副刊》的编辑卡洛斯·弗兰克告知，弗兰克在聂鲁达 1960 年访问期间到过哈瓦那的国宾馆房间，在那里看到聂鲁达满脸愁容。弗兰克把这种情形归罪于对古巴最伟大的在世诗人尼古拉斯·纪廉的嫉妒，聂鲁达和他之间关系十分艰难——或许他仍然放不下对纪廉的那口怨气，因为纪廉在 1951 年坐火车去布加勒斯特的时候打过玛蒂尔德的主意。[16]

也有可能是因为聂鲁达对菲德尔尚未把古巴革命宣布为社会主义本质的革命而感到不快。实际上，在 1959 年 5 月 21 日的一次演讲中，卡斯特罗甚至声明："我们的革命既不是资本主义的也不是共产主义的……我们既不赞同这方也不赞同那方。"（直到 1961 年 5 月，吉龙海滩袭击之后，哈瓦那的声明才宣称这场革命的社会主义性质。）聂鲁达几年后告诉豪尔赫·爱德华兹，卡斯特罗不得不为了掌权摧毁了拉丁美洲最强大和最具有组织性的共产党之一。

可是，比任何事情都令聂鲁达感到悲伤的，是古巴新政权看上去对他献给古巴革命的赞美诗《壮举之歌》的完全漠视。他认为这等于是一种莫名其妙的拒绝。

他实际上 1958 年就开始写这本书。正如西尔维娅·泰耶尔，阿尔瓦罗·伊诺霍萨的姐妹提到的，这本书最初问世是源于发生在波多黎各的戏剧性事件，而非古巴。泰耶尔把聂鲁达介绍给了一个陌生的波多黎

326

各人，安东尼奥·圣埃利亚，这人当时正在智利参加一个共济会会议。圣埃利亚是一个为争取波多黎各摆脱美国控制获得政治与经济自由而斗争的活跃分子。聂鲁达印象深刻，并承诺圣埃利亚他会写关于波多黎各时局的一些诗，甚至也许是一整本书。巴勃罗在写《壮举之歌》之初的确是想着这个岛国的，但古巴革命不仅干预并改变了整个拉丁美洲历史的进程，而且改变了这本书采取的路线。

为何《壮举之歌》从未在古巴再版？为何在这个岛国甚至无人提起这本书？《壮举之歌》（至少在官方意义上）被古巴忽视，这个事实显然一直让聂鲁达怨恨不已，直到生命终了。他的回忆录记述："我无法忘记我是第一个献出一整本书来为古巴革命欢呼的诗人。"

答案也许存在于聂鲁达与古巴当局之间六年后，也就是 1966 年，爆发出的一场严肃得多的争吵之中。尽管，目前，聂鲁达返回了智利，在那里，1961 年 2 月出版了《壮举之歌》的另一个版本，这次是由圣地亚哥的南极出版社出版。

聂鲁达和玛蒂尔德迫不及待地冲到瓦尔帕莱索港视察地震对他们的房子塞瓦斯蒂安娜的破坏程度。"有图书室那层整个垮塌了，"玛蒂尔德回忆说。

> 巴勃罗很绝望。他从特木科保存下来的大马变成了碎片。那匹马曾待在特木科的五金店里面。当巴勃罗上学去的时候，他必须经过那条街，每次看到它，他都捏捏它的鼻子。他是看着那匹马而生活并长大的——他把它看作他的一部分。每次我们访问特木科，他都要主人把它卖给他，但那没有用……但有一天，那家五金店发生了火灾。当消防员赶到的时候，自然也有很多人围聚在旁边，包括巴勃罗的朋友们。后来，他们告诉我们，唯一能被听到的喊声是："抢救巴勃罗的马。不要让那匹马被烧掉！"于是它成了消防员抢救的第一件东西……[17]

塞瓦斯蒂安娜的正式乔迁庆祝是在智利的国庆节，1961 年 9 月 18

日。正如萨拉·维亚尔所回忆的：

> 首先，在那个春天的早晨，歌唱，吉他声，朋友们的嗓音，烤架上正在烤着的肉的诱人香味正欢迎我们……狭窄的楼梯，变得更狭窄，要么是木头的，要么铺着地毯，引领步履向上。阳台（在穆露里剧院屋顶上）装饰着纸做的智利国旗。聂鲁达穿了"农民"*的装束，腰上围了一个饰带，欢迎我们，分发给我们一杯"chicha"（发酵葡萄汁），里面有一片柠檬……[18]

　　这个房子为纪念"塞瓦斯蒂安·科拉奥"而得名，他是一个西班牙人，最初建造了这座房子，目的是在他孩子结婚后生活在那里。科拉奥原本想要把第三层改造成鸟类收容所，楼顶改造成直升机平台。第一层和第二层曾属于弗朗西斯科·维拉斯科和他的雕塑家妻子，玛丽·马尔特纳。聂鲁达钟爱这所房子，它有着面朝瓦尔帕莱索海湾的宏大视野。他在许多诗中亲切地描述过它。在 1962 年的书《完全授权》中，他写道：

328

> 我建造了这所房子。
>
> 我首先用空气造它。
> 然后我把旗帜举起在空中
> 我让它挂着
> 从苍天，从群星
> 从光明与黑暗。

　　在 1961 年 6 月 3 日，他在瓦尔帕莱索创立了一个俱乐部，靴子俱乐部。它的第一次"会议"在该城的阿勒曼饭店举行，对当地人而言，

---

　　* 原文为"huaso"。

它另一个更为人知的名字是舒尔纳酒吧。正如萨拉·维亚尔在《聂鲁达在瓦尔帕莱索》中回忆的，在最初的聚会上，在朋友们的簇拥下，巴勃罗拿出一只从墨西哥买来的光闪闪的装饰着很多纹章的陶瓷靴子放在桌子中央，这就是给该俱乐部带来名称的东西。成为俱乐部成员的唯一条件就是，你用一块手帕遮住眼睛之后能够抓到一块"chanchito"（乳猪）。

这个俱乐部有许多非常令人意想不到的成员，包括两个古巴人阿莱霍·卡彭铁尔和尼古拉斯·纪廉，意味着 1960 年的古巴之旅并没有被个人恩怨毁掉。但聂鲁达对古巴人的态度依然摇摆不定。根据萨拉·维亚尔的说法，纪廉待在塞瓦斯蒂安娜，用维亚尔的话说，巴勃罗"像兄弟一样爱他"。可是，维亚尔立即转而承认，聂鲁达宣称纪廉"非常自恋……他在离开房子之前……很仔细地打扮。他在镜子前上上下下地摆弄，把各种油膏抹在脸上，让自己看上去更白一点。"[19]

至于阿莱霍·卡彭铁尔，在聂鲁达的回忆录中被描述为他遇到过的最公道的人，他在 1962 年 8 月 17 日成为"靴子俱乐部"成员。维亚尔回忆卡彭铁尔时说，他"就像所有好心的古巴人，一个健谈的人。他用他唱歌一样的声调把我们征服。"维亚尔写到，直到聂鲁达突然失去耐心，吼道："谁来让那个白痴闭嘴？"[20]

书本继续通过聂鲁达的绿色墨水而流淌——他们需要这样做，以便有足够收入来维持黑岛，继续建造恰思可娜以及塞瓦斯蒂安娜。1961 年 6 月，布宜诺斯艾利斯出版商罗萨达出版了《智利的石头》。在前言中，聂鲁达说，这本书是二十年前构思的一个计划的延迟完成——换句话说，那时他正在忙于写作《大诗章》。这本新书基于安东尼奥·奎因塔纳在黑岛周围给那些石头拍摄的照片。正如智利批评家玛乔丽·阿格辛所指出的，黑岛对聂鲁达来说"充当一种地理视角和政治路线"。[21]

对于聂鲁达——意识到他自己的不健康（痛风和静脉炎似乎是持续的伴侣，经常让他走路困难）——石头的坚固，大海的坚持不懈，是他的安慰，还有他对玛蒂尔德的爱。十六年前，《马丘比丘高地》显示了，对于聂鲁达，石头如何可能提供跟过去的一种联系，以及一条朝向充满希望的爱、和平与兄弟情义的路径。他的新的、被低估的书重申了这些观念，也包含了迷人的信息，也提供了一些可靠信息给那些批评家们，他们相信聂鲁达不断寻求回到他的生母，罗莎，她在生下他后不久就死了。

> 我是一块石头：一块黑色石头
>
> 分离是暴力的，
>
> 我异质出生中的一道伤口；
>
> 我想要回归
>
> 那种确定，
>
> 回到中央的安宁，回到那个母体石头的
>
> 子宫
>
> 从那里，我不知道何时、怎样
>
> 他们分开我，将我打碎……

在 1961 年 10 月，罗萨达出版了聂鲁达的《仪式之歌》，一共十首诗，被埃尔南·洛伊拉巧妙地描述为孕育自"矛盾的忧郁，争论是去死，还是重生"。[22] 在 1960 年地震中被部分摧毁的智利变成了死亡与重生的双重象征。在《大灾难》中，他回顾了他早年受到的影响，奥古斯都·温特，"有黄色胡须的老诗人"，他在萨维德拉港建立了智利最早的市政图书馆，只不过在 1960 年的海啸中被无情地冲走了。

330

1961 年标志着聂鲁达生涯中的里程碑：《二十首情诗》的第一百万本被布宜诺斯艾利斯出版商罗萨达印行。作为一个爱情诗人，他的名声此时在全世界几乎无可匹敌。聂鲁达也很高兴，耶鲁大学决定：在 1961 年年底，授予他荣誉博士学位。他完全意识到，他跟随的是诸如托·斯·艾略特和圣-琼·佩斯等诗人的步伐。

1962 年 1 月，聂鲁达着手进行另一个野心勃勃的计划。巴西杂志《航海》开始出版诗人一系列共十二篇自传性的文章，标题是《巴勃罗·聂鲁达的记忆与往事：诗人的生活》。这些文章后来构成诗人死后出版的回忆录的基础。

　　两个月后的 1962 年 3 月 30 日，聂鲁达在智利大学做了一个表露性的演讲，标志着他成了该大学哲学与教育学系的一个学术成员。在这个致辞中，他把他的听众们——正如他在他生命的秋天越来越频繁地做的——带回到他的童年和成长期。

> 我的南方式的胆怯建基于孤独与表达带来的分离感。我的人民，我的父母，邻居，叔叔和姑姑和伙伴们，根本就不表达他们自己。我的诗歌不得不作为秘密保存，用铁拳把它从源头隔离开来……但我对真理的信赖，对持久希望的信赖，对正义与诗歌的信赖，对人类永久创造力的信赖，来自于过去，在目前陪伴着我……[23]

　　聂鲁达当时已经是智利诗歌的"老政治家"，在那同一个月，诗人尼卡诺尔·帕拉对他做出了热情赞颂。他们的关系总是很复杂。不久前，帕拉攻击聂鲁达使用"夸张的"语言。但在向聂鲁达致敬的演讲中，帕拉这样开始："有两种办法可以打发掉聂鲁达：一种是不去读他，另一种是用极度的忠诚去读他。我尝试过两种，两种对我都不管用。"帕拉回击了那些批评聂鲁达创作的不规则形的人："对于有些苛刻的读者，《大诗章》是不均衡的作品。可是，苛刻的读者们，安第斯山自身也是一件不均衡的作品。"[24]

　　帕拉和聂鲁达之间发生摩擦的真实原因仍然不清楚。帕拉本人在智利告诉我：他保持着对聂鲁达的感激，因为他为他提供了经济援助，帮助他在圣地亚哥租赁了一处公寓："聂鲁达非常慷慨。他告诉我：他看到'洛斯金多斯'有一处小屋出售。我去看了一眼，但我跟他说：'我没一点钱——他们要我支付三个月的押金。''别担心，'巴勃罗说，给了我一张支票。"[25]

　　聂鲁达的传记作家兼好友玛加丽塔·阿吉雷在圣地亚哥告诉我："巴勃罗爱帕拉，经常友善地谈起他。但尼卡诺尔嫉妒心强。他们的友谊的确破裂了——实际上，他们从未真正成为过朋友。尼卡诺尔比巴勃罗年

331

轻得多，他们之间存在鸿沟。"[26]

1962年4月，聂鲁达和玛蒂尔德再次离开智利。7月他们在莫斯科。即便古巴导弹危机正在发酵，聂鲁达仍然向他的莫斯科听众们颂扬了卡斯特罗领导的古巴革命，攻击了美国的敌对立场。那年晚些时候，1962年10月12日——仅仅四天后，肯尼迪在白宫召集他最密切的一群顾问讨论详细的照片情报资料，以确定正在古巴建设的苏联导弹设施——在圣地亚哥科波利坎剧院，聂鲁达辩护了古巴的立场，谴责了"侵略者，肯尼迪总统"。[27]

离开俄罗斯，巴勃罗和玛蒂尔德前往保加利亚、意大利和法国，然后乘船直接返回瓦尔帕莱索。从1961年到1962年中旬，聂鲁达一直在写另一本书，《完全授权》，埃尔南·洛伊拉称其为"聂鲁达最多彩的一本书"。[28]该书由罗萨达出版社在1962年9月出版，的确包含着一种折中主义的混合：里面有新浪漫主义的《诗人的责任》；他写给塞瓦斯蒂安娜的情诗，一首给他的古怪的音乐家朋友阿卡里奥·科塔波斯的一首颂诗，这个人拒绝与任何人握手以防感染病菌。

《完全授权》也包含了洛伊拉称作"不仅是聂鲁达最好的'政治'诗歌也是一首用西班牙语或任何其他语言写成的最优美的'政治'诗歌。"这首诗，《人民》的确是聂鲁达正式介入智利共产党于1962年3月召开的第二十届大会，作为该党中央委员会成员。在诗中，聂鲁达总结了他对人类团结的态度： 332

> 我在坟墓间寻找他，我告诉他
> 当我紧握他的手，那手尚未变成尘土：
> "每个人都会离去，你将一直活着。
> 你点亮了生活
> 你所化为己有的生活。"
> 所以，谁也不要难过，当
> 我貌似孤独，我并不孤独
> 我并非无人并肩，我为所有人发言……[29]

《完全授权》在某种程度上是一本乐观主义的书。一个重生的主题，关于每日重获新生的主题在它的字里行间流淌。在可爱的小诗《熨斗颂》（暗指聂鲁达在诗中的呼吁"展开这个星球的表皮／抚平大海的白"），他写道："人类的手每天创造世界。"

在有些诗中，有一种向他的诗歌后青春期阶段的词汇的回归：在《在塔中》以及《小夜曲》这两首诗中，他都使用了"estrellada"（繁星满天）这个词，该词在《二十首情诗》中的第二十首中——并且保持到这一天——变得著名。但至关重要的是，在这里，聂鲁达在诗中用了希望的语言，而不是绝望的语言。

1963 年 5 月 3 日，玛蒂尔德的五十一岁生日，聂鲁达写了一首情歌送给他的"元首帕托娅"：

> 你带给我光，你被点亮，
> 你的中午并非一天的老去。

> 即便群星都因这爱
> 而苍白，岁月不会老去：
> 你又年轻了一岁，我的爱[30]

虽然他对玛蒂尔德的爱是一座不断增强的永恒的磐石，亲爱的朋友们的死亡却令他悲伤，并提醒他，一切皆有尽头。《世纪报》发表了聂鲁达写给纳西姆·希克梅特的痛苦诗行，他在 1963 年 6 月 3 日因心脏病死于莫斯科。

> 你为何死去，纳西姆？没有你的歌，我们该怎么办？
> ……让我观望，思考，
> 想象这个世界没有你带来的鲜花……[31]

1963 年，很多强烈征兆表明聂鲁达将要获得下一年度的诺贝尔文学奖。

这多年来一直是一个不断重现的流言，可是，就像钟表的运行，乌拉圭作家里卡多·帕西罗发起了他对聂鲁达诗歌的惯有的邪恶攻击（以出版物和广播的形式），攻击聂鲁达不值得获得任何奖项，更不用说诺贝尔奖。那一年，巴勃罗的瑞典朋友阿尔图尔·伦德克维斯特，已经在推动聂鲁达获得诺贝尔奖，在斯德哥尔摩《邦尼尔斯文学杂志》上发表了一篇长文献给该诗人。

> 我的诺贝尔奖背后有一个漫长的故事。很多年，我的名字一直被作为候选人提到，但什么都没发生。1963 年，事情变得煞有介事。广播不断说，我的名字在斯德哥尔摩的投票中非常强劲，我很可能会是诺贝尔奖的得主。因此玛蒂尔德和我启动了家庭防卫计划第三号。我们增加了食品和酒的补给，并且在"黑岛"的旧大门上挂了一把巨大的锁。我在里面投放了西姆农的一些神秘小说，准备好被包围一段时间。新闻记者很快赶到了那里，但我们把他们挡在海湾。他们无法通过用巨大铜挂锁守卫的大门，那把大锁既坚固又漂亮。他们像老虎一样潜行在墙外。可是，不管怎样，他们想要做什么？我对于只有世界另一面的瑞典学院的成员才在参加的辩论能说什么？[32]

但聂鲁达在这最后一点上想错了。实际上，右翼势力发起的一场国际运动正在紧锣密鼓地进行，要阻止聂鲁达赢得诺贝尔奖。这场运动主要是所谓"文化自由大会"的所作所为。

"文化自由大会"是从 1950 年召开的一次大会中诞生的，代表团成员包括剧作家田纳西·威廉姆斯，好莱坞演员罗伯特·蒙哥马利以及与共产党决裂的英国化匈牙利作家阿瑟·库斯勒。库斯勒宣称，"自由占据了攻势"——这是他在 1950 年 6 月 29 日在闭幕集会上朗读大会自由宣言时所说的话。

由美国中央情报局赞助的"文化自由大会"在大约三十五个国家发挥作用，包括在拉丁美洲。它的一个主要目标就是巴勃罗·聂鲁达。[33]一则关于 1954 年下半年"文化自由大会"的拉美委员会活动的报告显

334

示："在聂鲁达五十岁之际，以及俄国作家爱伦堡和来自中国以及其他国家的共产主义知识分子访问智利之际，我们的委员会安排发表一篇由亚历山大写的文章，控诉苏联作家所遭受的奴役，并且安排翻译爱伦堡自己1921年所写的一首诗"。更令人惊奇的是，美国诗人罗伯特·洛威尔被派到拉丁美洲帮助这个运动——尽管事实证明他扮演的这个角色是无效的。

"文化自由大会"的两个"车前灯"约翰·亨特和基斯·博茨福德开始了一场猛烈的运动来毁坏聂鲁达的声誉——特别是亨特在被告知聂鲁达是有待获得1964年诺贝尔奖的候选人之后。1963年12月，一场"流言蜚语运动"被人发动来诋毁聂鲁达。朱利安·高尔金在墨西哥编辑了该大会的杂志《纪要》。他曾于1921年在西班牙巴伦西亚创建了共产党，在一种地下网络中为共产国际工作，后来在1929年跟莫斯科剧烈决裂，宣称：苏联试图"劝他变成一个暗杀者"。因为不是聂鲁达的朋友，高尔金很高兴为任何反对该诗人的抹黑运动出力。他写信给斯德哥尔摩的一个朋友时谈到聂鲁达，并告诉亨特"这个（无名的）人准备用瑞典语出版一本小书谈论'Le cas Neruda'。"亨特并不认为这样一本朝向特定（瑞典）读者群的读本会发挥多大作用，相反，他授意大会的一个活动家勒内·塔维尼尔来做一个完整的论证报告，同时用法语和英语撰写，准备在特定人群中散播。他要求塔维尼尔和朱利安·高尔金及其"瑞典朋友"一起合作组织双语报告。当报告出炉的时候，它集中在聂鲁达对共产主义事业的忠诚上面，论证说"不可能将作为艺术家的聂鲁达跟作为政治宣传家的聂鲁达分离开来"。该报告指控聂鲁达把诗歌作为"完全的且集权的"政治介入的"一个工具"来使用，这很大程度上成全了聂鲁达赢得1953年斯大林和平奖，这被描述成"诗歌的巨大屈服"。[34]

该报告说：聂鲁达"在好的炸弹和坏的炸弹之间做出区分"——苏联测试的原子弹和美国轰炸广岛的原子弹——再一次，一个被聂鲁达坚决否认的老调出现了：他曾经是共谋，1940年5月在墨西哥城参与墨西哥画家大卫·阿尔法罗·西克洛斯刺杀托洛茨基的失败尝试。该报告

335

通过引用聂鲁达对他献给古巴革命的颂歌《壮举之歌》的前言而得出结论："我再次骄傲地承认我作为公共事业的诗人的责任，那是一个纯粹的诗人。"

聂鲁达没有获得 1964 年的诺贝尔奖。它被颁给萨特，他当即拒绝接受该奖。有些人宣称，萨特认为该奖天经地义地应该授予聂鲁达。但这很可能是杜撰的情节。

聂鲁达保持着他有规律的写作计划——他经常告诉年轻诗人们：写诗应当是日常活动——同时他也完成许多演讲活动，新闻活动，增强了他作为拉美最著名政治角色的名声。在菲德尔访问苏联的前夜，莫斯科日报《真理报》邀请聂鲁达写一些关于该古巴领导人的话；还没有任何分裂的迹象。聂鲁达寄出一篇他称之为《格斗者肖像》的文章。这篇文章在 1963 年 7 月 28 日用西班牙语发表在《世纪报》上。

> 既然莫斯科人已经见过、听到过、感受过、体验过，菲德尔·卡斯特罗，我会告诉你我也认识他……他很高，你得仰望他……我们美洲人仰望他，这也很合乎逻辑，因为这个人突然长高，让他的国家也长高……（通过）行动的语言和歌唱的行动。[35]

336

不久后，1963 年 9 月 29 日，在圣地亚哥的布斯塔蒙特公园，聂鲁达做了一个演讲——与他对苏联作家所受的迫害明显缺乏关注形成鲜明对比。

虽然此前谴责肯尼迪总统在古巴导弹危机事件中扮演的角色，因为在他看来，这把世界带入了核灾难的边缘，但当聂鲁达听说肯尼迪在 1963 年 11 月 22 日被刺杀，他跟世界其他人一样感到震惊。在 12 月 1 日的一则广播声明中，聂鲁达再次通过惠特曼找到了他跟北美的联系，回顾后者在 1879 年 4 月 14 日对林肯遇刺事件的评论。惠特曼作为一个记者当时正在事发的剧院。[37]

聂鲁达在 1964 年满六十岁。7 月 12 日，为了纪念他的生日，《世纪报》发表了对他的一则长篇访谈。"该诗人看上去年轻，机敏，爱笑，有活力，"该报纸如此写到。"他从早晨7点开始写作。电话铃从8点开始响起。他们甚至都不给他留时间穿衣打扮。"

他是否认为他已经实现了他的梦想？采访者问道。

337　　如果你所指的梦想是野心的话，那么我可以说我全都实现了，因为我从未有过任何实际的野心：我从未想要成为国会议员或者共和国总统，也没有哪怕想过当"黑岛"的市长。在那个意义上，一切都进行得刚刚好。至于我作为作家的工作，它从未被视为一个梦想或者一个野心，而一直是我生理器官的一种延伸。对我来说，写诗就像是看或者听——这是我内在的某种东西。

当被问道：有人抗议说共产主义阻碍艺术家完全实现自我，他作何反应的时候，聂鲁达只是回答："很少有艺术家像共产主义人士贝托尔特·布莱希特、阿拉贡……毕加索……那样充分施展了天赋……也有许多反共产主义的作家和艺术家没能施展才华。"[38]

许多批评家开始排队撰写关于他的诗歌的文章和书籍。最重要的一个出现在1964年，智利批评家兼学者劳尔·席尔瓦·卡斯特罗。在圣地亚哥国家图书馆有一系列讲稿，是聂鲁达的研究专家诸如费尔南多·阿勒格利亚，马里奥·罗德里格斯，埃尔南·洛伊拉，雨果·芒特，尼尔森·奥索里奥，路易斯·桑切斯·拉托雷，博洛迪亚·泰特博姆，马努埃尔·罗哈斯，海梅·乔尔达诺以及费德里科·朔普夫。三个智利杂志——《曙光》《马波乔》和《落叶松》——出版了特刊向聂鲁达致敬。

在聂鲁达六十岁生日之际，罗萨达在布宜诺斯艾利斯出版了聂鲁达令人心碎的、分为五个部分的诗集《黑岛纪念碑》。它主要是自传式的，包含有为他父亲和继母，但尤其是为他亲生母亲所写的非常动人的诗歌。

因为我从未见过

她的脸

我在死者中间呼唤她，

但就像其他埋葬的人

她不知道，听到，或回到，

她待在那里，独自，离开她儿子，

羞涩，捉摸不定

在阴影间。[39]

里面还有两首诗回忆与乔希·布利斯在缅甸的生活，其他两首写给迪莉娅，对她，他在与她分离九年之后依然长久感激她。（迪莉娅比聂鲁达和玛蒂尔德两人都活得长久，直到生命终了依然在画画，最后死于1989 年，享年一百零四岁。）他说，迪莉娅曾是

338

一个温柔的

过客，

一根铁与蜜的绳索捆住我双手

在那些回声甜美的岁月……

将一个男人与一个女人分开的

并非厄运，而是

成长。[40]

在《纪念碑》中，聂鲁达似乎在他作为私人诗人与公众先知之间逡巡——在他对特路莎和阿贝提娜的记忆与对西班牙的爱和对智利未来的担忧（在 *El fuego cruel*）之间逡巡。批评家路易斯·冈萨雷斯－科鲁兹相信，到这个时候，聂鲁达已经发展出一种自我认识，认识到他是一个个体，从大众分离出来的少数派中的一员，尽管这个观点根本上与他热情拥抱的共产主义哲学有所不同。冈萨雷斯－科鲁兹写道：聂鲁达就像浪漫主义诗人华兹华斯，他相信他的精神在孩提时期最纯洁，并且试图在成人时期重获那种纯洁。这是一种有意思的，虽然不完全令人信服的

观点。我相信聂鲁达感到：当他加入共产党的时候，他才完全"长大"了。但与此同时，与童年以及青春期的断裂，在非常现实的意义上，是与他根基的一种拧断，并且，在《黑岛纪念碑》中，一些最精美——最坦白——的诗歌还在寻求回溯那些早期岁月。

在《黑岛纪念碑》中最重要的一个部分《插曲》中，聂鲁达欢迎人类回归理性。他悲悼统治人民生命的恐惧，谴责那些为一个恐怖主义者——他的警察曾把危险带给每一个人——竖立的雕像。几年前，这些雕像还曾获得他慷慨的赞扬——这标志着聂鲁达在 1956 年赫鲁晓夫解密之后改变了对斯大林的偶像崇拜。

在《我们沉默》中，他写道："知道伤害。我们一直知道。"但在接

339　下来的诗《共产主义者》中，他以更新的、顽强的决心承诺，尽管一轮黑暗的月亮遮蔽了星辰，

> 如今，你会看到，我们真正的价值是什么。
> 如今，你会看到，我们是什么，将会是什么。

换句话说，斯大林主义时期只是一个临时的偏差，它"的癌症本质我们始料未及，或拒绝承认"，用同为马克思主义者的法国聂鲁达研究专家阿兰·西卡的话说，"一个历史创造的肿瘤，但它的历史——以历史的无尽智慧，并借助辩证法的神——已经消亡。"[41] 但斯大林主义远不止是一个毛病。对于聂鲁达，斯大林曾是一个想要领导其国家反对希特勒法西斯邪恶势力的领导人。

正如朱塞佩·贝里尼指出的，这五个小辑构成的《黑岛纪念碑》中的诗在韵律上总体以十一音节诗句为标志，或者说以那种在《颂歌》与《狂想曲》中标志性的不规则韵律为标志。贝里尼写道：例外是写给玛蒂尔德的赞美诗，在诗中聂鲁达——像现代彼得拉克赞美他的劳拉——允许自己用一种开阔的韵律"来赞美他感情的丰满，强调他所赞美的女人的优秀"。[42]

同样，在这本书的最后部分，聂鲁达对玛蒂尔德的爱和他对家乡的

爱变得几乎不可分（她是他三任妻子中唯一的智利人）。

> 你，光与黑暗，玛蒂尔德，黑暗和金黄，
>
> 你就像是麦子，酒，家乡的面包……
>
> 你让你的大腿歌唱，古代尘世的阿劳坎人，
>
> 你就像纯洁的双耳瓶，燃烧着当地的葡萄酒……[43]

1964 年是忙乱的一年，也是莎士比亚诞辰 400 周年。为了纪念，聂鲁达受邀翻译《罗密欧与朱丽叶》。

> 我谦逊地接受了这个请求。谦逊以及一种责任感……我碰到了一种新发现。我理解了：在无尽之爱与可怕死亡的情节背后，有着另一种戏剧，另一种……主题。《罗密欧与朱丽叶》是为人类和平的伟大辩护。是谴责无用的憎恨，是对野蛮战争的公开谴责……[44]

340

完整的翻译在 9 月 9 日由罗萨达出版，并且，就在聂鲁达再次在智利四处奔波为阿连德新的总统候选资格而摇旗呐喊的时候，智利大学的智利学院的一个公司准备在 10 月 10 日给聂鲁达版本的剧本进行首演。

聂鲁达这次有很高的希望，最终，左翼将赢得 1964 年的竞选。即便大财团议员对豪尔赫·阿莱桑德雷·罗德里格斯政权的支持也开始衰落，尤其当 1962 年货币贬值之后通胀加剧。那一年反对政府的示威活动导致六个人被杀。共产主义者们在 1963 年市政府选举中小有收获。但聂鲁达再次失望了：爱德华多·弗雷在 1964 年当选为总统。古巴的阴影浓浓地笼罩在竞选运动上空。

1965 年 2 月，聂鲁达和玛蒂尔德旅行到了欧洲，在那里，6 月 5 日，聂鲁达被牛津大学授予荣誉博士学位。这是该荣誉第一次授予一个拉丁美洲人。[45] 牛津的邀请意义重大也在于此，尽管聂鲁达仍然在英国内政部门的黑名单上，罗伯特·普林－弥尔（负责邀请）向外交部门打了很多电话进行咨询，该部门不但表达了确保聂鲁达访问顺利进行的愿

望，而且积极赞同了这个主意，因为这也有助于他们最终将诗人从黑名单上去除。[46]

离开英格兰，巴勃罗和玛蒂尔德转至巴黎，在那里他们生活了整个7月。在那里的时候，法国共产党日报《人道报》宴请了他们之中的这个英雄。可是，一如既往，敌人们已经准备好了猛扑。

1965年11月发表在法国杂志《突破口》上面的一篇卑鄙的文章诋毁了聂鲁达的天分。虽然赞赏他"好斗的热情"，该文引用了西班牙诗人胡安·拉蒙·希门内斯的不敬言论，并提出那个老调重弹的指责，说他曾在墨西哥城帮助画家大卫·阿尔法罗·西克洛斯在其试图刺杀托洛茨基后逃走。该文得出结论说："他最伟大的文学荣耀？斯大林奖。作为一个共产党参议员，然后是克里姆林宫的一个游方歌手，聂鲁达过去的十年以对上述政权发出的命令俯首帖耳而著称。"[47]

当然，这本杂志忘了提起，很多年前的1942年，胡安·拉蒙·希门内斯曾写信给聂鲁达道歉并称他为拉丁美洲最伟大的作家。

离开巴黎，聂鲁达和玛蒂尔德飞到了布达佩斯。在那里1965年，聂鲁达和他的危地马拉朋友米盖尔·安赫尔·阿斯图里亚斯合作写了一本豪华的小书——由交替的散文与诗歌构成——所写到的是匈牙利食物和美酒带来的欢乐，书名叫作《吃在匈牙利》。[48]

在批评家玛利亚·萨尔加多看来，聂鲁达和阿斯图里亚斯是在对西方的争执做出评论，"（该争执）以冷战中教条式的资本主义／共产主义两极为特征。我相信正是这个历史时期的政治紧张启发了阿斯图里亚斯和聂鲁达把匈牙利想象成'辣椒与青椒的汇合，'阿斯图里亚斯在该书中他的第一首诗中用到的介绍匈牙利文化的生动意象。"[49]

无论人们是否接受这种夸张的阐释，书中很多地方有一种几乎乌托邦式的感情，就好像对美食的热爱可以减轻世界的某些主要紧张关系。

为了在西班牙出版该书，当局被迫伪装作者的身份。封面看上去是纯净的：一张白布和一把大叉子及勺子。唯一能辨识出每一页为谁所写的方式，是通过不同的符号：一把叉子意味着聂鲁达，一只勺子意味着阿斯图里亚斯。想到一本由斯大林主义诗人参与撰写的书竟然穿过审查之网溜进佛朗哥的西班牙，是一件搞笑的事情。

聂鲁达 1965 年的和平大会之旅把他从匈牙利带到南斯拉夫、芬兰和俄罗斯，在最后一站，他作为列宁奖评审委员会的一员，很高兴看到该奖授予了他的老朋友拉法埃尔·阿尔韦蒂，后者当时在罗马过着流亡生活。在南斯拉夫的贝莱德，他参加了笔会俱乐部的第三十三届大会。在那里，美国剧作家阿瑟·米勒，刚当选为国际笔会俱乐部的新主席，要请聂鲁达参加下一年在纽约召开的大会。米勒承诺会尽一切努力劝说美国当局对共产主义知识分子开禁，以便聂鲁达可以参加。

第十三章

另一场古巴危机

1966—1968

在 1966 年智利夏天，巴勃罗的律师与朋友塞尔吉奥·因孙查接受了一个棘手的任务，提交聂鲁达对于迪莉娅的离婚请求，后者此时回到了智利。她拒绝直截了当地给予聂鲁达他所想要的东西。她甚至都不愿讨论这个问题。

"聂鲁达实际上宣布他和迪莉娅的结婚是无效的，因为，当他和迪莉娅缔结婚姻的时候，他仍然与玛丽亚·哈赫纳尔保持着婚姻关系，"因孙查在智利告诉我。这是一个古怪的论据，同样的论据曾被冈萨雷斯·维德拉总统运用过，那时他把玛露卡召唤到智利来让聂鲁达出庭应对 1952 年的重婚罪指控，正是宣称他并没有合法地与迪莉娅结婚，因为他仍然与玛露卡保有婚姻关系。"在墨西哥，他们接受与玛露卡离婚的事实，但在这里，他们不接受。"[1]

花了好几个月的紧张谈话才得以劝说迪莉娅同意离婚——但唯一的苛刻条件就是：她不会被迫直接参与该程序。她授权路易斯·库埃巴斯·马肯纳代表她。

1966 年 6 月 16 日，圣地亚哥一家法庭做出了有利于聂鲁达的裁决，宣布他与迪莉娅的婚姻无效。他随时都可以与玛蒂尔德结婚了——但婚礼直到这一年年底才举行。那个月，1966 年 6 月，聂鲁达计划参加在纽约举行的第三十四届国际笔会。

这是一种意义重大的转移，有人表达了担忧——一般是匿名的[2]——聂鲁达在大会期间会面临一段不愉快的时光，因为与会代表们很可能

讨论安德烈·辛亚夫斯基和尤里·丹尼尔——两个年轻的苏联作家，在　　343
1966 年 2 月被送到劳改营，因为他们分别化名为"亚伯拉罕·特泽"和
"尼古拉·阿扎卡"偷偷在西方发表作品。

美国当局首先非常不情愿给聂鲁达和玛蒂尔德发放签证。聂鲁达作
为一个共产党员自动被美国禁止。但正如阿瑟·米勒所保证的，他在幕
后努力活动来说服林登·约翰逊总统政府调整规则。最后，米勒告诉我，
"他们变得紧张，被人们看到拒绝这样一个著名人物并不是一件好事，
他们意识到，为聂鲁达网开一面将会是明智的。"[3] 米勒感到：如果美国
利用这个机会对像聂鲁达这样的人更开放一点，"整个支持苏联的阵营
也许会缓和下来。如果他们被给予机会，许多人也许会选择美国。但他
们没有机会。"[4]

聂鲁达"热爱纽约"，根据米勒所说——条条街道，怀揣他的读物
的可敬民众，各种书店，在那里他买了好几本莎士比亚和沃尔特·惠特
曼的书，"他对美国的印象是正面的，尽管我们不谈论政治，因为他似
乎对文学更感兴趣。他读过当代美国作家的作品。"[5]

聂鲁达也许很享受在纽约，以及随后在华盛顿（他为国会图书馆录
制了一些诗歌）和加利福尼亚的日子，但他并没有减轻他对美国外交政
策的谴责——尤其是对越南的持续战争——当他在美国的时候。

和聂鲁达一起逛书店的时候，阿瑟·米勒感到"前所未有的困惑：
一个如此包罗万象的灵魂为何会一直支持斯大林主义。再一次，我只能
想象：从资本主义社会孤立出来的严重程度，将一个人深深抛进一种对
有信仰的三十年代梦想俄国的迷信的、近乎宗教虔诚的态度中，他感
到，要是承认那个国家严峻的人性现实，是一种不体面的事情。"[6]

但是，当聂鲁达在纽约的时候，也出现了一种麻烦的征兆。"当我
到那里的时候，我被告知，古巴作家也已经收到了邀请。在笔会上，
他们很惊讶（阿莱霍·）卡彭铁尔没有来，人们问我是否可以对此做出
解释……很显然，曾经有过一种来自高层的、最后关头的决议，反对　　344
他参加。"[7]

这次笔会的一次分组讨论的主席是乌拉圭批评家埃米尔·罗德里格

斯·莫内加尔，当时的杂志《新世界》的编辑。

> 我主持了一场拉丁美洲的圆桌讨论，在这场讨论中，聂鲁达，帕
> 拉，马里奥·巴尔加斯·略萨，卡洛斯·富恩特斯，哈罗尔多·德坎
> 波以及维多利亚·奥坎波都做了发言。古巴小说家阿莱霍·卡彭铁
> 尔答应了要参加，但最后时刻，古巴抵制了该会议，因为他们想要
> 在文化上"孤立"美国。无论如何，在六十年代，任何访问美国的
> 拉丁美洲人（在古巴）立即会被打上叛徒的烙印。[8]

在该次笔会的一场分组讨论中，聂鲁达卷入了与意大利小说家依纳
齐奥·西洛内的热烈讨论中，话题是独裁政权统治下作家所受到的对待。
根据该次大会的通讯报道，[9]西洛内坚持认为：这些作家只不过是国家
的工具，他谴责帕斯捷尔纳克在苏联的遭遇，并热情歌颂了1956年起
义中匈牙利作家所发挥的作用。法国和智利的记者援引聂鲁达作为回
击，说：西洛内重燃了他（聂鲁达）认为原本已经结束了的冷战。根据
同一个报道，聂鲁达告诉西洛内，他很"骄傲"地接受"宣传者"的标
签，并且，在他对"铁幕"两边的国家的多次访问之旅中，他都遇到了
"幸福与不幸的作家"。

笔会中也出现了另一个值得一提的插曲：瓦雷里·塔尔西斯，一个
被剥夺了公民权而过着流亡生活的作家，建议用一场热战来取代冷战。
（聂鲁达后来告诉智利周刊《埃尔西利亚》："小丑"塔尔西斯的在场也
许是纽约会议上没有苏联作家的原因。）[10]至于辛亚夫斯基和丹尼尔的
问题，聂鲁达的确提到了——但只是在他回到智利之后。《信使报》在
6月16日引用他的话说："我不同意作家在任何地方因为文学工作而遭
受迫害。但我相信给冷战煽风点火——从事这项或许可疑的运动——不
是我的责任。"

在他们从纽约返回智利的途中，聂鲁达和玛蒂尔德首先在墨西哥停
留，诗人在墨西哥国立自治大学（UNAM）做了一系列诗朗诵。后来证
明，这是聂鲁达最后一次造访墨西哥。在墨西哥作家哈维尔·魏美尔、

345

何塞·勒韦尔塔斯和诗人爱德华多·利萨尔德与巴勃罗有过一次长时间谈话，期间他们试图劝说他

> 不能继续欺骗他自己和其他人了，因为他完全意识到苏联的真相，意识到他必须——鉴于他伟大的文化及道德声望——谴责（苏维埃）共和国内古拉格群岛的犯罪事实，对不同政见者的无理迫害，令人窒息的自由缺失以及胡乱操作的经济。[11]

一个在场的墨西哥记者，马尔科·安东尼奥·坎波斯提到："聂鲁达听着，并非没有某种理解"，而且理由充足。他的地位此时足够强大，以至于他可以发出声音来反对古拉格群岛。

在秘鲁，聂鲁达在利马的市立剧院和圣马可大学，并且在阿雷基帕的安戈尼利亚大学向狂热的人群朗读了他的诗歌。他和玛蒂尔德还受到总统费尔南多·贝劳恩德·特里的接待，总统应秘鲁作家协会——以小说家西罗·阿勒格里亚为主席——请求，授予聂鲁达"秘鲁太阳勋章"，以表彰他的诗歌《马丘比丘高地》。

聂鲁达几乎想象不到：这次对美国的短暂访问——以及对秘鲁的顺便造访——会激起多大的风暴。问题在于：秘鲁政府反对古巴的卡斯特罗领导的政权。聂鲁达对纽约以及西海岸的令人惊讶的成功访问，以及他与秘鲁总统的显然友好的会面，在古巴被视为对他们共产主义观念的背叛。墨西哥小说家卡洛斯·富恩特斯在《生活》——西班牙语版美洲摄影杂志——响应聂鲁达的看法，认为这次笔会标志着冷战开始结束。

此时发生了一件聂鲁达一生中最令人寒心的事件，该事件会给他留下一个终生疤痕。1966 年 7 月，一群超过百人的古巴知识分子——显然是在卡斯特罗个人的命令下——发表了《古巴人民的公开信》*谴责聂鲁达纵容敌人的倾向，该文把这称作拉丁美洲风行的温和的、亲美的改良主义的典型代表，与卡斯特罗主义背道而驰。

346

---

* *Carta de los Cubanos.*

该信以好几个版面的规模发表在古巴共产党机关报《格拉玛》1966年7月31日号上面。它的开头问：为什么美国在拒绝签署类似文件长达二十年之久以后，给聂鲁达和其他左翼知识分子发放了签证。

"这证明我们进入了在这个星球上和平共处的阶段了吗？"这封信问道。古巴署名人对他们这个修辞性问题回答的是"不"。"因此，一定存在另外的解释：在某种程度上，因为这些左派分子已经不再是左派分子，完全变成了对立面，与北美政治相勾结的领导人。"这封信说，在某种程度上，他们的确还是左派人士，比如聂鲁达，但实际上，"美国会从他们的存在中获益"。

这封信继续写道：

> 让－保尔·萨特，一段时间以前，拒绝了访问美国的要求，以避免被利用，更是要用实际行动来反对北美对越南的侵略……我们无法接受，当我们高扬一种假想中的和平共处以及冷战的终结的时候，北美军队却——在已经攻击过刚果和圣多明各之后，正在野蛮地进攻越南，并且准备对古巴做同样的事情……

这封信要求聂鲁达："我们想要知道，你在这场漫长的斗争中毫不含糊地站在我们一边，这场斗争不会结束，直到我们取得决定性的解放，"并且旁敲侧击地说，1966年的聂鲁达会受到撰写《大诗章》的聂鲁达的谴责。古巴作家们问道，如果他的一个朋友与冈萨雷斯·维德拉总统一起进餐，并在圣地亚哥的总统府邸接受勋章，他会怎么说？[12]

这封信的起草者包括罗贝托·费尔南德斯·勒塔玛尔、尼古拉斯·纪廉、利桑德罗·奥特罗、艾德蒙多·德思诺尔斯以及安布罗西奥·佛尔内特，署名人中还有阿莱霍·卡彭铁尔、何塞·勒查玛·利马以及维吉尼奥·皮涅拉。唯有一个古巴作家恩里克·拉布拉多拒绝签署该文件。

347　　埃尔南·洛伊拉把这封信称作"拉丁美洲整个文化史上最令人不快的文本。它是不公平、不公正也不必要的侵略行为。"[13]豪尔赫·爱德华兹感到这封信是聂鲁达体验过的最痛苦的伤害。

右派的攻击也从没有带给他如此的伤害……他完全知道，要是没有来自上头的命令，没有古巴作家敢于撰写和签署那个文件。[14]

聂鲁达当时没有公开说什么，只在 1966 年 8 月 2 日的《世纪报》上面发表了一个简短的回应，冷静地针对那些指控为自己辩护，坚持说，"在美国和我所访问过的其他国家，我保持着我的共产主义信念，我不可动摇的原则和一种革命性的诗歌。我有权希望并要求你们，认识我的人们，不要在这方面培养或散播任何不可接受的怀疑。"[15]

可是，在私下里，他非常乐意表达他的怨恨。他深信：菲德尔对他有个人恩怨。聂鲁达告诉爱德华兹：卡斯特罗对他只是委婉的忠告并没有好感，因为他劝他避免制造个人崇拜。该忠告出现在《壮举之歌》的《致卡斯特罗》这首诗中。在诗中，聂鲁达邀请菲德尔分享一瓶智利红酒，当他喝酒的时候，意识到

> 你的胜利
> 就像我家乡的老酒：
> 不是某一个人，而是许多人创造了它
> 不是一个葡萄而是许多植物
> 不是一滴而是许多河流：
> 不是一个将领而是许多次战斗……[16]

聂鲁达再未回到过古巴，即便他在 1968 年收到邀请，他从未原谅那些在信上署名的人。他期待公开的纠正与道歉，但它们从未出现。

"聂鲁达是一个有原则的家伙，一个党性很强的人士，"豪尔赫·爱德华兹说。"那就是为什么他从未公开承认他不喜欢卡斯特罗。但实际上，在内心深处，他不喜欢他，他无法忍受他。并且，这种感觉是双方都有的。"[17]

爱德华兹回忆说，在 1970 年的一个招待会上，菲德尔在哈瓦那收到了一本智利诗集。这个古巴领导人浏览了一下这本书，评价了尼卡诺

348

尔·帕拉的诗歌，开了米斯特拉尔一首诗的玩笑，但，当翻到有聂鲁达一首诗的一页时，他看了一眼，迅速而沉默地翻转了书页。[18]

整个古巴事件是一个令人悲伤的事件，因为聂鲁达显然是热爱过古巴的。1960 年，他在古巴报纸《革命报星期一副刊》上写了一首诗，纪念他的访问，诗名为《水中之鱼》，在诗中他说：当在哈瓦那街道上被问到他对那里的感觉如何，他回答道，

> 我感到
>
> 在古巴
>
> 就像一条鱼在水中。[19]

1966 年 10 月 28 日，巴勃罗和玛蒂尔德在法律上结婚了。婚礼在黑岛举行，有朋友和市政登记员在场。摄影记者们被房子周围的一道篱笆隔开——尽管有些人想要侵入，声称聂鲁达侵犯了智利的新闻自由。聂鲁达派博洛迪亚·泰特博姆出去跟记者们谈话，他在某种程度上满足了他们，答应提供给他们在婚约被正式宣布的时刻照的一张好照片。

事实证明，摄影师根本不专业。他叫作马努埃尔·索里马诺，就是那个曾在 1949 年帮助聂鲁达逃出智利的二手车销售商。但这张照片是好照片：巴勃罗穿着黑西服，玛蒂尔德穿着白衣服，两旁簇拥着婚姻的见证者们：玛蒂尔德的歌唱老师，布兰卡·豪泽尔，布兰卡的丈夫阿尔曼多·卡尔瓦加尔。

1966 年见证了路易·阿拉贡的《致聂鲁达的哀歌》在巴黎的出版，以及罗德里格斯·莫内加尔对聂鲁达的研究《不动的旅行者》的出版。随后，11 月 1 日，聂鲁达出版了《鸟的艺术》，由智利当代艺术联谊会以私人版本印行。这本诗集大部分在 1962 和 1963 年写成。聂鲁达自己宣称：这个念头是当他站在莫斯科红场的时候产生的，在纪念东方号载人飞船三号和四号同时进行空间航行而举行的庆典活动上。聂鲁达是智利鸟类生活的一个真正行家——当他 1949 年蓄着大胡子穿越安

349

第斯山脉逃跑的时候，在假证件上化名为鸟类专家，其实是一个歪打正着的职业。

这本书的插图画家，智利画家胡里奥·伊斯卡梅向埃尔南·洛伊拉描述了该书的构思情况：

> 我们出发，带着不知疲倦的玛蒂尔德，我带着我的双筒望远镜，笔记本和铅笔；巴勃罗带着他的帽子和一个老水手望远镜。准确无误地，诗人引导我们到了一个藏匿所，在那里，"teruterus"聚集在一起。我们在那里待了好几个小时，从远处观察它们……对于一个画家，与巴勃罗一起工作，意味着跟一个生机盎然的世界打交道……"[20]

但是，正如《吃在匈牙利》并非一本传统的食谱书籍，这本书也不是普通的鸟类观察手册。真正的鸟类（"pajarintos"）被想象的鸟类（"pajarontes"）所取代。被发明的鸟类包括"Tontivuelo - Autoritarius Miliformis"（笨翅军事独裁鸟），这种鸟

> 不能飞，只是不能飞
> 但命令其他鸟儿飞。
> 它长成一个坐姿，并且
> 这个悲伤的、拔毛的鸟
> 从没有翅膀，也不歌唱，也不飞翔。
> 可是，独裁者在发出命令……

里面有着巨大的欢乐与恶作剧。《鸟的艺术》中最富有暴露性的一首诗是《那只"我"鸟——"黑岛"的巴勃罗》。在这首诗中，他的自相矛盾的本性与《狂想曲》中某些诗歌相呼应：

> 我名叫巴勃罗鸟，

只有一根羽毛的鸟，

一种飞行物，有着清晰阴影

模糊的清晰性……

我飞翔，我飞翔失败，但是我歌唱。

我是愤怒的鸟

来自平静的风暴。[21]

350　　《沙中之屋》也在 1966 年出版，它是一本关于黑岛美丽生活的散文赞美诗。聂鲁达回忆起他死去的朋友们，他把他们的名字刻在房顶的大梁上：阿尔韦托·罗哈斯·希门内斯、乔昆·西富恩特斯、费德里科·加西亚·洛尔迦、保尔·艾吕雅、米盖尔·埃尔南德斯、纳西姆·希克梅特。"为何他们离开这么早？他们的名字永不会从大梁上滑落。"[22]他讲述了著名的船舶饰物的故事，它现在安放在黑岛房子的一间正房中。它曾经属于一艘在瓦尔帕莱索港海岸失事的船只，当时他正在那里藏匿，时间是 1948 年。从智利北部安托法加斯塔带回来的曾经"深陷在干涸的沙子里"的那把锚此刻安顿在黑岛屋外的植被与沙子之间。屋子前面还有一个无法移动的蒸汽引擎。

从目前起，聂鲁达的健康状况开始衰落，他被死亡的阴影笼罩着：他自己以及玛蒂尔德的死亡。在《沙中之屋》中，他承认"没有我们，一切仍将坚固，在我们的命运之外，一切都将为新日子而准备"。大海恰如其分地在这本书上留下它最后的话：带着它的"忧虑……蓝色的腹部……它无法被系住或者锁闭。"

1967 年 5 月，聂鲁达参加了莫斯科的苏联作家大会。他精神状况良好。维拉·库泰什科娃回忆起他对她与列夫·奥斯博瓦特当年刚搬进去的新公寓的一次难忘的拜访："发生的第一件事就是：我们的电梯被卡住了！但巴勃罗完全保持平静，完全是个智利人，直到他们过来救我们。我从未看到他生气或者惊慌。"[23]在公寓里最初迎接诗人的人中间有一个老地板抛光工人，他仔细擦拭了他的手，才与聂鲁达握手，然后，让巴勃罗感到高兴的是，他开始背诵聂鲁达的一首诗。[24]

列夫·奥斯博瓦特记忆中的聂鲁达是一个有着巨大幽默精神的人，对朋友充满热情。在一个莫斯科晚会上，巴勃罗站起来说："在我们中间坐着我的朋友列夫，他写了一整本关于我的书。他们说这不是一本坏书。我一无所知，因为我完全没办法阅读它，原因很明显。因此我举杯：但愿我所有的书都用我所不理解的语言出版。"[25]

就在这聂鲁达法律婚姻的头一年，发生了一个小小的危机。这对人儿在意大利北部的维亚雷焦（在从莫斯科回国途中）逗留，在那里，聂鲁达计划接受一项新的奖励，是那一年为文化发展以及增进人类相互理解而工作的国际人士所颁发的奖励。玛蒂尔德在女人接近她丈夫的时 **351** 候一直都是目光犀利。但这次不是。在授奖仪式之前，巴勃罗去了意大利雕塑家马里诺·玛里尼家里。他身旁坐着的是"最美丽的佛罗伦萨女人"。他后来回忆说，在与她谈话的某一刻，英国雕塑家亨利·摩尔的名字被提到了。这个"金发女妖"给他提议一桩神奇的美事：为他找到摩尔，即便摩尔住在英格兰。"'我会在我的汽车里等你。你会看到亨利·摩尔。只是跟大家告别，别说我们去哪儿。'我跟随着她五光十色的魅力。"

她开车带他走出好几里，最后他们来到一个乡间住所——亨利·摩尔就站在那里，"矮小，圆胖，和蔼而强壮……我跟亨利·摩尔待了半个小时，我所讨论的都是——天知道为什么——死亡，我感觉我和一个伟大的石头切割者在一起，他知道硬度的极限——也就是说，无尽的石头。"

与此同时，电视灯光在维亚雷焦大剧院中照得灯火通明，等候着聂鲁达走上前领奖。玛蒂尔德孤独地坐在观众席上，不知道巴勃罗去哪里了。聂鲁达和他神秘的美人正在往回赶路，但当他们到达的时候，市长和他的委员会都已经消失了。"我在阴影里等着，知道每个人都走了。一旦这个地方人去楼空，我就去找玛蒂尔德。她仍在生我的气。"[26]

离开意大利，这对夫妇在西班牙秘密停留。此时是 1967 年 6 月，这次访问，直到 2002 年才由巴塞罗那日报《先锋报》曝光，[27]此前一直秘而不宣，因为聂鲁达在佛朗哥的西班牙一直是不受欢迎的。这并不是他在佛朗哥上台后第一次访问西班牙——聂鲁达在 1960 年短暂经过了加的斯，[28] 但那完全是一次匿名的访问，只有几个小时，期间他没有会见任何人。这一次，他的西班牙出版商艾斯特·图斯科特斯用她从不愿透露的办法，成功用船把聂鲁达和玛蒂尔德偷偷运送来去，让他们实现了对巴塞罗那的秘密访问。

　　在巴塞罗那的短暂逗留期间，聂鲁达见到了哥伦比亚小说家加夫列尔·加西亚·马尔克斯，后者在 1992 年写的一本书中给这次会见以生动的描绘：

352　　聂鲁达……和我们一起花了一个早上在二手书店大规模淘书。他像一头残疾的大象穿行在人群中，对每件事物的内在机理保有孩子般的好奇心。对他来说，这个世界看上去就像一件巨大的发条玩具……我还从未见到任何其他人给我们造成这样一种印象：像一个有教养的贪吃的文艺复兴教皇……他的妻子玛蒂尔德给他戴上一个围兜，让他看上去更像在一个理发店而不是餐厅。但这是唯一的办法，防止他浸到菜汤里。那天……是个典型的例子。他吃了整整三个龙虾，用外科医生的娴熟撕开它们，与此同时用眼睛垂涎着其他每个人的盘子，从每个人的盘子里捞点吃的，带着一种富有感染力的吃货的喜悦：加利西亚的蚌蛤，坎塔布连山的藤壶，阿里坎特的对虾……自始至终，就像法国人，他所有的谈话都是关于其他精美食物的，尤其是他在心中携带的智利史前海鲜。[29]

　　离开巴塞罗那，巴勃罗和玛蒂尔德首先去了法国，然后是英格兰。在 1967 年 8 月在伦敦举行的诗歌国际大会上，曾经喜欢过彼此但在近三十年之久的时间内甚至拒绝见面的两个诗人最终重逢了。"有一天，我被邀请参加伦敦的一个国际诗歌节，"奥克塔维奥·帕斯后来回忆说，"那天，聂鲁达在我面前朗读了他的诗歌。"

　　事情进展顺利，我却有点担心。安排要朗读的那天，我去见了一个女人。她是玛蒂尔德·乌鲁齐亚。她看着我说："你是奥克塔维奥·帕斯。""是的，我就是，"我回答说，并补充道："你是玛蒂尔德·乌鲁齐亚。我从照片上见过你。""我也是，"她回答说。"巴勃罗在楼上。跟他打招呼吧，奥克塔维奥。那真的会让他开心的。去吧，打招呼。"……我们走上三楼，到聂鲁达的房间。他和一个记者在一起，做一个采访。玛蒂尔德打断了这个采访。没有解释，他打发走了记者。玛蒂尔德用问题挑逗他："我敢打赌你猜不到谁在这里？""谁？"聂鲁达问道。"奥克塔维奥·帕斯，"玛蒂尔德回答道。"我亲爱的伙计，到这儿来，"聂鲁达喊道，给了我一个拥抱。我们拥抱了彼此。"你看上去不错啊，奥克塔维奥！""你也看起来精神抖擞，巴勃罗，"我回答说。"我不是看上去比你老很多么？"聂鲁达问道，有点担忧。我回答说："在我看来，你简直不 353 能更精神了。"实际上，聂鲁达的确显老了。岁月不饶人啊……[30]

罗伯特·普林－弥尔不知道这两个人在楼上已经会面，他告诉我：他俩后来在酒店大堂再次相遇的时候，他在场，他俩给了彼此一个公开的拥抱"这完全没有以其诚挚而打动我，反而看上去非常造作"。[31] 实际上，多年以后，帕斯仍然继续抨击聂鲁达的政治"错误"。在 1980 年写的叫作《让－保尔·萨特：一个纪念品》的文章中，帕斯写道："为何他（萨特）如此努力，避免看到或者听到？当然，我排除了共谋或欺诈的可能性，就像在阿拉贡、聂鲁达和其他许多人的例子中那样，他们尽管知道，却保持沉默。"在另一篇关于索尔仁尼琴的文章（《就索尔仁尼琴的〈泥后之尘〉而言》）中，帕斯走得更远，他写道："当我想到阿拉贡、艾吕雅、聂鲁达和其他著名的斯大林主义作家和诗人，我感到阅读（但丁）《地狱篇》某些特定段落时产生的鸡皮疙瘩。毫无疑问他们开始时是基于良好的信念……但不知不觉，承诺接着承诺，他们看到他们自己卷入一个谎言、错误、欺骗和伪证的泥潭，直到他们失去灵魂。他们变得，真正的，没心没肺……"[32]

可是，当他的墨西哥杂志《归来》在 1993 年 9 月发表了一篇关于聂鲁达的文章时，帕斯称它："Mi enemigo más querido"（我亲爱的敌人）。并且，他对聂鲁达作为一个诗人的崇拜是巨大的。1990年，他在一次电话交谈中告诉豪尔赫·爱德华兹他曾重读聂鲁达的全部作品。"我的结论，"帕斯说，"是：聂鲁达是他那一代最伟大的诗人。迄今为止！比维多夫罗更好，比巴列霍更好，比博尔赫斯更好。比所有西班牙语诗人更好。"[33]

当聂鲁达几年后提到那次伦敦诗歌大会时，他本人完全没有提到帕斯。实际上，以一种反对的态度，聂鲁达回忆起一群签名索取者围绕着他们："斯彭德，奥尔森，马格努斯·恩岑斯贝格，奥登，翁加雷蒂，贝瑞曼和我自己……直到北美'垮掉的一代'诗人爱伦·金斯堡到达，头发披肩，神秘的微笑从他的胡子一直掉到地上，护身符，玫瑰经和西藏饰物环绕在他脖子上。"把所有人群都带走了。[34]

354　　　聂鲁达和玛蒂尔德在1967年8月回到了智利。同一年，聂鲁达被南智利的小镇命名为"帕拉尔杰出市民"，他六十三年前曾出生在该城。

12月4日，聂鲁达的另一本诗集，《威尼斯船歌》出版了。它主要是写给玛蒂尔德的爱情诗的扩展版：

> 我爱你没有一个"为何"，没有一个"何处"，我爱你
> 没有寻找，没有丈量……
> 我不知道，智利女人，你是我自己的根……[35]

这是聂鲁达晚年创作的最超现实主义的诗集之一。比如说，他在《复活》一诗中写道：

> 朋友，是你的吻，吟唱如水中之钟
> 来自湮没的教堂，从它的窗户间
> 游过无眼的鱼，放荡的海藻……

在《威尼斯船歌》的第二部分，聂鲁达深情地回忆起他在巴黎猎号（la

Huchette)街的生活。他也回忆起他对老朋友鲁文·阿佐卡的死的消息的反应，"con la risa y la rosa en la mano"（手上拿着笑与玫瑰）。

《威尼斯船歌》也介绍了聂鲁达对强盗乔昆·穆列塔传奇故事的最初版本的叙述，很快他把它改变成他第一个也是唯一一个剧本。聂鲁达在 1948 年在冈萨雷斯·维德拉总统的追捕中有藏匿经历之后，就迷上了这类神秘的亡命之徒。《国家地理》杂志上一篇关于穆列塔的文章，尤其是一张出现在光滑页面上的该强盗的头像深深吸引了聂鲁达。墨西哥人和智利人都经常声称穆列塔是他们自己的，他在 1840 年代加入了加利福尼亚的淘金潮，他遭到了杀害，那砍下来的头颅陈列在旧金山集市上。

1966 年，几乎是充满后悔地（因为他说："经验教会我：古怪的是，当你在做之前谈论某事过多，它就将永远不会完成"），聂鲁达描述了他关于穆列塔的诗歌的计划。[36] 他对整个传奇的兴趣在 1964 年为阿连德推动总统竞选运动的时候增长起来，当时，他的朋友，智利作家费尔南多·阿勒格里亚在康塞普西翁告诉聂鲁达他写过的一本关于智利淘金者 1849 年的小说。后来，在 1966 年去美国的旅途中，在加利福尼亚的伯克利，聂鲁达给一群朋友朗读了《威尼斯船歌》中的一首诗，在场者包括阿勒格里亚。他问他们的看法。"有些热情的女士迅速宣称它是一部精彩的戏剧，"阿勒格里亚回忆道。那并不是聂鲁达想要听到的；他打算把它写成一首诗。"我当时认为更诚实的是告诉他：他还没有写成一个戏剧作品，毋宁说是一个剧本，只有勇敢而富有想象力的导演会把它转化为一场演出。"[37]

不过，聂鲁达从未想过为剧场而写作，在 1943 年，他曾问过加泰罗尼亚的建筑家朋友日耳曼·罗德里格斯·阿里亚斯，要他在黑岛的露台建造一个小剧场。但在 1960 年坎坷的哈瓦那之旅中与古巴《革命报星期一副刊》的精彩访谈中，他说：

> 戏剧导演们经常建议我为他们写作（在我国，有许多这类公司，剧院非常发达）。……我经常拒绝这样的提议，因为缺乏能力。我完

全不知道如何做。就像我不能胜任写一个故事或者一部小说。（显然，他忘记了他在 1926 年写的短篇小说《定居者及其希望》）……我必须说，诗剧让我深深厌倦，即便费德里科·加西亚·洛尔迦）的一些戏剧也如此……我更喜欢有真实行动的作品，征服它的观众，带走他们，改变他们……我愿意把布莱希特排除在我的批评之外——他经常把诗歌带入（他的戏剧中）但经常伴随有对话的强度，这种伟大的戏剧知识让他成为近些年最伟大的戏剧作家。[38]

当法国导演兼演员让－路易·巴罗，也是聂鲁达的朋友，请他写一点能在舞台上表演的东西，他回答说，"我只是一个诗人，我没兴趣写散文，不管怎样，我也不知道如何为戏剧而写作。""'你错了，'巴罗回答说，'你写你的诗，我会把它转化为戏剧。'我感到不安。因为我是一个非常缓慢地琢磨事情的人——别忘了我来自南方——这场谈话在我脑海里盘旋了很多年，直到有一天我说——为什么不呢？"[39]

356　　聂鲁达戏剧作品《乔昆·穆列塔的光辉与死亡》的首次整体通读是在恰思可娜进行的。各部分分别由巴勃罗、玛蒂尔德、智利作家兼演员玛利亚·玛伦达和她的演员丈夫罗贝托·普拉达朗诵。大多数歌曲由伟大的智利歌手兼歌词作家维克多·哈拉演唱。

聂鲁达把该剧作的手稿递交给了导演佩德罗·奥尔托斯，他找到塞尔吉奥·奥尔特加来添加音乐。奥尔托斯"大刀阔斧地四处删改，也要我来修改。如果我提出抗议，我明白：洛佩·德·维加也完全对莎士比亚做过同样的事情……"[40]

塞尔吉奥·奥尔特加变成了聂鲁达的一个好朋友，他说：诗人"把主人公乔昆·穆列塔改造成了一个为正义奋斗的普遍角色"。[41]奥尔特加在对该剧进行最后修改的时候，跟聂鲁达一起待在黑岛。"他极度地有人情味，开放，大方……乔昆·穆列塔是一个罗宾汉一样的角色，聂鲁达一定很认同他。"[42]

有趣的是，聂鲁达开始选择回顾过去了。我认为这反映他越来越对现实不抱幻想了。在更早的一本书中，他写过：他绝不选择在其他星球居住。但在《威尼斯船歌》中有一首诗叫作《宇航员》，反映出逃离地球的渴望。

另外，很有意思的是，聂鲁达是一个伟大的和平热爱者，却被一个暴力强盗的传奇故事吸引。但是，就像《罗密欧与朱丽叶》，该故事也有正义的元素——穆列塔寻求报复他妻子的谋害者。聂鲁达经常面临内在的纠结：他谴责战争，但也相信某些战争是正义的，这就解释了他为何崇拜西班牙共和主义者反对佛朗哥的斗争，以及俄国人在斯大林格勒打败纳粹的斗争。穆列塔在这个意义上是一个完美的英雄。尽管没有证据证明他的确是智利人，聂鲁达也还是选择了他。可是，就像他的朋友阿依达·费格罗阿告诉我的，聂鲁达经常抱怨："凭什么所有强盗都归墨西哥人？穆列塔是智利人！"

《乔昆·穆列塔的光辉与死亡》的首演于 1967 年 12 月 14 日在圣地亚哥进行，地点是智利大学戏剧学院。费尔南多·阿勒格里亚称它为一部融合了歌剧、戏剧、查瑞拉*、童话剧甚至芭蕾舞剧等各种元素在内的辉煌史诗。与此同时，智利出版社"Zig-Zag"印行了该剧作的第一版。 357

有些批评家在《穆列塔》里面看到了加西亚·洛尔迦的影响。这个剧是一个不按常理出牌的混合物，有时候令人目瞪口呆地优美，综合了史诗艺术、爱情对话和插科打诨。罗伯特·普林－弥尔分析出里面有贝托尔特·布莱希特在戏剧上的影响，他说，如果没有《三便士歌剧》《大胆妈妈》，这个作品将会大为不同。1968 年在黑岛与普林－弥尔谈话的时候，聂鲁达说：他之所以觉得戏剧写作如此迷人，是因为他亲密地与导演、全体演员和作曲家打成一片，这让他生命中第一次感到他不是一个孤独的狼一样的作家，而是实际上作为一个团队的一员而存在。"是创造性参与的集体特性令他着迷。"[43]

1968 年 4 月，聂鲁达被授予约里奥－居里奖章，他在圣地亚哥市立剧院接受了该奖。奖项名称的主人就是在 1950 年把聂鲁达派往印度

---

* 查瑞拉、zarzuela，一种在西班牙出现的歌剧形式，名字来源于马德里附近森林的查瑞拉王宫。

履行和平使命并与尼赫鲁进行不愉快会面的那个人。聂鲁达在受奖演说中用很大篇幅怀念他的苏联朋友伊利亚·爱伦堡，后者于 1967 年 8 月 31 日死于莫斯科："每个国家，每个机场都见过这个灰头发的男人穿着皱巴巴的裤子，把他的精力与智慧投入反对恐怖与战争的斗争中。因为他的死去，我失去了我最仰慕与尊敬的一个人……"

他也利用这个机会攻击了美国再次卷入越战，以及美国最近对古巴施加的禁运，以及仅仅四天前在田纳西的孟菲斯城对马丁·路德·金的"残忍而冷酷"的谋杀。聂鲁达呼吁林登·约翰逊总统迅速下台——但他也谴责了某些拉丁美洲国家对越南事件的沉默："我们信仰和平，我们将敲开每一扇门去实现它的统治。"[44]

正如聂鲁达在智利南部康塞普西翁大学的一次演讲中说过的："也许，诗人的责任在整个历史上都是一样的……诗歌就是反叛……我们诗人仇恨仇恨并且对战争发起战争。"[45]

1968 年 5 月，他被提名为北美文学艺术学院的荣誉会员。在 3 月 12 日从黑岛写给该学院主席乔治·肯南的一封信中，他说：

358 　我感到既惶恐又荣幸，以我小小的诗歌作品比肩于从以往至今天那些如此英明的人士，如：巴拉克、夏加尔、丁尼生、托·斯·艾略特、纪德、马尔罗、马蒂斯、米罗、亨利·摩尔、尼赫鲁、奥罗斯科、罗素、萧伯纳、史怀泽、肖斯塔科维奇、维拉－罗伯斯以及赫·乔·韦尔斯。[46]

第十四章

诺贝尔奖——以及最后一场激情的爱

1968—1972

在他的六十岁中期，聂鲁达本应该获得解脱，平静享受他诸多成 359 就。相反，他进入了比以往更为激烈动荡的最后十年。

1968 年 7 月，罗萨达出版了聂鲁达作品全集的第三版。到目前为止，它们已经足够两卷。这个新的版本包括一个由埃尔南·洛伊拉撰写的全传。

一部新作《日子的手》*在 1968 年 11 月 8 日出版。某种程度上，这是一本很不安的、不满意的，甚至不真诚、不可信的书。它读起来就像一场"罪过之旅"。聂鲁达悔恨他没有用手做过任何有用的事情；他称它们为"拒绝之手"，因为他保持着他们的洁净，远离污秽。他愿意成为一个米盖尔·埃尔南德斯，在庄稼地里劳作。或者甚至一个他前哥伦布时期的祖先，在马丘比丘加工石头。

> 是的，我有罪
> 因我没能做的所有事情，
> 因为我没有播种，切割，丈量，
> 未曾鼓舞人民去宜居之乡。
> 一直留在荒漠中，

---

* 《日子的手》原文为 *Las manos del día*，后文的"las manos negativas"（拒绝之手）是对诗集名称的戏仿。

我的声音朝着沙子说话。[1]

360　在《月亮的孩子》中，他甚至更进一步说：

> 我感到世界从未属于我；
> 它属于矿工与锻工……
> 我不再有权宣布
> 我的存在：我是月亮的小孩。

这首诗的自暴自弃让人想起他漫长的青春期所有的那种痛苦态度。

批评家海梅·阿拉兹拉齐对这本书有不同看法。他把《日子的手》看作对于没有用诗歌做出某种有用之物而进行的道歉，因为他忘了：诗歌本该像面粉一样有用。[2]

另一位专家，马努埃尔·杜兰更激进。他说本书

> 揭示出聂鲁达心灵中最深、最痛苦的冲突——在公共角色与绝非私人的生涯中的私密性之间的冲突……政治上，他的目标是不害羞的、有计划的、与社会关联的：来推进工人、农民、无产者的运动。可是《日子的手》清晰表明，在日常生活中，他甚至是一个他之前的克维多那样的"文人作家"*从未能亲手创造过任何东西，只是通过文字、句子、意象、段落、诗歌来创作……"[3]

我不认为聂鲁达当时真正认为他的诗歌技艺整个的毫无用处。有很多例子表明，聂鲁达曾告诉他朋友，当他看到他的语言对普通老百姓发生影响时是多么感动——包括他对阿兰·西卡所说的，这其中有一群完全由懂欣赏的剪羊毛工人构成的读者群。

而且，聂鲁达要是听到他的同胞，更为年轻的智利诗人劳尔·苏里

---

* "文人作家"原文为西班牙语"escritor culto"。

塔在 1980 年对一个记者所说的话，他会非常高兴，甚至惊讶：

> 从个人的角度，我不像许多其他人，我认为他最伟大的作品在于他
> 的政治诗歌，而不是《居所》……在那里可以找到聂鲁达，任何作
> 品——包括我自己的——都必须经受他的考验。这不是一个写作问
> 题——他已经有足够多的模仿者，就像帕拉也有一样。你无法模仿
> 聂鲁达——要那样做，你必须写得比他更好，我不知道还有谁比聂
> 鲁达写得更好。[4]

361

可以看出，聂鲁达不仅可以让手工艺工人满意，也可以让他的知识
分子同仁满意。可是，聂鲁达在 1971 年告诉法国新闻杂志《快报》说，
"我最大的缺点是懒惰。我从未劳作过。那就是为什么我对我父亲有过
一种特殊的崇拜，他是一个伟大的工人……他毕生只是劳作，而我什么
都做不了。也许写了一点点诗歌。"[5]

但《日子之手》也许有更广阔的意味：一个孤独的、无爱的生活，
没有与自己同胞的团结——那种团结与合作曾让聂鲁达尝试了一次投身
戏剧创作获得的欢乐体验——是空洞的、无意义的生存。他意识到写作
诗歌的活动本质上是一种孤立的活动——除非他的言语被其他人读到。

在 1968 年短暂访问加拉加斯之后，聂鲁达为圣地亚哥杂志《埃尔
西利亚》写了一系列每周专栏文章。当他正在写这些文章的时候，1968
年 8 月，"华约"部队侵入布拉格，镇压了"布拉格之春"。

官方辩护称：捷克当局请求干预，以防被反革命暴乱控制。这个说
法被其他人，包括捷克驻智利大使否认。

豪尔赫·爱德华兹写道：他认为非常蹊跷，聂鲁达对于捷克斯洛伐
克所发生的事情没有做任何公开评论——甚至没有对朋友发表意见——
毕竟，他是很熟悉那个国家的。他在入侵事件发生的 8 月 21 日当天实
际拜访了聂鲁达，很惊讶地发现什么都没被提到：他们谈论书籍与朋友，
蹦出一些随机的笑话，但布拉格从未出现。只有当爱德华兹离开之际，

他问巴勃罗关于他即将进行的欧洲之旅，聂鲁达告诉他："我不认为我会去。我认为局势过于捷克斯洛伐克了。"[6]

聂鲁达对布拉格事件的沉默——即便在私人场合——看起来是古怪的，甚至令人震惊。

那是他唯一一次提到 1968 年的布拉格。可是，第二年，聂鲁达362 1969 年的集子，《世界末日》第一次在圣地亚哥出版，有很多人绘制的插图，他们是：马里奥·卡勒诺，尼梅西奥·安图内斯，佩德罗·米拉尔，玛丽·马尔特纳，胡里奥·伊斯卡梅以及奥斯瓦尔多·瓜亚萨明。在这本书中，我们了解到聂鲁达的内心反应：

> 布拉格的时辰坠落
> 在我头上像一块石头，
> 我的命运不定，
> 一个黑暗的时刻……
> 我请求原谅，这个瞎子
> 他望着，却没有看见。[7]

在那个城市里，他曾经拥有过如此众多难忘经历，那个城市曾居住着给他名字的伟大作家扬·聂鲁达，对这个城市的攻击让他真正幻灭了，迷茫了。如果我们把《世界末日》的"1968"年部分与《葡萄与风》的那种极乐状态相比较，我们会发现：聂鲁达对社会主义革命的单纯信仰是如何被动摇了的。

私下里，他有过严重的忧虑。他的俄国朋友维拉·库泰什科娃告诉我：在他对莫斯科的一次访问中，他问过她："他们如何可以迫害像约瑟夫·布罗茨基那样的伟大诗人？"[8]聂鲁达从未公开发表这种抗议，就像他从未对鲍里斯·帕斯捷尔纳克 1958 年所遭受的对待发表过任何公开抗议。他拒绝站起来谴责同行所遭受的迫害，鉴于他对党的情感忠诚，尽管这可以理解，但也必须遭到谴责。

不过聂鲁达也被美国所发生的事情吓到了。意识到这种双重幻灭折磨着他六十五岁的年头，这一点很重要。那个缔造了林肯和惠特曼的国家被改造成了一个地球上无人爱戴其人民的国家——他写到。"他们不是'合众国'，而是'愚众国'"。[9]　　363

越战的无意义继续让他感到惊骇与恶心：

> 何至于杀戮？
> 何至于死亡？[10]

在《诗艺（一）》中，聂鲁达似乎收回了《日子的手》中那种自谦。在这里，在《世界末日》中，他称自己是一个"诗歌木匠"[*]，用他的双手钟爱地摩挲着他的木头，然后用锯子把它切割。并且，他还是"诗歌面包师"，捣鼓着烤炉、面粉和酵母。他称自己为一个"孤独的五金商人"。即便这些可能被解释成诗艺的象征，但在《耶稣复活》中，他的调子跟《日子的手》中那种悔恨的音质大为不同：

> 如果我有来生
> 仍将这样度过……

不均衡性，一种演进与变化的能力，是让聂鲁达诗歌如此充满活力、新鲜而丰富的动因。但这里仍有一个值得一问的问题：他在《日子的手》中的悔恨在多大程度上是真诚的，如果它在一年后就消失了？

类似地，似乎有理由问：我们该如何当真相信他在《世界末日》中的诗歌《个人崇拜（二）》中对个人崇拜的攻击：

> 一百万可怕的斯大林肖像覆盖了大雪
> 以其美洲虎的胡须。

---

[*] "诗歌木匠"原文为西班牙语"poeta carpintero"，下文的"诗歌面包师"原文为"poeta panadero"、"孤独的五金商人"原文为"ferrero solitario"。

当我们明白，流着血

发现悲伤与死亡

就在草地之雪的下面

我们从他的肖像断裂

我们呼吸着，没有他的眼望着我们，

那双制造如此多恐怖的眼睛……"

可终究，聂鲁达继续说：

遗忘是更好的

以便保存希望……

我们发现了光芒

我们恢复了理性

智利批评家费德里科·朔普夫非常深思熟虑地谈论过聂鲁达自从赫鲁晓夫 1956 年揭秘之后的态度。

1958 年出版的《狂想集》的内容甚至风格都开始反映出——以一种好奇的"揭示与掩藏"游戏——这些揭秘对该诗人的影响，他当时正经历一个实际上很幸福的生命阶段……诗人宣称他自己做好了准备接受这个黑暗故事带来的巨大压力，但他提醒说，他认为这只是添加在他背负已久的"巨石"大包袱上的另一个负担。当然，这种声明只是一种降低政治严重性的方式。但诗人也努力通过其他方式来减小他的责任范围：通过声称他没有意识到斯大林主义错误的真正严重性，并且通过在书（《狂想集》）中采用特有的幽默与欢快风格……可是，聂鲁达的忧虑从现在起将会持续不断，会在他后期大量作品的不同片段中一再重现。到他写《黑岛纪念碑》（1964）的时候，他承认，他一直以来只是歌颂斯大林时期苏联社会的正面。他也坦承：他在这一时期知道过很多罪恶的消息——"每一个来自阴影的细节都让我们遭受必不可少的苦难"——但是，就像许多其他人，他出于策略的考虑保持着沉默。在《狂想集》的诗中，开始出现一种区分（聂鲁达从未放弃这种区分），把斯大林和他的政策分为两个时期：一个时期"植入白昼的方向／当他向光芒征求意见"，而另一个时期，斯大林滥用了绝对权力。[11]

埃尔南·洛伊拉指出聂鲁达最初想要把《世界末日》命名为《最后的审判》，因为它有着末日启示录那样的腔调。[12]聂鲁达自己在给一位意大利批评家朱塞佩·贝里尼的信中写道，《世界末日》是一本"苦涩"的书，"一种关于20世纪残酷与邪恶的梦魇"[13]。可是，正如贝里尼补充的，尽管有痛苦，聂鲁达仍然重申了他的责任，他的使命，在人类生活与未来希望的重建中担当活跃的角色。

但聂鲁达一再重返的主题是爱，就好像它在他的政治幻灭中庇佑了他。在他1971年与《前进》的访谈中，聂鲁达被问及关于英籍匈牙利作家阿瑟·库斯勒的看法。聂鲁达用一种非常有趣的、令人惊奇的方式回答说：

> 他似乎曾感到过一种巨大的疲惫。我没有感到那种疲惫，因为我不仅仅围绕政治而写作。也许，我写过七千页的诗歌。可是，我相信你甚至不会找到四页关于政治话题的！那就是我为什么有许多理由不被牵绊在这种事物秩序上。我的诗歌来自其他源泉……我更倾向于爱。政治对其他人是一种困扰，对我却不是……政治不是我诗歌的核心面相。核心是什么？写出一个人真正感到的，在一个人生存的每个瞬间……我不相信流派——不相信象征主义，现实主义或超现实主义……[14]

但什么是政治？在另一个访谈中——这次是与墨西哥的《至上报》，聂鲁达声称，"如果你未曾为其他人的幸福斗争过，你不会幸福。你绝不能摆脱拥有某物的罪恶感，如果其他人不拥有。人无法成为一个幸福的

365

孤岛。"[15]

因为忠于这种精神，聂鲁达对年轻艺术家们显示了巨大的慷慨——不仅对诗人们，而且对在其他艺术领域工作的人们。一个当今最著名的智利歌手兼词作者提托·费尔南德斯（"El Temucano"）告诉我说：他有一次被惊呆了，聂鲁达在 1969 年 12 月 14 日访问特木科的时候和他坐在一起，听他一连几个小时背诵聂鲁达的诗歌，"我不会忘记那种姿态——聂鲁达提议帮我搞定一个录音合同。他说我应该成为一个歌手，而非诗人！"[16]

聂鲁达还继续展露他的探索精神。在 1969 年，他开始为一部电影《巴波》写作脚本，故事是基于 19 世纪美国小说家兼同样的海洋热爱者赫尔曼·梅尔维尔所写的一部短篇小说《贝尼托·赛莱诺》。这部小说在1865 年出版但是在 1799 年动笔的，描述了阿马萨·德拉诺船长作为圣玛利亚港一艘大船的首领——该港口是一个小小的、无人居住的小岛，面朝智利漫长海岸线的南端——牵涉到一场奴隶暴动。

聂鲁达久已渴望围绕梅尔维尔写作，用诗歌形式开始写作他的脚本，有一场杜撰出来的在他和梅尔维尔之间发生的有趣对话，其中，梅尔维尔抗议聂鲁达试图复苏

> 我讲过的冰冷故事
> 无人耐烦聆听或阅读……
> 我从他们的宿怨中点了一把火。
> 让我们不要谈它。火已经熄灭。

有一个部分奇怪地让人联想起《马丘比丘高地》那种乐观主义信念：人会像凤凰一样从尘土里升起。聂鲁达告诉"梅尔维尔"：

> 好同志，我认为从灰烬里
> 仍然有时间，因为那些
> 随时间而分解的人

> 将从尘土中升起，再次存活
>
> 只要你，吹一下那灰烬……[17]

不幸的是，聂鲁达没能完成这个令人好奇的计划，甚至很少有人知道它胚胎般的存在。

在他写《世界末日》的同时，聂鲁达还写了事实证明是他最薄的一本书，一串闪光的小珠宝，叫作《仍然》——一首 433 行的诗歌。

根据罗伯特·普林－弥尔所述：《仍然》仅仅在两天内也就是 1969 年 7 月 5 日和 6 日写成，很快由聂鲁达的第一个出版商，圣地亚哥的纳西门托印行了 500 册。《仍然》包含了聂鲁达最动人的一些诗句：

> 如果在旅途中，你碰到
>
> 一个男孩
>
> 偷了苹果
>
> 一个聋子老头
>
> 带着一把手风琴，
>
> 请记住，我就是
>
> 那男孩，那苹果，和那老头。[18]

9 月 3 日，智利共产党的总书记路易·科尔瓦兰来到了黑岛，执行一项　367 重大使命：提名聂鲁达为 1970 年智利总统大选的有条件候选人。他的名字将会被——和另外三个"预备候选人"一起——提交给组成"人民团结"联盟的六个政党。他们会决定是否在未来的 1970 年 9 月大选中选择他为他们的总统候选人。

最终，他"被"批准为共产党候选人，"条件是我如果递交辞呈，它将被接受。我的辞职是不可避免的，我感到。要让每个人都团结在一个共产主义者周围，这太不可思议了。"[19]

在回忆录中，聂鲁达指出：他并未做好心理准备来担任总统。他被一个记者问到是否愿意承担治理国家的繁重责任。他回答说，他的前提是他们答应他继续保持他每天的午睡。"我的午休是无条件的。"[20]

从圣地亚哥缇雅缇诺斯街的共产党中央委员会总部的阳台上，聂鲁达告诉欢呼的人群：他接受了预备候选人提名："我从未设想过我的生活会在诗歌与政治之间做出区分。"[21]

他被提名这件事自然成了圣地亚哥所有报纸的头条。只有一家发起了对聂鲁达的人身攻击：《国家》。这家报纸比较了它所称为"巴勃罗·聂鲁达造作的、优雅的和资本主义的实际面貌"与路易斯·科尔瓦兰这样的其他共产主义者的简朴形象。他们的评论集中讨论"候选人的烟斗中冒出的烟云"，甚至指责聂鲁达有一种"美国佬腔调"*的嗓音（一种外国人一样的嗓音）。[22]

但大多数媒体很看好智利最著名的人物有兴趣介入重要的政治圈——尽管他们总体上并不太相信他可以打败现任总统爱德华多·弗雷的政党。

尽管健康状况很差，聂鲁达再次出发，代表他的政党走遍整个智利，这次是为他自己的"预备候选人"而竞选。因为他行走困难，他尽可能多地乘坐飞机。他的朋友阿依达·费格罗阿说：他接受了这个角色，尽管事实上"因为'黑岛'的建设而背负压力。他有……必须面对的责任因为他负债巨大。人们认为他是一个挣了很多钱的人，但这并不真实……"[23]

最终，竞选联盟实际上认定：萨尔瓦多·阿连德这个社会党成员是更适合的候选人。诗人可以放手去做他最拿手的事情：写作辉煌的诗歌。

一般认为聂鲁达完全高兴在这个时候交出缰绳。但短短几个月后，聂鲁达在莫斯科告诉他的朋友何塞·米盖尔·巴拉斯：

> "我一直知道：我的总统候选人资格是向旗帜致敬。一种必要的牺牲。另有其人会成为候选人。阿连德是最好的，毫无疑问。但你能

---

*　原文为"agringada"，源于指称美国人的"gringo"，通行于拉美。

指望什么？"他用一种自我批评的讪笑补充说。"当你启动一场竞选运动，你几乎不可避免地卷入一种兴奋中。可怕的事情是，最后，我的伙伴们告诉我他们已经达到了目的，并且撤回了我的候选人资格，我感到难过。你能理解吗？六个月前，我还在发誓我毫无所求，只想过一种平静的家居生活，写作。"[24]

尽管聂鲁达曾为萨尔瓦多·阿连德的四次竞选而奔走过，他始终对阿连德作为一个演说家的技能或者腔调并不感冒——这在他的回忆录里也提到过。但这两个人都热爱墨西哥壁画家以及前哥伦布艺术。"（阿连德）非常熟悉《大诗章》，背诵了诗人本人都忘掉了的诗句，让诗人很惊讶，"阿依达·费格罗阿回忆说。[25]

聂鲁达本人宣称：

我们同行的人中间没有人能保持阿连德那样的旺盛精力。他有一种无愧于丘吉尔的本领，只要他愿意，在哪里都能睡着。有时候，我们正在穿越智利北部无尽的荒漠。阿连德在汽车角落里睡得鼾声如雷。突然，一个小红点出现在路尽头，当我们接近的时候，它变成了一群十五个或二十个左右的人，带着他们的妻子，他们的孩子和他们的旗帜。轿车停下来。阿连德擦了擦他的眼睛来面对高高的太阳和小小的人群，他们正在唱歌。他加入他们并唱起国歌。他跟他们说话——活泼，轻快而雄辩。然后他会回到轿车，我们继续行驶在智利漫长的道路上。阿连德会再次无助地沉入睡眠……[26]

1969 年底，聂鲁达从欧洲写信给他的朋友豪尔赫·爱德华兹，当时是秘鲁首都利马的智利大使馆顾问。他告诉爱德华兹，他和玛蒂尔德会乘船返回智利，想要在利马停留，做一次诗朗诵。他们可否待在爱德华兹家里？爱德华兹对巴勃罗的请求有点恐慌。聂鲁达不是一个消停的客人：他需要威士忌和好红酒的陪伴。"有些人感到愤慨，一个共产主义

369

诗人竟然有如此奢侈的品味，但理论上的辩护是相当简单的：没有人寻求绝对的平均主义。那在革命的早年就已经被抛弃了，取而代之的是机会均等。社会主义正是在其他事物中间建立起来的，因此，诗人们和创作者们可以不时地消费大量"香槟王"*……" [27]

聂鲁达的确在利马下船了，在乌尔苏拉修女学院挤满人的巨大露天圆形剧场朗读了他的诗歌。

> 聂鲁达喜欢在私下里甚至新闻访谈中宣称：他最受欢迎的书《二十首情诗》是他最平庸的作品。那个下午，在狂热的人群面前，时间在流逝，没有任何迹象表明他会朗读《二十首情诗》中的任何一首。一个疑惑悬浮在空气中，一种无形的请求。突然，当伴随每次朗读涌起的掌声消失之时，诗人开始朗诵，以他那种独一无二的嗓音："今夜我能写下最悲伤的诗句……"**一阵巨大的叹息响彻整个大厅，一个巨大的集体呼吸，主要是女性的音调，但每个人都参与在其中：男人和女人，年轻人和老年人。直到那一刻，人们才发现，这是某种一直压抑着的东西。诗人咧开嘴笑起来……继续背诵，这次伴随着一种庄严神圣的沉默…… [28]

1970 年 4 月，聂鲁达和玛蒂尔德离开智利再次去了欧洲。5 月 3 日玛蒂尔德生日之时，他们再次到了莫斯科。何塞·米盖尔·巴拉斯在莫斯科豪华的国宾馆与他们共进午餐，在那里，聂鲁达按惯例被提供了一个大套间"天花板画着云朵和小天使，有阳台和窗户，朝向克里姆林宫的美妙风景……"可是，尽管巴勃罗保持着他情绪很高的交谈，巴拉斯还是注意到"（他）看上去有点忧郁。玛蒂尔德关切地看着他。我认为她拐弯抹角地提到了某种悬而未决的体检。当然，后来我们谈

370

---

* "香槟王"原文为"Dom Perignon"。
** "今夜我能写下最悲伤的诗句"是《二十首情诗》中第二十首情诗的第一句，原书为西语"Puedo escribir los versos más tristes esta noche"。

起了政治。"[29]

5 月下旬，聂鲁达和玛蒂尔德在意大利，在那里他们在米兰皮科洛大剧院看了《乔昆·穆列塔的光辉与死亡》的首演。

1970 年 7 月初，在回智利的途中，聂鲁达在委内瑞拉稍作了停留，在佩多拉斯的拉丁美洲作家协会第三次大会作了演讲，这次演讲反映了他对"作家中的辉煌一代"的持久乐观态度，但谴责了危地马拉和圣多明各发生的镇压活动，以及

> 波多黎各的耻辱状况，海地保藏的犯罪黑暗，尼加拉瓜日益撕裂
> 的伤口，巴西那家常便饭般的折磨。作家们依然待在玻利维亚的
> 监狱里。古巴被北美强加给共和国的禁运所切断，这种禁运阻止
> 食物、医药或书籍进入古巴。在巴拉圭，监狱里充满被遗忘的
> 居民。在智利，我的家乡，射杀一群作家和学生已经变得司空
> 见惯。[30]

一直直到 1970 年智利总统竞选，这段时期实际上是智利暴力事件持续增长的难堪时期。最糟糕的事情就是在波多蒙特这个南部小镇，警察对一群违章占地者开火，杀死了九个人（这个事件在共产主义吟唱诗人维克多·哈拉的一首著名的歌曲中得到纪念）。

同一年，1970 年，聂鲁达被瓦尔帕莱索镇政府授予"瓦尔帕莱索杰出儿子"荣誉。在他的答谢致辞中，他很有意思地，也许是无意中，提供了一种解释，让我们理解为何他当时把从前在圣地亚哥度过的波希米亚式岁月看成是空虚的："往往，对于我这样一个南方人，一个在刚刚走出青春迷茫期之后就来到圣地亚哥城的外地人，圣地亚哥是一道太肥美的菜，一种太苦涩的酒，在那里，没有余地让人片刻投身于梦想和幻觉。"[31]

也是在 1970 年，玛蒂尔德——持续感到焦虑，在五十八岁的年纪，她也许开始失去美貌了——做出了一个惊人的决定。她告诉巴勃罗：她想要去布宜诺斯艾利斯做一个面部整容手术。一开始，聂鲁达惊呆了。

371

当他送她离开圣地亚哥机场，他转向他的朋友玛丽·马尔特纳。"他很关切地问我：'玛丽，我认为手术之后她还能够微笑，对吗？'实际上，玛蒂尔德有过非常迷人的笑。巴勃罗不知道该如何发笑——他的笑总是默默地！玛蒂尔德有一种爽朗的笑，巴勃罗很喜欢。"[32]

但就当玛蒂尔德在布宜诺斯艾利斯挨手术刀的时候，聂鲁达找到了一份新的、最后的激情。在六十五岁年纪，他爱上了他妻子的侄女，艾丽西亚·乌鲁齐亚，玛蒂尔德曾邀请她和他们一起住在黑岛，带着她的小女儿。艾丽西亚当时三十多岁，她女儿——被送到黑岛的学校里上学——叫作罗萨里奥（正是聂鲁达当年为了掩盖他和玛蒂尔德的关系而给她取的名字）。

巴勃罗与艾丽西亚的关系所带来的是令人惊奇的晚年能量大爆发：他的书《燃烧的剑》。当时，它读起来就像一种非同寻常的，圣经般的精神重生的史诗，以引用《创世纪》中人类被从伊甸园驱逐的内容作为开始。就在该书完成之际，一个记者问到这本书，聂鲁达把《燃烧的剑》描述成"关于亚当和夏娃，惩罚与罪恶的迷，实际上，一个新的亚当和一个新的夏娃。这个世界面临终结，炸弹和战争摧毁了它，而亚当——地球上唯一的男人遇到了夏娃。生命和人性再次随着他们而开始。"[33]

加布列拉·加西亚·马尔克斯有一次说到聂鲁达：他对玛蒂尔德是忠诚的，但不是专一的。这在拉丁美洲以及总体的拉丁文化中是一个常见的口头区分。可是，聂鲁达对女人的态度跟他的朋友毕加索很不一样。当毕加索对他的妻子们或情人们画画的时候，他相信他正在施展某种神秘的、几乎超自然的活动。它们往往并非爱情画：绘画的行为似乎给他带来一种控制他的主题的权力感。聂鲁达则不然。自始至终，对象都对艺术家施加着力量。实际上，在《燃烧的剑》中，聂鲁达把"罗西亚"变成了地球上第一个女人。这是一个再也没法超越的地位。

埃尔南·洛伊拉声称：跟聂鲁达从最后的风流韵事中获得的情感能量无关，他的灵感来自另一个"确切的——尽管不是公开提到的——文学资源: *L'Incendie terrestre*，聂鲁达年轻时翻译过的马塞尔·施沃布（死 372于 1905 年的一个法国作家）的散文作品"。[34]

我问过聂鲁达的一些朋友他和艾丽西亚的关系是否反映了他在尝试修复某种在他婚姻中已经丧失的事物。他们坚称：巴勃罗继续像以往一样热情地爱着玛蒂尔德。当我几乎是鲁莽地问他的朋友弗朗西斯科·维拉斯科，他是否认为聂鲁达与艾丽西亚的关系进入了圆房阶段，他很高兴地回答（尽管可能没有证据）："不。这完全是一种柏拉图式的恋爱。"[35]

这个看法似乎很难让人信服，因为，当我们阅读这本书中关于"罗多 / 聂鲁达"与"罗西亚 / 艾丽西亚"之间关系的描述时，我们马上能感到它的柔情和生动的性意味：

> 罗西亚赤裸地在
>
> 杂乱的田野上，
>
> 罗西亚，白色的，蓝色的，花瓣精美的，
>
> 大腿洁白，毛发乌黑，
>
> 她敞开，让罗多进入她……[36]

当玛蒂尔德从阿根廷回来，发现了巴勃罗对她侄女的爱情，就在她自己的屋顶下，在黑岛，她陷入暴怒之中，切切实实地把艾丽西亚扔出了屋子，包括她所有随身物品。巴勃罗和她自己的侄女一起背叛了她。艾丽西亚，跟玛蒂尔德一样，是红头发。但不像玛蒂尔德，她只有聂鲁达年龄的一半大小。

很难想象，如果玛蒂尔德意识到《燃烧的剑》里面那个"罗西亚"的原型就是艾丽西亚，他们的婚姻还如何维持——聂鲁达赋予他最后的爱人以夏娃这个全人类之母的终极赞美。尤其是，聂鲁达让他的夏娃极端多产，而玛蒂尔德显然至少遭受过两次流产：

> 罗西亚说：我们打破了锁链

罗多说：你会给我一百个小孩

罗西亚说：我将繁衍光

罗多说：我爱你。我们会活下去 [37]

玛蒂尔德威胁说要离开聂鲁达——一开始似乎不可能继续和他在一起。她和朋友们谈起这个事情，他们都劝她冷静。但他们之间出现了一种新的、难以言喻的、折磨人的紧张，让他们两人都不愉快。

聂鲁达遇到了另外的麻烦，需要保持冷静。1970 年 7 月 12 日，六十六岁生日之际，他悄悄告诉他的医生朋友以及塞瓦斯蒂安娜的邻居弗朗西斯科·维拉斯科，"听着，番球 *，我很担心。我尿里面有血。"维拉斯科建议他马上去咨询圣地亚哥最好的泌尿科专家。巴勃罗采纳了他的建议——但只是部分地。"他去找了一个专家，回来说：他们发现了一个小东西，让他务必一个月内回去做检查。他没有去，他太害怕了。"维拉斯科，这位曾经的瓦尔帕莱索的萨尔瓦多医院院长说。[38]

维拉斯科相信聂鲁达原本可以避免那最终要了他命的前列腺癌。"他自己太大意了。他没有去复查，这让病情恶化了。"[39]

就在这种身体和情感的双重折磨中，1970 年 9 月 4 日，智利总统选举如期举行。选举结果震惊了世界，萨尔瓦多·阿连德赢得了最多选票：36.3%，稍微领先于豪尔赫·阿莱桑德雷·罗德里格斯的 35.3%。选举还需要提交给智利议会批准——美国要尽全力保证参议院投票反对阿连德——但这时候，世界似乎要第一次见证一个马克思主义者在民主国家当选为国家元首。10 月 24 日国会批准阿连德成为总统。几天后聂鲁达打电话给他提出一个紧急请求："让我离开这里，把我任命为法国大使。"聂鲁达——在他的《大诗章》中写道：所有的智利白痴都成了大使——他想要一个借口逃离他所热爱的家乡。他需要修复他的婚姻，远离艾丽西亚似乎是唯一的办法。阿连德相信聂鲁达可以成

---

　　*　原文为"Pancho"，弗朗西斯科的昵称。

为他所熟知的这个国家的优秀大使。他迅速任命聂鲁达履新该职位，并请智利外交部长克罗多米洛·阿尔梅伊达向参议院递交提案征求正式批准。

罗伯特·普林－弥尔所得到的另一个版本说：是智利共产党暗示阿连德总统，这个任命可以避免一场丑闻。[40]

弗朗西斯科·维拉斯科相信诗人"选择法国并不是因为那是他最喜欢的国家，而是因为那里有最好的泌尿科专家。"[41]维拉斯科不同意玛蒂尔德在回忆录中的观点，说聂鲁达并不完全知道他疾病的真相："他装作他不知道。我试图向他掩盖癌症的真相，说那只是关节炎，但他知道出了什么问题，他也知道，我在向他撒谎。"[42]

1970年到1971年的新年对聂鲁达来说并不是一个照常欢乐的时候。他知道他的健康状况在恶化，与玛蒂尔德的关系仍然保持紧张。从他跟朋友的私人谈话中我们也知道，他对于这个新政府是否有一帆风顺的前途并不乐观，尽管他宣称阿连德是自从19世纪何塞·巴尔马赛达以来，最伟大的智利总统。他担心阿连德政府会遭遇西班牙共和国在内战之前遭遇的同样命运。很幸运，聂鲁达一直保持忙碌。1971年1月7日，他和玛蒂尔德第一次参观复活节岛，这个神秘的智利领土在几千里之外的太平洋中。聂鲁达同意为智利十三频道电视台做一系列纪录片节目，叫作《巴勃罗·聂鲁达的历史与地理》，并且在1971年中旬播出。

仍然记得巴勃罗这唯一的复活节岛之旅的女人是他的"拉帕努伊缪斯"——玛利亚·伊格纳西亚·帕奥阿·朗吉托帕，她的身份直到二十年后的1999年才揭晓。"聂鲁达管我叫伊格纳西亚，"她告诉该岛的报纸《La Gaceta de Isla de Pascua》。"很显然，他不知道这个岛上每个人都叫我玛卡奥阿——意思是皮包骨——因为我一直非常瘦。"她认为她就是聂鲁达在为此次参观所写的书中一首诗里所指的那个"跳着拉帕努伊韵律舞蹈的无邪美人"，这本书叫《分离的玫瑰》。她回忆说：聂鲁达本人在该岛也跳舞来着，"但他舞跳得不好"。[43]

《分离的玫瑰》1972年在巴黎初版，是印量为99册的精装版。在

374

书中，他对比了这个岛屿及其石头雕像持久的神秘，和那些观光客的平凡生活——包括他自己——因为他们带着"虚伪的笑容"，就像是那些"辛巴达们和哥伦布们"，他们在再次搭乘飞机或者轮船回到他们世俗的工作之前，在这里并没有发现任何比"钞票"更神奇的东西。我认为，这种异乎寻常的愤世嫉俗，一部分是因为聂鲁达与艾丽西亚之间风流韵事的中断所带来的不愉快，以及他与玛蒂尔德婚姻中持续的摩擦。

375　　还在复活节岛上的时候，聂鲁达就在 1 月 21 号听说，智利国会已经批准了他担任智利驻巴黎大使。他就要接手一个职位，这个职位曾经由他的主要敌人及迫害者加布列尔·冈萨雷斯·维德拉所担任。更为讽刺的是，聂鲁达从卸任的外交官卡洛斯·莫尔拉·林奇那里接受了职位，而这个人曾遭到他的谴责——似乎是，误解——因为此人要对米盖尔·埃尔南德斯的死负责，因为在马德里的智利大使馆拒绝给他颁发外交避难许可。

　　1971 年 3 月 2 日。巴勃罗和玛蒂尔德去赴任巴黎的职位。他们在布宜诺斯艾利斯停留了一个星期，在那里，聂鲁达为刚刚起步的阿连德政府做出了捍卫，抵制持续增长的对于关键工业国有化政策的批评，并且，同时谴责了美国。

> 我们知道石油，在墨西哥，在卡德纳斯的统治下，三十多年前就已经国有化了。苏伊士运河在埃及纳赛尔统治时期就已经国有化了。在智利这样一个政治和文化如此发达的国家，外国公司却获准掌管电话和电力公司，更不用说铜矿，这每天为北美洲人创造了百万美元的价值。天哪，如果用我们想要收复且将要收复的这每天百万美金的价值来为我们的人民提供衣服，建造医院、学校、道路，那为什么要牺牲掉呢！[44]

　　1971 年 4 月，安全抵达巴黎，聂鲁达告诉他的朋友豪尔赫·爱德华兹——他如今和他并肩工作，成为大使馆的第二把手——他会收到收信人是爱德华兹的一系列信件，但他必须把这些信件马上交给巴勃罗，并且是秘密地。我们如今知道：这些信来自艾丽西亚，她继续从智利给聂鲁达写信。"这些信开始按时抵达，以一周一到两封的速度，"爱德华兹回忆说，"有一次，当我犯了一个错误，把其中一封交给了另一个人，一个我们两个人都很信赖的人，巴勃罗却严厉训斥了我：'你绝对不能再做这样的事情了，'他说，'无论如何。'"[45]

爱德华兹提到，聂鲁达继续往智利给艾丽西亚的女儿寄回许多礼物，甚至，他计划让艾丽西亚本人来住到巴黎——尽管，爱德华兹补充说，他认为这只是一个衰弱的人的幻想而已。

到达巴黎后不久，聂鲁达进行了他第一次外科手术，在科钦医院。他坚持要求在场的医生中有一个必须是他的智利朋友，劳尔·布尔内斯。1971 年，玛蒂尔德告诉媒体：聂鲁达有前列腺癌。她拒绝告诉她的丈夫，但感到有必要把真相透露给亲密的朋友，条件就是他们也要发誓向巴勃罗保密。

"1971 年，我们被秘密告知，他患上了癌症，"阿依达·费格罗阿说。[46] "但他并不知道，甚至没有怀疑这一点，尽管他瘦了很多。"

聂鲁达继续在巴黎履行他的外交使命。"他是一个非常优秀的驻法兰西大使，他的任务并不轻松，"阿依达说。他在那里的任职期间，"智利的外债得以重新谈判，随即他被迫同银行家和经济学家们举行更多的会议，超过了跟艺术家们……我 1971 年在那里拜访他……大使馆充满了生活气息和访问者。我们一起去看巴黎的 RER（区间城市铁路线），那时刚刚动工，工人们认出了他，并且围住了他。"[47]

1971 年 7 月 12 日，巴勃罗过六十七岁生日，这是一个不那么兴奋的事件。聂鲁达仍然处于手术康复期，并且仍然狂热地沉浸在他与艾丽西亚的恋爱中。他表现出一种完全罕见的对任何生日庆祝方式的漠不关心。他的孩子气的恶作剧不见了，也没有任何欲望要乔装打扮他自己。他前一天写信回智利给他的朋友博洛迪亚·泰特博姆说他发烧了，"这并不重要，除了明天就是我的生日，那也不重要。"[48]

随后，巴勃罗、玛蒂尔德和他们的委内瑞拉朋友米盖尔·奥特罗·席

右边页码：376

尔瓦——玛蒂尔德将和这个人一起合作，在聂鲁达死后出版他的回忆录——决定到意大利北部去度暑假。当他们抵达托斯卡纳的时候，发现这个地区处在破纪录的热浪之中。就在他们八月中旬在锡耶纳观看著名的赛马会的时候，聂鲁达突然感到非常病痛和虚弱。他很快陷入一种半昏迷状态。医生建议他立即转移到佛罗伦萨。在医院，后来在佛罗伦萨酒店的康复期间，聂鲁达接待了他的朋友，智利驻意大利大使卡洛斯·瓦萨罗及卡洛斯的妻子卡门。他在 8 月 18 号写的一首十四行诗中向他们再次保证，[49]"我不再记得我的苦难 / 忠诚的朋友们"——但这将成为一个尾声。

377　　返回巴黎后不久，聂鲁达得知尼基塔·赫鲁晓夫的死讯，他在 9 月 11 号在莫斯科郊外的乡间官邸中死于心脏病突发。根据豪尔赫·爱德华兹的回忆，聂鲁达一直都是赫鲁晓夫的崇拜者，并且，对苏联共产党机关处理他的方式感到震惊。特别是，聂鲁达不同意赫鲁晓夫的低调葬礼。[50]

　　在 1971 年 9 月与法国新闻周刊《快报》进行的一次重要访谈中，记者爱德华·巴依比问他关于斯大林的问题。聂鲁达回答的简洁有力："我错了。"*[51]

　　那年早秋。阿尔图尔·伦德克维斯特——瑞典学院的成员，聂鲁达的朋友——在巴黎拜访了巴勃罗，私下里告诉他学院已经决定当年颁发给他诺贝尔文学奖。聂鲁达最初的反应是不相信，此前有过太多次的错误消息。

　　就在等待官方正式消息的时候，聂鲁达要豪尔赫·爱德华兹陪他去诺曼底找个地方住。也许巴黎就像智利的圣地亚哥，开始令人乏味了——他需要更接近自然。正如爱德华回忆的：

在那个星期六早上结束的时候，我们在伊通河畔孔代找到了房子——一个老锯木厂，它附属于当地的一处豪宅，是一个由文艺复

---

*　原文为：Je me suis trompé。

兴时期的城堡所管辖的地产，从村庄可以看到这个城堡，因为它建在低地上，但它格栅前门笔直朝向主路。就像在这种情况下经常发生的那样，巴勃罗马上做出了决定，并且开始研究这所房子就好像他的生命依靠着它……他签署了一些文件……交了一张支票作定金，整个事情被签字盖章，在下午 2 点前就完成了……我告诉他说，他在诺曼底找到了特木科，我认为他同意我说的，尽管他没有说一句话。这个房子纯粹是木头做的……[52]

1971 年 10 月 21 日，聂鲁达被正式授予诺贝尔文学奖。记者们聚集在他巴黎的住所焦急等待一个回应。阿连德总统发了一则消息，表达了智利人民的"欢乐"，他们"祝贺他们的同胞，他们的兄弟"。

在声明中，阿连德说聂鲁达"很多年前就应该、并且可以赢得这个非凡的重大荣誉……他的书和诗已经被翻译成全世界各种语言有些日子了，但值得指出的是：这个奖授予了一个忠于他的人民的诗人。"[53]

很少有人知道——因为聂鲁达坚持让它保持为谨慎的秘密——诗人在接下来的几天内接受了更多的身体检查。让他感到恼火的是，这妨碍他代表智利政府去参加在巴黎体育宫举行的庆祝活动，庆祝巴勃罗·毕加索九十岁的生日。

12 月，聂鲁达和玛蒂尔德到了斯德哥尔摩，接受诺贝尔奖。他们在机场受到了阿尔图尔·伦德克维斯特的迎接。他向记者们确认，他为这一时刻已经做出多年漫长而艰辛的努力。比希尼娅·比达尔是唯一的一个智利记者，全程跟踪了聂鲁达诺贝尔授奖仪式。她回忆说，聂鲁达在 12 月 10 日穿着一件雨衣走下了停在斯德哥尔摩机场飞机的舷梯。

他走得不急不慢，也没有笑。记者们围绕着他，开始倾泻各种问题。他是清醒的，富有经验的，散发着平静的光辉。他回答说："我的爱好是贝壳、旧书、旧鞋子。在巴黎，我感到自己就像是一杯外交诗人和社会主义者混合的鸡尾酒。"沉默了片刻，他接着用一种简洁的方式说："我害怕你们，但现在看上去你们也害怕我。"
有人问他："最漂亮的词是什么？""我将用一种相当俗套的方式来
回答你这个问题，就像在，收音机的一首歌里，用一个被滥用的词
来回答你的问题：这个词就是——爱。这个词你用得越多，它就变
得越强大，并且，滥用这个词也没有任何害处。"[54]

在那以后，他被送到斯德哥尔摩的宾馆。在那里，他很激动地听说：他
和玛蒂尔德将和他们的朋友米盖尔·奥特罗·席尔瓦及其妻子玛丽亚·特
蕾莎·卡斯蒂略会合。他还非常高兴与他的老朋友兼外交同事路易斯·恩
里克·德拉诺重逢——后者当时是驻瑞典的智利大使。

379　　　在临近诺贝尔奖颁奖仪式的那三天内，一个流言开始在斯德哥尔摩
流传，说聂鲁达收到匿名威胁，谴责他穿着燕尾服参与一项帝国主义事
件，并声称在仪式期间，他的燕尾服将会被剪刀剪成碎片。瑞典警方
非常严肃地对待这个威胁。后来人们才得知，这个威胁是米盖尔·奥特
罗·席尔瓦策划的一场闹剧。

　　　正如比达尔指出的，1971 年 12 月 13 日当天，穿着燕尾服坐在费
莱德菲亚教堂的聂鲁达看上去完全很放松。他在出席使馆各种活动的时
候，已经很多次穿过这种燕尾服。

　　　当瑞典国王走来跟他握手的时候，他们俩非常热烈的交谈起来。后
来玛蒂尔德问巴勃罗，他们彼此谈了一些什么。聂鲁达回答说，"我们
开始谈论的是石头，石头是他的兴奋点。然后我告诉他关于我们复活节
岛的情况……我告诉他，那些大雕像是如何仰面朝天，凝望着天空，他
们的目光消失在大海中。我们谈了很长时间这个话题，他非常感兴趣，
最后我告诉他我会邀请他参观这个岛屿，他回答说：再也没有比这更令
他向往的事情，但是他的精力已经不允许这样做了。"[55] 这个国王在那
一年的晚些时候就死了。

　　　在他的长篇诺贝尔奖受奖演说中——那也是他所做过的最有力的一
次演讲——聂鲁达首先把他的听众带回到了 1949 年非同寻常的穿越安
第斯山逃亡到阿根廷的遭遇，然后，他转而讲述经验如何教会他写作

诗歌：

> 我未曾从书本学到任何写作诗歌的配方。反过来，我也拒绝在风格、模式上提出任何建议，哪怕它们可能给新的诗人们带来一丁点洞见。诗人不是"小神仙"……他并非被神秘的命运选中，优越于那些忠于手艺和职业的人。我坚持认为，最好的诗人就是为我们准备日常面包的人，离我们最近的面包师并不认为他自己是一个小神仙。他履行他光荣而谦虚的责任，搓揉面团，把它们放进烤箱中，烤出金黄的色泽，递给我们每天的面包，作为同类之间的一种责任。并且，如果诗人也能成功达到这种朴素意识，那么这也就会被转化为更广阔活动的一个部分，一种复杂或单纯的结构中的一个部分，促成社会的建设，人类的生存条件的改变，人类产品的分配：面包，真理，酒，梦想。如果诗人加入这个无止境的斗争，接触到每个人的双手，把他的那部分承诺、奉献和温柔都献给所有人的日常劳作，那么这个诗人就必然分享所有人性的汗水、面包、酒以及梦想……我的每一行诗都选择作为一个有形对象而存在，我的每一首诗作都渴望变成一件有用的生产工具，我的每一首歌都尽力充当虚空中的一个标记，为了那些彼此交错的道路皆可相逢，或者充当一块石头一块木头，某人，某些其他人，从今以后的人，可以用它来雕刻新的标记……

380

他谈到他服务于

> 一支光荣的军队。这支军队不时犯下错误，但是，它不停地前进，每天都与负隅顽抗者的反动以及固执己见者的焦躁作斗争。因为我相信我作为一个诗人的责任不仅涉及与玫瑰和韵律之间的兄弟关系，与热切的爱以及无尽的渴望之间的兄弟关系，还涉及与一直融入我的诗歌中的不屈不挠的人类责任的兄弟关系。[56]

那天晚上在斯德哥尔摩，路易斯·恩里克·德拉诺的妻子罗拉·法尔孔主持了一个晚宴，宴会中玛蒂尔德告诉罗拉巴勃罗得了癌症——但坚持认为不应该让聂鲁达知道这一点。

第二天，聂鲁达，在斯德哥尔摩当代艺术博物馆朗诵了他的诗歌，面对的是一群年轻人，他们或坐或躺在博物馆的地板上，由演员马克斯·冯·西多交替进行瑞典语翻译。

在巴勃罗离开瑞典之前，有一个最后的惊喜：被邀请参加一个展览，这个展览让诗人目瞪口呆，既欢乐又沉醉。展览的焦点是一艘十七世纪的瑞典船只，叫作"瓦萨号"，它在 1628 年的处女"航"时就已经沉没了，甚至都没能离开港口。这艘船由 1000 颗橡树做成，它再次浮出水面的时候依然保持完好无损的状况。

当然不是每个人都对这次诺贝尔奖获得者的选择感到高兴。阿根廷作家豪尔赫·路易斯·博尔赫斯告诉记者拉蒙·查奥：

381

> 聂鲁达写过一首诗反对美洲的暴君，将一些诗句献给美利坚合众国，但没有一首诗写到庇隆。人们认为他充满了高贵的尊严……他娶了一个阿根廷妇女，他很好地意识到正在发生的事情，是这样吗？但他不想要他的诗歌造成任何伤害。当我去智利的时候，他溜走了，避免见到我，他有理由那样做。人们想要让我俩陷入彼此反对的泥潭。他是一个智利共产主义诗人，而我是一个保守的阿根廷诗人。我不同意那种理论，宣扬国家应该凌驾于个人之上。但我上面所说的一切与聂鲁达诗歌的品质无关。在 1967 年，诺贝尔奖授予米盖尔·安赫尔·阿斯图里亚斯的时候，我马上说：聂鲁达应该得这个奖。他最终在 1971年获得该奖。我不认为通过政治观点判断一个作家是公平的。实际上，鲁德亚德·吉卜林也为大英帝国辩护。但我们也必须承认他是一个伟大的作家。[57]

离开斯德哥尔摩，巴勃罗和玛蒂尔德去了波兰，在那里，巴勃罗想要看《乔昆·穆列塔》在波兰的首演，该剧是在智利人鲍里斯·斯托谢夫指导下完成的。随后，聂鲁达和玛蒂尔德继续旅行，对苏联做了一次秘密访问。这大概是 1971 年底；在莫斯科，针对这次诺贝尔奖的获得举行了一个迟到的庆祝会，但聂鲁达的主要任务是让苏联的顶级医生再次为他做体检。

莫斯科的这次访问，值得一提的是，聂鲁达的朋友苏联诗人西米翁·伊萨科维奇·基尔萨诺夫为他举行的一场难忘的晚会，这人曾是马雅可夫斯基的朋友。"当他和巴勃罗到一起的时候，你就像站在一场焰火旁边，四处迸发着机智与欢乐的火花，"玛蒂尔德说。在晚会期间，西蒙送给巴勃罗一个漂亮的酒杯，告诉他，"如果你要干杯，我和你一起。"[58] 后来，他们又回到了巴黎繁文缛节的工作中去了。

尽管他时常感到疲惫，聂鲁达依然严肃对待他的外交职责。豪尔赫·爱德华兹回忆说，聂鲁达是如何在早上十点走上他在大使馆三层楼的办公室——那个楼被他称作"陵墓"。他会和爱德华兹一起讨论电报和信件，并且接待两到三个来访者。

382

> 在大概中午 12 点，他已经非常疲惫了。他会把头伸进我的办公室——因为我的办公室就挨着他的——他说："我再也做不动了，我得出去走一走。""你去吧，"我会对他这样说。"不要担心任何事情。"或者，我会说："记住你一定要在几点几点吃午饭。"但他并不是忘记职责的那种人——除非在他的病情最糟糕的时候……下午他把自己关在二楼的卧室里，在那里，正如他在回忆录中写的，一个十字军东征时代的骑士，也能住得下，甚至，还可以放得下他的马。在午休之后，六点以后或者更晚的时候，我会下楼告诉他这一天发生的事情。聂鲁达仰卧在床上，床边桌子上放着一杯茶，床上铺满了书本和杂志，他肥胖的赤裸的双腿从被单中露出来，因为那时，玛蒂尔德会给他的腿脚做按摩——我认为是用来减缓静脉炎或者痛风的症状，因为聂鲁达也患了痛风。（"痛风阻止我吃鱼子酱，"他有一天告诉我——而这出自一个共产主义诗人之口的抱

怨听起来有一点滑稽。）后来，当他起床穿上衣服，玛蒂尔德必须蹲下去给他系鞋带，因为诗人令人难以置信地笨手笨脚……有一次我见到他的时候，大概九点左右，他穿着一身白色的衣服，准备出去参加招待会，他露出痛苦的表情，向玛蒂尔德吼叫。如果她没有来给他系鞋带，他就会等在那里一动不动，像一只沉重的船不能提起他的锚。[59]

1971 年 12 月 7 日聂鲁达，在他的诺曼底新家做了一个搬家暖屋聚会，他把这个房子叫做"曼克勒"——一个马普切印第安语，意思是"雄鹰"。很快爆发了一场风波。智利右派荒唐地说，聂鲁达在法国买了一座城堡。实际上，那只是附属于一个大房子的一个废弃木工坊。有人认为聂鲁达提前花了他的诺贝尔奖金，但他还没有正式被授予这个奖的时候，就已经为这个房子签署了订金支票。

在"曼克勒"，聂鲁达欢度了他的倒数第二个新年夜晚会。他们从莫斯科带回来大量鹅肉和新鲜鱼子酱。在浏览了整个在 1972 年可能要会见的客人名单之后，巴勃罗，玛蒂尔德和豪尔赫·爱德华兹把这个名单减少到只有两个人：哥伦比亚诗人阿尔图罗·卡马科·拉米雷斯——他是他的国家在联合国教科文组织的代表，另外一个是他的妻子，聂鲁达喜欢阿尔图罗，他是一个脾气非常好，并且重要的是，对政治不感兴趣的人。但是客人名单被缩减为两个人所反映的，一方面是聂鲁达恶化的健康状况，另外一方面是他对更为安静的社交聚会的新偏好。实际上，卡马科本人来的时候患上了非常严重的支气管炎，整个晚上都在沙发上趴着。

在接下来的几个月，许多朋友都拜访过"曼克勒"。在 1972 年 2 月，阿根廷小说家胡里奥·科塔萨尔和他当时的妻子，立陶宛出生的乌格内·卡尔威利斯坐着一个大厢式货车来到这里。他们整个周末都待在那里，一起到场的还有泰特博姆，他也在拜访他们。但巴勃罗的病却一次也没有被提起。科塔萨尔带给他的主人的礼物是对欧洲旅行的描述，睡在他的厢式货车里。聂鲁达有一次告诉萨拉·维亚尔：他最重视的，人类身上的一件事情:"不是智力,而是善良。"[60] 他喜爱胡里奥,因为他两者兼备。在科塔萨尔的这次访问中,他们开心地谈论了文学、旅行和回忆。

聂鲁达每周五从巴黎回到诺曼底来度周末。正是在"曼克勒",聂鲁达继写作他的书《徒劳的地理》,这本书在 1972 年 3 月由罗萨达出版。尽管这本书的献词说写于 1971 年的智利和法国,但是许多部分都写在更早的时候:一部分是在他 1969 年周游智利的时候,当时他正作为智利总统竞选的预备候选人而四处活动(尤其是开头几首诗提到智利南部的城镇),部分是在 1970 年 3 月到 6 月期间所写,当时他正在意大利旅行;而且我们知道 1970 年从意大利乘船返回智利的时候,他写了四首诗——《旅途》《蒙得维的亚十四行》《航海》以及《致丰饶的大海》。

埃尔南·洛伊拉说得对:令人惊讶的是,《徒劳的地理》没有直接或间接提到正在智利发生的政治动荡。也没有任何信号表明他对玛蒂尔德的侄女艾丽西亚的热情。洛伊拉认为艾丽西亚——她当时住在智利北部的阿里卡,她仍然在那里,和她女儿以及三个外孙一起住着,甚至今天仍然拒绝向任何人谈起她跟巴勃罗之间的关系——非常有可能拥有聂鲁达在这一时期所写的艳情文字。[61] 的确,聂鲁达写过一首诗叫作《也许她在等我》,大约在 1973 年,这个作品直到 2002 年才初次发表。在诗中他说,在伊基克(靠近阿里卡),

384

> 我忘了
> 一个爱,一把伞,以及
> 诸如此类。
> 我活着,一直在
> 想着
> 这个爱
> 或一个对象
> 或一个没有任何命运的

> 对象……
>
> 我想看看
>
> 是否我可以找到
>
> 我所失去的，
>
> 那也许仍在
>
> 等我的事物……[62]

《徒劳的地理》揭示出一个诗人不再隐藏他身体上的衰朽。

> 我感觉赤裸
>
> 在如此多奖章之后，
>
> 准备返回我来自的地方
>
> 回到泥土下的潮湿……

在这同一首诗中，紧接着出现了痛苦的诗句。

> 没有怜悯，给人中之人 [63]

　　1972 年 3 月巴勃罗和玛蒂尔德再次来到米兰。这一次，他们到那里参加意大利共产党第十三届大会。在晚上，聂鲁达在米兰学院做了一场诗歌朗诵。他也非常骄傲地看到一个书店陈列着他的三本诗集的意大利译本：《大地上的居所》《大诗章》以及《世界末日》，这三本书是同时出版的。

　　离开意大利，玛蒂尔德和聂鲁达在 5 月回到莫斯科。巴勃罗知道他需要更多的医学检查，尽管他再次在国宾馆有一个房间，他更多的时间是待在医院。

　　维拉·库泰什科娃和她的丈夫列夫·奥斯博瓦特在那里拜访了他。她告诉我说，他显然病得很厉害。

385

我们没有谈论他的身体状况，但几乎不可能隐藏他的状况，他完全知道自己出了什么毛病。他非常安静，但我们谈论的是最新意大利版的他的作品。列夫给他看他正要出版的聂鲁达散文集的目录，我们也谈论了远在他智利家乡的政治局势，他告诉我一些我忘不了的事情："我对现状非常悲观，但对未来非常乐观。"他对阿连德政府的脆弱性不抱任何幻想，但他仍然保持着希望。[64]

这证明是聂鲁达最后一次访问俄国。

回到巴黎，尽管他的健康状况继续恶化，他举行了更多的会议，包括有一次跟乔治·蓬皮杜总统会谈，他送给他一本《鸟的艺术》——目标本是讨论免除智利的外债问题。（墨西哥小说家卡洛斯·富恩特斯向我确认说，聂鲁达告诉他：三个小时与蓬皮杜总统的会晤，大多数时间用来讨论波德莱尔的诗歌了。）当列昂尼德·勃列日涅夫 1972 年正式访问法国的时候，他在巴黎的苏联大使馆私下会见了聂鲁达。在这次会见中，聂鲁达要求勃列日涅夫进行干预，停止对苏联作家亚历山大·索尔仁尼琴的伤害。正如聂鲁达告诉豪尔赫·爱德华兹："索尔仁尼琴是一个讨厌的人，一个难以忍受的白痴，但他们必须听之任之，因为，我们共产主义作家站在另一面，应该由我们来承担这个责任。"[65]

另一个在聂鲁达驻守巴黎的最后几个月造访智利大使馆的重要访客是多洛雷斯·伊巴露丽（热情之花），西班牙内战时期的共产主义女英雄，在莫斯科过着流亡生活。"聂鲁达让她坐在一把圈手椅里边，那是他刚刚在春天百货买的……'热情之花'热情地谈论着西班牙的民主化进程，在她看来，这是不可避免的。"很有意思的是，聂鲁达后来告诉爱德华兹，"热情之花"在赞扬西班牙正在进行的进步活动的时候过于热情，以至于她的圈手椅翻到了，把她重重地扑倒在地板上，"她身上背着一个古怪的壳，像一只巨大的乌龟，置身于诗人及其他三四个正在屋子里的人的惊叫声中。"[66]

4 月 7 日，聂鲁达飞到了纽约，在那里，他被邀请再次在笔会上致

386

辞。费尔南多·阿勒格里亚在前一次笔会中，也就是 1966 年那一次问题重重的旅行中陪伴过他。这次又和他在一起，住在纽约阿岗昆旅馆聂鲁达旁边的一间屋子里。"我知道聂鲁达正在遭受严重的疾病，他已经在巴黎做过手术，但他拒绝讨论所有的一切，"阿勒格里亚回忆说。"可是，他的健康状况的真相通过一些不起眼的细节表露出来，玛蒂尔德非常温柔但是严格地照料着他。"[67]

本打算在旅馆酒吧喝一杯，可计划被取消了，但聂鲁达仍然没有任何抱怨。"他忍受着与一个牙医的可怕会谈。然后我们打了一辆出租车去买贝壳。在路上，谈话进入一种意料之外的气氛中。他变老了。当然，人们都要变老的。你甚至都不用被提醒。"[68]

4 月 10 日，聂鲁达在纽约的一次晚宴上发表了一个演讲，这次晚宴是为了纪念笔会美国中心成立十五周年。他指出，虽然他被要求就免除智利外债问题进行谈判，他个人却对美国欠下了巨大的人情债。

> 至于我自己，如今我是一个几乎七十岁的人。在我发现沃尔特·惠特曼——我的第一个债主的时候，我才刚刚十五岁。今天，我站在这里，在你们中间，仍然亏欠着那帮我生活下去的巨额债务。伟大有很多层面，但我，一个用西班牙语写作的诗人，从惠特曼那里学到的比从塞万提斯那里学到的更多。在惠特曼的诗中，无知的人并不卑微，而人类的状况也从未遭到嘲笑。[69]

聂鲁达欠惠特曼的债的确是巨大的。当他的木匠拉菲塔注意到这个留着大胡子的美国诗人的肖像挂在黑岛的墙上时，他问巴勃罗："那是你爷爷吗？"聂鲁达毫不犹豫地回答说，"是的。"

与他晚年许多诗歌中悲伤、失败的腔调相比，聂鲁达的公开演讲显得过于乐观。在纽约，他说他希望非洲和亚洲的殖民主义可以终结，非洲和美洲的黑人作家正"开始表达他们不幸的、长久沉默的种族的真正诉求。政治斗争是诗歌的内在部分。人类的解放一直流淌在血液中，但也流淌在诗歌中……"[70]

387

似乎，他勇敢地在公共场合隐瞒真相，而这个真相却在他的诗歌中冲决而出。

聂鲁达很虚弱。他不再渴望持久的关注，不再想要成为任何宫廷上的皇帝。他想要和平。不只是世界和平。他的和平。他在纽约所不能找到的和平。就像费尔南多·阿勒格里亚所提到的：

> 有太多人围绕在他旁边。我看到聂鲁达脸色发白……他们围绕着他，他们挤压着他，让他走投无路，直到他被迫消失。他发现自己置身于一个优雅的、铺着天鹅绒的房间。在那里，他（得到了）空气和几口香槟，就像一个筋疲力尽的拳击手在最后的回合……就在他慢慢走向浴室的时候，他经过我的身边，告诉我，他感觉不是太好，他想在 11 月回到智利，但不能有任何人知道这一点。其实每个人都知道。[71]

就在他第二次访问纽约期间，聂鲁达再次享受在该城市的古董商店闲逛的乐趣，尤其是那些出售贝壳的地方。英国生物学家朱利安·赫胥黎爵士有一次到达圣地亚哥机场，询问聂鲁达——他是他的朋友。"诗人聂鲁达吗？"记者问。"不过我不认识任何叫作聂鲁达的诗人"，朱利安说。"我想跟软体动物学家聂鲁达说话。"

聂鲁达在纽约做了两次诗歌朗诵，在联合国总部以及在诗歌中心，他在 4 月 13 日向哥伦比亚大学的老师和学生们发表演讲。第二天他飞回了巴黎。

不久以后，米克斯·特奥多拉齐斯，一个著名的希腊作曲家，在巴黎过着流亡的生活，他为聂鲁达的《大诗章》谱写了音乐。他告诉诗人，他准备开始排练。巴勃罗忠诚地坐在角落里听着独唱、合唱团和乐队在唱他的诗歌 *Algunas bestias*、*Vienen los pájaros*、*Los libertadores*、*América insurrecta*、*A mi partido* 以及 *Voy a vivir*。让他感到惊讶的是，也许——他并没有音乐天赋——聂鲁达发现这个经历很欢乐，并且，在把一本签名版的《大诗章》献给特奥多拉齐斯的时候，他请作曲家 388

把其他诗歌加入这个清唱剧中：新加入的诗歌包括 *A Emiliano Zapata*、*Lautaro* 以及 *Sandino*。

在 7 月 12 号，他的六十八岁生日的时候，聂鲁达的精神状况非常良好，尽管他很虚弱。在诺曼底"曼克勒"的晚会上，他戴着一顶高帽子乔装打扮，穿着一件红色的酒吧招待夹克，戴一个假的山羊胡子。但就在桌子上小心翼翼地布置不同颜色的酒杯，跟大家分享他从最后一次莫斯科之旅中带回来的鱼子酱时，他突然转向一个客人——智利作家波利·德拉诺——说："波利，祝贺我吧。"

> 我以为他指的是安排好了桌子，但是他继续说，"我刚刚尿尿了，我成功地尿出来了，我感到，每个人都应该祝贺我。"在我听起来完全是不可理解的，因为当时我根本不知道他患了前列腺，不知道他最后一次去莫斯科是为了求医问药。[72]

1972 年 9 月 12 日，在为"霍塔"——一个代表工人、学生和其他职业者的共产主义青年团组织的第七次大会所写的乐观的贺词中，聂鲁达再次确认了他的共产主义信念。他写道：

> 年轻人必须学会年轻，那不是一件容易的任务。我是一个多愁善感的男孩。南方穷人的悲伤、雨的哭泣、不可摆脱的孤独，降临在我的生活。后来，我发现，生活越是把更多严重的问题扔给我们、找到我们的道路越是困难、我们对社会不公的感觉越是严重，我们就越是有理由感到我们配得上我们的责任。就是这样，我们找到了通向欢乐的道路……我们斗争，确保我们的欢乐可以被全世界所有人分享和拥有……

正是那种保持活跃的欢乐，使得他成了一个提升生命的诗人，正是他想要分享这种欢乐的慷慨，让他获得了如此众多忠诚的朋友——即便在政治敌人中间。

可是在这同一个致辞中，聂鲁达警告当下的年轻人：

资本主义和帝国主义在"自由世界"的伪装下掩盖自己。在这种伪装下隐藏着恐怖、阶级压迫和社会偏见。如今大量的国家都在进行革命。共产党人在受难、被攻击、遭到屠杀。他们对世界的命运有主要的发言权。历史的车轮滚滚向前，把那些落后者和急不可耐的人抛在身后。在我加入智利共产主义者大家庭的时候，我成了一个男人。我曾经历孤独。我曾感到并且理解悲剧、不幸和灾难。我曾经历战争和失败，打击和胜利。我以为我已经知道了一切。但我发现，在我党内部，走在人民中间，穿越美洲和智利的条条道路，我学到了很多，每一天，我从此前未曾谋面的无名之人那里学到关于智慧、厚道、坚定的伟大道理。

然后，在最后的表态性段落，他说："谁也不应该认为他自己高于他的党。谦逊感并不意味着一种隶属关系。而是克服个人性，学会终将把我们带向真理的纪律。"[73] 即便在他生命的最后阶段，共产党对他也是至关重要的。

1972 年 10 月，联合国教科文组织举行了一次投票，决定是否让聂鲁达加入他们的执行委员会。当代表团的投票通过，虚弱的聂鲁达强迫自己参加了欢迎仪式，收到了热烈的掌声。在演讲中，他告诉联合国教科文组织的代表们他人生中有个最重要的时刻，那时他朗读诗集《我心中的西班牙》里面的诗歌，对象是圣地亚哥市场中的搬运工人，从他们的反应中，他明白：他应该为普通人写作，避免使用"太难"的诗句。

1972 年 10 月 27 日，聂鲁达在巴黎一家诊所进行了第二次手术。再一次，他坚持要求该手术必须绝对保密。私下里，聂鲁达已经下定了决心——虽然不情愿——辞掉他的大使职务，尽管他向很多朋友承诺他不会。他的病情意味着他需要返回智利，那是他无论如何都想要度过的留在地球上的最后时光的地方。

　　他写信给他在智利的朋友博洛迪亚·泰特博姆，告诉他推迟一个原计划为他举行的回国欢迎仪式，推迟到 12 月 2 日，给他时间来从手术中康复。可是任何返回智利的活动必须向世界宣布为临时。

390　　对米克斯·特奥多拉齐斯，聂鲁达给出的解释是他希望向媒体和其他朋友传达的官方理由：总统阿连德警告他，智利正面临严重问题，他回国到场是责无旁贷的。

　　就在聂鲁达永远离开巴黎之前，他养成了一个新的习惯，透过一个廉价望远镜从大使馆的卧室向外凝视荣军医院的金色穹顶。很显然，那是一个孩子望远镜：可见他直到最后也没有丧失对世界的好奇心。

第十五章

最后的岁月——以及一份死后的礼物

1972—1973

巴勃罗和玛蒂尔德最终在 1972 年 11 月离开巴黎，他们照例搭乘从欧洲返回的航班，在布宜诺斯艾利斯逗留，最终于 11 月抵达圣地亚哥。当他在普达维尔机场走下飞机时，时隔两年，这个诗人看上去已经很憔悴，跟他二十年前结束流亡返回时的光彩熠熠的外表完全不同。他知道这一次他是回国来赴死。而且是回到一个在严重政治暴力事件困扰中的智利。

费格罗阿说："他很疲惫，他的皮肤看上去灰黄。"

对他来说，参加在国家体育馆为他举行的致敬仪式是一种身体上的巨大折磨。在这个仪式上，普拉特斯将军——当时的共和国副总统——发表了讲话。我记得，聂鲁达必须站在一个敞篷车上穿过整个运动场，就好像他的双腿正常。随后，他做了一个非常漂亮的演讲。他不想让当局、人民以及记者看到他病了。当人民为他的健康状况感到难过的时候，他感到非常恼火。那也是在这个事件结束之后，他马上返回"黑岛"并且再没有在公众面前出现的原因。[1]

12 月 2 号的仪式中，圣地亚哥国家体育场并不是满员的。还有很多空座——这对聂鲁达所涉及的任何一个事件来说都是罕见的。原因是恐惧。恐惧在大街上被看到。恐惧在一个如此公开的政治聚会中被看到。演讲中，聂鲁达针对性地警告智利面临的法西斯主义危险。带着预感，他把那里的气氛与那把西班牙带入血腥内战的佛朗哥暴动相比较。他承诺要为即将到来的 1973 年 3 月的国会选举努力工作——反对派试图利用这次选举来推翻阿连德。但聂鲁达仍然拒绝公开披露他病情的严重性。下面这些话讲述了一个委婉的故事："生活,斗争,诗歌将持续活下去,而我无异于辉煌的智利道路上的一个小小的记忆。"

聂鲁达"实际上"知道多少关于他病情的真实状况呢?玛蒂尔德让他所有的朋友都承诺不告诉他得了癌症。1972 年 12 月 28 日,聂鲁达从黑岛写信给豪尔赫·爱德华兹,提到他屁股上的"风湿"。几个月后,他再次给爱德华兹写信说:"我的风湿每天都在加重,我用一根拐杖走路,我不喜欢出现在别人面前。我实际上再没有去过圣地亚哥。"[2] 而实际,他去首都非常频繁——去做紧急医学检查。

爱德华兹回忆说:

> 智利的医生们告诉玛蒂尔德,巴勃罗的癌症发展得很慢,并且他可以活很多年。他们坚持认为,让他保持良好精神状况是很重要的。如果让他滑入一种沮丧中,他的器官——医生解释说——就会释放出肾上腺激素,而这反过来会加剧癌症的恶化。这完全是一个足够的理由,说明向他隐瞒病情严重性的真相是正确的。[3]

智利的政治局面极端不稳定,萨尔瓦多·阿连德的"人民团结"政府已经改变了智利公共生活的许多方面。政府已经计划进行经济国有化,并且增加了一个大规模的收入再分配计划,允许公众参与国家经济。可是,智利社会变得越来越分化。一个基督教民主政治领袖,艾德蒙多·佩雷斯·祖科维奇,在 1971 年 6 月被一个极左组织谋杀,加剧了政治紧张气氛。六个政党的统治联盟的巨大广阔性是顺利推行政策的一个主要障碍。激进党是一个温和的社会民主党派,而阿连德自己的社会主义党左翼派别是列宁主义者。尽管该政府想要把它的一揽子政策加入到宪法中去。联盟内部的社会主义者和共产主义者对于这到底要在多快程度上实现存在分歧。社会主义者相信革命是至关重要的,而共产主

393

者尽管在外交政策上忠于莫斯科，在内政事务上却更为谨慎，并且认为有必要巩固中产阶级。并且，在社会主义党自身内部，存在党派之争和持续的无纪律性。

"人民团结"政府实现了一些令人瞩目的成就：比如给所有学校孩子分发免费牛奶，改革税收体系。但收入控制的乏力和其他经济失败导致持续的不满。因为希望采取一种更为均衡的方式，1972年7月，社会主义者卡洛斯·马图斯被任命为经济部长，而一个共产主义者奥尔兰多·米拉斯被任命为金融部长。但价格控制的放松以及货币贬值导致通货膨胀螺旋式上升。

与此同时——归功于2000年11月美国参议院解密的一系列分类文件，我们知道——美国当时对智利的干预变得全面而广阔。早在1964年，由于恐惧另一个"古巴"在拉丁美洲出现，美国"政府运作研究委员会"授权投入一笔300万美元的款项，用来确保基督教民主党派总统候选人爱德华多·弗雷赢得选举。弗雷的确在1964年9月4日当选为总统，1970年3月25日，同一个美国委员会部署了12.5万美元用于一项运动，在接近选举的几个月诋毁阿连德的"人民团结"联盟。6月27日，另外40万美元被用于同样的目标。7月16日，约翰·迈克科恩——前任美国中央情报局局长——组织了一场会谈，一方是中央情报局的威廉·布朗，另一方是哈罗德·葛宁，他是美国跨国公司，ITT（国际电话电报公司）的一把手。双方讨论：是否可能疏通ITT的经费，来用于加强反对阿连德竞选的活动。[4]

就在1970年9月4日阿连德竞选获胜的时候，美国的这个委员会批准了另外25万美元，用来帮助美国大使在圣地亚哥影响智利国会1970年10月24日举行的最终决定选举结果的决定性投票。与此同时，葛宁9月9日告诉迈克科恩，他准备支付100万美元用于合作参与任何美国政府计划，目的是在智利国会形成一种联盟，阻止阿连德获选结果得到最后确认。几天后，迈克科恩会晤了美国国务卿亨利·基辛格，以及中央情报局的领导人理查德·赫尔姆斯。9月15日，尼克松总统授意赫尔姆斯，通过支持一场军事政变，阻止阿连德在智利掌权。第二天，基辛格告诉白宫新闻发布会，阿连德的胜利会造成美国和拉丁美洲的大规模问题。1970 年 10 月，ITT 给白宫提供了十八点计划，旨在保证"阿连德不能度过接下来最关键的六个月"。ITT 的计划被拒绝了。尽管曾支持阿连德总统民主选举的智利军队总司令勒内·施耐德 10 月 19 日和 20 日逃过了两次暗杀行动，但是他还是在 10 月 22 日遭受了致命的伤害。两天后，智利议会以 153 票对 35 票，批准了阿连德选举的胜利。尼克松的美国政府承认了他们的失败，此时努力通过继续投入几十万美元给圣地亚哥主要的右翼日报《信使报》，来诋毁新的马克思主义政府。紧接着又投入了 70 万美元左右给这个报纸。

　　阿连德有另外的麻烦。1972 年 8 月 21 日，在一个 24 小时商店主罢工以暴力结束之后，他不得不在圣地亚哥省宣布一项紧急状态。10 月 26 日，美国的委员会又不失时机地在 1973 年 3 月国会选举前，一次签署了 140 万美元用于支持反对党和智利私人部门。阿连德总统 12 月 4 日在联合国全体大会上发表的一次演讲中，称智利是"一个严重侵略行为"的受害者，并且受制于"来自国外的大规模压力"。

　　这样一个局势构成了聂鲁达巴黎时光的背景——而且由于病情不断加剧，他的处境并没有因对祖国未来的深切关注而减缓。他渴望看到智利回到正确的轨道上，并且摆脱美国的干预。这很快体现在他最具争议的一本诗集中，这本书叫作《打倒尼克松，赞扬智利革命》聂鲁达在 1972 年 12 月到 1973 年 2 月期间写作了这本书，它在 1973 年 2 月由圣地亚哥的基曼图出版社发行，印刷了 1000 册特殊版。在接下来的一个月，利马的格里哈尔沃出版了发行量更大的版本。

　　聂鲁达的很多崇拜者谴责《打倒尼克松》抛弃抒情风格，转向直白的争辩。但很有必要把这本书看作是聂鲁达对 1973 年 3 月"人民团结"联盟参与智利国会选举的一个贡献。正如罗伯特·普林-弥尔对该书所作出的宝贵研究中所说的，

　　　　那是充满危机的两个月。诗人准备彻底用他的艺术为"人民团结"　　　　阵线服务，以便呼吁大众，因此写了一本故意成为宣传小册子的

书。他的确意识到他的努力将会被大多数诗歌崇拜者用一种否定的眼光来看待，也知道这个作品将会变得如此随意，以至于很可能无法超出写作时的具体时局。[5]

"人民团结"阵线在 1973 年 3 月 4 日国会选举中赢得了 43% 的选票——尽管有大量的钱持续不断地从美国委员会流入智利。

《打倒尼克松》的序言——聂鲁达把它称作"无可置疑的解释"，署名日期是 1973 年 1 月——非常坦白。在序言中，他说他没有选择，必须写这本书。

> 我的歌是对我人民的敌人的坚定攻击，像阿劳坎人的石头一样坚硬。这也许是一个转瞬即逝的功能，但我必须完成它，我打算诉诸诗歌最古老的武器：歌与宣传册——它们无论在古典时期还是浪漫时期都被用于摧毁敌人。我的立场如此坚定，我打算打响第一枪！[6]

像这样，更为坦白的是，巴勃罗 1973 年 2 月 15 日从黑岛写信给罗伯特·普林-弥尔——也是他写给这个英国研究专家的最后一封信——在信中，他把《打倒尼克松》描述为像《壮举之歌》那样的宣传小册子——那是他 1960 年写给古巴革命的颂歌。"它们是有意为大众阅读而写作的诗歌。"[7]普林-弥尔相信，聂鲁达在这两部作品与他其他诗歌之间看到了一个明显的区别，无论他的诗歌"就形式而言（缺乏机智、表达技巧，可阐释性）……"可能很政治性。这封信似乎依然在暗示着，聂鲁达认为：只有这两本书才有"对社会斗争的直接力量。"[8]

从 1929 年以来，聂鲁达经历了多么漫长的一条道路——当他写信给阿根廷朋友艾克多·伊安迪的时候，他说诗人有一种"授权"来"穿透生命，让它变成一种预言：诗人必须是一个迷信的人，一个神秘存在……诗歌必须装载宇宙的实体，激情和对象。"[9]

如今垂死的和平主义者聂鲁达显示出一种促进暴力的意愿。他本人

396

并没有把这看成一种自相矛盾。正如他在 1970 年 1 月对丽塔·吉韦特所说的那样：

> 除了暴力还是暴力。在一个持续被恐怖和法西斯暴力统治的国家，我相信所有逃离这种局面的手段都是正当的。当政府被海地的"爸爸医生"这样的暴徒统治的时候，还有什么别的可能性呢？监狱里充满政治犯，就像在巴拉圭。每个人民都必须选择它的道路。你不能说"我不信任暴力是一种普遍的政治准则。"[10]

聂鲁达计划在 1972 年 10 月底和 11 月在另一次牛津访问期间来讨论他的《打倒尼克松》。普林－弥尔邀请他到那里去朗读他的诗歌，并且参与一场关于"第三世界诗人的角色"的讨论。但是，不幸的是，聂鲁达不得不取消这次旅行，到巴黎接受第二次手术——在那以后他辞去作为大使的职务回到智利进行休养。他有意在完全康复之后再次访问牛津。他相信 1956 年 6 月第一次对该大学城的访问——在那里他当时被授予荣誉博士头衔——是他朝向赢得诺贝尔奖的一个至关重要的步伐，并且他珍惜这次机会，来发展他在 1971 年诺贝尔受奖演说中开始建立起来的观念。

1973 年 2 月 15 日，在写给普林－弥尔的信中，聂鲁达说：

> 人民对复杂的诗歌并不感兴趣，即便它把自己叫作一种"斗争的"诗歌，而它也不以任何方式为他们服务。它只是为了专家之间进行讨论所提供的奢侈品。我的丰富经验教会我许多。至关重要的是，在私人诗歌与公共表达的分裂中，没有理由让后者惧怕争论——实际上，它应该剥夺前者，侵略前者。[11]

1972 年 11 月，塔勒雷斯·格拉费卡·加尔西亚出版了一本《聂鲁达通行选本》，这是阿连德总统倡议出版的，并撰写了序言，祝贺聂鲁达获得诺贝尔奖。这本书特别声明：聂鲁达不会获得任何版税。这些诗的挑选是由聂鲁达的朋友兼秘书奥梅罗·阿尔塞决定的，那是 1972 年 9 月，在聂鲁达位于诺曼底的"曼克勒"家中，两人对此进行了一次交谈。

与阿尔塞的愉快合作，在聂鲁达的书《被选择的错误》中得到回忆。这个标题总结了聂鲁达的感受。但并没有《日子之手》中那种牢骚式的自我指责，聂鲁达回归了《狂想集》中那种真诚，以及真正迷人的自嘲。

《无能的人》是一首才华横溢的诗，令人惊奇地表达了一个在他整个成人生活中在女人方面如此成功的男人的自黑：

> 哦，那些女孩！
> 我从未见过那样的公主……
> 我微不足道地
> 游荡，怀着骄傲，隐藏着
> 我这恋爱白痴的状况
> 不敢去看，一条腿，或者
> 那从头上披下来的头发
> 像黑暗之水的幕布
> 哦，我的欲望。
> 后来，女士们和先生们，同样的事情发生
> 在我经过的任何地方，
> 通过一道手肘或者两颗冰冷的眼睛，
> 他们将我从竞争中淘汰。
> 他们不让我分享他们的美食
> 他们金发飘飘地走开……[12]

可是，疾病萦绕着这本书。聂鲁达在令人震惊的诗《战士的滑稽模仿诗》中几乎是精神错乱的。他以前写过（在《大地上的居所》中的那首《我的双腿的仪式》中）那种乐趣，沉思他身体各个部分尤其是双腿，几乎看上去就像他们从主人那里分离了。如今，在持续不断的高烧

398

中，他再次感到他因痛风而变得行动困难的双腿就像是无用一样。

> 从这上方，我可以看着它们：
> 我的双腿多么笨拙，
> 没有我的建议，
> 它们多么可怜地在路上走着，
> 他们不知道任何东西，关于太阳
> 或尘土，
> 他们必须学习成为小孩
> 学习吃饭，学习侵略，
> 学习爬上群山，
>
> 学习整理笔记本，
> 杀死跳蚤，
>
> 辨认领地，
> 发现岛屿。

仍然在斗争中的阿连德政府对他们最著名的支持者仍然念念不忘。在 1973 年初，该政府宣布：在 1974 年 7 月 12 日将会有一个国家庆典，纪念该诗人的七十岁生日，世界各地的作家们将会受到邀请，智利人民也会在场。

"为了以某种小小的方式报答这些爱的信号，巴勃罗开始准备他的惊喜——他想要献给所有他爱过的人的礼物，"玛蒂尔德回忆说。[13]

对于他当时正在写的八本书的顺序存在着相当大的争议（有七本是诗集，一本是回忆录），它们最终将在他死后得到出版。我们知道他经常同时写好几本书。我们也从玛蒂尔德那里得知，八本书中的六本在聂鲁达死前已经写完。其他两本——《海与钟》以及《被选择的错误》——没有完成。另一个阻碍是聂鲁达喜欢提前以一种限量版来出

版他的部分书籍。他也有一个习惯，把一些零散的诗歌送给报纸，尤
其是委内瑞拉的日报《国民报》出版，该报编辑是他的朋友米盖尔·奥
特罗·席尔瓦。《被选择的错误》和《黄色心脏》中有些诗就是发表在
这里。

聂鲁达为他七十岁生日所写的这些书包含了他最具抒情性的一些诗
歌。它们充满痛苦，对死亡的恐惧，身体衰落的意识，对和平的渴望，
对团结的渴望，对理解的渴望。令人难忘的是，他竟然还有能力写作。

1973 年 1 月中旬，聂鲁达在瓦尔帕莱索的塞瓦斯蒂安娜欢乐地款
待一些来访的苏联朋友，他给他们看一个装着一只酒杯的盒子，解释说
这是西米翁·基尔萨诺夫送的礼物。其中的一个来访者在犹豫了片刻之
后，问巴勃罗："为什么你谈论基尔萨诺夫的时候用现在时？你不知道
他一个多月前就已经死了吗？"基尔萨诺夫在 1972 年 12 月 10 日死于
莫斯科。

"这是一个非常难以描述的时刻，"玛蒂尔德回忆说。

巴勃罗手上拿着那个酒杯呆住了，凝视着它。痛苦沉默了几分钟
后，他离开了房间，走出去，一句话也没说。我走出去，从远处看
着他。他的眼睛望着那个玻璃杯，他走来走去，遗忘了现实。我不
想更接近他。我从远处看着，哭泣，为我们死去的朋友，而更多是
为巴勃罗的痛苦而哭泣。我唯一知道的是，这多么重大呀。过了一
会，他回到了房间。那里，一种沉默堵住了每个人的嘴。我们看着
彼此，他找到了微笑的勇气。我也微笑了。"这是伟大的基尔萨诺
夫开的一个玩笑，"他用一种无精打采的声音说道。"他现在想要做
的最后一件事就是，打扰我们干杯。"[14]

还有其他损失。聂鲁达住在瓦尔帕莱索，正在接受钴治疗，消息
来了，说毕加索死在 1973 年 4 月 8 日，享年九十一岁。智利记者路易
斯·阿尔韦托·曼西拉在瓦尔帕莱索的开普杜卡尔酒店的房间里采访了
聂鲁达：

他躺着。没有椅子，他让我在床脚边的一个地方待着。他刚刚醒
过来……那个雷打不动的午觉……他起来了，在房间四处走动，
向外可以望见大海。当然，他不是我们熟悉的那个聂鲁达，但看
上去精神非常不错。他说了很多话，谈到他的七十岁生日。他怀
着同情提到阿连德总统，说他认为他是对文化真正友好的一个总
统……关于毕加索，他有很多要说的。严肃的事情以及奇闻轶事。
他们被长久的友谊和一种政治亲密连接在一起……唯有可的松这
种药物在他脸上留下了不可避免的痕迹，这提醒我们：巴勃罗已
经病得非常严重。[15]

聂鲁达某种程度上依然保持着乐观。4月13，他写信给豪尔赫·爱
德华兹表达了他的信念：阿连德政府可以坚持住，尽管有来自各方的压
力。再一次，他提到了他的病是风湿，并且说，智利的生活是一种"补
药，兴奋剂，无可比拟"。

1973年6月29日发生了所谓的"坦克政变"：右翼武装，陆军上
校罗贝托·索佩尔控制了圣地亚哥市中心，袭击了国防部和总统官邸。
尽管忠于政府的军队挫败了这场叛乱，这是四十二年来第一次试图推翻
合法当选的总统的政变。这个国家正在崩溃。

巴勃罗的朋友和律师塞尔吉奥·因孙查当时是智利司法部长。他可
以看出那些想要打倒宪法政府的人下决心不惜一切手段来达到他们的目
标。"巴勃罗在'黑岛'跟踪着事态的每一步进展，他渴望得到各种消
息，他问来访者的第一件事就是：'告诉我，告诉我现在怎么样。'"[16]

1973年7月12日，聂鲁达庆祝了他的六十九岁生日——尽管"庆
祝"这个词并不十分准确。"我们只有很少人去看望了他，"阿依达·费
格罗阿说。"我们发现他躺在床上。我给他带去了一篮子水果，我帮他
站起来，对他说：'拥抱，亲吻和水果，都有。'"[17]

阿依达的丈夫塞尔吉奥·因孙查以及几个朋友坐在床边，其他人都
在楼下跟玛蒂尔德一起吃饭。"我们没有兴趣开玩笑。我们国家的局面
正陷入白热化状态……我们觉得还会更糟，"阿依达说。[18]

聂鲁达非常虚弱。许多来拜访他的朋友都认为,这可能是巴勃罗最后一个生日了。一个小小的代表团,包括博洛迪亚·泰特博姆,共产党代表格拉迪斯·马林,和贡萨罗·罗萨达——聂鲁达的布宜诺斯艾利斯出版商的儿子都来了;罗萨达以他父亲的名义送给他一件巴塔哥尼亚人的夹克,让他保暖。作为回报,聂鲁达让玛蒂尔德拿出七本未出版的书的手稿——每一本意味着他一生中的十年。他把它们交给罗萨达,后者答应马上出版。聂鲁达告诉他,要等到第二年:1974年再出,因为那意味着他的七十岁。

正如何塞·米盖尔·巴拉斯指出的,"这些最后手稿的笔迹是非常不同的。这些笔迹显示作者生病了。"[19] 他是躺在床上写完最后这几本书的,为此,他前面架着一张大板子。

在写给胡安·路弗拉克的一封信中——日期是1975年2月25日——玛蒂尔德确认:

> 巴勃罗为他所有死后出版的书亲自选择了标题。有一些诗没有标题,我就用第一行做标题。我绝不敢擅自为巴勃罗的任何一本书、一首诗添加标题,也不允许任何其他人这样做。(1973年)9月,巴勃罗告诉我他要花两个月写回忆录。在他的笔记本里,有几个标明的章节没能写完。但回忆录已经从第一章写到最后一章,最后一章是在11日(1973年9月11日智利军事政变)之后写的,这一天无论如何在他看来是一锤定音的结束之日。[20]

我们知道,聂鲁达从1973年开始修订他的回忆录。他采用了1962年为《航海》所写的十篇文章以及其他一些资源。

埃尔南·洛伊拉相信:聂鲁达是在1971年初写作他的《2000》的——他死后最先出版的几本书之一——也就是在同一时期,他写出了复活节岛那本书《分离的玫瑰》,后来修订了那些诗。实际上,《2000》在1974年由巴勃罗的朋友朱塞佩·贝里尼——米兰大学的一个聂鲁达研究专家——以意大利语出版,和其他作品一起被称作"遗作"——这是一

个错误，因为它包括了《分离的玫瑰》，而这本书 1972 年就已经在法国
出版。聂鲁达的布宜诺斯艾利斯出版商罗萨达在 1974 年 1 月 8 日首次
出版了单行本《2000》。

批评家路易斯·桑恩斯·德梅德拉诺认为：在《2000》中，"聂鲁达
在——从现在的眼光——看待未来的立场上越来越与（乔治·）奥威尔
站在同一战线——不会比 20 世纪更多或更少不人道、不公正。也有理
由联想到（塞萨尔·）巴列霍的《我将死在巴黎大雨中》，能够面对他死
后生活，聆听那些哀叹自己不公正遭遇的人的声音。"[21]

我认为《2000》中这种对死后时光的关切让人更多地回想起克维多
而不是任何其他人——而且我们知道，聂鲁达不断表达过他对"黄金时
代"诗人的感激，因为它让他学会很多东西。还有什么比下面这些诗行
更具有克维多味道的呢？

> 我已经抵达了上面描述的 2000 年，
> 我从它那里会得出什么，
> 我用什么来刮擦，我怎么打发
> 那三个零？——它们以其辉煌洋洋自得
> 凌驾于我自己的零，我的不在？ [22]

另一个批评家塞勒纳·米拉雷斯指出：比聂鲁达年轻的同胞尼卡诺
尔·帕拉也曾使用这种技巧，用死亡的口吻说话。[23] 但克维多意识到：
这种出自死亡的口吻具有纯洁性和真理。

在《2000》中，聂鲁达无情地暴露了他对乌托邦缺乏信念——这
是他十五年来（至少是自 1956 年以来）在内心中不断加深的幻灭进程
的合乎逻辑的高峰。我们现在看到的是那个与西班牙诗人豪尔赫·纪
廉曾经说过的，受到费德里科·加西亚·洛尔迦启发形成生活戏谑精神
的聂鲁达完全不同的聂鲁达。"洛尔迦创造了聂鲁达，"纪廉说过——
但如今，政治幻灭粉碎了他。正是这个聂鲁达，因为古巴诗人尼古拉
斯·纪廉签署了那封著名的反对他的 1966 年公开信而对其产生了怨恨，

因而在回忆录中把他的同名人豪尔赫·纪廉称作"那个好纪廉，西班牙的纪廉"。

可是，总体上，聂鲁达在这本书中保持了乐观主义。他依然感到苏联的某些东西是成功的——尽管，正如他的桑恩斯·德梅德拉诺正确地指出的：这更是出于一种"情感原因而不是意识形态原因"。 403

这并不是他第一次尝试对未来世纪的想象。《壮举之歌》中已经有一首诗叫作《写于 2000 年》。但这本书显示了一个注定要以某种形式存活的聂鲁达，即便他必然感到了：唯有医学奇迹能让他在身体上这样做。因此，就像莎士比亚在他著名的第十八首十四行中所写的，聂鲁达清晰表达了他想要通过他的写作继续存活的愿望。

> 今天是今天，昨天已经过去——这毫无疑问。

> 今天也是昨天，我离开
> 沉入那过去的寒冷岁月，
> 那岁月随我离去，携我而去。

> 这也确定无疑。我由文字构成的
> 骸骨，跟骨头一样硬，暴露于空气和雨水，
> 我能欢庆那身后发生的
> 事情，不是一首歌或一个证词，
> 而是词语顽固的骸骨。[24]

聂鲁达的下一本"生日书"——《哀歌》包含许多献给他在莫斯科死去的那些朋友的动人诗作——其中有西班牙雕塑家阿尔韦托·桑切斯；土耳其诗人纳西姆·希克梅特；以及苏联作家伊利亚·爱伦堡，西米翁·基尔萨诺夫以及聂鲁达的另一个俄语翻译家奥维迪·萨维奇。

> 那微笑在哪？

交谈的绘画在哪？

那教诲的话语在哪？

它们出自那发笑者，那发笑者，

我在那些街道上丢失的

那些人的清脆笑声 25

　　他写到，斯大林被他灵魂中居住的上帝和魔鬼抓住了。可是，神秘地，也许是感情用事地，聂鲁达仍然把他称作

404　　　　明智，宁静的格鲁吉亚人，

葡萄酒与其他事物的专家

　　埃尔南·洛伊拉认为：聂鲁达写作他的下一本书《黄色心脏》的时候，正处在玛蒂尔德发现他与她侄女艾丽西亚的关系后的震动状态，并且到法国努力修复他的婚姻。无论这是否真实，我们的确知道：玛蒂尔德认为这个集子中大多数都是关于她的。

　　实际上，这本书中，聂鲁达对于自己的身心状况非常诚实：

时刻不停地，我感到快乐！……

通过我忧郁的前列腺

我尿道的异想天开，

他们不慌不忙，把我带到

那个必然的结局……26

　　在 1973 年的智利冬天，聂鲁达邀请记者和未来小说家伊萨贝尔·阿连德（总统萨尔瓦多·阿连德的侄女）到黑岛做客。

　　诗人状况并不好……风在松树和桉树之间呼啸，大海是灰色的，在那个由大门紧闭的房屋和空荡荡街道构成的滨海小镇下着小

雨……巴勃罗·聂鲁达，肩膀上搭着一条披肩，一顶帽子加冕着他古怪而壮硕的头颅，不拘礼节地欢迎了我。他告诉我他很喜欢我那些幽默文章，有时候影印它们，分发给朋友们。他很虚弱，但他有力气带我穿过那个巢穴的各种奇妙转弯与角落，那里充塞着朴素的财宝，他给我看他收藏的贝壳，酒瓶，玩具，书本和绘画……他也喜欢他的食物。午饭我们烤了海鲈鱼，那种白色的肉很瓷实的鱼是智利海域的鱼王，还喝了干白葡萄酒。他谈论他正赶在死亡剥夺他的权利之前写作的回忆录……他谈了一会儿政治形势，这形势让他感到特别痛苦，当他谈到他的国家被分裂成暴力的两极，他的嗓音都沙哑了。右翼分子的报纸出版了六栏头条：《智利，保持你的仇恨，你需要它！》煽动军队掌权，要求阿连德要么辞去总统职务，要么自杀，就像上个世纪总统巴尔马塞达为了避免内战所做的那样…… 405

午饭后开始下雨……我意识到，诗人非常虚弱了，酒也开始上头，我必须赶紧。

"如果你愿意，我们现在可以开始采访，"我提议道。

"采访？"

"是啊，否则我干嘛来呢？对吧？"

"采访我？我不会让我自己做那种事，"他笑道。"我亲爱的孩子，你一定是这个国家最糟糕的记者。你无法做到客观，你把自己置于你所做的任何事情的中央，我猜测你无法超出杜撰，当你缺乏新闻，你就发明新闻。你为什么不改行写小说呢？在文学上，那些缺点都是优点……"[27]

奥斯瓦尔多·罗德里格斯，称诗人的下一本书，《冬天的花园》是"聂鲁达最深刻的抒情诗之一"[28]。另一个批评家海梅·阿拉兹拉齐对聂鲁达这本书以及另外的临终著作有一个非常有意思的理论。聂鲁达声称，他对他在东方当领事期间所遇到的东方宗教无动于衷，甚至是格格不入。但是，阿拉兹拉齐坚持认为，这些晚期诗歌中的循环的形式以及想要退回自身内部的需要，以及一些象征，都让人想起婆罗门哲学。在《一条狗已经死去》这首诗中，他与他的宠物狗在死后交流：

> 为了这条狗以及所有其他狗
>
> 我相信天堂：是的，我相信有一个天堂，
>
> 我绝不会进入——但他会在那里等我，
>
> 摇动着它的尾巴像一个风扇
>
> 确保我出现的时候，我有一个朋友 [29]

并且与《星辰》里面的自然交流：

> ……沙子做出决定，并且
>
> 作为风景和海浪的一部分
>
> 作为盐的一个音节，作为一个水虱子，
>
> 我，统治着，一个海岸的奴隶，
>
> 献出我自己，把自己铐在岩石上……

406

　　右翼智利批评家伊格纳齐奥·瓦伦特留意到一个事实："聂鲁达直到最后都保持着他的卓越能力：揭示自然的面貌，一种独特的光的品质，转瞬即逝的神秘感，一天中的一个时辰，一个季节……所有这一切都凝聚成豪华的流畅语言，让整个诗奔流着……聂鲁达从未缺乏的那种即兴的音乐感。" [30]

　　这种即兴音乐感也许实际上从未远离他，但是，就像他的朋友阿依达·费格罗阿在智利告诉我的：

> 当他病的非常厉害的时候，他在黑岛告诉我说："阿依达，如果能够听音乐的话，那会对我帮助多大呀。"巴勃罗是个迷人的男人。他珍惜与他对话的每一个人。我从未听到他谈论别人的不是。他是

一个天才，不仅作为诗人是，而且在任何与人际关系相关的事物上都是。他唯独不拥有的一件事情就是音乐感。他无法理解音乐。他能够听懂鸟儿的声音，人的声音。但听不懂音乐。[31]

聂鲁达自己在他的回忆录中写道："我的耳朵不能辨认哪怕最明显的旋律，即便在那种情况下也非常困难。"值得一提的是，他说真正感到有魅力的第一个音乐片段是来自一个纯粹文学性的转述：马塞尔·普鲁斯特。这段音乐是塞萨尔·弗兰克为钢琴和小提琴写的奏鸣曲的一个三张盘唱片集。

普鲁斯特，最伟大的诗歌现实主义的塑造者，徘徊于许多艺术作品，绘画和教堂，女演员和书本的激情沉溺中。但尽管，他的眼光点亮了他所触及的任何东西，他经常再次回到这个奏鸣曲的魅力之中。对它进行回忆的段落有着一种他可能不曾给予任何其他描述段落的那样一种强度……我想要在那个音乐段落中看到普鲁斯特的奇妙描述，我被音乐的翅膀一扫而空。[32]

时至当时，聂鲁达非常孤独，只有非常少的几个朋友不断来看望他。他不断在私下里和公共场合回顾自己的童年。他的朋友萨拉·维亚尔告诉我说：

聂鲁达向我谈到很多关于他童年的事情。他谈论他的"粗暴的父亲"*，一个他似乎非常崇拜的硬汉——他也许已经忘掉了童年的恐惧——他对他感到一种深情。但也许聂鲁达有一种对他童年的理想化观念。他的（同父异母）妹妹劳丽塔告诉我说：巴勃罗孩子时候在特木科曾经非常无聊，并且大部分时间在床上度过。[33]

407

---

* 原文为 "padre rudo"。

一场医生罢工意味着聂鲁达被剥夺了他在瓦尔帕莱索的钴治疗，这种治疗是人们希望用来控制他病情的。他告诉阿依达，他只有两种选择："一个是获得一种'月球表面'，另一个就是死"。月球表面指的是他知道如果回去继续服用可的松会造成身体肿胀的结果。"巴勃罗……没有抱怨或者也没有谈论他的疾病。他继续用同样的时间表，和以前一样的严格写作。有时候他待在床上，继续在那里写作。他喜欢不断调整对未来的计划，"阿依达回忆说。[34]

当时的来访者之一是智利共产党领导人路易斯·科尔瓦兰，他向聂鲁达确认：阿连德充满了精力——尽管有施加给他的各种压力，他跟以往一样坚定，继续沿着他为智利选择的道路前进。

智利诗人，兼外交官温贝托·迪亚兹·卡萨努埃瓦也拜访了住在黑岛的聂鲁达，并且留下了他的见证：

> 我从未感到他如此亲密，如此具有兄弟情义。我对他说："我在你房间的房梁上看到了我们死去的朋友的名字，其他一些房梁都是空的，在等待着……"他告诉我说："是的，温贝托，死亡是多么可怕的一件事情，没有任何怜悯。"我向他提到里尔克，那是他年轻时翻译过的人。多年后，他发表反对里尔克思想的言论，包括我自己。他笑了。"温贝托，我现在看到，没有所谓纯粹或者不纯粹诗歌这种东西。我不得不犯下错误，但我足够诚实来承认它……"[35]

尽管病成这个样子，聂鲁达仍然决定继续推进他用诺贝尔奖所获得的奖金来支持的计划。塞尔吉奥·因孙查回忆说，

> 就在 1972 年回到智利以后，他就叫我——我当时是（阿连德治下的）司法部长——推进他考虑了很久的一个项目。他拿到了靠近黑岛的一块土地，在普恩塔·德特拉卡，他计划为智利和外国作家提供一个舒适的住所，让他们能够在那里至少工作六个月……这个项目的经费将一部分出自他的诺贝尔奖金，另外一部分出自他的版权

收入，加上来自国家的一些捐助……"人民团结"政府指派了一个委员会，为首的就是我本人……那里会建成一些小房子，得到资助的作家可以在那里生活和工作，还有一个中心建筑，那里可以充当图书馆和用于交谈及社交活动的场所。诗人计划向基金会捐出他的图书馆——包括 1954 年捐给智利大学的初版兰波的作品（以及其他没有给智利大学的一些书）。更有甚者，就在黑岛诗人的房子前面，他们准备建造一个文化中心，在这里将会有黑岛以及其他地方著名织工所做的挂毯的永久展示……这就是最初回到智利的几个月中令他兴奋的事情。他把自己关在黑岛，不想会见任何人。但是如果是关于讨论这样的项目，他的门会敞开……（他）曾说："他们可以说我是个坏诗人，但我绝不是一个坏建筑家。"[36]

聂鲁达还计划帮助建立一所大学，在那里，学习马普切语言的人将会格外得到学费资助。

设想巴勃罗·聂鲁达——曾是最爱交际的一个人，他的房子向任何人敞开——变成了一个生病的隐士，这是一件很悲伤的事情。同样，聂鲁达信心百倍地追求的建立坎塔拉奥作家中心这个计划，一直没有付诸实施，也是令人悲伤的事情。文化破坏分子们摧毁了一些建筑材料，这个计划随着聂鲁达而死去。

可是，聂鲁达保持着写作，直到生命最后一刻。他决心为国家创作他最后的八本书。《疑问之书》充满了他惯有的机智，恶作剧和孩子般对生命的欢欣，以及非常高的原创性来看待他周围的世界。

> 为什么那些巨大的飞机
> 不跟他们的孩子们一起散步？
>
> 如果我死了，我却不知道，
> 我向谁打听时间？

409
　　　　　　一个盲眼的人能够在哪里生活
　　　　　　如果他被蜜蜂追赶？

　　　　　　告诉我，玫瑰是赤裸的
　　　　　　还是说那是它唯一的衣服？

　　　　　　是真的吗？希望终将
　　　　　　被露水打湿？

　　　　　　为什么克里斯托弗·哥伦布
　　　　　　没能发现西班牙？ [37]

诗中也有音调的突然转换：

　　　　　　我们的生活难道不是
　　　　　　两片清晰之间的一条隧道？

紧接着他又回到了十五年前的那种光芒四射的自嘲：

　　　　　　生活中还有任何东西比称作巴勃罗·聂鲁达
　　　　　　更笨拙的事情吗？

　　　那本叫作《海与钟》的书中包括了聂鲁达写过的最后一些诗歌。英国评论家克里斯托弗·佩里亚姆曾非常有洞察力地写过关于聂鲁达死后著作的文章，他认为：以前可以用来确定他诗人身份的那些地方的意象——"陆地作为意象与记忆的源泉，大海作为纯洁的隐喻" [38]——在他生命的最后岁月开始失去了。佩里亚姆写道：跟陆地相关的记忆变得更为潜在，也与痛苦纠结在一起，而大海，虽然让诗歌重新获得元气，也是一种威胁，会消除诗歌赖以建立的核心结构。 [39]

朱塞佩·贝里尼在他对聂鲁达死后著作的精彩的研究中指出：这本书和《大地上的居所》第二部分之间存在相似性，尤其是他们的绝望格调。贝里尼对《居所》中那首《大海中沉落的钟》与《海与钟》里面那首《今天，多少时辰……》作出了比较。但是，虽然前一首诗有超现实主义格调，后一首诗中的格调却是一种庄重的反思。在这里，大海的意象跟聂鲁达作品中曾经有过的一样黑暗。

410

《海与钟》以《终曲》来结束，这可能是聂鲁达写的最后一首诗。这是一首绝妙的写给玛蒂尔德的颂歌：

> 在你活着的时候，
> 活着是多么美妙！
>
> 世界更蓝，更世俗，
> 在晚上，当我睡着，
> 巨大的，在你小小的双手之间。

当他没有写诗的时候，聂鲁达每天都花很多时间把耳朵凑近他的小小收音机，他的眼睛盯着电视机屏幕，焦急地等待着最新的消息。最新消息是可怕的。美国人投入大量的钱帮助推进一个新的政变。8 月 2 日，智利公交车和出租车司机宣布罢工，8 月 23 号，普拉特斯·冈萨雷斯将军辞去了作为国防部长以及军队最高首领的职务，并且向阿连德推荐奥古斯多·皮诺切特来替换他，后者当时被认为是忠于该政府的。事实证明这是一个灾难性的错误选择。8 月 27 日，商店主掀起了另一场反阿连德政府的罢工。政府的支持者们发起回击，9 月 4 日在圣地亚哥的大街上有十万人游行，来庆祝阿连德当选第三周年。可是，三天后，海军上将劳尔·蒙特罗被解除了海军首领的职务。这为叛乱清除了最后一块绊脚石。似乎，皮诺切特将军参与该叛乱是非常晚发生的事情。但是，当他参与的时候，这标志着最后部署的开始。

在 1973 年 8 月末的时候，聂鲁达叫记者路易斯·阿尔韦托·曼西拉到黑岛来，给他口授一些句子，作为发表在《世纪报》上的一个补充内容，用来庆祝科学家亚历杭德罗·利普舒茨的九十岁生日（诗人曾称他为"我国最重要的一个人"）。

411

我发现他在他的图书室，里面对着壁炉。他看上去清醒，情绪低落。在他膝盖上放着米斯特拉尔的诗集《孤独》。他告诉我，他再次被她的《死亡十四行》所触动，他给我读了一些诗……他看所有电视新闻报道，听收音机，阅读所有报纸。"你不觉得吗，"他说，"我们将要看到一场内战？"我安慰他：局面是很紧张和微妙，但也有出路。然后他要我跟一些作家谈，并且跟利普舒茨医生本人谈，来缔结一个委员会，召唤一个大的国际会议，支持"人民团结"政府。他给我提供了可能的名单：萨特，（罗贝托·）马塔，（恩内斯托·）撒巴托，（马里奥·）巴尔加斯·略萨，加西亚·马尔克斯，阿瑟·米勒等等。借口就是他的七十岁生日，但是目标是为总统阿连德的政府获得世界主要文化人物的支持。[40]

同月，聂鲁达在《纽约时报》上发表了一篇文章，谴责国际电话电报公司，谴责它不断干预智利合法政府。当该报纸发表了一篇回应，处于致命疾病中的聂鲁达——而且只有一个月就将离开人世的他——激起一种力量来构思一种反驳，正如他告诉何塞·米盖尔·巴拉斯的，这个反驳将会"像踢在猪鼻子上一样的狠，但是却有着一种佛罗伦萨式攻击的精确性"。[41]

但太晚了。巴拉斯在1973年9月11日星期二的早上七点钟左右打电话告诉他，在瓦尔帕莱索发生了一次军事政变。巴拉斯说，他不得不推迟当天计划的对黑岛的拜访。

"也许，晚一些时候见。"

"也许，永不再见，"他用一种非常虚弱的声音说。

事情表明的确如此。[42]

9月11日，军队发动了政变，血腥推翻了政府。总统府被占领，萨尔瓦多·阿连德死在一个至今仍然不清楚的情况中——他要么是自杀，要么被谋杀。几千个普通智利人遭到了屠杀。

玛蒂尔德认为聂鲁达——尽管处于绝望的疾病中——如果阿连德政府无论如何可以挺住的话，那么，他有可能会康复。他说巴勃罗在政变当天处于非常好的情绪中，直到他听到阿连德的死。

其他人并不同意。巴勃罗的朋友及阿连德的司法部长塞尔吉奥·因孙查说：

> 癌症已经发展得太快了，最后只不过是时间问题。有多少时间呢？治疗他的医生们创造了奇迹，让他活着。有时候，他惊人的良好，就像在最好的时光一样。我不认为他知道他的死当时就会来临，直到政变。他一直在计划整个十年计划。新书的标题出现在他脑海中，他想要写很多卷的回忆录，不忘掉任何事情和任何人。我相信，他对活下去的不屈不挠的渴望是在1973年9月11日终结的。他在电视上看到……总统府遭到轰炸，以及著名的四个政变将领的可怕身影宣布军政府的成立。他感到非常的病痛，玛蒂尔德决定把他送到圣地亚哥圣玛利亚医院。她也想要避免军队在巴勃罗在场的情况下袭击他们的房子。[43]

9月14日，"他感到好一点了，他告诉我他想要口述一些东西，"玛蒂尔德回忆说。"我找了纸和铅笔，非常焦急，几乎马上我就在他旁边用手写下他的口述。这是回忆录的最后一章。我非常高兴，因为在口述期间，我们可以卸下11号之前一直处于的那种可怕的紧张状态。"[44]

> 智利有一个漫长的文明史，有诸多的革命和稳定的政府，他们全都是保守的、平庸的。许多小总统，唯有两个伟大的总统：巴尔马塞达和阿连德。很有意思的是，两个人都出自同样的背景，富有的阶级——它把自己称作这里的贵族。正当有原则的人们致力于把国家

从被平庸寡头统治削弱的状态带出来，创造一个伟大国家的时候，这两个总统都被导向了死亡之路。巴尔马塞达被迫自杀，因为他拒绝将硝酸盐的矿藏拱手让给外国公司。阿连德被谋杀，因为他将这里的另一个财富：铜矿国有化。

阿连德的行为和工作——他对我们这个国家的价值不能被抹杀——激怒了我们自由的敌人。当政府官邸遭到轰炸的时候，这场危机的悲剧性意义变得明显。它让人想起纳粹的闪电战，攻击不设防的外国城市——西班牙的，英国的和俄国的。如今，同样的罪恶再次发生在智利。智利飞行员们轰炸了总统府。很多个世纪以来它都是这个城市市民生活的中心。就在我为我的回忆录写下这些匆忙句子时，仅仅三天前，那难以言喻的事件把我伟大的同志阿连德总统带向了死亡。他被刺杀的情况不为人知，他被秘密地埋葬，只有他的寡妇允许陪伴那不朽的身体。侵略者提供的解释是：他们发现在他死去的身体上有明显的自杀痕迹。发表在国外的版本却不一样。就在空军轰炸不久之后，坦克进入行动，许多坦克勇敢地反对一个单个的人：智利共和国的总统萨尔瓦多·阿连德。他在他的办公室里等着他们，没有其他人陪着他，除了他伟大的心脏，被烟雾和火焰包围。他们不愿错失这样一个绝妙的机会。他被机关枪扫射，因为他不会辞去他的职务。那个躯体被秘密埋葬，在一个见不得人的阴谋中。那个躯体进入了他的坟墓，只有一个女人陪伴着他，她身上有着全世界的悲伤。那个光荣死去的人物变成了迷，被智利士兵的机关枪撕成了碎片——他们再一次背叛了智利。[45]

就在他们工作的时候，玛蒂尔德回忆说，"我们听到声响。谁会在那儿呢？当时司机满面惊恐地闯进来说："是一场搜捕。"一个大巴满载戴着头盔的士兵，在深夜时候抵达了黑岛，命令所有人都从房子里出来。聂鲁达在楼上的床上。从他卧室的窗户，他可以看到那些士兵，拿着灯，检查花园里的树和植物。对他来说，看到他所讨厌的军队一定是一种最悲惨的经验，他们侵略了他视为世界上离天堂最近的那个地方。

那个小分队的指挥官询问聂鲁达。他们告诉他他在哪里。他小心翼翼地走上去，手上拿着武器。随即发生了一件非同寻常的事情。这个年轻的士兵突然发现自己面对面地和聂鲁达在一起，这让他感到惊恐。聂鲁达望着他说："你四处看看，这里只有一件对你来说危险的事物：诗歌。"这个士兵摘下了他的头盔，非常尊敬地，嘴里喃喃地说"原谅我吧，聂鲁达先生，"然后走出去，带他的三个士兵一起走了。他们没有破坏房间中的任何东西。

军队也突袭了恰思可娜，聂鲁达在圣地亚哥费尔南多·马尔克斯·德拉普拉塔街道的房子，他们把这个房子弄成了废墟。玛蒂尔德很快就知道了这一点，但拒绝告诉巴勃罗。　　　　　　　　　　　　414

9 月 18 日智利独立日，他的健康状况恶化了。玛蒂尔德认定，他需要紧急的医学治疗。他被救护车送往医院，那是一个不协调的温暖的、阳光明媚的日子。

> 在路上，他们被一个军事巡逻队拦住了。他们注意到，玛蒂尔德告诉他们：她在陪伴生病的聂鲁达。他俩都被命令走下救护车，并且等待了大约三十分钟。期间战士们很细致地检查了整个车、文件以及衣物。巴勃罗一句话都没说，突然，玛蒂尔德看到，眼泪从他双颊流淌下来。他对她说："帮我擦一下脸，帕托娅。"[46]

最早来到圣地亚哥圣玛利亚医院 402 房间的最重要的访客之一就是墨西哥大使贡萨罗·马丁内斯·科尔巴拉。他告诉玛蒂尔德：墨西哥总统路易斯·埃切维里亚以私人名义安排了一架 DC8 飞机供他们使用，让巴勃罗和玛蒂尔德马上飞出智利，到安全的墨西哥去。当他和聂鲁达讨论这个想法的时候，他的第一反应就是拒绝了它。"我不会离开智利，这是我的国家，这是我的地方。"[47]

9 月 20 日，墨西哥大使回到这里，试图说服聂鲁达，采纳星期六也就是 9 月 22 日逃出智利的提议。到目前为止，玛蒂尔德告诉了巴勃罗恰思可娜遭到突袭的事情，他同意，他们可以离开这里去墨西哥，但直到星期一，也就是 9 月 24 日星期一的时候才能动身，去也只是做一个短暂的停留。他说，他们很快还会回到智利。

一般人们都知道，聂鲁达交给了墨西哥大使他所写的最后一件东西：一个简短的手写笔记，介绍聂鲁达的三个墨西哥壁画朋友的一场炫目的作品展览——迪耶戈·里维拉，大卫·阿尔法罗·西克洛斯以及何塞·克莱蒙特·奥罗斯科——这是总统阿连德原本要在 9 月 13 号在圣地亚哥宣布开幕的展览，当然，在军事政变以及阿连德死后被取消了。在他被称作《三个人》的这样一个笔记中，聂鲁达写道："这些绘画中的火焰绝不可能被熄灭，它活跃在这里（智利）：我们需要它的尘世力量，来揭示我们人民的力量。"[48]

就在聂鲁达同意离开智利去墨西哥之后，玛蒂尔德去黑岛取他想要随身带走的一系列书籍。

> 我正在收集为旅途准备的一些物件，突然电话响起了。是巴勃罗。他要我马上回来。"我其他什么也不能说，"他说。我认为最坏的事情已经发生了。急不可待的，我合上手提箱出发……我扑到他的房间，在他身边坐下来。我因为精神紧张而筋疲力尽。巴勃罗非常焦虑不安。他说他和许多朋友都谈话了，真令人难以置信：我不知道这个国家正在发生什么。"他们在屠杀人民，"他告诉我。"他们在移交那些撕成碎片的尸体。停尸房充满了死者，外面的人成百上千，来辨认那些尸体。你没有听到维克多·哈拉（那个智利歌手和歌词作家）发生什么事情了吗？他是被他们撕成碎片的人之一，他们摧毁了他的双手。"因为那些日子我一直在努力避免让他知道所有那些令人发指的消息，他认为我对一切毫无所知。"维克多·哈拉的尸体被撕成碎片。你不知道吗？哦，天呐，就像杀死一只夜莺。他们说，他一直在唱啊唱，那让他们发了狂。"[49]

聂鲁达坚持收看新闻报道，尽管玛蒂尔德最终成功地把电视机搬出了他医院的房间——可是，在这之前聂鲁达还是悲伤地知道了：许多被

415

枪杀的年轻人的尸体被扔进了附近的马波乔河。

阿依达·费格罗阿在圣玛利亚医院看望了巴勃罗，就在他死的前一天。

> 我头一回听到他喊痛，他说："疼痛从我的脚趾一直到我的头发。"
> 我注意到玛蒂尔德不在，她正在做杂务，他补充说："帕托娅不在
> 这里。她是唯一知道如何挪动我，在床上支撑我的人。"他在读一
> 本书，一本法国小说，那是一个朋友德莉亚·贝尔加拉带给他的，
> 他无法用手抓住这本书，就把它撕成一页一页，像读活页册子。与
> 此同时，在隔壁房间，奥梅罗（·阿尔塞）打印出一些诗歌的干净
> 版本，以及他的一部分回忆录，还有最近的消息。他把这些纸带给
> 他，然后巴勃罗对其做出修改。[50]

奥梅罗·阿尔塞本人几年后死于一种神秘的状况中，他当时被 DINA（皮诺切特的秘密警察）绑架并且粗暴拷打。 416

巴勃罗绝望地关注着他朋友们的命运。阿依达的丈夫塞尔吉奥已经在圣地亚哥洪都拉斯大使馆寻求避难。"那些人在杀戮，"聂鲁达不断重复地告诉阿依达。他仍然希望去墨西哥并且在那里谴责智利发生的事情。但阿依达可以看出，对他来说甚至呼吸都是困难的。

智利画家尼梅西奥·安图内斯也在 9 月 22 日看望了聂鲁达。他发现诗人在痛苦中，完全清醒和认命。难道他终身保持的乐观主义火花最后熄灭了不成？"这些士兵，"他告诉尼梅西奥，"当时行为非常残忍，但后来他们努力想让自己受欢迎一点，让他们自己看上去更伪善一些。他们开始在公共场合、在电视机镜头前亲吻小孩和老人。他们开始分发房子，成篮子的糖果，奖章。他们准备统治这个国家很多年。在文化上，艺术上，电视上，一切地方，完全和极端的平庸开始占上风。"

在 9 月 22 日晚上，聂鲁达单独和玛蒂尔德待在一起。"他在那个最后的夜晚非常温柔地和我在一起，"玛蒂尔德后来告诉埃尔南·洛伊拉，

后来我要他睡一会儿，因为他知道，那可以帮他恢复精力。他告诉我，"我们已经走出了比这个更糟的状况，"他睡了几个小时，但当他醒来的时候，他不再是一样的了。他绝不会再是一样的了。因为高烧不退，他不再能认出我。他精神混乱。他的意识和他的心跟那些受迫害和虐待的朋友们在一起。就在他语无伦次的话中，他会喊道："他们射杀了他们。他们射杀了他们。"随后，会有一段时间的假寐，然后，语无伦次又再次开始。星期天早上，他陷入了昏迷。[51]

巴勃罗·聂鲁达死于 1973 年 9 月 23 日，星期天，晚上 10:30。在他床边，当时有玛蒂尔德和他的同父异母妹妹，劳丽塔。房间中还有他们的朋友特雷莎·哈默尔。他最后的话是"我走了"*。他们能够感到他的身体在颤抖。然后他走了。

埃尔南·洛伊拉第二天早上加入到玛蒂尔德一起。

417　玛蒂尔德保证她不会和巴勃罗的遗体分开，因为很危险，当局可能会控制这具遗体用于某种官方仪式上的道具，甚至用于更坏的意图。她整个晚上都在圣玛利亚医院那个凶险的走廊里度过，这令我永远也忘不了，因为，我在大清早看到她在那里，处在孤立和遗忘之中——当时，临时终止的宵禁允许我进入那个医院。当后来外国记者到达的时候，聂鲁达的遗体已经被移入一种小礼拜堂的前厅，一个灰色的、光秃秃的地方，看上去更像是停尸房。诗人穿着一件运动夹克，一件开领的衬衣，看上去就像休息在担架上，他的表情是平静的，甚至有一丝微笑。好几个小时后，棺材才到达。整个过程中，我记得玛蒂尔德都站在担架旁，凝望着巴勃罗的脸，没有说一句话，在她的痛苦中非常冷静。不时地，她向一个记者说着什么。棺材终于出现了，那是一个灰色的、金属颜色的棺材。玛蒂尔

* 原文为"Me voy"。

德说:"我对葬礼安排一无所知,特雷莎负责棺材,我只是要求她不能是黑色的。巴勃罗憎恨葬礼上的黑色。"[52]

阿依达·费格罗阿在星期一清早赶到了医院。

巴勃罗的遗体在走廊的担架上,上面盖着一块被单。挨着那个礼拜堂。医院的工作人员经过,面无表情,做着他们的打扫工作。当我听到他的死讯,我马上打电话,告诉玛蒂尔德,向她提供我们的房子用于守灵。看起来,不可能把他的遗体带到他自己的房子(恰思可娜)了,那个房子被洗劫并且被烧坏了。玛蒂尔德拒绝了:"他们也提议在作家协会守灵,但我认为必须把他带回他自己的房子,"她告诉我。我问她为什么,让自己受那么大的罪去这样做,那个房子现在成了一堆瓦砾,打碎的玻璃和底朝天的家具。她回答说:"你不觉得,如果那个房子的状况越差,对巴勃罗就会越好吗?"她意识到,外交官和外国记者将会去那里,他们会确认法西斯主义的血腥残暴:他们即便在一个诺贝尔文学奖得主、智利最伟大的文学骄傲面前也没有住手。[53]

当时,圣地亚哥下着瓢泼大雨,很难把聂鲁达的遗体从泥泞中运到那所房子。要临时搭建一座桥,棺材可以通过。有人放上了第一块木板,其他人跟着这样做。十分钟后,一座所谓的"桥"被建好了。 418
埃尔南·洛伊拉回忆说,就在这个行动进行的时候,

在房子里,他们努力清理突袭所造成的瓦砾和痕迹。它看上去就像被炸弹轰炸过一样。那就是停灵的地方。许多无名的人带来了鲜花和眼泪……中午的时候,军政府的两个代表来了——陆军上校伊瓦涅斯和另外一个士兵。但玛蒂尔德拒绝接待他们。那里还有许多外国记者,在大概晚上六点或七点钟,房间里满是人,不断涌入的人潮,想要用某种方式表达智利的痛苦。很显然,他们中有些人进来

的时候仍然满怀着恐惧：他们随时可能在那里被抓住，因此他们很
快就离开了……只有九个人为聂鲁达守灵：玛蒂尔德，劳拉·雷耶
斯，一对已婚夫妇——卡尔卡莫夫妇——阿依达·费格罗阿，埃莱
娜·纳西门托，胡安妮塔·弗洛雷斯，恩里克塔·奎恩塔纳（摄影
师安东尼奥·奎恩塔纳的遗孀）和我。玛蒂尔德睡了一小会。难以
置信，她如此多个日日夜夜没有合眼地站着。不到两个小时后，她
再次起身，保持警惕，回到诗人遗体旁的护卫队中，深情地望着
他，就像她整个白天所做的那样……春天才刚刚开始，还很冷，寒
冷轻易地突破了那被打碎的窗户。[54]

前来悼唁的来宾中有一个是个穿着黑色西服、带着同样黑的眼镜的
老人。他是埃尔南·迪亚兹·阿里耶塔（阿龙），曾经在聂鲁达十九岁的
时候借给他钱，帮他出版他的第一本书《霞光之书》，但因为憎恨共产
主义，驱使他写文章呼吁阿连德政府的倒台。在死的时候，就像在活着
的时候，巴勃罗吸引了属于各种政治光谱的人们的热爱和尊敬。

穿着制服的士兵和警察进入这个房子，不辞劳苦地脱下他们的钢
盔。其中之一说他来代表奥古斯多·皮诺切特将军："我想要跟伟大诗人
巴勃罗·聂鲁达的遗孀及亲人说话，他是智利文学的光荣，"他说，"来
表达我们的哀悼。"他的话被巴勃罗的一个朋友，切拉·阿尔瓦雷斯，
419　打断了："在场的每一个人都是聂鲁达的亲人。"他指着地板上散落的书
本和绘画，告诉他说："在你们留下的这个废墟上，我们安排了为聂鲁
达守灵。我们请求尊敬与和平，来向他最后致敬，保证我们今天晚上不
会受到骚扰。"官方宣布政府为诗人颁定一个为期三天的哀悼，但是追
溯到他死的那一天开始，这就意味着，实际上哀悼的时间将会在短短几
个小时后就结束。

在 25 日星期二早上九点钟，再一次，悲伤的任务开始了，把
遗体抬出去，穿过大水漫流的通道和地板……当我们成功把棺材抬
出去，一大批工人和学生们已经聚集在外面的大街上了，我听到最

初的喊声："巴勃罗·聂鲁达同志！"有人尖叫，而所有其他人都回答说："在这里！"随从的人排成一个挑衅式的队列（因为任何大众游行示威当然都是被军方统治当局所禁止的）……一路上，队列变得越来越长。抵达沿着德拉帕斯大道的大众公墓，葬礼变成了一场令人印象深刻的群众示威活动，这是自从 9 月 11 号以来的第一次……我承认我被恐惧吓呆了，因为人们开始唱《国际歌》，用一种渐强的声音。突然，我发现我的拳头高高举起了，我也开始唱起来。战士们武装到了牙齿，包围着公墓对面的广场，我发自内心相信：也就是几秒钟的事情，他们就会用机关枪开火。当有人用巨大的声音开始喊："巴勃罗·聂鲁达同志！"我们一起回答"在这里！"呼喊重复了两到三次，回答变得更为坚定。突然之间，这个呼喊变成了"维克多·哈拉同志！"一瞬间，我们的嗓音沙哑了：这是维克多第一次被在公众面前提到，用来谴责他被无耻地谋杀。"在这里！"然后那个声音喊："萨尔瓦多·阿连德同志！"回声变得嘶哑，爆发成咆哮，被情感和恐惧以及想要大声疾呼让全世界都听见的渴望高高掀起："在这里！"我相信，那时候我们已经丧失了恐惧，因为他们对我们无能为力：我们宁愿在高举着拳头歌唱《国际歌》死去。歌声达到了顶峰，我们所有人都在哭泣，我们进入了大众公墓。也许，如此众多外国记者的在场救了我们的命……在公墓那里，奇怪的事情发生了。当我们接近墓穴旁边的时候，队伍开始加速前进……每个人都想要更靠近为葬礼准备的墓穴旁边。那就是为什么队伍里的人都开始加速前进。突然，我看到玛蒂尔德和队伍剩下的人真正变成了奔跑。那扛着灵柩的人们也开始加快脚步，和我一样是被旁边群众的加速感染了，也是想避免有任何人给这场葬礼仪式加入没有人想要看到的因素，无论如何。[55]

420

　　有人打开一本聂鲁达的《我心中的西班牙》，开始朗读诗人对佛朗哥摧残西班牙的攻击："将领们／叛徒们／看着我垂死的房屋／看着破碎的西班牙……甚至连豺狼都要摒弃的豺狼们……"

士兵们仍然在监视着，他们的机关枪已经架上。正如玛蒂尔德后来所提到的，"竟然有警察在场，为了这个世界上最和平的人，为了一个诗人！"[56] 罗萨·布鲁也是参与哀悼者之一，他告诉我说："那里有一种非常暴力的气氛。我们被警察和士兵包围了。非常恐怖。"[57]

聂鲁达一直说他想要被埋葬在黑岛，这样他就可以眺望大海。但那是不可能的。那里几乎都没有一个为安放聂鲁达遗体而准备的墓穴。在最后一刻，作家阿德利亚娜·迪特伯恩在她自己的家族陵墓中安排了一个墓穴。在聂鲁达的遗体安葬之前，一个无名的年轻人朗读了他自己在前夜所写的文字。切拉·阿尔瓦雷斯朗读了《大诗章》中的一些诗句，聂鲁达的朋友弗朗西斯科·柯罗阿内呼吁人们注意聂鲁达对大海和智利的热爱。在悼词中，约兰达·皮诺·萨维德拉宣布："既然聂鲁达的遗体已经离开了他在大地上的居所，那么他不朽的精神已经崛起在他祖国的光荣中。"然后，一长列无名的人群发表了他们对一个他们热爱过但甚至没有见到过的男人和诗人的心里话。

聂鲁达死后不久的一个早上，他的朋友弗朗西斯科·维拉斯科回到了塞瓦斯蒂安娜——他和他的妻子与该诗人及玛蒂尔德分有的那所位于瓦尔帕莱索的房子——他发现这个地方很喧闹。一群人指着巴勃罗生活过的房子顶层。"博士！"一个曾经帮助打理这座房子的年轻人喊到。"有些奇怪的事情在巴勃罗先生的屋子里发生了。好像里面有什么。"他们小心翼翼爬上去，就在他们进入卧室的时候——维拉斯科后来回忆说，"我们看到一只巨大的老鹰，有着凶猛的眼神，它的爪子准备攻击"。那只老鹰怎么可能进入那个房子——当一切都被上锁好几个月？维拉斯科突然回忆起巴勃罗曾向他透露的一个心事，他说："如果有来生，我愿变成一只老鹰"。维拉斯科打电话给住在恰思可娜的玛蒂尔德。玛蒂尔德毫不犹豫地说"那就是巴勃罗。"[58]

不久以后，玛蒂尔德开始工作，把巴勃罗的生日礼物带到全世界。她跟米盖尔·奥特罗·席尔瓦一起坐在委内瑞拉，监管聂鲁达回忆录的成书。第二年，1974 年，正如聂鲁达已经要求过，罗萨达出版了他在漫长的最后病痛中坚持写作的七本诗集。

421

正如聂鲁达在他写给玛蒂尔德的《一百首十四行》中所说：

> 如果我死了，用如此多纯粹的力量
>
> 让我存活，这样，你就能唤起那苍白者、冷酷者变得暴怒，
>
> 从南方到南方，抬起你永恒的眼睛，
>
> 从南方到南方，让你吉他般的嘴歌唱。

她花了接下来的十年，努力保持聂鲁达的记忆和作品的存活。她想要创立一个"聂鲁达基金会"，但没能在她有生之年做到这一点，因为在皮诺切特的独裁统治之下。取而代之，她建立了一个执行委员会，这个委员会实际上开始筹办这个基金会。在接下来的几年中，她参加了许多以他的名义举行的仪式。其中有一些是引人入胜的，比如在一个活动中，伟大的法国哑剧演员马赛尔·马尔科打破了他毕生的惯例，第一次在公共场合说话，赞扬他的朋友巴勃罗·聂鲁达。

《二十首情诗》依然是最经常被重印的西班牙语诗集，并且也是持续被许多主要的语言以及其他诸多小语种翻译的诗集。但是正如一位批评家指出的，"如果你有聂鲁达作品的全集，你可以以任何一种心态与他交谈：你可以在孤独中找到希望，在不幸的爱情事件中或者只是在一种思考行为中找到希望。聂鲁达发展起如此多的生活面相和诗歌面相，以至于他对于我们每一个人在任何情况下都提供了一种信息。他包容了我们人类所有的好，所有的坏，所有平庸和所有自相矛盾。"[59]

在 1974 年 5 月底的一个寒冷的有雾的早晨，聂鲁达的遗体被转移到了圣地亚哥大众公墓。玛蒂尔德死于 1985 年 1 月 5 日，癌症也把她带走了。她在死的时候，恰思可娜——聂鲁达为他的帕托娅建造的房屋——仍然被国家的执行者们掌管着。黑岛仍然封存着，任何人都不能进去。直到 1986 年 6 月，"巴勃罗·聂鲁达基金会"才最终收到政府的批准，玛蒂尔德的遗嘱执行者们变成了它的董事会。直到 1992 年，智

422

利重新获得民主，巴勃罗和玛蒂尔德的遗体才被重新安葬在黑岛的房子前面，由太平洋的波涛做伴。

人融化在大海里就像一把盐。

后　记

2013年

在巴勃罗·聂鲁达去世四十年后，不断有人对他的死因表示怀疑。423很少有人怀疑：聂鲁达因1973年9月11日皮诺切特政变而感到的痛苦加速了十二天后他的死亡，但还有更为凶险的观点。2011年5月，聂鲁达的司机，马努埃尔·阿拉亚带来了一个故事，他说：他很多年来讲述过很多次，但却没有人把他当回事。可是，这一次，他的证词被安排在一系列事件的链条之中，它们不断让人联想起聂鲁达曾经喜爱的犯罪小说。

正如马里奥·阿莫罗斯在（2012年）详细地对聂鲁达最后岁月的研究中指出的（这本书叫做《黑岛阴影》）：玛蒂尔德一直认为，聂鲁达的前列腺癌得到了控制，治疗他的专家——罗贝托·巴尔哈斯·查拉查尔，当时智利最受人尊敬的泌尿科专家——向她保证聂鲁达至少能存活五年。

阿拉亚坚持认为聂鲁达被皮诺切特的特务部门注射了毒药，那是在该诗人在圣地亚哥圣玛丽亚医院躺在406房间*病床上的时候。阿拉亚的看法如下：1973年9月22日，星期六，聂鲁达在医院病床上跟他的秘书奥梅罗·阿尔塞一起工作。第二天，阿拉亚和聂鲁达的妻子玛蒂尔德在黑岛的房子里，突然他们接到来自聂鲁达的一个痛苦的电话，时间是下午四点，说他受到了一个神秘的"腹部"注射。阿拉亚和玛蒂尔德

---

*　前文为402房间，原文如此。

424　　返回了圣玛利亚医院，在那里，一个医生要阿拉亚去给聂鲁达买些药。就在他去药店的路上，阿拉亚被皮诺切特的警察扣留了。

　　有一些点是无可置疑的。1973 年 9 月 20 日，墨西哥驻智利大使冈萨罗·马丁内斯·科尔巴拉在医院看望过聂鲁达，给他一封来自墨西哥总统路易斯·埃切维里亚的邀请函，让他和玛蒂尔德飞出智利，到墨西哥去。聂鲁达马上拒绝了这个请求。可是，马丁内斯·科尔巴拉说服他的政府派一架飞机到圣地亚哥，特别部署来满足诗人的治疗需要。在 9 月 22 日星期六早上，该大使回到了医院，目的是想要带聂鲁达和玛蒂尔德直接去圣地亚哥机场。可是，诗人要求推迟去墨西哥的日期到星期一，也就是 9 月 24 日。聂鲁达死在星期天（9 月 23 日）。阿拉亚认为：诗人是应皮诺切特的命令被谋杀了，以阻止他逃亡到墨西哥去，在那里他显然会代表一种反对军人政府的强有力的声音。

　　马丁内斯·科尔巴拉——在一份发过誓的声明中，该声明是由智利共产党的律师爱德华多·康特雷拉斯在 2011 年 11 月交给马里奥·卡洛扎（他是法官，负责圣地亚哥上诉法院的案子）的——聂鲁达根本不至于死："所有迹象都表明他会活相当长一段时间，他已经起草了他在墨西哥新生活的活动计划。"

　　智利保守派的日报《信使报》指出：1973 年 9 月 24 日关于聂鲁达之死的报告中，提到一次注射造成了休克。这个看法完全从官方诊断报告中消失了。官方报告只是写了根源于前列腺癌的营养不良和身体衰弱。可是，官方的医院医疗记录，关于聂鲁达死亡的医疗记录也消失了，更增加了这件事的神秘性。

　　玛蒂尔德本人唯有一次表达过她本人对聂鲁达死因的怀疑：那是在 1975 年的夏天，怀疑对象是护士罗萨·努内斯——她是在聂鲁达生命最后几个月内照顾过他的人。在努内斯 2005 年给智利日报《国家》的讲述中，她提到了一次致命的注射。

　　应马里奥·卡洛扎的命令，聂鲁达的遗骸在 2013 年 4 月 8 日从黑岛的坟墓中被挖出来，被智利以及美国北卡罗来纳的法医专家进行鉴定。有一些遗骸在 7 月份转运到西班牙的穆尔西亚大学做进一步的

检测。最初的鉴定结果在 5 月初公布，确认了诗人的确罹患过前列腺　
癌，但研究者继续寻找毒药的痕迹。参与法医鉴定合作的人，帕特里奇
奥·布斯托斯·斯特里特——智利法医中心的主任——告诉《自然》周
刊：主要问题是缺乏医疗记录，"它会提供关于聂鲁达服用过的药物的
细节，以便把它们从有可能的毒药中区分开来。"

　　5 月 31 日，马里奥·卡洛扎签署了一个命令，要警察来调查公诉人
认为有可能毒死了聂鲁达的那个人。爱德华多·康特雷拉斯提出抗议，
说塞尔吉奥·德拉佩博士——一开始发表证词说他在聂鲁达死的时候与
聂鲁达在一起——改变了他的故事。德拉佩现在宣称一个叫作普莱斯的
医生是陪聂鲁达直到最后一刻的人。可是，并没有任何医院记录表明有
过一个叫作普莱斯的医生，在任何医院记录中也没有普莱斯医生的记
录。德拉佩对普莱斯的描述是一个高个子金发碧眼的人。据说这符合米
歇尔·唐雷的特征，他是中情局的双料间谍，他曾经与皮诺切特统治下
的秘密警察一起共事。唐雷在承认他杀死了华盛顿和布宜诺斯艾利斯的
皮诺切特批评者之后，被置于证人保护计划之中。在 6 月初，美国的资
料认为：唐雷在聂鲁达死那天并没有在智利。

　　聂鲁达的家庭也存在分歧。他的一个侄子鲁道夫·雷耶斯尤其渴望
法医鉴定诗人的遗骸。在与墨西哥杂志《演变》的一个访谈中，雷耶
斯宣称：巴西一个摄影记者埃万德罗·德克谢拉在聂鲁达死后几小时所
拍的照片并没有显示他的身体消瘦。另一个被人提出来支持诗人被谋杀
声明的证据是智利前总统爱德华多·弗雷死在圣地亚哥同一个医院，在
1982 年，表达了他对军事独裁的反对之后。弗雷的死最初被归因于一
次例行手术中的可疑的休克，但是，2006 年的一次调查证明：他是被
芥子毒气和铊谋杀的。

　　可是，聂鲁达另一个侄子贝尔纳多·雷耶斯完全相信聂鲁达死于
自然原因。雷耶斯告诉我："我完全相信那些受指控的人们，相信法官，
相信法医鉴定中心。这个猜测出自那个有千万种自相矛盾之处的人的头
脑中，他受到那些急于制造轰动效应的记者的支持和蛊惑，而不是任何
客观性要求。"

426 　　在聂鲁达生命的最后岁月到医院看望过他的人们给出了一些相当不同的证词。有些人坚持认为他的状况没有显得太严重，可是，当时的法国驻智利大使皮埃尔·德门松，在聂鲁达死那天，9月23日，看望了诗人，作为一个官员向他递交法国荣誉军团勋章。他说他来得太晚了："我可以听到一个人在他死亡的剧痛中叹息。玛蒂尔德在屋子里陪着，在哭泣。通过她的眼泪，她让我明白：没有希望了。"

　　这些传闻在2013年7月底造成了一种奇怪的新闻争执，当时爱德华多·康特雷拉斯要求进一步鉴定来确认遗骸是否的确是巴勃罗·聂鲁达的。他指出：这是第三次聂鲁达的遗体被挖掘出来：他1974年被移到圣地亚哥的大众公墓，然后又在1992年被埋在黑岛。康特雷拉斯补充说："这个事实不应该被忽视：独裁者为了避免成千上万的罪证被发现，隐藏了遗体，改变了遗骸的安葬地，把其他人的遗体埋葬在他们坟墓里，把遗体扔进大海，埋别人的遗体。"马里奥·卡洛扎同意做这些检测，补充说：如果有必要的话，可以与他父母的DNA作比对——他们被埋在智利南部。

　　如果如他的医生所言的仍可以活很久的话，聂鲁达至少能见证他为1974年七十岁生日纪念所写的八本书的出版。这些书都是在死后出版的。

　　当问到为什么精确查明聂鲁达的死因如此重要，智利作家安东尼奥·斯卡尔梅塔——他的书《热情的毅力》被迈克尔·莱福德改编成著名电影《邮差》——他说他仍然相信聂鲁达死于癌症。"可是有一些合理的怀疑……整个事件是极端令人伤感的，尤其是聂鲁达的遗骸从他心爱的黑岛被挖出来。但智利需要确切知道当时到底发生了什么，（如果他被谋杀的话），凶手必须被追究。"

亚当·费恩斯坦

2013年8月

注　释

引　言

1　Yevgeny Yevtushenko, 'The Face Behind the Mask',trans. Arthur Boyars and Simon Franklin, *New Poems* (Marion Boyars, London, 1979).

第一章　秘密、阴影、酒和雨

1　出自 'Nacimiento' 载于 *Memorial de Isla Negra* (Losada, Buenos Aires, 1964).

2　这一点以及其他信息由鲁道夫·雷耶斯的孙子贝纳尔多·雷耶斯提供，在他的书中：*Neruda-retrato de familia*, 1904—1920 (Editorial de la Universidad de Puerto Rico, San Juan, 1996)。鲁道夫后来成了女人与歌剧的热爱者，三次结婚，不停地从一个工作换到另一个工作。

3　Jaime González Colville, 转引自 'Doná Rosa Basoalto, Mariano Latorre y Neruda' 载于 *Cuadernos*, Fundación Pablo Neruda, Santiago, No. 29, 1997, pp. 11–21.

4　Mario Latorre Elordouy, 'Anécdotas y Recuerdos de Cincuenta Años', 载于 *Revista Occidente*, Santiago, No.81, October 1952, pp. 37–44, and No.82, November 1952, pp. 25–24.

5　聂鲁达回忆录 *Confieso que he vivido*, 译者为 Hardie St Martin as Memoirs (Souvenir Press, London, 1977) p.10.

6　Isabel Allende, *Paula* (Flamingo, London, 1996), p.6.

7　同上，p. 61.

8　转引自文化杂志 *La Bicicleta*, Santiago de Chile, July 1983, p.5.

9　Lidia Herrera, 对话 AF, Temuco, April 2000.（AF 为本书作者 Adam Fernstein 的缩写，

下同。——译注）

10 Rodolfo Reyes, 对话 AF, Santiago, March 2000.

11 Reyes, *Neruda-retrato de familia*, p.46.

12 同上

13 Lidia Herrera, 对话 AF, Temuco, April 2000.

14 出自 'La Mamadre', 载于 *Memorial de Isla Negra*.

15 PN, 'Infancia y poesía', 发表于哥伦比亚日报 *El Tiempo*, Bogotá 31 October 1971. （PN 代指巴勃罗·聂鲁达，下同——译注）

16 Gilberto Concha Riffo (Juvencio Valle) 转引自 *La Bicicleta*, p.6.

17 PN, *Memoirs*, p.14.

18 PN, 'Las vidas del poeta', 转引自巴西杂志 *O Cruzeiro Internacional*, Rio de Janeiro, 16 January 1962.

19 同上

20 PN, 'Infancia y poesía'.

21 出自 'El padre' 载于 *Memorial de Isla Negra*.

22 PN, 'Las vidas del poeta'.

23 同上

24 Reyes, *Neruda-retrato de familia*, p. 48.

25 同上，p. 50

26 PN, 'Infancia y poesía'.

27 Concha Riffo, 转引自 *La Bicicleta*, p.5.

28 同上

29 出自 Diego Muñoz, 'Pablo Neruda: vida y poesía', 载于 *Ediciones de la Revista Mapocho*, Biblioteca Nacional, Santiago, Vol.2, No.3, 1964.

30 PN, 'Las vidas del poeta'.

31 同上，p.24.

32 Pablo Neruda, *Para nacer he nacido*, 编者为 Matilde Urrutia and Miguel Otero Silva (Edicion Planeta, Santiago, 1978), 译者为 Margaret Sayers Pepenas *Passions and Impressions* (Farrar, Strausand Giroux, NewYork, 1983), p.241.

33 出自 'Las Pacheco' 载于 *Memorial de Isla Negra*.

34 Reyes, *Neruda-retrato de familia*, p.64.

35 Irma Pacheco, 对话 AF, Santiago, April 2000.

36 同上

37 PN, *Passions and Impressions*, p. 241.

38　同上

39　同上

40　'Amores: Terusa (1)' 自 *Memorial de Isla Negra*.

41　PN, *Memoirs*, p. 12.

42　同上

43　同上，p. 20.

44　同上

45　PN, 'Infancia y poesía'.

46　同上

47　PN, *Memoirs*, pp.27–28.

48　参见 'Cuadernos de Neftalí Reyes' 载于 PN, *Obras completas* (Galaxia Gutenberg, Círculo de Lectores, Barcelona, 2001, Vol.4).

49　同上，p.154.

50　同上，p.174.

51　Inés Valenzuela, 对话 AF, Santiago, 2000.

52　PN, 'Infancia y poesía'.

53　出自 Diego Muñoz, 'Pablo Neruda: vida y poesía'.

54　PN, *La Mañana*, 18 July 1917.

55　Muñoz, 'Pablo Neruda: vida y poesía', p.188.

56　Volodia Teitelboim, *Neruda* (University of Texas Press, Austin, tx,1991), p.27.

57　N, 'Infancia y poesía'.

58　Reyes, *Neruda-retrato de familia,* p.46.

59　这些早期写作由聂鲁达的同父异母妹妹劳丽塔收集在三本笔记本里。在她 1977 年死时，它们被托付给她的一个侄子，拉斐尔·阿瓜约·科泽纳斯，特木科卡特琳娜大学的一个教师。该遗产在 1982 年在伦敦苏富比进行拍卖。自从那时起，这些笔记本成了相当有争议的问题。它们在 2001 年全体以一卷本出版，作为埃尔南·洛伊拉精彩的新五卷本《*Obras completas*》（《全集》）（Galaxia Gutenberg, Cículo de Lectores, Barcelona, 2001, Vol. 4）的一部分。

60　PN, *Ercilla*, Santiago, on 24 April 1968.

61　'La hora del amor' included 载于 *Obras completas*,Vol.4, p.153.

62　'El liceo', 出处同上。

63　Volodia Teitelboim addressing the University of Stockholm, 20 September 2001.

64　当一个采访者丽塔·吉韦特在 1970 年 1 月在黑岛向聂鲁达指出：Pablo (Paul) 在希伯来语中意味着"那言说美妙事物的人"时，聂鲁达回答说："你确定吗？那一定是另一个 Paul，基督的同伴。" Rita Guibert, *Seven Voices: Seven Latin American Writers* (Knopf, NewYork, 1973), pp. 3–78.

65　参见 Miguel Arteche, 'Opiniones: Sherlock Holmes admirar Neruda', *Hoy*, Santiago, No.187, 18–24 February 1981, p.42.

66　Enrique Robertson Alvarez, 'El enigma inaugural', an address given at the conference, 'Neruda, con la perspectiva de 25 años', 举行于 Alicante, Spain, March 1999. 发表在 *Boletín de la Unidad de Investigación*, University of Alicante, Alicante, December 1999.

67　PN, *Memoirs*, p.158.

第二章　圣地亚哥的波希米亚人

1　PN, *Memoirs*, p. 37.

2　Marcel Niedergang, *The Twenty Latin Americas* (Pelican Books, London, 1971), p. 21.

3　访谈于 Pablo Neruda 载于乌拉圭出版物, *Marcha*, 17 September 1971.

4　Orlando Oyarzún, 载于 *Aurora*, Santiago, July-December, 1964.

5　Tomás Lago, *Ojos y oídos-Cerca de Neruda* (LOM Ediciones, Santiago, 1999), p. 24.

6　PN, 'Sexo' 载于 *Claridad*, Santiago, 2 July 1921.

7　PN, 访谈于 *Marcha*.

8　PN, *Cartasa Laura* (致劳拉的书信), (ed. Hugo Montes, Ediciones Cultura Hispánica del Centro Iberoamericano de Cooperación, Madrid, 1978).

9　Homero Arce, *Los libros y los viajes-Recuerdos de Pablo Neruda* (Nascimento, Santiago, 1976).

10　Tomás Lago, 'Allá por el año veintitantos' 载于 *Pro Arte*, Santiago, 15–31 July 1954.

11　Diego Muñoz, *Memorias: Recuerdos de la bohemia nerudiana* (Mosquito Editores, Santiago, 1999).

12　PN, 访谈于 *Marcha*.

13　Ilya Ehrenburg, 'La poesía de Pablo Neruda', 载 于 *Poesía Política* (Austral, Santiago, 1953), p.11–14.

14　同上

15　PN, *Memoirs*, p.30.

16　Muñoz, *Memorias*, pp.25–26.

17　PN, *Obras completas*, Vol.4, 'Album Terusa'. pp. 271–278.

18　同上，p.1238.

19 转引自 Buen Domingo, Santiago, 12 August 1982.

20 Albertina Azócar 访谈于 *Revista Intramuros*, Santiago, No.9, 1978.

21 同上

22 同上

23 参见 Robert Pring-Mill 的注释，在其 *A Poet for All Seasons*, (Catalogue for International Symposiumon Pablo Neruda, Universities of Oxford and Warwick, 12–26 November 1993).

24 PN, *Memoirs*, p.49.

25 Jean Franco, *Introduction to Spanish-American Literature*, 3rd ed. (Cambridge University Press, Cambridge,1994), p.280.

26 Hugo Montes, *Para leer a Neruda* (Ediciones Universidad Nacional Andrés Bello, Santiago, 1974), p.21.

27 'Morena, la besadora' 自 *Crepusculario* (Nascimento, Santiago, 1926).

28 'Farewell' 自 *Crepusculario*.

29 'Los crepúsculos de Maruri' 自 Crepusculario.

30 Montes, *Para leer a Neruda*, p.23.

31 Muñoz, *Memorias*, p. 79.

32 PN, *Memoirs*, p.49.

33 PN, *Memoirs*, p.50.

34 转引自 PN, *Memoirs*, p.51

35 同上

36 Pring-Mill, *A Poet for All Seasons*.

37 Hernán Loyola 撰写的词条 Pablo Neruda 载于 *Delal* (Diccionario Enciclopédico de las Letras de América Latina), Monte Avila Editores Latinoamericana, Caracas, 1993).

38 Robert Pring-Mill, ed., *Pablo Neruda: A Basic Anthology* (Dolphin, Oxford, 1975),p.xviii.

39 Muñoz, *Memorias*, pp. 38–39.

40 同上，p. 40.

41 PN, 演讲于 Biblioteca Nacional 载于 Santiago, 1964, 转引自 Alberto Cousté, *Neruda: El autor y su obra* (Ediciones Barcanova, Barcelona. 1981), p.42.

42 同上

43 Federico Schopf, 对话 AF, Santiago, April 2000.

44 Orlando Oyarzun writing 载于 *Aurora*, Santiago, July-December, 1964.

45 PN, *Cartas a Laura*.

46 Enrique Anderson-Imbert,'La prosa vanguardista de Neruda', an address at the symposium devoted to Neruda at the University of South Carolina, 21–23 November

1974, 会议议程载于 *Simposio Pablo Neruda*，Lévy, Isaac Jack and Juan Loveluck, eds (University of South Carolina Press, Columbia, sc, 1975), p.305.

47　Sylvia Thayer,'Testimonio'，载于 *Aurora*, Santiago, Nos3–4, July-December 1964, pp. 24–42.

48　Oyarzún, writing 载于 *Aurora*, Santiago, July-December 1964.

49　PN, *Memoirs*, p.64.

第三章　亚洲的孤寂

1　Laura Arrué 在她的回忆录中回忆了她与聂鲁达在一起的日子 *Ventana del recuerdo* (Nascimento, Santiago, 1982). 她在 1986 年悲惨地死于她屋子里发生的一场火灾。

2　PN, *Cartas a Laura*, p.32.

3　Volodia Teitelboim, 对话 AF, Santiago, March 2000.

4　Muñoz, *Memorias*, pp. 145–146.

5　同上，p.149.

6　PN, *Cartas a Laura*, p.34.

7　出自访谈 Jorge Luis Borges, *Le Monde Diplomatique*, Paris, August 2001, pp.24–25.

8　PN, *Memoirs*, p.95.

9　PN, *Para nacer he nacido* (Planeta, Santiago 1978), pp.27–28.

10　Volodia Teitelboim, 对话 AF, Santiago, March 2000.

11　PN, *Para nacer he nacido*, p. 28.

12　PN, *Cartas a Laura*, pp.53–54.

13　转引自 Alfredo Cardona Peña,'Pablo Neruda: Breve historia de sus libros' 载于 *Cuadernos Americanos*, Mexico, December 1950, p.273.

14　Guillermo de Torre,'Carta abierta a Pablo Neruda', 载于 *Cuadernos Americanos*, Mexico, No.3, May-June 1951, p.278.

15　PN, *Memoirs*, p.70.

16　同上

17　Guillermode Torre,'Poemas en mapa', *La Gaceta Literaria*, Madrid, 1 August　1927, 转引自 Edmundo Olivares Briones, *Pablo Neruda: Los caminos de Oriente*, Tras las huellas del poeta itinerante 1927—1933 (LOM　Ediciones, Santiago, 2000), p.61.

18　PN, 在一封急件中，所署日期是 2 September 1927, 发表在 *La Nación*, Santiago, on 20

November 1927.

19　Volodia Teitelboim, 对话 AF, Santiago, March 2000.

20　PN, *Memoirs*, p.74.

21　PN, *Cartas a Laura*, p.35.

22　Lago, *Ojos y oídos*, p.60.

23　PN, *Memoirs*, p.86.

24　'Religión en el este', 出自 *Memorial de Isla Negra*, p.107.

25　PN, *Memoirs*, p.86.

26　Muñoz, *Memorias*, p.163.

27　PN,*Memoirs*,p.86.

28　转引自 Olivares Briones, *Pablo Neruda: Los caminos de Oriente*, p.93.

29　PN, *Cartas a Laura*, p. 80.

30　PN, *Memoirs*, p.73.

31　同上

32　PN, *Cartas a Laura*, p.75.

33　PN, *Cartas a Laura*, p.36.

34　PN, *Para nacer he nacido*, pp. 52–53.

35　*Veinte poemas de amor y una canción desesperada* (Losada, Buenos Aires, 1961).

36　PN, *Pablo Neruda, Héctor Eandi, Correspondencia durante Residencia en la tierra*, 编者
　　为 Margarita Aguirre (Sudamericana, Buenos Aires, 1980) p.32.

37　Volodia Teitelboim, 对话 AF, Santiago, March 2000.

38　正如她 1944 年向 Tomás Lago 回忆的, 参见 Lago, *Ojos y oídos*, p.60.

39　Marco Antonio Millán, 转引自 *La Crónica de Hoy*. Mexico City.

40　Inés Valenzuela, 对话 AF, Santiago, March 2000.

41　PN, *Memoirs*, p.76.

42　转引自 Olivares Briones 载于 *Pablo Neruda: Loscaminos de Oriente*, p.152.

43　转引自 Emir Rodríguez Monegal 载于 *Neruda: El viajero inmóvil* (Losada, Buenos Aires,
　　1966), p.63.

44　Olivares Briones, *Pablo Neruda: Los caminos de Oriente,* p.220.

45　PN, *Cartas a Laura*, p.40.

46　PN, *Memoirs* , p.87.

47　同上, p.89.

48　PN, *Cartas a Laura*, p. 44.

49　PN, *Memoirs*, p.92.

50 同上，p. 96.

51 同上

52 同上，p.93.

53 同上

54 同上，p.100.

55 PN, Pablo Neruda, *Héctor Eandi, Correspondencia*, p. 56.

56 Postcard published 载于智利日报 *La Tercera*, 1 August 1982.

57 PN, *Para Albertina Rosa*, with an introduction, notes and epilogue by Francisco Cruchaga Azócar (Editorial South Pacific Press, Santiago de Chile, 1992) pp. 338–339.

58 同上，pp.345–348.

59 同上，p.354.

60 同上，p.358–359.

61 同上，p. 357.

62 Albertina Azócar 访谈于 *Revista Intramuros*, Santiago, No.9, 1978.

63 同上

64 PN, *Pablo Neruda, Héctor Eandi, Correspondencia*, p.76.

65 同上，p.78.

66 同上

67 PN, Pablo Neruda, Héctor Eandi, Correspondencia, p.81.

68 PN, Memoirs, p.102.

69 同上

70 同上，pp.105–106.

71 PN, *Para nacer he nacido*, p.177.

72 PN, letter 抄录于 *La Nación*,19 October 1930.

73 对于这个此前不为人知的关于玛露卡的信息，我要归功于海牙的卡特琳·博伊特·赫伯特以及巴塞罗那的阿纳贝尔·托雷斯的研究。

74 Muñoz, *Memorias*, p.182.

75 Margarita Aguirre, *Genio y figura de Pablo Neruda*, (Editorial Universitaria de Buenos Aires, Buenos Aires,1967), pp.119–120.

76 'Itinerarios' 载于 *Estravagario* (Losada, Buenos Aires, 1958).

77 PN,*Cartas a Laura*,p.50.

78 PN, *Pablo Neruda, Héctor Eandi, Correspondencia*, p.98.

79 'Roxane', 'La isla de Java, Batavia, 1931' 载于 *El Mercurio*, Santiago, 3 January 1932.

80 Jorge Edwards, 转引自 *Literature* 载于 *Exile*, 编者为 John Glad (Duke University Press,

Durham and London, 1990), pp.69–70.

81　Pring-Mill, ed., *Pablo Neruda: A Basic Anthology*, p. xxv. 聂鲁达与超现实主义的关系是令人好奇的问题。他在遇到并亲近主要的法国超现实主义诗人保尔·艾吕雅以及路易·阿拉贡之前，就已经写出了他大多数超现实主义诗歌。在 1930 年代后期，智利超现实主义运动 La Mandrágora 转而狠狠地反对聂鲁达：它的领袖布罗利奥·阿勒纳斯甚至在一次圣地亚哥诗歌朗诵会上跳上舞台，抢走了聂鲁达的纸页。

第四章　回家、新的战斗——以及布宜诺斯艾利斯

1　PN, *Pablo Neruda, Héctor Eandi, Correspondencia*, p.111.

2　PN, *Residencia en latierra*, 编者为 Hernán Loyola (Cátedra, Madrid, 1994) 注释 p. 326.

3　Muñoz, *Memorias*, p.180.

4　同上

5　转引自 Olivares Briones, 载于 *Pablo Neruda: Los caminos de Oriente*, p. 348.

6　Arce, *Los libros y los viajes*, pp. 45–46.

7　抄录于 Reyes, *Neruda-retrato de familia*, p.118.

8　PN, *Pablo Neruda, Héctor Eandi, Correspondencia*, p.113.

9　Sergio Fernández Larraín, *Cartas de amor de Pablo Neruda* (Rodas, Madrid, 1975), pp.372–373.

10　同上

11　Olivares Briones, *Pablo Neruda: Los caminos de Oriente*, p. 357.

12　Reyes, *Neruda-retrato de familia*, p.119.

13　PN 转引自 El Mercurio, 30 May 1932.

14　Hernán Díaz Arrieta (Alone), 'Critica literaria: Veinte poemas por Pablo Neruda', 载于 *La Nación* 18 September 1932.

15　同上

16　PN, *Pablo Neruda, Héctor Eandi, Correspondencia*, p.116.

17　Reyes, *Neruda-Retrato de familia*, p.120.

18　Joaquín Edwards Bello 载于 *La Nación*, Santiago, 10 November 1932.

19　Pablo de Rokha, 'Pablo Neruda, poeta a la moda', 载于 *La Opinión*, Santiago, 11 November 1932.

20　Pablo de Rokha 载于 *La Opinión*, 25 November 1932.

21　PN, *Lecturas*, 22 December 1932.

22 PN, *Pablo Neruda, Héctor Eandi, Correspondencia*, pp.117–118.

23 PN, *Cartas a Laura*, p.58.

24 参见 Rafael Aguayo 载于 *Neruda, un hombre de la Araucania* (Ediciones Literatura Americana Reunida, Concepción, 1987) pp.78–79.

25 *El Mercurio*, 5 February 1933.

26 PN, *Pablo Neruda, Héctor Eandi, Correspondencia*, pp.115–116.

27 聂鲁达的评论，转引自墨西哥批评家 Alfonso Cardona Peña, 于 1950 年，自 'Pablo Neruda: Breve, historia de sus libros'，载于 Cuadernos Americanos (Mexico City, No.6, December 1950), pp.257–289.

28 Pablo de Rokha, 'Epitafio a Neruda' 载于 *La Opinión*, 25 May 1932.

29 转引自 Olivares Briones 载于 *Pablo Neruda: Los caminos de Oriente*, p. 423.

30 Luis Enrique Délano, 'Regreso de Pablo Neruda' 载于 *El Mercurio*, 15 March 1932.

31 转引自 Cardona Peña,'Pablo Neruda: Breve historia de sus libros'.

32 Aguirre, *Genio y figura de Pablo Neruda*, p.135

33 聂鲁达写给 Giuseppe Bellini 的信，日期：30 October 1959, 转引自 Bellini 大会致辞 'Neruda,con la perspectiva de 25 años' 召开于 Alicante,Spain, 载于 March 1999 (发表于 Boletín de la Unidad de Investigación de la Universidad de Alicante, Alicante, December1999).

34 Amado Alonso, *Poesía y estilo de Pablo Neruda* (Losada, Buenos Aires, 1940), p. 228. 尽管该书明显遗漏了聂鲁达晚期作品，它对任何寻找对聂鲁达早期诗歌的详细批判性分析的人都是重要读物。

35 Reyes, *Neruda-retrato de familia*, p.124.

36 PN, *Pablo Neruda, Héctor Eandi, Correspondencia*, p.116.

37 PN, *Cartas a Laura*, p.61.

38 Aguirre, *Genio y figura de Pablo Neruda*, p.156.

39 同上，p.158.

40 转引自 Virginia Vidalin'Con tres sombreros puestos', *Cuadernos*, Fundación Pablo Neruda, Santiago, No. 31, 1997.

41 María Flora Yáñez, 转引自 Gonzalo Vial 载于 ` Los 10 chilenos mas importantes del siglo XX', *La Segunda*, Santiago, 17 September 1998.

42 转引自 María Luisa Bombal, *Obras completas*, ed. Lucía Guerra (Editoria Andrés Bello, Santiago, 1996), p.420.

43 PN, *Memoirs*, pp. 115–116.

44 Hugo Achugar, *Falsas Memorias* (LOM Ediciones, Santiago, 2000) pp.87–88.

45　Hernán Loyola, 在他编辑的下述版本的序言中：PN, *Residencia en la tierra*, (Cátedra, Madrid, 1994), p. 43.

46　Bombal, *Obras completas*, pp. 418–421.

第五章　西班牙的悲伤——转折点

1　PN, *Pablo Neruda, Héctor Eandi, Correspondencia*, p.133.

2　自 'Alberto Rojas Giménez viene volando' 载于 *Residencia en la tierra* 1. (Ediciones de Arbol, Cruz y Raya, Madrid, 1935).

3　Luis Rosales, 在他下面的文章中，'Distintos y admirables' 转引自 Madrid 日报，*ABC*, 23 September 1983（正好在聂鲁达死了十年以后）.

4　Carlos Morla Lynch, *En España con Federico García Lorca* (Ediciones Aguilar, Madrid,1957), p.386.

5　PN, *Memoirs,* p.116.

6　转引自 PN, *Residencia en la tierra*, ed. Hernán Loyola, p.52.

7　自 'Oda a Federico García Lorca', 载于 *Residencia en la tierra.*

8　见 Roberto Salama, *Para una crítica a Pablo Neruda* (Editorial Cartago, Buenos Aires, 1957), p.77.

9　PN, *Memoirs*, p.117.

10　自 'El culpable' 载于 *Las manos del día*, (Losada, Buenos Aires, 1968).

11　María de Gracia 载于 'Neruda and Miguel Hernández', *Insula*, Madrid, Vol.29, No. 330, 1974.

12　自 'Enfermedades en mi casa' 载于 *Residencia en la tierra.*

13　Hernán Loyola, speaking during around-table discussion at the conference, 'Neruda, con la perspectiva de 25 años', held in Alicante, Spain, 载于 March 1999.

14　PN, *Residencia en la tierra*, ed Hernán Loyola,p.334.

15　同上, pp.48–49.

16　Pring-Mill, ed., *Pablo Neruda-A Basic Anthology*, p.xxiv.

17　自 'Josie Bliss', 载于 *Residencia en la tierra.*

18　María Teresa León, *Memoria de la melancolía,* (Editorial Castilia, Madrid, 1998), *p. 221.*

19　'Testimonios sobre Delia del Carril', *Boletín,* Fundación Pablo Neruda, Santiago, Spring 1991, pp.33–37.

20　同上

21 PN 访谈于 *Marcha,* Montevideo, Uruguay, 17 September 1971.

22 Rafael Alberti, Introduction to *Pablo Neruda: Antología poetica* (Espasa-Calpe, Madrid, 1981).

23 Fernando Sáez, *Todo debe ser demasiado, Vida de Delia del Carril,* Sudamericana, Santiago, *1997, p. 98.*

24 *Reyes, Neruda-retrato de familia*, p. 126–127.

25 PN, 'Confesiones desde Isla Negra' 载于 *Ercilla,* Santiago, 24 April 1968.

26 Rafael Alberti, Introduction to *Pablo Neruda: Antología poética*, p. 22.

27 PN, 载于他为以下文献所做的序言：*Caballo Verde,* 1935. 译者为 Alastair Reid 载于 'A Visit to Neruda', *Encounter,* London, September 1965, p. 68.

28 Gabriel Celaya, 'El Poeta del Tercer Día de la Creación', *Revista de Occidente,* Madrid, No. 36, 1972.

29 PN, 'Las vidas del poeta'.

30 Luis Enrique Délano, *Sobre todo Madrid* (Editorial Universitaria, Santiago, 1970), p. 115.

31 同上

32 转引自 Sáez, *Todo debe ser demasiado*, p. 112.

33 PN, *Memoirs,* pp. 127–128.

34 同上, p. 128.

35 复制于反法西斯杂志 *Hora de España,* Valencia, March 1937.

36 PN, *Memoirs*, p. 130.

37 Octavio Paz, 载于 *Reforma,* Mexico City, 7 April 1944, pp. 12–13.

38 PN, *Memoirs*, p. 132.

39 同上

40 Jean Lacouture, *André Malraux-Une vie dans le siécle* (Editions Seuil, Paris, 1973), p.253.

第六章　救命的职责

1 Muñoz, *Memorias*, p. 217.

2 同上

3 Robert Pring-Mill, 出自一次说明，与 AF.

4 Muñoz, *Memorias,* pp. 117–118

5 PN, 'Algo sobre mi poesía y mi vida', 载于 *Aurora,* Santiago, No. I, July 1954, pp.11–12.

6 同上

7　PN, *Memoirs,* p. 138.

8　Emir Rodríguez Monegal's book, *Neruda: El viajero inmóvil* (Neruda: The Immobile Voyager) remains one of the best studies of Neruda's poetry, despite the over-psychoanalytic thread running through it.

9　自 'Carta para que me manden madera' 载于 *Estravagario.*

10　自 'La mamadre' 载于 *Memorial de Isla Negra.*

11　自 Neruda's anide, 'César Vallejo is dead', 载于 *Aurora*, Santiago, 1 August 1938.

12　John Gunther, *Inside Latin America* (Hamish Hamilton, London, 1942), p. 193.

13　Jordi Torra, 与智利聂鲁达专家访谈: Julio Gálvez Barraza, 载于 *El Siglo,* Santiago, 13 July 2000.

14　Alonso, *Poesía y estilo de Pablo Neruda,* p. 359.

15　Monegal, *Neruda: El viajero inmóvil,* pp. 304,307.

16　Jaime Concha, *Tres ensayos sobre Pablo Neruda* (University of South Carolina Press, Columbia, sc,1974), P. 85.

17　Octavio Paz, 'Neruda en el corazón' 载于 *Ruta,* Mexico City, No. 4,1938, p. 241.

18　Alberti, ed., *Pablo Neruda: Antología poética,* p. 24.

19　PN, *Memoirs,* p. 141.

20　Víctor Pey, 对话 AF, Santiago, March 2000.

21　PN, *Para nacer he nacido,* p. 294.

22　Roser Bru, 对话 AF, Santiago, March 2000.

23　Víctor Pey, 对话 AF, Santiago, April 2000.

24　Roser Bru, 对话 AF, Santiago, March 2000.

25　Víctor Pey, 出自一次对话, 与 AF, Santiago, April 2000.

26　同上

27　José Balmes, 对话 AF, Santiago, April 2000.

28　PN, *Memoirs,* p. 148.

29　同上

30　Delia del Carril, 受 Isabel Lipthay 采访, 载于智利杂志, *Hoy,* November 1979.

第七章　墨西哥魔法、婚姻、一封悲剧性的电报、一只尖刻的獾

1　这封有趣且鲜为人知的信可以在以下来源找到 Biblioteca Nacional José Marti, 位于 Havana, Cuba. 该作者的注意力被古巴杂志上一篇文章吸引: *Juventud Rebelde,* 5

October 2003.

2　Open Letter to Pablo Neruda', 抄录于 Juan Ramón Jiménez, *Guerra en España 1936—1953* (Seix Barral, Barcelona, 1985), p. 255.

3　PN, 访谈于 *El Nacional,* Mexico City, 24 August 1940.

4　George Steiner, *Language and Silence* (Pelican Books, London, 1969), p. 310.

5　转引自 'Testimonios sobre Delia del Carril'.

6　Wilberto Cantón, 'Pablo Neruda en México (1940—1943)', *Anales de la Universidad de Chile,* Santiago, Nos 157—160, January-December 1971, pp. 263—269.

7　PN, *Memoirs,* p. 150.

8　西克洛斯自己反感在奇廉完成的壁画。根据智利壁画家胡里奥·伊斯卡梅所述，"他在刚画完的时候就想要摧毁它。他向它扔刀子，留下了一道谁都没有留意的划痕。他不想参加（为壁画举行的）揭幕仪式。但这对他来说并不新鲜：他很少在完成作品时对它们满意。不过这并不妨碍他本人后来炫耀它们。"胡里奥·伊斯卡梅访谈于 *Cuadernos,* Vol. 10, No. 39, Fundación Pablo Neruda, Santiago, 1999.

9　PN, 访谈于 *Marcha,* Montevideo, Uruguay, 17 September 1971, p. 3.

10　John Bart Gerald, 载于 his book review of Pablo Neruda's *Winter Garden,* 译者为 William O'Daly, (Copper Canyon Press, Port Townsend, 1986) *New York Times Book Review,* 20 July 1990.

11　载转引自美国军事信号情报组织截获的一条信息，被翻译成一个名叫 Venona 的计划的一部分。

12　PN, 'Las vidas del poeta'.

13　同上

14　同上

15　自 'America' 载于 *Canto general,* 译者为 Jack Schmitt (University of California Press, Berkeley, CA, 1991).

16　Octavio Paz, 转引自 *Reforma,* Mexico City, 7 April 1994, pp. 12—13.

17　Enrico Mario Santí, 载于 his Introduction to Octavio Paz, *Primeras letras 1931—1943* (Vuelta, Mexico City, 1988), p. 44.

18　Octavio Paz, *Laurel,* Seneca, Mexico, 1941.

19　PN, *Memoirs,* pp. 162—163.

20　同上

21　Cantón, 'Pablo Neruda en México', pp. 263—269.

22　Poli Délano, Nerudeando con nostalgia' 载于 *Cuadernos,* Fundación Pablo Neruda, Santiago, Vol. Do, No. 39, 1999, p. 27.

23　PN, *Memoirs,* pp. 159–160.

24　同上

25　Octavio Paz, quoted by the Mexican daily, *Excelsior,* on 7 December 1990.

26　此前，没有人披露过玛露卡在与聂鲁达离婚后在 Monte Carlo 遭遇了什么，我非常
　　感激海牙的 Kathleen Boet Herbert 和巴塞罗那的 Anabel Torres 向我披露了这个非常
　　详细的信息。

27　Cantón, 'Pablo Neruda en México'.

28　Neruda's remarks were 抄录于 *Excelsior,* Mexico City, 1 June 1943.

29　Julio Escámez, 载于 *Cuadernos,* Vol. 10, No. 39, Fundación Pablo Neruda, Santiago, 1999.

30　PN, 访谈于 *Hoy,* Mexico City, August 1943

31　Paz, 'Respuesta a un cónsul', *Letras de México,* Mexico City, 15 August 1943.

32　Jason Wilson, *Octavio Paz* (Twayne, Boston, MA, 1986), p. 23.

33　Octavio Paz speaking on the Spanish television programme, 'A Fondo', RTVE, 1977.

34　Octavio Paz, *Convergencias* (Seix Barral, Barcelona, 1991), pp. 129–130.

35　Raúl Arreola Cortés, *Pablo Neruda en Morelia* (Ediciones Casa de San Nicolás, Morelia,
　　Michoacán, 1972).

36　同上

37　PN, *Memoirs,* p.163.

第八章　从马丘比丘最丰富的高度下降到地球上最干燥地区的贫瘠中

1　抄录于 *Zig-Zag,* Santiago de Chile, 29 October 1943.

2　Neruda's response 载于 *Zig-Zag.*

3　Pablo Neruda 向 Universidad Nacional 的法律教员致辞，载于 Bogotá, Colombia, on 23
　　September 1943.

4　Robert Pring-Mill, 载于其为一下书所写的导论：PN, *The Heights of Macchu Picchu,* 译
　　者为 Nathaniel Tarn (Jonathan Cape, London, 1966), p. xi.

5　PN, *Memoirs,* pp. 165–166.

6　Quoted by Margarita Aguirre 载于 *Genio y figura de Pablo Neruda,* p. 156.

7　PN, *Aurora,* Santiago, No. I, July 1954, pp. 10–12.

8　Pring-Mill, ed., *Pablo Neruda: A Basic Anthology,* p. xii.

9　PN, *Obras completas,* Vol. 1, p. 1214.

10　同上

11 PN. *Passions and Impressions*, p. 196.

12 From *The Heights of Macchu Picchu*, 译者为 Nathaniel Tarn.

13 转引自 Sáez, *Todo debe ser demasiado*, pp. 141–142.

14 Inés Valenzuela 对话 AF, Santiago, March 20co.

15 即便在与轴心国势力断绝关系之后，智利对来自美国的民事援助与军事装备援助依然并不满意。美国反过来也对智利显然滞后的反轴心国机构与公司的行动表示不满。

16 PN, *Memoirs*, p. 167.

17 载 于 'Down the Mine' 自 George Orwell, *The Road to Wigan Pier* (Victor Gollancz, London, 1937).

18 PN, *Viaje al norte de Chile*, collected 载于 *Viajes* (Nascimento, Santiago, 1955).

19 Lago, *Ojos y oídos*, pp. 45–46.

20 同上，p. 46.

21 同上

22 PN, *Memoirs*, pp. 166–167.

23 PN, *Obras Completas*, Vol. 4, pp. 613–630.

24 同上，pp. 549–555. 自从该版本的聂鲁达作品全集出版后，其编者 Hernán Loyola 联系了 AF 表示：在 1945 年演讲期间的打断事件很可能是聂鲁达自己杜撰或"导演"的恶作剧。

25 Robert Pring-Mill 翻译，载于 'Both in Sorrow and in Anger: SpanishAmerican Protest Poetry', *Cambridge Review*, Vol. 91, No. 2195, 20 February 1970, pp. 112–122.

26 Lago, *Ojos y oídos*, p. 66.

27 Jason Wilson, ' 载于 the Translator's Workshop', 载于 *Poetry London*, Summer 2002, pp. 30–32.

28 PN, 'Viaje al corazón de Quevedo' collected 载于 *Viajes*.

29 Translations here are by Nathaniel Tarn from *The Heights of Macchu Picchu*.

30 载于其书：*Ojos y oídos*, 聂鲁达的朋友 Tomás Lago 在一个场合提到聂鲁达轻蔑地谈到米斯特拉尔，尤其是批判她缺乏对政治事件的觉悟。参见 *Latin America* (p. 66). Lago 的女儿 Victoria Lago 在跟 AF 谈话时说得更重，她声称："巴勃罗对于米斯特拉尔在他之前获得诺贝尔奖感到恼火。"（Victoria Lago, 对话 AF, Santiago, April 2000.）

31 Lago, *Ojos y oídos*, p. 68.

32 同上

33 Volodia Teitelboim, 对话 AF, Santiago, March 2000.

34 西班牙词语 *hacha* 意思是 "斧子"。

35 Inés Valenzuela, 对话 AF, Santiago, March 2000.

36 转引自 'Testimonios sobre Delia del Carril'.

37 同上

38 Sáez, *Todo debe ser demasiado,* p. 148.

39 Lago, *Ojos y oídos,* pp. 84–85.

40 Volodia Teitelboim, Neruda, p. 288.

41 Lago, *Ojos y oídos,* p. 90.

42 PN, *Passions and Impressions,* p. 266.

43 Neruda's 'Yo acuso' speech is 抄录于 *Obras completas,* Vol. 4, pp. 704–729

44 同上 , pp. 730–731.

第九章 "盲鼠的一年"——潜藏中的聂鲁达

1 Margarita Aguirre, *Genio y figura de Pablo Neruda,* p. 189.

2 From 'Acuso' 载于 *Canto general,* 1950. 由 Jack Schmitt 译自 PN, *Canto general,* fiftieth anniversary edition (University of California Press, Berkeley, CA, 2000), p. 198.

3 Robert Pring-Mill, 关于 *Canto general* 中写作于地下状态的部分的笔记。该笔记被善意地借给了 AF。

4 Alvaro Jara, 'Neruda 1948: El poeta inalcanzable', an address to the International Symposium on Pablo Neruda at the Universities of Oxford and Warwick, 12–16 November 1993.

5 同上

6 同上

7 Pring-Mill, *A Poet for All Seasons,* p. 43.

8 我感激 Robert Pring-Mill 分享给我他对 *Antología popular de la resistencia* 的 1996 年笔记。

9 Víctor Pey, 对话 AF, Santiago, March 2000.

10 同上

11 同上

12 同上

13 同上

14 Jara, 'Neruda 1948'.

15　Pring-Mill, 关于 *Canto general* 中写作与地下状态的部分的笔记。

16　参见 Aída Figueroa, 转引自 'Vivir con Neruda: Conversación con Aída Figueroa y Sergio Insunza' by Luis Alberto Mansilla, *Araucaria,* Santiago, No. 26, 1984, pp. 89–105.

17　同上

18　Jara, 'Neruda 1948'.

19　Aída Figueroa, 对话 AF, Santiago, March 2000.

20　From 'El traidor' 载于 *Canto General,* 译者为 Jack Schmitt, p. 197.

21　PN, *Memoirs,* pp. 172–173.

22　From 'Que despierte el leñador' 载于 *Canto General,* 译者为 Jack Schmitt, p.257.

23　同上 , p. 267.

24　Sergio Insunza 载于 Mansilla, 'Vivir con Neruda'.

25　PN, *Memoirs,* pp. 173–174.

26　同上 , p. 174.

27　Jara, 'Neruda 1948'.

28　From 'El fugitivo' 载于 *Canto general,* 译者为 Jack Schmitt, p. 273.

29　同上 , p. 278.

30　同上

31　Pring-Mill, 关于 *Canto general* 中写作与地下状态的部分的笔记。

32　这个对聂鲁达的秘密访谈发表在 *La Hora,* Buenos Aires, 19 October 1948.

33　Gabriel González Videla, *Memorias* (Editorial Gabriela Mistral, Santiago, 1975).

34　同上

35　Robert Pring-Mill, 访谈于 Manuel Solimano, 27 June 1985.

36　Pring-Mill, 关于 *Canto general* 中写作与地下状态的部分的笔记。

37　同上

38　José Miguel Varas, *Nerudario* (Planeta, Santiago, 1999), p. 104.

39　Jara, 'Neruda 1948'.

40　Poli Délano, 对话 AF, Santiago, March 2000.

41　Pring-Mill, 关于 *Canto general* 中写作与地下状态的部分的笔记。

42　From 'Yo soy' 载于 *Canto general,* 译者为 Jack Schmitt, pp. 373–387.

43　'El testamento', 同上 , p. 395.

44　Víctor Pey, 对话 AF, Santiago, April 2000.

45　Jorge Bellet, 'Cruzando la cordillera con el poeta', 载于 *Araucaria,* Santiago, Nos 47–48, 1990, pp. 186–202.

46　Pring-Mill, 访谈于 Manuel Solimano.

47　Víctor Pey, 对话 AF, Santiago, April 2000.

48　同上

49　Bellet, 'Cruzando la cordillera con el poeta'.

50　Pring-Mill, 与 Manuel Solimano 访谈 .

51　Juan Carlos Reyes, 对话 AF, Temuco, April 2000.

52　PN, *Memoirs,* p. 177.

53　Bellet, 'Cruzando la cordillera con el poeta'.

54　同上

55　PN, *Memoirs,* p. 180.

56　Bellet, 'Cruzando la cordillera con el poeta'.

57　Víctor Bianchi 的日记抄录于 *Cuadernos,* Fundación Pablo Neruda, Santiago, No. 51, 2002, pp. 9–17.

58　同上

59　PN, *Obras completas,* Vol. 5, pp. 333–334.

60　Bianchi, 日记 .

61　PN, *Memoirs,* p. 184.

62　Bellet, 'Cruzando la cordillera con el poeta'.

63　PN, *Memoirs,* pp. 182–183.

64　想象一下下面这个问题是很有意思的：聂鲁达是否想到过在马背上翻越安第斯山逃亡与该诗人所喜爱的福尔摩斯小说 *A Study in Scarlet* 中描写的 John Ferrier 与他女儿 Lucy 从摩门教徒手里逃亡有着惊人相似？

65　出自一个声明的副本，见于 Robert Pring-Mill 的收藏。

66　Víctor Pey, 对话 AF, Santiago, April 2000.

第十章　迪莉娅与玛蒂尔德——东欧的一场戏法

1　PN, *Memoirs,* p. 186.

2　同上 , p. 187.

3　"写作这些戏剧的人并不是莎士比亚，而是另一个出生在同一天，同一个时辰也死在同一天的一个人，他恰好也有着同一个名字：莎士比亚。"同上, p. 187.

4　同上, p. 188.

5　同上 , p. 189.

6　同上 , p. 190.

7 同上，p. 191.

8 Paul Eluard 所叙述的关于聂鲁达第三任妻子 Matilde Urrutia 的奇闻轶事，抄录于后者的回忆录 *Mi vida junto a Pablo Neruda* (Seix Barral, Barcelona, 1986), p. 159.

9 关于第一次俄罗斯访问以及随后的东欧访问的一些细节出自一个伟大智利学者 Jorge Sanhueza 在 1967 年临死前所写的一本令人伤感地未完成也未出版的聂鲁达传记中的一章。

10 Vera Kuteishikova, 对话 AF, Moscow, September 2003.

11 出自聂鲁达 1950 年在危地马拉城发表的一次演讲。该文本最初发表为 'El esplendor de la tierra' 载于 *Viajes,* Santiago, 1955.

12 同上

13 同上

14 同上

15 PN, *Memoirs,* pp. 194–195.

16 Vera Kuteishikova, 对话 AF, Moscow, September 2003.

17 同上

18 Lago, *Ojos y oídos,* p. 124.

19 Guibert, *Seven Voices,* pp. 3–78.

20 Guibert, *Seven Voices,* pp. 3–78.

21 聂鲁达在 1949 年 9 月墨西哥城 "Latin American Congress of Peace Supporters" 上发表的演讲。该文本最初被智利共产党以一个秘密小册子 1949 年发表于圣地亚哥，复制于 PN, *Obras completas,* Vol. 4, pp. 761–769.

22 Marco Antonio Campos, 'Los días terrenales de Revueltas', *La Jornada Semanal,* Mexico City, II June 2000.

23 Reyes, *Neruda-retrato de familia,* p. 142.

24 Inés Figueroa, 转引自 Varas, *Nerudario,* p. 208.

25 Urrutia, *Mi vida junto a Pablo Neruda,* pp. 127–128.

26 Aída Figueroa, 对话 AF, Santiago, March 2000.

27 Jorge Edwards, *Adiós, Poeta* (Tusquets, Barcelona, 1990), p. 69.

28 同上

29 Inés Figueroa, 对话 AF, Santiago, 2000.

30 Hugo Méndez-Ramírez, *Neruda's Ekphrastic Experience: Mural Art and Canto General* (Bucknell University Press, Lewisburg, NJ, 1999).

31 Roberto González Echevarría, 载于 his introduction to Schmitt's translation of *Pablo Neruda: Canto General,* p. 7.

注　释

32　Alfredo Cardona Peña, *Pablo Neruda y otros ensayos* (Editorial de Andrea, Mexico City, 1955), pp. 37–38.

33　Américo Zorrilla, 访谈于 *Aurora de Chile,* Santiago, No. 8, 1979.

34　一个智利副本在 2000 年做成，以纪念其 15 周年。

35　Enrico Mario Santí, *Pablo Neruda: The Poetics of Prophesy* (Cornell University Press, Ithaca, NY, 1982）.

36　Jaime Alazraki, 'Observaciones sobre la estructura de la oda elemental' 载于 *Mester* (UCLA) IV, No. 2, April 1974, pp. 94–102.

37　Judy McGinnis, 在为 Latin American Studies Association 1997 年会议准备的文本中，载于 *Guadalajara*, Mexico, 17–19 April 1997.

38　Saúl Yurkiévich, 'Mito e historia: Dos generadores del *Canto general*' 载于 *Revista Iberoamericana,* Pittsburgh, PA, 39, Nos 82–83 (1973), pp. 111–35.

39　Reyes, *Neruda-retrato de familia,* p. 150.

40　PN, writing 载于 *Pro Arte,* Santiago, No. 117, 3o November 1950.

41　PN, 'El esplendor de la tierra'.

42　Reyes, *Neruda-retrato de familia,* p. 155.

43　PN, *Memoirs,* p. 199.

44　同上 , p. 201.

45　同上 , p. 202.

46　同上

47　From 'Londres' 载于 *Las uvas y el viento* (Nascimento, Santiago, 1954).

48　Varas, *Nerudario,* p. 118.

49　这个给华沙第二届 World Peace Congress 的演讲抄录于 *Pro Arte,* Santiago, 30 November No. 117, 1950.

50　在 1950 年 5 月之后，土耳其第一个民选政府掌权，希克梅特作为大赦的一部分得到释放，但迫害仍在继续。希克梅特在一个风暴里乘一个小摩托艇横渡博斯普鲁斯海峡，在垂死的状态下被一艘货船救起，发现在主管们的船舱墙上挂着他的大幅照片，上面写着大字："挽救纳西姆·希克梅特"。被带到莫斯科以后，他被提供了在郊外佩列杰里基诺的作家驻留地的一所房子。土耳其政府拒绝允许他的妻子和孩子去和他会合。尽管他在 1952 年遭遇第二次心脏病，希克梅特在流亡期间旅行广泛，不仅访问了东欧，而且访问了罗马和巴黎。聂鲁达 1951 在东柏林第一次见到他。

51　一个被美国列在同情共产主义人士名单上的小说家，和聂鲁达同一年，也就是 1953 年被授予斯大林和平奖。

52　PN, *Memoirs*, pp. 211–212.

53　我特别要感谢 Robert Pring-Mill 提供给我这个以及其他关于智利秘密版本 *Canto general* 的细节，其中很多都是从他 1986 年与 José Venturelli 两次重要交谈中获得的。

54　这个演讲抄录于 *Democracia*, Santiago, 5 August 1951.

55　José Venturelli, 对话 Robert Pring-Mill 载于 1986.

56　Urrutia, *Mi vida junto a Pablo Neruda*, pp. 46–47.

57　同上 , p. 47.

58　同上

59　José Venturelli, 对话 Robert Pring-Mill 载于 1986.

60　from 'La pródiga' 载于 *Los versos del capitán*.

61　PN, *Memoirs,* pp. 205–206.

62　同上 , p. 207.

63　同上 , p. 210.

64　Inés Figueroa, 对话 AF, October 2002.

65　Urrutia, *Mi vida junto a Pablo Neruda,* pp. 65–66. Hugh Thomas 指出：尼翁在西班牙内战期间扮演了一个历史角色。正是在这里 1937 年 9 月 10 日，英国和法国邀请除西班牙外的德国、俄罗斯以及其他地中海沿岸国家举行一场会议，旨在阻止西班牙法西斯发动离岸袭击。Hugh Thomas, *The Spanish Civil War* (3rd ed., Pelican Books, Harmondsworth, 1977) pp. 605–7.

66　Matilde Urrutia, 访谈于 *La Tercera*, Santiago, 1982., 抄录于同一报纸 13 July 2002.

67　'El desvío', 载于 *Los versos del capitán*.

68　Matilde Urrutia, 访谈于 *La Tercera, 1982.* (抄录于 13 July 2002).

69　见于诗歌 'El jabón y la aguja' 的页边空白处，聂鲁达写道："1951 年 12 月 20 日，下午 2 到 3 点 '，后面断断续续地写着 'M ... Krem ... n'. Robert Pring-Mill 认为这一定是指其他地方并未记载的在这几天对莫斯科的访问。Robert Pring-Mill, 关于 *Los versos del capitán* 成书的注释 .

70　PN, 'Algunas reflexiones improvisadas sobre mis trabajos', 载于 *Mapocho,* Santiago, No. 3, 1964.

71　'Regresó la sirena' from *Las uvas y el viento*.

72　Robert Pring-Mill, 对话 AF, November 2003.

73　Reyes, *Neruda-retrato de familia*, p. 157.

74　这其中有些细节取自 Teresa Cirillo Sirri, *Capri: Una tappa poetica di Neruda* (L'Orientale Editrice, Napoli, 2000).

75　Reyes, *Neruda-retrato de familia,* p. 159.

76 PN, *Memoirs,* p. 214.

77 转引自 Cirillo Sirri, *Capri: Una tappa poetica di Neruda.*

78 Claretta Cerio, *Ex libris: Incontri a Capri con uomini e libri* (Edizoni La Conchiglia, Capri, 1999).

79 自下面文献第一版前言: *Los versos del capitán* (Imprenta L'Arte Tipografica, Naples, 1952*).*

80 Robert Pring-Mill, 在一次向 AF 的提醒中.

81 PN, *Memoirs,* p. 215.

82 同上 , pp. 215–216.

83 Urrutia, *Mi vida junto a Pablo Neruda.* p. 105.

84 Guibert, *Seven Voices,* pp. 42–43.

85 Urrutia, *Mi vida junto a Pablo Neruda,* p. 108.

86 同上

87 同上 , p. 110.

88 Varas, *Nerudario,* p. 206.

89 同上

90 Urrutia, *Mi vida junto a Pablo Neruda,* p. 12.9.

91 同上

92 同上 , p. 130.

93 Stefan Heym, *Nachruf* (Bertelsmann, Munich, 1988) p. 524.

94 Inés Figueroa, 对话 AF, October 2002.

95 Urrutia, *Mi vida junto a Pablo Neruda,* p. 165.

96 Varas, *Nerudario,* p. 143.

第十一章　英雄凯旋

1 Lago, *Ojos y oídos,* p. 160.

2 同上 , p. 162.

3 聂鲁达在 Santiago 的 Plaza Bulnes 的演讲第二天发表于 *Democracia,* Santiago, 13 August 1952.

4 PN, *Vistazo,* Santiago, No. 12, 11 November 1952.

5 Sergio Insunza, 对话 AF, Santiago, April 2000.

6 Lago, *Ojos* y *oídos,* p.175–6.

7　同上

8　Margarita Aguirre, 对话 AF, Santiago, March 2000.

9　Lago, *Ojos y oídos*, p. 198.

10　对于这个此前不知道的关于玛露卡的信息我把它归功于海牙的 Kathleen Boet-Herbert 和巴塞罗那的 Anabel Torres 的调查。

11　该演讲的文本发表于 *Principios,* Santiago, September 1952.

12　PN, *Memoirs,* p. 224.

13　由 Robert Pring-Mill 向 AF 确认.

14　Aguirre, *Genio y figura de Pablo Neruda,* p. 157.

15　Aída Figueroa, 'Delia y Matilde', 载于 Carlos Orellana ed., *Los rostros de Neruda* (Planeta, Santiago, 1998), pp. 61–62.

16　Lago, *Ojos y oídos,* p. 170.

17　Sáez, *Todo debe ser demasiado,* p. 161.

18　Varas, *Nerudario,* p. 144.

19　*Qué Pasa*, Santiago, 4 October 2002.

20　*El Siglo,* Santiago and *Gazeta, Moscow,* 10 March 1953.

21　Yevgeny Yevtushenko, A *Precocious Autobiography* (Penguin Books, London, 1965), p.95.

22　同上 , p. 118.

23　给圣地亚哥 Continental Congress of Culture 的这个致辞抄录于 *El Siglo,* Santiago, 31 May 1953.

24　同上

25　Urrutia, *Mi vida junto a Pablo Neruda,* p. 176.

26　同上

27　同上

28　这个演讲的文本首次发表于 *El Siglo,* Santiago, 18 January 1954.

29　Lago, *Ojos y oídos,* p. 188.

30　这个演讲的文本抄录于 PN, *Discursos del Rector de la Universidad de Chile, don Juan Gómez Millas y de Pablo Neruda* (Prensa de la Editorial Universitaria, Santiago, 1954).

31　出自诗歌 'On the Chilean Headland' 载于 *Selected Poems of Ai Qing* (People's Literature Publishing House, Beijing, 1996), pp. 234–241. 诗歌译者为 Liu Hongbin (刘红宾——译者).

32　PN, *Aurora,* No. 2, Santiago, December 1954.

33　同上

34　PN, Prologue to *Poesía política (discursos políticos) de Pablo Neruda,* ed. Margarita

Aguirre (Editora Austral, Santiago, 1953), Vol. I, pp. 7–9.

35　Jaime Concha, 'Neruda desde 1952; Nunca entendía lucha sino para que este termine' 载于 *Texto Crítico,* Santiago, Nos 22–23, 1981.

36　同上 .

37　Luis Sepúlveda, 对话 AF, Gijón, Spain, May 1999.

38　转引自 the introduction to Alexander Pushkin, *Eugene Onegin* (Penguin Books, London, 1964).

39　Hernán Díaz Arrieta (Alone), 'Muerte y tranfiguración de Pablo Neruda' (《聂鲁达的死亡与变容》), 载于 *El Mercurio,* 30 January *1955.*

40　PN, *Algunas reflexiones sobre mi vida y obra,* January 1954.

41　René de Costa, *The Poetry of Pablo Neruda* (Harvard University Press, Cambridge, MA, 1979), p. 159.

42　PN, *Odas Elementales* (Losada, Buenos Aires, 1954).

43　Aída Figueroa, 对话 AF, Santiago, April 2000,

44　Sáez, *Todo debe ser demasiado,* pp. 165–166.

45　Marie Martner and Francisco Velasco, 对话 AF, Valparaíso, March 2000.

46　Sáez, *Todo debe ser demasiado,* p. 167.

47　同上

48　Inés Valenzuela, 对话 AF, Santiago, March 2000.

49　Inés Figueroa, 对话 AF, Santiago, March 2000.

50　Victoria Lago, 对话 AF, Santiago, April 2000.

51　Aída Figueroa 对话 AF, Santiago, April 2000.

52　*La Tercera,* Santiago, 9 July 2002.

53　PN, *Memoirs,* pp. 318–319.

54　同上

55　José Saramago 访谈于 the *Guardian,* London, 28 December 2002.

56　Eric Hobsbawm, *Interesting Times-A Twentieth-Century Life* (Allen Lane, London, 2002), p. 134.

57　Yevtushenko, A *Precocious Autobiography,* p. 109.

58　Edwards, *Adiós, Poeta,* p. 86.

59　From 'Oda a los calcetines' 载于 *Nuevas odas elementales* (Losada, Buenos Aires, 1956).

60　Robert Pring-Mill, 'El Neruda de las *Odas elementales,*' 载于 *Coloquio internacional sobre Pablo Neruda (la obra posterior a Canto general),* ed. Alain Sicard (Centre de Recherches Latino-américaines, Poitiers, 1979).

61 PN, 载于 *Plática,* Buenos Aires, April 1956.

62 PN, *El Siglo,* Santiago, 11 January 1957.

63 PN, *Memoirs,* pp. 225–226.

64 同上 , p. 229.

65 同上

66 同上 , p. 231.

67 Inés Figueroa, 对话 AF, Santiago, April 2000.

68 PN, *Memoirs,* p. 231.

69 同上 , p. 233.

70 同上 , pp. 234–235

71 同上

72 Xu Chi, Preface to *Selected Poems of Pablo Neruda* (Hunan People's Publishing House, Beijing, 1984).

73 PN, Memoirs, pp. 236–237.

74 同上 , p. 240.

75 同上 , p. 243.

76 同上

77 同上 , p. 246.

78 同上 , p. 252.

79 同上

80 Gonzalo Rojas, 转引自 *La Tercera,* Santiago, 23 October 2003.

81 'Pido silencio' 载于 *Estravagario.*

82 'Regreso a una ciudad' 载于 *Estravagario.*

83 Inés Figueroa, 对话 AF, Santiago, April 2000.

84 Edwards, *Adiós Poeta,* p. 90.

第十二章　新的政体

1 James Nolan, *Poet-Chief: The Native American Poetics of Walt Whitman and Pablo Neruda* (University of New Mexico Press, Albuquerque, 1994)

2 PN, *Lunes de Revolución,* Havana, Cuba, No. 88, 26 December 1960.

3 同上

4 Sonnet 11 载于 *Cien sonetos de amor* (Prensa de la Editorial Universitaria, Santiago, 1959).

5　聂鲁达在向一个诗人兼记者 Sara Vial 的书面访谈中，该访谈被抄录于后者的杰作中：
　　Neruda en Valparaíso (Ediciones Universitarias de Valparaíso, Valparaíso, 1983), p. 215.

6　Varas, *Nerudario*, p. 217.

7　Rodolfo Reyes, 对话 AF, Santiago, March 2000.

8　Sergio Insunza, 对话 AF, Santiago, March 2000.

9　Inés Valenzuela, 对话 AF, Santiago, April 2000.

10　Urrutia: *Mi vida junto a Pablo Neruda,* p. 250.

11　Manuel Díaz Martínez, 未出版的书的残篇：*Sólo un leve rasguño en la solapa. Recuerdos,*
　　发布在 SISIB-Universidad de Chile 网站上．

12　感谢 Robert Pring-Mill 向我形象描绘了该次海啸的摧毁性后果。

13　PN, *Obras completas,* Vol. z, p. 1381.

14　Edwards, *Adiós, Poeta.* p. 146.

15　PN 转引自 Pierre Kalfon 下列书中 *Che: Ernesto Guevara, una leyenda de nuestro siglo*
　　(Plaza & Janes, Barcelona, 1997), p. 600.

16　Edwards, *Adiós, Poeta.* p. 146.

17　Urrutia, *Mi vida junto a Pablo Neruda,* p. 2.45.

18　Vial, *Neruda en Valparaíso,* p. 18.

19　同上, p. 184.

20　同上

21　Marjorie Agosín, 'Neruda en Isla Negra, Isla Negra en Neruda', 载于 *Nuevas aproximaciones
　　a Pablo Neruda,* No. 39a.

22　PN, *Obras completas,* Vol. 2, p. 1391.

23　PN, 'Mariano Latorre, Pedro Prado y mi propria sombra', published 载于 *Pablo Neruda y
　　Nicanor Parra, Discursos* (Nascimento, Santiago, 1962).

24　Nicanor Parra 的演讲抄录于 Pablo Neruda and Nicanor Parra: *Discursos* (Nascimento,
　　Santiago, 1962) pp. 9–48.

25　Nicanor Parra, 对话 AF, Las Cruces, Chile, April 2000. 在 1981 年，Parra 告诉乌拉圭诗
　　人 Mario Benedetti：“聂鲁达对我来说是一个问题：一种挑战，一个障碍……”(Mario
　　Benedetti, 'Nicanor Parra o el artefacto con laureles' 载 于 *Los poetas comunicantes,
　　Marcha,* Mexico, 1981, p. 46). 但当我遇见他的时候，Parra 似乎很清楚他与聂鲁达的
　　分歧是如何开始的：他说，是在聂鲁达给智利杂志 Ercilla 在 1960 年的一次访谈之
　　后开始的。当被问到他如何看待智利诗歌的其他大师们——Huidobro, De Rokda 以
　　及 Parra——聂鲁达回答道：“我有另一些朋友：阿拉贡，艾吕雅。”

26　Margarita Aguirre, 对话 AF, Santiago, March 2000.

27 PN, 'Convenios católicos hacia la paz', published 载于 *El Siglo,* Santiago, 14 October 1962.

28 Loyola, 载于 the notes to PN, *Obras completas,* Vol. 2, p. 1393.

29 'El pueblo' from *Plenos poderes* (Losada, Buenos Aires, 1962).

30 'Un globo para Matilde', 由无名印刷者以一种小册子发表, Valparaíso, 1963.

31 'Winter Crown for Nazim Hikmet'. 该诗载于 *El Siglo,* Santiago, on 9 June 1963.

32 PN, *Memoirs,* pp. 299–300.

33 对于这个以及其他关于这次反对聂鲁达运动的细节，我要感谢 Frances Stonor Saunders，因为与她的谈话以及她精彩的著作：*Who Paid the Piper? The CIA and the Cultural Cold War* (Granta Books, London, 1999).

34 由 Frances Stonor Saunders 善意提供给 AF 的材料.

35 该文章以西班牙语发表为：'Retrato de gladiador' 载于 *El Siglo*，28 July 1963.

36 该演讲第二天抄录于 *El Siglo*, 30 September 1963.

37 PN, 关于肯尼迪之死的广播说明，发表于 *El Siglo*, 1 December 1963.

38 PN, 访谈于 *El Siglo,* Santiago, 12 July 1964.

39 'Nacimiento' 载于 *Memorial de Isla Negra* (Losada, Buenos Aires, 1964).

40 出自 'Della II', *Memorial de Isla Negra.*

41 Alain Sicard, 载于 his address to the 'Simposio Pablo Neruda', 1975.

42 Giuseppe Bellini, 在其为一下文献所做的序言中：*Memorial de Isla Negra* (Visor, Madrid, 1994), p. 13.

43 From 'Tú entre los que parecían extraños', *Memorial de Isla Negra.*

44 PN, *Anales de la Universidad de Chile,* No. 129, Santiago, January-March 1964.

45 From *Una casa en la arena* (Lumen, Barcelona, 1966). (此注在正文缺失位置，此为译者推测添加。但注脚为原文所有。)

46 Robert Pring-Mill, 一次给 AF 的提示，September 2003.

47 La Bréche, Paris, No. 8, November 1965.

48 Comiendo en Hungría 在 1969 年同时以五种语言出版，编者中有巴塞罗那的 Lumen 和布达佩斯的 Corvina.

49 María A. Salgado, 'La confluencia de ajíes y paprika: Hungría en el imaginario de Asturias y Neruda' (The University of North Carolina at Chapel Hill).

第十三章　另一场古巴危机

1 Sergio Insunza, 对话 AF, Santiago, March 2000.

注　释

2 参见 'La otra cara de la medalla', 载于 PEC, Santiago, No. 76, 10 May 1966.

3 Arthur Miller, 对话 AF, November 2001.

4 同上

5 同上

6 Arthur Miller, *Timebends: A Life* (Minerva, London, 1990) p. 597.

7 同上

8 Emir Rodríguez Monegal, 'The Boom: A Retrospective', Interview by Alfred J. MacAdam, 载于 *Review*, No. 33, January 1984, pp. 30–34.

9 参见 *Le Figaro*, Paris, 20 June 1966, and PEC, Santiago, 28 June 1966.

10 *Ercilla*, Santiago, 20 July 1966.

11 Marco Antonio Campos, 'Los días terrenales de Revueltas' 载于 *La Jornada Semanal*, Mexico City, 11 June 2000.

12 'Carta de los Cubanos' *Granma*, Havana, 31 July 1966, 抄录于 PN, *Obras completas*, Vol. 5 pp. 1390—1396.

13 同上

14 Edwards, *Adiós, Poeta*, p.149.

15 PN, *El Siglo*, 2 August 1966.

16 From 'A Fidel Castro' 载于 *Canción de gesta*. 翻译者是 AF.

17 载于 *La Tercera*, Santiago, 17 March 2002.

18 Edwards, *Adiós, Poeta*.

19 From 'Pez en el agua', *Lunes de Revolución*, Havana, No. 88, 26 December 1960.

20 Julio Escámez, 'Testimonio' 载于 *Aurora*, Santiago, Nos 3–4,1964, pp. 225–226, 转引自 Hernán Loyola 对他编辑的一下文献注释中 PN, *Obras completas*, Vol. 3, p. 949.

21 自 *Arte de pájaros* (Edición de la Sociedad de Amigos del Arte Contemporáneo, Santiago, 1966).

22 自 *Una casa en la arena* (Lumen, Barcelona, 1966).

23 Vera Kuteishikova, 对话 AF, Moscow, September 2003.

24 由 Lev Ospovat 回忆，载于 *América Latina*, Moscow, July 1984, p. 91.

25 同上

26 PN, *Passions and Impressions*, pp. 189–190.

27 *La Vanguardia*, Barcelona, 11 August 2002.

28 聂鲁达在 'Elegía de Cádiz' 中描述了首次对加的斯的这次访问，它是发表于 1961 年的十首 *Cantos ceremoniales* 之一．

29 Gabriel García Márquez, *Doce cuentos peregrinos* (Mondadori España, Madrid, 1992). p. 98.

30 Octavio Paz, 访谈于墨西哥报纸 *Excelsior,* 7 December 1990.

31 Robert Pring-Mill, 在给 AF 的一次说明中, November 2003.

32 Octavio Paz, On *Poets and Others,* 译者为 Michael Schmidt (Carcanet, Manchester, 1987), pp. 45,126.

33 转引自 Edwards, *Adiós, Poeta,* p. 76.

34 Ercilla, Santiago, 4 April 1969.

35 From *La barcarola* (Losada, Buenos Aires, 1967).

36 PN, *Passions and Impressions,* p. 140.

37 Fernando Alegría, 'La Barcarola, barca de la vida', 载于 *Revista Iberoamericana,* Pittsburgh, Nos 82–87, January-June, 1973, pp. 73–98.

38 PN, *Lunes de Revolución.*

39 Pablo Neruda, 与 Magallanes 电台的一次对话, 抄录于 *El Siglo,* Santiago, 6 November 1966.

40 同上

41 Sergio Ortega, 访谈于 *La Tercera,* Santiago, 26 July 1998.

42 Ortega, 访谈于 *La Montagne,* Clermont-Ferrand, 20 November 2002.

43 Robert Pring-Mill, 一次向 AF 的说明, December 2003.

44 PN, published 载于 *El Siglo,* Santiago, 10 April 1968.

45 PN, 一次演讲, 载于 *El Siglo,* 28 August 1966.

46 PN, 一封信致 George F. Kennan, 12 March 1968. 抄录于 PN, *Obras Completas,* Vol. 5, pp. 1013—1014.

第十四章　诺贝尔奖——以及最后一场激情的爱

1 'Los soberanos' from *Las manos del día* (Losada, Buenos Aires, 1968).

2 Jaime Alazraki 载于 his address to the 'Simposio Pablo Neruda'.

3 Manuel Durán, introduction to PN, *Late and Posthumous Poems, 1968—1974* (Grove Press, New York, 1988), p. xxii.

4 Raúl Zurita 访谈于 *Revista APSI,* 16–29 December 1980, p. 441.

5 PN, 访谈于 *L'Express,* Paris, 13 September 1971.

6 Edwards, *Adiós, Poeta,* p. 183.

7 自 '1968' 载于 *Fin de mundo* (Losada, Buenos Aires, 1969).

8 Vera Kuteishikova, 对话 AF, Moscow, September 2003.

9　自 'Por qué, señor' 载于 *Fin de mundo.*

10　同上

11　Federico Schopf, 'Reception and Context of Pablo Neruda's Poetry' 载于 *Pedro Lastux, la erudición compartida* (Prensa Editora, Mexico City, 1988) pp. 332–372.

12　Loyola, 在他对一下文献的注释中 PN, *Obras completas,* Vol. 3, p. 980.

13　转引自 Bellini 于 'Viaje al corazón de Neruda', 一次名为 'Neruda, con la perspectiva de 25 años' 的回忆致辞，召开于 Alicante, Spain, March 1999. 发表于 *Boletín de la Unidad de Investigación,* University of Alicante, Alicante, December 1999.

14　PN, 访谈于 *Marcha,* Montevideo, 17 September 1971.

15　PN, 访谈于 *Excelsior,* Mexico City, 23 October 1971.

16　Tito Fernández ('TI Temucano'), 对话 AF, London, May 2002.

17　自 *Babo el rebelde.* 手稿由 Matilde Urrutia 保存，发表于 *El fin del viaje* (Seix Barral, Barcelona, 1982).

18　Quotes from *Aún* (Nascimento, Santiago, 1969).

19　PN, *Memoirs,* p. 336.

20　PN, *La Segunda,* 3 October 1969.

21　该演讲发表于 *El Siglo,* Santiago, 1 October 1969.

22　*La Nación.* 尚待征引.

23　Aída Figueroa, 转引自 Mansilla, 'Vivir con Neruda'.

24　Varas, *Nerudario,* pp. 245–246.

25　Aída Figueroa, 转引自 Mansilla, 'Vivir con Neruda'.

26　PN, *Memoirs,* p. 338.

27　Edwards, *Adiós, Poeta,* p. 206.

28　同上, pp. 207–208

29　Varas, *Nerudario,* pp. 244–245.

30　PN, 在 Puerto Azul 的演讲，委内瑞拉，1970 年 7 月。

31　该文本以 12 页小册子出版，叫 *Soy un poeta de utilidad pública* 附录在：*Neruda, Valparaíso* (Ediciones de la Universidad, Valparaíso, 1992).

32　Marie Martner, 对话 AF, Valparaíso, March 2000.

33　Guibert, *Seven Voices,* pp. 3–78.

34　Loyola, 在其注释中：PN, *Obras completas,* Vol. 3, p. 987.

35　Francisco Velasco, 对话 AF, Valparaíso, March 2000.

36　From 'El amor' 载于 *La espada encendida* (Losada, Buenos Aires, 1970).

37　自 'Dicen y vivirán' 载于 *La espada encendida.*

38　Francisco Velasco, 转引自 *La Tercera,* Santiago, 23 September 2003.

39　同上

40　Robert Pring-Mill, 在给 AF 的一次说明中, January 2004.

41　Francisco Velasco, 转引自 *La Tercera,* Santiago, 23 September 2003.

42　同上

43　*La Gaceta de Isla de Pascua,* Easter Island, Year 4, No. 7, Summer 1999.

44　PN, 访谈于 *Siete Días Ilustrados,* Buenos Aires, No. 200, 15 March 1971.

45　Edwards, *Adiós, Poeta,* p. 296.

46　Aída Figueroa, 转引自 Mansilla, 'Vivir con Neruda'.

47　同上

48　Teitelboim, *Neruda,* p. 434.

49　From 'Soneto Florentino', 载于 PN, *El fin del viaje.*

50　Edwards, *Adiós, Poeta,* pp. 272–273.

51　PN, 访谈于 *L'Express, 1971.*

52　Edwards, *Adiós, Poeta,* pp. 288–289.

53　Salvador Allende, 'Chile Vive', 载于 Salvador Allende, *1908—1973 Obras Escogidas* (Editoria Crítica, Barcelona, 1989).

54　Virginia Vidal, 'La captura de un condor con cazamariposas' 载于 Carlos Orellana ed. Mansilla, *Los rostros de Neruda* pp. 143–144

55　Urrutia, *Mi vida junto a Pablo Neruda,* pp. 283–284.

56　PN, *Obras completas,* Vol. 5, p. 332–341.

57　Borges, *Le Monde Diplomatique,* August 2001.

58　Urrutia, *Mi vida junto a Pablo Neruda,* p. 309.

59　Edwards, *Adiós, Poeta,* pp. 251–252.

60　Sara Vial, *Neruda en Valparaíso,* p. 120.

61　在 2000 年, Volodia Teitelboim 在圣地亚哥国家图书馆纪念聂鲁达《大诗章》出版 15 周年朗诵会后为他的书签名，队伍中有个妇女说她名叫 Alicia Urrutia，"我写到'怀着爱，献给艾丽西亚，她吻了我的脸颊然后离开。出于对她隐私的尊重，我没再去找她。外表上，她长得跟玛蒂尔德几乎一样。'" *(Revista Intramuros,* No. 9, 2002, Santiago).

62　PN, 'Tal vez me espera', 包含在 Matilde Urrutia 的 *El fin del viaje* 中.

63　'No sé como me llamo' from *Geografía infructuosa* (Losada, Buenos Aires, 1972).

64　Vera Kuteishikova, 对话 AF, Moscow, September 2003.

65　转引自 Edwards, *Adiós poeta,* p. 273.

66 同上 , p. 275.

67 Fernando Alegría, 'Neruda: Reflexiones y reminiscencias', 在 'Simposio Pablo Neruda' 中的致辞。

68 同上

69 该演讲文本抄录于 *Auch,* Santiago, 1971.

70 同上

71 Alegría, 'Neruda: Reflexiones y reminiscencias'.

72 Poli Délano, 'Neruda: caracolas y elegías', *La Tercera,* Santiago, 27 September 2003.

73 PN, 19 September 1972, 抄录于 La Jota's 网站：http://cipres.cec. uchile.cl/jjcc/jota/index-jota.html.

第十五章　最后的岁月——以及一份死后的礼物

1 Aída Figueroa, 转引自 Mansilla, 'Vivir con Neruda'.

2 转引自 *La Tercera,* Santiago, September 2003, 纪念聂鲁达逝世 30 周年特别网络版。http://docs.tercera.cl/especiales/2003/30aniosneruda/obra/cartaedwards.htm.

3 同上

4 在 1970 年，ITT 百分之七十控股 Chilteco, 亦即 Compañía de Teléfonos de Chile.

5 Robert Pring-Mill, 'Neruda y las coordenadas de la poesía de compromiso (I)' 载于 *Nerudiana,* published by the Istituto di Lingue e Letterature Romanze, University of Sassari, Sardinia, 1995

6 自 'Peremptory Explanation', 下列文献的序言：*Incitacion al nixonicidio y alabanza de la revolucion chilena* (Editora Quimantú, Santiago, 1973).

7 转引自 Pring-Mill, 'Neruda and the Co-ordinates of the Poetry of Compromise'.

8 同上

9 Letter dated z, November 1929 PN, *Pablo Neruda, Héctor Eandi, Correspondencia,* p. 60.

10 Guibert, *Seven Voices,* pp. 37–8.

11 转引自 Pring-Mill, 'Neruda and the Co-ordinates of the Poetry of Compromise'.

12 'El incompetente' 载于 *Defectos escogidos* (Losada, Buenos Aires, 1974).

13 Urrutia, *Mi vida junto a Pablo Neruda,* p. 249.

14 同上 , p. 200.

15 Orellana, *Los rostros de Neruda,* p. 80.

16 Sergio Insunza, 转引自 Mansilla, 'Vivir con Neruda'

17 Aída Figueroa, 同上 .

18 同上

19 José Miguel Varas, 转引自 *Qué Pasa,* Santiago, 3 January 2000.

20 Matilde Urrutia, 转引自 *Simposio Pablo Neruda,* p. 77.

21 Luis Sainz de Medrano, 在回忆 'Neruda, con la perspectiva de 25 años' 的致辞中。

22 自 'Los hombres' 载于 *2000* (Losada, Buenos Aires, 1974).

23 Selena Millares, 在以下会议致辞中：'Neruda, con la perspectiva de 25 años', Alicante, 1999. (发表于 *Boletín de la Unidad de Investigación,* University of Alicante, Alicante, December 1999).

24 'Celebración' 最后一行，*2000* 结尾部分 .

25 Section XVII 载于 *Elegía* (Losada, Buenos Aires, 1974).

26 自 Sin embargo me muevo' 载于 *El corazón amarillo* (Losada, Buenos Aires, 1974).

27 Allende, *Paula,* pp. 180–182.

28 Osvaldo Rodríguez, *La poesía póstuma de Pablo Neruda* (Editorial Hispanoamérica, Gaithesburg, MD, 1995), p. 63.

29 From *Jardín de invierno* (Losada, Buenos Aires, 1974).

30 Ignacio Valente, 'Neruda's *Jardín de invierno,*' 载于 *El Mercurio,* Santiago, 30 November 1980.

31 Aída Figueroa, 对话 AF, Santiago, April 2000.

32 PN, *Memoirs,* pp. 97–98.

33 Sara Vial, 对话 AF, Viña del Mar, Chile, April 2000.

34 Aída Figueroa, 转引自 Mansilla, 'Vivir con Neruda'.

35 Humberto Díaz Casanueva, 'En el aniversario de la muerte de Pablo Neruda', 一篇演讲，见于 *Casa de las Américas* XXIV, No. 144, May-June 1984, pp. 154–158.

36 Sergio Insunza, 转引自 Mansilla, 'Vivir con Neruda'.

37 自 *Libro de las preguntas* (Losada, Buenos Aires, 1974).

38 参见 Christopher Perriam, *The Late Poetry of Pablo Neruda* (Dolphin, Oxford, 1989).

39 Christopher Perriam, *The Late Poetry of Pablo Neruda: Some Patterns of Time, Place and Memory* 载于 *Creative Imagination* (D. Phil., Christ Church, 1985).

40 Luis Alberto Mansilla, 'Los últimos días' 载于 *Anales de la Universidad de Chile Sexta Serie,* Santiago, No. 10, December 1999.

41 Varas, *Nerudario,* p. 247.

42 同上

43 Sergio Insunza, 转引自 Mansilla, 'Vivir con Neruda'.

44 Urrutia, *Mi vida junto a Pablo Neruda,* p. 10.

45　PN, *Memoirs,* pp. 348–350.

46　Aída Figueroa, 转引自 Mansilla, 'Vivir con Neruda'.

47　Urrutia, *Mi vida junto a Pablo Neruda,* pp. 14–15.

48　PN, 'Tres Hombres', 初次抄录于 *El Proceso,* Mexico City, 9 September 1978.

49　Urrutia, *Mi vida junto a Pablo Neruda,* pp. 15–16.

50　Aída Figueroa, 转引自 Mansilla, 'Vivir con Neruda'.

51　Hernán Loyola, *Ser y morir en Pablo Neruda,* Actas del Quinto Congreso, AIH, Bordeaux, 1974.

52　同上

53　Aída Figueroa, 转引自 Mansilla, 'Vivir con Neruda'.

54　Loyola, *Ser y morir en Pablo Neruda.*

55　同上

56　Urrutia, *Mi vida junto a Pablo Neruda,* p. 29.

57　Roser Bru, 对话 AF, Santiago, March 2000.

58　由 Francisco Velasco 讲述, 见于其著作 *Neruda, el gran amigo* (Galinost Andante, Santiago, 1987), p. 133.

59　Hernán Loyola, 在下述会议的圆桌讨论中的讲话, 'Neruda, con la perspectiva de 25 años', Alicante, 1999 (发表于 *Boletín de la Unidad de Investigación,* University of Alicante, Alicante, December 1999).

文献精选

聂鲁达主要作品

Obras completas, Galaxia Gutenberg, Círculo de Lectores, Barcelona,1999—2001. 这个经典的五卷本聂鲁达著作全集——包括他的演讲和书信——由伟大的智利学者 Hernán Loyola 编辑和注释，这是一本不可或缺的读物。

全部著作的更早期（但远不够全面）的版本出版自 Losada, Buenos Aires, in 1957, 1962, 1968 and 1973.

若想获得一个完整的关于聂鲁达书籍与文章的传记——尽管只是更新到 1988 年——强烈推荐以下 600 页的文献: *Pablo Neruda: An Annotated Bibliography of Biographical and Critical Studies,* by Hensley C. Woodbridge and David S. Zubatsky (Garland Publishing, New York and London, 1988),

Fundación Pablo Neruda 主办的杂志 *Cuadernos* 定期包含许多聂鲁达专家与熟人所写的有趣文章。

Crepusculario, Editorial Claridad, Santiago, 1923; Nascimento, Santiago, 1926 *Veinte poemas de amor y una canción desesperada,* Nascimento, Santiago, 1924 到 1961 年，该诗集在全世界以各种版本出版了一百万册。

Tentativa del hombre infinito, Nascimento, Santiago, 1926

El habitante y su esperanza, Nascimento, Santiago, 1926

Anillos, （与 Tomás Lago 合作）Nascimento, Santiago, 1926 *El hondero entusiasta,* Empresa Letras, Santiago, 1933

Residencia en la tierra 1925—1931, Nascimento, Santiago, 1933

Residencia en la tierra 1. 1925—1931; 2. 1931—1935, Ediciones del Arbol (Cruz y Raya), Madrid, 1935

España en el corazón, Ercilla, Santiago, 1937

Tercera residencia, 1935—1945, Losada, Buenos Aires, 1947

Alturas de Macchu Picchu, Ediciones Librería Neira, Santiago, 1948

Canto general, Imprenta Talleres Gráficos de la Nación, Mexico City, March 1950; 智利共产党地下版本, Santiago, April 1950

Los versos del capitán, 匿名, Imprenta L'Arte Tipografica, Naples, 1952. *Las uvas y el viento,* Nascimento, Santiago, 1954

Odas elementales, Losada, Buenos Aires, 1954

Viajes, Nascimento, Santiago, 1955

Nuevas odas elementales, Losada, Buenos Aires, 1956

Tercer libro de las odas, Losada, Buenos Aires, 1957

Estravagario, Losada, Buenos Aires, 1958

Navegaciones y regresos, Losada, Buenos Aires, 1959

Cien sonetos de amor, Prensa de la Editorial Universitaria, Santiago, 1959; Losada, Buenos Aires, 1960

Canción de gesta, Imprenta Nacional de Cuba, Havana, 1960; Austral, Santiago de Chile, 1961

Las piedras de Chile, Losada, Buenos Aires, 1961

Cantos ceremoniales, Losada, Buenos Aires, 1961

Plenos poderes, Losada, Buenos Aires, 1962

Memorial de Isla Negra, Losada, Buenos Aires, 1964

Romeo y Julieta, translation by Neruda, Losada, Buenos Aires, 1964

Arte de pájaros, Edición de la Sociedad de Amigos del Arte Contemporáneo, Santiago, 1966

Una casa en la arena, Lumen, Barcelona, 1966

La barcarola, Losada, Buenos Aires, 1967

Fulgor y muerte de Joaquín Murieta, bandido chileno injusticiado en California el r3– 3 de julio de 1853, Empresa Editora Zig-Zag, Santiago, 1967

Las manos del día, Losada, Buenos Aires, 1968

Comiendo en Hungría, Corvina, Budapest; Editorial Lumen, Barcelona, 1969

Fin de mundo, Sociedad de Arte Contemporáneo, Santiago, 1969; Losada, Buenos Aires, 1969

Aún, Nascimento, Santiago, 1969

Maremoto, Sociedad de Arte Contemporáneo, Santiago, 1970

La espada encendida, Losada, Buenos Aires, 1970

Las piedras del cielo, Losada, Buenos Aires, 1970

Geografía infructuosa, Losada, Buenos Aires, 1972

La rosa separada, Editions du Dragon, Paris, 1972; Losada, Buenos Aires, 1973

Incitación al nixonicidio y alabanza de la revolución chilena, Editora Quimantú,
Santiago, 1973; Grijalbo, Lima, 1973

El mar y las campanas, Losada, Buenos Aires, 1973

2.000, Losada, Buenos Aires, 1974

Elegía, Losada, Buenos Aires, 1974

El corazón amarillo, Losada, Buenos Aires, 1974

Jardín de invierno, Losada, Buenos Aires, 1974

Libro de las preguntas, Losada, Buenos Aires, 1974

Defectos escogidos, Losada, Buenos Aires, 1974

Confieso que he vivido, 1974. Neruda's memoirs, translated by Hardie St Martin as
Memoirs, Souvenir Press, London, 1977; Farrar, Straus and Giroux, New York, 1977

Para nacer he nacido, 各种聂鲁达遗作的混杂集子，由 Matilde Urrutia 和 Miguel Otero
Silva 编辑，Planeta, Santiago, 1978; 由 Margaret Sayers Peden 翻译成 *Passions and
Impressions* 出版商为 Farrar, Straus and Giroux, New York, 1983

El río invisible, 另一种聂鲁达遗作混合集，Seix Barral, Barcelona, 1980

El fin del viaje, by Pablo Neruda and Federico García Lorca, Seix Barral, Barcelona,
1982, *Cuadernos de Temuco,* Seix Barral, Barcelona, 1996

Oda a las flores de Datitla, Corporación Sintesys, Santiago, 2002

其他著作

Achugar, Hugo *Falsas Memorias,* LOM Ediciones, Santiago de Chile, 2000

Agosín, Marjorie *Nuevas aproximaciones a Pablo Neruda,* Fondo de Cultura Económica,
Mexico City, 1987

Agosín, Marjorie *Pablo Neruda,* Twayne, Boston, 1986

Aguayo, Rafael *Neruda, un hombre de la Araucania,* Ediciones Literatura Americana
Reunida, Concepción, 1987

Aguirre, Margarita *Las vidas de Pablo Neruda,* Editorial Zig-Zag, Santiago, 1967

Aguirre, Margarita *Genio y figura de Pablo Neruda,* Editorial Universitaria de Buenos

Aires, Buenos Aires, 1967

Alegría, Fernando *Revista Iberoamericana,* Pittsburgh, 1973

Alazraki, Jaime *Poética y poesía de Pablo Neruda,* Las Américas Publishing Co., New York, 1965

Alberti, Rafael ed., *Pablo Neruda: Antología poética,* Espasa-Calpe, Madrid, 1981

Aldunate Phillips, Arturo *El nuevo arte poético y Pablo Neruda,* Nascimento, Santiago, 1936

Allende, Isabel *Paula,* Flamingo, London, 1996

Allende, Salvador *1970—1973 Obras escogidas,* Editoria Crítica, Barcelona, 1989

Alone (Hernán Díaz Arrieta) *Los cuatro grandes de la literatura chilena,* Zig-Zag, Santiago, 1962

Alonso, Amado *Poesía y estilo de Pablo Neruda,* Losada, Buenos Aires, 1940

Amorós, Mario *Sombras sobre Isla Negra: La misteriosa muerte de Pablo Neruda,* Ediciones B Chile, Santiago, 2012

Anguita, Eduardo, and Volodia Teitelboim *Antología de la poesía chilena,* Santiago, 1935

Arce, Homero *Los libros y los viajes—Recuerdos de Pablo Neruda,* Nascimento, Santiago, 1976

Arrué, Laura *Ventana del recuerdo,* Nascimento, Santiago, 1992

Beckett, Bonnie A. *The Reception of Pablo Neruda's Works in the German Democratic Republic,* Grove/Atlantic, New York, 1981

Bellini, Giuseppe *Introduzione a Neruda,* Goliardica, Milan, 1966

Bellini, Giuseppe *La poesia di Pablo Neruda da Estravagario a Memorial de Isla Negra,* Liviana Editrice, Padova, 1966

Bethell, Leslie ed. *Chile Since Independence,* Cambridge University Press, Cambridge, 1993

Bizzarro, Salvatore *Pablo Neruda: All Poets the Poet,* Scarecrow Press, Metuchen, NJ, 1969

Bombal, María Luisa *Obras completas,* ed. Lucía Guerra, Editorial Andrés Bello, Santiago, 1996

Breton, André, and Louis Aragon *Surrealismo frente a realismo socialista,* ed. Oscar Tusquets, Tusquets, Barcelona, 1973

Brotherston, Gordon *Latin American Poetry: Origins and Presence,* Cambridge University Press, Cambridge, 1975

Cardona Peña, Alfredo *Pablo Neruda y otros ensayos,* Editorial De Andrea, Mexico City,

1955

Cerio, Claretta *Ex libris: Incontri a Capri con uomini e libri,* Edizioni La Conchiglia, Capri, 1999Chisholm, Anne *Nancy Cunard,* Sidgwick & Jackson, London, 1979

Cirillo Sirri, Teresa *Capri: Una tappa poetica di Neruda,* L'Orientale Editrice, Napoli,2000

Concha, Jaime *Neruda (1904–1936),* Editorial Universitaria, Santiago, 1972.

Concha, Jaime *Tres ensayos sobre Pablo Neruda,* University of South Carolina Press, Columbia, sc, 1974

Cortés, Raúl Arreola *Pablo Neruda en Morelia,* Ediciones Casa de San Nicolás, Morelia, Michoacán, 1972

de Costa, René *The Poetry of Pablo Neruda,* Harvard University Press, Cambridge,MA, 1979

Cousté, Alberto *Neruda: El autor y su obra,* Ediciones Barcanova, Barcelona, 1981

Délano, Luis Enrique *Sobre todo Madrid,* Editorial Universitaria, Santiago, 1970

Délano, Luis Enrique and Edmundo Palacios, eds *Antología de la poesía social de Chile,* Austral, Santiago, 1964

Durán, Manuel, and Margery Safir *Earth Tones: The Poetry of Pablo Neruda,* Indiana University Press, Bloomington, IN, 1981

Edwards, Jorge *Persona non grata,* Seix Barral, Barcelona, 1974

Edwards, Jorge *Adiós, Poeta,* Tusquets, Barcelona, 1990

Facio, Sara *Pablo Neruda—Sara Facio,* La Azotea, Paraguay, 1988

Felstiner, John *Translating Neruda: The Way to Macchu Picchu,* Stanford University Press, Palo Alto, CA, 1980

Fernández Larraín, Sergio *Cartas de amor de Pablo Neruda,* Rodas, Madrid, 1975

Ferrer Mir, Jaime *Los españoles del Winnipeg — El barco de la esperanza,* Ediciones Cal Sogas, Santiago, 1989

Ferrero, Mario *Neruda, voz y universo,* Ediciones Logos, Santiago, 1988

Figueroa de Insunza, Aída *A la mesa con Neruda,* Fundación Pablo Neruda, Santiago / Grijalbo Mondadori, Barcelona 2000

Flores, Angel *Aproximaciones a Pablo Neruda,* Ocnos/Libros de Sinera, Barcelona, 1974

Franco, Jean *Introduction to Spanish-American Literature,* 3rd ed., Cambridge University Press, Cambridge, 1994

Franco, Jean *The Decline and Fall of the Lettered City: Latin America in the Cold War,* Harvard University Press, Cambridge, MA, 2002

Furci, Carmelo *The Chilean Communist Party and the Road to Socialism,* Zed Books, London, 1984

Gabriel, González Videla *Memorias,* Editorial Gabriela Mistral, Santiago, 1975

Gálvez Barraza, Julio *Neruda y España,* Ril Editores, Santiago, 2003

García Lorca, Federico, et al *Homenaje a Pablo Neruda,* Plutarco, Madrid, 1935 Gatell, Angelina *Neruda,* Editorial Espesa, Madrid, 1971

Gibson, Ian, *Federico García Lorca: A Life,* Faber, London, 1989

Glad, John ed. *Literature in Exile,* Duke University Press, Durham and London, 1990

González-Cruz, Luis F. *Pablo Neruda y el Memorial de Isla Negra,* Ediciones Universal, Miami, 1972

González Vera, José Santos *Cuando era muchacho,* Nascimento, Santiago, 1951 Goodnough, David *Pablo Neruda, Nobel Prize-winning Poet,* Enslow Publishers, Berkeley Heights, NJ, 1998

Gottlieb, Marlene ed. *Pablo Neruda and Nicanor Parra: A bilingual and critical edition of their speeches on the occasion of Neruda's appointment to the faculty of the University of Chile,* Edwin Mellen Press, Lewiston, NY, 1997

Guibert, Rita *Seven Voices: Seven Latin American Writers,* Knopf, New York, 1973 Gunther, John *Inside Latin America,* Hamish Hamilton, London, 1942

Heym, Stefan *Nachruf,* Bertelsmann, Munich, 1988

Hobsbawm, Eric *Interesting Times — A Twentieth-Century Life,* Allen Lane, London, 2002.

Jiménez, Juan Ramón *Españoles de tres mundos,* Losada, Buenos Aires, 1942.

Jiménez, Juan Ramón *Guerra en España 1936—1953,* Seix Barral, Barcelona, 1985

Lacouture, Jean *André Malraux — Une vie dans le siécle,* Editions Seuil, Paris, 1973

Lafourcade, Enrique *Neruda en el país de las maravillas,* Editorial Norma, Bogotá, Colombia, 1984

Lago, Tomás *Ojos y oídos — Cerca de Neruda,* LOM Ediciones, Santiago, 1999

de Lellis, Mario Jorge *Pablo Neruda,* La Mandrágora, Buenos Aires, 1957

Léon, María Teresa, *Memoria de la melancolía,* Castalia, Madrid, 1998

Lévy, Isaac Jack, and Juan Loveluck, eds, *Simposio Pablo Neruda,* University of South Carolina Press, Columbia, sc, 1975

Loyola, Hernán *Ser y morir en Pablo Neruda 1918—1945,* Editora Santiago, Santiago, 1967

Loyola Hernán *Introducción, notas y apéndices a Pablo Neruda, Residencia en la tierra,*

Edición crítica, Ediciones Cátedra, Madrid, 1994

Lozada, Alfredo *El monismo agónico de Pablo Neruda,* Costa-Amic, Mexico City, 1971

Lundkvist, Artur *Elegi för Pablo Neruda,* Bonniers, Stockholm, 1975

Macías Brevis, Sergio *El Madrid de Pablo Neruda,* Tabla Rasa, Madrid, 2004 Maluenda,
María *Neruda y Arauco,* Ediciones ChileAmérica CESOC, Santiago, 1998

Marcenac, Jean *Pablo Neruda,* Seghers, Paris, 1954

Marín, Francisco and Casasús, Mario *El Doble Asesinato de Neruda,* Ocho Libros,
Santiago, 2012

Márquez, Gabriel García *Doce cuentos peregrinos,* Mondadori España, Madrid, 1992

Melis, Antonio *Neruda,* Castoro, Florence, 1970

Méndez-Ramírez, Hugo *Neruda's Ekphrastic Experience: Mural Art and Canto General,*
Bucknell University Press, Lewisburg, NJ, 1999

Miller, Arthur *Timebends: A Life,* Minerva, London, 1990

Montes, Hugo *Para leer a Neruda,* Ediciones Universidad Nacional Andrés Bello,
Santiago, 1974

Moda Lynch, Carlos *En España con Federico García Lorca,* Ediciones Aguilar, Madrid,
1957

Muñoz, Diego *Memorias: Recuerdos de la bohemia nerudiana,* Mosquito Editores,
Santiago, 1999

Neruda, Pablo *Poesía politica (discursos políticos) de Pablo Neruda,* ed. Margarita
Aguirre, Editora Austral, Santiago, 1953

Neruda, Pablo *Pablo Neruda, Héctor Eandi, Correspondencia durante Residencia en la
tierra,* ed. Margarita Aguirre, Sudamericana, Buenos Aires, 1980

Neruda, Pablo *Cartas a Laura,* ed. Hugo Montes, Ediciones Cultura Hispánica del Centro
Iberoamericano de Cooperación, Madrid, 1978

Neruda, Pablo *Para Albertina Rosa,* ed. Francisco Cruchaga Azócar, Editorial South
Pacific Press, Santiago de Chile, 1992.

Neruda, Pablo *Discursos parlamentarios de Pablo Neruda (1945—48),* Editorial
Antártica, Santiago, 1997, ed. Leonidas Aguirre Silva

Niedergang, Marcel *The Twenty Latin Americas,* Pelican Books, London, 1971

Nolan, James *Poet-Chief: The Native American Poetics of Walt Whitman and Pablo
Neruda,* University of New Mexico Press, Albuquerque, 1994

Olivares Briones, Edmundo *Pablo Neruda: Los caminos de Oriente, Tras las huellas del
poeta itinerante 1927—1933* LOM Ediciones, Santiago, 2000

Orellana, Carlos ed. *Los rostros de Neruda, el poeta, el hombre,* Planeta, Santiago, 1998

Osorio, Nelson and Fernando Moreno *Claves de Pablo Neruda,* Ediciones Universitarias de Valparaíso, Valparaíso, 1971

Osses, Mario *Trinidad poética de Chile: Angel Cruchaga Santa María, Gabriela Mistral y Pablo Neruda,* Universidad de Chile, Santiago, 1947

Paseyro, Ricardo, et al *Mito y verdad de Pablo Neruda,* Ediciones Universitarias de Valparaíso, Valparaíso, 1971

Paz, Octavio *Laurel,* Seneca, Mexico, 1941

Paz, Octavio *Primeras letras 1931—1943,* Vuelta, Mexico City, 1988

Paz, Octavio *Convergencias,* Seix Barral, Barcelona, 1991

Paz, Octavio On *Poets and Others,* translated by Michael Schmidt, Carcanet, Manchester, 1987

Perriam, Christopher *The Late Poetry of Pablo Neruda: Some Patterns of Time, Place and Memory in the Creative Imagination* (D. Phil., Christ Church, 1985)

Perriam, Christopher *The Late Poetry of Pablo Neruda,* Dolphin, Oxford, 1989

Poirot, Luis, and Alastair Reid, *Pablo Neruda: Absence and Presence,* Farrar, Straus and Giroux, New York, 1990

Pring-Mill, Robert ed. *Pablo Neruda: A Basic Anthology,* Dolphin, Oxford, 1975

Pring-Mill, Robert ed. A *Poet for All Seasons* (Catalogue for International Symposium on Pablo Neruda), Universities of Oxford and Warwick, 12—26 November 1993)

Qing, Ai *Selected Poems of Ai Qing,* People's Literature Publishing House, Beijing, 1996

Reyes, Bernardo *Neruda — retrato de familia, 1904—1920,* Editorial de la Universidad de Puerto Rico, San Juan, 1996

Riess, Frank *The Word and the Stone: Language and Imagery in Neruda's Canto General,* Oxford University Press, Oxford, 1972.

Rivero, Eliana *El gran amor de Pablo Neruda,* Plaza Mayor, Madrid, 1971

Rodman, Selden *South America of the Poets,* New Directions, New York, 1970 Rodríguez, Osvaldo *La poesía póstuma de Pablo Neruda,* Editorial Hispanoamérica, Gaithesburg, MD, 1995

Rodríguez Monegal, Emir *Neruda: El viajero inmóvil,* Losada, Buenos Aires, 1966 de Rokha, Pablo *Neruda y yo,* Multitud, Santiago, 1955

Rosales, Luis *La poesía de Neruda,* Editoria Nacional, Madrid, 1978

Sáez, Fernando *Todo debe ser demasiado, Vida de Delia del Carril,* Sudamericana, Santiago, 1997

Salama, Roberto *Para una crítica a Pablo Neruda,* Editorial Cartago, Buenos Aires, 1957

Santí, Enrico Mario *Pablo Neruda: The Poetics of Prophesy,* Cornell University Press, Ithaca, NY, 1982,

Santí, Enrico Mario *El acto de las palabras: Estudios y diálogos con Octavio Paz,* Fondo de Cultura Económica, Mexico City, 1997

Sicard, Alain *La pensée poétique de Pablo Neruda,* Université de Lille, Lille, 1977

Sicard, Alain ed. *Coloquio internacional sobre Pablo Neruda (la obra posterior a Canto general),* Centre de Recherches Latino-américaines, Université de Poitiers, Poitiers, 1979

Siefer, Elisabeth *Epische Stilemente im Canto general,* Wilhelm Fink, Munich, 1970

Silva Castro, Raúl *Pablo Neruda,* Editorial Universitaria, Santiago, 1964

Skármeta, Antonio *El cartero de Neruda (Ardiente Paciencia),* Sudamericana, Buenos Aires, 1999

Stainton, Leslie *Lorca: A Dream of Life,* Bloomsbury, London, 1998

Stavans, Ilan *The Poetry of Pablo Neruda,* Farrar, Straus and Giroux, New York, 2003

Steiner, George *Language and Silence,* Pelican Books, London, 1969

Stonor Saunders, Frances *Who Paid the Piper? The CIA and the Cultural Cold War,* Granta Books, London, 1999

Suárez, Eulogio *Neruda total,* Ediciones Systhema, Santiago, 1991

Szmulewicz, Efraín *Pablo Neruda: biografía emotiva,* Editorial J. Almendros-Orbe, Santiago, 1975

Teitelboim, Volodia *Neruda,* translated by Beverley J. DeLong-Tonelli, University of Texas Press, Austin, Tx, 1991

Teitelboim, Volodia *Voy a vivirme: Variaciones y complementos nerudianos,* Ediciones Dolmen, Santiago, 1998

Thomas, Hugh *The Spanish Civil War,* 3rd ed., Pelican Books, Harmondsworth, 1977

Tichonov, Nikolai, et al *Pablo Neruda: Poeta y combatiente,* Soviet Academy of Sciences, Moscow, 1974

Urrutia, Matilde *Mi vida junto a Pablo Neruda,* Seix Barral, Barcelona, 1986

Varas, José Miguel *Nerudario,* Planeta, Santiago, 1999

Varas, José Miguel *Neruda clandestino,* Editorial Alfaguara, Santiago, 2003

Velasco, Francisco *Neruda, el gran amigo,* Galinost-Andante, Santiago, 1987

Vial, Sara *Neruda en Valparaíso,* Ediciones Universitarias de Valparaíso, Valparaíso, 1983

Wilson, Jason *Octavio Paz,* Twayne, Boston, MA, 1986

Yevtushenko, Yevgeny A *Precocious Autobiography,* Penguin Books, London, 1965

Yurkiévich, Saúl *Fundadores de la nueva poesia hispanoamericana,* Seix Barral, Barcelona, 1971

文章精选

Aguirre, Margarita 'La presentación de *Poesía política', El Siglo,* Santiago, 19 August 1953

Aguirre, Margarita 'Neruda y Margarita Aguirre — Conversaciones en Isla Negra', *Ercilla,* Santiago, 8 August 1973, pp. 34–38

Alazraki, Jaime 'Observaciones sobre la estructura de la oda elemental' in *Mester* (UCLA) IV, No. 2, April 1974

Alberti, Rafael 'De mon amitié avec Pablo Neruda', *Europe,* Paris, Nos 419–420, March—April 1964, pp. 71–75

Alegría, Fernando 'Two Worlds in Conflict', *Berkeley Review,* Berkeley, CA, Vol., 1957, pp. 27–41

Aligher, Margarita 'Don Pablo at Home', *Soviet Literature,* Moscow, No. II, 1977, pp. 88–100

Alone (Hernán Díaz Arrieta) 'Veinte poemas de amor y una canción desesperada', *La Nación,* Santiago, 3 August 1924

Alone (Hernán Díaz Arrieta) 'Tentativa del hombre infinito por Pablo Neruda', *La Nación,* Santiago, 10 January 1926

Alone (Hernán Díaz Arrieta) 'Critica literaria: Veinte poemas por Pablo Neruda', in *La Nación,* Santiago, 18 September 1932

Alone (Hernán Díaz Arrieta) 'Nuevo canto de amor a Stalingrado, por Pablo Neruda', *El Mercurio,* Santiago, 4 July 1943

Alone (Hernán Díaz Arrieta) 'El peligro que representa Pablo Neruda', *Zig-Zag,* Santiago, 24 July 1954

Alone (Hernán Díaz Arrieta) 'Pablo Neruda y Gabriela Mistral', *El Mercurio,* Santiago, iz September 1954

Alone (Hernán Díaz Arrieta) 'Muerte y transfiguración de Pablo Neruda', *El Mercurio,* 30 January 1955

Alone (Hernán Díaz Arrieta) 'Estravagario, por Pablo Neruda', *El Mercurio,* 21 December

1958

Alone (Hernán Díaz Arrieta) 'Pablo de Rokha y Pablo Neruda', *El Mercurio,* 28 March 1964

Alonso, Amado 'Algunos símbolos insistentes en la poesía de Pablo Neruda', *Revista Hispánica Moderna,* Columbia University, NY, July 1939, pp. 191–220

Alonso, Amado 'La poesía de Pablo Neruda', *La Nación,* Buenos Aires, 5 November 1939

Amado, Jorge 'En veillant le poéte du peuple', *Europe,* Paris, January—February 1974, PP. 31–33

Asturias, Miguel Angel 'Un mano a mano de Nobel a Nobel', *Revista Ibero-americana,* Pittsburgh, PA, Nos 82–83, January—June 1973, pp. 15–20

Bellet, Jorge 'Cruzando la cordillera con el poeta', *Araucaria,* Santiago, Nos 47–48,1990

Bellitt, Ben 'Pablo Neruda and the gigantesque opinion', *Poetry,* Chicago, 1952

Bellitt, Ben 'The Burning Sarcophagus: A Re-evaluation of Pablo Neruda', *Southern Review,* Baton Rouge, LA, Summer, July 1968

Benedetti, Mario 'Vallejo y Neruda: dos modos de influir', *Casa de las Américas,* Havana, No. 7, July—August 1967, pp. 91–93

Bianchi, Manuel 'Pablo Neruda', *La Nación,* Santiago, 15 December 1946

Bly, Robert 'Pablo Neruda: An Interview' *Book Week,* New York, 14 August 1966

del Campo, Santiago 'Neruda está en Macchu Picchu', *Pro Arte,* Santiago, No. 17, 4 November 1948

Camurati, Mireya 'Significación del *Canto general* en la obra de Pablo Neruda', *Revista Iberoamericana,* Pittsburgh, PA, Summer 1972.

Cantón, Wilberto 'Pablo Neruda en México (1940—1943)', *Anales de la Universidad de Chile,* Santiago, Nos 157–160, January—December 1971, pp. 263–269

Cardona Peña, Alfredo 'Pablo Neruda: Breve historia de sus libros', *Cuadernos Americanos,* Mexico City, No. 6, December 1950, pp. 257–289

Celaya, Gabriel 'El Poeta del Tercer Día de la Creación', *Revista de Occidente,* Madrid, No. 36, 1972

Chocano, José Santos 'Panorama lírico: a través de un recital poético', *La Prensa,* Buenos Aires, 12 March 1933

Coloane, Francisco 'Neruda y el mar', *Antártica,* Santiago, No. 4, December 1944

Coloane, Francisco 'Neruda como voz del cosmos', *Pro Arte,* Santiago, No. 95, 15 June 1950

Concha, Jaime 'Interpretación de *Residencia en la tierra*', *Mapocho*, Santiago, No.2, July 1963, p. 539

Concha, Jaime 'Los origines (la primera infancia de Neruda)', *Revista Iberoamericana*, Pittsburgh, PA, No. 72., July—September 1970, pp. 389–406

Concha, Jaime 'Neruda desde 1952.; Nunca entendía lucha sino para que este termine', *Texto Crítico*, Santiago, Nos 22–23, 1981

Concha, Jaime 'Sexo y pobreza', *Revista Iberoamericana*, Pittsburgh, PA, Nos 82–83, January—June 1973, pp. 135–157

Cortázar, Julio 'Carta abierta a Pablo Neruda', *Revista Iberoamericana*, Pittsburgh, PA, Nos 82–83, January-June 1973, pp. 21–26

Cortínez, Carlos 'Fidelidad de Neruda a su visión residenciaria' in *Fantasía y realismo mágico en Iberoaméricana*, Michigan State University, Lansing, 1975, pp. 177–283

Cruchaga, Angel Santa María *'España en el corazón* de Pablo Neruda es una obra de pólvora, sollozo y angustia', *Ercilla*, Santiago, No. 139, 1937

Délano, Luis Enrique 'Regreso de Neruda', *El Mercurio*, Santiago, 15 May 1932

Délano, Luis Enrique 'Metamórfosis de Pablo Neruda', *Aurora de Chile*, Santiago, No. II, 1939

Délano, Poli 'Nerudeando con nostalgia', *Cuadernos*, Fundación Pablo Neruda, Santiago, Vol. 10, No. 39, 1999

Delogu, Ignazio 'Un inédito italiano de Neruda', *Nerudiana*, Istituto de Lingue e Letterature Romane dell'Universitá di Sassari, 1995

Díaz, Ramón 'Pasos entre las dos *Residencias* de Neruda', *Papeles de Son Armadans*, No. 54, 1969, pp. 229–242

Dussuel, Francisco *'Las uvas y el viento,* por Pablo Neruda', *El Diario Ilustrado*, Santiago, 21 March 1954

Dussuel, Francisco *'Odas elementales* de Pablo Neruda', *El Diario Ilustrado*, Santiago, 27 February 1955

Dussuel, Francisco 'Neruda y Stalin', *El Diario Ilustrado*, Santiago, 25 March 1956

Dussuel, Francisco *'Estravagario* de Pablo Neruda', *El Diario Ilustrado*, Santiago, 2 November 1958

Ehrenburg, Ilya 'Carta abierta ... a Pablo Neruda', *La Literatura Internacional*, Moscow, No. 6,1942, pp. 29–31

Ehrenburg, Ilya 'La poesía de Pablo Neruda', in *Poesía Política*, Austral, Santiago, 1953, pp. 11–14

Ehrenburg, Ilya '7 días en Chile', *El Siglo,* Santiago, 26 September 1954

Elliot, Jorge 'Pablo Neruda', *Andean Quarterly,* Santiago, Christmas, 1944, pp. 5–21

Escorel, Lauro 'Poesía de Pablo Neruda', O *Estado de Sao Paulo,* São Paulo, 26 August 1943, pp. 4–5

Eshleman, Clayton 'Neruda: An Elemental Response', *Tri-Quarterly,* Evanston, IL, No. 15,1969, pp. 228—237

Fast, Howard 'Neruda en el Congreso Mundial para la Paz', *Pro Arte,* Santiago, No. 48,9 June 1949

Felstiner, John 'Neruda in Translation', *Yale Review,* New Haven, CT, Winter 1972, pp.226–251

Ferrero, Mario 'Cómo nació *Las uvas y el viento* de Pablo Neruda', *El Siglo,* Santiago, 14 March 1954

Figueroa, Aída 'Delia y Matilde', *Los rostros de Neruda,* Carlos Orellana ed., Planeta, Santiago, 1998, pp. 61–62

Finlayson, Clarence 'Paisaje en Neruda', *Atenea,* Santiago, No. 160, October 1938, pp. 47–60

Franulic, Lenka 'Neruda', *Ercilla,* Santiago, 29 May 1945

Franulic, Lenka 'Cuatro años después llegó un nuevo Neruda', *Ercilla,* Santiago, 19 August 1952

Fuenzalida, Hector 'Odas elementales', *Anales de la Universidad de Chile,* Santiago, No. 100, 1955, pp. 172–175

Giordano, Jaime 'Introducción al *Canto general',* *Mapocho,* Santiago, No. 2, 1964, pp. 210—216

Gómez de la Serna, Ramón 'Neruda, grandísimo poeta', *Saber Vivir,* Buenos Aires, No. 37, August—September, 1943

Gómez Paz, Julieta 'Pablo Neruda, poeta realista', *Negro Sobre Blanco,* Buenos Aires, No. z, June 1956

González Tuñón, Raúl *'España en el corazón',* *Literatura,* Havana, No. 2, 1938

González Tuñón, Raúl 'Neruda', *Cuadernos de Cultura,* Buenos Aires, No. 17, August 1954

Gorkin, Julián 'Pablo Neruda y el Congreso para la Libertad de la Cultura', *El Mercurio,* Santiago, 31 January 1959

Grindea, Miron 'Pablo Neruda with a portrait of the poet', ADAM, March—April 1948, pp. 180–181

Guillén, Nicolás 'Evocación de Pablo Neruda', *El Espectador,* Bogotá, 3 April 1949

Guillén, Nicolás 'Pablo Neruda en La Habana', *Hoy,* Havana, 3 July 1950

Gullón, Ricardo 'Relaciones Pablo Neruda—Juan Ramón Jiménez', *Hispanic Review,* Philadelphia, PA, No. 39, April 1971, pp. 141–166

Halperin, Maurice 'Pablo Neruda in Mexico', *Books Abroad,* No. 15, Spring 1941, pp. 164–168

Hernández, José Alfredo 'Pablo Neruda, poeta insignia', *La Prensa,* Lima, 3 November 1935

Holguín, Andrés 'Tres conferencias de Pablo Neruda', *Revista de Las Indias,* Bogotá, No. 56, August 1943, pp. 267–270

Kirsanov, Simyon 'Neruda, laureado con el premio Stalin', *El Siglo,* Santiago, 11 July,1954

Kuteishikova, Vera, and Lev Ospovat 'Venok Neruda', *Khudozhestvenaia Literatura, Moscow, 1974*

Labrador Ruiz, Enrique 'De la vida literaria, *Los versos del capitán', Alerta,* Havana, 17 December 1956

Ladrón de Guevara, Matilde 'Carlos Sabat Ercasty, ¿bebió su influjo Neruda?' *ZigZag,* Santiago, 2 February 1952.

Lago, Tomás 'Pablo Neruda: tras el rostro de un perfil', *Antártica,* Santiago, Nos 10–11, June—July 1945

Lago, Tomás 'Neruda en la época de *Crepusculario', Pro Arte,* Santiago, 9 December 1948

Latcham, Ricardo 'Diagnóstico de la nueva poesía chilena', *Sur,* No. 3, Winter 1931, pp. 138–154

Lipschutz, Alejandro 'Pablo Neruda como indigenista', *Pro Arte,* Santiago, No. 157, August 1952

Loveluck, Juan *'Alturas de Macchu Picchu,* Cantos I—V', *Revista Iberoamericana,* Pittsburgh, PA, Nos 82–83, January—June 1973, pp. 175–188

Loyola, Hernán 'A propósito de Neruda', *El Siglo,* Santiago, 2.4 November 1957

Loyola, Hernán 'Los modos de autorreferencia en la obra de Pablo Neruda', *Aurora,* Santiago, July—December 1964, pp. 64–125

Loyola, Hernán 'Neruda moderno/ Neruda posmoderno', *América Sin Nombre,* Alicante, No. u, December 1999

de Luigi, Juan 'Pablo Neruda y su obra', *El Siglo,* Santiago, z August 1953 de Luigi, Juan 'Odas elementales, Nuevas odas elementales y Odas al pícaro ofendido', *Ultima Hora,* Santiago, 3 February 1957

Lundkvist, Artur 'Neruda', *Boletín,* Universidad de Chile, Santiago, No. 45, December 1963

Mancisidor, José 'Neruda en el *Canto general'*, *El Nacional,* Mexico, 11 September 1950

Mansilla, Luis Alberto 'Neruda y el premio Nóbel', *Aurora,* Santiago, January-March, 1964

Mansilla, Luis Alberto 'Vivir con Neruda: Conversación con Aída Figueroa y Sergio Insunza' *Araucaria,* Santiago, No. 26, 1984

Mansilla, Luis Alberto 'Los últimos días', *Anales de la Universidad de Chile Sexta Serie,* Santiago, No. 10, December 1999

Marcenac, Jean 'El *Canto general* de Pablo Neruda hace de Chile la imagen del mundo', *Pro Arte,* Santiago, No. 120, 20 December 1950

Marín, Juan 'Madrid—Temuco, ida y vuelta', *Ercilla,* Santiago, 11 February 1938

Melis, Antonio 'Neruda, Petrarca e le officine galileo', *Nerudiana,* Sassari, 1995

Meo Zilio, Giovanni 'Influencia de Sabat Ercasty en Pablo Neruda', *Revista Nacio-nal,* Montevideo, No. 202, October—November 1959, p.58

Meza Fuentes, Roberto 'Perfil de un poeta', *El Mercurio,* Santiago, 22 May 1932

Mistral, Gabriela 'Recado sobre Pablo Neruda', *El Mercurio,* Santiago, 26 April 1936

Monguío, Luis 'Introducción a la poesía de Pablo Neruda', *Atenea,* Mayaguez, Puerto Rico, No. 401, July-September 1963, pp. 65–80

Montes, Hugo 'La poesía política de Neruda', *Presencia,* La Paz, 3 July 1958

Morales, Leonidas 'Fundaciones y destrucciones: Pablo Neruda y Nicanor Parra', *Revista Iberoamericana,* Pittsburgh, PA, No. 72, July-September 1970, pp. 407–423

Muñoz, Diego 'Pablo Neruda', *El Siglo,* Santiago, 25 May 1945

Navas Ruiz, Ricardo 'Neruda y Guillén: un caso de relaciones literarias', *Revista Iberoamericana,* Pittsburgh, PA, No. 690, 1965, pp. 251–262

Neruda, Pablo 'Mi infancia y mi poesía', *Capricornio,* Buenos Aires, June—July, 1954

Neruda, Pablo 'Algo sobre mi poesía y mi vida', *Aurora,* Santiago, No. I, July 1954, pp. 10–21

Neruda, Pablo 'Las vidas del poeta', *O Cruzeiro Internacional,* Rio de Janeiro, 1962

Neruda, Pablo 'Algunas reflexiones improvisadas sobre mis trabajos', *Mapocho,* Santiago, No. 3, 1964

Neruda, Pablo, 'Infancia y poesía', *El Tiempo,* Bogotá, 31 October 1971

Ogniev, Vladimir 'La lírica de Pablo Neruda', *Literatura soviética,* Moscow, No. 78, 1967, pp. 172–177

Osorio, Nelson 'Apuntes para un análisis marxista de la obra de Neruda', *Apuntes,* Santiago, No. 2, 1972, pp. 16–23

Osses, Mario 'La poesía erótico-panteista de Pablo Neruda, *Vértice,* Santiago, November 1946, pp. 50–53

Paseyro, Ricardo 'Noticia actual sobre Pablo Neruda', *Marcha,* Montevideo, 30 September 1949

Pastori, Luis 'Pablo Neruda', *Revista Nacional de Cultura,* Caracas, No. 39, July-August 1943, pp. 101–102

Paz, Octavio 'Neruda en el corazón', *Ruta,* Mexico, No. 4, 1938, pp. 24–33

Paz, Octavio 'Respuesta a un cónsul', *Letras de México,* Mexico City, 15 August 1943

Paz, Octavio 'Mi querido enemigo', *Vuelta,* Mexico City, No. 202, September 1993, p. 8

Picón Salas, Mariano 'Nueva poética de Pablo Neruda', *La Hora,* Santiago, 7 July 1935

Pinilla, Norberto 'Apuntaciones sobre Pablo Neruda', *SE* CH, Santiago, December 1936, pp. 50–56

Préndez, Saldías 'Pablo Neruda y el comunismo chileno', *El Diario Ilustrado,* Santiago, II February 1951

Pring-Mill, Robert 'Both in Sorrow and in Anger: Spanish-American Protest Poetry', *Cambridge Review,* Cambridge, Vol. 91, No. 2195, 20 February 1970

Pring-Mill, Robert 'Neruda's Murieta', a talk for BBC Radio 3, broadcast on 8 April 1972

Pring-Mill, Robert 'The Poet and his Roots', *Times Literary Supplement,* London, 14 April 1970

Pring-Mill, Robert 'The Winter of Pablo Neruda', *Times Literary Supplement,* London, 3 October 1975

Pring-Mill, Robert 'El Neruda de las *Odas elementales', Coloquio internacional sobre Pablo Neruda (la obra posterior a Canto general),* Alain Sicard ed., Centre de Recherches Latino-américaines, Poitiers, 1979, pp. 261–300

Pring-Mill, Robert 'Neruda y Oxford', *Araucaria de Chile,* Santiago, No. 45, 1989, pp. 137–154

Puccini, Dario 'Lettura del *Canto general', Societá,* Turin, December 1950

Puccini, Dario 'L'ultimo Neruda. I sentimenti primordiali', *Il Contemporaneo,* Rome, 9 June 1956

Qing, Al *World Literature,* Beijing, No. 3, 1980

Reid, Alastair 'A Visit to Neruda', *Encounter,* London, September 1965

Rodríguez Monegal, Emir 'Con Pablo Neruda en Montevideo', *Marcha,* Montevideo, 15 August 1952.

Rodríguez Monegal, Emir 'Madurez de Pablo Neruda. Rasgos esenciales de las *Odas elementales', Marcha,* Montevideo, 26 October 1956

Rodríguez Monegal, Emir 'Pablo Neruda, el sistema del poeta', *Revista Ibero-americana,* Pittsburgh, PA, Nos 82–83, January—June 1973, pp. 41–71

Rodríguez Pérez, Osvaldo 'Del sentimiento de la muerte en la poesía última de Neruda', *Nerudiana,* 1995

Rojas Paz, Pablo 'Pablo Neruda — la poesía y su inseguridad', *Nosotros,* Buenos Aires, No. 19, October 1937, pp. 121–134

de Rokha, Pablo 'Pablo Neruda, poeta a la moda', *La Opinión,* Santiago, 11 November 1932

de Rokha, Pablo 'Epitafio a Neruda', *La Opinión,* Santiago, 22 May 1933

de Rokha, Pablo 'Retorno de Neruda', *Ultima Hora,* Santiago, 11 July 1952

Salomon, Noel 'Un événement poétique: le *Canto general* de Pablo Neruda', *Bulletin hispanique,* Bordeaux, 1974, pp. 92–124

Sanclemente, Alvaro 'La pasión en la poesía de Pablo Neruda', *Revista de las Indias,* Bogotá, No. 91, July 1946, pp. 41–58

Sanhueza, Jorge 'Pablo Neruda: ejemplo de tenacidad y progreso', *Paz,* Santiago, January 1954

Schopf, Federico 'Las huellas del poeta', *Araucaria de Chile,* Santiago, No. 2, 1984, pp. 114–127

Schopf, Federico 'Reception and Context of Pablo Neruda's Poetry' in *Pedro Lastux, la erudición compartida,* Prensa Editora, Mexico City, 1988, pp. 332–372

Sicard, Alain 'Neruda ou la Question sans Réponses', *La Quinzaine Littéraire,* Paris, 16 November 1971

Sicard, Alain *'La espada encendida* de Pablo Neruda, une fable matérialiste', *Cahiers du Monde Hispanique et Luso-Brésilien,* Toulouse, 1973

Silva Castro, Raúl 'Los nuevos: Pablo Neruda', *Claridad,* Santiago, 22 January 1921

Silva Castro, Raúl 'La poesía de Pablo Neruda', *Claridad,* Santiago, September 1924

Silva Castro, Raúl 'Una hora de charla con Pablo Neruda', *El Mercurio,* Santiago, 10 October 1926

Subercaseaux, Benjamín *'Las uvas y el viento',* *La Nación,* Santiago, 14 March 1954

Tarn, Nathaniel 'A Latín Walt Whitman', *The New York Times,* 22 October 1971, p. 34

Teitelboim, Volodia *'Las uvas y el viento* y la evolución de Neruda', *El Siglo,* Santiago, 28 March 1954

Teitelboim, Volodia 'Mirando desde la colina de los cincuenta años de Neruda', *El Siglo,* Santiago, 11 April 1954

Thayer, Sylvia 'Testimonio', *Aurora,* Santiago, Nos 3–4, July—December 1964, pp. 24–42

de Torre, Guillermo 'Carta abierta a Pablo Neruda', *Cuadernos Americanos,* Mexico City, May—June 1951, pp. 277—282

de Undurriaga, Antonio 'Neruda al senado', *Las Ultimas Noticias,* Santiago, 10 March 1945

Valente, Ignacio 'Residencias y Antipoemas', *El Mercurio,* Santiago, 23 February 1969

Valle, Juvencio 'Preguntas para el patriota Pablo Neruda', *Pro Arte,* Santiago, No. 157, 11 August 1952

Varas, José Miguel 'Presente, aquí estoy', *Pro Arte,* Santiago, No. 157, 11 August 1952

Varas, José Miguel '5o años de Pablo Neruda', *El Siglo,* Santiago, 11 July 1954

Varela, Alfredo 'Neruda en el Congreso Mundial de la Paz', *Pro Arte,* Santiago, No. 48, 9 June 1949

Vergara, Marta 'Ingenio y magnetismo de Neruda', *Pro Arte,* Santiago, No. 157,11 August 1952

Vergara de Bietti, Noemi 'Evolución de Pablo Neruda', *La Prensa,* Buenos Aires, 7 January 1962

Vial, Gonzalo 'Los io chilenos mas importantes del siglo XX', *La Segunda,* Santiago, 17 September 1998

Vidal, Virginia 'Neruda en el corazón', *Hechos Mundiales,* Santiago, No. 60, November 1972

Vidal, Virginia 'Con tres sombreros puestos', *Cuadernos,* Fundación Pablo Neruda, Santiago, No. 31, 1997

Villegas, Juan 'Héroes y antihéroes en el *Canto general', Anales de la Universidad de Chile,* Santiago, No. 157–160, January—December 1971, pp. 139–151

Wilson, Jason 'In the Translator's Workshop', in *Poetry London,* London, Summer 2002

Wood, Michael 'The Poetry of Neruda', *The New York Review of Books,* 3 October 1974

Yurkiévich, Saúl 'Mito e historia: Dos generadores del *Canto general'* in *Revista Iberoamericana,* Pittsburgh, PA, Nos 82–83, 1973, pp. 111–135

Yurkiévich, Saúl 'Realidad y poesía', *Humanidades,* La Plata, No. 35, 1960, pp. 251–277

报纸与杂志

ABC, Madrid, September 1973; 23 September 1983

l'Albero, No. 49,1972

América Latina, Moscow, July 1984

Anales de la Universidad de Chile, No. 129, Santiago, January—March 1964

Revista APSI, 16—29 December 1980

Araucaria, Santiago, No 26, 1984, pp. 89–105; Nos 47–48, 1990

Aurora de Chile, Santiago, 1 August 1938; 1 July 1954; 1 December 1954; July-December
    1964; Nos 3–4, 1964; No. 8, 1979

La Bicicleta, Santiago de Chile, July 1983

Boletín, Fundación Pablo Neruda, Santiago, Spring 1991, pp. 33–37

Boletín de la Unidad de Investigación, University of Alicante, Alicante, December 1999

La Bréche, Paris, No. 8, November 1965

Buen Domingo, Santiago, 12 August 1982

Cambridge Review, Cambridge, Vol. 91, No. 2195, 20 February 1970, pp. 112–122

Claridad, Santiago, 2 July 1921

Cuadernos, Fundación Pablo Neruda, Santiago, No. 29, 1997; No. 31, 1997; No. 39,
    1999; No. 51,2001

Cuadernos Americanos, Mexico City, No. 3, May/June 1951, p. 278

O *Cruzeiro Internacional,* Brazil, 1962

Democracia, Santiago, 5 August 1951; 13 August 1952

Ercilla, Santiago, 20 July 1966; 2.4 April 1968

Excelsior, Mexico City, 1 June 1943; 2.3 October 1971; 7 December 1990

L'Express, Paris, 13 September 1971

Le Figaro, Paris, 20 June *1966*

La Gaceta de Isla de Pascua, Easter Island, Year 4, No. 7, Summer 1999

Gazeta, Moscow, 10 March 1953

Guardian, London, 28 December 2002

Hora de España, Valencia, March 1937

La Hora, Buenos Aires, 19 October 1948

Hoy, Mexico City, August 1943

Hoy, Santiago, November 1979; 18–24 February 1981

Insula, Madrid, Vol. 29, No. 330, 1974

La Jornada Semanal, Mexico City, II June 2000

Juventud Rebelde, Havana, 5 October 2003

Lunes de Revolución, Havana, Cuba, No. 88, 26 December 1960

La Maga, Buenos Aires, 1 November 1995

La Mañana, Temuco, 18 July 1917

Mapocho, Santiago, No. 3, 1964

Marcha, Montevideo, Uruguay, 17 September 1971

El Mercurio, Santiago, 3 January 1932.; 15 March 1932 ; 30 May 1932.; 5 February
    1933; 30 January 1955; 30 November 1980

Le Monde Diplomatique, Paris, August 2001

La Montagne, Clermont-Ferrand, France, 20 November 2002

La Nación, Santiago, 20 November 1927; 5 February 1928; 19 October 1930; 18
    September 1932

El Nacional, Mexico City, 24 August 1940

Nerudiana, Sassari, 1995

New York Times Book Review, New York, 20 July 1990

El Nuevo Diario, Managua, 7 June 1992

La Opinión, Santiago, 11 November 1932.; 25 November 1932.; 22 May 1933 *Página 12,*
    Buenos Aires, 28 July 2002

The Paris Review, Number 51, Spring 1971

PEC, Santiago, No. 76, 10 May 1966; 28 June *1966*

Plática, Buenos Aires, April 1956

Principios, Santiago, September 1952

Pro Arte, Santiago, 30 November 1950; 15–31 July 1954

El Proceso, Mexico City, 9 September 1978

Qué Pasa, Santiago, 3 January 2000; 4 October 2002

Reforma, Mexico City, 7 April 1944

Revista del Domingo, Valencia, 22 August 1982., p. 6

Revista Occidente, Santiago, No. 81, October 1952., pp. 37–44; No. 82, November 1952,
    pp.25–24

Revista Intramuros, Santiago, No. 9, 1978; No. 9, 2002

Ediciones de la Revista Mapocho, Biblioteca Nacional, Santiago, Vol.2, No. 3, 1964

Ruta, Fondo de Cultura Económica, Mexico, Vol. 1 No. 16, 1939–9, p. 241

La Segunda, Santiago, 3 October 1969; 17 September 1998

Siete Días Ilustrados, Buenos Aires, No. 200, 15 March 1971

El Siglo, Bogotá, 2.9 October 1943

El Siglo, Santiago, io March 1953; 31 May 1953; 18 January 1954; II January 1957; 14 October 1962; 28 July 1963; 30 September 1963; 1 December 1963; 12. July 1964; 2. August 1966; 28 August 1966; 6 November 1966; 10 April 1968; 1 October 1969; 13 July 2000

Sucesos, Santiago, No. 5, October 1967

El Tiempo, 31 October 1971

La Tercera, Santiago, 1 August 1982.; 26 July 1998; 17 March 2002; 9 July 2002; 13 July 2002; 23 September 2003; 27 September 2003; 23 October 2003

Times Literary Supplement, London, 16 April 1970

La Vanguardia, Barcelona, 11 August 2002

Vistazo, Santiago, No. 12, 11 November 1952.

版权致谢

出版商感激以下允许复印版权材料的各方：

Isabel Allende, extract from *Paula* translated by Margaret Sayers Peden. Copyright © 1994 by Isabel Allende. Translation copyright © 1995 by HarperCollins Publishers. Reprinted by permission of HarperCollins Publishers Ltd., UK, and HarperCollins Publishers Inc, USA, 1995

María Luisa Bombal, translated extracts from *Obras Completas,* ed. Lucía Guerra, Editorial Andrés Bello, Santiago, 1996. Reproduced by permission of Lucía Guerra Cunningham.

Hernán Diáz Arriéta (Alone), 'Critica Literaria: Veinte poemas por Pablo Neruda', in *La Nación, 18* September 1932. Reproduced by permission of Diario *La Nación* de Chile.

Héctor Eandi, translated extracts from *Pablo Neruda, Hector Eandi, Correspondencia durante Residencia en la tierra,* ed. Margarita Aguirre, Sudamericana, Buenos Aires, 1980. © Fundación Pablo Neruda, 1980

Jorge Edwards, translated extract from *Adios, Póeta,* Tusquets, Barcelona, 1990. © Jorge Edwards, 1990

Tomas Lágo, translated extracts from *Ojos y oídos—Cerca de Neruda,* reproduced by permission of LOM Ediciones, Santiago, 1999

Hernán Loyola, extracts from the notes to the edition of Pablo Neruda's *Obras Completas* edited by Loyola, Galaxia Gutenberg, Círculo de Lectores, Barcelona 1999—2001. © Hernán Loyola. Licence to reproduce courtesy of Círculo de Lectores, S.A., Spain.

La espada encendida, Losada, Buenos Aires, 1970. © Fundación Pablo Neruda, 1970

Las piedras del cielo, Losada, Buenos Aires, 1970. © Fundación Pablo Neruda, 1970

Geografía infructuosa, Losada, Buenos Aires, 1972. © Fundación Pablo Neruda, 1972

La rosa separada, Editions du Dragon, Paris, 1972; Losada, Buenos Aires, 1973. © Fundación Pablo Neruda, 1972

Incitación al nixonicidio y alabanza de la revolución chilena, Editora Quimantú, Santiago, 1973; Grijalbo, Lima, 1973. © Fundación Pablo Neruda, 1973

El mar y las campanas, Losada, Buenos Aires, 1973. © Fundación Pablo Neruda, 1973

2000, Losada, Buenos Aires, 1974. © Fundación Pablo Neruda, 1974

Elegía, Losada, Buenos Aires, 1974. © Fundación Pablo Neruda, 1974

El corazón amarillo, Losada, Buenos Aires, 1974. © Fundación Pablo Neruda, 1974

Jardín de invierno, Losada, Buenos Aires, 1974. © Fundación Pablo Neruda, 1974

Libro de las preguntas, Losada, Buenos Aires, 1974. © Fundación Pablo Neruda, 1974

Defectos escogidos, Losada, Buenos Aires, 1974. © Fundación Pablo Neruda, 1974

Pablo Neruda, *Canto General,* edited and translated by Jack Schmitt, University of California Press, Berkeley, CA, 2000. Copyright © 1991 Fundación Pablo Neruda, Regents of the University of California.

Pablo Neruda, translated extracts from *Cartas de Amor de Pablo Neruda,* ed. Sergio Fernández Larráin, Rodas, Madrid, 1975. © Fundación Pablo Neruda, 1975

Pablo Neruda, translated extracts from *Cartas a Laura* ed Hugo Montes, Ediciones Cultura Hispánica del Centro Iberoamericano de Cooperación. © Laura Reyes, 1978 and Fundación Pablo Neruda.

Pablo Neruda, excerpts from *Memoirs,* translated by Hardie St. Martin. Translation copyright © 1977 by Farrar, Straus & Giroux, Inc. Reprinted by permission of Farrar, Straus and Giroux, LLC

Pablo Neruda, translated extracts from *Para Albertina Rosa,* ed. Francisco Cruchaga

索引

根据中国对外翻译出版公司《世界人名翻译大词典》（1993）附录五，西班牙语姓名通常由三部分构成：教名－父姓－母姓，称呼时用父姓或者教名加父姓。索引词条中的人名排列，大部分以父姓打头，请读者检索时予以注意。

　　聂鲁达家族的相关亲人，请查以"雷耶斯"打头的词条。

　　聂鲁达的三任妻子，在书中出现频繁，且通常只提及名，为方便查核，特说明如下：第一任妻子，请查"哈赫纳尔·佛格臧，玛利亚·安东尼娅"词条；第二任妻子，查"卡丽尔，迪莉娅·德尔"词条；第三任妻子，查"乌鲁齐亚，玛蒂尔德"。

　　索引条目后数字为原书页码，即本书页边码。

图书在版编目（CIP）数据

聂鲁达传：生命的热情／（英）亚当·费恩斯坦著；
杨震译 . — 杭州：浙江大学出版社，2018. 3
　书名原文：Pablo Neruda: A Passion for Life
　ISBN 978-7-308-17381-0

　I.①聂… II.①亚… ②杨… III.①聂鲁达（
Neruda, Pablo 1904-1973）—生平事迹 IV.
①K837. 845. 6

中国版本图书馆CIP数据核字（2017）第221735号

聂鲁达传：生命的热情
[英] 亚当·费恩斯坦 著　杨　震译

责任编辑	王志毅
文字编辑	赵　波
营销编辑	杨　硕
装帧设计	周伟伟
出版发行	浙江大学出版社
	（杭州天目山路148号 邮政编码310007）
	（网址：http:// www.zjupress.com）
制　作	北京大观世纪文化传媒有限公司
印　刷	北京市松源印刷有限公司
开　本	635mm×965mm　1/16
印　张	37
字　数	618千
版 印 次	2018年3月第1版　2018年3月第1次印刷
书　号	ISBN 978-7-308-17381-0
定　价	98.00元

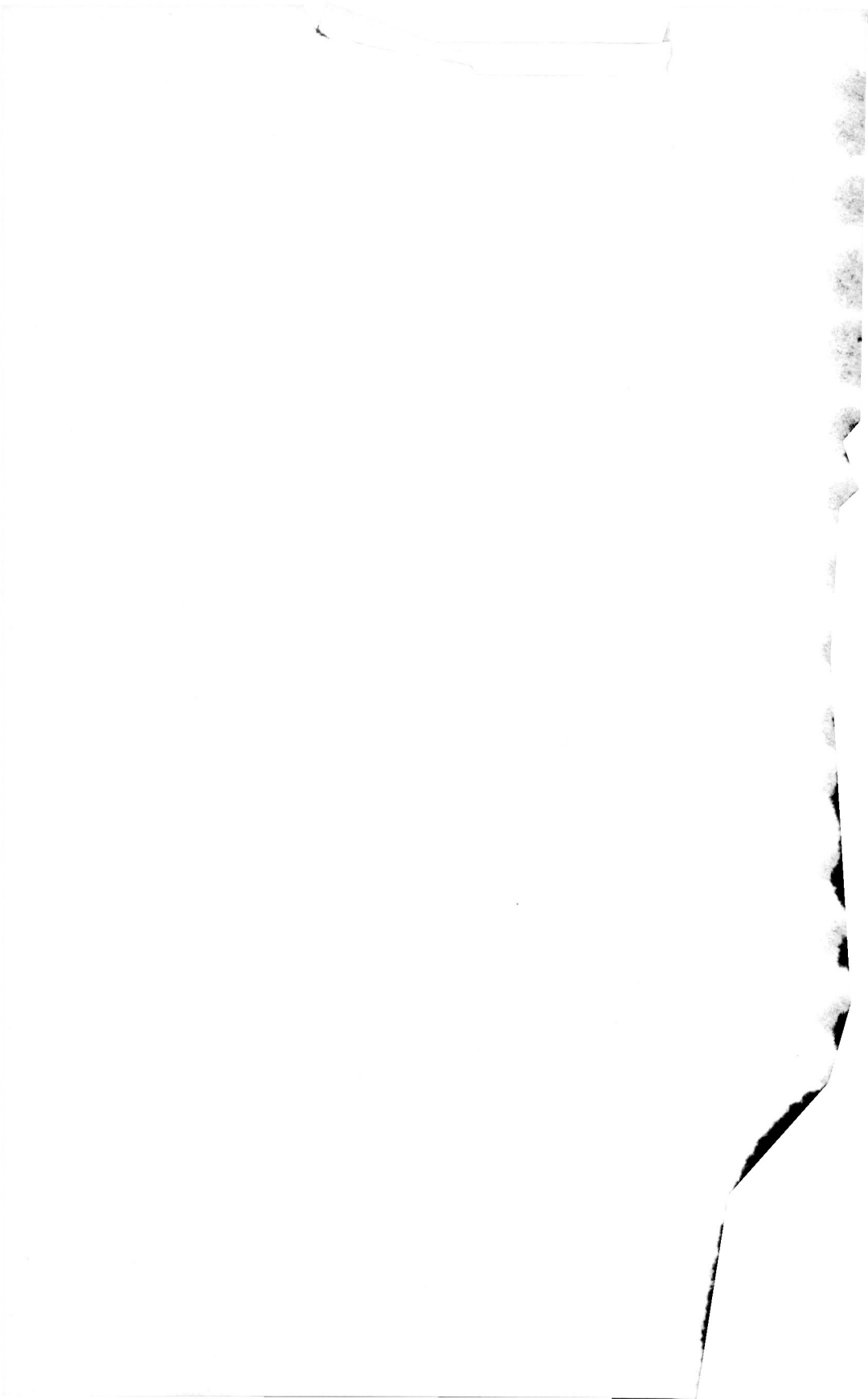